"十二五"职业教育国家规划教材
经全国职业教育教材审定委员会审定
普通高等教育"十一五"国家级规划教材

新编21世纪高等职业教育精品教材·法律类

法律文书写作与训练

（第五版）

主　编◎马宏俊
副主编◎袁　钢

中国人民大学出版社
·北京·

图书在版编目（CIP）数据

法律文书写作与训练/马宏俊主编．-- 5 版．-- 北京：中国人民大学出版社，2023.3
新编 21 世纪高等职业教育精品教材．法律类
ISBN 978-7-300-31395-5

Ⅰ.①法… Ⅱ.①马… Ⅲ.①法律文书一写作一中国一高等职业教育一教材 Ⅳ.①D926.13

中国国家版本馆 CIP 数据核字（2023）第 016679 号

“十二五”职业教育国家规划教材
经全国职业教育教材审定委员会审定
普通高等教育“十一五”国家级规划教材
新编 21 世纪高等职业教育精品教材·法律类
法律文书写作与训练（第五版）
主　编　马宏俊
副主编　袁　钢
Falü Wenshu Xiezuo yu Xunlian

出版发行	中国人民大学出版社		
社　　址	北京中关村大街 31 号	**邮政编码**	100080
电　　话	010－62511242（总编室）		010－62511770（质管部）
	010－82501766（邮购部）		010－62514148（门市部）
	010－62515195（发行公司）		010－62515275（盗版举报）
网　　址	http://www.crup.com.cn		
经　　销	新华书店		
印　　刷	北京七色印务有限公司	**版　　次**	2005 年 8 月第 1 版
规　　格	185 mm×260 mm　16 开本		2023 年 3 月第 5 版
印　　张	27.25	**印　　次**	2023 年 3 月第 1 次印刷
字　　数	657 000	**定　　价**	59.00 元

第五版前言

《法律文书写作与训练》出版发行已经多年了，承蒙读者厚爱，本教材已多次再版，社会反响也不错。

本次修改，主要特色如下：

第一，本教材所涉法律文书覆盖面更广。为满足高等法学教育中法律文书写作与训练的需要，特别是应对高职教育所面向的岗位（群），除了法律文书教材一般包含的审判机关、检察机关、律师、公证法律文书之外，本教材还包含了监狱法律文书、公安侦查法律文书、行政执法文书、纪检监察文书、立法性文书等。这些文书在法律实务中发挥着非常重要的作用，有必要成为高等法学教育中的教学内容。

第二，本教材更加看重理论与实务的结合。一方面，本教材根据课程思政的要求，立足于高等法学教育，即在详细介绍各类法律文书制作的基础上，选取有代表性的法律文书实例并对其进行分析，不仅体现法律文书的写作方法，更突出法律文书的写作技巧，以增强本教材的实用性。此外，还努力超越法律文书写作格式范畴，着力教会学生如何说理，从而培养学生的法律思维。本次修订中，每章均增加二维码，新增相关参考文书。新增参考文书包含推荐文书和文书点评两个部分：推荐文书为作者精选并根据教学需要处理过的典型或经典法律文书等，与教材内容形成必要衔接和过渡；文书点评是在每份推荐文书之后对相关内容作出必要论证。另一方面，本次修订仍然邀请长期担任法律文书课程教学的教师和公安机关、人民检察院、人民法院、律师事务所以及公证处从事实务的人员一起合作编写。本次修订中对作者队伍进行了必要的调整，部分作者退出法律文书教学或制作的第一线，新增作者均有长期实际工作经验。作者队伍的调整可以使教材更具活力，更好地适应法律教育的需要，改进我们的教学和研究，推动学科的发展。

第三，法律文书写作与训练需要吐故纳新和严谨规范。本教材根据2019年以来新增、修改的法律法规进行较为全面的修订。本次修订全部使用最新的法律法规，删除陈旧的内容，增加最新的政策、法规和文书写作要求，如原有案例涉及的主要法律法规已经变化，便对案例进行了更换处理。根据个人信息保护的具体要求，涉及当事人姓名均作出必要处理。本次修订中，每章均新增“写作训练题”，根据各章所涉重要法律文书拟定文书写作的情景，提出具体写作要求，并以二维码方式提供写作训练题的参考文本或者提示写作要点。

第四，对检察法律文书进行重大修订。近年来，我国检察机关内设机构及其职能历经系统性、整体性、重构性改革，形成了刑事、民事、行政、公益诉讼“四大检察”法律监督总体布局，与此同时，形成了普通刑事检察、重大犯罪检察、职务犯罪检察、经济犯罪检察、刑事执行检察、民事检察、行政检察、公益诉讼检察、未成年人检察、控告申诉检察“十大业务”工作格局。为了适应新形势新任务，最高人民检察院对检察文书作了全面修改和完善。此次修订，及时体现以上重大变革情况，在概述中介绍了相关文书发展变化情况，并将“四大检察”法律文书分别作为一节，将独具特色的未成年人检察法律文书单独作为一节，同时对原有的“检察通用法律文书”一节作出修改完善。

最后，感谢法律文书界的前辈们：熊先觉先生、王怀安先生、宁致远先生、周道鸾先生，他们怀着对法律文书的拳拳之心，为我们指点迷津，他们曾经主编的法律文书的教材做出了很好的示范。感谢四川司法警官职业学院的安宁教授为本教材的修改提出建议，还有其他人员始终关注法律文书的教材，在这里就不一一致谢了。

感谢本书编辑的细致、耐心和辛苦的付出，使本书得以顺利出版。

法律文书学不仅是一门学科，而且是一门技艺，是法律职业教育中的必修科目。衷心希望广大读者能够不拘形式地批评指正，以利于我们不断改进。

本次修订作者及编写分工如下：

第一章　马宏俊

第二章　鹿素勋

第三章　杨靖　刘洋

第四章　朱宏伟

第五章　罗庆东（第一节、第七节）　刘畅（第二节）　李萍、许庆涛（第三节）　胡细罗、齐占洲（第四节）　解文轶（第五节）　张寒玉（第六节）

第六章　段钢

第七章　严庆芳

第八章　赵志华

第九章　袁钢

第十章　高金波

第十一章　刘婷

第十二章　程滔

第十三章　刘晓兵

马宏俊

目　录

第一章　法律文书写作概述

【本章引言】

随着司法改革的深入和裁判文书上网公开，各种法律文书逐渐被社会各界重视，其写作水平也越来越被关注，各级公安、司法机关都在努力提高法律文书的写作质量，同时公民也越来越重视利用法律武器解决纠纷，希望通过法律程序来争取和保护自己的合法权益。在这一过程中，人们往往过分关注法律的具体内容是什么，即法律是怎么规定的，却忽视了将法律运用于实际案件时所必不可少的一种技巧的学习与训练，这种技巧就是法律文书写作。实际上，法律文书写作水平的高低不但决定着人们能在多大程度上实现利用法律保护自身合法权益的目的，而且体现了一个人、一个组织甚至整个国家的法律素质高低与法治发展现状。因此，学习法律文书写作的基本理论，掌握常见的法律文书的写作方法，是有志于学习法律的学生必修的一课，客观上也有助于推进国家的法治进程。

【本章学习目标】

1. 掌握法律文书写作的基本理论；
2. 认清法律文书写作在司法改革和法学教育中的重要性；
3. 知晓法律文书写作的基本要求。

第一节　法律文书与司法改革

一、法律文书的概念与特点

（一）法律文书的概念

法律文书是公安机关、司法机关及其他相关组织或个人在办理诉讼案件和某些非诉讼案件中依法发布或出具的具有法律效力或法律意义的各种文书的总称。

（1）法律文书的制作主体主要是公安机关、检察机关和审判机关，但又不限于这三个机关，其他如监狱、公证处、仲裁机构、监察机关以及律师等制作的有关文书也属于法律文书的一种，如减刑意见书等。

（2）法律文书主要是在诉讼活动中发挥作用，如起诉书、判决书等都是直接为诉讼活动服务的，但还有一部分法律文书不是在诉讼活动中产生的，或者说它的直接目的不是顺利进行各项诉讼活动，如公证文书等。

（3）法律文书一般具有一定的法律效力，体现着国家意志与国家权力，具有确定力、拘束力和执行力，但并非所有的法律文书都具有上述效力，例如公证文书、律师文书，它们或者具备上述效力的一部分，或者完全不具备上述效力。

实践中，与法律文书相似的、易混淆的概念还有司法文书、诉讼文书等。司法文书与诉讼文书的意义其实是一样的，都是指公安机关、检察机关、审判机关在诉讼活动中依法制作和发布的具有法律效力的各种公文，如公安机关的起诉意见书、检察机关的公诉意见书、法院的判决书等。法律文书与它们的不同点在于：法律文书不仅包括上述三机关在诉讼活动中依法制作和发布的各类公文，而且包括其他特定组织和个人依法制作的具有法律意义的相关文书，如公证机关制作的公证书、律师制作的诉状等。由此可见，法律文书是比司法文书和诉讼文书更大的一个概念，前者包括后两者，但又不止于后两者。

在我国，根据宪法的规定，司法机关包括审判机关和检察机关，同时由于实行侦检分立，大部分的犯罪侦查任务由公安机关承担，导致我国法律文书的涵盖范围和表现形式呈现出相当的宽广性和多样性。另外，监狱管理机关、公证机构、仲裁机构等在刑罚执行和公证、仲裁业务中也经常制作和出具具有一定法律意义的文书，如减刑意见书、公证书和仲裁文书等，这些文书虽然不像司法机关出具的文书那样具有特别强烈的国家意志性与强制性，而且它们也不是在诉讼活动中产生的，但它们也是国家意志或国家权力的间接体现，是特定机构和组织制作的能够影响人们权利与义务的文书，因此把它们纳入法律文书的范围也是必要的。律师文书是一种常见的文书形式，它虽然不具有国家意志性，但其制作目的和制作程序等，往往使其具有一定的法律意义，与人们生活的联系比其他文书更紧密，因此将其归入法律文书的范畴，有利于实现依法治国、保护公民合法权益的目的。

如上所述，尽管对于法律文书概念所涵盖的范围，我们可以而且已经有多种表述方法，如司法文书、诉讼文书等，但正由于多个相似概念的同时存在，理论界又没有一种权威的、能够被各方普遍认可的说法，导致现在关于法律文书概念的内涵和外延争议不断，初学者对此往往感到无所适从。2000 年开始实行的国家司法考试大纲中使用了“法律文书”这一词汇，体现了国家统一法律文书语汇的意愿，为了理论研究的便利和实践操作的统一，笔者建议今后统一使用“法律文书”作为这一领域的标准语汇，并对其与其他相关概念的关系作出令人信服的、清晰的界定。

（二）法律文书的特点

1. 形式的规范性

从法律文书的形式上看，它具有明显的规范性的特点。这种特点的形成，主要在于司法文书的实用性。在司法实践中，法律文书使用的频率很高，长期的法律实践活动使法律文书形成了相对稳定的形式。法律文书形式的规范性主要体现在结构固定和用语固定两个方面。

（1）结构固定。在文书制作中，绝大多数文书可以划分为首部、正文和尾部三部分。而且不同文书每一部分的具体内容也大体相同。例如首部主要包括文书制作单位名称、文书名称、文书编号、当事人基本情况、案由等，正文主要包括案情事实、处理理由、处理决定等，尾部主要包括交代有关事项、签署、日期、用印、附注说明等，形成了固定结构。

（2）用语固定。法律文书中，许多用语是固定的。例如，判决书中交代上诉权部分一般表述为：如不服本判决，可在接到判决书的第二日起×日内，向本院提出上诉状及副本×份，上诉于×××人民法院。

2. 制作的合法性

法律文书主要是依据法定的诉讼活动而产生的司法文书，因此它的制作必须合乎法律规定，不能任意制作。具体表现如下：第一，司法文书制作主体由法律规定，有其特定的范围。第二，法律文书制作必须于法有据。这是法律文书合法存在的前提。没有法律根据的文书，就不可能是法律文书。我国三大诉讼法及有关的法规和司法解释对于法律文书具体制作的根据都有相应的规定。第三，要正确适用实体法。大多数法律文书都是为解决实体问题而制作的，无论是案件事实叙述、证据材料分析引用，还是理由阐述、结论表述，都应当遵守以事实为根据、以法律为准绳的原则，符合实体法的规定，即使仲裁文书、公证文书，凡涉及实体问题的，无一例外，都要正确予以适用。只有这样，才能切实有效地解决问题，显示其实用的特性。第四，要符合法定程序。一定内容的法律文书反映一定法律程序、环节的运作。不同性质的诉讼法律关系受不同的诉讼法调整，与之相适应，制作、使用的是不同的法律文书。

制作法律文书不仅内容要合乎法定程序规定，而且在文书的提交、移送、拟稿、审核、签发、宣布、送达等具体运行上，也要合乎法定的手续。非经法定的程序、手续制作的文书是无效的。因此，程序的合法与实体的合法，同样都是法律文书有效性的重要保证。①

3. 制作的连环性

综观各种性质的诉讼程序，司法文书在诉讼中具体运用时，各文书之间具有连环性的法律特点。即各个系统或序列的司法文书自成体系，按一定的法律程序形成的司法文书之间有一种承接关系，前一文书往往可以引出后一文书，而后一文书则是以前一文书作为基础的，这种连环关系根据诉讼的需要，有时连得很长。例如，刑事诉讼中公安机关制作的提请批准逮捕书，可以引出检察机关的批准逮捕决定书或者不批准逮捕决定书，检察机关的批准逮捕决定书又引出公安机关的逮捕证；公安机关的起诉意见书往往引出检察机关的起诉书，检察机关的起诉书往往又引出人民法院的判决书。在民事诉讼中，民事起诉状可以引出民事答辩状，两者可以共同引出判决书、裁定书或调解书等。

同一系统法律文书的连环关系有无中断，可以帮助我们判明诉讼程序是否合法。把握法律文书的这种连环关系，有助于后面一个环节的文书制作者在制作文书时，避免前一个环节法律文书写作上的不足，提高文书的制作质量。②

4. 制作的时效性

办案有时限，反映在法律文书上也有个时效问题。制作这类文书，必须严格遵守法律有关时限的规定。此外，还有相当一部分法律文书，虽然法律对之没有作出明确的时限规定，但不等于说这类文书不存在时效问题。诉讼经济是进行诉讼的基本要求，办案贵在及

---

① 周道鸾．法律文书教程．北京：法律出版社，2003：6-7.

② 刘金华．司法文书写作方法与技巧．北京：大众文艺出版社，2002：6.

时，不能拖延诉讼，况且，从总体上来讲法律对侦查、起诉、审判机关诉讼阶段都有严格的时限规定，各个具体诉讼环节的法律文书也相对要受制于这一总的时限要求。①

二、法律文书的社会功能

党的十二大报告指出：全面依法治国是国家治理的一场深刻革命，关系党执政兴国，关系人民幸福安康，关系党和国家长治久安。法律文书是在实际案件中根据法律的规定制作的，许多法律文书与普通公民、法人或其他组织有直接的联系，如公民受到非法侵害委托律师写的诉状、法院对普通公民起诉的案件作出的判决书等，即便有些法律文书与公民等普通当事人没有直接联系，如公安机关的起诉意见书等，它们也往往间接地影响着公民等当事人的利益。因此法律文书制作的好坏，往往会影响到当事人对制作机关执法水平的评价，进而影响到其对国家法治发展状况的认识。事实认定清楚、法律依据充分、情理并茂、格式正确的法律文书，不管它的结论究竟是对当事人有利还是不利，总会使人产生一种信任，认为制作人或制作机关已经尽力公平合法地处理该案件，这种信任既有利于公安、司法等机关顺利地执行业务，也有利于法律的正确实施。

而且，有些法律文书会公布于众，如法院的判决书经常张贴在法院的公告栏内，这使普通公众有机会看到法律文书的制作现状，也使法律文书制作机关的执法水平更直接地接受公众的评价。人们首先会看法律文书是否条理清晰、页面整洁，进而看它是否逻辑严密、结构合理，接下来就是看它是否符合“事、理、情”并茂的要求。如果一份法律文书能够满足上述要求，那么看到它的普通公众就会对制作机关的严谨、敬业产生崇敬之情，这种感情也会影响到人们对国家法治程度的理解与评价，促使人们更加自觉地守法、护法，更加积极主动地配合支持国家机关的各项活动。

法律文书是法治宣传的重要武器。在司法实践中，法律文书具有重要的法治宣传作用。这种宣传是通过具体的、生动的实例进行的。在我国，根据刑事诉讼法的规定，除法定情形外，案件审理多是公开进行的，即使案件审理不公开，宣判也应公开。在人民法院审判员宣读判决书时，旁听的群众和案件的当事人通过具体案例可以受到教育。此外，在法庭上公诉人发表的起诉书、公诉意见书，以及辩护人发表的辩护词，都能使听者从中分清是非，明确罪责，受到启示。特别是布告文书，读者最为广泛，看的人可能是出于好奇，但通过具体的案件，他们却可以受到法治宣传教育，从而厌恶犯罪现象，同犯罪进行斗争。

三、法律文书与司法机关及法律职业人员的关系

法律文书是诉讼活动的产物，也是全部诉讼活动的忠实记录。在办理各种诉讼案件中，每一个步骤和环节都要制作相应的法律文书。因此，对于属于判例法系的国家来说，司法机关在处理当前的案件时都要研究考察自己及其上级机关过去制作的法律文书，以寻找到能够适用于现在案件的法律及其原则。

同时，法是由国家制定或认可并由国家强制力保证实施的行为规范的总和，法律的实施依靠的是国家机器，而国家机器保障和体现法律实施的最直接的也是最终的表现形式，就是法律文书。法律文书制作和发布的根本目的，在于保证法律的具体实施。法律文书是

① 周道鸾．法律文书教程．北京：法律出版社，2003：8.

执法机关实现职能的手段，执法机关的执法活动无一不是通过司法文书最终体现出来的。法律文书与法律职业人员的关系在于，它是考核司法人员素质的重要尺度。司法人员在诉讼活动过程中的工作，主要表现在以下两个方面：一是对案件的实体处理；二是文书制作。两者是一个问题的两个方面，相辅相成。在司法实践中，如果没有较高的文书制作质量，就难以反映处理案件的高水平；反之，高质量的法律文书，则可以反映出较高的办案水平。从这个意义上说，文书质量可以直接反映办案质量。由此可见，法律文书可以反映办案质量的优劣，而办案质量的优劣与司法人员素质的高低是联系在一起的，办案质量是司法人员素质的综合反映。司法人员素质包括思想政治、法律专业水平、道德品质、文化知识和工作能力等，这些素质如何，必然反映在制作的法律文书中。因此，各级司法人员都应当重视法律文书的制作。

四、法律文书改革与司法改革

法律文书与司法改革如影随形，不可须臾分离。司法改革必然带来法律文书改革。当今世界，经济全球化引发的法律世界化日趋凸现，司法为适应经济、法律的发展变化就需要进行改革，从而法律文书也随之改革。司法改革是当今各国的共同话题，更是我国的热门话题。司法改革是一个系统工程，法律文书改革则是司法改革的配套工程。

法律文书与司法公正有着十分紧密的联系，尤其是人民法院的裁判文书，它是人民法院行使国家审判权的体现，是司法公正的最终载体，关系到人民法院严格依法办案、秉公执法、刚正不阿的公正形象。但是现在有些裁判文书，缺乏认证断理，看不出判决结果的形成过程，缺乏说服力，影响了公正司法形象。司法实践证明，如果一份判决书或裁定书对控辩双方的举证、质证内容是否认证不表示明确的意见，不阐述判案理由，即使裁判结果完全正确，裁判文书质量也是不合格的，因为这种不讲事实、不讲证据、不讲道理的“八股文式”的裁判文书，不能使胜诉者赢得堂堂正正，也不能让败诉者输得心服口服。因此，在司法改革进程中必须同步地进行法律文书的改革，并且后者的改革效果对前者的改革过程也必将产生重要影响。

目前，法律文书主要存在制作质量不高、使用不当和手续不全的问题。例如，由于对法律文书的地位缺乏足够认识，有的司法人员在制作时表现出很大的随意性，要写什么，不写什么，不是根据法律规定，而是根据各自的需要，要的写上，不要的（实际上必须写上的）不写；有的承办人员在办案过程中不清楚应当使用哪些法律文书而不使用哪些法律文书，导致该用传票的却用了通知书；有的司法人员对于要签字、要盖章才有效力的法律文书不办签字、盖章手续；等等。

法律文书改革目前已取得了一定成绩，但仍存在一些问题。司法机关各自为政，独自进行改革，缺乏统一部署，又无规范性文件的指导，使法律文书的改革发展不平衡，文书的协调性差。当然，法律文书改革主要是指法院诉讼文书的改革，其中裁判文书为重中之重。目前裁判文书改革既有成绩也有问题。其问题主要有：一是法院的案件审结报告并未减少，有的地方还呈增加的趋势，这有悖于人民法院依法独立行使审判权原则，法院行政化色彩甚浓。二是裁判文书格式（样式）规定得过细过死，硬性要求过多。三是有的法官在判决书上附“法官后语”或“法官寄语”。这种做法用心良苦，但混淆了法律与道德的界限，使法官角色错位。四是过去的判决书不涉及理论或涉及理论不多，而今有的地方又要求把判决书写成“议论文”。这些问题都值得商榷。

为了配合司法体制改革，法律文书改革应主要从以下几方面着手：

（1）对控辩主张予以同等重视，切实纠正长期以来存在的“重指控、轻辩护”倾向。

（2）对表述“审理查明的事实和证据”的要求更加明确、具体，不仅要写明法院审理查明的事实，而且对控辩双方、原被告双方有争议的事实、证据要予以恰如其分的分析认证。

（3）阐述判决理由时应当做到说理充分、逻辑严密、无懈可击。

（4）文书的“情、理、法”应当做到互相呼应，环环相扣，事实与法理层次清晰而又互相支持，以更好地论证文书的结论。①

第二节　法律文书教学在法学教育中的地位

一、法律文书教学是法律职业伦理教育的组成

法律文书制作既是法律人赖以生存的技巧，也是其法律职业道德的具体体现，因此特定法律文书的质量通常也被视作判断文书制作者职业伦理水平高低的重要依据。例如，假如律师与委托人之间缺乏交流，则律师提供的辩护词难以完全涵盖案件相关事实、证据、法律依据，而其他主体通过此辩护词也可以判断出该律师职业素养不高，未尽勤勉义务。

法律文书教育应当包含法律职业伦理教育。这是因为，法律文书的制作主体本身就是法律职业者，制作法律文书的过程本身即制作主体适用法律的过程，因此，通过职业伦理规范对法律文书制作者进行约束，是促使其制作的法律文书能够体现公平正义的必要手段。在此前提下，法律文书教学体系中应当包含法律职业伦理教育，且法律文书教育者必须重视职业规范、职业道德的教授，进而促进法学生职业伦理的内化与养成。此外，法律文书的制作者也要树立“德性写作”的基本理念，并在法律写作中践行职业伦理规范。

就内容而言，法律文书教育还需要注重对法律文书制作者进行基本职业伦理规范的讲授，具体应当包括：（1）真实规范。“以事实为根据，以法律为准绳”不仅是办案的基础，同时也是法律文书制作的基础。法律文书制作者在制作法律文书时，必须从客观事实出发，要尊重客观事实，不能虚构、编造和混淆事实。（2）合法规范。法律文书制作者在制作法律文书时，既要有相应的法律依据，也应当符合法定程序和法定手续。（3）公正规范。法律文书制作不管是在内容上还是在形式上都应当充分体现司法公正，其中，“公”即要求不偏不倚，秉公执法，“正”即要求光明磊落，刚正不阿。②（4）勤勉规范。法律文书的制作者应当充分运用自己的专业知识和技能，认真工作，恪尽职守，及时、准确、保质保量地完成文书制作工作。（5）效率规范。法律文书的制作者还应当坚持效率原则，根据具体案情的复杂程度和文书制作的难易程度，进行繁简分流，在公正的前提下，实现公正与效率的统一。

---

① 千古洲．裁判文书：司法公正的载体．中国律师，1999（10）．

② 周道鸾．法律文书教程．北京：法律出版社，2008：11.

二、法律文书制作与法律理念的应用

一个国家不可以没有法律，因为它是“兴功惧暴”“定分止争”的武器，“吏民规矩”的绳墨。然而，光有法律而没有司法文书也是不可以的，因为“徒法不足以自行”。只有具有法律文书，才能使法律得以实施。法律文书是适用法律的载体，它是专用文书或称特种文书。它的制作内容必须以案件的事实为根据，以国家的法律为准绳；必须准确地适用法律，完美地体现法律。可见，法律文书的根本作用就是保证法律的具体实施。

法律的字面规定只是法律的“形”，而法律理念则是法律的“神”，法律文书要实施法律，更重要的不在于照搬照抄法律的条文，而在于将法律的理念融于字里行间。在这方面，法律文书负有非常重大的责任，因为它与普通当事人的接触比规范性法律文件更频繁、更直接，也因此，我们在设计法律文书的格式、词句时，必须将公平正义等法律理念时刻铭记在心，须知有时即使是一个字、一个词的差别，也可能使当事人对司法公正、法律正义产生怀疑。

法律文书的特征和作用十分明显地证明，其成为实施法律的独特凭证或工具，是任何其他文书、文件、公文等无法替代的。法律文书的地位，尤其是法律文书中的判决书的地位，是与国家的政治制度同步形成和发展的，是国家政治制度稳定的标志；是公民、法人和其他组织的合法权益得以保障的证明；是社会有序、社会进步的重要表现；是鞭挞、抨击一切社会丑恶现象的凭据和利剑。①

三、法律文书是法学教育结果的重要表现方式

法律文书是在具体案件中根据事实、运用法律制作出来的，因此，没有一定的法学素养，没有一定的实践经验，是很难写出一份合格的法律文书的。法律文书写作不仅要求写作者具有较为深厚的法学造诣，还要求他们必须对语言学、修辞学、逻辑学等相关学科有所了解。只有系统地学习了各个部门法的知识，学习了实体法与程序法的相关知识，在制作法律文书时才不会感到无从下笔。

需要指出的是，当前的法学教育往往只重视实体法律的传授，而忽视对学生法律文书写作技能的培养，导致学生毕业后进入实际工作岗位时无法胜任简单的文书撰写工作。这种现象必须得到及时有效的扭转。法学院校和教师应当在教学时注意培养学生实际书写法律文书的能力，为将来走向社会做好准备。

司法人员是法律得以运转的运作主体，是法律职能实现的承担者，其业务素质的高低直接影响着能否准确地理解法律，并运用法律去认识、分析、判断诉讼案件事实。同时，司法人员还需通过自身的文字写作技能，把诉讼的过程形成文字表述出来。这就要求司法工作人员（即文书的制作者）不仅要熟练地掌握法律知识和写作技巧，还需建立科学的知识结构层次，广泛涉猎哲学、心理学、逻辑学、语言学、修辞学等学科的知识，为制作和运用文书服务。在司法机关，普遍存在认为司法人员只要熟悉法律知识，只需遵循格式要

---

① 邹日强，高玉成，王丽红．司法公正与政制稳定的一面镜子——关于法律文书地位研究．宁波大学学报（人文科学版），1997，10（4）．

求就能写好文书的错误认识。在这种错误认识的指导下，也就形成了司法机关“重办案、轻文书”的现象，所制作的文书虽说达到格式规范的要求，但其内容空泛，很难让当事人心服口服，更不用说自愿接受并遵照执行了。这种现状直接影响了办案的质量，同时，这也是造成某些案件结案之后“执行难”的原因之一。①

四、现行教育评估机制对法律文书的轻视

我国历史上长期存在着“重实体、轻程序”的错误思想，法律文书由于被认为属于“形式问题”而遭受冷落，不管是在理论界还是在实务界，相当一部分人认为，只要判决结果正确，即使法律文书上有一些小瑕疵，如文书名称不对、漏写日期等，也是无伤大雅的。

上述错误思想的影响力如此之大，以至于现行教育评估机制也对法律文书写作存在不同程度的轻视现象。有些法学院校没有开设专门的学习法律文书写作的课程，还有些院校虽然开设了类似的课程，但无论是老师还是学生都对这门课不重视，认为这只是细枝末节，对之缺乏应有的学习热情。

这种现象的产生不是一朝一夕的事情，如果说学生个人不喜欢上这门课还只是个人喜好问题的话，那么教育评估机制对法律文书写作的轻视就是政策的失误了。如上所述，法律的实施和适用是通过司法机关对各类诉讼案件和非诉讼案件的处理来保证的，而司法机关的处理则需要通过这些司法活动的各个程序上所制作的司法文书来体现。各司法机关对案件的认识和处理情况，均靠往来的司法文书传递；法律在实践中执行的正确与否，也只能以司法文书记录的内容来反映。无论是实体法还是程序法，其内容的具体实施都需通过司法文书的形式表现出来。可以说，司法文书是各司法机关代表国家行使司法权力，在诉讼活动中对诉讼案件运用法律的结果，是以国家强制力为保证的具有法律效力或法律意义的司法应用公文。这些公文从形式到内容，均关系着国家的法律、法规的具体施行与适用，关系着诉讼当事人的诉讼权利与义务及其人身自由、生杀予夺等切身利益，也就关系着司法机关实事求是、依法办案、秉公执法、刚直不阿的公正形象和权威能否得以实现，归根结底也就关系着司法权力是否被滥用，适用法律是否正确，诉讼程序是否规范，处理结果是否公平。

可见，司法文书与司法公正是有机统一的。司法公正是法律公正的具体体现，而法律公正又是维系社会发展与稳定的重要力量和保障。司法文书作为法律实施的工具，也就理所当然地承担了实现司法公正的重任。如果司法机关使用的司法文书能够做到结构完整、叙述事实清楚准确、证据运用确凿充分、理由论证充分全面、处理结论恰当，那么，它不仅能全面地反映司法活动，而且能充分表达司法行为，保证平等地适用法律和公正地进行诉讼程序，提高司法机关办案的透明度，同时，也利于树立司法机关的权威与公正形象。②

法律文书绝不是可有可无、可好可坏的事情，我们要实现法治现代化，就必须给予法律文书及法律文书学科应有的重视。

---

①② 马明利．司法文书与司法公正．河南社会科学，1999（2）．

五、法律文书教学的发展趋势

开设法律文书课程，旨在通过对法律文书写作的基本原理和各种具体文书写作要求的讲解，使已具备必要的法律专业知识和基本写作能力的人员掌握法律文书写作的原理和方法，进一步提高综合运用法律理论知识和写作技巧的能力，提高具体文书制作的水平，从而成为名副其实的法律专门人才。学生通过本课程的学习，应能熟练运用所学的法律知识和写作知识，掌握各类法律文书的写作要领，奠定扎实的写作基础，提高写作各类法律文书的实际能力，以适应司法实际工作的需要。

为实现上述学习目的，当前法律文书教学中出现了一些新的发展趋势。

（一）强调法律文书教学的实践性

法律文书是一门实践性很强的技能课，从它的教学目的来看，归根结底就是要提高学生实际写作法律文书的能力。要想做到这一点，最有效的办法就是多练多写。因此，现在许多学校和老师在理解、掌握各种法律文书的写作特点、文书格式和写作要求的基础上，注意给学生多分析例文，注意向学生介绍写作原理和方法的具体运用，把理论知识融会贯通，使知识变为技能。有条件的学校可以安排学生去公安、检察、法院等机关实习，训练学生把理论知识应用于实际的能力，收到了很好的效果。

（二）注重法律文书的规范性和程式性

法律文书的一大特点是它的规范性和程式性。尽管不同的文书各有其特殊之处，但基本格式和篇章结构是大致固定的，很多方面的规格形式也是相同的。教学过程中老师注重培养学生尊重格式的习惯，有助于提高学生法律文书写作的能力和水平。

（三）根据实践中法律文书的制作现状和发展要求设计课程结构和内容

随着法治理念的深入发展，法律文书教学也开始对原来的教学模式进行反思，一些老师和学生逐渐认识到过去与实践脱节的教学模式存在着不可回避的问题，即许多在学校里学到的关于法律文书写作的知识在实践中几乎没什么作用，实践的发展远快于理论的进展，因此，相当一部分的法律文书课程转而密切跟踪实践中法律文书的制作现状和发展要求，以此来设计课程结构和内容，这种立足于实际的思路是理论联系实际的体现，值得大力弘扬。

第三节 古今中外法律文书比较

一、两大法系法律文书简介

法系是根据各国的法律历史传统所作的分类。一般认为，世界上现有两大法系，即以德国、法国等国家为代表的大陆法系和以英国、美国等国家为代表的英美法系。大陆法系又称罗马法系、法典法系等，英美法系又称普通法系、判例法系等。就两大法系的主要特点来说，大陆法系重视法典的修订，成文法律制度发达，演绎方法在法律思考中比较常用，判例一般不被认为是正式的法律渊源；而英美法系特别重视判例的研究与应用，人们习惯于从判例中寻找法律的真谛，法官在判案时要受以前判例的约束或影响，归纳过去判例特点以探求法律精神的归纳法比较盛行。

两大法系的上述特点也必然在它们的法律文书中反映出来，而法院的判决书又是最典型、最具有代表性的一种法律文书，因此，现在就以大陆法系的德国、法国与英美法系的英国、美国为例，对它们的判决书的特点作一个简单的介绍。

德、法等大陆法系国家对判决书的格式规定较细致，要求较严格。美国的判决书虽有一定格式，但规定较粗略，要求不严，十分讲究逻辑推理，格式和篇幅较少受约束，制作者可作较大自由的裁量，法官有很大的发挥空间。这是文化历史传统不同所造成的。美、英等普通法系国家的法官遵循判例法，不仅适用法律（判例法），还创制法律，都希望自己的判决能够成为判例法而被其他法官引用。这样一来，法官制作判决书时是各显神通，对引用的法律（判例法），在以往法官们积累的经验之上进行加工、再加工，从而使判决书越来越长。正如英国迪洛克勋爵所说：普通法系国家的法官们经由多条不同途径达到同一结论的可能性是“普通法的美妙之处”。而这种“美妙之处”在德、法的法院判决书中根本就不存在。但是，即使在同是大陆法系的德、法两国，其判决书的格式和风格也有一定的差异。德国的判决书冗长而详细，注重实用主义，判决不只引用法条，还引用学者的观点，有时也引用法理或下级法院的判例。法国的判决书，尤其是最高法院的判决书，同英国上院的判决书一样，比较短小，文句也简洁得多。①

从发展趋势来看，大陆法系和普通法系正处于所谓“趋同”的发展过程中，即大陆法系现在越来越多地以案例为法例来弥补法典法的不足，而普通法系则越来越多地以成文法或法典法为“普通法”的法例，以适应自身法制的发展需要。可以预期，经过不断的沟通融合，两大法系的鸿沟将日益缩小而最终趋于水乳交融的境地。裁判文书风格现今异彩纷呈，也是由于源流的不同使然。它们的发展趋势是，经过互相学习、借鉴，取长补短，日益缩小差异，最终也会达到融合的美妙境界。②

二、中国古代法律文书评介

在中国古代，法律文书是官府的官吏处理讼案、适用法律的载体。它伴随着法律和文字的产生而产生。殷商的甲骨文和西周的金鼎文中就有一些记述对奴隶的惩罚和王室对贵族之间争讼的裁决。可以说，这些就是中国最早的法律文书。相传在西周中叶，诉讼程序及其司法文书已相当完备。重要案件须由原告呈“剂”（诉状）；审讯要听“两辞”（双方供词），并记录在案，叫作“供”（法庭笔录）；裁决要有“书”（裁判文书），并当庭宣布，叫作“读书”（宣判）；执行叫作“用法”；等等。也就是说，整个诉讼过程均有相应的司法文书。

史称秦始皇嬴政“昼断狱，夜理书”，每天要处理128斤重的公文简牍。这里所谓的“书”并非一般的书籍，而是公务文书，其中主要是司法文书。“文书”一词始于《汉书·刑法志》：“文书盈于几阁，典者不能编（遍）睹。”其意思是：文书充满了库房、案头，管理者看都看不过来。这里的“文书”是指公文、案卷，主要就是司法文书。古代的官府和官吏的工作主要是两项：一是收税；二是办案。办案即处理告状，必须制作司法文书。

湖北省云梦县睡虎地出土的云梦竹简和内蒙古额济纳旗出土的居延汉简中，有许多属

① 熊先觉．司法文书研究．北京：人民法院出版社，2003：432-433.

② 同①437.

于司法文书。如秦简中的“爰书”就是一种广泛应用的文书，其本义是口供笔录。《汉书·张汤传》注云：“爰，换也，以文书代替其口辞也。”这就是指司法文书的口供笔录，但在秦简中凡供辞、记录、报告等均称“爰书”。

（一）我国古代文书的分类

我国古代的司法从属于行政，皇帝是最高审级，而地方则是司法与行政不分，地方行政长官就是司法长官。古代的司法文书可以分为下述四类。

1. 上行的司法文书

上行的司法文书是下级官府呈报上级官府的司法公文。主要有以下几类：

（1）详文。详文即案情报告，其内容详尽，包括发案、立案、审理、刑讯、口供、证言、勘验和判处意见等。详文用于呈报上级，请予批示，是一种很重要的司法文书，对于较大的案件必须用详文。它适用地方各级审判，如县详于州府，州府详于省。地方官有权自理的案件，无须呈报，就不用详文。中央政府各部门间行文，唐、宋以后的地方最高行政机关向中央刑部、大理寺行文，也不用详文。因为唐、宋以后的地方大员，如节度使、转运使、经略使、布政使、总督、巡抚等，均是封疆大吏，多兼中央院部阁臣衔，与中央各部门平级，故不用详文。

（2）奏章。奏章种类有奏折、奏钞、奏本、题本等。这里是指司法奏章，是臣僚呈给皇帝的案情报告。其内容与详文类似，详尽细密，但行文规格更加工整讲究。如清代的刑部奏本，一般很长，为便于皇帝审阅，就从题本中摘取数百字的提要称作“贴黄”，附于本后。奏章和贴黄的最重要部分是判处意见。

（3）禀文。禀文类似详文，但简略得多。一般是在审理案件前或在审理进行中对程序问题或其他某一问题向上级请示的报告。所谓“先禀而后详”，即办案先用禀文请示，待全案审结时则用详文报告。

（4）看语、审语。这是详文、奏章中的判处意见部分，因开头都用“卑职看得”或“该臣审得”等词句，故称看语或审语。这是详文、奏章中最重要的部分，类似现代未生效的判决书内容。看语、审语要摘引有关法律条款，据此才提出定罪科刑的具体意见。看语、审语与“判词”有原则区别，不应等同看待。因为“看语”“审语”是下级官府或臣僚对较大刑事案件所呈报的判处意见，尚未发生法律效力。而“判词”则是地方官对一般民间纠纷的生效判决。

2. 下行的司法文书

下行的司法文书是上级官府向下级官府送发的司法公文。主要有以下几类：

（1）批语。这是上级官府在下级官府呈报的详文、禀文、解票等司法公文上所作的批复、批示。有程序性的批复，如指示下级提取新的证据、口供或要求查明案发原因等；有实体性的批示，即在自己权限内对下级所报案件的判处意见的批示，这实际上就是一种判决。此外，基层府州县官府审理民事案件时，除结案制作判词外，也可在诉状、验单、口供上作出批语，向当事人发出指示，甚至在自己权限内用批语作为“判词”结案，这实际上也是判决。批语一般很简略。

（2）谕旨。司法方面的谕旨是皇帝对案件的批示，也就是对重要刑事案件的终审判决。皇帝掌握最高司法权力，有权对任何案件作出最终裁决。对于死刑案件，在隋、唐以后法定须向皇帝呈报，并须“复奏”，甚至“三复奏”，待正式执行前还须报经皇帝“勾决”。因此，司法谕旨是死刑案件的真正“判决书”。谕旨一般不长，秦汉时往往只有一个“可”字；明、清时也往往只有对某犯“斩监候”，或加上“着秋后处决”或“余依议”等词语。对于普通刑事案件的谕旨，多由阁僚代笔，并非皇帝亲笔。

（3）牌文。又称宪牌，是官府下行的并加盖了公章的正式司法公文。其内容包括案犯的年貌（身份简历、相貌特征）、案由和有关批语。牌文是层层转发的，下级接到牌文时按批语执行。皇帝的谕旨除直接发布的以外，也有经中央刑部以牌文的形式下达的。

3. 平行的司法文书

平行的司法文书是同级官府间发送的司法公文，主要有以下几类：

（1）咨文。明、清时，中央刑部、都察院与地方省级品秩相等，下达省的司法公文用咨文。

（2）关文。是平行机关间使用的司法公文，如地方州县间协商案件的有关事宜时用关文。

（3）移文。与关文相同，故合称关移文书。

4. 其他重要的司法文书

除上述之外，古代的司法文书主要还有以下几种：

（1）解票、差票。即证票文书，是为押解犯人或执行其他勤务发给差役的凭证。

（2）露布。即布告，对重大的或有影响的案件在判处后一般予以张贴，以儆效尤。

（3）验单。又称为“爰”（勘查检验文书）。例如，湖北省云梦县睡虎地出土的云梦秦简中的“封诊式”，保存了贼死、经死、穴盗三例验单，其中的经死（即吊死）部分译成现代汉语为：

某里的典甲（即乡长）说：“本里人士伍丙在家中吊死，不知道什么缘故，前来报告。”（县府）当即让令史（负责勘验和拘捕的下级官吏）前往检验。令史如实记录：本人和狱卒某随典甲和丙的妻、女对丙进行了检验。丙的尸体悬挂在他家中东侧卧室靠近北墙的房椽子上，面向南，用拇指粗的麻绳做成套，束在颈上，绳套的系束处在颈后部。绳索上面系在椽子上，绕椽子两周后打成死结，留下绳头有二尺长。尸体的头部上距房椽二尺，脚离地面二寸，头和背贴近墙，舌吐出与嘴唇齐，流有便溺，玷污了双脚。解开绳索时，尸体的口鼻中排出气体，像叹息的声音。绳索在与身体接触处留下了淤血的痕迹，只差颈后两寸到一周。其他部位经检查没有发现兵刃、木棒、绳索的痕迹。椽子粗一围，长三尺。西边地面上有土坎高二尺，站在土坎上面可以系挂绳索。地面坚硬，不能查知人们的足迹。绳长一丈。（死者）身穿络制的短衣和裙各一件，赤脚。（令史）当即命典甲和丙的女儿把丙的尸体运送到县府。

这份古代的验单即勘查检验文书，包括勘查笔录、验尸笔录等，其制作水平已达到相当高的程度，记录得十分详细。我国古代司法非常重视现场检验勘查，从而对这种笔录的要求很高。

（4）供辞。即口供笔录，又称“爰书”“供”等。古代司法无供不判，为了取供，会用刑讯逼供，常会导致屈打成招，草菅人命。

（5）诉状。俗称状子、状纸。诉状的质量关系到诉讼胜负，故十分讲究。明代刻本《肖曹遗笔》四卷记载了所谓“十段锦”，即做状十要领，具体如下：

1）“殊书”（案由）。“殊”是“诛”的假借字，要用最简练的词语概括案情，作出断语。

2）“缘由”（由来）。要简明扼要地叙述事情发生的经过。

3）“期由”（时间）。要按时间先后顺序叙述事实经过。

4）“计由”（犯罪发端）。该部分要好好斟酌，既不能烦琐，也不得空洞含糊。

5）“成败”（犯罪的发展和构成）。若是攻势状子，要瞻前顾后，经得起辩驳。

6）“得失”（讲究计谋）。若是守势状子，要详写，并留退路。

7）“证由”（证据）。在论述了“成败”或“得失”之后，要列举证据，加以说明。

8）“截语”（论断）。必须句句紧扣法律，字字经过锤炼。如果状子中有此段，叫“关门状”，这样官府容易决断；如果没有此段，叫“开门状”，就使人犯有空子可钻。截语不易写，因此，一般是状子不可太“关门”，也不可太“开门”，最好是“半开半关”，留有余地，不能说得太死。

9）“结尾”（要求）。即依照法律规定要求解决什么问题，这部分要写得明确具体。

10）“事释”（目的）。在状子的最后用几个字说明告状的目的，如“除害”“安民”“正俗”等。

肖曹认为，如果诉状不合要求，就会陷于被动，招致不利后果；按照上述要求写状子，做到“字字超群，句句脱俗，款款合律，言语紧切，事理贯串”，就可稳操胜券。

（二）古代司法文书的特点

（1）请示报告文书很多。对于较重大的案件必须层层上报。大要案尤其死刑案件直接由皇帝裁决。州县地方的司法权限很小，有权自理案件限于民间纠纷及轻微刑事案件。

（2）重视诉状和供词，罪从供定。

（3）重视勘验文书。

（4）判决依据法律和社会道德，法律与道德不分。

（5）判决主要用批示。一般批在案件报告上或诉状上，很少专门制作判词。常口头宣判，文书也不发给当事人。唐、宋以来，判词一般用于基层州县地方官对民间纠纷和轻微刑事案件。流传于今的唐宋判词多为应试之作的“拟判”，而非实际审理案件的“实判”。明清的实判一般很简短，很少成文成章。总之，古代判词与现代判决书的差异甚大，不应同日而语，且拟判不同于实例。

三、中国近现代法律文书的发展走向

（一）清末的司法文书

自1840年鸦片战争以后，中国逐步沦为半封建半殖民地社会，西方的法律思想和法律制度传入，使司法文书发生了巨变，古代司法文书被废弃。

清末变法修律，借鉴日本、德国的司法文书制作经验，结合中国法律文化实际，启动现代司法文书格式，对民事、刑事判决书的格式作了以下统一规定。

1. 民事判决书须载明的事项

（1）诉讼人之姓名、籍贯、年龄、住所、职业；

（2）呈诉事项；

（3）证明理由之缘由；

（4）判决理由。

2. 刑事判决书须载明的事项

（1）罪犯之姓名、籍贯、年龄、住所、职业；

（2）犯罪之事实；

（3）证明犯罪之理由；

（4）援引法律某条；

（5）援引法律之理由。

此外，对诉状、笔录、送达文书等也作了相应的规定，与古代的司法文书迥异。这些司法文书格式在清末并未实行，而由民国政府所沿袭，只根据实践需要稍有改动，使之逐步齐备。

（二）民国的司法文书

民国时期的司法文书称为司法机关公文，相当完备。其分为五大类：一是行政公牍，即一般的行政性公文；二是诉讼文书，即各种诉状，包括检察官起诉书；三是侦查审理文书，包括侦查笔录、法院审理笔录等；四是裁判执行文书，包括判决书、裁定书、执行命令、执行书等；五是应用文件，包括提票、押票、法院和监狱的各种报表等表格式文书。民国时期的司法体制和新中国的司法体制不同，因此司法文书的分类也不同。

民国时期的司法文书是在承袭清末制定的司法文书的基础上发展起来的，但又有不少变化。现介绍民国时期的民事判决书和刑事判决书的格式，以供比较。

1. 民事判决书须记载的事项

（1）当事人姓名、住所或居所；当事人为法人或其他团体者，其名称及事务所或营业所所在地。

（2）有法定代表人、诉讼代理人者，其姓名、住所或居所。

（3）主文。

（4）事实（应记载言词辩理时当事人之声明及其提出之攻击或防御方法）。

（5）理由（应记载关于攻击或防御方法之意见及法律上之意见）。

（6）法院。

2. 刑事判决书须记载的事项

（1）被告身份事项（包括姓名、性别、年龄、籍贯、职业、住址或居所、是否有前科或在押）；被告有辩护人者，应记明某律师。

（2）案由（有检察官出庭者，亦应载明）。

（3）主文。

（4）事实（包括起诉要旨、抗辩要旨）。有罪判决书应记载：1）认定犯罪事实所凭之证据及认定之理由；2）对于被告有利之证据不采纳者，其理由。

（5）理由。有罪判决应记载：1）科刑轻重之标准，如犯罪之动机、目的、所受刺激、手段、生活状况、品行、知识程度、与被害人平日之关系、犯罪后果、犯罪后态度；2）罚金之酌量加重所审酌之情形；3）刑罚加重、减轻或免除的理由；4）谕知保安处分的理由；5）适用之法律。

（6）有关事项（如告知上诉事项等）。

（7）法院。

在民国时期，革命根据地和解放区政权所使用的司法文书基本上是采用当时的司法文书格式，虽有变动但不大。文书格式是形式，其内容不同才是实质性的不同。

四、当代中国的司法文书

（一）当代中国司法文书的最大特点

司法文书是法律文化的重要组成部分，体现了中华民族文化传统，是经过长期司法实践形成并因应时代需要而演进的。我国的司法文书，除了香港属于英美法系，其他地区均属于大陆法系。1997 年香港回归祖国以前，香港地区的裁判书一般先写明案件名称、审批机关、诉讼双方名称及聆讯日期等，然后在“判词”一项下详细叙述案由、案件事实及争议焦点、法官判案的理由等。“判词”是裁判文书的主体和核心。而在 1997 年香港回归祖国以后，香港地区的裁判书的结构有所变化，虽然仍保持“判词”一项，但在其下又分设几个小项目，称为“案件的缘由”“案件的事实”“事实的裁定”“受争议的事实”“总结”等。这说明香港地区的裁判书也受到大陆法系的影响，逐渐向清晰化、格式化的方向发展。

（二）当代中国司法文书的格式和种类

中华人民共和国成立之初，中央机关便主张法治，对司法文书很重视。中央人民政府司法部于 1951 年制定和颁发了一套《诉讼用纸格式》，统一了全国的司法文书。1956 年又制定和颁发了一套《公证文书格式》。这两套文书格式，一为诉讼，一为非讼，均较齐全。作为法律文化遗产的司法文书格式，多系沿用民国和革命根据地的司法文书格式，只作了少许改动而已。司法文书原为直排，在 20 世纪 50 年代中期随着书报由直排改为横排。1959 年司法部被撤销后，司法文书质量日益下降，特别是在“文化大革命”的十年浩劫里，随着“砸烂公、检、法”的狂潮，司法文书格式也被“砸烂”了。

党的十一届三中全会后，拨乱反正，加强法制建设，制定和颁布了刑法、刑事诉讼法等重要法律，恢复了检察机关和司法行政机关，司法文书再度受到重视并得到了发展。司法部恢复后，即由普通法院管理司负责制定并于 1980 年 6 月颁发了《诉讼文书样式》（内计 8 类 64 种），次年又由律师公证司负责制定和颁发了《公证文书样式》（内计 24 种），重新统一了司法文书格式。

1982 年国家机构改革，调整政府职能，司法部的普通法院管理司和专门法院管理司被撤销，法院系统的司法行政工作划给最高人民法院管理，从而形成了公安、检察、法院、司法行政四个系统分别制定和修订本系统的文书格式的局面。公安部在原颁发的 25 种文书格式的基础上于 1989 年重新制定了《预审文书格式》（内计 48 种）。最高人民检察院在原有文书格式的基础上于 1991 年制定了《刑事检察文书格式（样式）》（内计 46 种）。最高人民法院在原有文书格式的基础上于 1992 年 6 月制定了《法院诉讼文书样式（试行）》（内计 14 类 314 种）。司法文书格式日益完备。

1996 年 3 月，全国人大对《刑事诉讼法》作了重大修订，明确规定未经人民法院依法判决，对任何人都不得确定有罪，相应规定案犯在交付审判前，都称为“犯罪嫌疑人”；取消了公安机关对犯罪嫌疑人的“收容审查”；取消了人民检察院的“免予起诉决定权”；等等。司法文书格式须伴随诉讼法的修订而修订。为此，公安部于 1996 年 11 月修订下发了《公安机关刑事法律文书格式（样本）》（内计 92 种）。最高人民检察院于同年 12 月修订下发了《人民检察院刑事法律文书格式（样本）》（内计 235 种）。司法部于同年 12 月 20

日制定下发了《刑事诉讼中律师使用文书样式（试行）》。最高人民法院于 1999 年 4 月修订下发了《法院刑事诉讼文书样式》（样本），其中删除了不再使用的刑事诉讼文书样式 8 种，新增加了刑事诉讼文书样式 53 种。

进入 21 世纪以来，最高人民法院、最高人民检察院、公安部、司法部等机关对各自应用的法律文书样式先后做出了修改，使之能够适应司法改革和建设法治政府、法治社会的需要。但是，鉴于各自制定或修订本系统的文书格式带有分散性，有些文书格式还不够协调，有的文书名称和内容还有值得商榷之处，需进一步研究改进。

第四节　制作法律文书的总体要求

一、法律文书的语言要求

（一）法律文书的语体风格

语体风格又称语体、语体色彩，是指人们在各种社会活动领域使用语言进行交际时，根据不同的环境、不同的对象，所形成的一系列运用语言的不同特点和不同风格。

语体从其形式上分类，可以分为口头语体和书面语体两大类。口头语体，即人们交际往来的言辞表达，比较通俗、灵活、直白，排斥专门术语和文言词语的使用。书面语体是指以文字记录为载体，用书面的形式传播信息，表情达意。书面语体因其体裁类型不同，故语体风格也迥然不同。法律文书是国家执法机关为实施法律处理案件而制作的文书，由法律这一公正而严肃的特性所决定，法律文书的语体风格必然体现出庄严、肃穆、凝练的色彩，这种语体风格的形成往往是通过使用大量的“法言法语”实现的。法律文书是执法机关代表国家运用法律对涉及的案件当事人作出的处理决定，无疑是一项极其严肃而又庄严的工作。与此相适应，法律文书语言也就不可避免地烙有这种特定的专业印记。这种语体，专用术语强，文辞精练，语气庄重，威而不苛，显示出法律的尊严。

（二）法律文书语言表达的基本要求

法律文书作为公文的分支，其语言表达特征与公文语言基本相同。公文语言的基本特征是用语准确，表述简约，行文朴实，并富有一定的修辞艺术，法律文书语言亦如此。若想制作好法律文书，并有效运用语言，具体应做到以下几点。

1. 用语要准确

法律的适用及认定要求准确无误，这决定了法律文书的语言也必须做到准确。语言准确是法律文书的生命线，法律文书写作实践中，有时一词之差、一词之误甚至一个标点符号用错，都有可能产生严重的不良法律后果，造成难以挽回的损失。要做到语言准确，应从以下几方面努力：

（1）用词准确，褒贬分明。在法律文书中，任何一个法律事实的存在或法律上的认定，都需要借助于词去表现、反映，因此，用词的准确性关系到法律认定的真实性。

（2）造句符合语法规范，文理通顺。句型是语言的第二级单位，不同句子的组合就构成了表达的不同意思。如同其他文体语言的要求一样，法律文书的语言也要求造句通顺，符合语法规范，避免文理混乱、表意不清。要做到造句通顺，具体应做到四个避免：一是避免句子残缺，成分不全；二是避免句子成分搭配不当，别扭难解；三是避免语序紊乱，文意不明；四是避免逻辑混乱，文理不通。

（3）准确使用法律术语。语言、词和逻辑的概念具有密切的联系，一个概念的产生与形成需要借助于语词来表达。法律术语（亦称法律概念）是一种特殊的专用词汇。这种词汇不仅含有强烈的法律特性，而且就某些术语之间来说又具有形似质别的特点，这种细微的差异表现出法律术语的高度科学性。因此，使用法律术语时力求准确，不能因相似而混淆。

（4）戒方言土语，杜绝“黑话”。司法文书的语言要求纯洁而健康，不允许使用过于浓重的方言土语，更不能使用犯罪分子的“黑话”，这是由法律的严肃性所决定的。

（5）人称指代要清晰明确。人称指代明确是正确使用语言、确保法律文书叙事清楚的另一特定要求。为了使司法文书叙述案件事实简练及语体庄重、质朴，在陈述有关事实时，当前文已出现当事人姓名全称，之后再提及可以用姓称简化代替，有时也可用“其”予以代称。使用代称要求指向明确，称代清楚，避免前后紊乱，指代不明，否则容易导致事实不清，影响对案情的认定。

（6）正确使用标点符号，杜绝错别字。为了保证语言使用的准确性，还应该注意标点符号的使用方法，文句不同地方的停顿，是基于不同语气的表达所使用的各类标点所决定的。除此之外还需注意文字的书写规范，杜绝错字、别字的出现，特别是法律文书的正本及副本，打印成文后，要认真校对，确保语言的绝对准确。

2. 表述要简约

简约又称精练、简练。语言精练不仅是一般文章的写作要求，也是法律文书制作的需要，既要做到行文精练，简明扼要，又要将法理阐述透彻，一语破的，就是说要做到言简意赅。“言简”与“意赅”是一个事物的两个方面，语言简洁并不是一味求简，越简越好，而应是在文意完备基础之上的简；文意赅备也不是事无巨细，有闻必录，而应是在简练前提下的完备。

3. 行文要朴实

朴实是法律文书语言的第三个重要特征。语言的朴实是指文笔纯朴无华，客观写实，不追求浓艳华丽的色彩，不故作高深，做无谓虚玄的叙述，最终达到使人听得明白，读得顺口。法律文书语言的朴实是由法律的严肃性、实用性、客观性所决定的。法律文书追求的是法律效果而绝非艺术效果，法律强调的是“以事实为根据，以法律为准绳”，是什么就写什么。法律文书交代当事人身份事项要求准确、真实、完整；叙述案件事实强调客观求实，一是一，二是二，如实叙写，平铺直叙，忌用倒叙、插叙等曲笔；阐明事理务求理正，语贵精要，忌讳铺陈敷衍，恣肆纵笔；得出处理结论要求简洁、清楚、明了，易于执（履）行，忌使用无谓教育之词。以上特性决定了法律文书语言必须朴实。文风朴实，语贵平实，并不意味着语言枯燥，干瘪无味。因为案件本身就是复杂的，因而如实反映案件事实，恰当地反映理由、处理意见，自然也就能把复杂多变的案情、充分有力的理由和明确的处理意见表现出来，使人感受真切，并从中受到教育。

4. 讲求一定的修辞方式

修辞是提高语言表达效果的技巧。俗话说：“话有三说，巧说为妙。”同类的意思，不同的说法，其产生的效果就大不一样。法律文书根据事实向当事人解释法律的适用，自然也要讲求语言的表达技巧。特别是民事案件，因其是处理人民内部矛盾纠纷，讲述的内容如果措辞不当、语不得体、话不得法，就会给当事人的前途、声誉带来不良影响，因而遣词造句要讲求方式，委婉适当。有些内容既不能说得太露骨，又不能避而不谈；既要考虑到为一方当事人保密，又不能让另一方钻了空子。这就要讲求语言的修辞效果。

二、法律文书写作的基本要求

制作法律文书除了要在语言上注意推敲外，写作上还要符合下述要求。

（一）尊重客观事实，恪守国家法律

“以事实为根据，以法律为准绳”是司法工作的基本指导原则，也是法律文书制作的指导思想。法律文书制作的好坏，制作质量的高低，直接关系到国家法律能否有效地贯彻执行，国家、集体、公民的合法权益能否得到切实保障，关系到国家的尊严、法律的严肃性，关系到能否正确适用法律打击犯罪、保护人民、维护法治的重要问题。任何认定上的一点偏差，都可能造成严重后果，导致法律上的失误。因此，制作司法文书必须从客观事实出发，绝对尊重客观事实，如实反映案件的本来面目，这是写好法律文书的基本前提。法律文书的制作还必须严格依照国家法律的规定进行。国家法律指两方面的内容：一是程序法，二是实体法。制作什么样式的法律文书，什么时间制作，必须严格依照程序法的规定；而法律文书的内容，则既要符合程序法的规定，又要根据实体法对案件进行科学认定，任何随心所欲或者不严格地依法制作文书的做法，都是对法律程序的违反，必须坚决禁止。

（二）叙事清楚，说理充分，适用法律准确

1. 叙事清楚

事实是案件成立的基础，也是司法人员依法处理案件的依据。制作法律文书只有将事实叙述清楚，才能依法公断，作出合理的处理结论。要做到叙事清楚，具体要求有四个方面：

（1）要将双方分歧的焦点抓准并以简练概要的文字将各方观点记清。分歧的焦点是指在刑事、民事、行政判决书事实的开头部分所写明的控辩双方及民事诉讼当事人各自提供的事实、意见的对立观点。刑事诉讼中，确认被告人罪名的成立及罪名不能成立所依据的情节往往很多，但最终势必都要集中到对罪与非罪、此罪与彼罪、重罪与轻罪如何予以科学的认定，这也就成为控辩双方分歧的焦点所在。由于控辩双方的意见在事实中并非属于裁判文书的重点内容，因此，在表述时必须抓住关键的问题界定出争讼的焦点，使之形成一种对峙的势态。民事、行政判决书事实的开头则必须抓住原、被告及第三人各方提供事实的实质要点，即各方争议的要害问题去写。例如婚姻纠纷案件，导致夫妻感情破裂的原因很可能是多方面的，因而就要抓准双方感情破裂的主要因素来叙写。用原告诉称、被告辩称、第三人述称的模式写明各方陈述的简要概况及诉讼主张。

（2）构成事实的基本要素要完备。要素是构成事实存在的基本分子，在叙述案件事实过程中，不同的要素从不同的方面产生出不同的功效，组合起来就构成了一个个完整的情节。法律文书叙述事实只有将应该具备的要素明确交代出来，才能保证事实叙述清楚。具体而言，民事案件的事实要素主要包括：纠纷发生的时间、地点、标的，涉及的案件当事人，纠纷发生的起因、发展过程、造成的后果，及双方争议各自所持的意见请求。刑事案件的事实要素则主要有：犯罪的时间、地点、目的、动机、手段、行为过程及造成的后

果。只有将这些要素叙述清楚，交代明确，才能使人全面了解案情，从而依法公正合理地决断案件，否则，容易造成事实不清，导致法律上的失误。

当然，客观事物往往是复杂的，案情的多样性决定了叙述事实要素的灵活性，有些案情也可不必非要具备其中的某一要素，如婚姻纠纷案的事实就不一定具备纠纷的地点，刑事案件事实的犯罪目的、动机和后果也不是每一个案件都具备的，要根据实际情况来决定写与不写。

（3）叙事的主线要清晰，因果关系明确。要做到事实清楚，还需要注意事件线索叙述的明了、贯通。在中心明确的前提下，先写什么，后写什么，要合理布局，恰当安排，力求脉络清晰、层次分明。案情简单的事实，应按照事件发生发展的变化过程依次叙述；案情复杂的，特别是对于民事案件中错综交织、有若干个法律关系的事实，如买卖合同中的连环合同、建筑工程承包合同中的几手转包，叙述此类事实时要注意牢牢把握住叙述的基本主线，在控制好主干法律关系的前提下，按阶段再交代清其他的交错包容法律关系，只有这样才能有效保证事实的清晰、明了。要写清事实还须注意因果关系的明确。任何一种行为结果的形成，都必定有一定的原始起因，“世界上没有无缘无故的恨”，由原因到结果，这就是法律上的因果关系。在刑事案件中，因果关系是司法机关准确认定罪名以解决刑事责任的重要依据。在民事案件中，因果关系也是司法人员分辨是非、确立当事人各方责任大小的重要依据。目前这方面存在的问题主要是有果无因、因果脱节或自相矛盾。

（4）重要情节要叙述清楚。重要情节是确认被告人是否构成犯罪、罪行轻重及民事侵权行为能否成立的关键所在。法律文书叙述事实时必须着力将其突出。重要情节主要包括以下几类：第一类是决定或影响案件性质的情节。第二类是涉及有关当事人法律责任的情节。如合同纠纷案件，究竟是一方违约，没有履行合同约定的法定义务，还是双方均违约，各自都有未履行义务的行为，这些关键环节都必须具体明确地记叙清楚，才能为公正处理案件提供客观的事实基础。第三类是重要情节中的特定选择要件。我国刑法中某些罪名的成立是以其行为须具备某特定要件为必要条件的，在特定情况下，写清犯罪手段这一重要选择要件情节，对于区分罪与非罪、此罪与彼罪的界限，对于准确执法，显得尤为重要。

2. 说理充分

说理充分是写好法律文书的另一项特定要求。理由是法律文书中的重要组成部分，是以犯罪事实及民事纠纷事实为基础所阐明的确认被告人有罪无罪、罪重罪轻以及能否承担民事责任、承担责任大小的分析文字，集中体现了司法机关对本案做如何处理的观点、认识。在写法上既要求文辞精练，又要论证充分，以理服人。具体而言应做到“二要”：

一要突出个性，突出特点。突出个性、突出特点是增强理由说服力的重要一环。以刑事案件为例，犯罪分子的犯罪活动，尽管在犯罪这一点上是相同的，但由于各类案件的具体性质不同，其犯罪行为表现绝不会一样。即使是同一类型的案件，由于犯罪的动机和作案的手段不同，因而造成的后果、对社会的危害程度也不会完全相同，而是各有各的特性。因此，阐述理由时必须注意这一点，既要从各类罪中指出其共性，又要指出其个性，这样写出的理由才能有理有据，有较强的说服力。

二要思维严谨，逻辑严密。思维严谨、逻辑严密是法律文书理由阐述的又一项特定要求。理由部分论证严密、结构严谨，能使表达思路更加清晰，说服力更强，结论更深刻而有力。这就要求在论证说理时，要注意论据与论据之间、论据与论点之间、分论点与总论点之间的必然内在联系，依照表达的需要，按部就班地进行论述，最终自然推出所需要表明的基本观点。

3. 适用法律准确

准确适用法律是诉讼活动处理案件的核心环节，也是法律文书认定事实、确定性质（责任）、作出处理决定的准绳。法律条款引用的准确与否，直接关系着司法机关执法的准确性、公正性，关系着国家的威信，因此必须认真对待。具体而言应做到以下几点：

（1）要全面，忌顾此失彼。

（2）要准确。现行的各类法规一般来说都规定得比较具体详细，有的条文中还细分有款、项、目，这些款项虽然总的说来是一致的，但其各自适用的对象，针对的具体问题也有所不同。在引用时要明确指出是哪条哪款哪项。

（3）引用的顺序要合理。在有的刑事司法文书中有时往往会出现《刑法》总则条文与分则条文需一并引用的现象。当“两则”需同时引用时，其排列顺序孰先孰后是一个需注意的问题。正确地排列引用顺序，体现了适用法律的内在逻辑条理，是法律文书适用法律规范化的表现。目前同时引用“两则”时，有的法律文书是按先总则后分则的顺序排列，这是不正确的，应予以纠正。

我们知道，司法机关办理任何一个案件，首先要确定罪名的成立，而后才能谈得上如何量刑处罚。按照这一办案进程，凡涉及总则规定的刑事责任年龄、刑事责任能力、防卫过当、犯罪未遂及中止、累犯、共犯、数罪并罚等与罪刑有关情况时，在法律文书中应以先分则（即先确定犯罪性质及其法定刑）后总则（最后决定如何处罚）的顺序来排列。这样表述既符合逻辑顺序，又条理清晰，一目了然。反之，如前所述的先总则后分则的顺序排列，就成为先解决其从重从轻处罚或数罪并罚的实施办法而后再确定某种犯罪的构成，这是本末倒置，是不符合办案规律的。

三、法律文书的法理和情理要求

（一）法律文书的法理要求

法理是由法律根本精神演绎而得的法律一般原则；法理分析就是法官在案件审理过程中，将法律的一般原理及具体法律条款与案件事实相对照而作出较为客观的评论。

法官形象是法官品质和职业道德的自然表现和流露，良好的法官形象应当是文明、公平、公正、规范、廉洁、高效的典范。一个优秀的法官应当遵守司法礼仪，具有超乎常人的文化修养、道德情操和法律专业技能。

法理分析与法官形象本是两个不相关的词汇，而在日常生活中人们却经常通过裁判文书将它们紧密联系在一起。一份优秀的法律文书，会将法理分析得淋漓尽致，以法理服人，让有“气”的当事人看了息诉，让无“气”的当事人看了受到良好的教育。法理分析得透彻，裁判的公正性就先得到肯定，法官形象就不会被玷污，反之当事人看裁判结果看得一头雾水，就会对审判的公正性产生怀疑，法官形象也会受损。法理是“法”与“理”的结合，两者是鱼与水之情，密不可分。在打造“学习型法院”的今天，法理分析尤其显得重要，它不仅体现法官个人素质，更重要的是展现法官整体形象。一个好的法院领导，没有不抓法官法律文书制作的，而能否抓到点子上，主要看法官写作的法理分析是否透彻，让人看了是否心服口服。

要从根本上提高法官的法理分析水平，笔者认为需做到以下几点：

首先，必须加强学习。学习是法官提高业务水平的根本所在，也是必经途径。知识对任何人来说都是公平的，同样的知识不会因为你是法官而飞进你的脑袋里。只有通过脚踏实地的苦心钻研，才能打好做法官的基础。

其次，法院应将审判结果和法理分析作为统一考核法官业绩的内容。裁判文书的质量高低主要取决于说理的透彻与否，而说理的透彻与否又取决于法官素质的高低。目前许多法院已经将裁判文书中有无错别字、漏字纳入法官业绩的考核内容。因为没有统一衡量标准而没有将裁判文书说理是否充分作为考核内容，这样做法显然有失偏颇。一份裁判文书"不够讲理"或"不讲理"的危害远远比错别字、漏字大得多。据此，法院应总结出裁判文书说理不清的几种情形，以提醒法官在制作文书时避免。如对争议的事实认定时不阐明认证理由的；"本院认为"部分在概述事实后简单引用法条的；自由裁量处理的问题不根据法理详加阐述的；当事人因说理不当引起误解而上诉、申诉的。

最后，法院应建立健全与法理分析相适应的改革措施。例如，推行主审法官负责制，让一些法学功底深厚、业务能力强的优秀法官审理案件；同时建立法官助理制度，让一些业务能力较差的法官协助主审法官做一些辅助性的审判工作；大力推行以法理分析为核心的评查制度；制定相关的说理标准，并将法理分析不透彻的裁判文书纳入差案追究范围。

（二）法律文书的情理要求

法律文书的情与生活之情谊、文学作品的感情是不同的。这种浩然正气之情维护的是法律的尊严、价值以及法官、律师的内在秉公执法精神。

情感是偏于主观的。情可以夸张，也可以泛滥，其表现形式多种多样。而司法文书的情有一个度，即适度，表现为客观、冷静、鲜明。这就是司法文书情感的外现形式。对犯罪的痛恨、义愤，对受害者的同情、支持，都淋漓尽致地表现在司法文书的客观叙述和冷静分析中。

总之，司法文书有情，且比较适度，它绝不游离、显露，而是把饱满的浩然正气蕴含于所叙事实、所陈道理之中，一般不直面抒发。因此，从一定意义上说来，司法文书的情是一种色彩，一种语势，一种氛围和情调。司法文书有情，但不张扬外露；司法文书有情，但不抒情。①

【本章小结】

本章从法律文书的概念和特点入手，从当前司法改革的宽广视角来分析法律文书及其学科在帮助司法机关和法律职业人员执行法律、实现社会公平正义、推进依法治国方略中的重大作用，强调了法律文书课程的重要性。同时，本章也客观地揭露了现行教育体制对法律文书教学的轻视，并对法律文书教学的发展趋势作出了合理的展望。最后，本章简要介绍了古今中外的法律文书，并概括地说明了制作法律文书时应当遵循的基本要求。

① 侯兴宇．论司法文书的"事"、"理"、"情"．贵州政法管理干部学院学报，2001，13（3）．

【思考练习题】

1. 什么是法律文书？它与司法文书、诉讼文书有什么异同？
2. 法律文书有什么社会功能？在当前司法改革的过程中，法律文书应当作何改进？
3. 简要介绍两大法系法律文书的基本情况。
4. 制作法律文书时对语言有什么要求？
5. 如何处理好法律文书中法理与情理的关系？

第二章　人民法院刑事裁判文书

【本章引言】

人民法院刑事裁判文书是人民法院在审理刑事案件过程中就案件的实体和程序问题依法制作的具有法律效力的文书。各类不同的刑事裁判文书尽管都有不同的特点和要求，但也有其共同的规律。本章以审级为主线，对一审、二审、再审等刑事裁判文书进行了全面的论述，其中对第一审刑事裁判文书进行了重点详解。对于每一种刑事裁判文书，主要介绍其制作格式和制作要领，与文书制作密切相关的诉讼法和实体法的内容也稍有涉及。

【本章学习目标】

1. 全面了解刑事裁判文书的特点和主要种类；
2. 掌握刑事裁判文书的制作要求和基本写法；
3. 按照要求独立写作有关的刑事裁判文书。

第一节　人民法院刑事裁判文书概述

刑事裁判文书正是向社会公众展示刑事司法文明、公正的重要载体，优秀的裁判要做到情理法相融合，要弘扬社会主义核心价值观，实现党的二十大报告所提出的把社会主义核心价值观融入法治建设的要求；说理充分、准确无误的刑事裁判文书也有助于提升司法公信力和司法权威，努力让人民群众在每一个司法案件中感受到公平正义。

一、刑事裁判文书的概念和作用

（一）概念

刑事裁判文书，是人民法院在审理刑事案件过程中，就案件的实体和程序问题依法制作的具有法律效力的文书。这一概念明确了以下几个问题：

（1）制作主体：刑事裁判文书由行使国家审判权的人民法院制作。

（2）制作依据：刑事裁判文书应依法制作，即依照《中华人民共和国刑法》（以下简称《刑法》）、《中华人民共和国刑事诉讼法》（以下简称《刑事诉讼法》）及最高人民法院作出的有关司法解释制作。

（3）适用范围：刑事裁判文书仅适用人民法院审理的刑事案件，包括公诉案件和自诉案件（包括公诉和自诉程序的刑事附带民事诉讼案件）。

（4）解决问题：刑事裁判文书解决的是案件的实体及程序问题。

（5）主要特征：人民法院依法制作的刑事裁判文书均具有法律效力。

（二）作用

刑事裁判文书是人民法院行使审判权、严格依法办案、保护人民、惩罚犯罪的有力武器，是体现司法公正的最终载体，是法制宣传、教育的生动教材，是衡量法院办案质量、考察法官素质的重要尺度，具有十分重要的作用。因此，制作刑事裁判文书是人民法院刑事审判工作的重要组成部分，也是刑事审判人员的一项重要任务，必须认真对待。

1999年4月，最高人民法院在广泛调查研究、征求意见的基础上，制定下发了《法院刑事诉讼文书样式》（样本），并自当年的7月1日起生效施行。之后根据刑事诉讼的需要，又相继制定了被告人认罪案件刑事裁判文书样式、未成年人犯罪案件刑事裁判文书样式、被判处死刑缓期两年执行的犯罪分子在死缓期间又故意犯罪案件刑事裁判文书样式等，同时，还先后就刑事诉讼文书样式制作中反映出的一些问题，如刑事裁判文书中刑期起止日期如何表述等及时进行了批复或者集中解答，从而使人民法院刑事诉讼文书样式更加规范和统一。

二、刑事裁判文书的种类

刑事裁判文书从种类上看，有刑事判决书、刑事裁定书、刑事决定书、刑事调解书等；从程序上看，有一审刑事裁判文书、二审裁判文书、死刑复核裁判文书、再审裁判文书和减刑、假释裁定书等。

本章着重介绍人民法院刑事诉讼文书样式施行中常见的刑事裁判文书的主要内容和制作方法。

第二节　第一审刑事裁判文书

一、第一审公诉案件刑事判决书

第一审公诉案件刑事判决书是指人民法院对于人民检察院提起公诉的刑事案件，依照刑事诉讼法规定的第一审程序进行审理后，对被告人的行为是否构成犯罪、是否判处刑罚以及判处何种刑罚作出处理决定的法律文书。

第一审公诉案件刑事判决书依据人民法院所适用的具体审理程序的不同，可以分为适用普通程序、简易程序和速裁程序的刑事判决书。本节重点介绍适用普通程序的第一审公诉案件刑事判决书的主要内容和写作方法。

（一）首部

1. 法院名称和文书名称

法院名称一般应与法院印章上的文字一致，但基层人民法院应冠以省、自治区、直辖市名称。如北京市海淀区人民法院制作的刑事判决书的法院名称就不能只表述为“海淀区人民法院”，而应当表述为“北京市海淀区人民法院”。如系涉外案件，在各级人民法院名称前还应冠以“中华人民共和国”的全称，如“中华人民共和国云南省昆明市中级人民法院”。文书名称即为“刑事判决书”。法院名称和文书名称应分行居中排列。

2. 案件编号

依次由收案年度、法院代字、案件性质、审判程序的代字、顺序号组成①。收案年度用公元纪年全称，四个阿拉伯数字用圆括号括住。如四川省达州市中级人民法院2022年立案的第20号第一审刑事案件，案件编号应表述为“(2022）川17刑初20号”，其中法院代字“川17”即代表四川省达州市中级人民法院。案件编号应写在文书名称下一行的右端，上、下各空一行。

3. 公诉机关

即提起公诉的人民检察院的全称。如“公诉机关×××人民检察院”。

4. 被告人

依次写明被告人姓名、性别、出生年月日、民族、出生地、文化程度、职业或工作单位和职务、住址和因本案所受强制措施情况、现在何处。在此基础上根据不同被告人的不同情况予以变动。

(1）被告人如有与案情有关的别名、化名或者绰号的，应在其姓名后面用括号加以注明，如系外国人的应注明其国籍、英文译名和护照号码。

(2）被告人的出生年月日，一般应按公历书写，如出生年月日确实查不清的，也可写实足年龄，但对于犯罪时不满18周岁的未成年被告人，必须写出生年月日。

(3）被告人的职业，一般应写工人、农民、个体工商户等，如果有工作单位的，应写明其工作单位和职务。

(4）被告人的住址，应写住所所在地，住所所在地和经常居住地不一致的，写经常居住地。

(5）被告人曾经受过刑事处罚、劳动教养处分或又在限制人身自由期间逃跑，可能构成累犯或者有法定、酌定从重处罚情节的，应在住址后面写明其事由和时间。

(6）因本案所受强制措施情况，应写明被刑事拘留、逮捕等羁押时间的起止日期；如有变更强制措施的，也应写明，以便折抵刑期。

(7）同案被告人为二人以上的，按判决结果所确定的主、从关系的顺序或判处刑罚的重轻列项书写。

(8）被告人是未成年人的，应当在写明被告人基本情况后，另起一段续写其法定代理人的姓名、与被告人的关系、工作单位和职务以及住址。

5. 辩护人

辩护人系律师的，表述为“辩护人×××，××律师事务所律师”；辩护人是人民团体或者被告人所在单位推荐的，只写姓名、工作单位和职务；辩护人系被告人的监护人、近亲属的，除写姓名、工作单位和职务之外，还应写明其与被告人的关系；辩护人如系人民法院指定的，则写为“指定辩护人×××”，并在叙述“审判经过”和“控辩主张”部分作相应的表述。同案被告人有二人以上且各有辩护人的，应分别在各被告人项下单独列项写明。

---

① 案号的编制、使用应根据《最高人民法院关于人民法院案件案号的若干规定》(2018年修改版）等执行。

6. 案件由来和审判经过

书写这一段是为了体现审判程序是否合法。具体来说应包括以下内容：

（1）起诉日期，即为人民法院签收起诉书等材料的日期。

（2）起诉案由。

（3）合议审判还是独任审判。

（4）公开审理还是不公开审理。

（5）人民检察院是否派员出庭支持公诉，出庭支持公诉的如系检察长、副检察长或者检察员的，均应表述为检察员；如果起诉书上署名的检察员与出庭支持公诉的检察员不一致时，应以出庭支持公诉的检察员为准。

（6）被告人、辩护人、被害人、证人、鉴定人等是否到庭参加诉讼。按文书样式规定，应表述如下：

“×××人民检察院以×检×诉××号起诉书指控被告人×××犯××罪，于××××年××月××日向法院提起公诉。本院依法组成合议庭，公开（或者不公开）开庭审理了本案。×××人民检察院指派检察员×××出庭支持公诉，被害人×××及其法定代理人×××、诉讼代理人×××，被告人×××及其法定代理人×××，辩护人×××，证人×××，鉴定人×××，翻译人员×××等到庭参加诉讼。现已审理终结。”

对于曾经依据我国《刑事诉讼法》第 200 条第 3 项规定作出无罪判决，人民检察院又起诉的案件，原判决不撤销，应在案件审理经过段“×××人民检察院以×检×诉××号起诉书”一句前，增写“被告人×××曾于××××年××月××日被×××人民检察院以犯××罪向×××人民法院提起公诉，因证据不足，指控的犯罪不能成立，被×××人民法院依法判决宣告无罪”。

（二）正文

1. 事实和证据

事实是判决的基础，而充分、有力的证据则使事实更具说服力。将事实叙述清楚、明白，是制作一份好的判决书的关键。

判决书的事实和证据包括公诉机关的指控、被告方的辩护及法院经审理查明的事实和采纳的证据。具体来说有以下几个方面的内容：

（1）公诉机关的指控。以“×××人民检察院指控”开头，引出下文，应包括公诉机关指控被告人犯罪的事实、证据以及公诉机关对本案适用法律的意见。对公诉机关的指控内容应当全面、概括地予以表述。

（2）被告方的辩护。一方面包括被告人的供述、辩解和自行辩护意见，另一方面包括辩护人的辩护意见和提供的有关证据。被告人的供述如与公诉机关指控一致，可简略表述为被告人“对公诉机关的指控供认不讳”。如对指控的事实有不一致或者完全否认的，则应概括写明其供述部分的内容，对未作供述部分的辩解和提出的相关证据，应具体写明。对于被告人自行辩护的意见，应主要针对公诉机关的指控，陈述有关适用法律方面的意见。对于辩护人辩护意见的表述应以对公诉机关指控的事实、证据和适用法律意见有分歧的内容作为叙述的重点。在制作这一部分内容时，应特别注意克服以往重指控、轻辩护的现象，真正使控辩双方平等的诉讼地位在判决书中得到充分的体现。

（3）经审理查明的事实与证据的表述。以“经审理查明”为开头，引出法院认定的事实和证据，这是制作判决书的重点。

对于人民法院经审理认定的事实，应写明案件发生的时间、地点，被告人作案的动机、目的、手段，实施行为的过程、危害结果和被告人在案发后的态度等，紧密围绕犯罪构成的四个要件，同时不遗漏影响定性处理的各种情节。

在叙述事实时，应条理清晰、层次分明，可根据具体案情采用恰当的叙述方式，一般可按时间先后顺序叙述。一人犯数罪的，主罪详写，相互间没有联系的数罪，按罪行轻重程度由重到轻叙述；一般共同犯罪案件，可以主犯为主线进行叙述；集团犯罪案件，可“先总后分”，即先综述集团的形成和共同的犯罪行为，再按由主到从、由重到轻的次序分别叙述各被告人的罪行；共同犯罪还兼有其他罪行的，在叙述共同犯罪的事实后，再叙述其他罪行。

如某中级人民法院李某故意杀人案的刑事判决书对经审理查明的事实是这样表述的：

经审理查明：被告人李某因有生理障碍而与妻子朱某1感情不和，并于2021年8月开始分房居住。朱某1要求与李某离婚。同年10月2日，朱某1的父亲朱某2从广东回××市对双方之间的矛盾作了调解，并提出如果确实要离婚，应做到好离好散。李某表示不同意离婚。10月8日晚，李某在本单位值班期间，多次打电话给朱某1的舅舅邵某1，询问朱某1有无回家的情况。当晚11时30分许，李某请假回家。嗣后，李某因夫妻感情问题与朱某1发生争吵。争吵中，李某将朱某1推倒在客厅地上，采用掐颈部、持哑铃猛砸头部的方法，将朱某1杀死，然后将尸体移至东南面卧室床下，并冲洗擦拭了现场。10月9日上午，李某驾车逃离××市，并将作案凶器哑铃和朱某1的血衣等物抛弃。10月13日李某在昆明市被警方抓获归案。

对于法院所采纳的证据，必须是经庭审举证、质证、认证，查证属实的。证据还必须具备客观性、合法性和关联性。证据与被证明的事实之间具有必然的内在联系。对证据的叙述，不仅要写明来源，还要叙明其证实的内容，并运用证据进行分析论证，特别是根据间接证据认定事实或证据相互间有矛盾的，通过分析论证才更有说服力。对控辩双方提供的证据无论采纳与否，都应通过分析论证来得出结论。

在判决书中，证据的写法可因案而异。一般在写完经审理查明的事实后，另起一段表述，从而使事实和证据显得更为清楚。如果犯罪次数较多，可以在每次犯罪事实叙明后，表述证据并对证据分析认证；如果系共同犯罪案件，可以逐人逐罪表述证据并分析认证。叙述证据时要注意保守国家机密，保护报案人、控告人、举报人、被害人、证人的安全和名誉。

仍以李某故意杀人案为例，该判决书对定案证据的表述及分析确实、充分：

上述事实由公诉人分别宣读和出示，并经法庭质证、认证的下列证据予以证实：

1. 被告人李某的供述节录，证明自己用手卡扼朱某1喉咙、持哑铃砸其头部，致朱某1死亡的作案过程。

2. 证人邵某1的证言节录，证明朱某1与李某之间存有矛盾及其原因，10月8日晚李某多次打电话询问朱某1有无回家，并证明朱某1于当晚11时许到家。

3. 证人冯某某的证言节录，证明李某10月8日在值班期间于当晚11时许请假回家。

4. 证人唐某、任某某的证言节录，分别证明10月9日上午11时许到朱某1家敲门因无人答应，后由朱某1的舅舅邵某1来开门，因第二扇门未能打开，随即拨打开锁中心电话求助，当房门被打开后，发现东面房间床底下有人，遂报警的过程，该情节得到证人邵某1的证明。

5. 证人徐某、沈某某的证言节录，分别证明案发当天中午12时50分许，随急救车赶到现场后，看到一卧室床底下有一个人躺着，经检查发现已死亡，随即向在场民警汇报检查结果的过程。

6. 证人朱某2的证言节录，证明9月初朱某1来广东诉说与李某感情不和、准备与李某分开。10月2日自己从广东回来给他们做了思想工作，并提出了好离好散的离婚原则。还证明了他们之间产生矛盾的具体原因。

7. 证人周某1的证言节录，证明李某10月9日上午打电话谎称朱某1在医院，要晚一些来单位上班。

8. 证人李某某的证言节录，证明朱某1 10月8日晚11时20分左右回家，还证明曾听朱某1说过夫妻间有矛盾，她正在与丈夫闹离婚。

9. 证人周某2的证言节录，证明李某10月8日晚6时许曾打电话询问朱某1的有关情况，其当晚11时许打电话到李家与朱某1通电话时，得知李某已回家。

10. 证人王某某的证言节录，证明10月11日中午接到李某的来电，其告知了汽车的停放地点，但不愿告诉其所在地方。

11. 证人孙某某的证言节录，证明李某曾向其购买过药物万艾可30粒。

12. ××市公安局现场勘查笔录和现场摄影照片分别证明现场勘查过程和结果，以及现场方位、中心现场、被害人的状态和损伤部位。

13. ××市公安局法医鉴定书，证明死者朱某1左右耳郭、左右颞部、枕部、顶部共有14处长1～4厘米不等的挫裂创口，确认系因颈部遭卡扼、头部遭钝性物体击打致机械性窒息合并颅脑损伤而死亡。

14. ××市公安局法医物证检验报告，证明现场地板缝内、卫生间坐便器和拖布上均留有朱某1的血迹。

15. ××市公安局崇安分局出具的抓获经过说明，证明李某2021年10月13日在昆明市被当地公安机关抓获。

16. ××市精神疾病司法鉴定委员会《精神疾病司法鉴定书》，证明被鉴定人李某“无精神障碍”，具备“完全责任能力”。

被告人李某在庭审中，供述了杀死朱某1的作案经过和动因。其供述中加害朱某1的时间、地点、所采用的方式，以及作案后对现场的处理情况及逃跑去向、与有关人员的电话联系等事实与情节，均分别得到相关证据的佐证。

上述证据经质证，被告人李某分别对任某某、朱某2、李某某三名证人的证言节录中所涉及的关于朱某1曾提出离婚的情节，以及就朱某1关于李某在离婚问题上曾以言语对朱某1进行威胁并索要人民币100万元及其与朱某1存在矛盾的原因等情节，均予以否认，辩称朱某1未向自己正式提出过离婚。其辩护人也提出证人朱某2的证词带有感情色彩，不能确定其真实性。本院确认：上述证人所提供的证言除任某某属于传闻证人，其证言得不到印证外，证人朱某2、李某某所证明的有关朱某1要求与李某离婚的证言能相互印证，结合朱某2于10月2日对双方所进行的劝导性工作，表明朱某1确实存在离婚的打算，并以一定方式曾向朱某2、李某某透露过。关于朱某2就双方存在矛盾的原因分析，属于亲属的评价，虽与本案事实的指控和认定无关联，但可以作为分析被告人形成作案动机的参考。至于朱某2所称李某在离婚问题上曾对朱某1威胁并索要巨额钱款的情节，因被告人否认且无其他证据印证，故不具有证明力。朱某2的证词尽管带有一定的感情色彩，但并不影响部分证词的可采性。据此，对于任某某的证词不予采纳，对于朱某2的部分证词和李某某的证词则予以采信。被告人李某还对《精神疾病司法鉴定书》持有异议，认为该司法鉴定不公正。本院确认其辩解意见属于主观推测，无事实依据，故不予采纳。对于其他各证据，被告人李某未表示异议，本院予以确认。

被害人的诉讼代理人当庭所提供的证人邵某1、邵某2、邵某3关于分别听到朱某1诉说在离婚问题上曾受到李某威胁的两份亲笔证词，经质证，被告人及其辩护人就其真实性分别提出异议。本院审查确认：上述证言的提供者均系被害人的亲属，与本案当事人均存在利害关系，不仅证言的提供和取得不符合形式要求，且涉及李某以言语相威胁的情节与朱某2的证词相同，无其他与本案处理不存在利害关系的证据相印证，故该证据同样不具备证明效力。因此，对被害人的诉讼代理人向法庭提供的证人邵某1、邵某2、邵某3关的证词，因不具有合法性条件，本院不予采纳。

2. 判决理由

理由是判决的灵魂，是将犯罪的事实和判决结果有机地联系在一起的纽带。其核心内容就是针对案情特点，运用刑事法律规定和犯罪构成原理，分析论证控方的指控是否成立、辩方的意见是否采纳，以及被告人行为的性质、情节和法律后果等，并提出明确的结论性意见，为判决结果奠定基础。因此，在说理时，应力求说理透彻，逻辑严密，语言精练、规范。一般来说，判决理由部分，应以"本院认为"开头，具体内容由以下几个部分组成：

（1）确定罪名。应以刑法分则规定的罪状和最高人民法院《关于执行〈中华人民共和国刑法〉确定罪名的规定》为依据，首先结合案件具体事实并围绕犯罪构成要件叙述罪状，从而得出被告人触犯何种罪名的结论。罪名必须准确无误。一人犯数罪的，先定重罪，后定轻罪；共同犯罪案件，应在分清各被告人的地位、作用和刑事责任的前提下，依次确定主犯、从犯或胁从犯、教唆犯的罪名；共同犯罪之外还有其他犯罪的，一般先确定共同犯罪的罪名，再逐一确定其他犯罪的罪名。

（2）明确情节。被告人是否具有法定或酌定从重、从轻、减轻、免除处罚等情节中的一种或多种，应当予以认定并明确表述。

（3）对公诉机关的指控是否成立予以表态。指控的犯罪成立的，应表示肯定；指控罪名不当的，应当有理有据地作出分析认定，写明指控罪名不当的理由和依据；不构成犯罪的，应当在分析的基础上作出结论；证据不足，不能认定被告人有罪的，应当写明"证据不足，×××人民检察院指控的犯罪不能成立"。

（4）对被告人的辩解及辩护人的辩护意见表态。被告人的辩解及辩护人的辩护意见中关于定罪量刑等方面的意见，合理成立的，应表示采纳，不合理的应有理有据地分析论证予以驳斥。

李某故意杀人案刑事判决书对被告人的辩解及辩护人的辩护意见的分析、驳斥是十分充分，令人信服的：

本院认为：被告人李某身为国家机关工作人员，对于夫妻间矛盾的发生和处置，未能通过合法途径加以解决，相反竟采用残暴手段，故意非法剥夺他人生命，其行为确已构成故意杀人罪，应追究刑事责任。被告人李某犯罪手段残忍，后果严重，实属罪行极其严重；犯罪后又逃逸，其行为严重损害了人民警察的声誉和形象，并在社会上已造成极坏的影响，依法应予严惩。公诉机关指控被告人李某犯故意杀人罪的事实清楚，证据确实、充分，指控成立。综合被告人李某及其辩护人分别提出的辩解和辩护意见，本院评判认为：1. 关于被告人李某的罪过形式，李某不仅用手卡扼被害人朱某1的颈部，还持哑铃乱砸其头部。根据加害的身体部位，尤其头部创口分布面广、挫裂口数量多和造成死亡的原因，以及被告人的职业和其专业知识的程度等特点，足以反映出李某对其所实施的行为可能造成的严重后果具有高于常人的认识程度，但其却采用残忍性和连续性的暴力手段加害于被害人，证明其主观方面具有明知被害人会死亡并追求这一结果的直接故意的罪过。至于李某对于作案的一些细节和动机的供述，仅属于被告人的口供，无其他证据佐证。2. 关于李某要求做药物精神病鉴定的申请，该项鉴定内容属于精神疾病司法鉴定的范畴。针对李某所作的供述，根据药理学的特性，其服用“万艾可”并不会对思维的改变产生作用和影响，另从作案情节到现场的清理等一系列环节来看，足以证明李某是在正常意识的支配下实施了整个行为，反映出其作案过程的周密性，尽管如此仍为其做过精神疾病的司法鉴定，已排除其精神方面的障碍。3. 关于被告人李某是否基于义愤而杀人的辩护意见，即使李某确因自尊心受到被害人的严重伤害，也不能以“义愤”来概括促使其实施犯罪行为的诱因，故辩护人提出李某杀人是基于义愤的辩护观点，与本案的客观事实和公众对社会道德的评价标准不符。4. 关于被害人是否存在明显过错并对矛盾激化是否负有直接责任的辩护意见，本院认为，被害人有外遇的事实，在婚姻道德上确有一定的过错，但与被告人李某杀人犯意的产生并无直接联系；对于双方矛盾的激化，从两人的婚变过程来看，引起双方感情的裂痕，李某与被害人各自均有主客观方面的原因，故将矛盾激化的直接责任完全归咎于被害人，与两人婚姻状况的现实和案件发生的起因不完全相符。5. 关于被告人李某有无逃跑和自首的情节，李某作案后驾车逃离本市，尽管不排除有其他动机，但其在与有关人员通话联系时，拒绝回答自己所处的地点，直至被抓获为止，实际上一直在逃跑过程中。李某虽然曾向有关人员表示将回来，但其心存侥幸，四处躲避，逃跑途中使用他人的身份证掩盖自己的真实身份，在昆明归案时尽管主动供认了自己的身份和犯罪事实，但其早已处于公安机关的布控之下，故其行为不符合自首的法律特征。综上，被告人李某及其辩护人分别提出的辩解和辩护意见，与相关事实和法律规定不相符，均不能成立，本院不予采信。对于被告人李某要求做药物精神病鉴定的申请，本院不予采纳。被告人李某无任何法定从宽处理的情节，其归案后虽有后悔和一定的认罪表示，但尚不构成对其从轻处罚的条件，故被告人李某及其辩护人分别提出从轻处罚的要求，本院不予采纳。

（5）判决的法律依据，即定罪量刑应适用的具体法律条文。根据《最高人民法院关于司法解释工作的若干规定》，判决的法律依据应当包括司法解释在内。能否准确地引用法律条文及司法解释，直接关系到能否正确定罪量刑。引用法律依据时，应当准确、完整、具体，并要有一定的条理和先后次序。一份文书需要引用两条以上的法律条文时，先引述有关定性处罚的条文，后引述有关具体处罚情节方面的条文；判决结果既有主刑，又有附加刑内容的，先引用适用主刑的条文，后引用适用附加刑的条文；某种犯罪需要援引其他罪条款的法定刑处罚的，应先引用本条条文，再按本条的规定，引用相应的他罪条文；一人犯数罪的，应逐罪引用法律条文；共同犯罪案件，既可集中引用有关的法律条文，必要时也可逐人逐罪引用法律条文；既适用法律规定又适用司法解释的，应先引用法律规定，再引用相关的司法解释。

同时要注意，引用的法律名称一律用全称，不能用简称。如引用刑法，应写为《中华人民共和国刑法》。

3. 判决主文

判决主文是判决书的结论部分，是人民法院依照法定程序审理案件后，根据查明的事实和法律条文的具体规定，对被告人作出定罪量刑处理的结论。制作判决主文，应注意以下问题：

（1）被告人构成犯罪的，应首先明确其犯什么罪。罪名表述应与判决理由中确定的罪名一致，罪名表述后即写明判处的刑罚。如果一人犯数罪的，应在每一罪名后即表述对该罪判处的刑罚，然后按照刑法总则关于数罪并罚的规定，决定执行的刑罚；共同犯罪的，一般应逐人表述，按先主犯、后从犯，先重罪、后轻罪的顺序叙述。

（2）判处的各种刑罚应按法律规定写明全称。不能随意简化，如不能将判处死刑、缓期二年执行简化为“判死缓”；也不能随意添加，如宣告缓刑的应写为“缓期×年执行”。有期限的刑罚应当写明刑种、刑期和对羁押时间的计算方法及起止日期。根据《最高人民法院关于刑事裁判文书中刑期起止日期如何表述问题的批复》，对判处管制、拘役、有期徒刑的，应这样表述：“刑期从判决执行之日起计算。判决执行以前先行羁押的，羁押一日折抵刑期一日（判处管制刑的，羁押一日折抵刑期二日），即自××××年××月××日（羁押之日）起至××××年××月××日止。羁押期间取保候审的，刑期的终止日顺延。”如系判处死刑缓期二年执行的，应当表述为：“死刑缓期二年执行的期限，从高级人民法院核准之日起计算。”

（3）对于案件事实清楚，证据确实、充分，依据法律认定被告人无罪的，或被告人死亡，根据已查明的案件事实和认定的证据材料，能够确认被告人无罪的，在判决主文上均应写明“被告人×××无罪”。

对于因证据不足，根据《刑事诉讼法》第 200 条第 3 项的规定，宣告被告人无罪的，应将“×××人民检察院指控的犯罪不能成立”作为判决的理由，不应写入主文，判决主文应只写“被告人×××无罪”。

（4）对于被告人因不满 16 周岁不予刑事处罚和被告人是精神病人在不能辨认或不能控制自己行为的时候造成危害结果不予刑事处罚的，在判决主文中均应写明“被告人×××不负刑事责任”。

（5）追缴、退赔和发还被害人合法财物，一般应在判决结果中写明其名称和数额。财物多、种类杂的，也可以只在判决结果上概括表述种类和总额，对具体名称和数量另列清单写明，作为判决书的附件。

（6）依照《刑法》第 53 条的规定判处罚金的“判决指定的期限”，应当在判决书中写明。按照有关司法解释，“判决指定的期限”应当从判决发生法律效力的第二日起计算，最长不得超过三个月。

（三）尾部

（1）交代被告人的上诉权、上诉期限和上诉审法院，还应注明书面上诉应当提交的上诉状副本的份数，一般为上诉状两份，如一案多人，则每增加一名同案人，增加一份副本。如“如不服本判决，可在接到判决书的第二日起到十日内，通过本院或者直接向×××人民法院提出上诉。书面上诉的，应当提交上诉状正本1份，副本×份”。

如果适用《刑法》第63条第2款的规定在法定刑以下判处刑罚的，应当在交代上诉权之后，另起一行写明：“本判决依法报请最高人民法院核准后生效。”

（2）判决书尾部的署名应由参加审判案件的合议庭组成人员署名。无论是院长、庭长还是审判员担任合议庭审判长的，均署名为“审判长×××”。合议庭成员中有人民陪审员的，署名为“人民陪审员”。

（3）判决书尾部的时间为当庭宣判日期或签发判决书的日期。

（4）法官助理、书记员署名。在年月日下方，由法官助理、书记员署名。

（5）“本件与原本核对无异”的印戳，由书记员将正本与原本核对无异后，加盖在正本末页的年月日的左下方、书记员署名的左上方。

第一审普通程序审理的刑事判决书参考文书

第一审刑事判决书是人民法院刑事裁判文书中表述最详细、最完备的法律文书，其他裁判文书都是在其基础上变更或简化得来的，因此，以下介绍的其他刑事裁判文书未特别指出的，均参照第一审刑事判决书样式制作。

二、简易程序刑事判决书

第一审简易程序刑事判决书，是基层人民法院依照刑事诉讼法规定，适用简易程序审理终结的刑事案件作出的刑事判决书。

根据《刑事诉讼法》《最高人民法院关于适用〈中华人民共和国刑事诉讼法〉的解释》的相关规定，基层人民法院管辖的案件，符合下列条件的，可以适用简易程序审判：（1）案件事实清楚、证据充分的；（2）被告人承认自己所犯罪行，对指控的犯罪事实没有异议的；（3）被告人对适用简易程序没有异议的。人民检察院在提起公诉的时候，可以建议人民法院适用简易程序。基层人民法院受理公诉案件后，经审查认为案件事实清楚、证据充分的，在将起诉书副本送达被告人时，应当询问被告人对指控的犯罪事实的意见，告知其适用简易程序的法律规定。被告人对指控的犯罪事实没有异议并同意适用简易程序的，可以决定适用简易程序，并在开庭前通知人民检察院和辩护人。对人民检察院建议适用简易程序审理的案件，依照前款的规定处理；不符合简易程序适用条件的，应当通知人民检察院。

本着适用简易程序审理的刑事案件在裁判文书制作上应充分体现“简易”的特点和“力求简洁、明晰”的要求，最高人民法院对《法院刑事诉讼文书样式》（样本）中“法院刑事诉讼文书样式4（新增）”进行了修正。因此，在制作简易程序刑事判决书时，应注意以下几点：

（1）在案件由来部分，应写明“本院依法适用简易程序，实行独任审判，公开（或不公开）开庭审理了本案”。同时应注意，无论是人民法院决定适用简易程序，还是人民检察院建议或同意适用简易程序，均另有书面材料附卷，因此无须在案件由来部分写明。

（2）可以不再表述被告人及其辩护人的辩护意见的内容。

（3）不再表述法院“经审理查明”的事实部分和证据的具体内容。只需表述为“上述事实，被告人在开庭审理过程中亦无异议，并有物证××、书证××、证人×××的证言、被害人×××的陈述、××鉴定结论和现场勘查笔录等证据证实，足以认定”。

其他的内容和制作方法可以参照公诉案件适用普通程序的刑事判决书的内容和制作方法。

三、速裁程序刑事判决书

2018年修订的《刑事诉讼法》增加了速裁程序。第一审速裁程序刑事判决书，是基层人民法院依照刑事诉讼法规定，适用速裁程序审理终结的刑事案件作出的刑事判决书。

根据《刑事诉讼法》《最高人民法院关于适用〈中华人民共和国刑事诉讼法〉的解释》的相关规定，基层人民法院管辖的可能判处三年有期徒刑以下刑罚的案件，案件事实清楚、证据充分，被告人认罪认罚并同意适用速裁程序的，可以适用速裁程序，由审判员一人独任审判。人民检察院在提起公诉的时候，可以建议人民法院适用速裁程序。适用速裁程序审理案件，一般不进行法庭调查、法庭辩论，但在判决宣告前应当听取辩护律师的意见和被告人的最后陈述意见。因此，相较简易程序，速裁程序是以被告人认罪认罚为前提的简易快速审理程序，故速裁程序刑事判决书也应更为简单，有的基层法院还采用了格式化的刑事判决书。

现基层法院大量案件适用速裁程序审理，下面选取北京市朝阳区人民法院适用速裁程序审理的王某某盗窃案刑事判决书，分析速裁程序与简易程序刑事判决书的主要区别。

北京市朝阳区人民法院

刑 事 判 决 书

（2021）京0105刑初3281号

公诉机关北京市朝阳区人民检察院。

被告人王某某，女，1952年12月23日出生，×族，小学文化，公民身份号码×××，户籍所在地为×××。因涉嫌犯盗窃罪于2021年9月2日被羁押，次日被刑事拘留，后于同年9月17日被取保候审。

公诉机关以京朝检刑诉〔2021〕2429号起诉书指控被告人王某某犯盗窃罪。本院适用刑事案件速裁程序，实行独任审判，公开开庭审理了本案。

公诉机关指控：被告人王某某于2021年5月10日至2021年9月2日间，在北京市朝阳区物美超市某某园店内，先后多次盗窃该超市在售物品，被盗商品价值共计人民币511.16元。被告人王某某于2021年9月2日被抓获归案，已赔偿被害单位经济损失并已取得谅解，现已签署《认罪认罚具结书》。

公诉机关建议判处被告人王某某拘役四个月，并处罚金，适用缓刑。

被告人王某某对指控事实、罪名及量刑建议没有异议且签字具结，在开庭审理过程中亦无异议。

本院认为，公诉机关指控被告人王某某犯盗窃罪的事实清楚，证据确实、充分，指控罪名成立，量刑建议适当，应予采纳。鉴于被告人王某某归案后能够如实供述所犯罪行，系坦白，自愿认罪认罚，且已赔偿被害单位经济损失并已取得谅解，故本院对其所犯罪行依法予以从轻处罚并适用缓刑。依照《中华人民共和国刑法》第二百六十四条、第六十七条第三款、第五十二条、第五十三条、第七十二条第一款和第三款、第七十三条第一款和第三款、第六十一条、《中华人民共和国刑事诉讼法》第十五条之规定，判决如下：

被告人王某某犯盗窃罪，判处拘役四个月，缓刑四个月，罚金人民币一千元（缓刑考验期限，从判决确定之日起计算。罚金于本判决生效后3个月内缴纳）。

如不服本判决，可在接到判决书的第二日起十日内，通过本院或者直接向第三中级人民法院提出上诉。书面上诉的，应当提交上诉状正本一份，副本二份。

审判员　李某某

二〇二一年十一月十一日

书记员　何某某

该刑事判决书反映出速裁程序简易、快速的要求，制作时与简易程序刑事判决书相比主要有以下三点区别：

（1）表述公诉机关的量刑建议。

（2）表述被告人对指控事实、罪名及量刑建议是否有异议，是否签署认罪认罚具结书，庭审中是否有异议。

（3）不再表述法院“经审理查明”的事实和证据部分。

四、刑事附带民事判决书

刑事附带民事判决书，是指人民法院对于人民检察院提起公诉，且附带民事诉讼原告人提起附带民事诉讼的刑事附带民事诉讼案件，并案审理终结后，在确定被告人是否承担刑事责任的同时，附带解决附带民事被告人对于被害人所遭受的物质损失是否承担民事赔偿责任时作出的书面决定。

刑事附带民事诉讼是两个诉的合并审理，不同于单纯的刑事诉讼或者单纯的民事诉讼，它要在刑事诉讼过程中附带民事赔偿问题。因此，刑事附带民事判决书的内容和制作，要注意完整反映这一特点。

（一）首部

（1）名称为“刑事附带民事判决书”。

（2）在公诉机关之后列附带民事诉讼原告人，写明其身份事项后，若附带民事诉讼原告人系本案被害人的，注明“系本案被害人”。若系被害人的亲属的，注明“系本案被害人×××的××”。

（3）被告人。若被告人同时系附带民事诉讼被告人的，在“被告人”项后括注“附带民事诉讼被告人”。

（4）附带民事诉讼被告人。

若除被告人外还有应承担赔偿责任的附带民事诉讼被告人的，应单列附带民事诉讼被告人项，若与被告人有亲属关系，也应写明。

（5）案件由来。可表述为：

“×××人民检察院以×检×诉××号起诉书指控被告人×××犯××罪，于××××年×月××日向法院提起公诉。在诉讼过程中，附带民事诉讼原告人向本院提起附带民事诉讼。本院依法组成合议庭，公开（或者不公开）开庭进行了合并审理。×××人民检察院指派检察员×××出庭支持公诉，附带民事诉讼原告人×××及其法定代理人×××、诉讼代理人×××，被告人×××及其法定代理人×××，辩护人×××，证人×××，鉴定人×××，翻译人员×××等到庭参加诉讼。现已审理终结。”

（二）正文

（1）事实部分。一般应分以下几个部分书写：1）概述检察院指控被告人犯罪的事实、证据和适用法律的意见；2）简述附带民事诉讼原告人的诉讼请求；3）写明被告人对公诉机关指控及附带民事诉讼原告人诉讼请求的供述、辩解及辩护人的辩护意见；4）写明“经审理查明”的事实，注意要包括有关附带民事诉讼部分的事实；5）写明据以定案的证据。

如某中级人民法院沈某1故意杀人、强奸案刑事附带民事判决书对附带民事诉讼部分的事实，作出如下认定：

“经审理查明，被害人沈某2系1983年10月2日出生，遇害时21周岁，佩戴白金耳钉一副。被害人沈某2的手机、自行车及一只白金耳钉已发还附带民事诉讼原告人沈某3。附带民事诉讼原告人因被告人沈某1的犯罪行为，造成经济损失有：丧葬费7 856元，实际财产损失白金耳钉一只137.35元，死亡赔偿金84 780元，共计人民币92 773.35元。”

（2）理由部分。这部分除应论证公诉机关指控是否成立，被告人的行为是否构成犯罪，是否应追究刑事责任外，还应充分论证附带民事诉讼被告人是否应对附带民事诉讼原告人的经济损失承担民事赔偿责任。在写明适用的法律依据时，除应包括刑事法律条款，还应写明承担民事赔偿责任的法律依据，如《中华人民共和国民法典》及相关司法解释的规定。

（三）判决结果

根据不同的判决结果，具体表述也有所不同：

（1）被告人的行为构成犯罪并应当赔偿经济损失，表述为：

“一、被告人×××犯××罪……

二、被告人×××赔偿附带民事诉讼原告人×××……（写明赔偿的金额和给付的日期）。”

（2）被告人的行为不构成犯罪，但应当赔偿经济损失的，表述为：

“一、被告人×××无罪；

二、被告人×××赔偿附带民事诉讼原告人×××……（写明赔偿的金额和给付的日期）。”

（3）被告人行为不构成犯罪，并不赔偿经济损失的，表述为：

“一、被告人×××无罪；

二、被告人×××不承担民事赔偿责任。”

（四）尾部

根据《最高人民法院关于适用〈中华人民共和国刑事诉讼法〉的解释》的规定，上诉、抗诉必须在法定期限内提出。不服判决的上诉、抗诉的期限为十日；不服裁定的上诉、抗诉的期限为五日。上诉、抗诉的期限，从接到判决书、裁定书的第二日起计算。对附带民事判决、裁定的上诉、抗诉期限，应当按照刑事部分的上诉、抗诉期限确定。附带民事部分另行审判的，上诉期限也应当按照刑事诉讼法规定的期限确定。故上诉事项应注意写明上诉、抗诉期限。

（五）应当注意的问题

（1）在诉讼过程中，附带民事诉讼原告人撤诉的，人民法院应当单独作出准予撤诉的裁定。在制作刑事判决书的审理经过段简要写明附带民事诉讼原告人在诉讼过程中已撤诉。

（2）根据《刑事诉讼法》第104条的规定，为了防止刑事案件的审判过分迟延，刑事部分先行判决的，应当制作刑事判决书；民事赔偿部分由同一审判组织继续审理、判决的，则应当制作刑事附带民事判决书，并在审理经过段写明刑事部分已先行判决，并使用同一案号。

下面选取辽宁省大连市中级人民法院审理的王某某故意伤害案刑事附带民事判决书进行分析。

辽宁省大连市中级人民法院

刑 事 附 带 民 事 判 决 书

（2020）辽02刑初1号

公诉机关辽宁省大连市人民检察院。

附带民事诉讼原告人张某，被害人之母，1947年9月6日出生，汉族，户籍地河南省郸城县。

诉讼代理人宋某某，北京市某某律师事务所律师。

被告人王某某，曾用名王某1，绰号“老肥”，男，1966年6月9日出生，汉族，文盲，农民，户籍地河南省郸城县，住辽宁省抚顺市新宾满族自治县。因本案于2019年5月19日被抓获，同年5月28日被刑事拘留，同年6月28日被逮捕。现羁押于大连市看守所。

指定辩护人龙某某，辽宁某某律师事务所律师。

辽宁省大连市人民检察院以大检公诉刑诉（2019）104号起诉书指控被告人王某某犯故意伤害罪，于2019年12月9日向本院提起公诉。在诉讼过程中，附带民事诉讼原告人张某向本院提起民事诉讼。本院审查受理后，依法组成合议庭，于2020年2月13日、4月3日公开开庭合并审理了本案。辽宁省大连市人民检察院指派检察员于某某、王某3出庭支持公诉，附带民事诉讼原告人的诉讼代理人宋某某，被告人王某某及指定辩护人龙某某均到庭参加诉讼。现已审理终结。

辽宁省大连市人民检察院指控，被告人王某某于1993年7月24日上午，因情感纠纷，酒后持刀来到河南老乡侯某2、赵某夫妇位于辽宁省大连市沙河口区的出租房内，与同居女友陈某1的姐姐陈某2发生争吵，此时侯某2的二弟侯某1上前驱赶王某某，王某某盛怒之下在该出租房外持刀朝侯某1胸部猛捅一刀，随后逃离现场。侯某1被捅伤后，随即被在场的河南老乡送至医院抢救，因伤势过重经抢救无效于当天死亡。经法医鉴定，死者侯某1系因左胸部损伤造成心脏破裂引起急性大出血死亡。作案后，被告人王某某潜逃20余年，后于2019年5月19日被抓获归案。

针对起诉书指控的事实，公诉机关宣读并出示了相关证据。

公诉机关认为，被告人王某某采取暴力手段故意伤害他人身体，造成一人死亡的严重后果，其行为触犯《中华人民共和国刑法》（1979年）第一百三十四条第二款，应当以故意伤害罪追究被告人王某某的刑事责任。

被告人王某某对起诉书指控的犯罪事实没有异议。

被告人的辩护人提出：1. 现场勘验检查笔录、法医鉴定存在瑕疵，不应作为定案证据使用；2. 本案应适用1979年刑法，已经超过了20年追诉时效期限，不应追究被告人的刑事责任。

附带民事诉讼原告人张某向本院提起民事诉讼请求判令被告人赔偿丧葬费 43 794 元，死亡赔偿金 929 360 元，精神损失费 100 000 元，被扶养人生活费 54 476 元，共计 1 127 630 元。

被告人王某某称无能力赔偿。

经审理查明，被告人王某某与陈某 1 系男女朋友关系，因陈某 1 的姐姐陈某 2 不同意二人处男女朋友，1993 年 7 月 24 日上午，王某某酒后持刀来到河南老乡位于辽宁省大连市沙河口区的出租房内，与陈某 2 发生争吵，在场的侯某 1（被害人，殁年 24 岁）上前驱赶王某某，欲阻止二人争吵，王某某盛怒之下在该出租房外持刀朝侯某 1 胸部猛捅一刀，致其因左胸部损伤造成心脏破裂引起急性大出血死亡。案发后王某某潜逃，于 2019 年 5 月 19 日被抓获到案。

上述事实，有下列经庭审举证、质证，本院予以确认的证据证实：

1. 公安机关出具的情况说明证实，2019 年 5 月 21 日，大连市公安局沙河口分局接到河南省周口市郸城县公安局南丰派出所电话，称其抓获犯罪嫌疑人王某某（案发时用名王某 1），经审讯，该人供述 1993 年在大连市沙河口区派出所辖区将一河南郸城县老乡侯某 1 用刀捅死。接此通知后，大连市公安局沙河口分局立即开展工作，调阅了当年侯某 1 被害案的法医、现场案卷、照片等材料。经查，1993 年 7 月 24 日上午，犯罪嫌疑人王某某在白云山一出租房门前，酒后因琐事与被害人侯某 1 发生争执，王某某持刀将侯某 1 捅伤致死后逃离大连，不知去向。从白山路派出所的档案室调取了一张 1993 年该案的《刑事案件破案报告单》，该报告单手工完整填录了破案信息，内容如下：39 号刑事案件破案报告单（王某 1 故意伤害案），发案时间为“93.7.24”，发案地点为“沙．白云山庄×××号”，受害人姓名单位或住址为“侯某 1：河南郸城县石槽乡良庄山村”，受害损失情况为“93.7.24 王某 1 到侯某 1 暂住处，与其对象陈某 1 姐姐发生口角，侯上前劝阻，王某 1 便拔出随身携带的匕首刺到侯的前胸，然后又回到屋内用刀砍陈某 1 的姐姐。侯经抢救无效死亡，陈的姐姐受重伤”，破案时间为“93.7.24”，破案方法为“查破”，是否立案为“立”，破案经过为“93.7.24 派出所接到报案后，即到现场，经查此案系王某 1 所为”，案犯信息为“王某 1，男，25 岁，户籍所在地河南郸城”，办案单位及办案人为“白山路派出所”。

2. 受案登记表、立案决定书、案件来源、抓获经过等证实，1993 年 7 月 24 日，在大连市沙河口区白云山庄×××号楼前一简易房门前，王某某（案发时用名王某 1）将被害人侯某 1 捅伤后逃离现场；2019 年 5 月 19 日 17 时 20 分许，王某某被河南省郸城县公安局民警在辽宁省抚顺市新宾满族自治县抓获，同年 5 月 21 日 18 时许被解至河南省郸城县看守所羁押，同年 5 月 28 日 9 时许被大连市公安局沙河口分局民警从该看守所解走。

3. 证人马某（时任白山路派出所副所长）证实，1993 年 7 月 24 日案发当天，白山路派出所即对本案刑事立案，填写刑事案件立案报告单，之后开展工作，确定犯罪嫌疑人身份后就破案了，填写了刑事案件破案报告单。

4. 证人宿某证实（时任白山路派出所治安内勤）证实，1993 年 7 月 24 日的刑事案件破案报告单是我填写的。该案既然已经报破案了，肯定应该是已经立案了，所以破案报告单上写着“立案”。

5. 目击证人陈某 1 证实，1993 年夏天，因我姐姐陈某 2 不同意我和同居男友王某某处对象，结果王某某、陈某 2 在河南老乡位于大连的住处发生口角，其间，侯某 1 不让王某某在那吵吵，王某某就持刀捅刺了上前驱赶他的侯某 1 一刀，我看见侯某 1 倒地了。当天警察找我到派出所做过笔录、了解案情。王某某捅人用的刀是把水果刀，刀刃带刀把长约 20 厘米。

6. 证人陈某 2 证实，1993 年 3 月份，王某某带我妹妹陈某 1 离家出走，后来我到大连找到陈某 1，我分析王某某以为我要带陈某 1 回家，不让他们在一起，所以怀恨在心。1993 年夏天，我和王某某在河南老乡位于大连的住处发生口角，这期间王某某持刀砍我头部一刀，之后陈某 1 上前拿手阻拦，结果右手手背被划伤，但我和陈某 1 的伤势均不重。后来我听说王某某当天持刀捅刺了侯某 1 一刀，致侯某 1 死亡。

7. 目击证人赵某证实，1993 年夏天的一天上午九十点，我在大连市沙河口区的租住的简易房，河南老乡王某某在我家里跟他人争吵，我老公侯某 2 的弟弟侯某 1 上来驱赶王某某，让他别在屋里吵吵，王某某遂持刀捅刺侯某 1 胸部一刀，侯某 1 经抢救无效死亡。随即，在场人员报案，白山路派出所民警给我做了询问笔录，警察还到车站堵截王某某多日未果。我当时叫王某某为"某某"，也有人叫他"老肥"。公安机关出示给我的常住人口登记表上的这个人即是被捅死的侯某 1。

8. 目击证人侯某 3 证实，侯某 1 是我堂哥，1993 年七八月份的一天上午九十点，我和侯某 1 来到侯某 2 在白山路的租住房内，就听到有人吵架，进去看到王某某与他对象及他对象的姐姐争吵，侯某 1 上来驱赶王某某，让他别在屋里吵吵，王某某遂持刀捅刺侯某 1 胸部一刀，侯某 1 经抢救无效死亡。案发后民警去大连火车站、大连港堵截王某某，但没有堵到。我有个小名叫"新棒"，王某某的外号叫"老肥"。

9. 目击证人王某 5 证实，1993 年夏天的一个上午，在我老乡侯某 2 位于沙河口区的租住房内，我看到王某某因情感纠纷于酒后与其女友陈某 1 的姐姐陈某 2 发生争吵，这时侯某 1 上来拉架并拿笤帚驱赶王某某，王某某遂持刀捅刺侯某 1 胸部一刀，侯某 1 经抢救无效死亡，事后王某某下落不明。案发后公安民警领着我们老乡去车站堵截王某某多日，但没堵到。上学的时候我们都叫王某某"王某 1"，外号"老肥"。

10. 证人侯某 2（系被害人哥哥）证实，我听妻子讲，1993 年 7 月 24 日上午十点左右，在我位于白云山庄×××号租住的简易房内，王某某持刀捅刺了拉架的我二弟侯某 1，致他死亡。我和王某某是小学同学，他当时用"王某 1"这个名字，小时候挺胖的，外号叫"老肥"。当时报案时说捅死我弟弟的凶手名叫"王某 1"。我弟弟尸检解剖时我在场，我看见他的心脏被刀伤得挺深。公安机关出示给我的常住人口登记表上的这个人即是我二弟侯某 1。

11. 大连市公安局沙河口分局出具的大公沙刑技字（93）第 350 号现场勘查笔录及现场照片证实案发现场的基本情况。

12. 现场原始手写版现场勘查笔录证实，案发时间为 1993 年 7 月 24 日 11 时许，现场侯某 1 死亡、陈某 2 受伤，加害人王某 1，男，27 岁，河南省郸城县××乡××村。

13. 大连市沙河口区公安司法鉴定中心出具的（大沙）公（司）鉴（法医）字［1993］55 号鉴定书证实，死者侯某 1 系因左胸部损伤造成心脏破裂引起急性大出血死亡。

14. 急诊病志证实，1993 年 7 月 24 日，被害人侯某 1 被送至大连医学院附属第二医院进行抢救，当日经抢救无效临床死亡。

15. 证人王某 2（系被告人弟弟）证实，我哥哥王某某绰号叫"老肥"，他还叫王某 1。1993 年夏天的一天，王某某在用刀捅死大连老乡侯某 1 后潜逃。其间因为他二代身份证一直没办，所以户口自动注销了。几年前王某某回老家想恢复户口、办身份证，因为要想恢复户口必须由村里开个证明给派出所，我为此找到时任村书记王某4，他给王某某开的证明，之后王某某顺利恢复了户口、办理了第二代身份证。王某4于2018年因骑摩托车摔死了。

16. 注销证明证实王某4已死亡，其户口已于2018年2月28日死亡注销。

17. 证人侯某4（系被告人户籍地村支部书记）证实，我和侯某1、王某某都是××村的。我听说王某某于1993年夏天的一天在大连持刀捅死了侯某1。王某某于2019年被警察抓获后，王某某的弟弟王某2为此找过我，表示其无经济能力为王某某进行民事赔偿。同时证明，本村前任村书记王某4于2018年死亡。

18. 郸城县公安局石槽派出所于2019年10月24日出具证明证实被告人身份信息，即王某某，男，汉族，户籍地河南省郸城县，身份证号码4127261966××××××××，该户口在2012年9月1日因未办二代身份证被注销。2015年8月3日到所申请恢复户口。户籍民警经查询全国在逃信息网，未发现王某某的信息；经全国人像比对，未发现王某某有重复户口。该户口恢复是按正常手续申报。

19. 公安机关出具的户籍证明和常住人口登记表证实被告人、被害人的身份信息。

20. 入所健康检查表证实王某某于2019年5月28日被送至大连市看守所羁押时，看守所工作人员依法对其身体进行了检查，未发现其身体有外伤。

21. 被告人王某某供称，1993年夏天的一天上午，我酒后因情感纠纷而在老乡侯某1的住处内，与同居女友陈某1的姐姐陈某2发生口角，因侯某1上前驱赶并骂、拽及拿木棒欲打我，我遂持刀捅刺了侯某1前胸一刀，造成他死亡，随后我潜逃20余年。其间，我于2015年前后偷偷跑回河南郸城县老家办理了第二代身份证，后于2019年5月19日在辽宁省抚顺市新宾县的住处内被警方抓获。

另查，附带民事诉讼原告人张某系被害人的母亲，其合理经济损失为丧葬费人民币43 794元。

认定上述事实的证据有：

（一）身份证、户籍证明证明证实了附带民事诉讼原告人的身份情况。

（二）大连市人力资源与社会保障局大人社发（2019）230号通知证实，2018年大连市在岗职工月平均工资为人民币7 299元。

关于控辩双方争议的焦点问题，本院根据犯罪事实、在案证据及法律规定，综合评判如下：

（一）关于现场勘验检查笔录、法医鉴定存在瑕疵的问题。

此案发生于1993年7月，被告人到案于2019年5月，已相距二十多年。因现场勘验检查笔录、法医鉴定收集于案发当年，以目前刑事审判的证据规格进行判断，上述证据确有瑕疵，但侦查机关已经补正或者作出了合理解释，可以确定上述证据的客观性、关联性与合法性，可以作为定案证据使用。

（二）关于被告人的犯罪行为是否超过追诉时效的问题。

被告人故意伤害的犯罪行为不受追诉期限的限制。理由如下：

1. 根据1997年刑法第12条规定的犯罪追诉问题，此案不受追诉期限的限制。该条规定实际上确立了对定罪量刑适用有利于被告人的从旧兼从轻原则，但在旧法认为是犯罪的前提下，对追诉时效则适用的是从新原则，即在确定是否追诉时，应当适用1997年刑法总则第四章第八节的规定，而不适用1979年刑法的规定。就本案而言，犯罪行为发生在1997年刑法生效之前，依据新刑法的规定，虽然其追诉期限也是20年，但本案已经被立案侦查，且被告人逃避侦查，依据1997年刑法规定应当认为不受追诉期限的限制。

2. 1997年10月1日施行的《最高人民法院关于适用刑法时间效力规定若干问题的解释》第1条规定不适用本案。该解释第1条规定：对于行为人1997年9月30日以前实施的犯罪行为，在人民检察院、公安机关、国家安全机关立案侦查或者在人民法院受理案件以后，行为人逃避侦查或者审判，超过追诉期限或者被害人在追诉期限内提出控告，人民法院、人民检察院、公安机关应当立案而不予立案，超过追诉期限的，是否追究行为人的刑事责任，适用修订前的刑法第七十七条的规定。因该司法解释是从1997年刑法颁布之际的定位来论述的，对于其中“超过追诉时效的”应当理解为仅包括在1997年刑法颁布前已经超过追诉时效的情形。也就是说，对在此之前的行为超过追诉时效的，适用1979年刑法的规定；如果1997年刑法颁布之际尚未超过追诉时效则不适用该司法解释，应当适用1997年刑法的规定。

本院认为，被告人王某某采取暴力手段故意伤害他人身体，造成一人死亡的严重后果，严重侵犯了公民的人身权利，破坏了社会治安秩序，其行为已构成故意伤害罪。公诉机关指控的犯罪事实清楚，证据确实充分，罪名成立，本院予以支持。

本案系因民间矛盾引发，被告人到案后如实供述其罪行，系坦白，依法对其从轻处罚。

关于附带民事诉讼原告人提出的赔偿请求，经查，被告人应当赔偿因其犯罪行为给附带民事诉讼原告人造成的合理经济损失，丧葬费超出法定标准的部分，不予支持，死亡赔偿金、精神损失费、被扶养人生活费没有法律依据，不予支持。

综上，根据被告人的犯罪行为、犯罪情节、对社会的危害程度及犯罪行为给附带民事诉讼原告人造成的经济损失，依照《中华人民共和国刑法》（1979年）第一百三十四条，《中华人民共和国刑法》第十二条、第三十六条、第六十七条第三款、第八十八条，《最高人民法院关于适用〈中华人民共和国刑事诉讼法〉的解释》第一百五十五条（已修改为第一百九十二条）之规定，判决如下：

一、被告人王某某犯故意伤害罪，判处有期徒刑十五年。

（刑期从判决执行之日起计算。判决执行以前先行羁押的，羁押一日折抵刑期一日，即自2019年5月19日起至2034年5月18日止。）

二、被告人王某某于本判决生效后三十日内赔偿附带民事诉讼原告人张某经济损失人民币43 794元。

三、驳回附带民事诉讼原告人的其他诉讼请求。

如不服本判决，可在接到判决书的第二日起十日内，通过本院或者直接向辽宁省高级人民法院提出上诉。书面上诉的，应当提交上诉状正本一份，副本二份。

审判长　赵某某
审判员　裴　某
审判员　杨某某
二〇二〇年四月十三日
书记员　袁　某

附：

《中华人民共和国刑法》（1979年）

第一百三十四条　故意伤害他人身体的，处三年以下有期徒刑或者拘役。

犯前款罪，致人重伤的，处三年以上七年以下有期徒刑；致人死亡的，处七年以上有期徒刑或者无期徒刑。本法另有规定的，依照规定。

《中华人民共和国刑法》

第十二条　中华人民共和国成立以后本法施行以前的行为，如果当时的法律不认为是犯罪的，适用当时的法律；如果当时的法律认为是犯罪的，依照本法总则第四章第八节的规定应当追诉的，按照当时的法律追究刑事责任，但是如果本法不认为是犯罪或者处刑较轻的，适用本法。

本法施行以前，依照当时的法律已经作出的生效判决，继续有效。

第三十六条　由于犯罪行为而使被害人遭受经济损失的，对犯罪分子除依法给予刑事处罚外，并应根据情况判处赔偿经济损失。

承担民事赔偿责任的犯罪分子，同时被判处罚金，其财产不足以全部支付的，或者被判处没收财产的，应当先承担对被害人的民事赔偿责任。

第六十七条　犯罪以后自动投案，如实供述自己的罪行的，是自首。对于自首的犯罪分子，可以从轻或者减轻处罚。其中，犯罪较轻的，可以免除处罚。

被采取强制措施的犯罪嫌疑人、被告人和正在服刑的罪犯，如实供述司法机关还未掌握的本人其他罪行的，以自首论。

犯罪嫌疑人虽不具有前两款规定的自首情节，但是如实供述自己罪行的，可以从轻处罚；因其如实供述自己罪行，避免特别严重后果发生的，可以减轻处罚。

第八十八条　在人民检察院、公安机关、国家安全机关立案侦查或者在人民法院受理案件以后，逃避侦查或者审判的，不受追诉期限的限制。

被害人在追诉期限内提出控告，人民法院、人民检察院、公安机关应当立案而不予立案的，不受追诉期限的限制。

《最高人民法院关于适用〈中华人民共和国刑事诉讼法〉的解释》(2013年)

第一百五十五条（已修改为第一百九十二条）　对附带民事诉讼作出判决，应当根据犯罪行为造成的物质损失，结合案件具体情况，确定被告人应当赔偿的数额。

犯罪行为造成被害人人身损害的，应当赔偿医疗费、护理费、交通费等为治疗和康复支付的合理费用，以及因误工减少的收入。造成被害人残疾的，还应当赔偿残疾生活辅助具费等费用；造成被害人死亡的，还应当赔偿丧葬费等费用。

驾驶机动车致人伤亡或者造成公私财产重大损失，构成犯罪的，依照《中华人民共和国道路交通安全法》第七十六条的规定确定赔偿责任。

该刑事附带民事判决书格式规范、叙事清楚、说理充分，且用语准确、文辞精练、行文流畅，可为范本。具体分析如下：

（1）格式规范，用语准确。该文书符合刑事附带民事判决书的规范要求，其首部、正文、尾部均按照要求进行制作，各项要素齐全，格式规范，用语朴实、准确且通俗易懂。此外，还增加附注，列明相关法律规定与司法解释，特别是1979年《刑法》，方便查阅。

（2）内容完整、层次清楚。作为一份刑事附带民事判决书，必须完整反映刑事诉讼与民事赔偿两方面内容。该案刑事部分的焦点问题为被告人的犯罪行为是否超过追诉时效，判决首先对比了新旧刑法关于不受追诉期限限制的重大变化，详细梳理了全国人大法工委和最高人民法院关于涉新旧刑法衔接的不受追诉期限限制的答复、复函，据此回应了辩护律师所提的该辩护意见。同时，该判决对附带民事赔偿方面也进行了较好处理，在各部分均对民事赔偿内容加以述明，层次分明，详略得当。如在正文的事实部分，简述了附带民事诉讼原告人的诉讼请求，在对经审理查明的事实列举中包括了附带民事诉讼部分的事实，对附带民事原告人遭受的经济损失进行了认定；在理由部分，论证了附带民事诉讼被告人王某某对附带民事诉讼原告人的经济损失所应承担的民事赔偿责任。

（3）论证充分，结论明确。该文书对被告人刑事部分与民事部分的说理均十分透彻，对案件事实进行了充分的论证，并据此得出明确结论。以民事部分为例，在判决中明确被告人王某某进行民事赔偿的责任，而驳回要求赔偿其他经济损失的诉讼请求。

五、自诉案件刑事判决书

第一审自诉案件刑事判决书是指人民法院对于直接受理的自诉人提起自诉的刑事案件，依照刑事诉讼法规定的第一审程序中的自诉案件程序审理终结后，根据已经查明的事实、证据和法律规定，确认被告人是否有罪、是否处以刑罚、处以何种刑罚而作出处理决定的法律文书。

人民法院直接受理的自诉案件的范围有三类：第一类是“告诉才处理的案件”，即侮辱、诽谤案，暴力干涉婚姻自由案，虐待案，侵占案。第二类是人民检察院没有提起公诉、被害人有证据证明的轻微刑事案件，包括故意伤害案，非法侵入住宅案，妨害通信自由案，重婚案，遗弃案，生产、销售伪劣商品案，侵犯知识产权案，属于《刑法》分则第四章、第五章规定的对被告人可能判处三年有期徒刑以下刑罚的案件。第三类是被害人有证据证明对被告人侵犯自己人身、财产权利行为应当依法追究刑事责任，而公安机关或者人民检察院已经作出不予追究的书面决定的案件。

第一审自诉案件刑事判决书的主要内容和制作方法如下所述。

（一）首部

1. 法院名称、文书名称和案件编号

在不少情况下，自诉案件都有附带民事诉讼的内容，因此，文书名称就应当改为“刑事附带民事判决书”。

2. 当事人和诉讼参与人

（1）自诉人。自诉案件中的自诉人相当于民事、行政案件中的原告。在写作上应当注意以下几点：一是如自诉人就是附带民事诉讼原告人的，在“自诉人”之后用括号注明“附带民事诉讼原告人”；二是对于法律规定“告诉才处理的案件”，如被害人因受强制、威吓无法告诉而由被害人的近亲属告诉的，对被害人的近亲属表述为“自诉人”，并在自诉人的基本情况中写明。

（2）诉讼代理人。依次写明其姓名、工作单位和职务。如与自诉人有亲属关系，应当注明。

（3）被告人。同公诉案件对被告人基本情况的表述。

（4）辩护人。依次写明辩护人的姓名、工作单位和职务。如辩护人系被告人的亲属或者是被推荐、指定的，应当写明。

3. 案件由来和审判经过

基本的表述方法为：

“自诉人×××以被告人×××犯××罪，于××××年××月××日向本院提起控诉。本院受理后，依法实行独任审判（或者组成合议庭审判），公开开庭审理了本案。自诉人×××及其诉讼代理人×××、被告人×××及其辩护人×××等到庭参加诉讼。现已审理终结。”

表述案件由来时应当注意以下几点：（1）对有附带民事诉讼内容的，在控诉被告人犯有何罪之后应当写明“并由此造成经济损失”。（2）对被告人提出“反诉”的，在“向本院提起控诉”之后，续写“被告人×××以自诉人×××犯××罪向本院提出反诉”。（3）对于刑事诉讼法规定的被害人有证据证明对被告人侵犯自己人身、财产权利的行为应当依法追究刑事责任，而公安机关或者人民检察院不予追究被告人刑事责任的案件，应当将有关司法机关“不予追究”的情形在“案件由来”部分表述清楚。

（二）正文

1. 控辩主张

（1）自诉人诉称。概述自诉人在自诉状和法庭调查中控诉被告人犯罪的事实和证据以及自诉人的诉讼请求。对于有附带民事诉讼内容的，在概述其控诉的事实和证据、诉讼请求中也应当作相应的表述。

（2）被告人辩称。概述被告人对自诉人的控诉予以供述或者辩解的主要内容、被告人自行辩护的意见。此外，被告人如有相反证据证明自己无罪、罪轻或者应当从轻、减轻、免除处罚的证据，也应当予以概述。

（3）辩护人的辩护意见。概述对自诉人诉讼请求和法律适用的辩护意见。

2. 审理查明的事实和证据

（1）写明经人民法院审理查明的被告人的犯罪事实。

（2）写明据以定案的证据。

（3）写明对控辩双方有争议的事实、证据进行分析认证的情况。表述“经审理查明”的事实时，除可以参照对公诉案件刑事判决书的表述方法外，还应当注意对涉及附带民事诉讼部分的证据也应当在“事实和证据”部分一并表述。

3. 判决理由

（1）写明判决的理由。根据查证属实的被告人犯罪的事实、证据和法律规定，确认被告人的行为构成何种犯罪以及有无法定从轻、减轻、免除处罚情节或者从重处罚情节。对于控辩双方有关适用法律方面的意见，包括双方有分歧的意见，也应当有分析地表示是否予以采纳。

（2）写明适用的法律依据。表述适用的法律依据的方法，与第一审公诉案件适用普通程序的刑事判决书的内容和写法相同。

（3）对于有附带民事诉讼内容或者反诉请求的，无论附带民事诉讼或者反诉的请求是否成立，均应当阐明理由。

4. 判决结果

根据案件的具体情况，对自诉案件的判决结果分别表述为定罪判刑的、定罪免刑的、宣告无罪的三种情形，其表述方法与公诉案件适用普通程序的刑事判决书的表述方法相同，但对判决结果中有附带民事诉讼或者反诉内容的，应当单独列项表述。

（三）尾部

与公诉案件适用普通程序的刑事判决书表述方法相同。

六、第一审刑事裁定书

第一审刑事裁定书是第一审人民法院在审理刑事案件过程中，依照我国刑事诉讼法规定的第一审程序，对有关程序问题作出处理决定而制作的法律文书。

根据制作的法律依据和适用的范围不同，第一审刑事裁定书可分为以下几类。

（一）驳回自诉用刑事裁定书

驳回自诉用刑事裁定书是指基层人民法院在受理自诉案件后，经审查发现自诉人对被告人的控告缺乏罪证，且提不出补充证据，又不愿撤回自诉，或者根据法律及司法解释规定的其他情况，决定驳回自诉时作出的书面决定。

1. 适用范围

根据《刑事诉讼法》第211条第1款第2项及《最高人民法院关于适用〈中华人民共和国刑事诉讼法〉的解释》的规定，缺乏罪证的自诉案件，如果自诉人提不出补充证据，应当说服自诉人撤回自诉，或者裁定驳回。

2. 主要内容和制作方法

（1）首部。

1）标题与案号。文书名称写“刑事裁定书”。

2）在当事人基本情况项中，如果自诉人、被告人有委托代理人、辩护人的，应当在相应的项下写明；如果是反诉案件，应在本诉的“自诉人”和“被告人”之后分别括注“反诉被告人”和“反诉自诉人”。

3）在案件由来部分直接表述自诉人指控的罪名、时间。可表述为：“自诉人×××以被告人×××犯××罪，于××××年××月××日向本院提起控诉。”

（2）事实部分。本裁定一般不写事实和证据。但对于因缺乏罪证且提不出补充证据或者当事人要求写明事实和证据的，也可以据实表述控辩双方的主张和事实根据，并对双方举证、质证的内容进行认证。

（3）理由部分。阐述驳回起诉的具体理由，应当有针对性地运用法律分析说理，尤其是因被告人的行为不构成犯罪而驳回自诉人的自诉时，更应紧紧围绕犯罪构成要件阐明理由，让当事人信服。同时应写明裁定的法律根据。

（4）裁定主文部分。表述为“驳回自诉人×××对被告人×××犯××罪的起诉”。如果系反诉案件，还应写明“驳回被告人×××对自诉人×××犯××罪的反诉”。

（5）尾部。依次写明上诉权事项、独任审判员（或合议庭成员）署名、判决时间、书记员署名等。

（二）准许撤诉或按撤诉处理用刑事裁定书

准许撤诉或按撤诉处理用刑事裁定书，是指基层人民法院在受理自诉案件后，在审理过程中准许自诉人撤诉或者按撤诉处理，或者对公诉案件准许撤诉时作出的书面决定。

1. 适用范围

根据刑事诉讼法及相关司法解释，本裁定书适用于以下案件：

（1）在法庭审理过程中，因自诉人的自诉缺乏罪证，自诉人又提不出补充证据而说服自诉人撤回起诉的案件；

（2）自诉人在宣告判决前同被告人自行和解而申请撤诉，予以准许的案件；

（3）自诉人经两次依法传唤，无正当理由拒不到庭的，或者未经法庭准许中途退庭，人民法院按自诉人撤诉处理的案件；

（4）在判决宣告前，人民法院经审查准许人民检察院撤回起诉的案件。

2. 主要内容和制作方法

（1）首部。

1）自诉人、被告人基本情况的写法与驳回自诉刑事裁定书相同；如果是公诉案件，检察机关撤诉的，则相应变更为“公诉机关”“被告人”。

2）准许撤诉或者按撤诉处理的情形可能发生在法庭审理过程中，也可能发生在开庭以前或者闭庭以后，但在审判经过一段中均表述为“本院受理后，在诉讼过程中……”，后接着简述自诉人申请撤诉或法院按撤诉处理的事由。

（2）正文。

1）事实部分。由于本文书只解决程序问题，因此不必对事实和证据单独叙述。

2）理由部分。包括两方面内容：一是阐明是否准许撤诉或者按撤诉处理的理由；二是写明裁定的法律依据，包括我国刑事诉讼法的规定和有关司法解释。

3）裁定结果。准许自诉人申请撤诉的，表述为“准许自诉人×××撤诉”；按撤诉处理的，表述为“对自诉人×××的控诉按撤诉处理”；对公诉案件准予撤诉的，表述为“准予×××人民检察院撤回起诉”。

（3）尾部。写法与驳回自诉刑事裁定书相同。

3. 制作时应当注意的问题

本文书只是解决对刑事部分的自诉或者公诉案件、刑事附带民事一并撤诉的案件是否准许撤诉或按撤诉处理的问题。对不准撤诉的案件，可以口头予以裁定，不必另行制作裁定书，待该案审理完毕后，在判决书的审理经过段内表述。

（三）终止审理用刑事裁定书

终止审理刑事裁定书，是指人民法院在刑事诉讼过程中，因出现某种法定情形而终结案件审理时制作的书面决定。

根据《刑事诉讼法》第16条第2、3、5项及《最高人民法院关于适用〈中华人民共和国刑事诉讼法〉的解释》的规定，终止审理用刑事裁定书可以适用以下的范围：（1）刑事案件被告人的犯罪事实已过追诉时效期限，并且不是必须追诉或者经特赦令免除刑罚，应当裁定终止审理的；（2）在判决宣告以前被告人死亡的，应裁定终止审理，但对于根据已查明的事实和证据，能够确认被告人无罪的，应当判决宣告被告人无罪。同时，在二审、死刑复核审理过程中，被告人死亡的，亦应采用终止审理刑事裁定书。

制作终止审理刑事裁定书应注意以下几点：

（1）在案件由来段，无论人民法院是否将案件交付审判均无须表述审判组织情况，表述为：“×××人民检察院××××年××月××日以×检×诉××号起诉书，指控被告人×××犯××罪，向本院提起公诉。”

（2）事实部分无须表述诉辩主张及“经审理查明”的事实和证据，但对“已过追诉时效期限”和“经特赦令免除刑罚”的内容应当写明，使裁定具有合法性。

（3）理由部分应写明法律依据，如“依照《中华人民共和国刑事诉讼法》第十六条第（×）项的规定，裁定如下：”。

（4）尾部应写明“本裁定送达后即发生法律效力”。

（四）中止审理用刑事裁定书

中止审理用刑事裁定书，是指人民法院在刑事诉讼过程中，因出现某种法定情形，致使审理无法进行而暂时中断时制作的书面决定。其制作方法基本同终止审理刑事裁定书。

（五）补正裁判文书失误用刑事裁定书

补正裁判文书失误用刑事裁定书，适用于改正刑事判决书、刑事裁定书或者刑事调解书中个别文字上的错误和遗漏。

对于有关裁判文书在认定案件事实、证据或者适用法律上存在的问题，不能适用本文书，此类实体和程序方面的问题，只能通过第二审程序、死刑复核或者审判监督程序处理。

该裁定书中的案件由来、审理经过及补正理由，可表述为：“被告人×××（姓名、案由）一案，本院于××××年××月××日作出（××××）××刑初×号刑事××书。现发现其中有错误（遗漏）字句，特此补充裁定如下：”具体补正，可表述为：“原××书……（写明错、漏字句及其所在页次及行数）；现更正为……”。

第三节　第二审刑事裁判文书

一、改判的刑事判决书

第二审改判用的刑事判决书，是第二审人民法院在受理当事人不服第一审判决提出上诉或者公诉机关认为第一审判决确有错误而提出抗诉的刑事案件后，经审理查明原判决在适用法律上有错误或者量刑不当，或者原判事实不清、证据不足，经二审查清事实后依法予以改判的法律文书。

第二审刑事判决书的格式与第一审刑事判决书基本相同，但有自己的特点，现着重介绍其特定的内容。

（一）首部

1. 文书编号

可表述为：“（××××）×刑终×号”。

2. 诉辩双方的基本情况

（1）被告人提出上诉的，第一项为“原公诉机关”，第二项为“上诉人（原审被告人）”，第三项为辩护人。

对于被告人的辩护人或者近亲属经被告人同意而提出上诉的，上诉人仍为原审被告人，但应将叙述审理经过段中“原审被告人×××不服，提出上诉”一句，修改为“原审被告人×××的近亲属（或者辩护人）×××经征得原审被告人×××同意，提出上诉”，以全面体现对被告人上诉权利的保护。

（2）检察机关提出抗诉的，第一项为“抗诉机关”，第二项为“原审被告人”，第三项为“辩护人”。

对被害人及其法定代理人请求人民检察院提出抗诉，人民检察院根据《刑事诉讼法》第229条及第228条的规定决定抗诉的，应把审判经过段中“原审被告人×××不服，提出上诉”一句，改写为“被害人（或者其法定代理人）×××不服，请求×××人民检察院提出抗诉。×××人民检察院决定并于××××年××月××日向本院提出抗诉”，以体现对被害人合法权利的保护。

（3）如果在同一案件中既有被告人上诉，又有检察机关抗诉的，第一项为“抗诉机关”，第二、三项与被告人提出上诉的写法相同。

（4）对于共同犯罪案件的数个被告人中，有的上诉，有的不上诉，先列写“上诉人（原审被告人）”项，后续写未上诉其他的“原审被告人”项。

（5）自诉案件的自诉人提出上诉的，第一项写“上诉人（原审自诉人）”，第二项写“原审被告人”；被告人提出上诉的，第一项写“上诉人（原审被告人）”，第二项写“原审自诉人”；都提出上诉的，第一项写“上诉人（原审自诉人）”，第二项写“上诉人（原审被告人）”。

当事人的身份事项等及辩护人或诉讼代理人等项写法与一审刑事判决书相同，不再赘述。

3. 案件由来和审判经过

（1）案件由来和审判经过一段可表述为：“×××人民法院审理×××人民检察院指控原审被告人×××犯××罪一案，于××××年××月××日作出（××××）××刑初×号刑事判决。原审被告人×××不服，提出上诉（如因检察院提出抗诉而引起二审的写为‘×××人民检察院不同意原判，向本院提出抗诉’）。本院依法组成合议庭，公开（或者不公开）开庭审理了本案。×××人民检察院指派检察员×××出庭履行职务（抗诉案件表述为‘出庭支持抗诉’）。上诉人（或原审被告人）×××及其辩护人×××等到庭参加诉讼。现已审理终结。”

不开庭审理的，应当将“本院依法组成合议庭”与“现已审理终结”之间的内容改写为：“经过阅卷，讯问被告人，听取其他当事人、辩护人、诉讼代理人的意见，认为事实清楚，决定不开庭审理。”

（2）对于首部的原公诉机关和诉讼参与人作了改动之后，“案件由来”和“审判经过”段以及其他有关各处，应作相应的增删或者修改。

（二）正文

1. 事实和证据

（1）第二审刑事判决书要写明以下内容：首先，概述原判决认定的事实、证据、理由和判决结果；其次，写明上诉的主要理由和辩护人意见；再次，概述人民检察院在二审中提出的意见；最后，写明经二审审理查明的事实和证据。

（2）对“经审理查明”的事实和证据的表述。二审刑事判决书应当针对一审判决书中的错误以及上诉、抗诉的意见和理由进行叙事，注意避免只是叙述方式的变化或个别词句的变换，或文字上不必要的重复或照抄照搬。

二审判决认定的事实和证据与原判没有变动或者无根本性变动的，可采取“彼繁此简”的方法，重点叙述原判认定的事实和证据，而对第二审“审理查明”的事实和证据进行概括叙述。二审判决认定的事实和证据对原判有较大改变的，可采取“彼简此繁”的方法，重点叙述二审与原判认定事实和证据的不同之处，并据以证明其事实成立。

2. 判决理由

二审判决在理由部分应当根据二审查明的事实、证据和法律的有关规定，论证一审法院认定的事实、证据和适用法律是否正确，上诉或者抗诉是否有理。对于上诉人、辩护人及检察人员提出的意见，应当分析论证，是否采纳，均应阐明理由。总之，判决理由和依据应当详尽准确，具有说服力和针对性。

凡改判的案件，均应写明改判所依据的法律规定，在顺序上，应先引用程序法，再引用实体法。

（三）判决主文

依据法律及实践经验，第二审刑事判决书主要有以下三种情况：

（1）全部改判的，表述为：×

“一、撤销×××人民法院（××××）××刑初×刑事判决；

二、上诉人×××……（写明改判的具体内容）。

（刑期从……）”

（2）对于原审判决结果未分项表述，而部分改判的，则应当分三项表述为：

“一、维持×××人民法院（××××）××刑初×号刑事判决中的……（写明维持部分的内容）；

二、撤销×××人民法院（××××）××刑初×号刑事判决中的……（写明撤销部分的内容）；

三、……（写明改判的内容）。

（刑期从……）”

（3）改判上诉人无罪的，应表述为：

“一、撤销×××人民法院（××××）××刑初×号刑事判决；

二、上诉人×××无罪。”

（四）尾部

（1）一般来说，第二审判决为终审判决，在判决结果之下，应另起一行写明：“本判决为终审判决。”

（2）如果判决书的制作机关是高级人民法院（包括中国人民解放军军事法院），并且改判的结果中有判处死刑缓期两年执行的，根据最高人民法院有关司法解释，在判决的尾部仍只写明“本判决为终审判决”即可，不再续写“本判决即为核准以××罪判处被告人×××死刑，缓期两年执行，剥夺政治权利终身的判决”。

（3）如果本判决的制作机关是高级人民法院（包括中国人民解放军军事法院），并且改判的结果中有判处死刑的，在判决书尾部写明“本判决依法报请最高人民法院核准”，不写“本判决为终审判决”。

共同犯罪的案件中有判处被告人死刑的，应在“本判决为终审判决”之后，另起一行写明：“关于以××罪判处被告人×××死刑，……的判决，由本院依法报请最高人民法院核准。”

（4）如果二审法院判决结果是在法定刑以下判处刑罚，并且依法应当报请最高人民法院核准的，应当写明：“本判决报请最高人民法院核准后生效。”

二、维持原判的刑事裁定书

第二审维持原判用的刑事裁定书，是指第二审人民法院在受理当事人不服第一审法院判决提出上诉或者人民检察院提出抗诉的刑事案件后，经审理查明，一审法院判决在认定事实清楚和适用法律上正确，量刑适当，审判程序合法，依法驳回上诉、抗诉，维持原判而作出的书面决定。

（一）首部

与第二审刑事判决书基本相同。

（二）正文

1. 事实和证据

事实部分维持原判刑事裁定书的表述顺序与第二审刑事判决书相同。本裁定书虽是维持原判用，但仍应对抗诉机关的抗诉理由、上诉人及其辩护人的上诉和辩护理由进行逐一列举，以充分尊重控辩各方的诉讼权利。

维持原判用的刑事裁定书在通常情况下不涉及对原判认定事实、证据的原则分歧，因此，为避免文字上不必要的重复，在叙述原判和二审法院认定的事实和证据时，可根据案件具体情况，采取“此繁彼简”或者“此简彼繁”的方法进行叙述。

2. 裁定理由

理由部分的制作应根据二审查明的事实和证据及有关法律规定，重点阐明一审判决在认定事实和适用法律上为什么是正确的，针对上诉（抗诉）的主要理由逐一进行分析、论证，说明不予采纳的理由。驳回的理由应当具体、充分，有理有据，恰如其分，做到以理服人，以法服人；文字上力求精练、准确，注意分寸。最后，写明维持原判的法律依据，一般引用程序法即可，无须引用实体法。

（三）主文

依照《刑事诉讼法》第 236 条第 1 款第 1 项的规定，裁定结果应当表述为：“驳回上诉或者抗诉，维持原判。”

（四）尾部

依次表述“本裁定为终审裁定”，审判长、审判员署名，裁定时间，书记员署名等。

自 2007 年 1 月 1 日最高人民法院统一行使死刑复核权以后，如果本裁定书的制作机关是高级人民法院（包括中国人民解放军军事法院），且裁定维持的内容中有判处死刑的情况时，裁定维持死刑判决的，在裁定结果之后应写明：依照《刑事诉讼法》第 247 条的规定，本裁定依法报请最高人民法院核准。

（五）实例及评析

现通过对重庆市第二中级人民法院李某抢劫案第二审刑事裁定书的评析，进一步说明二审刑事裁定书的写法。

重庆市第二中级人民法院

刑 事 裁 定 书

（2020）渝 02 刑终 35 号

原公诉机关重庆市万州区人民检察院。

上诉人（原审被告人）李某，男，1990 年 2 月 13 日出生于重庆市万州区，汉族，大专文化，无业，住重庆市万州区。因犯非法持有弹药罪，于2011年6月23日被重庆市万州区人民法院判处有期徒刑三年七个月，2013年8月14日刑满释放。因涉嫌犯抢劫罪，于2018年5月21日被重庆市万州区公安局抓获，次日被刑事拘留，同年6月6日被依法逮捕。现羁押于重庆市万州区看守所。

辩护人李某某，重庆××律师事务所律师。

重庆市万州区人民法院审理重庆市万州区人民检察院指控原审被告人李某犯抢劫罪一案，于2019年12月4日作出（2019）渝0101刑初75号刑事判决。原审被告人李某不服，提出上诉。本院依法组成合议庭公开开庭审理了本案。在本院审理期间，重庆市人民检察院第二分院建议延期审理。本院于2020年4月13日决定延期审理。之后重庆市人民检察院第二分院于2020年5月12日建议恢复审理，本院于当日决定恢复审理。重庆市人民检察院第二分院指派检察官某某、检察官助理陈某某出庭履行职务，上诉人李某及其辩护人李某某到庭参加诉讼。经检察人员申请，鉴定人李某1出庭陈述鉴定意见。现已审理终结。

重庆市万州区人民法院判决认定：2018年5月1日，被告人李某上身着深色外套与深色T恤，T恤上有暗色印花，下身着深色裤子，于当日晚上20时从江南第一城的家中离开到高笋塘后，步行至国本路的某网吧，从21时上网至2018年5月2日凌晨30分左右离开。离开网吧时其面戴口罩，手拿蓝色雨伞，从国本路沿万×城墙、卫校步行至和平广场，然后乘车至渝东花园下车，再从渝东花园步行至青龙石附近。在同年5月2日凌晨1时49分左右，被告人李某在北山某学校对面的人行道上行走，发现正在独自行走的被害人吴某某，被告人李某随即上前尾随被害人至北山大道某幼儿园对面的人行道。趁被害人吴某某不备，从后面将其控制，并拖至路边一巷口内，以暴力和威胁的方法将被害人手提挎包抢走，随即迅速逃离现场。然后被告人李某在枇杷坪大巴车站乘出租车至清江上城下车，再步行至和平广场，从和平广场乘出租车到江南新区信访办附近下车，回到万州区江南第一城的家中。被害人的手提挎包内有现金约710元。被告人李某于2018年5月21日被公安人员抓获归案。案发后，侦查人员从李某家中搜出其作案时穿的黑色上衣、黑色裤子、蓝色短袖，以及手持的蓝色雨伞一把。

上述事实，有受案登记表，搜查笔录，扣押清单，指认笔录及照片，现场勘验笔录，提取李某编辑的手机短信照片，监控视频及视频截图，侦查实验笔录及说明，贵州警官学院司法鉴定中心声像资料鉴定意见书，证人罗某、李某2的辨认笔录，证人谭某某、刘某、冉某某等人的证言，被害人吴某某的陈述，李某的身份信息以及其系累犯的判决书、被告人李某的供述及辩解等证据证实。

重庆市万州区人民法院认为，被告人李某的行为已构成抢劫罪。李某系累犯，应当从重处罚。依照《中华人民共和国刑法》第二百六十三条、第五十三条、第六十四条、第六十五条第一款之规定，判决：一、被告人李某犯抢劫罪，判处有期徒刑五年，并处罚金人民币五千元。二、责令被告人李某退赔被害人吴某某的经济损失710元以及被抢的财物；扣押在案的涉案物品予以没收。

上诉人李某提出：1. 证人罗某和李某2辨认网吧视频中的男子就是他的辨认笔录，因没有与其他同类人像一起进行对比辨认，不符合辨认的要求，应被排除。2. 从其家中搜出的衣服、雨伞不具有排他性，且赃款赃物没有找到，他编辑的手机短信是为了鞭策自己不能再犯错，不能作为认定其犯罪的证据。3. 观看了监控视频，他不知道自己的走路步态，无法确定视频中的男子是不是他。且监控视频不连续。4. 对人像鉴定意见有异议：第一次鉴定意见为趋向认定为同一人，第二次鉴定增加了鉴定素材即侦查实验的视频，侦查实验时他穿的鞋子比平时大了三码，在固定的点上按侦查人员的要求摆出固定的姿势，其姿势姿态变形，不可能与平时一致；侦查实验的时间与案发时间相隔一年多，其体态有明显变化，变胖了，在这种情况下不可能鉴定出体态特征与他相符。5. 他没有对同监室的人讲过实施抢劫的事，同监室罪犯付某1的证言是伪证。综上，认定其实施抢劫的证据不足，请求宣告无罪。

上诉人李某的辩护人提出：1. 公安机关提供的监控视频不连续，不能直接证明在某网吧的李某在2018年5月2日凌晨1时许到过作案现场。2. 贵州警察学院的鉴定意见不应被采信：人像检验主要依据所穿的衣服、裤子和鞋等特征来判断，衣服胸前有狼头、虎头图案，有拉链、有反光等情形，但衣服不具有唯一特征。有些人的相貌、体型、头发等特征相似，本案以人像和体态的雷同作为认定的依据不具有客观性、唯一性。同一鉴定机构第一次出具的鉴定意见是趋向认为是同一人人像。第二次鉴定意见明确是同一人人像。鉴定意见具有随意性，不具有权威性。公诉机关委托鉴定违反了人民检察院的公诉职能和监督职能，存在程序错误。3. 关于本案其他证据问题：被害人在被抢劫时非常恐惧，不会去记嫌疑人的特征，因此被害人对嫌疑人体貌特征的描述不应被采信。李某说从没有和同监室的人谈论过所谓"抢劫"的事实，因此公安机关收集的李某同监室的付某2、付某1的证言不应被采信。本案赃款赃物没有找到，没有直接证据证实李某实施了抢劫行为。李某犯抢劫罪的事实不清，证据不足，建议二审宣告无罪。

重庆市人民检察院第二分院认为原判认定事实清楚，证据确实充分，定罪准确，量刑适当，审判程序合法。上诉理由及辩护意见不能成立。建议驳回上诉，维持原判。并申请鉴定人李某1出庭就人像鉴定过程做出说明。

经二审审理查明：2018年5月1日20时许，上诉人李某上身着深色外套与深色T恤，T恤上有暗色印花，下身着深色裤子，离开江南第一城的家到重庆市万州区高笋塘，后步行至国本路的某网吧，从21时许上网至2018年5月2日凌晨30分左右离开。离开网吧时其面戴口罩，手拿蓝色雨伞，从国本路沿万×城墙、卫校步行至和平广场，然后乘车至渝东花园下车，再从渝东花园步行至青龙石附近。在同年5月2日凌晨1时45分左右，李某在北山枇杷坪大巴车站红绿灯路口尾随刚刚跟朋友分手提着手提包独自回家的被害人吴某某，1时49分左右，李某尾随吴某某经过北山某学校至北山大道某幼儿园对面的人行道时，趁被害人吴某某不备，从后面将其控制，并拖至路边一巷口内，以暴力相威胁将吴某某装有现金710余元的手提包抢走，随即逃离现场。李某于2018年5月21日被公安人员抓获归案。案发后，侦查人员从李某家中搜出其作案时穿的黑色外衣，胸前带有图案的T恤，以及蓝色雨伞一把。

上述事实有经庭审举证、质证，本院予以确认的如下证据证实：

1. 受案登记表、立案决定书，证实2018年5月2日2时许，被害人吴某某向公安机关报案称其在万州区某幼儿园附近被一个看起来二十多岁、戴口罩、身穿黑色衣服的男子抢劫，被抢走一个手提包，内有现金约710元。公安人员当即出警。万州区公安局于当天对吴某某被抢劫案立案侦查。

2. 重庆市万州区公安局提供的监控视频，其中枇杷坪大巴车站监控视频显示：5月2日凌晨1点45分被害人吴某某和她朋友从青龙石方向朝某学校方向走，在红绿灯路口分手后，被害人继续朝某学校方向走，后面有一戴口罩、穿黑色衣服的男子在马路对面尾随被害人吴某某。某学校门口的监控视频显示：5月2日凌晨1点47分被害人吴某某继续朝前走，这名戴口罩男子从某学校门口过马路走到与被害人同一边，并有躲在大巴车后偷看被害人背影的动作，随即嫌疑人隔着大巴车尾随被害人。钟鼓楼北山大道1341号路口监控显示了作案过程（画面不清楚，但能显示动作）：5月2日凌晨1点49分50秒嫌疑人和被害人出现，并有拉扯动作。1点50分18秒嫌疑人过马路朝某学校这边跑，1点50分38秒被害人从阴影里出来走到马路边，手提包已不见了。某学校门口的监控视频显示：1点50分37秒嫌疑人从某学校门口过，朝枇杷坪大巴车站红绿灯十字路口方向跑。枇杷坪大巴车站监控视频显示：1点54分在红绿灯十字路口嫌疑人拦乘出租车离开。

3. 万州区公安局提供的2018年5月2日万州区桑树坪大巴车站吴某某被抢劫案视频侦查工作报告的视频以及监控视频截图和列表明细，证实案发后，公安机关对视频中的嫌疑人进行了视频追踪。通过调取监控，从案发现场时间倒推回去，嫌疑人的活动轨迹是：钟鼓楼北山大道某路口—某学校—钟鼓楼枇杷坪大巴车站—钟鼓楼枇杷坪广场大梯子公路—北山大道1159号门口人行道—北山大道青龙石路口—青龙路—钟鼓楼清水湾工地大门—钟鼓楼北山街249号—钟鼓楼北山街235号—钟鼓楼渝东大花园—电报路与复兴路岔路口—望江三峡卫校某网吧—红光重百某书店路口—红光重百路口—艺术馆楼梯口—红光某幼儿园—万×城墙某私房菜门口—红光国本车站出站口—三峡水利—某网吧（进入网吧时间5月1日21时40分，比北京时间快8分钟，实际时间21时32分，离开网吧时间5月2日0点37分，实际时间0点29分。在网吧嫌疑人没有戴口罩，网吧的监控拍到嫌疑人清楚的正面照片）。再继续倒推追踪，嫌疑人进入网吧前，国本路47号—国本路37号—孙家书房万×城墙巷口—影都路口—四方院路口—三峡水利旁通道—新世纪对面—南山隧道—第一城C区门口（5月1日20点38分）。另外公安机关对嫌疑人离开现场的路径也进行了视频追踪，嫌疑人作案后从钟鼓楼北山大道某路口—某学校—钟鼓楼枇杷坪大巴车站（拦乘出租车）—万安大桥（步行）—和平广场信号灯—大会堂广场（拦乘出租车）—江南信访办公交站（下车）—信访办路口—建委路口—江南大道南山路交叉路口—南山路中国银行—第一城C区门口（5月2日凌晨2点42分）。

4. 万州区公安局刑警支队出具的“侦查办案说明”和“抓获经过”、侦查人员在一审的出庭证言，证实在接到被害人的报案后，从监控视频中发现嫌疑人在5月1日晚至2日凌晨的行动轨迹。监控视频具有连贯性，将相关地点的监控进行下载后，通过穿着打扮、走路姿势进行锁定，确定李某就是本案的犯罪嫌疑人。公安民警于2018年5月21日在万州区北山大道钟鼓楼派出所附近将李某抓获。

5. 搜查笔录、指认笔录及照片、扣押清单，证实从李某江南第一城C区家中搜出与作案时穿着特征相符的黑色外衣、黑色长袖T恤、蓝色短袖T恤各一件，蓝色雨伞一把，均扣押在案。其中黑色长袖T恤、蓝色短袖T恤胸前均有图案。

6. 侦查实验笔录及同步录音录像视频资料，证实2019年10月30日23时许，侦查人员让李某穿上从其家中搜查扣押的黑色长袖T恤（上有虎头图案）和深色夹克，戴上口罩，将其带到枇杷坪大巴车站、某学校、钟鼓楼北山大道1341号监控摄像头下，沿着

2018 年 5 月 2 日凌晨吴某某被抢劫案中嫌疑人在视频中的行走路线进行了模拟。现场模拟实验结束后，侦查人员对枇杷坪大巴车站、某学校、钟鼓楼北山大道 1341 号监控摄像头拍摄的侦查实验过程的视频进行了下载，为人像比对鉴定提供相应的检材。通过侦查实验发现，枇杷坪大巴车站、某学校、钟鼓楼北山大道 1341 号路口三个监控摄像头之间的监控范围彼此覆盖和连接。

7. 贵州警察学院司法鉴定中心声像资料鉴定意见书、鉴定人李某 1 出庭对鉴定意见作出的说明，证实案发时某学校、枇杷坪大巴车站监控视频中嫌疑人人像与网吧中男子人像头型、发际、额头等头面部特征外形相符，位置关系一致，行走时人像步态特征、双肩动作习惯、八字脚及两脚间距基本相符，与侦查实验视频中李某外衣颜色、版型、反光物位置基本一致，内衣衣领样式、图案位置、大小基本一致，持物特征基本相符。根据侦查实验笔录在相同摄像机、相同环境、相同角度、相同位置条件下，案发时某学校、枇杷坪大巴车站监控视频中嫌疑人人像与侦查实验视频中李某在人像相同位置的身高比例数据测量基本一致。案发时某学校、枇杷坪大巴车站监控视频中嫌疑人人像与某网吧视频中男子的人像在同等条件下人像相同部位数据基本一致，身高等外形特征一致。由于受拍摄时间、环境、人像拍摄角度及清晰度等影响，以至外形、细节特征存在细微差异，该差异非本质差异。综上所述，案发现场的监控视频中嫌疑人人像与网吧中男子人像在头面部特征、衣着特征、体态动作特征、手持物特征、身高比例等 21 处相符。根据《人像鉴定规范 SF/ZJD0304001－2010》综合分析，鉴定意见：钟鼓楼枇杷坪大巴车站视频 2018 年 5 月 2 日 01:45:42 至 2018 年 5 月 2 日 01:46:24 出现在视频中的嫌疑人人像、某学校监控视频中 2018 年 5 月 2 日 01:48:12 至 2018 年 5 月 2 日 01:49:12 出现在视频中的嫌疑人人像、万州区某网吧视频中男子人像与侦查实验中钟鼓楼枇杷坪大巴车站和某学校视频中李某人像为同一人人像。本院二审庭审中，鉴定人李某 1 出庭就人像鉴定过程做出说明，与鉴定意见一致，并称第二次鉴定因为增加了侦查实验视频检材做比对，主要用侦查实验的静态数据与案发时监控视频中嫌疑人的数据进行比对，得出明确的肯定是同一人人像的鉴定意见。

8. 证人李某 2（系李某的父亲）的辨认笔录，证实经过他辨认，2018 年 5 月 1 日 21:40 许进入万州区国本路某网吧大门及网吧内拿着蓝色雨伞，身着黑色衣裤的男子是自己的儿子李某。

9. 证人罗某（系李某的前妻）的证言及辨认笔录，证实在 2018 年 4 月二十几号，李某因为偷了他父亲的钱被他父亲赶出家门。她辨认了 2018 年 5 月 1 日晚某网吧内的监控视频，指出 2018 年 5 月 1 日 21:40 许进入万州区国本路某网吧大门及网吧内拿着蓝色雨伞、身着黑色衣裤的男子是李某。

10. 现场勘验笔录及现场照片，证实现场位于万州区枇杷坪某幼儿园对面人行道上，北侧为某学校，某学校西侧的枇杷坪东路与北山大道中间为红绿灯路口。

11. 公安机关抓获李某后，从李某的手机上提取到李某于 2018 年 5 月 9 日编辑的手机短信，内容为："我仿佛是游走在这个社会边缘的老鼠，看着灯火阑珊，而我一无所有，家，父母，女儿都离我远去，为什么不能控制自己，为什么要这样，这个日子不想过下去了，偷抢监狱难道才是我的归宿吗?"

12. 被害人吴某某的陈述，证实 2018 年 5 月 2 日凌晨 1 点半左右，她和朋友在枇杷坪广场吃完烧烤走路回家的路上，在某幼儿园对面的人行道上被一戴口罩穿着深色衣服，身高约 1.6 米的男子从后面用刀抵住找她要钱，并将她挟持至一巷口内，让她蹲下不要动。该男子抢走她随身携带的棕色手提包后逃离现场，包内有 700 多元现金。

13. 证人谭某某（被害人的朋友）的证言，证实 2018 年 5 月 2 日凌晨她和吴某某在枇杷坪大巴车站附近分手，各自回家，吴某某沿着某学校的人行道直行。后接到电话，得知吴某某被人抢劫。还证实她们在吃夜宵时说准备去打牌，吴某某说她包里只有 700 多块钱，吃完饭后就走路回家了。

14. 证人刘某（被害人的儿子）的证言，证实 2018 年 5 月 2 日凌晨 2 时左右接到吴某某的电话说在楼下公路边被抢了。他马上赶到现场看见吴某某坐在某幼儿园对面的人行道上，吴某某说刚刚被一个戴口罩的年轻人从后面拿刀抵住她，抢走她的包，包内有现金 700 多元，还有身份证、银行卡、一份租房合同等东西。

15. 证人冉某某（出租车驾驶员）的证言，证实 2018 年 5 月 2 日凌晨 2 点左右，他驾驶出租车在枇杷坪大巴车终点站十字路口拉上一戴口罩的年轻人到清江上城附近下车，该人身着黑色衣裤，身高 1.6 米左右。

16. 证人陶某（出租车驾驶员）的证言，证实 2018 年 5 月 2 日凌晨 2 点多，他在和平广场希尔顿酒店外的车站装载一身着黑色衣裤的年轻人至江南新区区政府右侧大门附近下车。

17. 证人付某 1（同监罪犯）的证言，证实他与李某关在看守所同一监室时问过李某，抢劫的事情是哪个干的，李某说是他一个人在北山抢的。

18. 证人付某 2（同监罪犯）的证言，证实他与李某关在看守所同一监室，李某说案发现场有两个监控点拍到他，还说是北山的监控拍到的，李某说公安没有证据证实这个案子是李某搞的。

19. 被告人李某的供述，证实他在网上赌博，输了几十万元，把父亲的信用卡刷了十万。2018 年四五月他一直住在万州区江南第一城 C 区，在家睡觉、打游戏，偶尔出去跑贷款业务。警察从他家里搜出并扣押的衣服和雨伞是他的。他没有抢劫。记不清楚 2018 年 5 月 2 日在干什么。公安机关抓获他后从他手机上提取到的短信“我仿佛是游走在这个社会边缘的老鼠，看着灯火阑珊，而我一无所有，家，父母，女儿都离我远去，为什么不能控制自己，为什么要这样，这个日子不想过下去了，偷抢监狱难道才是我的归宿吗?”是他编辑的，因他以前坐过牢，编辑这样一条短信随时提醒自己，不要做违法乱纪的事，让自己振作起来。庭审中播放了 2018 年 5 月 1 日 21 时 40 分至 5 月 2 日凌晨 0 时 28 分万州区国本路某网吧内的监控视频，李某辨认 2018 年 5 月 1 日 21：40 许进入某网吧大门及网吧内拿着蓝色雨伞、身着黑色衣裤的男子是他。

20. 重庆市万州区人民法院（2011）万刑初字第 560 号判决书、释放证明，证明李某曾因犯非法持有弹药罪被判处有期徒刑三年七个月，2013 年 8 月 14 日刑满释放。

21. 李某的户籍资料、拘留逮捕法律文书，证实李某的身份以及因本案被采取刑事强制措施的情况。

关于李某及其辩护人提出认定李某犯抢劫罪的事实不清，证据不足的辩解、辩护意见，本院认为，认定李某抢劫吴某某的事实清楚，证据确实充分。理由如下：

第一，公安机关提供的监控视频清晰地反映了案发当天，一个戴着口罩的嫌疑人尾随、抢劫被害人、逃跑的全过程。枇杷坪大巴车站、某学校、钟鼓楼北山大道某路口监控视频显示：5 月 2 日凌晨 1 点 45 分被害人和她朋友从青龙石方向朝某学校方向走，在红绿灯路口分手后，被害人继续朝某学校方向走，后面有一戴口罩、穿深色衣服的男子在马路对面尾随被害人。嫌疑人从某学校门口过马路走到与被害人同一边，并有躲在大巴车后偷看被害人背影的动作，5 月 2 日凌晨 1 点 49 分 50 秒嫌疑人和被害人同时出现，并有拉扯动作。1 点 50 分 18 秒嫌疑人过马路朝某学校方向跑，1 点 50 分 38 秒被害人出来，包已不见了。被害人当即报案，警察于凌晨 2 点 20 分到达现场，有执法记录仪全程记录出警过程。侦查试验证实，上述三个摄像头在空间位置上可以连续覆盖。可以排除在现场监控视频显示的前后时间段有其他可疑人员进入案发现场。因此，案发现场监控视频能够证实有抢劫事实发生，且视频中戴口罩尾随被害人的男子即是抢劫嫌疑人。

第二，公安机关对监控视频中戴口罩的嫌疑人进行顺向与逆向追踪，经人像比对，确定嫌疑人即李某。监控视频中尾随被害人的嫌疑人特征很明显，穿两件衣服（周围的人有些只穿短袖），全程戴口罩，走路有轻微外八字。公安机关对视频中的嫌疑人进行了逆向与顺向的视频追踪（即嫌疑人从哪里来，到哪里去），发现嫌疑人从江南第一城 C 区出来，之后在某网吧上网（网吧的监控拍到嫌疑人清晰的视频，且没有戴口罩，易于辨认），5 月 2 日凌晨 28 分离开网吧，之后进入案发现场。继续通过视频追踪发现嫌疑人作案后又回到江南第一城 C 区。从公安机关的视频侦查报告看，嫌疑人的穿着、全程走路戴口罩以及走路特征在 5 月 2 日凌晨 1 点多钟在街上特征明显。公安机关视频侦查报告的视频追踪建立在事实基础之上，客观真实，应予采信。

第三，专业鉴定机构经鉴定出具的声像鉴定意见，证实对吴某某实施抢劫行为的人就是李某。2019 年 10 月 30 日 23 时 45 分至 10 月 31 日 1 时 25 分，侦查人员让李某穿上从其家中扣押的黑色长袖 T 恤（上印有动物图案）和深色夹克，并戴上一次性医用口罩，然后带李某到枇杷坪大巴车站红绿灯十字路口、某学校门口、钟鼓楼北山大道某路口的监控摄像头下，让李某拿伞沿本案作案人在视频中行走路线进行侦查试验模拟。后重庆市万州区人民检察院委托贵州警察学院司法鉴定中心对案发现场枇杷坪大巴车站和某学校监控视频、某网吧监控视频、侦查实验视频与李某人像是否为同一人人像进行鉴定。贵州警察学院司法鉴定中心于 2019 年 11 月 13 日出具声像资料的鉴定意见，检材人像与本人的人像在头面部特征（头型、发际、额头等头面部特征相符，位置关系一致）、衣着特征（外衣颜色、版型、反光物位置、内衣衣领样式、图案位置、大小一致）、手持物特征（手持的雨伞特征相符）、体态特征（行走时人像步态特征、双肩动作习惯、八字脚及两腿间距相符）、身高比例特征（人像在相同位置的身高比例数据测量一致）等 21 处相符。视频监控中的嫌疑人人像与万州区国本路某网吧视频、侦查实验视频中的李某为同一人人像。关于李某提出证人李某 2 和罗某辨认网吧视频中的男子就是李某的辨认笔录，因没有与其他同类人像一起进行对比辨认，不符合辨认的要求，应被排除的理由，经查，李某 2 和罗某分别作为李某的父亲和前妻，查看某网吧中一男子的图像后，直接确认该男子是李某，符合法律规定和客观事实，李某亦当庭查看后供认 2018 年 5 月 1 日 21 时 40 分左右某网吧视频监控中的男子是其本人，与其父亲和前妻指认的结果一致，故李某的前述辩解不能成立。关于李某及其辩护人提出检察机关不能委托鉴定，鉴定意见不应被采信的意见，经查，根据《公安机关办理刑事案件程序规定》第 216 条（现修改为第 221 条）、《人民检察院刑事诉讼规则》第 216 条、第 217 条、第 218 条（现修改为第 200 条、第 201 条），公安、检察院在刑事诉讼过程中都有权进行侦查实验，都有权对专门问题进行鉴定，必要时可以聘请有关专业人员鉴定。本案中，为了确保案件质量，司法机关两次对现场视频中的嫌疑人与网吧中的李某图像进行比对鉴定，第一次鉴定是依据案发时枇杷坪大巴车站、某学校的监控视频中嫌疑人人像与某网吧里李某的人像视频进行鉴定，得出倾向于同一人人像的鉴定意见。第二次鉴定增加了侦查实验视频检材，得出肯定的同一人人像的鉴定意见。鉴定人亦出庭接受控辩双方的询问，就鉴定意见做出说明，符合法律规定，依法应予采信。故李某及其辩护人的前述辩解、辩护意见不能成立。

第四，公安机关在李某家中提取了其作案时身穿的衣服、随身携带的雨伞，要求李某穿着该衣服，手持该雨伞进行了侦查实验，侦查实验中李某的衣着特征与案发现场嫌疑人的衣着特征高度相符，进一步印证了声像鉴定意见的结论性意见，即视频中的嫌疑人就是李某。李某及其辩护人关于公安机关提取的衣服、雨伞与本案无关联性的辩解、辩护意见与查明的事实不符，不能成立。

第五，证人付某1、付某2证实，李某在看守所羁押期间曾经告诉过同监舍羁押的在押人员付某1、付某2，自己实施了本案中的抢劫行为，但公安机关没有其他人证、物证证明是李某干的。证人付某1、付某2的证言系公安机关依法取得，同本案的其他证据相互印证，能够证明本案的事实，李某及其辩护人既不能举示证据否定付某1、付某2的证言，也不能对其辩解提供合理的解释和说明，依法不能成立。

综上，尽管上诉人李某及其辩护人否认李某实施抢劫，但本案破案过程自然，钟鼓楼枇杷坪大巴车站、某学校的监控与钟鼓楼北山大道某路口的监控在位置空间上可以连续覆盖，能够证实案发时间段除李某外，没有其他可疑人员进入案发现场。侦查人员通过连贯的视频追踪锁定嫌疑人李某后，从李某家中搜查出的衣服与嫌疑人作案时穿的衣服有很多共同特征。侦查人员带李某到现场进行了侦查实验，经鉴定，确认案发时钟鼓楼枇杷坪大巴车站、某学校的监控视频中的嫌疑人人像与某网吧视频（经李某父亲和前妻辨认，确认是李某）和侦查实验视频中李某为同一人人像。可以认定本案系李某抢劫作案。李某及其辩护人的辩解、辩护意见，不能成立。

本院认为，上诉人李某以非法占有为目的，采用暴力和胁迫的方法，劫取他人财物，其行为已构成抢劫罪。李某曾因故意犯罪被判处有期徒刑以上刑罚，刑满释放后五年内再犯应当判处有期徒刑以上刑罚之罪，系累犯，依法应从重处罚。原判认定事实及适用法律正确，量刑适当，审判程序合法。依照《中华人民共和国刑事诉讼法》第二百三十六条第一款第（一）项的规定，裁定如下：

驳回上诉，维持原判。

本裁定为终审裁定。

审判长　刘　某
审判员　谭　某
审判员　余　某
二〇二〇年六月十八日
法官助理　何某某
书记员　钟某某

评析：这是一份格式规范、结构合理、内容要素齐全的法律文书。全文在反映案件审理程序和实体公正的同时，突出案件事实、证据的分析认定及对当事人意见的评说。文书行文流畅，用语准确、规范，体现了作者良好的文字驾驭能力，确为一篇优秀的法律文书。其特点如下：

（1）格式符合文书制作的要求。该文书从首部到尾部，都具备文书的所有要素。在文书的每一部分，都能按照格式要求，叙清叙明。

（2）文书的表述详略得当。该文书注意本案一、二审事实、证据没有变化的情况，很好地处理了行文的繁简关系。如在证据的表述上，采用了"此简彼繁"的方法，简写一审认定事实的证据，详述二审认定的证据，从而不仅避免了文书重复、冗长的弊端，而且在文书结构上，也避免了文书的各部分比重失衡的现象。

（3）判决理由具有针对性。本案系一起"零口供"犯罪案件，焦点集中在认定被告人李某实施抢劫行为的证据是否确实、充分。本裁判文书围绕该焦点，充分运用间接证据梳理还原案件事实，经过缜密的刑事推定，对全案证据进行综合评判，充分说理，层层递进，详细论证了法官是如何综合全案证据认定李某实施了抢劫犯罪，以事实和法律为依据对上诉理由和辩护意见予以否认，有理有据，令人信服，展现了裁判文书应有的公正性、说服力与公信力。

三、发回重审的刑事裁定书

第二审发回重审的刑事裁定书，是指第二审人民法院在受理当事人不服第一审判决的上诉或者检察机关的抗诉后，经审理认为，原判决事实不清或者证据不足，或者违反法律规定的诉讼程序，依法撤销原判，发回重新审判时制作的法律文书。

第二审人民法院发回重审的案件主要有两大类型：一是第一审人民法院判决认定事实不清楚或者证据不足的案件；二是第一审人民法院在审理过程中违反法律规定的诉讼程序，可能影响公正判决的案件。

发回重审的刑事裁定书的主要内容和写作方法与维持原判的刑事裁定书基本相同。但在制作中应当注意以下几点：

（1）由于发回重审的裁定只解决出现某种法定情形而将原判发回重审的问题，第二审法院没有对案件的实体问题作出处理，因此在制作文书上的一个重要特点，是不需要具体叙述原判认定的事实、证据、理由等，但要求将"上诉理由"放在首部的"审判经过"中表述，即表述为"被告人×××不服，以……为由提出上诉"。在表述上诉理由时既应注意不要过于冗长，但也不要过于简单。

（2）对发回重审理由的表述。如何写明原判事实不清、证据不足，或者违反法律规定的诉讼程序，并阐明发回重审的理由，是制作本裁定书的重点。如前所述，按照最高人民法院制定的文书样式，要求将发回重审的理由放在"本院认为"即"理由"部分表述，但它实际上包含了事实和理由这两个方面的内容。因此，第二审人民法院在表述发回重审的情形和理由时，务必做到全面、具体和精练。所谓全面，是指凡是涉及"发回重审"的法定事项不得遗漏。所谓具体，是指对引起发回重审的情形要表述得有事实、有证据。所谓精练，是指在坚持全面、具体的前提下，尽量从文字方面进行高度概括，切忌冗长。

（3）对发回重审适用的法律依据的表述。对于因事实不清、证据不足而发回重审的，应当引用《刑事诉讼法》第 236 条第 1 款第 3 项的规定，对于因程序违法而发回重审的，则应当引用《刑事诉讼法》第 238 条中相应的规定。该规定的程序违法情形有五种：违反本法有关公开审判的规定；违反回避制度；剥夺或者限制了当事人的法定诉讼权利，可能影响公正审判；审判组织的组成不合法；其他违反法律规定的诉讼程序，可能影响公正审判等。因此，在一个具体的发回重审的案件中，发回重审的裁定书所表述的理由必须有针对性，即不仅应当阐明一审法院的审理违反了哪一条，而且还应当写明是违反了该条中的哪一项。

（4）裁判结果应分两行写明：

“一、撤销×××人民法院（××××）××刑初×号刑事判决；

二、发回×××人民法院重新审判。”

（5）尾部应当表述为“本裁定为终审裁定”。

第四节 死刑复核裁判文书

死刑复核裁判文书，是指最高人民法院对被告人判处死刑立即执行（本节中除特别指出之外，死刑均指死刑立即执行）案件依法进行复核审理后，作出处理的书面决定。

虽然我国《刑法》第 48 条规定，死刑除依法由最高人民法院判决的以外，都应当报请最高人民法院核准，但在 2007 年之前的司法实践中，最高人民法院除保留极少数死刑案件的核准权外，绝大多数死刑案件均授权各高级人民法院和中国人民解放军军事法院核准。自 2007 年 1 月 1 日起，死刑复核权由最高人民法院统一行使。最高人民法院复核死刑案件主要针对被告人的判处死刑的事实部分及其定罪量刑，故其文书与其他裁判文书相比，有不同的侧重点。现将三种文书的内容及制作方法介绍如下。

一、核准死刑用刑事裁定书

（一）首部

（1）法院名称应用全称“中华人民共和国最高人民法院”。

（2）案件编号为“（××××）最高法刑核×××××××××号”。

（3）被告人基本情况。应写明其姓名、性别、民族、出生年月日、出生地、文化程度、职业或者工作单位和职务、住址和被逮捕日期，现在押何处。

应当注意的是，被告人的年龄，应当写明准确的出生年月日；根据证据材料确实查不清准确出生日期的，也可写为“××××年或者××××年××月出生”。但是被告人年龄在 18 周岁或者刚刚超过 18 周岁的，必须写明其准确的出生年月日。出生地写为“××省（自治区、直辖市）××市（县）”；出生在直辖市××区的，出生地写为“××市”；出生在直辖市××县的，出生地写为“××市××县”。被告人被采取的强制措施，写为“××××年××月××日被逮捕”。被告人曾经被刑事处罚、劳动教养的，应当写明其事由和时间。

（4）案件由来、审判经过和辩护律师及所属律师事务所情况。可表述为：

“×××中级人民法院审理×××人民检察院指控被告人×××犯××罪一案，于×

×××年××月××日以（××××）××刑初×号刑事判决，认定被告人×××犯××罪，判处死刑，剥夺政治权利终身（判处财产刑的，续写“并处……”。数罪并罚的，亦应写明）。宣判后，×××提出上诉。×××高级人民法院经依法开庭审理，于××××年××月××日以（××××）×刑终×号刑事裁定，驳回上诉，维持原判，并依法报请本院核准（高级人民法院复核被告人不上诉、检察机关不抗诉案件的，作出相应变动）。本院复核期间，被告人×××委托××××××律师事务所律师×××为其提供辩护。本院依法组成合议庭，对本案进行了复核，依法讯问了被告人，听取了辩护律师意见。现已复核终结。”

制作时应注意：

（1）案件系刑事附带民事诉讼的，不写附带民事诉讼原告人提起附带民事诉讼和第一、二审法院作出了民事调解或者裁判；引用第一、二审裁判文书的名称时应当如实引用。

（2）案件有发回重审情形的，应当写明裁定发回重审的时间、案件编号和重审后作出裁判的时间、案件编号、裁判结果等相关内容。

（3）在表述第一、二审裁判结果的时候，只写刑罚部分，包括主刑和附加刑，不写非法所得的追缴、赃款赃物的没收等非刑罚部分；非刑罚部分，可在叙述完案件事实后续写。

（4）不需写明上诉或者抗诉理由。

（5）2022 年之前，最高人民法院死刑复核裁判文书不记载辩护律师及所属律师事务所情况。2022 年 1 月 1 日《中华人民共和国法律援助法》施行，其中第 25 条规定了最高人民法院死刑复核案件被告人申请法律援助的，应当指派律师为被告人提供辩护。2021 年 12 月 30 日，最高人民法院、司法部印发《关于为死刑复核案件被告人依法提供法律援助的规定（试行）》，其中第 11 条规定“死刑复核案件裁判文书应当写明辩护律师姓名及所属律师事务所，并表述辩护律师的辩护意见”。故自 2022 年 1 月 1 日起，最高人民法院死刑复核裁判文书应当记载辩护律师及所属律师事务所情况，如果是委托的辩护律师，表述为“本院复核期间，被告人×××委托××××××律师事务所律师×××为其提供辩护”；如果是法律援助的辩护律师，则表述为“本院复核期间，根据被告人×××申请，通知司法部法律援助中心指派××××××律师事务所律师×××为其提供辩护”。

（6）根据《刑事诉讼法》第 251 条和《最高人民法院关于适用〈中华人民共和国刑事诉讼法〉的解释》第 435 条、第 436 条的规定，死刑复核期间，最高人民检察院提出意见的，最高人民法院应当审查，并将采纳情况及理由反馈最高人民检察院。此类案件，要在“听取了辩护律师意见”后增加“审查了最高人民检察院意见”。

（二）正文

1. 事实部分

以“经复核确认：”引出，写明经复核确认的事实。

（1）叙述事实要层次清楚，重点突出。应当写明案件发生的时间、地点，被告人的动机、目的、手段，实施行为的过程、危害结果和被告人在案发后的表现等内容，并以是否具备犯罪构成为重点，兼叙影响定罪量刑的各种情节。

（2）案件为多罪名的，叙述事实时应当分为若干部分或者自然段落，并在叙述每个罪名时加小标题，例如：“一、关于抢劫事实……二、关于盗窃事实……”。在叙述完第一个罪名的事实后，另起一段，叙述相应的证据，并以此类推。不宜在叙述完所有事实后，集中叙述证据。在叙述事实的顺序上，主罪事实和相应证据在前，次罪事实和相应证据在后。不分主罪、次罪的，一般按照时间顺序叙述事实和相应证据。叙述完事实和证据后，要注意写明非法所得和赃款赃物的追缴情况、被告人案发后的表现等。

（3）多起事实的，叙述事实时，一般分别叙述每起事实；难以分别叙述的，必要时，可以对犯罪的时间、次数、赃款赃物的总数、犯罪结果等作归纳叙述。分别叙述每起事实的，应当在最后部分综合叙述犯罪的次数、金额（数额）等。

（4）被告人有自首、立功等法定或者酌定情节的，可以在叙述完事实后，另起一段叙述自首、立功等情形。

2. 证据部分

可表述为：

“上述事实，有第一审、第二审开庭审理中质证的×××（指物证名称），×××（指书证名称），证人×××的证言，被害人×××的陈述，鉴定结论，勘验、检查笔录，视听资料和同案被告人的供述等证据证实。被告人×××亦供认，足以认定。”

对于证据的排列，原则上按照刑事诉讼法规定的顺序。被告人不认罪的，应当在证据部分写明，例如，可表述为：“上述事实，被告人×××虽然不予供认，但是有……（写明证据内容）等证据证实，足以认定。”被告人曾经供述过但又翻供，或者时供时翻的，可根据案件具体情况作相应变动。

3. 辩护律师意见

概述辩护律师的辩护意见，并说明采纳或者不采纳情况及理由。如果辩护律师意见同于第一、二审，或者辩护律师意见较为简单，可以在判决理由部分概述、回应。

4. 判决理由

以“本院认为，”引出，阐述被告人的行为构成何种罪名，罪行轻重，是否有法定、酌定从重或者从轻处罚情节。第一、二审裁判认定的事实、证据、定罪、量刑、程序均无问题的，一般表述为：“第一审判决、第二审裁定认定的事实清楚，证据确实、充分，定罪准确，量刑适当。审判程序合法。”引用法律条文时，一般应当引用《中华人民共和国刑事诉讼法》第 246 条、第 250 条和《最高人民法院关于适用〈中华人民共和国刑事诉讼法〉的解释》第 429 条第 1 项，不必引用实体法条文。

5. 判决主文

表述为：

“核准×××高级人民法院（××××）×刑终×号维持第一审以××罪判处被告人×××死刑，剥夺政治权利终身的刑事裁定。”

（三）尾部

最高人民法院于 2004 年 7 月 26 日公布的《关于刑事案件终审判决和裁定何时发生法律效力问题的批复》规定：终审的判决和裁定自宣告之日起发生法律效力。参照上述规定，最高人民法院的裁定和判决亦应当自宣告之日起发生法律效力，表述为“本裁定自宣告之日起发生法律效力”。

二、不核准死刑用刑事裁定书

根据《最高人民法院关于适用〈中华人民共和国刑事诉讼法〉的解释》第429条第3项至第6项的规定，最高人民法院应当以裁定不核准被告人死刑，撤销原判，发回重审的情形有四种：一是事实不清、证据不足的情形；二是复核期间出现新的影响定罪量刑的事实、证据的情形；三是原判认定事实正确，但依法不应当判处死刑的情形；四是原审违反法定诉讼程序，可能影响公正审判的情形。因此，制作不核准死刑用刑事裁定书时，要根据不同情形作出相应调整。

不核准死刑用刑事裁定书的内容及制作方法如下所述。

（一）首部

与核准用刑事裁定书一致。

（二）正文

1. 事实部分

表述为："×××高级人民法院认定：……。"简要写明高级人民法院认定的事实。根据案件的具体情况，认为不必写明高级人民法院认定的事实或者简要写明后可能效果不好的，可以不写事实，直接在理由部分简要说明为何认为案件事实不清、证据不足；不宜在理由部分写明的事实、证据等问题，应当在内部附函中写明。若一、二审法院认定一致的，应表述为"×××中级人民法院和×××高级人民法院认定："，并对其他部分作出相应调整。

对于原判认定事实正确，但依法不应当判处死刑的情形，如认为原审法院重新审判后不会改变事实认定的，也可表述为"最高人民法院经复核确认："的事实。

2. 证据部分

可表述为：

"×××高级人民法院（或×××中级人民法院和×××高级人民法院）认定上述事实的证据，有×××（指物证名称），×××（指书证名称），证人×××的证言，被害人×××的陈述，鉴定结论，勘验、检查笔录，视听资料和被告人的供述等。"

3. 辩护律师意见及回应

如辩护律师提出意见，应当概述其意见，论证采纳或不采纳其意见的理由。

4. 理由部分

以"根据×××高级人民法院审理认定的上述事实和证据，本院认为，"引出，写明不核准的理由。对于原判事实不清、证据不足的案件，应根据案件具体情况，简要、概括地写明原判认定事实和证据所存在的问题；对于原判事实正确，但不应判处死刑的案件，重点分析论证不应判处死刑的理由；对于违反法定程序的案件，则应具体写明违反何种法定程序，可能影响案件公正审判。并根据不同情况引用作出裁定的相关法律依据。

（三）裁定结果

以撤销第二审裁定，发回第二审法院重新审判为例，应表述为：

"一、不核准×××高级人民法院（××××）×刑终×号维持第一审以××罪判处被告人……（写明第一审判决的具体内容）的刑事裁定。

二、撤销×××高级人民法院（××××）×刑终×号维持第一审以××罪判处被告人……（写明第一审判决的具体内容）的刑事裁定。

三、发回×××高级人民法院重新审判。”

根据案件情况，应发回一审法院重新审判的，对裁定结果应做相应变动。

共同犯罪案件中的其他被告人没有被第一、二审判处死刑，且第一、二审对该被告人的裁判已发生法律效力的，或者案件系刑事附带民事诉讼的，撤销时不得一并撤销第一审判决、第二审裁定中与之相关的内容。

三、改判用刑事判决书

《最高人民法院关于适用〈中华人民共和国刑事诉讼法〉的解释》第429条第5项规定：原判认定的事实正确、证据充分，但依法不应当判处死刑的，应当裁定不予核准，并撤销原判，发回重新审判；根据案件情况，必要时，也可以依法改判。司法实践中，最高人民法院复核死刑改判的主要有两种情况：(1) 对一人有两罪以上被判处死刑的数罪并罚案件，最高人民法院复核后，认为其中部分犯罪的死刑判决裁定事实不清、证据不足的，应当对全案裁定不予核准，并撤销原判，发回重新审判；认为其中部分犯罪的死刑判决、裁定认定事实正确，但依法不应当判处死刑的，可以改判，并对其他应当判处死刑的犯罪作出核准死刑的判决。(2) 对有两名以上被告人被判处死刑的案件，最高人民法院复核后，认为其中部分被告人的死刑判决、裁定事实不清、证据不足的，应当对全案裁定不予核准，并撤销原判，发回重新审判；认为其中部分被告人的死刑判决、裁定认定事实正确，但依法不应当判处死刑的，可以改判，并对其他应当判处死刑的被告人作出核准死刑的判决。据此，改判用刑事判决书的内容和制作方法如下所述。

（一）首部

与核准用刑事裁定书一致。

（二）正文

(1) 事实和证据部分、概述辩护意见及回应。与核准用刑事裁定书一致。

(2) 理由部分。应当重点说明部分核准和部分改判的理由与依据。引用法律依据时，应注意不仅应引用作出判决依据的程序法规定，亦应引用定罪量刑的实体法规定。

（三）判决结果

(1) 对于一人犯数罪被判处死刑，经复核认为其中部分犯罪的死刑裁判认定事实正确，但依法不应当判处死刑的，改判并对其他应当判处死刑的犯罪作出核准死刑的判决的案件，可表述为：

“一、核准×××高级人民法院（××××）×刑终×号刑事裁定中维持第一审以××罪判处被告人×××……（写明维持的有关个罪的具体内容）的部分。

二、撤销×××高级人民法院（××××）×刑终×号刑事裁定和×××中级人民法院（××××）××刑初×号刑事判决中对被告人……（写明撤销的有关个罪的具体内容）的部分和决定执行刑罚的部分。

三、被告人×××犯××罪，判处……（写明改判的具体内容）。

四、被告人×××犯××罪核准死刑……（写明核准的有关个罪的具体内容）的刑罚与其犯××罪判处……（写明改判的具体内容）的刑罚并罚，决定……（写明决定执行刑罚的具体内容）。”

（2）一案中数人被判处死刑，经复核认为其中部分被告人的死刑裁判认定事实正确，但依法不应当判处死刑的，改判并对其他应当判处死刑的被告人作出核准死刑的案件，可表述为：

“一、核准×××高级人民法院（××××）×刑终×号刑事裁定中维持第一审……（写明维持的具体内容）的部分。

二、撤销×××高级人民法院（××××）×刑终×号刑事裁定和×××中级人民法院（××××）××刑初×号刑事判决中……（写明撤销的具体内容）的部分。

三、被告人×××犯××罪，判处……（写明改判的具体内容）。”

（3）判决结果中有其他情形的，例如，报请核准的被告人犯有判处死刑和没有判处死刑的数罪，复核后认为，数罪中既有应当核准死刑的，也有对原判没有判处死刑的罪名或者量刑进行改判的，参照（1）和（2）的格式作相应调整。

（4）共同犯罪案件中的其他被告人没有被第一、二审判处死刑，且第一、二审对该被告人的裁判已发生法律效力的，或者案件系刑事附带民事诉讼的，撤销时不得一并撤销第一审判决、第二审裁定中与之相关的内容。

第五节 再审刑事裁判文书

再审刑事判决书是指人民法院对已经发生法律效力的判决，依照审判监督程序重新审判后作出改判判决的法律文书。再审刑事判决书包括适用第一审程序的刑事判决书和适用第二审程序的刑事判决书。

第一审程序再审刑事判决书的适用范围：一是各级人民法院对于本院已经发生法律效力的第一审刑事判决，经提起再审后，按照第一审程序重新进行审理，确认原判在认定事实上或者适用法律上确有错误，依法应予改判的案件；二是最高人民法院对地方各级人民法院已经发生法律效力的第一审刑事判决、上级人民法院对下级人民法院已经发生法律效力的第一审刑事判决发现确有错误，按照审判监督程序指令下级人民法院再审，下级人民法院重新审理后，确认原判在认定事实上或者适用法律上确有错误，依法应予改判的案件。

第二审程序再审刑事判决书的适用范围：一是中级以上人民法院对本院已经发生法律效力的第二审刑事判决经提起再审后，按照第二审程序重新进行审理，确认原判决在认定事实上或者适用法律上确有错误，需要改判的案件；二是上级人民法院对下级人民法院已经发生法律效力的第二审刑事判决认为确有错误，按照审判监督程序指令下级人民法院再审，下级人民法院按照第二审程序重新进行审理，确认原判在认定事实或者适用法律上确有错误，依法予以改判的案件；三是上级人民法院认为下级人民法院已经发生法律效力的第一审或者第二审刑事判决确有错误，按照审判监督程序提审，上级人民法院依照第二审程序进行审理确认原判决在认定事实或者适用法律确有错误，依法予以改判的案件；四是最高人民检察院对各级人民法院、上级人民检察院对下级人民法院已经发生法律效力的刑事判决认为确有错误，向同级人民法院提出抗诉，同级人民法院按照第二审程序进行审理，确认原判决在认定事实或者适用法律上确有错误，应予改判的案件。

针对已生效的第一审判决进行再审后作出的判决，仍为第一审判决，检察机关可以提出抗诉，被告人可以提出上诉。其判决书的制作方法可参照第一审刑事判决书。针对终审判决进行再审或者是上级法院提审的案件仍适用第二审程序，其刑事判决书的制作方法可参照第二审程序的刑事判决书。本节主要介绍改判的刑事判决书和再审维持原判的刑事判决书的主要内容和制作方法。

一、改判的刑事判决书

（一）首部

与第一、第二审刑事判决书的首部的制作方法基本相同。需要注意的问题主要有：

（1）案件编号。为了体现在审判监督程序中适用的是第一审程序还是第二审程序，在制作第一、二审程序刑事判决书的格式中的“刑初”和“刑终”中增加“再”字，如“刑再初”“刑再”。

（2）控辩双方。原审是公诉案件的，第一项写“原公诉机关”，第二项写“原审被告人”；如果是人民检察院抗诉而提起再审的，第一项写“抗诉机关”，第二项写“原审被告人”。原审是自诉案件的，第一项写“原审自诉人”，第二项写“原审被告人”。控辩双方基本情况要求写明的事项与原审级的判决书的写法相同。

根据我国刑事诉讼法的规定，申诉人不属于诉讼参与人，故不论其与本案有无利害关系，均不应在再审刑事判决书中列项书写。

（3）案件由来和审理经过。包括案由、原判案号、提起再审的根据、审理经过等事项。现以公诉案件为例分别介绍：

1）第一审人民法院提起再审的，表述为：

“×××人民检察院指控原审被告人×××犯××罪一案，本院于××××年××月××日作出（××××）××刑初×号刑事判决。该判决发生效力后，本院于××××年××月××日作出（××××）××刑申×号再审决定，对本案提起再审。本院依法另行组成合议庭，公开（或者不公开）开庭审理了本案。×××人民检察院检察员×××出庭履行职务，被害人×××、原审被告人×××及其辩护人×××等到庭参加诉讼。现已审理终结。”

2）按第二审程序审理的，表述为：

“×××人民检察院指控原审被告人×××犯××罪一案，×××人民法院于××××年××月××日作出（××××）××刑初×号刑事判决，本院于××××年××月××日作出（××××）×刑终×号刑事判决（或裁定）。上述裁判发生法律效力后，本院于××××年××月××日作出（××××）××刑申×号再审决定，对本案提起再审。”

其中，上级人民法院指令第二审法院再审的，写为“×××人民法院于××××年××月××日作出（××××）××刑申×号再审决定，指令本院对本案进行再审”。上级人民法院提审的，写为“本院于××××年××月××日作出（××××）××刑申×号再审决定，提审了本案”。上级人民检察院依照审判监督程序提起抗诉的，写为“×××人民检察院于×××年××月××日以……向本院提起抗诉”。

（二）正文

（1）概述原判认定的事实、证据、理由和判决结果。为避免事实和证据的叙述出现不必要的重复，除对原判的判决结果应当“照抄照搬”外，对原判认定的“事实和证据”及

“判决理由”则可以参照制作第二审程序刑事判决书所采取的“此繁彼简”或者“此简彼繁”的方法写作。这里所指的是“繁”“简”标准，主要应根据再审中双方当事人对原发生法律效力的判决不服的具体理由而定：

一是对原生效判决认定的事实和证据有异议的，在“概述”原判认定的事实和证据时，应当因案而异。对原判认定的全案事实和证据都有异议的，则应对原判认定的事实和证据写清楚；只是对原判认定的部分事实和证据有异议的，则可只对原判认定的有异议的“部分”事实和证据予以“照抄照搬”，对没有异议的事实和证据进行高度概括。

二是对原生效判决认定的事实和证据没有异议，只是对适用法律或者量刑有异议的，则对原判认定的事实和证据进行高度概括，着重写明原判理由及适用的法律。

（2）概述再审中原审被告人的辩解和辩护人辩护意见，人民检察院在再审中提出的意见，应当一并写明。如果是人民检察院抗诉的案件，则应先写检察院的抗诉意见，再写原审被告人的辩解及辩护意见。

（3）再审理查明的事实和证据。由于审判监督程序只是对确有错误的生效裁判的补救措施，因此，在叙述经再审查明的事实和证据时，没有必要平铺直叙甚至面面俱到，而应当根据当事人提起再审的具体理由及人民法院决定再审的法定事由来决定是详细叙述还是概括叙述。也就是说，对于控辩双方没有异议的内容，就没有必要进行详细叙述和认证，重点应放在控辩双方有异议及原判与再审有重大分歧的部分。

（4）再审改判理由。由“本院认为”引出，根据再审查明的事实、证据和法律规定，对原判和诉讼双方的主要意见作出分析，有针对性地论述改判理由。同时凡属改判的案件，在理由部分，应当写明再审改判所依据的法律，适用刑法定罪处罚的，除应当引用《刑事诉讼法》有关条款外，还应引用《刑法》有关条款。

（三）判决主文

判决主文部分，可分别参照第一审、第二审刑事判决书的写法和要求书写。如果原判在认定事实或适用法律有错误，需要全部或部分改判的，应先撤销原判，然后直接改判。

经再审改判有期徒刑的，应当注意原审被告人在再审判决执行前的服刑期有无减刑的情况，如有曾被减刑的，应当把减刑的刑期加以扣除。

（四）尾部

再审刑事判决书尾部的制作应根据再审是适用一审程序还是二审程序，分别参照第一审刑事判决书或第二审刑事判决书尾部的内容和写法进行写作。

现以山东省高级人民法院再审王某虚开增值税专用发票，用于抵扣税款发票案的刑事判决书为例进行分析。

山东省高级人民法院

刑 事 判 决 书

（2021）鲁刑再4号

原公诉机关山东省沂源县人民检察院。

原审被告人王某，男，汉族，1970年5月18日出生于山东省临朐县，初中文化，山东临朐胜潍特种水泥有限公司职工，户籍所在地临朐县，住临朐县。因涉嫌犯虚开用于抵扣税款发票罪于2011年6月18日被沂源县公安局取保候审。2014年5月26日因犯虚开用于抵扣税款发票罪，被判处有期徒刑二年，缓刑二年，并处罚金人民币十万元。刑罚已执行完毕。

辩护人杜某某、徐某某，山东××律师事务所律师。

沂源县人民法院审理沂源县人民检察院指控原审被告人王某虚开用于抵扣税款发票罪一案，于2014年5月26日作出（2014）沂刑初字第75号刑事判决。宣判后，原审被告人王某未上诉，检察机关未抗诉，判决发生法律效力。后王某不服，向沂源县人民法院提出申诉，该院于2019年6月18日作出（2019）鲁0323刑申2号驳回申诉通知书，驳回其申诉。王某不服，再向淄博市中级人民法院提出申诉。该院于2019年10月12日作出（2019）鲁03刑申34号驳回申诉通知书，驳回其申诉。王某仍不服，向本院提出申诉。本院于2020年8月6日作出（2020）鲁刑申37号再审决定书，决定对本案提审。本院依法组成合议庭，于2021年4月29日依法公开开庭审理了本案。山东省人民检察院指派检察员吴某、曹某某出庭履行职务。原审被告人王某及其辩护人杜某某、徐某某到庭参加诉讼。现已审理终结。

沂源县人民法院（2014）沂刑初字第75号刑事判决认定：被告人王某是山东临朐胜潍特种水泥有限公司（以下简称胜潍公司）销售科的职工，同时也有自己的货车经营运输业务。王某从胜潍公司承揽运输业务，给中国石油集团海洋工程有限公司（以下简称海洋公司）和中石油天然气公司冀东公司（以下简称冀东公司）运输油井水泥，因为结算运费需要为海洋公司和冀东公司出具具有抵扣税款功能的运输发票，刚开始被告人王某从税务机关开具发票，被告人王某在与郭某及沂源县路路通物流有限公司（以下简称路路通公司）无实际业务往来的情况下，自2010年6月开始，以支付票面金额4.6%开票费的方式，从郭某的路路通公司多次开具运输发票，至2010年12月共开具票面金额人民币（以下币种均为人民币）2 396 828元的货运发票，虚开税款数额167 777.96元已全部被抵扣。

案发后，被告人王某于2011年6月17日主动到临朐县公安局经侦大队投案自首。沂源县公安局追缴了被告人王某骗取的税款。

认定上述事实的证据有：

1. 书证

（1）接受刑事案件登记表、立案决定书、发破案经过证实，2011年3月28日，沂源县公安局经侦大队在工作中发现，自2010年6月以来，被告人王某在与郭某无任何实际业务往来的情况下，多次从路路通公司郭某处虚开可用于抵扣税款的运输发票，票面金额达590万余元。沂源县公安局于2011年3月28日立案。2011年6月17日，王某到临朐县公安局经侦大队投案自首，当日移交至沂源县公安局经侦大队。

（2）验资事项说明及企业信息、证明、淄博市公安局车辆管理所证明证实，路路通公司的成立、注册及经营等基本情况。

（3）公路、内河货物运输业务统一发票复印件80份证实，被告人王某虚开发票的情况。

（4）胜潍公司情况说明一份证实，胜潍公司对有关发票情况做出了说明。

（5）扣押物品、文件清单证实，沂源县公安局扣押被告人王某人民币20万元。

（6）王某的户籍证明与前科证明证实，王某的身份基本情况及无犯罪前科情况。

2. 证人证言

（1）郭某证实，路路通公司注册成立、公司名下运输车辆及运输发票的取得情况；同时证实其与王某、胜潍公司、海洋公司、冀东公司未签订运输合同，也没有实际的业务往来，被告人王某多次让其代开可用于抵扣税款的运输发票并支付相应开票费的基本事实。

（2）刘某证实，他是冀东公司采购中心职工，冀东公司采购油井水泥一般是和胜潍公司的王某联系，王某提交到冀东公司数额为 2 439 783.57 元的发票共 22 张，已经被冀东公司抵扣。

（3）杨某用证实，他是天津市大港油田物资供销公司职工，胜潍公司交到其公司的发票共 8 张，经抵扣的发票有 5 张，数额为 940 400.9 元。

（4）陈某证实，他是海洋公司供应部职工，胜潍公司交到海洋公司的承运人为路路通公司的发票共 14 张，数额为 537 683.08 元，已经被海洋公司抵扣。

3. 被告人王某供述称，他是胜潍公司销售科的职工，同时也有自己的货车，联系了业务之后再运送货物，赚取运费。因为结算运费需要有发票，刚开始是从税务机关开发票，后来从郭某的路路通公司开发票，时间是从 2010 年 6 月到 2010 年 12 月，一共开了二百四五十万元的发票，这些发票可能已经都抵扣了。

沂源县人民法院认为，被告人王某让他人为其代开可用于抵扣税款的运输发票，虚开税款数额 167 777.96 元，其行为构成虚开用于抵扣税款发票罪，应当追究刑事责任。公诉机关指控的犯罪事实与罪名成立。被告人王某因虚开用于抵扣税款发票致使国家税款被骗取 16 万余元，属于其他严重情节。被告人王某于案发后主动投案，如实供述其罪行，系自首，依法可以减轻处罚；鉴于被告人王某退缴了被抵扣的税款，可酌情从轻处罚。被告人王某的辩护人以此为由要求对被告人王某减轻处罚的辩护意见成立，本院予以采纳；提出的被告人的开票目的不是抵扣税款，其行为符合偷税罪的特征，不构成虚开用于抵扣税款发票罪等辩护意见，因被告人王某虽实际发生了货物运输业务，但其因不具有自开票资格，本应到当地税务部门开具运输发票，其却为了少缴税款而让不具有代开票资格的他人为自己代开具有抵扣税款功能的发票，且致使开出的发票被实际用于抵扣，其行为危害了税收征管制度，其目的行为与结果行为分别触犯了逃税罪和虚开用于抵扣税款发票罪，成立牵连犯，应从一重罪即按虚开用于抵扣税款发票罪定罪处罚，故其辩护意见不符合法律规定，本院不予采纳。据此，依照《中华人民共和国刑法》第二百零五条第一、三款，第六十一条，第六十七条第一款，第四十五条，第七十二条第一、三款，第七十三条第二、三款，第五十二条，第五十三条的规定，以被告人王某犯虚开用于抵扣税款发票罪，判处有期徒刑二年，缓刑二年，并处罚金人民币十万元。

宣判后，公诉机关未抗诉，被告人王某未上诉，判决发生法律效力。

本院再审期间，原审被告人王某及其辩护人均提出，被告人王某有真实的运输业务，开票目的是结算运费而不是骗取抵扣税款，实际上其本人也没有抵扣税款，不存在骗取税款的动机；王某所开发票数额与实际运费数额相符，收货单位依法抵扣税款不属于税款流失。故被告人王某不构成虚开用于抵扣税款发票罪，依法应改判无罪。

山东省人民检察院发表的出庭意见认为，首先，构成本罪，主观上应当具有骗取税款的目的。本案中胜潍公司、受票方均能证实王某进行了真实运输业务，没有证据指向王某有超额开具发票行为，因此在案证据不能证实王某主观上有骗取税款的故意。其次，构成本罪，客观上应当造成国家税款损失。虽然王某找路路通公司开出的发票被实际用于抵扣，但受票公司真实委托了运输业务，并且按照发票金额支付了运输费用，因此取得发票后根据当时税收法律规定，享有抵扣税款的权利，没有证据证明三家公司的抵扣行为造成国家税款流失。最后，没有骗税目的的找他人代开发票行为与以骗税为目的的虚开犯罪行为的社会危害性不可相提并论，在不能证明被告人有骗取抵扣税款或帮助他人骗取抵扣税款故意的情况下，仅凭找其他公司代开发票的行为就认定构成此类犯罪不符合立法本意，也不符合主客观相一致原则和罪责刑相适应原则。综上，王某的行为不应认定为虚开用于抵扣税款发票罪，原审判决适用法律确有不当。建议法院依法予以改判。

本院再审审理查明：原审被告人王某系山东临朐胜潍特种水泥有限公司（以下简称胜潍公司）销售科的职工，同时也有自己的货车经营运输业务。其从胜潍公司承揽运输业务，给中国石油集团海洋工程有限公司（以下简称海洋公司）和中石油天然气公司冀东公司（以下简称冀东公司）运输油井水泥。因为结算运费需要为海洋公司和冀东公司出具具有抵扣税款功能的运输发票，起初被告人王某从税务机关开具发票，开票税率为 5.8%。自 2010 年 6 月至 2010 年 12 月，到郭某（另案处理）开办的沂源路路通物流有限公司陆续开具了票面金额共计为 2 396 828 元的运输发票，路路通公司根据开出的运输发票的票面金额向沂源地税部门缴纳税款，王某向该公司按 4.6%交纳开票费。王某后将这些运输发票交与海洋公司和冀东公司，海洋公司和冀东公司用上述发票抵扣税款 167 777.96 元。

认定上述事实的证据，除原审已经质证、认证的证据之外，在本次再审过程中，原审被告人王某向本院提交了胜潍公司与海洋公司、冀东公司签订的买卖合同，胜潍公司产品销售分运单等证据，以进一步证实被告人王某为海洋公司、冀东公司运输货物的真实性。经庭审质证，本院予以确认。

本院认为，本案涉及虚开用于抵扣税款发票罪的认定问题。构成虚开用于抵扣税款发票罪，主观方面应当具有骗取抵扣税款的目的，在客观方面表现为“虚开”，即没有货物购销或者没有提供、接受应税劳务而为他人、为自己、让他人为自己、介绍他人开具增值税专用发票，并造成国家增值税款损失的行为。

将虚开增值税专用发票罪作为犯罪处理始于 1995 年，当时的立法目的在于惩治通过虚开增值税专用发票危害增值税制度的行为，保护我国增值税税收。此后，随着社会发展，实践中的虚开增值税专用发票行为开始多样化。出现了有真实交易的代开行为、不会造成增值税流失的虚开行为、为虚增利润而虚构交易造成的虚开行为，等等。这些行为与为骗取抵扣增值税税款的虚开增值税专用发票行为在社会危害性上有显著不同，也超出了虚开增值税专用发票罪的立法目的。因此，最高人民法院结合实际情况，以答复、指导案例、复函等方式，多次重申虚开增值税专用发票罪的立法目的。明确不以抵扣税款为目的，未造成国家增值税损失的虚开行为不以虚开增值税专用发票罪论处，此意见同样也适用于虚开用于抵扣税款发票罪。

在本案中，胜潍公司、受票单位均能证实被告人王某提供了真实的运输业务，不存在无真实货物交易虚开增值税专用发票的行为，且开具的增值税专用发票都是按照真实的运费数额开具的。其开发票的目的是与收货单位结算运费，而不是抵扣税款。原审判决也认可王某实际发生了货物运输业务。因此在案证据不能证实王某主观上有骗取抵扣税款的故意。

其次，本案客观上并未造成国家税款的流失。如前所述，被告人王某为受票单位提供了真实的运输业务，开具的运费发票数额也与真实的运费数额相符。而受票单位海洋公司和冀东公司作为一般纳税人具备抵扣税款的资格，根据《增值税暂行条例》第八条的规定，依法享有按7%的扣除率抵扣进项税款的权利。原审判决认定的“海洋公司和冀东公司用上述发票抵扣税款167 777.96元”系依法抵扣，并未造成国家税款的损失。

综上，被告人王某主观上没有骗取抵扣税款的犯罪故意，客观上既没有用于自己抵扣税款，也没有让他人以此非法抵扣国家税款，没有造成国家税款的损失，不构成虚开用于抵扣税款发票罪。原审判决适用法律不当，应予纠正。山东省人民检察院关于“王某的行为不构成虚开用于抵扣税款发票罪，建议依法改判无罪”的出庭意见，原审被告人王某及其辩护人“主观上不存在骗取税款的动机，客观上未造成国家税款流失。被告人不构成虚开用于抵扣税款发票罪，依法应改判无罪”的辩解和辩护意见应予采纳。

本院认为，原审被告人王某的行为虽然不构成虚开用于抵扣税款发票罪，但其应到当地税务部门开具运输发票，却让不具有代开票资格的路路通公司为自己代开具有抵扣税款功能的发票，且比税务机关开票税率低，少缴了部分营业税款。其行为危害了税收征管制度，具有行政违法性。

本案经本院审判委员会讨论决定，依照《中华人民共和国刑事诉讼法》第二百五十六条、第二百三十六条第一款第（二）项，《最高人民法院关于适用〈中华人民共和国刑事诉讼法〉的解释》第四百七十二条第一款第（三）项之规定，判决如下：

一、撤销山东省沂源县人民法院（2014）沂刑初字第75号刑事判决。

二、原审被告人王某无罪。

本判决为终审判决。

审判长　谢　某
审判员　张某某
审判员　尚某某
二〇二一年五月二十日
书记员　刘某某

该案为省高级人民法院提审案件，再审判决书形式规范，重点突出，叙事清楚，逻辑严密，说理充分。主要分析如下：

（1）格式规范，内容完整。该再审判决书各部分内容完整，法律术语运用准确，符合相关格式要求。

（2）繁简得当，文辞精练。再审是对判决已生效案件的重新审判，除有新事实与新证据外，其所审理的对象与原审一致，故在判决书中，为避免重复，必然在繁简上有所取舍。该文书制作中，在首部非常简洁明了地述明了案件由来与再审过程。在正文部分，对原判决认定的证据等进行了概括，对繁简标准掌握得当，全文叙述清楚而重点突出。

（3）结构合理，重点突出。由于该案涉及罪与非罪，争议较大，判决围绕该焦点问题，先后详细列举了原判决定罪的理由、原审被告人王某及其辩护人提出无罪的辩解辩护意见、山东省人民检察院建议改判的理由，层次清楚，前后对比，一目了然。

（4）说理透彻，论证充分。该再审判决书在理由部分，明确了构成虚开用于抵扣税款发票罪，主观上应当具有骗取税款的目的，客观上应当造成了国家税款的损失。本案被告人王某借用其他企业名义开具增值税专用发票，虽不符合税收法律规定，但其并不具有偷逃税收的目的，其行为也未对国家造成税收损失，不具有社会危害性，应当依法改判无罪。同时，判决中也明确指出，被告人的行为虽然不构成虚开用于抵扣税款发票罪，但其应到当地税务部门开具运输发票，却让其他企业代开，其行为危害了税收征管制度，具有行政违法性。根据法律规定，对王某改判无罪，说理充分，论证到位。

二、再审维持原判的刑事裁定书

再审维持原判的刑事裁定书分为按照第一审程序再审维持原判的刑事裁定书和按照第二审程序再审维持原判的刑事裁定书两种。

按第一审程序再审维持原判的刑事裁定书是指各级人民法院对于本院已经发生法律效力的第一审判决，经提起再审程序后，依照刑事诉讼法规定的第一审程序重新进行审理，根据再审查明的事实和有关法律规定，确认原判在认定事实和适用法律上均无错误，而作出的维持原判的书面决定。

按第二审程序再审维持原判的刑事裁定书是指中级以上人民法院对本院已经发生法律效力的第二审刑事判决或者裁定，或者对于下级人民法院已经发生法律效力的刑事判决或者裁定，经提起再审程序后，依照刑事诉讼法规定的第二审程序重新进行审理或者审查，根据再审查明的事实、证据和有关法律规定，确认原判在认定事实和适用法律上均无错误，而作出的维持原判或者裁定的书面决定。

再审维持原判的刑事裁定书的内容和写作方法与再审刑事判决书基本相同。在制作中应当注意以下两点。

（一）理由部分

要分层次论述维持原判的理由，既要分析论证原判认定事实清楚、证据确实充分，定罪准确、量刑适当，同时应针对被告人的辩解上诉人、辩护人的辩护意见，通过分析论证为何不予采纳。

（二）裁定结果

应当按照再审适用的程序不同，分别加以表述：

（1）按第一审程序再审维持原判的，可表述为：“维持本院（××××）×刑初×号刑事判决。”

（2）按第二审程序再审维持原判的，分为三种情况：

1）原系一审的，表述为：“维持×××人民法院（××××）×刑初×号刑事判决。”

2）原系二审的，表述为：“维持本院（××××）×刑终×号刑事裁定和×××人民法院（××××）×刑初×号刑事判决。”

3）原系二审改判的，表述为：“维持本院（××××）×刑终×号刑事判决。”

第六节　减刑、假释裁定书

一、减刑裁定书

减刑裁定书，是人民法院在判决执行过程中，依照刑事诉讼法规定的执行程序，对符合法定条件的罪犯予以减刑而作出的书面决定。

我国《刑法》第 78 条规定，被判处管制、拘役、有期徒刑、无期徒刑的犯罪分子，在执行期间，如果认真遵守监规，接受教育改造，确有悔改表现的，或者有立功表现的，可以减刑；有下列重大立功表现之一的，应当减刑：（1）阻止他人重大犯罪活动的；（2）检举监狱内外重大犯罪活动，经查证属实的；（3）有发明创造或者重大技术革新的；（4）在日常生产、生活中舍己救人的；（5）在抗御自然灾害或者排除重大事故中，有突出表现的；（6）对国家和社会有其他重大贡献的。第79条规定，对于犯罪分子的减刑，由执行机关向中级以上人民法院提出减刑建议书。人民法院应当组成合议庭进行审理，对确有悔改或者立功事实的，裁定予以减刑。非经法定程序不得减刑。上述法律规定了减刑适用的条件及程序，是制作减刑裁定书最主要的法律依据。

减刑裁定书的内容和制作方法和内容如下所述。

（一）首部

（1）与其他刑事裁定书不同，其文书编号用“刑执”。

（2）被减刑人称为“罪犯”，在写明其身份事项后，应写明现服刑监所。

（3）案件由来部分，应写明罪犯在服刑期间刑期变更情况及执行机关提出减刑理由，具体可表述为：

“××××年××月××日×××人民法院作出了（××××）××刑初×号刑事判决，以罪犯×××犯××罪，判处……（写明判处的刑罚）……（写明上诉、抗诉后二审法院裁判结果和执行中刑种、刑期变更情况）。执行机关××××于××××年××月××日以该犯在服刑期间确有悔改表现或者立功、重大立功表现为由，提出减刑建议书，报送本院审理。本院依法组成合议庭进行了审理。现已审理终结。”

（二）正文

先以“执行机关认为”引出，写明执行机关所提罪犯确有悔改表现或者立功、重大立功表现的事实和证据；再以“经审理查明”引出，写明法院确认的事实；在理由部分写明减刑的理由和法律依据。

（三）裁定结果

裁定结果应写明罪犯姓名和对其减刑的具体内容。主刑方面，减刑改变刑种的，表述为“将罪犯×××的刑罚，减为……（写明刑种，刑期等）”；同一刑种减为较短刑期的，表述为“对罪犯×××减去……（写明刑种和减去的刑期）”。附加刑方面，缩短剥夺政治权利的，在主刑后面续写“剥夺政治权利改为……（写明具体期限）”；不缩短剥夺政治权利的，应当续写为“剥夺政治权利×年不变”。

（四）尾部

写明裁定何时生效，表述为“本裁定送达后即发生法律效力”。

二、假释裁定书

假释裁定书，是人民法院在判决执行过程中，依照刑事诉讼法规定的执行程序，对符合法定条件的罪犯予以假释而作出的书面决定。

我国《刑法》第81条第1款规定，被判处有期徒刑的犯罪分子，执行原判刑期二分之一以上，被判处无期徒刑的犯罪分子，实际执行13年以上，如果认真遵守监规，接受教育改造，确有悔改表现，没有再犯罪的危险的，可以假释。如果有特殊情况，经最高人民法院核准，可以不受上述执行刑期的限制。第82条规定，对于犯罪分子的假释，依照本法第79条规定的程序进行。非经法定程序不得假释。这是假释裁定书制作的法律依据。

假释裁定书的制作方法与减刑裁定书基本相同，应特别注意的是：

（1）案件由来部分。执行机关提取假释理由，写为“执行机关于××××年××月××日以该犯在服刑期间确有悔改表现，假释后不致再危害社会为由，提出假释建议书，报送本院审理”。

（2）裁定结果。表述为“对罪犯×××予以假释，剥夺政治权利×年不变。假释考验期自假释之日起计算，即自××××年××月××日起，至××××年××月××日止”。

（3）尾部。如果属于有特殊情况的假释案件，应改写为“本裁定依法报送最高人民法院核准”。

【本章小结】

1. 人民法院对刑事案件审理终结后制作的裁判文书的种类很多，但第一审公诉案件适用普通程序审理的刑事判决书是最基础的。因此，学习并掌握这类文书的制作内容和方法，对于制作其他刑事裁判文书甚至民事裁判文书和执行法律文书具有重要的意义。

2. 客观性、针对性和合法性，是人民法院审判工作的三大特点，也是制作刑事裁判文书的基本要求。所谓客观性，就是指应当客观全面地表述诉辩主张双方的主张和理由，不能厚此薄彼，如“重指控、轻辩护”。所谓针对性，是指无论是对诉辩主张的表述，还是审理查明的事实和证据的表述以及对裁判理由的阐述，都应当紧紧围绕被告人的行为是否构成犯罪和是否应当给予刑罚处罚进行。所谓合法性，即从实体上的定案根据必须经过查证属实，从程序上讲对于法律规定的诸如公开审判、法庭调查、法庭辩论等程序和制度都必须遵照执行。

3. 繁简适当。对于裁判文书到底应当写多长为宜，无法也不应该“一刀切”，而应当根据案件的具体情况而定，主要是根据诉辩双方对某一事实、证据、法律适用等问题有无分歧而定。如适用速裁程序、简易程序审理的案件，制作裁判文书时，由于被告人“认罪认罚”或者“认罪”，因此，有相当部分的内容从裁判文书的角度就可以考虑适当省略。

【思考练习题】

1. 试述第一审适用普通程序刑事判决书与第一审适用简易程序刑事判决书的异同。
2. 第二审刑事裁判文书与第一审刑事裁判文书在制作方法上有哪些区别？
3. 刑事裁判文书对适用法律依据应当如何表述？

【写作训练题】

根据下列案情材料，按照法律文书写作要求，制作一篇适用简易程序的刑事判决书。

被告人刘某，男，汉族，1979年1月29日出生，高中文化，无业，户籍所在地陕西省榆林市米脂县。2022年2月12日因涉嫌危险驾驶罪被刑事拘留。现羁押于榆阳区看守所。

陕西省榆林市榆阳区人民检察院于2022年3月3日以榆阳检刑诉（2022）183号起诉书向榆阳区人民法院指控，2022年2月12日0时10分许，被告人刘某醉酒后驾驶小型轿车行驶至榆林市榆阳区××路与保宁路路口处由北向南倒车时，与贾某某停放于此的小轿车相撞，致两车受损。经榆林市×××交通司法鉴定中心鉴定：刘某血液中乙醇浓度为101.85mg/100ml。经榆林市公××队××大队研究认定：刘某承担事故的全部责任，贾某某无责任。公诉机关提供了受案登记表、立案决定书、被告人刘某的供述、被害人贾某某的陈述、呼气酒精测试、照片、司法鉴定意见书、现场照片、道路交通事故认定书、户籍信息、违法史查询等证据证实指控事实，建议以危险驾驶罪对被告人刘某判处拘役二个月，并处罚金人民币五千元。

法院依法适用简易程序独任审理，公开开庭审理了本案。被告人刘某对指控事实、罪名及量刑建议没有异议，同意适用简易程序，且签字具结，在开庭审理过程中亦无异议。法院经审理查明的事实、证据与公诉机关的指控一致，并采纳了公诉机关的量刑建议，于2022年3月16日依法作出了判决。

第二章写作训练题
参考答案

第三章 人民法院民事裁判文书

【本章引言】

人民法院的民事裁判文书，主要是指记录人民法院对民事案件审理或审查的过程以及裁判结果的法律文书，在形式上它是诉讼活动与结果的载体，在本质上则是人民法院确定和分配当事人权利义务的凭证。它应当体现对于平等主体之间权利义务在法律范畴内应有的评价与指引。人民法院民事裁判文书作为与民众生活联系最为紧密、应用最为广泛的法律文书类型，既是解决诉讼当事人之间民事权利义务争议的有效凭证，也是人民法院彰显司法权威、接受司法监督的重要依据，具有权威性、规范性和准确性等特点，其基本要求包括结构完整、要素齐全、逻辑严谨、语言凝练等。

【本章学习目标】

1. 全面了解民事裁判文书的特点和主要种类；
2. 掌握民事裁判文书的制作要求和基本写法；
3. 研究民事裁判文书的应用与写作难点。

第一节 人民法院民事裁判文书概述

司法是维护社会公平正义的最后一道防线，党的二十大报告指出，努力让人民群众在每一个司法案件中感受到公平正义。人民法院作为国家的司法机关，在解决民事纠纷时，其作出的裁判切实关系到人民群众权益的保障与救济。习近平法治思想要求坚持以人民为中心，坚持中国特色社会主义法治道路，坚持全面推进科学立法、严格执法、公正司法、全民守法等。因此，人民法院应当在其审理过程中贯彻落实习近平法治思想，以人民为中心，公正司法，维护社会公平正义，尊重和保障人民权益。同时，裁判文书是整个司法活动最终的产品形式，是法治建设的一线宣传员，因此，也应在其民事裁判文书中体现习近平法治思想。

民事案件在人民法院每年所审结的各类案件中占据绝大部分比重，它与人们生活息息相关，因此民事裁判文书不仅是人民法院的重要及主要法律文书，而且是与人们日常生活关系最大的法律文书。本章在总结人民法院实践做法的基础上，重点介绍民事裁判文书的内容和制作方法。

人民法院的民事裁判文书根据裁判案件的方式不同可以分为民事判决书、民事裁定书、民事调解书和其他民事裁判文书。民事判决书是人民法院代表国家行使审判权，为解决具体当事人之间的民事权利义务纠纷，依照法律法规就解决案件实体问题作出的具有法律效力的书面处理决定。民事裁定书是人民法院在审理民事案件过程中为保障诉讼顺利进行就案件的程序问题作出的书面处理决定。民事调解书是指在人民法院的主持下，通过调解方式处理民事案件，由人民法院对当事人双方自愿达成协议的内容进行审核并确认合法后制作的具有法律效力的文件。其他民事裁判文书主要包括民事决定书，它是人民法院对民事诉讼过程中发生的障碍或阻碍诉讼活动正常进行的特殊事项依法所作的权威判定，这些特殊事项既非实体问题又非纯程序性事项。

民事审判程序按照审级的不同分为一审程序、二审程序和再审程序，其中一审程序又可以分为一审普通程序和一审简易程序。与不同的审判程序相适应，不同的民事裁判文书有着不同的处理重点以及制作要求。本章即以民事判决书、民事裁定书、民事调解书和其他民事裁判文书分类为基础，主要按照相应的一审、二审和再审的审判程序分别予以介绍。同时，鉴于法律规定的相关文书类型有重叠部分，笔者特将重叠较多的民事裁定书、民事调解书、民事决定书等单独予以介绍，并着重针对实践中应用较多的民事判决书和民事调解书列举生效文书予以释明。

第二节 第一审民事裁判文书

民事判决是指法院在审理民事案件终结后，根据查明的案件事实和相关法律，对双方当事人争议的民事权利义务关系或者申请人提出的申请，作出的具有强制效力的决断。民事判决书是民事判决的载体，它所肩负的社会职能是依法确认当事人之间的权利义务关系，使其由不确定状态恢复到确定状态，以利于当事人双方权利的行使和义务的履行，使社会生活归于有序。民事判决书制作的好坏，直接关系到能否准确运用法律，合理解决当事人之间的纠纷，关系到人民法院民事审判工作的质量。其中，相对来说，无论从事实的概括还是从法律的推理来看，第一审民事裁判文书特别是第一审民事判决书的写作往往具有一定难度，它甚至直接决定着案件的发展走向，以及法律争议的深度，因此，读者在学习中必须引起足够的重视。

一、概念、分类及特点

第一审民事判决书是人民法院按照民事诉讼法规定的第一审普通程序或简易程序审理案件，对当事人之间的实体权利义务作出的书面处理决定。

第一审程序包括普通程序和简易程序。普通程序是我国民事诉讼法规定的人民法院审理第一审民事案件通常所适用的程序，也是民事案件当事人进行第一审民事诉讼程序通常所遵循的程序。普通程序是最完整的民事诉讼审判程序。简易程序是我国民事诉讼法规定的基层人民法院及其派出法庭审理事实清楚、权利义务关系明确且争议不大的简单民事案件所适用的程序。简易程序是普通程序的简化，但其并非普通程序的附属性程序，也不是普通程序的辅助性程序。二者相互并存，相互联系，我国民事诉讼法对于适用简易程序没有专门规定的，适用普通程序的相关规定。

第一审民事判决书可以分为第一审适用普通程序的民事判决书和第一审适用简易程序的民事判决书。第一审适用普通程序的民事判决书与适用的普通程序相对应，具有结构严谨、内容规范的特点。第一审适用简易程序的民事判决书与适用的简易程序相对应，特点是结构较为灵活，内容相对简便。

二、制作依据及基本格式

《中华人民共和国民事诉讼法》（以下简称《民事诉讼法》）第155条对判决书的主要内容作了明确规定："判决书应当写明判决结果和作出该判决的理由。判决书内容包括：（一）案由、诉讼请求、争议的事实和理由；（二）判决认定的事实和理由、适用的法律和理由；（三）判决结果和诉讼费用的负担；（四）上诉期间和上诉的法院。判决书由审判人员、书记员署名，加盖人民法院印章。"该条规定具体针对一审民事判决书，是制作一审民事判决书的法律依据。最高人民法院2016年制定的《人民法院民事裁判文书制作规范》《民事诉讼文书样式》是现行法院裁判文书格式的主要依据，根据上述文件，民事判决书总的格式由标题、正文（首部、事实、理由、判决依据、判决主文、尾部）和落款三部分组成，其中正文是判决书的核心内容。

三、第一审适用普通程序的民事判决书

第一审适用普通程序的民事判决书，是人民法院按照民事诉讼法规定的第一审普通程序审理民事案件，依照查明的案件事实、证据和有关的法律规定，依法对当事人之间的实体权利义务争议作出的书面处理决定。

第一审适用普通程序的民事判决书由标题、正文（包括首部、事实、理由、判决依据、判决主文、尾部）和落款三个部分组成，有的判决书还有附录。

（一）标题

标题由法院名称、文书名称和案号构成，一般分三行写，第一行是法院名称，第二行是文书名称，第三行是案号，案件若涉外或者涉港澳台则分四行写，第一行写"中华人民共和国"。

（1）法院名称。法院名称一般应与法院公章的文字一致，基层人民法院、中级人民法院名称之前应冠以省、自治区、直辖市的名称，但军事法院、海事法院、知识产权法院、金融法院等专门人民法院除外。市辖区的基层人民法院之前应冠以该市的名称，如北京市海淀区人民法院。

对于案件当事人中有外国人、无国籍人、外国企业或组织的涉外裁判文书，法院名称前一般应冠以"中华人民共和国"国名。

（2）文书名称。即"民事判决书"。

（3）案号。案号的书写位置在法院名称和文书名称的右下方，由收案年度、法院代字、类型代字、案件编号组成，具体写法为案号＝（收案年度）＋法院代字＋类型代字＋案件编号＋"号"。第一审民事裁判文书的类型代字为"民初"，法院代字按照《最高人民法院关于人民法院案件案号的若干规定》确定。

依照《民事诉讼法》第 156 条的规定，人民法院审理案件，其中一部分事实已经清楚，可以就该部分先行判决。对已经清楚的部分事实先行判决的，第二份民事判决书开始可在案号后缀“之一”“之二”……，以示区别。

（二）正文

正文由首部、事实、理由、判决依据、判决主文、尾部组成，以下分述之。

1. 首部

首部应依次写明诉讼参加人基本情况、案件由来和审理经过，以体现审判程序的合法性。

（1）诉讼参加人。诉讼参加人是指按照法律规定参与诉讼的当事人及其代理人。诉讼当事人，是指因民事权利义务发生争议，以自己的名义进行诉讼，并接受法院裁判拘束的人。民事裁判文书上的当事人包括原告、被告、共同诉讼人和第三人。诉讼代理人是指以被代理人的名义，在代理权限内，为了被代理人的利益实施诉讼行为，进行诉讼活动的人，按照我国民事诉讼法的规定，诉讼代理人分为法定代理人、指定代理人和委托代理人。诉讼参加人的基本情况介绍应当规范、准确。

第一，所列顺序。按照诉讼中的地位，当事人的列写顺序应按原告、被告和第三人的顺序进行，诉讼代理人先写法定或指定代理人，后写委托代理人。若当事人有诉讼代理人的，应在该当事人之后另起一行列写诉讼代理人。若原告、被告、第三人不止一人时，应逐一列写完原告及其诉讼代理人后，再逐一列写被告及其诉讼代理人，最后逐一列写第三人及其诉讼代理人。

第二，所列事项。主要包括以下几个方面：

一是诉讼地位，即原告、被告、第三人。在有反诉的情况下，还应在原称谓后分别写明各当事人在反诉中的法律称谓，如“原告（反诉被告）×××”“被告（反诉原告）×××”。有独立请求权第三人或者无独立请求权第三人，均写明“第三人”。

二是当事人基本情况。当事人为自然人的，应依次写明其姓名、性别、出生年月日、民族、工作单位和职务或者职业、住所；当事人为个体工商户的，依次写明经营者的姓名、性别、出生年月日、民族和住所，起有字号的，以营业执照上登记的字号为当事人，并写明该字号经营者的基本信息；当事人为法人的，应写明其名称和住所，并另起一行写明法定代表人及其姓名、职务；当事人为其他组织的，写明其名称和住所，并另起一行写明负责人姓名和职务；当事人为起字号的个人合伙的，在其姓名之后用括号注明“系……（写明字号）合伙人”。

三是代理人的基本情况。法定或指定代理人应写明其姓名、性别、职业或工作单位以及组织，并在姓名后括注其与当事人的关系。代理人为单位的，写明其名称及其参加诉讼人员的基本信息。委托代理人是律师或基层法律服务工作者的，写明其姓名、所在律师服务所或法律服务所的名称和执业身份；委托代理人是当事人近亲属的，应当在姓名后用括号加注其与当事人的关系，写明出生年月日、职业或工作单位、职务及住所；委托代理人是本单位人员的，写明姓名、性别及其工作人员身份；委托代理人是当事人所在社区、单位以及有关社会团体推荐的公民的，写明姓名、性别、住所，并在住所之后注明具体由何社区、单位、社会团体推荐。

注意事项有：

第一，此部分当事人名称应写规范的全称，不能用简称。当事人是外国人的应当写明其经过翻译的中文姓名或者名称和住所，并用括号注明其外文姓名或者名称和住所；外国自然人应当写明国籍全称，无国籍人写明“无国籍”，港澳台地区的居民分别写明“香港特别行政区居民”、“澳门特别行政区居民”或“台湾地区居民”。

第二，当事人的住所应当具体写明所在的省、市（区、县）及街道号码。当事人为自然人的，其住所地以户籍所在地为准，离开户籍所在地有经常居住地的，以经常居住地为其住所；当事人为法人或其他组织的，住所地是指其主要办事机构所在地，主要办事机构所在地不明确的，以注册地或登记地为其住所。

第三，当事人是法人的，其主要负责人称为法定代表人；是其他组织的，其主要负责人称为负责人；是共同诉讼或集团诉讼推举代表人的称为代表人。

第四，委托诉讼代理人的排列顺序为：近亲属或本单位工作人员在前，律师、法律工作者、被推荐公民在后。

第五，多个当事人共同委托一名代理人的，通常的写法是在多个当事人列写完后，再列写该代理人，表述为“以上原（被）告或第三人共同委托代理人×××……”。

（2）案件由来和审理经过。此部分应依次写明当事人诉讼地位和姓名或者名称、案由、立案日期、适用普通程序、开庭日期、开庭方式、到庭参加诉讼人员、未到庭或者中途退庭诉讼参加人、审理终结。通常表述为：

“原告×××与被告×××、第三人×××……（案由）一案，本院于××××年××月××日立案后，依法适用普通程序，公开/因涉及……（写明不公开开庭的理由）不公开开庭进行了审理。原告×××、被告×××、第三人×××（写明当事人和其他诉讼参加人的诉讼地位和姓名或者名称）到庭参加诉讼。本案现已审理终结。”

本部分需要注意的是案由应以审理后确定的结案案由为准。公开审理只需表明公开，而不公开审理应当说明理由。自然人当事人或法人、其他组织当事人的法定代表人或负责人、诉讼代理人及其他诉讼参加人到庭情况等应当如实确定，具体写明到庭、未到庭和中途退庭的人的情况。例如“×告×××经传票传唤无正当理由拒不到庭参加诉讼”“×告×××经公告送达开庭传票，未到庭参加诉讼”“×告×××未经法庭许可中途退庭”“×告×××、××代理人×××到庭参加诉讼”等。诉讼过程中，如果存在指定管辖、移送管辖、程序转化、审判人员变更、中止诉讼等情形，应当同时写明。

2. 事实

事实是确认当事人之间是否存在民事法律关系的依据，也是正确解决民事纠纷的基础。事实部分包括当事人的诉讼请求和争议的事实与理由、法院对争议证据及事实的认定。

（1）当事人的诉讼请求和争议的事实与理由，是指当事人请求法院确认与对方当事人之间法律关系是否存续、变更、消灭，或请求判令对方当事人履行一定民事义务，及所陈述的用以支持其诉讼请求的事实和依据。即原告具体要求解决什么争议，解决的意见和理由；被告对原告诉讼请求所持的态度，陈述的主要事实和理由；第三人对纠纷所持的态度和主张。这部分应当按照原告、被告和第三人的顺序，先后写明各自的诉讼请求、争议的事实和理由。

不同当事人在诉讼中的地位不同，对原告、被告和第三人的诉讼请求和争议的事实和理由的写作重点不同。对原告要以勾勒出案件的主要事实为基本写作要求，对被告要体现出对焦点问题的针对性和对抗性，对第三人的陈述既要表明其对原被告所述法律关系的意见，还要阐明其作为第三人的特殊主张。对当事人在诉讼过程中增加、变更诉讼请求或提出反诉的，亦应写明，当事人如果有反诉的，可在引述原、被告双方对本诉的起诉、答辩意见后，再写明原、被告双方对反诉的起诉及抗辩意见。

这部分的写作应以客观、完整、精练、准确为原则。客观是要做到实事求是地反映当事人的请求和主张，不能断章取义、以偏概全，更不能对当事人的意见进行篡改；完整是要对当事人的具体诉讼请求不能遗漏，不能随意取舍；精练是要将当事人的诉请、主张和观点归纳提炼，重点围绕当事人提起请求的原因和要求的结果，并突出当事人争议的焦点；准确就是要将当事人的主张提炼概括到位。文字使用上，用书面语和法言法语，切忌机械照抄照摘当事人原话或诉状、答辩状原文，引用当事人不文明的语言或方言土语。

该部分的撰写可采用如下模式：

首先，原告×××诉称：概述原告提出的具体诉讼请求和所依据的事实和理由。

其次，被告×××辩称：概述被告答辩的主要内容。

然后，第三人×××诉称（或述称）：概述第三人的主要意见。

（2）法院对争议证据及事实的认定。法院认定的事实是人民法院经过查证所确认的事实，是判决立论、推理和法律适用的基础，也是对当事人之间权利义务关系进行确认的依据。一般包括三个层面的内容：一是纠纷产生的原因、经过、情节和后果；二是当事人之间法律关系发生、变化的基本情况和法律关系的内容、因果关系；三是认定事实的证据。这部分表述应将三者有机地结合起来，既不能不分主次地简单罗列证据，不进行深入认证，也不能只列证据，不综合认定案件事实的情况。可以按照法律关系的复杂程度进行不同的表述：对于法律关系单一的案件应按照民事纠纷发生的时间、地点、纠纷的起因、经过、结果等顺序将事实经过简练清晰地叙述出来；对于法律关系复杂的案件，应将融于同一事实中的若干法律关系按照事实的进程分别叙述，以保证脉络清晰。

法院审查的案件事实依靠证据来证明。当事人提供的证据，真伪未定，只有在法院进行了去伪存真的查证之后，才是反映案件真相的证据，因而查明事实的过程，也就是审查、认定证据的过程。故在写明诉辩意见之后，另起一段简要写明当事人举证、质证的一般情况，表述为："本案当事人围绕诉讼请求依法提交了证据，本院组织当事人进行了证据交换和质证。"对相关证据的审查重点在于审查证据的关联性、合法性、真实性，即证据必须与要证明的案件事实有关联，符合法律规定的要求，并且应当是真实客观而非伪造的。要将证据的分析和事实的认定紧密结合起来，写明证据的名称、类别、主要内容，对证据的分析着重阐明纠纷的原因、情节和结果以及法律关系发生、变化和基本内容，在此基础上表明对当事人所举证据是否采纳。在对事实认定时，同时要结合《最高人民法院关于适用〈中华人民共和国民事诉讼法〉的解释》（以下简称《民事诉讼法司法解释》）和《最高人民法院关于民事诉讼证据的若干规定》（以下简称《证据的若干规定》），在裁判文书中充分引述和利用《民事诉讼法司法解释》第 90 条和第 91 条等规定的举证责任分配规则，以及《证据的若干规定》中关于举证责任分配规则、自认规则、优势证据规则、高度盖然性规则、非法证据排除规则等相关规定，加强对事实认定方面的说理，使当事人明白其举证被采纳或不被采纳的理由，并为裁判理由的论证提供准确可靠的依据。

对证据认证的表述上，可结合民事案件的性质、特点以及复杂程度，灵活采用：对于案件事实简单、权利义务关系明确、当事人争议不大的民事案件，可以直接叙明案件事实的认定情况，不必对当事人举证及质证等内容进行过多的展开。对于案情复杂、当事人对案件事实有较大争议的民事案件，应围绕争议的焦点，分述（争议事实较多的情况下）或集中叙述当事人所举证据的名称、内容、证明对象、质证意见（包括对证据的真实性及其所证明的问题两个方面）以及人民法院认证的理由。

争议证据的认定和事实认定可以合并写，也可分开写。分开写的，在证据审查认定之后，另起一段概括写明法院认定的基本事实，表述为“根据当事人陈述和经审查确认的证据，本院认定事实如下：……”。

认定事实的书写方式应根据案件情况，层次清楚、重点突出、繁简得当，避免遗漏与当事人争议有关的事实，一般按照时间先后顺序叙述，或者对法律关系或请求权认定相关的事实着重叙述，对其他事实可归纳、概括叙述。

此部分书写通常采用如下基本格式：

“对当事人无异议的证据，本院予以确认并在卷佐证。对有争议的证据和事实，本院认定如下：1.……；2.……（写明法院是否采信证据，事实认定的意见和理由）。”

3. 理由

审查证据查明的案件事实，并不等于法律事实，案件事实被定位为法律事实，是通过法律适用的过程所形成的结果。作为连接案件事实与判决结果的桥梁，裁判理由是人民法院在认定事实基础上，对案件的性质、当事人的法律关系、民事责任等，通过法律逻辑推理得出的结论，是通过法律适用和分析将客观事实上升为法律事实的过程，包括法律推理及法律推理所依据的建立在证据基础上的事实、法律条件、价值判断和政策选择等，是法院代表国家对个案所涉争议事项所作的最后法律结论。因此，理由部分是民事判决书的核心部分和精华所在。

民事判决书的理由部分包括判决的理由和判决适用的法律两个方面的内容。其中判决的理由主要是阐述法院对法律关系的基本看法和对纠纷、责任的认定，判决适用的法律是法官进行法律认定和推理所依据的法律、法规和司法解释等。理由部分要做到论理透彻，逻辑严密，精练易懂，用语准确。

此部分的通常写法是以“本院认为”开头，之后用简练的文字对当事人争议的事实和法院认定的事实进行分析、评判，明确纠纷的性质、案由，围绕争议焦点分清是非，明确责任，进而阐明支持或不予支持的具体理由。在写作顺序上，可先针对原告的主张和理由，再针对被告，后针对第三人，分层次说理。反诉案件，则应先针对本诉，后针对反诉，分层次说理。

首先应对法律关系的性质、效力进行认定，即根据我国现行的法律，说明当事人的行为是否合法，是否违约，应否承担责任。具体写作模式要根据案件的特点进行选择，对于案情简单的案件，可以开门见山，阐明案件的性质、合同的效力，并围绕当事人的诉辩直接写明判决的理由；对于案情复杂、当事人争议较大的案件，在集中归纳案件争议焦点的基础上，针对不同的焦点问题分别进行论述。例如：

“本院认为，根据原告的起诉和被告的答辩，本案的争议焦点为一、……；二、……；三、……。关于焦点一，本院认为，……对当事人的该项请求应否支持等。关于焦点二，本院认为，……。关于焦点三，本院认为，……”

在语言风格上，应中立、公允，不能厚此薄彼，要兼顾各方当事人的意见。在论证方法上，可采取演绎推理的三段论推理，也可探索使用其他多种逻辑方法和规律。

写作判决理由要特别注意把握以下几点：

一是针对性、全面性和明确性。要从案件的实际情况出发，准确归纳当事人争议的焦点，围绕当事人争议的焦点和诉讼请求，有的放矢地具体深入分析和论证，阐明判决所持的理由，不能审非所诉。裁判理由的表述要全面，要对当事人争议的问题进行全面的评判，不能有所遗漏。对当事人所持的理由和提出的诉讼请求，要有明确的肯定或者否定的态度，做到是非分明、责任明确，即哪些行为是合法的、哪些行为是不合法的，哪些诉讼请求合理、哪些诉讼请求不合理，以及当事人对纠纷承担什么样的责任。

二是事理性和法理性。结合个案事实对成文法规范进行更详尽的法理阐释，以充分的说理来论证采用特定法规作为判决依据的理由，是理由部分写作的要求，特别是针对行使司法裁量权时，这种论证更显必要。因为当法律上定性后，在具体的处置上往往可以有多种选择，亦即裁量存在一定余地，而在余地以内作出什么样的裁决，成文法规范往往不能提供现成的具体标准。裁判文书应根据查明事实及各方举证的情况，对其裁量选择作出更详尽的解释和说明。因此，论证过程中，要将争议的焦点与法律的规定、法理的精神有机结合，从法律的角度去解决争议的问题，以法服人。

三是情理性。说理除阐明法理外，还应融入情理，如此更利于做到对当事人明之以法、晓之以理、动之以情，取得较好的说理效果。

四是逻辑性。论证过程中，应注意增强论理的逻辑性，使裁判文书的事实、论理和结论之间具有严密的逻辑关系，保持各个部分同一概念的周延，避免相互矛盾情况的发生。做到说理与法院认定的事实证据，与适用的法律、法规、政策以及与判决结果一致、吻合。

4. 判决依据

在说理之后、作出判决前，应当援引判决依据。判决依据是人民法院对当事人之间纠纷作出处理所依据的民事法律条文。在具体写作上，可以在此部分先综述对当事人诉讼请求是否支持的总结评价，后接法律依据，直接引出判决主文；如认为说理部分已经完成，无须对诉讼请求进行总结评价的，直接另段援引法律依据，写明判决主文。其一般写法为：“综上所述，……（对当事人的诉讼请求是否支持进行总结评述）。依照《中华人民共和国……法》第×条、……（写明法律文件名称及条款序号）规定，判决如下：”。

在写明裁判依据时，要做到完整、准确、具体，处理争议适用于多条法律时，应将适用的法律条文全部引用出来，不能遗漏。适用哪一层次的规定，就应具体、明确地写到哪一个层次。具体引用顺序上，先引用基本法律，后引用其他法律；先引用法律，后引用行政法规和司法解释；先引用实体法，后引用程序法；先引用特别法，再引用普通法；先引用具体规定，再引用法律原则。在具体法条引用上，按条、款、项、目的顺序引用。

本部分需要注意的是在判决中不得引用《宪法》和各级法院关于审判工作的指导性文件、会议纪要、各审判业务庭的答复意见以及人民法院与有关部门联合下发的文件、指导性案例作为裁判依据。

5. 判决主文

判决主文，是人民法院根据案件事实，依照法律，对当事人争议问题所作的最后裁决。判决主文写作的基本要求是文字表述规范、科学，裁判内容明确、具体，便于执行，突出针对性、完整性、简明性、明确性，即裁判结果需要与当事人的诉讼请求相对应，不得漏判或超诉讼请求判决，不得判非所请。判决主文应直截了当将处理结果写清，切忌拖泥带水。判决主文必须明确对当事人的诉讼请求的肯定或否定态度，支持的写明支持的具体内容，不支持的写明“驳回……诉讼请求”，部分支持的，写明支持部分的具体内容，对于不支持的部分写明“驳回其他诉讼请求”。判决主文具体写作注意事项有以下几点：

（1）当事人的称谓应用全称。

（2）金额用阿拉伯数字。金额前不加“人民币”；人民币以外的其他种类货币的，金额前加货币种类，有两种以上货币的，金额前要加货币种类。

（3）判决结果内容较多的，可以分条或分项叙写，各项前依次使用汉字数字分段写明。给付之诉中，有多项给付内容的，应当先写明各项目的名称、金额，再写明累计金额。例如：“交通费……元、误工费……元、……，合计……元。”多名当事人承担责任的，应当写明各当事人承担责任的形式和范围。

（4）为了便于执行，无论何种履行，均必须写明履行期限，如写明“以上第×项于本判决生效之日起×日内履行”。

（5）判决主文中可以用括注，对判项予以说明。括注应当紧跟被注释的判决主文。例如：（已给付……元，尚需支付……元）；（已给付……元，应返还……元）；（已履行）；（按双方订立的《××借款合同》约定的标准执行）；（内容须事先经本院审查）；（清单详见附件）；等等。

（6）利息的表述。当事人有具体的请求数额的，可以依法予以保护；当事人没有具体的请求数额的，写明利息计算的起止点、计算本金及利率种类、利率标准，是否分段计息以及逾期利息的计算标准等，如区分是按固定资金贷款利率标准还是按流动资金贷款利率标准以及相关的期限档次（如半年期、一年期等）计算；对需要分段计息的，既可分段具体计算出利息数额，也可以写明计算方法。如按××利率标准分段计付，可表述为“按中国人民银行公布的同期同类贷款（存款）利率，自××××年××月××日起计算至××××年××月××日止”。

6. *尾部*

一审民事判决书尾部的写作特点是程式严格，用语固定，按顺序写明迟延履行责任告知、诉讼费用负担和上诉权利告知（具体包括当事人的上诉权利、上诉期间、上诉方式和上诉法院的名称）。

（1）如判决主文包括金钱给付义务的，在判决主文后另起一行载明当事人不履行金钱给付义务的法律后果，即写明：“如果未按本判决指定的期间履行给付金钱义务，应当按照《民事诉讼法》第260条的规定，加倍支付迟延履行期间的债务利息。”

（2）诉讼费用负担。诉讼费包括案件受理费和其他诉讼费用，分项列明，其不属于诉讼争议的事项，在判决主文后另起一行写明当事人各自应负担的具体数额。具体写法为：“案件受理费……元，由……负担××元（写明交纳情况），由……负担××元（写明交纳情况）；申请费……元，由……负担（写明交纳情况）。”减免费用的，写明“减交……元”或者“免予收取”。

（3）告知事项。在诉讼费用负担之后另起一行写明，一般表述为："如不服本判决，可以在判决书送达之日起××日内，向本院递交上诉状，并按照对方当事人或者代表人的人数提出副本，上诉于×××人民法院。"

当事人的上诉期为十五日，在中华人民共和国领域内没有住所的当事人上诉期为三十日。同一案件既有当事人的上诉期为十五日，又有当事人的上诉期为三十日的，写明："×××可以在判决书送达之日起十五日内，×××可以在判决书送达之日起三十日内，……"

（三）落款

落款应当包括合议庭署名、日期、书记员署名、院印。落款应当在同一页上，不得分页。落款所在页无其他正文内容的，应当调整行距、字距，不用"此页无正文"的方式解决。

（1）合议庭署名按照审判长、审判员、代理审判员、人民陪审员的顺序分行署名。对于合议庭的审判长，不论审判职务，均署名"审判长"；合议庭成员有审判员的，署名为"审判员"；有助理审判员的，署名为"代理审判员"；有陪审员的，署名为"人民陪审员"。

（2）落款日期为作出判决的日期，即判决书的签发日期。当庭宣判的，应当写宣判的日期。

（3）书记员署名为"书记员"，两名以上书记员的，分行署名。

（4）院印加盖在审判人员和日期上，要求骑年盖月、朱在墨上。

（5）判决书副本需在书记员与审判员之间空行的左侧加盖"本件与原本核对无异"的印戳。

（四）附录

该部分并非所有判决书的必备部分。确有必要的，可以另页附录。

（五）实例及评析

××市第一中级人民法院

民 事 判 决 书

（2021）×01 民初×××号

原告：锦州银行股份有限公司北京华威桥支行，住所地××市朝阳区松榆南路 54 号楼一层部分底商。

负责人：周某，行长。

委托诉讼代理人：许某，男，锦州银行股份有限公司北京分行员工。

被告：北大方正集团有限公司，住所地××市海淀区成府路 298 号。

诉讼代表人：北大方正集团有限公司管理人。

负责人：郭某某。

委托诉讼代理人：韩某某，女，北大方正集团有限公司管理人工作人员。

委托诉讼代理人：吴某，女，北大方正集团有限公司管理人工作人员。

原告锦州银行股份有限公司北京华威桥支行（以下简称锦州银行华威桥支行）与被告北大方正集团有限公司（以下简称北大方正集团）破产债权确认纠纷一案，本院于 2021 年 7 月 14 日立案后，依法适用普通程序，公开开庭进行了审理。原告锦州银行华威桥支行之委托诉讼代理人许某，被告北大方正集团之委托诉讼代理人韩某某、吴某到庭参加诉讼。本案现已审理终结。

锦州银行华威桥支行向本院提出诉讼请求：1. 请求对原告未被确认的债权 19 700 000 元予以确认。2. 判决本案相关诉讼费用由被告承担。事实和理由：原告于 2020 年 3 月 2 日收到寄出日为 2020 年 2 月 28 日的编号为（2020）×01 破××号《××市第一中级人民法院通知书》，通知法院于 2020 年 2 月 19 日裁定受理北大方正集团重整案，要求原告配合申报相应债权。原告向被告申报债权 99 808 127.82 元。根据北大方正集团第二次债权人会议债权表，被告对原告申报债权中与本案相关的 1 970 万元不予确认，主要涉及 2020 年 2 月 26 日发放给北大医疗信息技术有限公司的 570 万元贷款和 2020 年 2 月 26 日发放给北京方正数码有限公司的 1 400 万元贷款。为此，原告于 2021 年 6 月 4 日向北大方正集团有限公司管理人（以下简称管理人）发送《关于北大方正集团有限公司对原告不予确认债权的异议》，就 1 970 万元不予确认债权提出异议，2021 年 6 月 25 日，原告收到管理人的复函，仍旧对上述 1 970 万元债权不予确认。根据《民法典》的有关规定，最高额保证债权确定时间点为保证人被宣告破产之时，且原告与被告签订的《最高额担保合同》中也表示保证人被宣告破产之时为最高额保证债权确定之时。而管理人以破产法及相关司法解释规定，保证人被裁定进入破产程序为保证债权到期为由，拒绝确认原告申报债权是错误的。为维护原告合法权益，现诉至法院。

北大方正集团辩称，不同意原告的全部诉讼请求，法院应驳回原告的全部诉讼请求。事实和理由：原告于 2019 年 3 月向北京方正数码有限公司提供流动资金贷款 1 400 万元，于 2019 年 11 月向北大医疗信息技术有限公司提供流动资金贷款 570 万元。2019 年 11 月 15 日，被告与原告签订最高额保证合同，为北大医疗信息技术有限公司的债务提供期限为 2019 年 11 月 7 日至 2022 年 11 月 7 日、最高额为 13 000 万元的保证担保，为北京方正数码有限公司的债务提供期限为 2019 年 11 月 15 日至 2022 年 11 月 7 日、最高额为 2 600 万元的保证担保。2020 年 2 月 24 日、25 日，原告与北大医疗信息技术有限公司、北京方正数码有限公司分别签署新的借款合同，用途为偿还前述贷款。上述二债务人也分别于 2020 年 2 月 26 日以新贷款偿还了前述 570 万元和 1 400 万元的贷款。根据法律规定，保证人被裁定进入破产程序的，保证债权在保证人破产申请受理时视为到期。2020 年 2 月 19 日，被告被法院裁定受理重整，因此原告在 2019 年向北大医疗信息技术有限公司、北京方正数码有限公司提供的贷款作为主债务，应在 2020 年 2 月 19 日到期。而此后，因为二债务人通过与原告签订新的借款合同，用新贷款偿还了上述共计 1 970 万元的贷款，因此北大方正集团作为保证人，在主债务到期并且已经被清偿后，不再承担保证责任。原告在被告被受理破产重整后，与债务人签订的新的贷款合同，保证人不再承担保证责任，因此对原告就已清偿的保证债权 1 970 万元申报的债权，管理人不予确认符合相关法律规定。法院应依法驳回原告的全部诉讼请求。

立案后，本院召集双方当事人召开了庭前会议，对本案基本事实、法律适用和争议焦点进行了核实归纳，组织双方当事人进行了举证质证，适用第一审普通程序对本案进行了公开开庭审理。

本案当事人围绕各自诉辩主张，依法提交了下列证据，根据双方当事人举证质证情况，本院认定事实如下：

1. 借款合同及保证合同的签订

(1) 涉及北京方正数码有限公司相关借款及保证合同

2018年7月19日，北大方正集团在获得该公司董事会决议通过的前提下，作为保证人（甲方）与债权人（乙方）锦州银行华威桥支行签订编号为“锦银［北京华威桥支］行［2018］年最保字第［078］号”的《最高额保证合同》一份（以下简称078号保证合同）。该合同的主要内容为：甲方所担保的主债权为自2018年7月6日至2021年7月5日期间，在人民币贰仟陆佰万元整的最高债权余额内，乙方依据与北京方正数码有限公司（债务人）签订的本外币借款合同、外汇转贷款合同、银行承兑协议等金融衍生类产品协议以及其他文件，不论该债权在上述期间届满时是否已经到期。本合同是一项持续性的保证，债务人对被担保主债权的任何中期付款或清偿不应被视为甲方在本合同项下的保证责任被解除，甲方应就被担保主债权的最终余额承担保证责任。

2019年11月15日，北大方正集团在获得该公司董事会决议通过的前提下，作为保证人（甲方）与债权人（乙方）锦州银行华威桥支行签订编号为“锦银［北京华威桥支］行［2019］年最保字第［008］号”的《最高额保证合同》一份（以下简称008号保证合同）。该合同的主要内容为：甲方所担保的主债权为自2019年11月15日至2022年11月7日期间，在人民币贰仟陆佰万元整的最高债权余额内，乙方依据与北京方正数码有限公司（债务人）签订的本外币借款合同、外汇转贷款合同、银行承兑协议等金融衍生类产品协议以及其他文件，不论该债权在上述期间届满时是否已经到期。本合同是一项持续性的保证，债务人对被担保主债权的任何中期付款或清偿不应被视为甲方在本合同项下的保证责任被解除，甲方应就被担保主债权的最终余额承担保证责任。

2019年3月1日，北京方正数码有限公司作为借款人（甲方）与贷款人（乙方）锦州银行华威桥支行签订编号为“锦银［北京华威桥支］行［2019］年流借字第［023］号”的《流动资金借款合同》一份（以下简称023号借款合同）。合同约定的主要内容为：借款金额壹仟肆佰万元整；借款期限为自2019年3月1日至2020年2月29日；借款利率按照年利率8%在合同有效期内保持不变，按月结息。

2020年2月25日，北京方正数码有限公司作为借款人（甲方）与贷款人（乙方）锦州银行华威桥支行签订编号为“锦银［北京华威桥支］行［2020］年流借字第［004］号”的《流动资金借款合同》一份（以下简称004号借款合同）。合同约定的主要内容为：借款金额壹仟肆佰万元整；借款期限为自2020年2月26日至2021年2月25日；借款用途为偿还023号借款合同项下借款。

(2) 涉及北大医疗信息技术有限公司相关借款及保证合同

2019年11月12日，北大方正集团在获得该公司董事会决议通过的前提下，作为保证人（甲方）与债权人（乙方）锦州银行华威桥支行签订编号为“锦银［北京华威桥支］行［2019］年最保字第［009］号”的《最高额保证合同》一份（以下简称009号保证合同）。该合同的主要内容为：甲方所担保的主债权为自2019年11月7日至2022年11月7日期间，在人民币壹亿叁仟万元整的最高债权余额内，乙方依据与北大医疗信息技术有限公司（债务人）签订的本外币借款合同、外汇转贷款合同、银行承兑协议等金融衍生类产品协议以及其他文件，不论该债权在上述期间届满时是否已经到期。本合同是一项持续性的保证，债务人对被担保主债权的任何中期付款或清偿不应被视为甲方在本合同项下的保证责任被解除，甲方应就被担保主债权的最终余额承担保证责任。

2019 年 11 月 25 日，北大医疗信息技术有限公司作为借款人（甲方）与贷款人（乙方）锦州银行华威桥支行签订编号为“锦银［北京华威桥支］行［2019］年流借字第［056］号”的《流动资金借款合同》一份（以下简称 056 号借款合同）。合同约定的主要内容为：借款金额伍佰柒拾万元整；借款期限自 2019 年 11 月 28 日至 2020 年 2 月 27 日；借款用途为偿还流动资金借款合同（锦银［北京华威桥支］行［2018］年流借字第［137］号）项下借款。

2020 年 2 月 24 日，北大医疗信息技术有限公司作为借款人（甲方）与贷款人（乙方）锦州银行华威桥支行签订编号为“锦银［北京华威桥支］行［2020］年流借字第［003］号”的《流动资金借款合同》一份（以下简称 003 号借款合同）。合同约定的主要内容为：借款金额伍佰柒拾万元整；借款期限自 2020 年 2 月 26 日至 2021 年 2 月 25 日；借款用途为偿还流动资金借款合同（锦银［北京华威桥支］行［2019］年流借字第［056］号）项下借款。

2. 债务清偿情况

北大方正集团提交两份锦州银行单据显示：2020 年 2 月 26 日北京方正数码有限公司向原告偿还本金 1 400 万元及相应利息；同日，北大医疗信息技术有限公司向原告偿还本金 570 万元及相应利息。锦州银行华威桥支行对上述票据的真实性予以认可，但主张因已与相应债务人在 2020 年 2 月签订新的借款合同，被告仍应就 1970 万元借款承担保证责任。

3. 破产清算案件受理及相关情况

2020 年 2 月 19 日，本院根据北京银行股份有限公司的申请，裁定受理北大方正集团有限公司重整案，案号为（2020）×01 破××号，并于 2020 年 2 月 21 日在全国企业破产重整案件信息网上发布公告。

根据北大方正集团提交的书证，在 2020 年 2 月 19 日至 20 日期间，方正集团债券市场、下属六家境内外上市公司就北大方正集团被申请重整、法院受理重整发布公告。

根据锦州银行华威桥支行提交的证据材料显示，早在 2019 年 12 月，为加强金融债权管理，有关金融机构债权人曾就北大方正集团及其关联公司债务解决进行协商并达成《北大方正集团有限公司金融机构债权人协议》。北大方正集团对该证据的真实性认可，但认为该约定不适用于重整程序下对担保债权的处理。

4. 破产债权申报、审查情况

北大方正集团进入破产重整程序后，锦州银行华威桥支行向管理人申报普通债权，经管理人审查，对申报债权中本案涉及的流动借款 19 700 000 元未予确认。此后锦州银行华威桥支行提出异议，管理人于 2021 年 6 月 25 日对锦州银行华威桥支行的异议作出书面答复，仍不予确认。

以上事实，有保证合同、借款合同、借款凭证、董事会决议、还本付息凭证、公告打印稿等证据材料在案佐证。

本院认为，本案双方当事人对借款合同、最高额保证合同以及借款债务人、借款数额等事实均无异议，对此本院予以认可。本案争议焦点为：作为保证人的北大方正集团，其保证责任的确定。对于保证人进入破产程序相关保证债权的申报与确认，《最高人民法院关于适用〈中华人民共和国企业破产法〉若干问题的规定（三）》第四条规定："保证人被裁定进入破产程序的，债权人有权申报其对保证人的保证债权。主债务未到期的，保证债权在保证人破产申请受理时视为到期……"根据上述法律规定，北大方正集团作为保证人，其承担的保证债权在其被裁定进入破产程序时到期，即于2020年2月19日到期。该时间节点，以法院裁定书确定的法律事实为客观依据，并不因后续有关破产案件受理公告发布日期、管理人实际通知已知债权人时间等因素而变更。北大方正集团与锦州银行华威桥支行签订的相应《最高额保证合同》虽然保证期间跨越2020年2月19日，但相应保证责任仍旧应依法在北大方正集团被裁定进入破产程序时确定。

锦州银行华威桥支行作为债权人，按照上述法律规定，在北大方正集团进入重整程序后，有权就2020年2月19日之前相关借款合同形成的保证债权，向管理人申报破产债权。根据本案证据显示，按照上述标准，锦州银行华威桥支行依据023号借款合同、056号借款合同对北大方正集团享有保证债权共计1 970万元，但上述债权均已由相应主债务人在2020年2月26日完成了还本付息。就此，锦州银行华威桥支行据以申报保证债权对应的主债权获得清偿，北大方正集团不再对锦州银行华威桥支行承担保证责任。现锦州银行华威桥支行基于已经被清偿的主债权要求北大方正集团承担保证责任，并要求将相应保证债权确认为破产债权的诉讼请求，因缺乏事实和法律依据，本院不予支持。

综上，依照《中华人民共和国企业破产法》第四十四条、第四十六条，《最高人民法院关于适用〈中华人民共和国企业破产法〉若干问题的规定（三）》第四条，《中华人民共和国民事诉讼法》第六十七条（现为第七十条），《最高人民法院关于适用〈中华人民共和国民事诉讼法〉的解释》第九十条之规定，判决如下：

驳回锦州银行股份有限公司北京华威桥支行的全部诉讼请求。

案件受理费140 000元，由原告锦州银行股份有限公司北京华威桥支行负担（已交纳）。

如不服本判决，可以在判决书送达之日起十五日内，向本院递交上诉状，并按照对方当事人或者代表人的人数提交副本，上诉于××××人民法院。

审判长　刘　×
审判员　王××
审判员　李××
二〇二二年二月七日
法官助理　武××
书记员　王××

评析：在此份判决书中，虽然论理部分尚有发挥之空间，但通篇文书确为规范、严谨之佳作。一方面，当事人之间争议较为集中，该份文书将争议的问题明确体现出来；另一方面，本案中诉争的问题在民商事审判中均较为常见，而文书不论是体例、文字、条理等均给人规范之感，且对文书所涉的法律与实践中的相关问题予以明确反映，是读者在此领域进行写作的一篇较佳范文。

第一审民事裁判参考文书

四、第一审适用简易程序的民事判决书

简易程序是指基层人民法院和它的派出法庭审理简单民事案件和简单经济纠纷时所适用的审判程序。依照《民事诉讼法》第160条的规定，只有事实清楚、权利义务关系明确、争议不大的简单的第一审民事案件，才能适用简易程序。“事实清楚”通常是指当事人双方对争议的事实陈述基本一致，并能提供可靠的证据，无须人民法院调查收集证据即可判明事实、分清是非。“权利义务关系明确”是指谁是责任的承担者、谁是权利的享有者，关系明确。“争议不大”是指对案件的是非、责任以及诉讼标的的认识不存在原则性的分歧。与普通程序相比，简易程序审理案件只适用于基层人民法院和它的派出法庭，只能适用于第一审程序。此外，基层人民法院适用普通程序审理的民事案件，当事人各方自愿选择适用简易程序，经人民法院审查同意的可以适用简易程序。

最高人民法院《关于适用简易程序审理民事案件的若干规定》规定了五种不适用简易程序的情况：起诉时被告下落不明的；发回重审的；共同诉讼中一方或者双方当事人人数众多的；法律规定应当适用特别程序、审判监督程序、督促程序、公示催告程序和企业法人破产还债程序的；人民法院认为不宜适用简易程序进行审理的。

与审理的案件相适应，简易程序不同于普通程序的简化之处包括：简便起诉方式，受理程序、传唤方式简便，法庭调查及辩论的简化，审判组织是独任审判，审限是三个月内。

第一审适用简易程序的民事判决书，是基层人民法院和它派出的人民法庭依照民事诉讼法规定的简易程序，审理事实清楚、权利义务关系明确、争议不大的第一审简单民事案件后，作出处理决定时制作的法律文书。

第一审适用简易程序的民事判决书，其主要内容及制作方法与适用普通程序的民事判决书基本相同，但有以下区别：第一，首部中的审判组织形式由“组成合议庭”改为“独任审判”。第二，对正文中事实、理由部分的表述，比普通程序更为简单和概括，文字也更加精练，尤其是涉及以下情形的：一方当事人在诉讼过程中明确表示承认对方全部诉讼请求或者部分诉讼请求的；涉及商业秘密、个人隐私的案件，当事人一方要求简化裁判文书中的相关内容，人民法院认为理由正当的；当事人双方一致同意简化裁判文书的。重点针对当事人争议的焦点阐述事实和请求。第三，尾部审判人员的署名只表述独任审判员的姓名即可。

需要注意的是，在适用简易程序的案件中还包括小额诉讼这一特殊类别。根据《民事诉讼法》第165条的规定，小额诉讼是指事实清楚、权利义务关系明确、争议不大的简单金钱给付民事案件中标的额为各省、自治区、直辖市上年度就业人员年平均工资百分之五十以下的案件，另外，标的额超过各省、自治区、直辖市上年度就业人员年平均工资百分之五十以下但在两倍以下的，双方当事人也可以约定适用小额诉讼的程序。此类案件由基层人民法院和它的派出法庭适用小额诉讼程序进行审理。小额诉讼实行一审终审，小额诉讼程序开庭审理后的案件判决书属特殊类型的第一审民事判决书，根据《民事诉讼法司法解释》第280条的规定，小额诉讼案件的裁判文书可以简化，主要记载当事人基本信息、诉讼请求和裁判主文等内容，此类文书中并无上诉事项告知部分的内容，须在诉讼费用负担后另起一行写明“本判决为终审判决”。适用小额诉讼程序的第一审民事判决书具体可

采用令状式判决、表格式判决和要素式判决三种方式，其中要素式判决亦可适用于简易程序，此时上诉事项告知部分的内容不能省略。

要素式判决是指对于能够概括出固定要素的案件，在撰写裁判文书时不再分开陈述当事人诉辩意见、本院查明、本院认为部分，而是围绕着争议的特定要素，陈述当事人诉辩意见、相关证据以及法院认定的理由和依据的法律文书。要素式判决应当与要素表、要素式庭审相结合，需要当事人在庭前即填写要素表，要素表既是对当事人的诉讼指引和服务，也是对法官的一种指引与约束。当事人庭前未填写要素表的，法院在审理时可以要素表的基本要素为线索，逐项当庭征求双方当事人的意见，对双方争议的要素予以确认并计入法庭笔录，对于双方有争议的要素应当重点审查。对于无争议要素的证据可以不用质证，证据的展示和质证只需围绕着争议要素展开，庭审对于事实的调查和辩论亦均需围绕着要素进行，不再单独分开传统判决书对应的法庭调查和法庭辩论两个环节。

与使用要素式判决案件的特殊庭审过程相对应，要素式判决要求对于无争议要素（事实）用一句话概括，不再分开陈述原告、被告和法院三方的意见。具体写法上，采用的是“夹叙夹议”的写作方法。因要素式判决是全新的产物，故可由各基层人民法院在审判实践中根据案件具体情况作出适当调整。

第三节 第二审民事裁判文书

一、概述

第二审民事判决书，是指上级人民法院对当事人不服第一审人民法院民事判决提起上诉的案件，依照民事诉讼法规定的第二审程序审理作出的维持或者改变第一审民事判决的书面处理决定。

上诉是法律所赋予诉讼当事人的一项重要诉讼权利，依照法律规定，一审中的原告、被告、有独立请求权的第三人及其法定代理人，对一审人民法院作出的判决和裁定不服的，可以要求上级人民法院对原审裁判重新进行审理，以保障人民法院正确行使审判权，使自己的合法权益不因错判而受到侵害。对于上诉案件，人民法院应当认真审查一审法院认定的事实，对一审法院作出的判决结论是否正确以及当事人的上诉请求是否成立作出表态。

第二审民事判决书的主要作用在于及时纠正第一审民事判决中的错误，或者保证正确的第一审民事判决能得以维持，从而维护当事人的合法权益，保障法律的正确实施。

二、写法

第二审民事判决书的制作格式与第一审民事判决书基本相同，但由于审判程序不同，其内容和写法与一审判决又有不同之处。

（一）标题

标题的写法与第一审民事判决书相同，在“民事判决书”之前，不标明审级。案号中类型代字应为“民终”，表述为“(××××)……民终……号”。

（二）正文

1. 首部

（1）诉讼参加人。

二审程序的诉讼参与人分为当事人和其他诉讼参与人。二审程序的当事人依据是否提起上诉分为上诉人和被上诉人，提起上诉的当事人不论是原审原告、原审被告还是第三人均为上诉人，对方当事人为“被上诉人”。未提起上诉或未被列为被上诉人的一审其他当事人为其他诉讼参与人。

为了反映第二审当事人在一审中的诉讼地位，更加有效地明确二审当事人的诉讼主张，应当在上诉人和被上诉人的称谓后面用括号注明其在原审的诉讼地位即（原审原告）、（原审被告）或（原审第三人）。未提起上诉或未被列为被上诉人的一审其他当事人为其他诉讼参与人，应按原审诉讼地位列明。上诉人在一审的诉讼地位有两个的，按照本诉、反诉的顺序列明，中间以顿号分割，例如：上诉人（原审被告、反诉原告）。

需要指出的是，必要共同诉讼的当事人的诉讼地位较为复杂。所谓必要共同诉讼，是指当事人一方或双方为两人以上，诉讼标的是同一的，法院必须合并审理，并对共同诉讼人的权利义务作出内容相同的裁判。必要共同诉讼中的一人或者部分人提起上诉的，当事人的称谓要根据不同情况来列写：

其一，该上诉如只对对方当事人之间的权利义务承担有意见，不涉及其他共同诉讼人利益的，对方当事人为被上诉人，未上诉的同一方当事人则依原审诉讼地位列写。

其二，该上诉如仅对共同诉讼人之间的权利义务承担有意见，不涉及对方当事人利益的，未上诉的同一方当事人为被上诉人，对方当事人则依原审诉讼地位列写。

其三，该上诉如是对双方当事人之间以及共同诉讼人之间权利义务承担均有意见的，则未提出上诉的其他当事人均为被上诉人。

（2）案件由来和审理经过。

第一，案件由来应当写明上诉审提起的原因，包括案由、一审法院和判决案号。有多个上诉人或者被上诉人的，相同身份的当事人之间以顿号分割。表述为：“上诉人×××因与被上诉人×××及原审原告/被告/第三人××× ……（案由）一案，不服×××人民法院（××××）×民初××号民事判决，向本院提起上诉。”双方当事人提起上诉的，均列为上诉人，写明“上诉人×××、×××因与上诉人×××”，列在最后的上诉人写明上诉人的身份，用“因与”与前列当事人连接。案由应准确反映当事人争议内容的实质，二审法院经审理发现原审法院案由确定不当的，应以二审法院确定的案由为准。

第二，审理经过与第一审民事判决书相同，写明审判组织和审判方式，具体写明合议庭开庭审理的情况和当事人到庭参加诉讼的情况。属于发回重审又上诉的案件，在此部分要写明过程。

第二审民事裁判参考文书

2. 事实

第二审程序是针对当事人主张审查一审判决是否正确的，其具体内容和制作要求与第一审民事判决书有所不同，因此，二审民事判决书的事实部分，应依次写明：上诉人提起上诉的请求和主要事实理由，被上诉人的主要答辩；其他诉讼参与人的陈述；原审中原告的诉讼请求；原审判决认定当事人之间争议的主要事实、判决理由和判决结果；二审举证和事实认定情况。

(1) 对于上诉人提起上诉的请求和主要事实理由、被上诉人主要答辩意见以及其他诉讼参与人陈述意见的表述，应当以客观、完整、准确地引述为原则，并力求能反映当事人的原意。对当事人的上诉请求部分，应当严格依照当事人诉状所载明的内容进行全面、完整的叙述，不能简略和遗漏。如果该部分内容有冗长烦琐或者条理混乱、不清晰的，可以进行概括归纳，提炼、简化，但应客观真实，忠于原意，不能断章取义、随意取舍、以偏概全，更不能对当事人的意见进行篡改，写作上应尽量引用当事人的书面意见，并突出当事人争议的焦点。多个上诉人上诉的，按照上诉请求、针对该上诉人请求的答辩、陈述的顺序，分别写明。如果当事人未答辩的，也要写明。

(2) 对于原审中原告的诉讼请求的表述，需写明原告/反诉原告/有独立请求权的第三人在原审中的诉讼请求，具体表述为“×××向一审法院起诉请求……”。

(3) 对于原审判决认定当事人之间争议的主要事实、判决理由和判决结果部分的表述，在二审判决书中必须将一审人民法院认定的当事人争议的主要事实及一审判决结论的主要内容叙述清楚，在此基础上再叙述二审法院查明的事实，这样才能针对当事人的上诉理由是否合理，一审判决认定事实和适用法律是否正确，进行充分的论证，作出正确的结论。该部分应概括，叙述清楚当事人在一审的诉辩称、一审查明事实和一审判决内容即可。对原审法院认定的理由部分原则上应照抄，文字上不规范的可以作修改、提炼，应只作文字上的技术处理，注意将“本院”改为“该院”。

(4) 对于二审举证和事实认定情况部分的表述。首先举证部分对于当事人在二审中提交证据的情况进行概括性的描述，具体写法为：“本院二审期间，当事人围绕上诉请求依法提交了证据。本院组织当事人进行了证据交换和质证（当事人没有提交新证据的，写明：二审中，当事人没有提交新证据）。”

二审法院对第一审人民法院认定的事实必须结合上诉请求进行审查，区分情况作如下表述：

其一，一审认定的事实清楚、当事人对一审认定事实问题没有争议的，二审对此只需概括地予以确认，写明“本院对一审查明的事实予以确认”后，进入裁判文书的理由论证部分。

其二，一审查明事实有遗漏或者错误的，二审应当写明相应的评判，亦即对于原判认定正确的事实部分可以简写，对于遗漏部分事实和二审认定正确的事实要详细叙述，并运用证据，指出原判认定事实的不完善及不当之处。

二审认定证据过程中应注意结合《民事诉讼法司法解释》和《证据的若干规定》及其他有关法律规定，依据民事诉讼证据的证明要求和标准，对当事人二审提交证据进行认定。二审法院对当事人提交的证据应当公开组织当事人质证，对于是否采纳证据进行审查，写明二审法院采信证据、认定事实的依据和理由。

3. 理由

判决的理由围绕原审判决是否正确、上诉人的上诉理由和被上诉人的答辩以及其他诉讼参加人的陈述是否有理进行论证，阐明维持原判或者改判的理由：对于原审判决正确、上诉无理的，要具体阐明原审判决为什么正确，指出上诉理由的不当之处；对于原审判决不当、上诉有理的，要阐明原审判决错在哪里，上诉请求和理由为什么合理、符合哪些法律的规定，改判的法律依据是什么。针对当事人的诉讼请求及诉讼主张要逐一加以论述，不能回避当事人争议的问题。判决理由的表述要全面，对当事人争议的问题进行全面的评判，不能有所遗漏，也不能审非所诉。

4. 判决依据

判决理由阐述完后，应根据案件的不同情况，准确地引用所适用的判决依据亦即法律条文。在顺序上，应先引用实体法，后引用程序法。维持原判的，引用《民事诉讼法》第177条第1款第1项；部分改判或全部改判的，引用《民事诉讼法》第177条第1款第2项以及改判的有关实体法条文。

其中维持原判的第二审民事判决书中判决理由又因一审判决认定事实或适用法律有无瑕疵而采取不同写法：

（1）一审判决认定事实清楚，适用法律正确，维持原判的，写明："综上所述，×××的上诉请求不能成立，一审判决认定事实清楚，适用法律正确。本院依照《中华人民共和国民事诉讼法》第一百七十七条第一款第一项的规定，判决如下"。

（2）一审判决认定事实或适用法律虽有瑕疵，但裁判结果正确，维持原判的，写明："综上，一审判决认定事实……（对一审认定事实作出概括评价，如存在瑕疵应指出）、适用法律……（对一审适用法律作出概括评价，如存在瑕疵应指出），但裁判结果正确，故对×××的上诉请求不予支持。依照《中华人民共和国×××法》第×条（适用法律有瑕疵的，应当引用实体法）、《中华人民共和国民事诉讼法》第一百七十七条第一款第一项、《最高人民法院关于适用〈中华人民共和国民事诉讼法〉的解释》第三百三十二条的规定，判决如下"。

5. 判决主文

判决主文是二审法院对一审法院判决正确与否和当事人诉辩主张是否成立所作的最后结论。该部分总的写作要求是文字表述规范、科学，裁判内容准确、具体、便于执行。

根据《民事诉讼法》的规定，二审判决的结果主要有：驳回上诉、维持原判；部分改判；全部改判。具体写法如下：

（1）驳回上诉、维持原判的，写为："驳回上诉，维持原判。"

（2）全部改判的，按照撤销、改判的顺序写明，具体写为："一、撤销×××人民法院（××××）……民初……号民事判决；二、……（写明全部改判的内容）。"

（3）部分改判的，按照维持、撤销、变更、增判的顺序写明，具体写为："一、维持×××人民法院（××××）……民初……号民事判决的第×项（对一审维持判项逐一写明）；二、撤销×××人民法院（××××）……民初……号民事判决的第×项（将一审判决错误判项逐一撤销）；三、变更×××人民法院（××××）……民初……号民事判决的第×项为……（写明改判的内容）；四、……（写明增判项）。"

需要说明的是，如果原判在认定事实和适用法律上均无错误，二审根据案件的具体情况，只对原判其中一项确定的具体数额有所变动的，不应采取先撤销再改判的写法，而可以直接写："变更×××人民法院（××××）……民初……号民事判决的第×项的……为……"。二审对一审判决改判的，应当对一审判决中驳回其他诉讼请求的判项一并进行处理，如果驳回其他诉讼请求的内容和范围发生变化的，应撤销原判中驳回其他诉讼请求的判项，重新作出驳回其他诉讼请求的判项。

对于因出现新证据导致事实认定发生变化而改判的，需要加以说明。人民法院在上诉请求范围之外改判的，也应加以说明。

一审法院判决主文中有给付内容，如已有履行期限，可不另写；如原判中未明确履行期限的，二审判决应当予以纠正。具体判决承担利息的方式同一审民事判决书该部分的写法。

6. 尾部

第二审民事判决书的尾部与一审民事判决书不同之处在于：

（1）在诉讼费用的负担上，维持原判的，对一审诉讼费用负担问题不需调整的，不必重复一审诉讼费负担。如一审诉讼费负担错误需要调整的，应当予以纠正。数额应用阿拉伯数字表示。

（2）二审民事判决是终审判决，判决一经作出即发生法律效力，因此，第二审民事判决书的尾部应写明“本判决为终审判决”。而一审民事判决需交代上诉事项。

其余的写法与第一审民事判决书相同。

（三）实例及评析

下面列举一篇生效文书作为范例，读者可从中体会二审法律文书撰写中的难点与技巧。出于本书版式需要，判决书引用时在字体等方面略作调整，特此说明。

××市第二中级人民法院

民 事 判 决 书

（2020）×02民终××××号

上诉人（原审被告）：王某，男，1953年3月14日出生。

上诉人（原审被告）：刘某，女，1960年9月7日出生。

以上二上诉人之委托诉讼代理人：常某，××市力×律师事务所律师。

被上诉人（原审原告）：杨某，男，1986年1月8日出生。

被上诉人（原审第三人）：××医院，住所地××市××区××街31号。

法定代表人：田某，院长。

委托诉讼代理人：郑某，××市华×律师事务所律师。

上诉人王某、刘某因与被上诉人杨某、××医院监护人责任纠纷一案，不服××市西城区人民法院（2019）××0102民初××××号民事判决，向本院提起上诉。本院于2020年4月15日立案后，依法组成合议庭通过互联网结合线下庭审方式公开开庭进行了审理。上诉人王某、刘某之委托诉讼代理人常某、被上诉人杨某、原审第三人××医院之委托诉讼代理人郑某均参加了诉讼。本案现已审理终结。

王某、刘某上诉请求：1. 依法改判驳回杨某对我方提出的诉讼请求，判令××医院赔偿杨某的相应损失。2. 由杨某、××医院承担一、二审诉讼费用。上诉主要理由：1. 一审法院未认定××医院承担赔偿责任存在错误。本案王某经鉴定在实施伤害时属于“脑器质性精神障碍”，××医院作为三级甲等综合医院完全有诊断出王某患“脑器质性精神障碍”的医疗水平，但其未尽到相应诊疗义务及安全管理职责，根据《中华人民共和国侵权责任法》第六条、第二十八条、第五十七条的规定，该医院应承担侵权责任。2. 杨某在本案一审中放弃了对××医院的索赔要求，××医院对杨某损失未予赔偿。根据相关司法解释的规定，我方可不予赔偿。

杨某辩称，不同意王某、刘某的上诉请求和理由。我对一审判决存在异议。1. 王某、刘某无赔偿能力，我的损失应由王某、刘某及二人之子女共同赔偿。2. 我受伤虽然发生在医院，但我认为和医院关系不大，应由侵权人王某及其监护人承担赔偿责任。3. 我本人并不存在过错，王某等人应按 100%的比例赔偿我的损失。一审法院判决的赔偿范围明显错误。4. 诉讼费应由王某、刘某承担。

××医院辩称，我方同意一审判决，不同意王某、刘某的上诉请求和理由。1. 本案中杨某的诉讼请求是要求王某、刘某赔偿损失，并未要求我方赔偿，故我方不应当承担赔偿责任。2. 我方不是王某的监护人，不应当承担侵权责任。本案系监护人责任纠纷，王某的监护人是其配偶或子女，一审判决王某及其监护人刘某承担赔偿责任符合法律规定。3. 王某在住院治疗期间没有精神疾病的临床表现，我方对王某无监护义务且已尽到合理注意义务，故我方不存在过错，不应承担赔偿责任。

杨某向一审法院起诉请求：判决王某、刘某赔偿我医疗费 2 248.53 元、营养费 6 000 元（120 日×50 元/日）、住院伙食补助费 3 100 元（31 日×100/日）、残疾赔偿金 135 980 元（67 990 元/年×20 年×0.1）、被扶养人生活费 42 926 元（杨某之子 42 926 元/年×7 年×0.1/2＋杨某之女 42 926 元/年×13 年×0.1/2）、误工费 58 013.36 元（7 251.67 元/月×8 个月）、护理费 19 710 元（6 570 元/月×3 个月）、残疾辅助器具费 620 元、交通费 600 元、精神损害抚慰金 5 000 元、财产损失费 6 000 元（手表损坏）、鉴定费 4 050 元，以上合计 284 247.89 元。

一审法院认定事实：王某与刘某系夫妻关系，二人生有一子王某 1、一女王某 2。刘某出生于 1960 年 9 月 7 日，王某 1 出生于 1980 年 9 月 11 日，王某 2 出生于 1990 年 4 月 20 日。杨某系××劳务服务中心护工。

根据××医院相关住院病历记载，2018 年 4 月 13 日，王某主因“头部外伤后间断头痛加重 4 月，发现慢性硬膜下血肿 2 月，加重 1 天”至××医院就诊并住院治疗，诊断“慢性硬膜下血肿（额顶，双）”等，入院现病史“……无意识障碍……”，入院专科检查情况“神志清楚，言语切题，查体部分合作……理解力、计算力、记忆力、判断力、定位、定向力粗查正常……（失语、失用、精神症状等）：无”。入院当日，医院为王某行“慢性硬膜下血肿钻孔引流术（额顶，右）”。2018 年 4 月 18 日 14 时 38 分，王某出院，出院诊断“慢性硬膜下血肿（额顶，双）、风湿性心脏病、良性前列腺增生、腰椎间盘突出、高脂血症、腔隙性脑梗死?”。王某在××医院住院治疗期间，其聘请××劳务服务中心护工吕某进行日常生活护理（合同约定护理费 230 元/天），向××劳务服务中心支付了相关护理费。

根据公安机关相关案件卷宗、相关病历等证据材料记载，2018 年 4 月 18 日 1 时许，王某在××医院中三区病房区 305 病房门口走廊，使用钢筋地漏，将护工杨某打伤。事发当日，杨某至××医院住院治疗，诊断伤情“急性闭合性颅脑损伤（重型），蛛网膜下腔出血，脑挫伤（额部，双侧），硬膜外血肿（枕部），颅骨骨折（枕骨、额骨），头皮裂伤（多发），双手多发皮肤裂伤，左手第四掌骨头及骨干骨折，双眼钝挫伤，左眼上下睑皮下瘀血，双眼角膜上皮剥脱，左眶内壁骨折，网膜下出血”。2018 年 5 月 19 日，杨某出院，实际住院 31 日。此后，杨某多次至医院复诊。事发当日，××医院护士胡某就涉诉事故报警，公安机关出警处理。2018 年 5 月 9 日，杨某至公安机关接受询问，杨某陈述“……

砸到了我的头部和手部，我手上的手表被砸断掉在了地上……我希望对方……再把我的手表钱给我赔偿……”。经公安机关委托，××市公安局监所管理总队司法鉴定中心于2018年11月8日出具《精神病司法鉴定意见书》，鉴定意见为：王某诊断为脑器质性精神障碍。实施违法行为时，受精神疾病影响，辨认及控制能力丧失，评为无刑事责任能力。

诉讼中，应杨某申请，一审法院依法委托××法庭科学技术鉴定研究所对杨某的伤残等级及“三期”进行鉴定。2019年8月16日，该鉴定机构出具《鉴定意见书》，认定杨某的伤残等级为10级；建议杨某的伤后误工期180日至240日，护理期60日至90日，营养期90日至120日。

本案审理中，王某、刘某向一审法院申请追加××劳务服务中心、吕某为第三人。经一审法院询问，杨某明确表示其在本案中只向王某及其监护人主张侵权赔偿责任，根据杨某该项意见，并结合本案相关证据及事实，对王某、刘某的追加申请，一审法院不予准许。

一审法院结合杨某出示的证据、王某、刘某的质证意见及相关案件事实，认定杨某合理损失如下：1. 根据杨某提交医疗费票据，其实际支付医疗费2 248.53元。2. 杨某主张的住院伙食补助费符合法律规定，法院予以确认。3. 结合鉴定意见建议合理营业期限、相关物价水平，杨某主张的营养费数额合理，一审法院予以确认。4. 结合杨某伤情及相关鉴定意见，杨某主张的护理期具有合理性，一审法院予以确认。杨某出示其母亲赵某收入证明，一审法院向证明出具单位联系核实了相关情况，结合事发时王某聘请护工支付护理费标准，杨某主张的护理费数额并无不当，法院予以确认。5. 结合杨某伤情及相关鉴定意见，杨某主张的误工期具有合理性，法院予以确认。杨某出示其本人收入证明，法院向证明出具单位联系核实了相关情况，杨某主张的误工费标准并未过高，法院予以确认。6. 杨某主张的残疾辅助器具费有相关票据佐证，法院予以确认。7. 杨某户别为居民家庭户，综合杨某提交的居住证和居住登记卡、暂住人口受理打印表、村委会出具的外出务工证明等证据，结合事发时杨某系在××医院内从事护工工作的事实，法院确认事发前杨某长期在城镇从事非农职业，故杨某关于按照城镇标准计算赔偿金的主张具有合理性，法院予以采纳。杨某定残时其子女尚未成年，故法院确认其子女为被扶养人。经核，杨某主张的残疾赔偿金、被扶养人生活费符合法律规定，法院予以确认。8. 考虑杨某就医情况，其主张的交通费数额合理，法院予以确认。9. 根据杨某受伤后在公安机关的相关陈述，考虑事发过程，杨某关于其手表受损的主张符合常理，法院予以采纳；但是杨某并未向本院提交任何证据证明其手表具体损失数额，故法院适当酌定该项财产损失。10. 杨某支付鉴定费4 050元，法院予以确认。

另，杨某、王某、刘某共同确认，王某、刘某垫付杨某部分医疗费，并实际支付杨某现金15 300元；杨某同意在其应获得的赔偿款中予以扣除。

一审法院认为，根据法律规定，不能辨认自己行为的成年人为无民事行为能力人。无民事行为能力人、限制民事行为能力人造成他人损害的，由监护人承担侵权责任。监护人尽到监护责任的，可以减轻其侵权责任。有财产的无民事行为能力人、限制民事行为能力人造成他人损害的，从本人财产中支付赔偿费用。不足部分，由监护人赔偿。无民事行为能力或者限制民事行为能力的成年人，由下列有监护能力的人按顺序担任监护人：（一）配偶；（二）父母、子女；（三）其他近亲属；（四）其他愿意担任监护人的个人或者组织，但是须经被监护人住所地的居民委员会、村民委员会或者民政部门同意。人民法院作出判决前的监护责任，一般应当按照指定监护人的顺序，由有监护能力的人承担。

本案中，根据诉讼前公安机关委托所形成的相关鉴定意见书，事发时王某丧失辨认自己行为的能力，现各方当事人对此亦无异议，故可以认定事发时王某为无民事行为能力人，依照上述相关法律规定，其监护人应当对王某造成的杨某合理损失承担侵权赔偿责任。王某、刘某关于其不应承担侵权责任的主张缺乏事实和法律依据，法院不予采纳。依照上述相关法律规定，事发时王某之配偶刘某应当为其第一顺位监护人，现无证据证明事发时刘某丧失监护资格或不具备实际监护能力，故法院确认事发时王某之监护人为刘某。杨某关于要求王某之子女承担监护人责任的主张缺乏明确的法律依据，法院不予采纳。根据现有证据无法确认王某至××医院住院治疗前存在精神疾病或精神异常症状，亦无法确认王某住院治疗期间其亲属已经或应当注意到王某存在精神异常症状；本案事发时间为王某正常住院治疗期间的子夜；王某及其家属已经聘请专门护工对王某进行日常护理；涉诉事故事发突然，事先并无明显征兆；在此等情况下，可以认定王某之监护人已经尽到了相应监护责任，依法可以减轻侵权责任。

根据法律及司法解释规定，侵害他人造成人身损害的，应当赔偿医疗费、护理费、交通费等为治疗和康复支出的合理费用，以及因误工减少的收入。造成残疾的，还应当赔偿残疾辅助器具费和残疾赔偿金。侵害他人人身权益，造成他人严重精神损害的，被侵权人可以请求精神损害赔偿。

本案中，杨某合理损失同上述查明意见；根据上述分析意见，法院适当酌减王某、刘某赔偿责任，由王某、刘某按照80%的比例赔偿杨某相关合理损失。综合考虑杨某伤残等级、在事故发生过程中并无过错等因素，杨某主张的精神损害抚慰金数额合理，法院予以确认。考虑本案具体案情，王某、刘某已经垫付的杨某部分医疗费应由王某、刘某自行承担。王某、刘某已经支付杨某的现金，在法院认定的王某、刘某应承担的相关赔偿款中予以扣减。

判决：一、判决生效之日起七日内，王某、刘某赔偿杨某医疗费 1 798.82 元、住院伙食补助费 2 480 元、营养费 4 800 元、残疾赔偿金（包括被扶养人生活费）143 124.80 元、误工费 46 410.69 元、护理费 15 768 元、残疾辅助器具费 496 元、交通费 480 元、精神损害抚慰金 5 000 元、财产损失 800 元、鉴定费 3 240 元，以上合计 224 398.31 元，扣除已经支付杨某的 15 300 元，王某、刘某还须实际支付杨某 209 098.31 元（赔偿款从王某本人财产中支付，不足部分，由刘某赔偿）。二、驳回杨某的其他诉讼请求。

本院二审期间，王某、刘某为佐证其上诉主张，向本院提交以下证据材料。证据 1：王某病程记录两份，欲证明××医院未尽到监护责任。经质证，杨某认可前述证据真实性，但坚持答辩主张；××医院认可前述证据真实性，但不认可其证明目的，该医院认为王某已经聘请了护工进行护理。证据 2：王某 2018 年 2 月 24 日及 2018 年 2 月 26 日的急诊病历材料，欲证明王某在事发前无精神疾病诊断记录。经质证，杨某认可前述证据的真实性，但认为病情是可能发生变化的，不认可其证明目的。××医院认可前述证据真实性，但认为前述证据不能证明王某之前未患有精神疾病，亦认为不能证明该医院手术与王某患精神疾病之间存在因果关系。

各方当事人对于一审法院查明的事实均无异议，本院当庭予以确认。经本院组织调解，各方最终对争议问题未能达成一致的协商意见。

本院认为：根据诉辩意见及审理情况，二审中各方的争议焦点即本案中对杨某因受伤遭受的合理损失应承担赔偿责任之主体及责任范围。

首先，关于赔偿责任主体问题，本院考量如下——

根据《中华人民共和国侵权责任法》第六条之规定，行为人因过错侵害他人民事权益，应当承担侵权责任。本案中，依据查明的事实，王某于凌晨时分在××医院走廊内无故将从事病患护理工作人员杨某打伤。后经鉴定，王某被诊断为脑器质性精神障碍，实施违法行为时，受精神疾病影响，辨认及控制能力丧失，为无刑事责任能力。经审查，杨某作为人身权受到侵害的被侵权人，其在以上过程中并不存在过错，故其自身不应承担任何责任。而王某作为侵权人，对于致伤杨某之损害后果的发生应负有全部过错。故对于杨某因受伤遭受的合理损失，应当由王某依法予以赔偿。

关于王某、刘某上诉提出××医院在王某住院期间未履行安全监管职责而应承担赔偿责任之主张，本院认为，由于王某当时正处在手术治疗之后恢复过程中，现有证据不足以证实王某在住院治疗期间于事发前已经医疗机构诊断存在精神异常，或曾发生甚或持续存在其他不正常的行为表现，王某自身亦未向医院或亲属及护理人员表明存在不适感，且客观来看，××医院非专门性精神疾病诊疗机构，故现凭王某提交的相关病历材料等证据难以认定王某在入院或出院时存在精神异常症状。而王某及其近亲属亦聘用了专业护理人员，事发时的录像中现场亦有值班医护人员在场正常工作，以上人员见状均及时应对处理，在突发情况后院方亦及时报警，加之公安机关笔录中王某所提及的致伤物品并非高危管控类器具或医院违规放置留存于病房内的危险物品，故根据以上情况无法认定××医院存在履行安全保障义务不力方面的过错。综上，本院认为王某、刘某在本案中以此主张××医院对杨某的损失承担赔偿责任的事实依据不足。王某、刘某该项上诉主张不能成立。

本案中，医院并非王某的法定监护人。至于王某、刘某上诉另提出××医院未尽到相应诊疗义务而应承担全部赔偿责任一节，本院认为，该诉讼主张涉及医疗过程中相关过错的判定，以及精神疾病原因等具有极强专业性的问题的鉴别判断，此类争议问题本身属另一法律关系范畴，且本案裁判并不必须以该问题结论为前提。若王某、刘某认为存在医疗过错等情形致其二人权利受到侵害，其可依法另行主张。此外，王某、刘某若认为王某的护理人员和护理机构存在过错，其亦可另行主张权利。但该部分主张不影响本案中当事人诉讼请求权所依据的基础法律关系，亦不影响本判决最终确定的赔偿责任主体。

鉴于以上考量，对于王某、刘某上诉所持杨某放弃对××医院的索赔故其二人不应赔偿杨某损失的上诉主张，本院无法采信。

其次，关于赔偿责任范围，本院认为，根据前述已经认定的事实，王某对杨某侵权所致承担责任的范围及于杨某主张的合理损失之全部，本案中并不存在应当减少侵权责任之法定情形。鉴于此，虽然杨某未就此提出上诉，但其在二审中明确提出异议。该问题又系本案关键的事实问题之一。

诚然，本案情况较为特殊，事发于子夜，前无征兆，王某及其近亲属确已聘请护工对王某进行日常护理，王某精神异常症状亦属突发，故王某的监护人刘某并无过错。但需指出的是，根据《中华人民共和国侵权责任法》第三十二条之规定，无民事行为能力人、限制民事行为能力人造成他人损害的，由监护人承担侵权责任。监护人尽到监护责任的，可以减轻其侵权责任。有财产的无民事行为能力人、限制民事行为能力人造成他人损害的，从本人财产中支付赔偿费用。不足部分，由监护人赔偿。前述法律规定的监护人责任系无过错责任，从性质上来讲，亦系一种为他人的行为负责的侵权责任。该法律条文对于减轻监护人的侵权责任之规定并非强制性规范。我国侵权法律设立监护制度的目的是保护被监护人的人身、财产及其他合法权益不受损害，同时也是为了维护社会经济秩序和生活秩序。监护人需要承担对无民事行为能力、限制民事行为能力的精神病人的看管护理等责任，监护人的上述职责往往和其与被监护人的人身、财产关系等紧密相关。而刘某系王某之配偶，在双方婚姻关系存续的情况下，夫妻财产或因此而尚存混同。在判决的赔偿义务付诸履行或执行之时亦难以直接轻易鉴别个人财产。王某、刘某上诉对其作为赔偿主体虽有异议，但在一、二审中未能提供证据就其赔偿能力予以佐证。现王某亦未举证证明其财产充盈足以给付全部赔偿款项，而事发至今已两年有余，被侵权人所受损失仍未得到全部弥补，实属不该。事件之发生确令人遗憾，但立法的本义仍在于追求实质公平。本院认为，侵权法律关系中亦需就各主体之法益予以衡平考量。王某本人确无主观之恶意，但刘某系履行监护人无过错责任的法定之责。其与法律规定减轻责任之情形不甚相符。无辜者杨某更不应无过抱憾，在为其他病患提供护理服务之时还背负自身人格权受到侵害的伤痛与损失。故基于上述考量，本院认为，对于王某的财产不足以赔偿的部分，仍应由监护人刘某予以赔偿。本案中不应减轻监护人的赔偿责任部分。一审法院对减轻赔偿责任一节所作裁判未能达到法律规定所欲追求的公平效果，裁判的价值判断失衡，本院亦予调整。鉴于一审法院判决杨某就其损失受偿范围仅为80%，适用法律欠妥，故本院遵循全面审查的原则在二审裁判中依法予以纠正。

再次，对于本案中相关主体承担民事责任之方式，本院认为应根据本案实际情况、依法律规定并结合当事人诉讼请求予以考量。经查，王某在事发时系无刑事责任能力状态，根据公安机关笔录、相关鉴定审查结论及本案现有其他证据材料共同所证事实，并结合各方当事人一致认可的王某在事发时不具有民事行为能力之情况，应认定王某在事发时确存在非因自身原因导致的行为能力缺失。根据《中华人民共和国侵权责任法》第三十二条之规定，王某作为独立的自然人主体，本案中依法应先以王某拥有的全部财产作为责任财产对杨某的损失予以赔偿，若王某的全部财产不足以赔偿杨某的合理损失，则不足部分应由事发时王某的第一顺位的监护人刘某承担赔偿责任。

此外，关于杨某因受伤遭受的合理损失数额，一审法院依据相关票据等各项证据材料及本案实际情况予以考虑认定，本院审理过程中，各方当事人亦表示对一审法院认定的数额无异议，本院对此予以确认。

综上所述，王某、刘某的上诉请求不能成立，应予驳回。依照《中华人民共和国民法总则》第二十一条、第二十八条、《中华人民共和国侵权责任法》第六条、第十六条、第二十二条、第三十二条及《中华人民共和国民事诉讼法》第一百七十条第一款第（二）项之规定，判决如下：

一、撤销××市西城区人民法院（2019）京0102民初7269号民事判决；

二、王某于本判决生效之日起十五日内赔偿杨某医疗费2 248.53元、住院伙食补助费3 100元、营养费6 000元、残疾赔偿金（包括被扶养人生活费）178 906元、误工费58 013.36元、护理费19 710元、残疾辅助器具费620元、交通费600元、精神损害抚慰金 5 000 元、财产损失 1 000 元、鉴定费 4 050 元，以上损失合计 279 247.89 元，扣除此前已给付的 15 300 元，王某还须赔偿杨某 263 947.89 元。

三、若王某的财产不足以给付本判决第二项确定的赔偿数额，则不足部分，由刘某予以赔偿。

四、驳回杨某的其他诉讼请求。

如果未按本判决指定的期间履行给付金钱义务，应当依照《中华人民共和国民事诉讼法》第二百五十三条之规定，加倍支付迟延履行期间的债务利息。

一审案件受理费 5 564 元，由杨某负担 500 元（已交纳），由王某、刘某负担 5 064 元（于本判决生效之日起 7 日内交纳）；二审案件受理费 2 333 元，由王某、刘某负担（已交纳）。

本判决为终审判决。

审判长　刘　×
审判员　魏××
审判员　侯××
二〇二〇年九月三十日
法官助理　杨××
书记员　刘××

评析：本文特点鲜明，是一篇规范完整、细腻严谨的上佳文书。可以看到案件所涉事实较为简单，争议经过法官的总结归纳也较为客观突出，这使得认定事实和适用法律均达到了较好的质量。文书中既有对一、二审认定的法律事实的完整叙述，又有对相关法律条文的细致解读。特别是说理部分，展现了法律关系的层层推理过程，对上诉人的上诉请求所涉及的理由逐项剖析，严格按照“主张—法律—事实”的逻辑分析思路进行，对于赔偿责任之主体及责任范围分析透彻，层次分明，是难得的佳作，可作为此类文书之范本。

第四节　再审民事裁判文书

一、概述

民事再审程序是指对已经发生法律效力的民事判决、裁定、调解书，人民法院认为确有错误，依照审判监督程序，对案件再行审理的程序。再审民事案件按照提起再审程序的来源不同分为以下几类：一是当事人对已经生效的判决或调解不服，向人民法院申请再审的案件；二是被遗漏的必须共同进行诉讼的当事人申请再审的案件；三是案外人申请再审的案件；四是人民法院依职权再审的案件；五是人民检察院抗诉的再审案件；六是人民检察院建议再审的案件。

再审民事判决书，是人民法院对于已经发生法律效力的民事判决或者调解书，发现确有错误，按照审判监督程序进行重新审理后，就实体问题所作出的书面处理决定。再审民事判决书是以原来已经发生法律效力的判决或调解书确有错误为前提条件的，再审民事判决书只解决实体错误问题，对于程序上的错误则通过再审裁定纠正。

二、写法

根据《民事诉讼法》第214条的规定，人民法院按照审判监督程序再审的案件，发生法律效力的判决、裁定是由第一审法院作出的，按照第一审程序审理，所作的判决、裁定，当事人可以上诉；发生法律效力的判决、裁定是由第二审法院作出的，按照第二审程序审理，所作的判决、裁定，是发生法律效力的判决、裁定；上级人民法院按照审判监督程序提审的，按照第二审程序审理，所作的判决、裁定是发生法律效力的判决、裁定。《民事诉讼法司法解释》第420条规定：必须共同进行诉讼的当事人因不能归责于本人或者其诉讼代理人的事由未参加诉讼的，可以根据民事诉讼法第207条第8项规定，自知道或者应当知道之日起六个月内申请再审，但符合本解释第421条规定情形的除外。人民法院因前款规定的当事人申请而裁定再审，按照第一审程序再审的，应当追加其为当事人，作出新的判决、裁定；按照第二审程序再审，经调解不能达成协议的，应当撤销原判决、裁定，发回重审，重审时应追加其为当事人。根据《民事诉讼法》第234条规定以及《民事诉讼法司法解释》第422条规定，人民法院裁定再审后，案外人属于必要的共同诉讼当事人的，依照《民事诉讼法司法解释》第420条第2款规定处理。案外人不是必要的共同诉讼当事人的，人民法院仅审理原判决、裁定、调解书对其民事权益造成损害的内容。经审理，再审请求成立的，撤销或者改变原判决、裁定、调解书；再审请求不成立的，维持原判决、裁定、调解书。

因此再审因作出发生法律效力判决的法院审级以及再审原因的不同而适用不同程序进行审理，再审民事判决书也因此有所区分。其中尤其需要注意按照小额诉讼程序审理的案件再审时再审判决书亦有其特点，后单独详述，现不再赘言。大体上来讲，再审民事判决书的主要内容和写作方法与第二审民事判决书更为相近。

（一）标题

再审民事判决书中制作文书的机关名称、文书名称等内容的写法，与第一、第二审民事判决书基本相同，但案号中的类型代字不同，为“民再”。

（二）正文

1. 首部

（1）诉讼参加人。

无论是本院决定再审的，上级人民法院指定再审或者提审的，还是当事人申请再审的，再审民事判决书中当事人的称谓一律按照各当事人在原审中（被提起再审判决书中）的诉讼地位依次列写。具体如下：

原判是一审结案的，写为“原审原告、原审被告、原审第三人”；

原判是二审结案或提审的，写为“二审上诉人（一审原告/被告/一审第三人）、二审被上诉人（一审原告/被告/一审第三人）”。

如再审提起的原因是当事人申请，则需在前述当事人诉讼地位注明：再审申请人或被申请人，其后用括号写明其在一、二审中的诉讼地位。被遗漏的必须共同进行诉讼的当事人申请再审的，直接注明“再审申请人”，案外人申请再审的，写为“再审申请人（案外人）”。原审遗漏必须共同诉讼人，本次再审追加当事人的，其诉讼地位直接写作“原告”“被告”，而不必表述为“再审原告”或“追加原告”。

如提起再审的原因是人民检察院抗诉的，写明“抗诉机关：××××人民检察院”“申诉人/被申诉人”“原审原告/被告/一审第三人”。

如再审提起的原因是检察院建议，写明“监督机关：××××人民检察院”“申诉人/被申诉人”“原审原告/被告/一审第三人”。

（2）案件由来和审理经过。

与第一、第二审民事判决书不同的是，案件由来这部分在写明当事人姓名或名称、案由、原判时间、案号之后，还应当注明再审的原因或根据，以明确提起再审程序的来由。根据再审来源的不同其具体书写如下所述：

其一，当事人申请再审的，分为三个类别，分别为依申请提审、依申请受指令/指定再审和依申请本院决定再审。案件由来的写法亦有所区分。

首先，依申请提审的，写为：“再审申请人×××因与被申请人×××及×××……（写明案由）一案，不服××××人民法院（××××）……号民事判决/民事调解书，向本院申请再审。本院于××××年××月××日作出（××××）……号民事裁定，提审本案。本院依法组成合议庭，开庭审理了本案。再审申请人×××、被申请人×××（写明当事人到庭参加诉讼的情况）到庭参加诉讼。（未开庭的，写明：本院依法组成合议庭审理了本案。）本案现已审理终结。”

其次，依申请受指令/指定再审的，写为：“再审申请人×××因与被申请人×××及×××……（写明案由）一案，不服本院/××××人民法院（××××）……号民事判决/民事调解书，向××××人民法院申请再审。××××人民法院于××××年××月××日作出（××××）……号民事裁定，指令/指定本院再审本案。本院依法另行/依法组成合议庭（指定再审的不写另行），开庭审理了本案。再审申请人×××、被申请人×××（写明当事人到庭参加诉讼的情况）到庭参加诉讼。本案现已审理终结。”如按二审程序再审未开庭的，审理情况部分写明“本院依法组成合议庭审理了本案”。

再次，依申请本院决定再审的，写为：“再审申请人×××因与被申请人×××及×××……（写明案由）一案，不服本院（××××）……号民事判决/民事调解书，向本院申请再审。本院于××××年××月××日作出（××××）……号民事裁定再审本案。本院依法另行组成合议庭，开庭审理了本案。再审申请人×××、被申请人×××（写明当事人到庭参加诉讼的情况）到庭参加诉讼。本案现已审理终结。”

其二，被遗漏的必须共同进行诉讼的当事人申请再审的，写为：“再审申请人×××因被申请人×××与被申请人×××……（写明案由）一案，不服本院（××××）……号民事判决/民事调解书，向本院申请再审。本院于××××年××月××日作出（××××）……号民事裁定再审本案。本院依法另行组成合议庭，依法追加×××（被遗漏的必须共同进行诉讼的当事人）为共同原告，开庭审理了本案。再审申请人×××、被申请人×××（写明当事人到庭参加诉讼的情况）到庭参加诉讼。本案现已审理终结。”

其三，案外人申请再审的，写为：“×××与×××……（写明案由）一案，本院于××××年××月××日作出（××××）……号民事判决/民事调解书，已经发生法律效力并强制执行。×××（写明案外人的姓名或名称）对裁定不服，认为原判决/调解书错误，向本院申请再审。本院于××××年××月××日作出（××××）……民申……号民事裁定，再审本案。本院依法另行组成合议庭，开庭审理了本案。……（写明当事人到庭参加诉讼的情况）到庭参加诉讼。（未开庭的，写明：本院依法组成合议庭审理了本案。）本案现已审理终结。”

其四，人民法院依职权再审的，依适用审判程序不同及是否提审存在如下三种写法：

如按照一审程序再审，则写为：“……（写明原审当事人的姓名或名称和案由）一案，本院（××××）……民初……号民事判决/民事裁定/民事调解书已经发生法律效力。经本院审判委员会讨论决定，于××××年××月××日作出（××××）……民监……号民事裁定，再审本案。本院依法另行组成合议庭，开庭审理了本案。……（写明当事人到庭参加诉讼的情况）到庭参加诉讼。（未开庭的，写明：本院依法组成合议庭审理了本案。）本案现已审理终结。”

如按照二审程序再审，则写为：“……（写明当事人的一二审诉讼地位以及姓名或名称、案由）一案，本院于××××年××月××日作出（××××）……民终……号民事判决/民事裁定/民事调解书，已经发生法律效力。本院经审判委员会讨论决定，于××××年××月××日作出（××××）……民监……号民事裁定，再审本案。本院依法另行组成合议庭，开庭审理了本案。……（写明当事人到庭参加诉讼的情况）到庭参加诉讼。（未开庭的，写明：本院依法组成合议庭审理了本案。）本案现已审理终结。”

如提审的，则写为：“……（写明当事人的一二审诉讼地位以及姓名或名称、案由）一案，××××人民法院于××××年××月××日作出（××××）……民终……号民事判决/民事裁定/民事调解书，已经发生法律效力。本院经审查于××××年××月××日作出（××××）……民监……号民事裁定，再审本案。本院依法组成合议庭，开庭审理了本案。……（写明当事人到庭参加诉讼的情况）到庭参加诉讼。（未开庭的，写明：本院依法组成合议庭审理了本案。）本案现已审理终结。”

其五，人民检察院抗诉再审的，写为：“申诉人×××因与被申诉人×××及×××（写明原审其他当事人诉讼地位、姓名或名称）……（写明案由）一案，不服本院（××××）……号民事判决/民事裁定，向××××人民检察院申诉。××××人民检察院作出……号民事抗诉书，向××××人民法院提出抗诉。××××人民法院作出（××××）……号民事裁定，指令本院再审本案。本院依法另行组成合议庭，开庭审理了本案。××××人民检察院指派检察员×××出庭。申诉人×××、被申诉人×××（写明当事人到庭参加诉讼的情况）到庭参加诉讼。本案现已审理终结。”如按二审程序再审未开庭的，案件审理经过写明：“本院依法组成合议庭审理了本案。”

对于人民检察院抗诉再审的案件提审的，须将前述“××××人民法院作出（××××）……号民事裁定，指令本院再审本案。本院依法另行组成合议庭，开庭审理了本案”部分改成“本院作出（××××）……号民事裁定，提审本案。本院依法组成合议庭，开庭/不开庭审理了本案”。其余部分不变。

其六，人民检察院建议再审的，类似于人民检察院抗诉再审案件的写法，须将其中“××××人民检察院作出……号民事抗诉书，向××××人民法院提出抗诉。××××人民法院作出（××××）……号民事裁定，指令本院再审本案”部分修改为“×××人民检察院以……号民事再审检察建议书向本院提出再审检察建议。经本院审判委员会讨论决定，于××××年××月××日作出（××××）……号民事裁定，再审本案”。

其七，对于小额诉讼案件再审的，写法类似于依当事人申请本院决定再审案件的写法，只须将其中“不服本院（××××）……号民事判决/民事调解书”修改为“不服本院按小额诉讼程序审理作出的（××××）……号民事判决/民事裁定”即可。

2. 事实

再审民事判决书的事实部分写作要求与第一、第二审民事判决书大致相同，同时需要注意根据案件的具体情况，灵活处理。总体要求是概述从最初发生诉讼直到本次再审的基本脉络。包括：第一，人民检察院抗诉或建议理由、当事人或者申诉人在再审中的诉辩意见。先写再审诉讼请求，再写再审事实和理由。第二，当事人在本案以往诉讼中的诉讼请求、事实和理由。尤其要写明原告的一审诉讼请求。当事人在二审程序中的诉辩意见可以视情况简写，但上诉请求不应省略。第三，本案历次裁判认定的基本事实。应当注意繁简得当，着重叙述与本次再审争议相关的事实，其他事实概括叙述。第四，历次裁判的基本理由。一审理由可以省略，但再审维持一审裁判结果的，应概述一审理由；原生效判决的说理适当归纳后简要说明。第五，历次裁判案号、裁判主文的准确内容。

之后，需另起一行写明再审法院采信证据、认定事实的意见和理由，对一审、二审法院认定相关的事实进行评判。具体写法为：“围绕当事人的再审请求，本院对有争议的证据和事实认定如下：……”或“本院再审认定案件事实如下：……”。

3. 理由

再审民事判决书的理由部分应当写明争议焦点，根据再审认定的案件事实和相关法律，围绕着申诉、抗诉、建议的理由是否成立，再审请求是否应予支持进行分析评判，并同时对原审相关认定结论是否正确作出评价。

4. 判决依据

引用法律、法规、司法解释应当全面。再审维持原判的，一般只引用程序法条文。再审改判的，应当同时引用实体法条文和程序法条文。

经过审判委员会讨论的，要将经本院审判委员会讨论决定情况置于判决依据之前。

5. 判决主文

判决主文应当对当事人的全部诉讼请求作出明确具体的裁判，表述应当完整、准确、便于执行。一般可以区分以下几种不同情形处理：

（1）维持原判的，只写明“维持××××人民法院……民事判决”。对此前的历次裁判不写。

（2）全部改判的，应首先按照由后向前的顺序撤销历次裁判，然后再写明重新判决的内容。

（3）部分改判的，如采用“维持某判决某项，撤销某判决某项，变更某判决某项，增加新判项”等写法可能导致混乱、难以理解的，应撤销前面的所有判决内容，重新作出判决。部分改判的，应写明维持或者撤销原判的某项，然后写明改判的内容。

（4）改判后，如果对一审当事人的诉讼请求没有全部支持的，还应增加“驳回……的其他诉讼请求”的判项。

对于改判后有金钱给付内容的，应另起一行写明：“如果未按本判决指定的期间履行给付金钱义务，应当依照《中华人民共和国民事诉讼法》第二百六十条之规定，加倍支付迟延履行期间的债务利息。”

再审民事裁判
参考文书

6. 尾部

再审民事判决书的尾部，应根据适用第一审程序进行再审和适用第二审程序进行再审的不同情况来表述：

（1）按照第一审程序再审的，要写明上诉事项。其写法与第一审民事判决书交代上诉权的写法相同。

（2）按照第二审程序及小额诉讼程序再审的，应写明“本判决为终审判决”。

其他的内容与第一、第二审民事判决书的写法相同。

第五节　民事裁定书

一、民事裁定书的概念

民事裁定书，是指人民法院按照民事诉讼法的规定，为保障诉讼的顺利进行，依法行使审判权，对诉讼程序方面的问题作出的书面处理决定。裁定书主要解决诉讼程序方面的问题，适用于一、二审和再审程序。

由于裁定书适用于解决程序方面的问题，不涉及对当事人纠纷的实体处理，因而相对于判决书的制作而言，裁定书的格式较为简单且固定。

二、第一审民事裁定书

第一审民事裁定书是指适用于一审程序的民事裁定书，包括不予受理起诉或反诉、对管辖权提出异议、驳回起诉、驳回追加共同诉讼当事人申请、财产保全和解除或变更财产保全、先予执行、准许或者不准许撤诉（撤回反诉）、按撤诉处理、合并审理、中止或终结诉讼、补正判决书中的笔误等类型。

第一审民事裁定书由标题、正文（具体包括首部、事实、理由、裁定依据、裁定主文、尾部）和落款三部分构成。

（一）标题

除文书名称为“民事裁定书”外，第一审民事裁定书的法院名称、案号的写法一般与第一审民事判决书标题的写法基本一致，其中案号类型代字为“民初”。需注意的是，诉前财产保全的案号类型代字为“财保”；诉前行为保全的案号类型代字为“行保”；解除/变更保全的案号类型代字依解除时间不同而有所区别，在诉讼中解除/变更保全的为“民初”，其他解除/变更保全的用“财保”或“行保”。而涉管辖的民事裁定书中提级/指定管辖的，案号类型代字为“民辖”。补正法律文书中的笔误的民事裁定书的案号与被补正的法律文书案号相同。

同一案件中出现多个裁定书的，首份裁定书直接使用案号，第二份裁定书开始在案号后缀“之一”“之二”等，以示区别。

（二）正文

1. 首部

需注意的是，补正法律文书中笔误的民事裁定书无须写明首部，关于补正法律文书中笔误的民事裁定书的具体写法在后文单独详述，此不赘言。其他类型的第一审民事裁定书的首部写法如下：

（1）诉讼参加人。

第一审民事裁定书首部中当事人的列法与第一审民事判决书首部的写法基本一致，但以下几种情形除外：

其一，不予受理起诉的民事裁定书是在起诉人提起诉讼、法院审查是否受理阶段提出的，此时尚未形成案件，所以不予受理的民事裁定书中，当事人的称谓为“起诉人”，并且没有对方当事人的列项。对于不予受理反诉的民事裁定书，当事人称谓为“反诉人”，同样没有对方当事人的列项。

其二，驳回追加共同诉讼当事人申请的民事裁定书诉讼参加人亦只记载“申请人”。

其三，准许撤回反诉的民事裁定书中当事人的称谓为：“反诉原告”“反诉被告”。

其四，在保全相关民事裁定书中，除人民法院依职权诉讼保全的案件当事人直接按照“原告”“被告”记载称谓、解除/变更保全案件当事人按照“解除/变更保全申请人”和“被申请人”记载称谓外，其余保全民事裁定书中，当事人的称谓均是“申请人”和“被申请人”。对于保全或者先予执行裁定复议的民事裁定书，记载为“复议申请人”和“被申请人”。

（2）案件由来和审理经过。

根据类型的不同，第一审民事裁定书的案件由来和审理经过部分的通用写法为：“原告×××与被告×××………（案由）一案，本院于××××年××月××日立案。”但有如下几种特殊情形：

其一，不予受理起诉/反诉的裁定书因尚未就起诉人或者反诉人的诉讼主张实际成讼，故只需写明案件由来即可，无须注明审理经过。具体写法为：“××××年××月××日，本院收到×××的起诉/反诉状。”

其二，驳回起诉的，需注明“本院于××××年××月××日立案后，依法进行审理”。

其三，涉及保全的第一审民事裁定书比较特殊，依职权诉讼保全的，案件由来与通用写法一致；诉讼财产、行为保全以及先予执行的，需注明“……（写明当事人及案由）一案”；解除/变更保全或对保全或先予执行裁定复议的，需注明“……（写明当事人及案由）一案（如系对诉前保全复议，此部分不写），本院于××××年××月××日作出（××××）……号民事裁定，……（写明已经采取的保全措施，如为复议的，此部分不写）”；其余保全相关的第一审民事裁定书无须注明案件来由和审理经过。

其四，因管辖权争议报请指定管辖的，无须注明案件由来，直接将争议产生过程记录在事实部分即可。

2. 事实

因裁定适用类型种类较多，事实的书写亦因裁定内容的不同而有所区别，以下分别作出说明：

（1）不予受理起诉或反诉。

不予受理起诉民事裁定书，是人民法院收到原告的起诉状或者口头起诉，经审查认为不符合起诉条件，依法作出的不予受理的书面决定。

根据民事诉讼法规定，起诉的条件是：原告是与本案有直接利害关系的人；有明确的被告；有具体的诉讼请求、事实和理由；属于人民法院主管和人民法院的管辖范围。《民事诉讼法》第126条规定：“人民法院应当保障当事人依照法律规定享有的起诉权利。对符合本法第一百二十二条的起诉，必须受理。符合起诉条件的，应当在七日内立案，并通知当事人；不符合起诉条件的，应当在七日内作出裁定书，不予受理；原告对裁定不服的，可以提起上诉。”第127条规定：“人民法院对下列起诉，分别情形，予以处理：（一）依照行政诉讼法的规定，属于行政诉讼受案范围的，告知原告提起行政诉讼；（二）依照法律规定，双方当事人达成书面仲裁协议申请仲裁、不得向人民法院起诉的，告知原告向仲裁机构申请仲裁；（三）依照法律规定，应当由其他机关处理的争议，告知原告向有关机关申请解决；（四）对不属于本院管辖的案件，告知原告向有管辖权的人民法院起诉；（五）对判决、裁定、调解书已经发生法律效力的案件，当事人又起诉的，告知原告申请再审，但人民法院准许撤诉的裁定除外；（六）依照法律规定，在一定期限内不得起诉的案件，在不得起诉的期限内起诉的，不予受理；（七）判决不准离婚和调解和好的离婚案件，判决、调解维持收养关系的案件，没有新情况、新理由，原告在六个月内又起诉的，不予受理。”

不予受理反诉民事裁定书，是人民法院对于已经开始的本诉程序中本诉被告以本诉原告为被告，向受诉人民法院提出的独立的反诉请求，认为与不符合反诉要件而作出的不予受理的书面决定。

反诉的要件为：第一，本诉正在进行中，法庭辩论结束前提出反诉；第二，反诉不属于其他人民法院专属管辖，审理本诉的人民法院若为无权管辖，则反诉不得与本诉合并审理；第三，反诉能够与本诉适用同一程序；第四，反诉请求与本诉请求必须在事实或法律上有牵连；第五，反诉需由被告向本诉原告提起。反诉的当事人仅限于本诉的当事人范围。反诉与本诉的诉讼请求基于相同法律关系、诉讼请求之间具有因果关系，或者反诉与本诉的诉讼请求基于相同事实的，人民法院应当合并审理。反诉应由其他人民法院专属管辖，或者与本诉的诉讼标的及诉讼请求所依据的事实、理由无关联的，裁定不予受理，告知另行起诉。

不予受理起诉/反诉裁定书，事实部分的写法为：“起诉/反诉人×××向本院提出诉讼/反诉请求：1.……；2.……（明确起诉/反诉人的诉讼请求）。事实和理由：……（概述起诉/反诉人主张的事实和理由）。”

（2）驳回起诉。

驳回起诉民事裁定书是一审人民法院在受理民事案件后，因发现起诉不符合《民事诉讼法》第122条规定的条件，予以驳回的法律文书。

驳回起诉与不予受理都是因当事人起诉不符合受理条件而引起的民事诉讼程序的不发生，但二者是有区别的。在人民法院立案之前发现当事人的起诉不符合受理条件的，应裁定不予受理，人民法院在立案受理案件后，发现起诉不符合受理条件的，应当裁定驳回起诉。

对驳回起诉的案件，当事人可以再次起诉。如果符合起诉条件，人民法院应予受理。对驳回起诉裁定书不服的，可以在裁定书送达之日起十日内，向上一级人民法院提出上诉。

驳回起诉的第一审民事裁定书的事实部分一般表述为：“×××向本院提出诉讼请求：

1.……；2.……（明确原告的诉讼请求）。事实和理由：……（概述原告主张的事实和理由）。”

（3）驳回追加共同诉讼当事人申请。

根据《民事诉讼法司法解释》第 73 条的规定，必须共同进行诉讼的当事人没有参加诉讼的，人民法院应当依照《民事诉讼法》第 135 条的规定，通知其参加；当事人也可以向人民法院申请追加。人民法院对当事人提出的申请，应当进行审查，申请理由不成立的，裁定驳回；申请理由成立的，书面通知被追加的当事人参加诉讼。具体写法为：“××××年××月××日，×××向本院申请追加×××为共同原告/被告，……（概述申请追加共同诉讼当事人的事实和理由）。”

（4）不参加诉讼按撤诉处理。

按撤诉处理民事裁定书是第一审人民法院在审理民事纠纷案件的过程中，依法对原告按撤回起诉处理时使用的。根据《民事诉讼法》第 146 条的规定，原告经传票传唤，无正当理由拒不到庭的，或者未经法庭许可中途退庭的，可以按撤诉处理；被告反诉的，可以缺席判决。上述规定适用于无民事行为能力的当事人的法定代理人，有独立请求权的第三人。具体写法为：“××××年××月××日，×××经传票传唤，无正当理由拒不到庭/未经法庭许可中途退庭。”

按撤诉处理，除以上两种情况外，还有一种情况，由人民法院按撤诉处理。《最高人民法院关于适用〈中华人民共和国民事诉讼法〉若干问题的意见》第 143 条还规定，原告应当预交而未预交案件受理费的，人民法院应当通知其预交，通知后仍不预交或者申请减、缓、免未获人民法院批准而仍不预交的，裁定按自动撤诉处理。具体写法为：“原告×××在本院依法送达交纳诉讼费用通知后，未在七日内预交案件受理费/申请减、缓、免未获批准而仍不预交。”

（5）准许撤回起诉/反诉、不准许撤诉。

准许撤回起诉/反诉、不准许撤诉民事裁定书，是人民法院在判决宣告前，根据原告/反诉原告的撤诉申请，依法作出的准许或不准许其撤诉的书面决定。

《民事诉讼法》第 148 条规定，宣判前，原告申请撤诉的，是否准许，由人民法院裁定。《民事诉讼法司法解释》第 239 条规定，人民法院准许本诉原告撤诉的，应当对反诉继续审理；被告申请撤回反诉的，人民法院应予准许。《民事诉讼法司法解释》第 238 条规定，当事人申请撤诉或者依法可以按撤诉处理的案件，如果当事人有违反法律的行为需要依法处理的，人民法院可以不准许撤诉或者不按撤诉处理。法庭辩论终结后原告申请撤诉，被告不同意的，人民法院可以不予准许。

具体写法为：“原告×××于××××年××月××日向本院提出撤诉申请”或“××××年××月××日，反诉原告×××向本院提出撤回反诉申请”。

（6）中止/终结诉讼。

诉讼中止是在诉讼进行中，由于出现了某种无法克服和难以避免的特殊情况，而使诉讼程序暂时停止。《民事诉讼法》第 153 条规定：“有下列情形之一的，中止诉讼：（一）一方当事人死亡，需要等待继承人表明是否参加诉讼的；（二）一方当事人丧失诉讼行为能力，尚未确定法定代理人的；（三）作为一方当事人的法人或者其他组织终止，尚未确定权利义务承受人的；（四）一方当事人因不可抗拒的事由，不能参加诉讼的；（五）本案必须以另一案的审理结果为依据，而另一案尚未审结的；（六）其他应当中止诉讼的情形。中止诉讼的原因消除后，恢复诉讼。”

诉讼终结，是指民事诉讼中，由于一方当事人死亡而出现的特殊情况，使诉讼程序不能进行或没有必要继续进行，从而结束诉讼程序。《民事诉讼法》第 154 条规定：“有下列情形之一的，终结诉讼：（一）原告死亡，没有继承人，或者继承人放弃诉讼权利的；（二）被告死亡，没有遗产，也没有应当承担义务的人的；（三）离婚案件一方当事人死亡的；（四）追索赡养费、扶养费、抚育费以及解除收养关系案件的一方当事人死亡的。”

中止诉讼和终结诉讼并不涉及当事人之间的实体权益处理，因此，应采用裁定而非判决。中止诉讼和终结诉讼必须经过合法的程序。可以由当事人提出申请，也可以由人民法院依职权作出裁定。裁定一经作出即发生法律效力，当事人不得上诉，也不得申请复议。中止诉讼的原因消除后，恢复诉讼。对于终结诉讼的，当事人不得就同一事实和理由，就同一诉讼标的再行起诉，法院也不得再行受理和审理此案。

具体写法为：“本院在审理过程中，……（写明中止/终结诉讼的事实依据）。”

（7）涉管辖的裁定。

涉管辖的裁定包括提出管辖权异议、依职权移送/提级管辖、受移送/有管辖权人民法院报请指定管辖、因管辖权争议报请指定管辖几种类型，不同类型事实部分的写法亦有所区别。

其一，提出管辖权异议的，写法为：“×××诉称，……（概括原告的诉讼请求、事实和理由）。×××在提交答辩状期间，对管辖权提出异议认为……（概述异议内容和理由）。”

其二，依职权移送管辖的，写法为：“×××诉称，……（概括原告的诉讼请求、事实和理由）。×××在提交答辩状期间未对管辖权提出异议/未应诉答辩。”依职权提级管辖的，仅写明原告的诉讼请求、事实和理由即可。

其三，受移送人民法院报请指定管辖的，需在原告诉称的事实和理由之后另起一行，写明：“××××人民法院认为，……（写明理由）。于××××年××月××日裁定：……（写明移送管辖主文）。××××年××月××日，××××人民法院以……为由（写明报请指定管辖的理由），报请本院指定管辖。”有管辖权法院报请指定管辖的，需在原告诉称的事实和理由之后另起一行写明：“××××人民法院经审查认为，因……（写明报请指定管辖的理由），不能行使管辖权。”

其四，因管辖权争议报请指定管辖的，写法为：“××××年××月××日，××××人民法院立案的（××××）×民初……号（写明当事人及案由）一案，与××××年××月××日，××××人民法院立案的（××××）×民初……号（写明当事人及案由）一案，两地人民法院之间因管辖权产生争议，协商未果。××××年××月××日，××××人民法院（写明报请人民法院名称）报请本院指定管辖。”

其五，上级法院移送下级法院审理的，事实部分与理由部分综合叙述，不单独论述事实。

其中最为常见的是管辖权异议民事裁定书，对管辖权异议的裁定书，是第一审人民法院受理案件后，对被告提出案件管辖权异议是否成立依法制作的文书。《民事诉讼法》第 130 条第 1 款规定：人民法院受理案件后，当事人对管辖权有异议的，应当在提交答辩状期间提出。人民法院对当事人提出的异议，应当审查。异议成立的，裁定将案件移送有管辖权的人民法院；异议不成立的，裁定驳回。

需要指出的是，以上限制仅限于普通程序审理的案件，不适用于简易程序和特别程序审理的案件。适用简易程序审理的案件，原告可以口头起诉，被告可以不受限期答辩的限制。由于被告"提交答辩状期间"不确定，所以，当事人对管辖权异议不应受《民事诉讼法》第 130 条所定期间的限制。

(8) 涉保全的裁定。

根据现行法律规定，保全分为诉讼中的保全和诉前保全，二者的区别之一就是启动的主体，诉讼中的保全既可以由法院依职权启动，也可以由当事人申请，而诉前保全只能由利害关系人申请。根据保全指向的对象不同又区分为财产保全和行为保全。以下分述之：

其一，诉前财产/行为保全的，写法为："申请人×××于××××年××月××日向本法院申请诉前财产/行为保全，请求对被申请人×××……（写明申请采取财产保全措施的具体内容）。申请人×××/担保人×××（没有担保人的，不写）以……（写明担保的财产名称、数量或数额、所在地点等）提供担保。"执行前保全的，写法为："申请人×××根据已经生效的……（写明生效法律文书的制作单位、案号、文书名称），于××××年××月××日向本法院申请诉前财产保全，请求对被申请人×××……（写明申请采取财产保全措施的具体内容）。"

其二，诉讼财产/行为保全的，与诉前财产/行为保全写法类似，只需在前面加上"……（写明当事人姓名或名称和案由）一案"并将"诉前"删除即可。

其三，依职权诉讼保全的，无须单独注明事实部分。

其四，解除保全的，写法为："……（写明当事人姓名或名称和案由）一案，本院于××××年××月××日作出（××××）……号民事裁定，……（写明已经采取的保全措施）。×××于××××年××月××日向本院申请解除上述保全措施。"变更保全的，前半部分关于采取保全措施情况的表述与解除保全的写法一致，后半部分的写法为："被保全人×××于××××年××月××日向本院提供……（写明其他等值担保财产的名称、数量或数额、所在地点等）作为其他等值担保财产，请求变更保全标的物。"

其五，驳回保全的，只需注明"申请人×××于××××年××月××日向本院申请财产保全/行为保全"即可。

其六，针对保全裁定复议的，需写明："……（写明当事人和案由）一案（如为诉前保全的，不写），本院于××××年××月××日作出（××××）……号财产保全/行为保全民事裁定。×××不服，于××××年××月××日向本院提出复议申请。"另起一行写明："×××复议称，……（写明复议申请人的请求、事实和理由）。"

(9) 涉先予执行的裁定。

先予执行，是指人民法院在终局判决前，为解决权利人生活或生产经营的急需，依法裁定义务人预先履行义务的制度。《民事诉讼法》规定的先予执行适用案件的范围是：追索赡养费、抚养费、抚恤金、医疗费用的案件；追索劳动报酬的案件；因情况紧急需要先予执行的。需要满足的条件是：当事人之间权利义务关系明确；申请人有实现权利的迫切需要；申请人提出申请；被申请人有履行的能力。

先予执行的裁定事实部分的写法与诉讼财产保全的写法类似，只需将"财产保全"变更为“先予执行”，在“请求”之后注明先予执行的内容即可。

驳回先予执行申请、针对先予执行裁定复议的事实部分写法与驳回财产保全的写法一致。

（10）合并审理。

《民事诉讼法》第55条第1款规定，当事人一方或者双方为二人以上，其诉讼标的是共同的，或者诉讼标的是同一种类、人民法院认为可以合并审理并经当事人同意的，为共同诉讼。《民事诉讼法司法解释》第221条规定，基于同一事实发生的纠纷，当事人分别向同一人民法院起诉的，人民法院可以合并审理。合并审理的裁定书无须单独注明事实部分。

3. 理由

第一审民事裁定书的理由部分类似于第一审民事判决书部分理由的写法，但较为简略，在叙述时仍应将作出裁定的理由表达清楚具体。具体来说，行文表述分为如下几种情况：

（1）不予受理起诉/反诉的，驳回起诉的，驳回追加共同诉讼当事人申请的，合并审理的，中止/终结诉讼的，管辖权异议的，依职权移送管辖的，因管辖权争议报请指定管辖的，上级法院移交下级法院审理的，诉前财产/行为保全的，执行前保全的，诉讼财产/行为保全的，依职权诉讼保全的，解除保全的，驳回保全或先予执行申请的，保全或先予执行裁定复议的，理由部分行文可表述为：“本院经审查认为，……（写明具体理由）。”

（2）准许/不准许撤诉的，准许撤回反诉的，合并审理的，依职权提级管辖的，受移送/有管辖权人民法院报请指定管辖的，理由部分行为可表述为：“本院认为，……（写明具体理由）。”

（3）依报请提级管辖的，理由部分行文表述为：“××××人民法院经审查认为，……（写明理由）。”

（4）变更保全的，理由部分行文为：“本院经审查认为，申请人的请求符合法律规定。”

（5）先予执行的，理由部分行文为：“本院经审查认为，申请人×××的请求符合法律规定。”

4. 裁定依据

裁定依据亦即作出裁定所适用的法律条文。因第一审民事裁定书系针对第一审诉讼程序中的程序问题作出，故裁定依据均为程序法。具有相应情形的，法律依据可以同时引用《民事诉讼法》和司法解释中的相应规定。具体写法为：“依照《中华人民共和国民事诉讼法》第×条、……（写明法律文件名称及条款序号）规定，裁定如下：……。”

5. 裁定主文

裁定主文是人民法院依照法律对当事人提出的程序问题作出的最后裁决。因裁定涉及的种类众多，裁定主文的写法也因此有所区别，以下根据不同类型第一审民事裁定书分述之：

（1）不予受理起诉/反诉。

具体写法为：“对×××的起诉/反诉，本院不予受理。”

（2）驳回起诉。

具体写法为：“驳回×××的起诉。”

（3）驳回追加共同诉讼当事人申请。

具体写法为：“驳回×××追加驳回×××为共同原告/被告的申请。”

（4）不参加诉讼按撤诉处理。

具体写法为：“本案按×××撤诉处理。”

（5）准许撤回起诉/反诉、不准许撤诉。

具体写法为：“准许×××撤回起诉/反诉”或者“不准许×××撤诉”。

（6）中止/终结诉讼。

具体写法为：“本案中止/终结诉讼。”

（7）涉管辖的裁定。

其一，管辖权异议的，如异议成立，则写为：“×××对管辖权提出的异议成立，本案移送××××人民法院处理。”如异议不成立，则写为：“驳回×××对本案管辖权提出的异议。”

其二，依职权移送管辖的，写为：“本案移送××××人民法院处理。”

其三，依职权/报请提级管辖的，写为：“本案由本院审理。”

其四，受移送/有管辖权人民法院报请指定管辖的，上级法院指定下级法院审理的，写为：“本案由××××人民法院审理。”

其五，因管辖权争议报请指定管辖的，写为：“一、撤销××××人民法院（××××）……民初……号民事判决/裁定（不需要撤销的，不写该项）；二、……（写明当事人和案由）一案由××××人民法院（写明被指定人民法院名称）审理；三、××××人民法院自接到本裁定之日起××日内将（××××）……民初……号……（写明当事人和案由）一案全部卷宗材料及诉讼费移送××××人民法院（写明被指定人民法院名称）。”

（8）涉保全的裁定。

其一，诉前/诉讼财产保全的，写法为：“查封/扣押/冻结被申请人×××的……（写明保全财产名称、数量或数额、所在地点等），期限为……年/月/日（写明保全的期限）。”

其二，诉前/诉讼行为保全的，直接写明对行为采取的保全措施即可。

其三，依职权诉讼保全的，执行前保全的，依照保全的是财产还是行为分别适用前述写法。

其四，解除保全的，写法为：“解除对被保全人×××的……（写明保全措施）。”变更保全的，写法为：“一、查封/扣押/冻结被申请人×××的……（写明其他等值担保财产名称、数量或数额、所在地点等），期限为……年/月/日（写明保全的期限）；二、解除对被保全人×××的……（写明保全财产名称、数量、所在地点等）的查封/扣押/冻结。”

其五，驳回保全的，写法为：“驳回×××的申请。”

其六，针对保全裁定复议的，如原裁定正确的，写为：“驳回×××的复议请求。”如原裁定不当予以撤销的，写为：“撤销本院（××××）……号保全民事裁定。”如原裁定不当予以变更的，写为：“一、……（写明新的保全措施）；二、撤销本院（××××）……号保全民事裁定。”

（9）涉先予执行的裁定。

先予执行的，裁定主文直接写明先予执行的内容即可。针对先予执行裁定复议的，裁定主文写法与针对保全裁定主文写法一致，将“保全”替换为“先予执行”即可。

（10）合并审理。

具体写法为："本案并入本院（××××）……民初……号案件审理。"

6. 尾部

第一审民事裁定书的尾部包括审判员署名、判决日期、加盖印章和书记员署名，与第一审民事判决书相同。

需要注意的是：

（1）驳回起诉、按撤诉处理、准许撤诉、终结诉讼、管辖权异议的民事裁定书尾部应写明诉讼费用的负担。当事人提出管辖权异议，异议不成立的，由提出异议的当事人交纳案件受理费，异议成立的，当事人均不交纳案件受理费。

其中按撤诉处理、准许撤回起诉/反诉的，诉讼费用负担的写法为："案件受理费/反诉案件受理费……元，减半收取计……元，由×××负担。"终结诉讼的，诉讼费用负担的写法为："×××已经预交的案件受理费……元，不予退还。"

（2）不予受理、驳回起诉、管辖权异议的民事裁定书是允许上诉的裁定，故应交代上诉权，小额诉讼程序管辖权异议的民事裁定书除外。不予受理起诉/反诉的裁定书只送达起诉/反诉人一方。

（3）涉保全和先予执行的裁定书应当写明："案件申请费……元，由……负担（写明当事人姓名或者名称、负担金额）。"驳回保全或者先予执行申请的裁定书除外。

（4）保全或者先予执行裁定复议的民事裁定书，需写明裁定的执行效力，亦即"本裁定立即开始执行"。诉前保全、诉讼中保全、依职权诉讼保全、解除/变更保全和先予执行民事裁定书除应写明裁定的执行效力之外，还应写明被申请人享有的复议权利，亦即"如不服本裁定，可以自收到裁定书之日起五日内向本院申请复议一次。复议期间不停止裁定的执行"。诉前/执行前保全在上述内容之外，还需写明被申请人不作为的后果，亦即"申请人在人民法院采取保全措施后三十日内不依法提起诉讼或者申请仲裁的，本院将依法解除保全"或"申请人在生效法律文书指定的履行期间届满后五日内不申请执行的，本院将依法解除保全"。

（5）小额诉讼程序管辖权异议、依职权移送管辖、依职权/报请提级管辖、受移送/有管辖权人民法院报请指定管辖、因管辖权争议报请指定管辖、上级法院移交下级法院审理裁定书需写明裁定的效力，亦即"本裁定一经作出即生效"。

其中诉前/执行前保全，适用简易程序的保全裁定及其复议裁定、先予执行裁定及其复议裁定以及适用简易程序或小额诉讼程序审理的第一审民事裁定书以及管辖权异议裁定，落款中署名"审判员"或"代理审判员"。

三、第二审民事裁定书

（一）概述

第二审民事裁定书是指第二审人民法院对于当事人不服第一审民事判决或者裁定而提起上诉的案件，经过审理后制作的民事裁定书。

第二审民事裁定书主要适用于以下六种情况：一是人民法院审理二审案件后认为原判认定事实错误，或者认定事实不清、证据不足，或者违反法定程序，可能影响案件正确判决，因而撤销一审判决，发回一审人民法院重新审判的案件；二是人民法院依照第二审程序审理的案件，认为依法不应由人民法院受理的，直接撤销原判，驳回起诉；三是当事人不服一审法院驳回管辖权异议的裁定而提起上诉的案件；四是当事人不服一审人民法院不予受理或驳回起诉的裁定而提起上诉的案件；五是第二审人民法院在审理上诉案件时，根据上诉人撤回上诉的申请，依法作出准许或者不准许撤回上诉裁定的案件；六是第二审人民法院在审理上诉案件时，根据原审原告撤回起诉的申请，依法作出准许或不准许撤回起诉裁定的案件。

（二）写法

第二审民事裁定书的标题、正文中首部的写法与第二审民事判决书基本相同，其他部分的内容和制作方法根据其适用范围的不同而有所区别，下面分别讲述。

1. 发回重审的民事裁定书

发回重审民事裁定书，是二审人民法院因一审判决认定事实错误或者认定事实不清、证据不足，或者违反法定程序，可能影响案件正确判决，因而依法作出的撤销一审判决、发回一审法院重审的书面决定。

《民事诉讼法》第177条第1款第3项规定：原判决认定基本事实不清的，裁定撤销原判决，发回原审人民法院重审，或者查清事实后改判。包括下列情况：

（1）对当事人在一审中已经提出的诉讼请求，原审人民法院未作审理、判决的，第二审人民法院可以根据当事人自愿的原则进行调解，调解不成的，发回重审。

（2）一审判决不准离婚的案件，上诉后，第二审人民法院认为应当判决离婚的，可以根据当事人自愿的原则，与子女抚养、财产问题一并调解，调解不成的，发回重审。

《民事诉讼法》第177条第1款第4项规定：原判决遗漏当事人或者违法缺席判决等严重违反法定程序的，裁定撤销原判决，发回原审人民法院重审。根据最高人民法院的相关规定，原判决违反法定程序，可能影响案件正确判决，应当裁定撤销原判决，发回原审人民法院重审的情形为：1）原判决遗漏必须参加诉讼的当事人的；2）无诉讼行为能力人未经法定代理人代为诉讼，或者应当参加诉讼的当事人，因不能归责于本人或者其诉讼代理人的事由，未参加诉讼的；3）未经合法传唤缺席判决，或者违反法律规定剥夺当事人辩论权利的；4）审判组织的组成不合法或者依法应当回避的审判人员没有回避的；5）原判决、裁定遗漏诉讼请求的。

但是，在第二审程序中，原审原告增加独立的诉讼请求或原审被告提出反诉的，第二审人民法院可以根据当事人自愿的原则就新增加的诉讼请求或反诉进行调解；调解不成的，告知当事人另行起诉，不应发回重审。

写作发回重审民事裁定书应注意的是，不写当事人起诉情况以及二审认定事实情况，应全面阐述发回重审的理由，不再另附函。其理由、裁定依据、主文部分可表述如下：

“本院认为，……（写明原判认定基本事实不清或者严重违反法定程序的问题）。依照《中华人民共和国民事诉讼法》第一百七十七条第一款第×项规定，裁定如下：

一、撤销××××人民法院（××××）……民初……号民事判决；

二、本案发回××××人民法院重新审理。”

尾部诉讼费用负担部分的写法为：“上诉人×××预交的二审案件受理费……元予以退回。”

2. 准许或不准许撤回上诉的民事裁定书

准许或不准许撤回上诉民事裁定书，是人民法院审理上诉案件时，对上诉人撤回上诉的申请，依法作出准许或不准许撤回上诉的书面决定。《民事诉讼法》第180条规定：第二审人民法院判决宣告前，上诉人申请撤回上诉的，是否准许，由第二审人民法院裁定。

准许或不准许撤回上诉的民事裁定书主要写明上诉人不提出撤回上诉的情况，包括时间和理由，概述第二审人民法院裁定准许撤回上诉或者不准许撤回上诉的理由及法律依据。主文可以表述为：

“本院审理过程中，……（简要写明上诉人提出撤回其上诉的情况，包括时间和理由）。

本院认为，×××在本案审理期间提出撤回上诉的请求，不违反法律规定，本院予以准许。（不准许撤回上诉的写法为：×××虽在本案审理期间提出撤回上诉的请求，但经审查，……）

依照……规定（写明具体的法律依据），裁定如下：

准予×××撤回上诉。一审判决/裁定自本裁定书送达之日起发生法律效力。（不准许撤回上诉的写法为：不准许×××撤回上诉。）”

第二审人民法院作出的准予或不准予撤回上诉的裁定，是终审裁定，依法送达当事人后，即发生法律效力，产生的法律后果是第二审程序结束，第一审人民法院的判决或裁定发生法律效力。第二审人民法院裁定准予上诉人撤回上诉后，上诉人不能反悔，即使上诉期未满，上诉人也不能再行上诉。

诉讼费用负担部分的写法为：“二审案件受理费……元，减半收取……元，由上诉人……负担（如一审为裁定案件，则无须写诉讼费用负担情况）。”

另起一行注明：“本裁定为终审裁定。”

3. 按撤回上诉处理的民事裁定书

第二审民事裁定书中按撤回上诉处理的，主要分为未交二审案件受理费或者不参加二审诉讼两种情形。根据《民事诉讼法司法解释》第318条的规定，一审宣判或者判决书、裁定书送达后，当事人虽递交上诉状，但未在指定的期限内交纳上诉费的，按自动撤回上诉处理。根据《民事诉讼法》第146条的规定，上诉人在二审中经传票传唤，无正当理由拒不到庭或者未经法庭许可中途退庭的，可以按撤回上诉处理。

具体写法为：

“本院审理过程中，……（简要写明上诉人收到法院催缴案件受理费的通知后仍不予缴纳或申请减缓免未获准的/上诉人经传票传唤无正当理由拒不到庭的事实）。依照……规定（写明具体的法律依据），裁定如下：

本案按上诉人×××自动撤回上诉处理。一审判决/裁定自本裁定书送达之日起发生法律效力。”

因不参加二审诉讼按撤回上诉处理的，需注明诉讼费用的负担问题，具体写法同撤诉裁定诉讼费用负担部分的写法。

4. 准许或者不准许撤回起诉的民事裁定书

根据《民事诉讼法司法解释》第338条的规定，在第二审程序中，原审原告申请撤回起诉，经其他当事人同意，且不损害国家利益、社会公共利益、他人合法权益的，人民法院可以准许。准许撤诉的，应当一并裁定撤销一审裁判。原审原告在第二审程序中撤回起诉后重复起诉的，人民法院不予受理。

撤回上诉和二审中撤回起诉虽然都是当事人在二审中提出撤回自己诉讼请求的要求，但是如被准许产生的法律后果并不相同，撤回上诉是原审判决或裁定生效，而二审中撤回起诉则会产生原审判决同时被撤销的后果，相当于各方之间不曾产生过该诉。二审中撤回起诉与一审中撤回起诉虽都是撤回当事人在一审中作为原告的诉讼请求，但是二者在诉权的限制上有很大差别，一审中撤诉后除法律明确作出限制的外，当事人均可就同一争议问题再诉，但二审中撤回起诉的后果是当事人不得就同一争议再行重复起诉。

具体写法为："本院审理过程中，……（简要写明一审原告提出撤回起诉的情况，包括时间、理由等内容）。

本院认为，上诉人×××在本案审理期间提出撤回起诉的请求，已经其他当事人同意，且不损害国家利益、社会公共利益、他人合法权益，本院予以准许。（如果审查后不准许撤回起诉的，则写明不准许撤回起诉的理由。）依照……（写明法律依据），裁定如下：

（准许撤回起诉的，写明：）

一、撤销××××人民法院（××××）……民初……号民事判决/裁定；

二、准许×××（写明原审原告的姓名或名称）撤回起诉。

（不准许撤回起诉的，写明：）

不准许×××（写明原审原告的姓名或名称）撤回起诉。"

撤回起诉的民事裁定书，诉讼费用负担部分需写明："一审案件受理费……元，减半收取……元，由×××（写明原审原告的姓名或名称）负担。二审案件受理费……元，减半收取……元，由×××（写明原审原告的姓名或名称）负担。"

5. 维持或者撤销一审裁定的民事裁定书

《民事诉讼法》第178条规定：第二审人民法院对不服第一审人民法院裁定的上诉案件的处理，一律使用裁定。裁定后有上诉权的案件主要包括裁定不予受理、裁定驳回起诉、管辖权异议的上诉案件。

维持或者撤销一审裁定的民事裁定书主要针对裁定不予受理、管辖权异议、裁定驳回起诉的上诉案件。

（1）对于裁定不予受理的上诉案件，一审不予受理裁定书认定事实清楚，适用法律正确的，作出驳回上诉的裁定书，在裁定书中须重点写明上诉人上诉请求及相关事实和理由，并由人民法院就此进行分析评判，阐明一审裁定不予受理正确，上诉请求应予驳回的理由；一审不予受理裁定书确有错误的，作出撤销裁定的裁定书，并同时指令第一审人民法院立案受理。在裁定书中除写明上诉人的上诉请求及理由之外，如二审有查明新的事实的，还应载明第二审人民法院审理查明的事实，同时阐明指令立案受理的理由。

（2）对于管辖权异议的上诉案件，一审管辖异议裁定书认定事实正确，适用法律恰当的，驳回上诉，维持原裁定；一审管辖异议裁定书确有错误的，撤销裁定，或移送或指定一审法院审理。

（3）对于裁定驳回起诉的上诉案件，一审裁定认定事实清楚，适用法律正确的，作出驳回上诉的裁定书；一审驳回起诉裁定书确有错误的，撤销一审驳回起诉裁定，并同时指令第一审法院立案受理。裁定中应当重点写明上诉人上诉请求和理由、被上诉人的答辩理由、原审原告的诉讼请求、一审认定的事实及理由、裁定主文内容以及二审新查明的事实，以及二审维持或者撤销一审裁定的理由和法律依据。

以管辖权异议上诉案件民事裁定书为例，主文可以表述为：

“本院经审查认为，……（写明上诉请求是否成立的理由）。依照×××法的规定，裁定如下：

（维持原裁定的，写明：）驳回上诉，维持原裁定。

（撤销原裁定的，写明：）

一、撤销××××人民法院（××××）……民初……号民事裁定；

二、本案由××××人民法院管辖（辖区内的）/本案移送××××人民法院处理（辖区外的）。”

6. 二审驳回起诉的民事裁定书

人民法院依照第二审程序审理的案件，认为依法不应由人民法院受理的，不应发回重审，由第二审人民法院直接撤销原判，驳回起诉。行文表述需要表明属于不应由人民法院受理的具体情况，可做如下表述：

“本院认为：……（写明驳回起诉的理由）。依照《最高人民法院关于适用〈中华人民共和国民事诉讼法〉的解释》第三百二十八条规定，裁定如下：

一、撤销××××人民法院（××××）……民初……号民事判决；

二、驳回原告×××的起诉。”

需注意的是，二审民事裁定书中除发回重审、二审不准许撤回上诉/起诉外，均需注明“本裁定为终审裁定”。

四、再审民事裁定书

（一）概述

按照民事诉讼法的规定，再审民事裁定书有两种类型：一是决定提起审判监督程序的民事裁定书；二是再审过程中为解决部分程序问题的民事裁定书。其中第二种再审民事裁定书与第一、第二审相关民事裁定书格式相同。本部分重点介绍第一种即决定提起审判监督程序的民事裁定书的内容和制作方法。

（二）写法

1. 标题

再审民事裁定书标题的写法与再审民事判决书基本相同。但案号中的类型代字不同，为“民申”。

2. 正文

再审民事裁定书中正文部分中的首部写法与一、二审民事裁定书的写法基本一致，审理经过部分略有变动，写为：“本院依法组成合议庭进行了审查，现已审查终结。”

正文的核心内容应写明决定再审的理由以及提起再审的法律后果。依据民事诉讼法，决定提起审判监督程序的条件和情形主要是：（1）各级人民法院审判委员会对本院已经发生法律效力的判决、裁定，发现确有错误，认为需要再审而决定进行再审的案件；（2）最高人民法院对地方各级人民法院、上级人民法院对下级人民法院已经发生法律效力的判决、裁定、调解书，发现确有错误而提审或者指令下级人民法院再审的案件；(3) 当事人对已经发生法律效力的判决、裁定，认为确有错误而向原审人民法院或者上一级人民法院申请再审，其申请符合法定条件，人民法院决定再审的案件；(4) 最高人民检察院对各级人民法院已经发生法律效力的判决、裁定，上级人民检察院对下级人民法院已经发生法律效力的判决、裁定或者调解书，发现有按照法律规定应当提起抗诉的情形的，按照审判监督程序提出抗诉后，人民法院进行再审的案件；(5) 地方各级人民检察院对同级人民法院已经发生法律效力的判决、裁定或者调解书，向同级人民法院提出检查建议或提请上级人民检察院抗诉后，人民法院进行再审的案件。

决定再审的理由应写明本院决定再审，或是上级法院指令下级法院再审，或者提审，或是根据当事人申请再审，或者人民检察院抗诉或建议决定再审。一般而言，如再审启动原因是由当事人申请的，理由部分的写法为："本院认为，×××的再审申请符合《中华人民共和国民事诉讼法》第二百零七条第×项/第二百零八条（针对调解书申请再审）规定的情形。"如当事人双方申请再审，一方主张的再审事由成立，另一方主张的再审事由不成立的，本裁定书仅写明一方的再审申请符合相关规定的情形，而经审查另一方再审申请不成立的，不再予以评述。

再审民事裁定书主文部分一般依据原生效裁判是否有实际执行内容而有所差别，如无执行内容，例如"驳回起诉"或"驳回诉讼请求"等，则写法为："本案由本院提审/指令××××人民法院再审本案/本案由本院另行组成合议庭再审。"若有实际执行内容的，则前述内容为主文第一项，后添加第二项，具体写法为："一、……（写明是提审或指令再审还是决定再审的具体内容）；二、再审期间，中止原判决/裁定/调解书的执行。"但追索赡养费、扶养费、抚育费、抚恤金、医疗费用、劳动报酬等案件，人民法院经审查认为可以不中止执行的，裁定主文第二项表述为："二、再审期间，不中止原判决/裁定/调解书的执行。"

以下几类特殊情形需注意：

(1) 裁定驳回再审申请的，主文部分直接写明："驳回×××的申请。"

(2) 对不予受理裁定提出再审申请被驳回的，需在事实部分载明申请人申请再审的事实和理由，明确申请再审所依据的法定事由；对于上级法院依再审申请指令再审、裁定驳回再审申请的，事实部分需载明再审申请人所依据的法定事由及事实和理由，被申请人提交意见的，载明其意见。

再审民事裁定书中决定提起审判监督程序的民事裁定书尾部均不涉及诉讼费用负担问题，且无须告知上诉事项及注明裁定效力，落款与再审民事判决书相同。

再审过程中为解决部分程序问题的民事裁定书尾部的写法与再审民事判决书基本相同，但亦无须描述诉讼费用负担问题。

五、补正裁判文书中的笔误裁定书

补正裁判文书中的笔误裁定书，是人民法院对其制作的民事裁判文书的笔误，依法作出补正的书面决定，适用于第一审、第二审和再审程序。

人民法院在制作民事判决、民事裁定及民事调解书等法律文书过程中的笔误，属于履行程序上的失误，即由于制作程序上疏忽所造成的失误，而不是法律文书内容的错误，不涉及法院断定的实体问题，因而适用裁定。

法律文书中的笔误是指法律文书误写、误算，诉讼费用漏写、误算和其他笔误。法律文书既包括判决书，也包括裁定书、调解书、决定书等其他法律文书。

补正笔误的民事裁定书有统一的写法，具体写法为：

“本院于××××年××月××日作出（××××）……号……（写明被补正的法律文书名称）中，存在笔误，应予补正。

依照《中华人民共和国民事诉讼法》第一百五十七条第一款第七项、《最高人民法院关于适用〈中华人民共和国民事诉讼法〉的解释》第二百四十五条规定，裁定如下：

（××××）……民×……号……（写明被补正的法律文书名称）中‘……’（写明法律文书误写、误算，诉讼费用漏写、误算和其他笔误）补正为‘……’（写明补正后的内容）。”

六、执行中的裁定书

此类文书格式各异，主要内容应当结合案件实际加以判断。其中，笔者列举一二，以规范的格式向大家说明：

民事裁定书（中止执行用）

××××人民法院

执行裁定书

（××××）……执……号

申请执行人：×××，……

法定代理人/指定代理人/法定代表人/主要负责人：×××，……

委托诉讼代理人：×××，……

被执行人：×××，……

法定代理人/指定代理人/法定代表人/主要负责人：×××，……

委托诉讼代理人：×××，……

（以上写明申请执行人、被执行人和其他诉讼参加人的姓名或者名称等基本信息）

本院在执行×××与×××……（写明案由）一案中，……（写明中止执行的事实和理由）。依照《中华人民共和国民事诉讼法》第二百六十三条第一款第×项、第二百六十五条，《最高人民法院关于人民法院执行工作若干问题的规定（试行）》第102条第×项规定，裁定如下：

中止（××××）……号……（生效法律文书）的执行。

（如中止执行法律文书主文部分内容的，写明：）中止（××××）……号……（生效法律文书）第×项的执行。

本裁定送达后立即生效。

审判长　×××

审判员　×××

审判员　×××

××××年××月××日

（院印）

书记员　×××

民事裁定书（审查不予执行公证债权文书申请用）

××××人民法院

执行裁定书

（××××）……执……号

申请人：×××，……

法定代理人/指定代理人/法定代表人/主要负责人：×××，……

委托诉讼代理人：×××，……

被申请人：×××，……

（以上写明申请人、被申请人和其他诉讼参加人的姓名或者名称等基本信息）

（当事人申请不予执行的，写明：）×××于××××年××月××日向本院提出书面申请，请求不予执行××××公证处制发的赋予强制执行效力的（××××）……号债权文书。本院依法组成合议庭进行审查，现已审查终结。

×××称，……（写明请求不予执行的事实和理由）

×××辩称，……（写明答辩意见）

（人民法院公证债权文书确有错误，依职权作出裁定的，可略去以上三部分，写明：）×××申请执行××××公证处制发的赋予强制执行效力的（××××）……号债权文书一案，本院依法组成合议庭进行审查，现已审查终结。

本院查明，……（写明查明的事实）

本院认为，……（写明理由）

依照《中华人民共和国民事诉讼法》第二百四十五条第二款，《最高人民法院关于适用〈中华人民共和国民事诉讼法〉的解释》第四百七十八条第一款第×项（或第二款）、第四百八十一条，《最高人民法院关于人民法院办理执行异议和复议案件若干问题的规定》第十条规定，裁定如下：

（驳回申请的，写明：）驳回申请人×××不予执行××××公证处（××××）……号公证债权文书的申请。

（不予执行的，写明：）不予执行××××公证处（××××）……号公证债权文书。

本裁定送达后即发生法律效力。

审判长　×××

审判员　×××

审判员　×××

××××年××月××日

（院印）

书记员　×××

第六节　民事调解书

一、民事调解书的概念

法院调解是人民法院审理民事案件，根据当事人自愿原则，在事实清楚的基础上，分清是非，对当事人针对所争议的民事权益和法律关系，通过平等协商、互谅互让所形成的调解协议，审核进行确认的活动和结案方式。双方当事人经人民法院调解后，达成的调解协议是民事调解书最主要的形式，调解协议经过人民法院审查确认后制作的书面文件就是民事调解书，其法律效力与民事判决书相同。此外，当事人自行和解达成协议请求人民法院确认的，人民法院委托有关单位主持调解达成协议由人民法院确认的，均可使用民事调解书。

当事人达成的调解协议必须合法，当事人达成的调解协议具有以下情形的，人民法院不予确认：侵害国家利益、社会公共利益的；侵害案外人利益的；违背当事人真实意思的；违反法律、行政法规禁止性规定的。

调解一般应制作书面调解协议，《民事诉讼法》第 101 条规定，下列案件调解达成协议，人民法院可以不制作调解书：（1）调解和好的离婚案件；（2）调解维持收养关系的案件；（3）能够即时履行的案件；（4）其他不需要制作调解书的案件。民事调解书由书记员将当事人协议的条款记入笔录，由双方当事人、审判人员、书记员签名或盖章后，即具有法律效力。

民事调解书是人民法院在合法的前提下对当事人自愿达成的协议的确认，重点表述当事人达成的合法协议，在写作方法以及格式上，较为简单，内容扼要，着重体现了双方当事人的意志。

二、民事调解书的格式、内容及写法

民事调解书可分为第一审、第二审和再审民事调解书，写法除个别项目略有不同外，大致相同。主要由标题、正文和落款三部分组成。

（一）标题

标题内容由法院名称、文书名称和案号构成。除文书名称为“民事调解书”外，其他与相应的第一审、第二审和再审民事判决书部分相同。但申请撤销劳动争议仲裁裁决案件的民事调解书案号中案件类型代字为“民特”。

（二）正文

正文部分由首部、事实、理由、法律依据、调解主文和尾部构成，其中首部与相应的第一审、第二审和再审民事判决书部分相同。如果是开庭前调解的，首部中的审理经过部分无须写开庭情况。

正文的核心部分是事实、理由、法律依据和调解主文、尾部部分，具体包括当事人的诉讼请求或再审提起情况和案件事实、协议内容、人民法院对协议的确认、诉讼费用的负担、调解书的效力。以下分述之：

1. 当事人的诉讼请求和案件事实

如系二审或者再审调解书、申请撤销劳动争议仲裁裁决案件的调解书，需写明上诉人/申请人提起上诉/申请的情况和再审的提起情况。再审调解书、申请撤销劳动争议仲裁裁决案件的调解书，还需写明被申请人的答辩意见并概述案件事实，写明原审裁判/劳动争议仲裁裁决结果。

如系公益诉讼的民事调解书，则需写明原被告以及第三人的诉辩意见、法院查明的事实和证据。

除再审调解书、申请撤销劳动争议仲裁裁决案件以及公益诉讼案件的调解书外，这部分一般写成一段，不必像判决书一样详细叙述。对各方当事人的主要意见简单写明，可简明扼要地将民事案件事实的各种要素表述清楚，侧重写明民事法律关系的构成。可采取归纳式写法，力求简略而概括。

2. 协议内容和法院的确认

协议内容是民事调解书的主文，也是整个调解书的核心部分。协议内容必须明确、具体，便于履行，同时还要符合国家的法律、政策。

协议内容应在事实写完之后，另起一段写明："本案在审理过程中，经本院主持调解，当事人自愿达成如下协议/当事人自行和解达成如下协议，请求人民法院确认/经本院委托……（写明受委托单位）主持调解，当事人自愿达成如下协议：一、……；二、……。（分项写明调解协议内容）"在写作上不仅要规范，还要明确、具体、完整，便于履行。

再审民事调解书、申请撤销劳动争议仲裁裁决案件及公益诉讼案件的调解书不适用于人民法院委托有关单位主持调解达成协议并由人民法院确认的方式，故该部分的具体写法为："本院再审审理/审理过程中，经本院主持调解，当事人自愿达成如下协议/当事人自行和解达成如下协议，请求人民法院确认：一、……；二、……。（分项写明调解协议内容）"

协议内容可以分项叙述，叙写时应注意以下几点：

（1）协议的语意必须明确具体，不能含糊笼统，以便于当事人履行。

（2）协议内容应当完整，不能遗漏。

（3）协议内容应当符合法律规定，若当事人达成违反法律规定的协议，法院不能予以确认。

（4）当事人达成调解协议后，调解书送达前，如有一部分已执行，在调解书中，应将已执行的部分也写入，并加括号注明。

法院对协议的确认，一般是在调解协议内容后另起一行，表述为："上述协议，不违反法律规定，本院予以确认。"而公益诉讼案件的民事调解书写法略有区别。因在公益诉讼当事人达成和解或者调解协议后，人民法院应当将和解或者调解协议公告，公告期间不少于三十日。公告期满后人民法院经审查，和解或者调解协议不违反社会公共利益的，应当出具调解书；和解或者调解协议违反社会公共利益的，不予出具调解书，继续对案件审理并依法裁判。如果没有整改方案或者技术处理方案等的，不写相应内容。故在法院对协议的确认之前需注明公告及提出异议的情况，具体写法是："本院于××××年××月××日将民事起诉状、和解/调解协议、整改/技术处理方案在本院公告栏、人民法院报和……（当地媒体）上进行了为期××日（不少于三十日）的公告。（无异议的，写明：）公告期满后未收到任何意见或者建议。（有异议的，写明：）公告期满后收到×××（写明异议人）提出的异议，认为……（概述异议内容）。"之后另起一段写明："本院认为，×××提出的异议，……（概述异议不成立的理由），本院不予采纳（没有异议的，不写）。上述协议不违反法律规定和社会公共利益，本院予以确认。"

3. 诉讼费用的负担、调解书的效力

关于诉讼费用的负担问题，若当事人对诉讼费用的负担协商达成一致的，应将诉讼费用的负担作为协议内容的最后一项书写；若诉讼费用的负担是由人民法院决定的，应在协议内容之后另起一行写明。

适用一审程序形成的调解书的效力部分，一般行文表述为："本调解书经各方当事人签收后，即具有法律效力/本调解协议经各方当事人在笔录上签名或者盖章，本院予以确认后即具有法律效力（各方当事人同意在调解协议上签名或者盖章后发生法律效力的）。”二审程序形成的调解书、申请撤销劳动争议仲裁裁决案件以及公益诉讼案件的民事调解书，调解书效力部分则表述为：“本调解书经各方当事人签收后，即具有法律效力。”

调解书不需要注明告知事项。

（三）落款

落款应当包括合议庭署名、日期、书记员署名、院印。具体写法与一、二审及再审民事判决书写法一致。

三、调解笔录的格式、内容及写法

根据《民事诉讼法》第101条的规定，调解和好的离婚案件、调解维持收养关系的案件、能够即时履行的案件以及其他不需要制作调解书的案件，调解协议记入笔录，由双方当事人、审判人员、书记员签名或者盖章后，即具有法律效力。在庭前会议或者开庭审理期间调解的，记入庭前会议笔录或法庭笔录，不需要另行制作调解笔录。故调解笔录的写法亦属民事调解书项下重要的文书，在此将格式附上，以供读者学习。

调解笔录

时间：××××年××月××日××时××分至××时××分

地点：……

审判人员：……（写明职务和姓名）

书记员：×××

协助调解人员：……（写明单位、职务、姓名）

调解经过和结果：

（首先核对当事人和其他诉讼参加人身份、宣布案由、告知诉讼权利义务）

…………

（调解达成协议的，写明：）

经主持调解，当事人自愿达成如下协议：

…………

（确定调解协议签名生效的，写明：）本调解协议经各方当事人在调解笔录上签名或者盖章后即具有法律效力。

（以下无正文）

当事人和其他诉讼参加人（签名或者盖章）：

审判人员（签名）：

书记员（签名）：

下面举一民事调解书范文，可供读者学习借鉴：

××市第二中级人民法院

民事调解书

（2016）×02民终×××××号

上诉人（原审被告）管某某，男，1971年6月6日出生，汉族，无业，住××市大兴区西红门镇××小区××号楼××室。

委托代理人李×，北京星权律师事务所律师。

被上诉人（原审原告）程某某，男，1968年10月12日出生，汉族，××省安阳县洪河屯乡××村农民，住该村××街××号。

委托代理人张某某，安阳县“148”法律服务所法律工作者。

上诉人管某某因与被上诉人程某某提供劳务者纠纷一案，不服××市大兴区人民法院（2014）大民初字第××××号民事判决，向本院提起上诉。本院于2016年7月18日立案后依法组成合议庭审理了本案。

管某某上诉称，原审法院认定事实不清，对法律关系认定有误，其与程某某之间不存在劳务雇佣关系，双方之间亦无劳动合同，不认可程某某在涉诉工地受伤，原判依据不足，上诉请求撤销原判，发回重审或依法改判。

本案审理过程中，经本院主持调解，双方当事人自愿达成如下协议，请求人民法院确认：

一、管某某赔偿程某某医疗费、住院伙食补助费、营养费、误工费、护理费、残疾赔偿金、鉴定费、交通费、精神损害抚慰金等全部损失共计六万元，管某某于二〇一六年八月三日已给付程某某上述赔偿款中的三万元，余款于二〇一六年九月二十日前给付清。

二、自本调解书第一项全部赔偿款给付清之日起，管某某与程某某之间就本案纠纷再无其他争议。

一审案件受理费3 457元，由程某某负担（已交纳）；二审案件受理费1 728.5元，由管某某负担（已交纳）。

上述协议，不违反法律规定，本院予以确认。

本调解书经双方当事人签收后，即具有法律效力。

审　判　长　刘　×
代理审判员　李　×
代理审判员　张　×
二〇一六年八月三日
书　记　员　王××

评析：此文格式规范，对调解的把握较为精准，体现了将当事人的主要争议通过这种方式解决，使得被侵权人的利益得到保障与救济。作为侵权案件，文中关于数额、给付时间等要素细致确定，使调解既为自愿，亦为合法，还真正彻底解决了当事人的问题，很到位。

第七节　民事决定书

一、民事决定书概述

民事决定书，是指人民法院为了保证能够公正地处理民事案件和维护正常的诉讼秩序，对审判中发生的障碍或阻碍诉讼活动正常进行的特殊事项依法所作的书面决定。这里的“特殊事项”既不是当事人的实体权利义务，也不完全是诉讼程序本身的问题，是与程序有关的其他问题。

依据民事诉讼法的有关规定，民事决定主要用于：是否准许回避；对妨害民事诉讼的行为采取处罚措施；对决定书的复议决定。民事决定书的种类包括：申请回避决定书，采取拘留、罚款等民事强制措施的决定书，以及复议决定书等。

除解决的事项不同外，民事决定书与民事判决书、民事裁定书的不同还在于，民事决定书一经作出，即产生法律效力，当事人不能提出上诉，但可以申请复议，对民事判决书和民事裁定书依法可以提起上诉（法律另有规定的除外）。

二、各类民事决定书的写法

民事决定书由标题、正文、落款三部分组成。

（一）标题

标题写明决定书的事项，如申请回避决定书，编号同案号。采取拘留、罚款等民事强制措施的决定书案号案件类型代字为“司惩”。

（二）正文

民事决定书的正文一般包括首部、事由、理由、决定结果和尾部五项内容。首部应写明当事人的身份事项和案件由来、审理经过。当事人的身份事项写明当事人的称谓，申请回避决定书，用“申请人”；采取拘留、罚款等民事强制措施的决定书，用“被拘留人”“被罚款人”等，具体写明姓名、性别、出生年月日、民族、职业、住址等。

民事决定书正文除当事人身份事项外的部分，具体制作方法因决定的内容不同而有所不同，如下所述。

1. 申请回避决定书

申请回避决定书供各级人民法院决定准许或者驳回回避申请时使用。

被申请回避的人员包括参与本案审理的人民法院院长、副院长、审判委员会委员、庭长、副庭长、审判员、助理审判员、人民陪审员、书记员、翻译人员、鉴定人、勘验人。根据我国《民事诉讼法》第49条的规定，院长担任审判长时的回避，由审判委员会决定；审判人员的回避，由院长决定；其他人员的回避，由审判长或者独任审判员决定。第50条规定，人民法院对当事人提出的回避申请，应当在申请提出的三日内，以口头或者书面形式作出决定。申请人对决定不服的，可以在接到决定时申请复议一次。复议期间，被申请回避的人员，不停止参与本案的工作。人民法院对复议申请，应当在三日内作出复议决定，并通知复议申请人。

申请回避决定书的正文可作如下表述：

“本院在审理/执行……（写明当事人姓名或名称和案由）一案中，×××于××××年××月××日申请……（写明被申请人的诉讼地位和姓名）回避。理由是：……（概述申请回避的理由）。

本院院长/审判委员会/本案审判长认为，……（写明准许或者驳回回避申请的理由）。

依照《中华人民共和国民事诉讼法》第四十七条规定，决定如下：

……（写明决定结果）。”

决定结果中，准许申请的写为“准许×××提出的回避申请”；驳回申请的写为“驳回×××提出的回避申请”。

表述决定结果之后，应当写明“如不服本决定，可以在接到决定书时向本院申请复议一次”。

2. 采取强制措施决定书

根据民事诉讼法的规定，对妨害民事诉讼的强制措施，是指在民事诉讼中，对有妨害民事诉讼秩序行为的行为人采用的排除其妨害民事诉讼行为的强制措施，包括拘传、训诫、责令退出法庭、罚款和拘留五种。《民事诉讼法》第119条规定，罚款、拘留应当用决定书。对决定不服的，可以向上一级人民法院申请复议一次。复议期间不停止执行。

采取强制措施决定书包括拘留决定书、罚款决定书和拘留、罚款决定书三种，第三种为对妨害民事诉讼的行为人合并适用拘留、罚款时使用。

（1）拘留决定书应当写明被拘留人妨害民事诉讼行为的具体事实，包括行为的时间、地点、情节和后果等，并应阐明必须予以拘留的理由，列举适用的法律条款，写明可以申请复议。

可作如下表述：

“本院在审理/执行（××××）……号……（写明当事人姓名和案由）一案中，查明……（写明被拘留人妨碍民事诉讼的事实和予以拘留的理由）。

依照《中华人民共和国民事诉讼法》第×条、第一百一十七条第二款、第一百一十八条第二款及第三款规定，决定如下：

对×××拘留×日。

如不服本决定，可以在收到决定书之日起三日内，口头或者书面向××××人民法院（写明上一级人民法院名称）申请复议一次。复议期间，不停止本决定的执行。”

（2）罚款决定书供各级人民法院对妨害民事诉讼的行为人依法决定罚款时使用。其内容和制作方法与拘留决定书基本相同，只是在表述决定结果时，不仅要写明罚款的具体数额，而且还应当写明交纳的期限，具体表述为：“对×××罚款……元，限于××××年××月××日前交纳。”

（3）拘留、罚款决定书应将拘留、罚款两种情况综合写清。

3. 复议决定书

本决定书供人民法院对当事人不服其或下级法院作出的回避、拘留、罚款等决定所提出的复议申请进行审查后，作出复议决定时使用，复议决定内容包括维持原决定和撤销原决定两种。

复议决定书的正文分别可作如下表述。

回避复议的，写法为：

“本院在审理/执行……（写明当事人姓名或名称和案由）一案中，×××申请……（写明被申请人的诉讼地位和姓名）回避。本院于××××年×月×日作出（××××）……号驳回回避申请的决定后，×××不服，申请复议。理由是：……（概述申请复议的理由）。

经复议，本院院长/审判委员会/本案审判长认为，……（写明驳回或者准许复议申请的理由）。

依照《中华人民共和国民事诉讼法》第五十条规定，决定如下：

……（写明决定结果）。”

对司法制裁复议的，写法为：

“复议申请人×××不服××××人民法院于××××年×月×日作出的（××××）……司惩……号拘留/罚款/拘留并罚款决定，向本院申请复议。

×××提出，……（写明申请复议的请求和理由）。

经审理查明：……（写明复议审查查明的妨害民事诉讼事实，与原决定一致的不写）。

本院经审查认为，……（写明作出复议决定的理由）。

依照《中华人民共和国民事诉讼法》第一百一十九条规定，决定如下：

……（写明决定结果）。”

决定结果是维持原决定的，写明：“驳回复议申请，维持原决定。”结果是撤销原决定的，写明：“一、撤销本院××××年×月×日作出的（××××）……号驳回回避申请决定；二、准许×××提出的回避申请。”或者，“撤销××××人民法院（××××）……司惩……号拘留/罚款/拘留并罚款决定。”结果是变更原决定的，写明：“一、撤销××××人民法院（××××）……司惩……号拘留/罚款/拘留并罚款决定；二、对×××拘留×日/罚款……元，限于××××年×月×日前交纳。”

在复议决定书的最后还需注明决定书的效力，回避复议的，写明：“本决定为最终决定。”司法制裁复议的，写明：“本决定一经作出即生效。”

（三）落款

民事决定书落款时署名方式与民事判决书、裁定书和调解书均不相同，其只需注明日期并加盖人民法院公章即可。

【本章小结】

1. 民事判决书是人民法院对当事人之间的权利义务争议作出实体处理的主要裁判文书。就文书制作而言，第一审适用普通程序审理的民事判决书是民事判决书制作的基础，第一审适用简易程序审理的民事判决书、第二审民事判决书和再审民事判决书，均可从第一审适用普通程序审理的民事判决书演化而来。因此，学习并掌握民事判决书的制作，除掌握各类民事判决书的格式外，还要重点掌握第一审适用普通程序审理的民事判决书的制作要求和注意事项。

2. 民事裁定书是人民法院按照民事诉讼法的规定，为保障诉讼的顺利进行，依法行使审判权，对诉讼程序方面的问题作出的书面处理决定。民事裁定书主要解决程序方面的问题，其特点是种类较多，格式简单、固定，处理的事项单一，针对性较强。掌握民事裁定书的制作，必须详细了解民事裁定书的种类、处理的具体程序事项及各自的特点。

3. 民事调解书是人民法院在合法的前提下对当事人自愿达成的协议的确认制作的书面文件。民事调解书的制作应着重体现出自愿和合法原则，除明确、具体表述当事人自愿达成的调解协议的内容外，还应表述出法院对调解协议合法性的审查认定。

4. 民事决定书处理问题的针对性较强，要明确不同种类民事决定书的处理事项和内容。

【思考练习题】

1. 第一审民事判决书引用法条的原则是什么？
2. 第二审民事判决书中如何列必要共同诉讼当事人的诉讼地位？
3. 第二审民事裁定书的适用情形有哪些？
4. 民事调解书中如何对调解协议的内容进行表述和确认？
5. 简述民事决定书的适用范围、种类以及与判决书和裁定书的区别。

【写作训练题】

根据下列案情材料，制作一份第一审民事判决书。

2016 年 1 月 27 日，中行垦利支行与陈某某签订垦 2016 年一手商房贷字 1－0004 号《中国银行股份有限公司个人商业用房贷款合同》，陈某某向中行垦利支行借款 980 000 元，用于支付购房款，借款期限 10 年，自 2016 年 1 月 27 日起至 2026 年 1 月 27 日止，贷款利率为浮动利率，贷款偿还为等额本息还款。叶某为该贷款的共同债务人（陈某某与叶某系夫妻关系），万坤置业为保证人。合同约定借款人以本合同项下贷款所购房屋提供抵押，但未进行抵押登记，所购房屋亦未办理房屋产权证。2016 年 1 月 27 日，中行垦利支行按上述合同约定发放了贷款 980 000 元。陈某某、叶某按照约定偿还本息至 2020 年 11 月 27 日。陈某某在 2020 年 11 月 27 日之后未再依照约定偿还本息，构成违约。2021 年 8 月 13 日中行垦利支行向山东省东营市垦利区人民法院起诉。中行垦利支行请求：1. 请求依法判令陈某某、叶某偿还中行垦利支行借款本金 580 093.98 元、应收利息 25 816.06 元、罚息 3 463.35 元，共计 609 373.39 元（计算至 2021 年 8 月 13 日）及自 2021 年 8 月 14 日起至全部本息偿清日止按照合同约定的利息、罚息（以银行系统计算数额为准）；2. 万坤置业对涉案全部债务承担连带清偿保证责任；3. 请求法院依法判决中行垦利支行对抵押房屋万坤国际五金建材家居广场 YS0026289、YS0026292 号购房合同项下商铺折价或拍卖、变卖的价款享有优先受偿权；4. 本案的律师费 3 000 元、诉讼费、保全费等实现债权的费用由陈某某、叶某、万坤置业承担。叶某、万坤置业经合法传唤无正当理由拒不到庭。

第三章写作训练题
参考答案

第四章　人民法院行政裁判文书

【本章引言】

1990年《中华人民共和国行政诉讼法》（以下简称《行政诉讼法》）的实施，标志着我国行政诉讼制度的正式确立，行政诉讼成为与刑事诉讼和民事诉讼并列的三大诉讼之一。行政诉讼虽然起步较晚，但随着我国民主法治进程的推进，其越来越凸显出独有的权利保护和法治构建功能，也越来越得到党和国家以及法律界的高度重视。本章主要介绍行政裁判文书的制作格式和制作要领，对与文书制作密切相关的诉讼法和实体法内容也稍有涉及。

【本章学习目标】

1. 了解行政裁判文书的特点和主要种类；
2. 掌握行政裁判文书的制作要求和基本写法；
3. 按照要求独立写作有关的行政裁判文书。

第一节　人民法院行政裁判文书概述

党的十八届四中全会决议就行政诉讼的发展提出具体要求："健全行政机关依法出庭应诉、支持法院受理行政案件、尊重并执行法院生效裁判的制度。"党的二十大报告指出：我们要坚持走中国特色社会主义法治道路，建设中国特色社会主义法治体系、建设社会主义法治国家，围绕保障和促进社会公平正义，坚持依法治国、依法执政、依法行政共同推进。这为行政诉讼的发展完善创造了新的契机。行政诉讼必将获得新的发展。行政裁判文书是行政诉讼审判过程与结果的载体，行政裁判文书的制作有其不同于刑事和民事裁判文书的独特之处。

一、行政裁判文书的概念和类型

行政裁判文书是指人民法院在审理行政案件过程中或审理完毕后，依照行政诉讼法规定的程序，对案件的实体问题或程序问题作出的书面处理决定。它是人民法院司法文书的重要组成部分。

按照行政诉讼法的规定，行政裁判文书主要有五类：行政判决书、行政裁定书、行政调解书、行政赔偿判决书和行政赔偿调解书。行政判决书和行政调解书是对行政争议实体问题作出的处理决定，在每一审程序的最终环节作出。行政裁定书则是对行政诉讼的程序性问题作出的裁判。行政赔偿判决书和行政赔偿调解书是对当事人一并提起或单独提起的行政赔偿诉讼作出的处理决定。这五类文书根据审级、程序和裁判内容的不同，又细分为几种，如第一审行政判决书、第二审行政判决书、再审行政判决书；第一审行政调解书、第二审行政调解书；不予立案或驳回起诉裁定书、驳回上诉或发回重审裁定书、驳回再审申请或指令再审裁定书等。

2014 年修改后的《行政诉讼法》在立案、审理和执行等方面创设了许多新制度、新规定，为确保新行政诉讼法的贯彻实施，进一步规范和完善行政裁判文书的制作，提高行政审判工作水平，最高人民法院研究制定了《行政诉讼文书样式（试行）》，供各级人民法院审判工作参考使用。《行政诉讼文书样式（试行）》涵盖了与行政诉讼有关的文书样式 132 个，主要包括两大部分：一是法院制作的文书，二是指导当事人诉讼行为的文书。在该样式中，与行政裁判有关的文书共计 45 个，其中行政判决书 11 个，行政赔偿判决书 1 个，行政调解书 2 个，行政赔偿调解书 1 个，行政裁定书 29 个，以及一并审理的民事案件用的民事判决书 1 个。其他的 87 个文书样式主要是各类决定书、通知书、申请书等，对其内容，本章不再赘述。

二、行政裁判文书的特征

行政裁判文书与刑事、民事裁判文书同作为人民法院的司法裁判文书，在作出的主体、遵循的法律原则、文书的格式和内容要素以及写作规范等方面都具有共同性；同时，由于诉讼法律关系的不同，在裁判目的、诉讼方式、法律适用和文字表述等方面也有自己的特殊性。主要表现是：

（1）在诉讼主体上，行政诉讼是公民、法人或者其他组织对具有国家行政职权的机关和组织及其工作人员的行政行为不服而依法提起的诉讼。因此，行政诉讼主体是恒定的，原告只能是作为行政行为的相对人或者与行政行为有利害关系的公民、法人和其他组织；被告也只能是行政机关和法律、法规、规章授权的组织。这是行政诉讼主体有别于民事和刑事诉讼主体的特殊之处，需要在制作裁判文书时加以注意。

（2）在裁判内容上，行政诉讼的审查对象是行政行为的合法性。尽管行政诉讼的受案范围很广，涉及行政主体行政管理领域的方方面面，但是对这些纷繁复杂的行政行为的审查却主要集中在一个方面，即合法性。这一点体现在裁判文书制作上，就是要始终围绕被诉行政行为的合法性进行文书架构的布局，进行说理和评断，从而写出具有说服力的文书。

（3）在判决形式上，由于行政判决是针对被诉行政行为的效力、被诉不作为行为的合法性等作出的，因此在判决形式上不同于民事和刑事判决。从法律的规定来看，《行政诉讼法》规定了如下判决形式，即判决驳回原告诉讼请求、判决撤销或部分撤销被诉行政行为、判决履行法定职责或给付义务、判决确认违法或无效、判决变更、判决继续履行、采取补救措施或赔偿损失、判决给予补偿等。

第二节　第一审行政裁判文书

一、第一审普通程序行政判决书

（一）概述

第一审普通程序行政判决书，是指第一审人民法院在行政诉讼中，适用普通程序审理案件，运用国家审判权，根据查明的案件事实和法律、法规的规定，依法对当事人之间的实体权利、义务争议作出的书面处理决定。根据行政案件的案由，第一审行政判决书又可细分为适用于作为类案件的判决书和适用于不作为类案件的判决书，这两种案由的判决书在写法上有所区别。

根据《行政诉讼文书样式（试行）》，第一审普通程序行政判决书按照诉讼请求内容可分为请求撤销、变更行政行为类，请求履行法定职责类，请求给付类，请求确认违法或无效类，复议机关作共同被告类，行政裁决类，行政协议类 7 种，这 7 种样式在写法上有所区别，以下分别予以详述。

（二）写法

第一审普通程序行政判决书由首部、案件事实、裁判理由、判决结果、尾部和附录六部分组成。

1. 首部

首部应依次写明标题、案号、当事人及其诉讼代理人的基本情况，以及案件由来、审判组织和开庭审理过程等，以体现审判程序的合法性。

标题、案号、当事人及其诉讼代理人的称谓和写法可参照民事判决书的写法，此处不赘述。需要指出的是，《行政诉讼法》第 3 条第 3 款规定，被诉行政机关的负责人应当出庭应诉。不能出庭的，应当委托行政机关相应的工作人员出庭。按照这一规定，行政机关的负责人不出庭的，应当委托相应的工作人员出庭，受委托的工作人员出庭在被告情况的列明中无须列写，在交代到庭参加庭审活动的当事人及其他诉讼参加人情况时载明。

在案件由来、审判组织和开庭审理过程的表述上，《行政诉讼文书样式（试行）》所区分的 7 种文书样式，除审判组织和开庭审理过程的表述一致外，在案件由来的表述上是各不相同的，分述如下：

（1）对于原告请求撤销、变更行政行为类案件，案件由来、审判组织和开庭审理过程一般可以表述为："原告×××不服××××（行政主体名称）……（行政行为），于××××年××月××日向本院提起诉讼。本院于××××年××月××日立案后，于××××年××月××日向被告送达了起诉状副本及应诉通知书。本院依法组成合议庭，于××××年××月××日公开（或不公开）开庭审理了本案。……（写明到庭参加庭审活动的当事人、行政机关负责人、诉讼代理人、证人、鉴定人、勘验人和翻译人员等）到庭参加诉讼。……（写明发生的其他重要程序活动，如被批准延长本案审理期限等情况）。本案现已审理终结。"注意，原被告双方争议的行政行为，被称为案由（不是指案件由来），对案由的表述要结合当事人的诉讼请求及涉案事实，根据《最高人民法院关于行政案件案由的暂行规定》予以确定，如"房屋行政强制""执业资格行政许可""房屋行政登记"等。

（2）对于原告请求被告履行法定职责类案件，在案件由来部分可表述为："原告×××因认为被告×××（行政主体名称）……（写明不履行法定职责的案由），于××××年××月××日向本院提起行政诉讼。"

（3）对于原告请求被告履行给付义务类案件，在案件由来部分可表述为："原告×××因要求被告×××（行政主体名称）履行（写明具体给付义务），于××××年××月××日向本院提起行政诉讼。"

（4）对于原告请求确认被诉行政行为违法或无效以及请求确认被告不履行法定职责违法类案件，在案件由来部分可表述为："原告×××因要求确认被告×××（行政主体名称）于××××年××月××日作出的×××（行政行为名称）违法（或无效）［要求确认被告不履行法定职责违法的，表述为原告×××因要求确认被告×××不履行……（行政行为的内容）的法定职责违法］，于××××年××月××日向本院提起行政诉讼。"

（5）对于复议机关作共同被告类案件，在案件由来部分可表述为："原告×××不服被告×××（原行政机关）……（原行政行为）及被告×××（复议机关）……（复议决定），于××××年××月××日向本院提起行政诉讼。"

（6）对行政裁决类案件，在案件由来部分可表述为："原告×××不服被告×××于××××年××月××日作出的（××××）字第××号行政裁决（或其他法律规范规定的裁决类文书名称），于××××年××月××日向本院提起行政诉讼。"

（7）对行政协议类案件，在案件由来部分可表述为："原告×××认为被告×××（行政主体名称）（不依法履行、未按照约定履行或者违法变更、解除政府特许经营协议、土地房屋征收补偿协议等协议），于××××年××月××日向本院提起行政诉讼。"

在当事人到庭参加诉讼情况部分，如有公民、法人或者其他组织因与案件有利害关系，法院依法通知其作为第三人参加诉讼或者公民、法人或者其他组织申请作为第三人参加诉讼的情况，要予以写明。具体可表述为："因×××与本案被诉行政行为或与案件处理有利害关系，本院依法通知其为第三人参加诉讼（公民、法人或者其他组织申请作为第三人参加诉讼的表述为：因×××与本案被诉行政行为有利害关系，经×××申请，本院依法准许其为第三人参加诉讼）。"如当事人经合法传唤无正当理由未到庭的，应当写明："×告×××经本院合法传唤，无正当理由拒不到庭。"

在表述开庭审理过程时，如果组织了证据交换或召开庭前会议的，应写明："本院于××××年××月××日组织原、被告及第三人进行了证据交换（或召开庭前会议），并送达了证据清单副本。"如有被批准延长审理期限情况，应写明批准延长审理期限。不公开开庭审理的，应写明不予公开的理由。有关程序活动可根据时间节点的先后顺序写明。

2. 案件事实

事实部分应写明当事人行政争议的内容，当事人诉辩意见，当事人举证、质证和法庭认证情况，以及经法院审理确认的事实。一般包括以下几个方面：

（1）对作为类案件，首先要写明行政主体作出的行政行为的主要内容，包括主要事实、定性依据、处理结果等核心内容以及被告作出行政行为的行政程序，使需要进行合法性审查的"事实"得到充分展示。如果行政行为的理由表述有歧义，被告在答辩中已经予以明确的，也可以被告明确后的理由为准。如被诉行政行为系非要式行为，可结合被告作出行政行为时的内部报告或庭审中双方认可的结论确定行政行为的内容。

对经行政复议机关复议维持的行政行为提起诉讼的，按照《行政诉讼法》第 26 条第 2 款的规定，作出原行政行为的行政机关和复议机关是共同被告。对于此种情形，在对行政行为的情况进行表述时，既要写明原行政行为认定的主要事实、定性依据和处理结果，也要写明原告不服，向复议机关申请行政复议，复议机关于何时作出复议决定，以及复议决定的处理结果等内容。

对于行政协议类案件，该部分内容可表述为："被告×××（行政主体名称）于××××年××月××日（变更、解除政府特许经营协议、土地房屋征收补偿协议等协议），……（简要写明被诉变更、解除协议等行为认定的事实、适用的法律规范和处理的内容）。"

在表述此部分内容时应注意详略得当，对于行政决定或行政裁决的内容较为冗长的，不要全文引用，应对行政决定或行政裁决的内容进行准确、适当的概括，写明主要事实、定性依据及处理结果等核心内容即可，以避免文书内容过长。

对不作为类案件，要区分被告是否已经作出拒绝履行或给付的决定，分别予以表述。对于被告已经作出拒绝履行法定职责决定的，可表述为："××××年××月××日，原告×××向被告×××提出申请（写明申请的内容），被告×××于××××年××月××日对原告×××作出××号××决定（或其他名称），……（简要写明拒绝性决定中认定的主要理由和处理结果）。"对于被告作出拒绝给付决定的，可表述为："原告×××于××××年××月××日向被告×××提出……申请。被告于××××年××月××日对原告作出×号（拒绝给付）决定（或其他名称）。"对于被告针对原告履行法定职责的请求，不予答复的情况，可表述为："原告×××于××××年××月××日向被告×××提出……（写明申请内容）。被告在原告起诉之前未作出处理决定。"如果当事人对原告是否提出过申请或者被告是否作出处理有争议的，或者属于行政机关应当依职权履行法定职责的情形，则不写此部分内容。对于被告不履行给付义务，也未作出拒绝给付决定的，可表述为："原告×××于××××年××月××日向被告×××提出……申请。被告在原告起诉之前未履行给付义务（写明具体义务）。"

（2）简述当事人的诉辩请求、理由、向法院提交的证据以及法院调取证据等情况。对原告的诉讼请求及理由要加以提炼，既要避免照抄起诉状，又要避免遗漏原告提出的实质问题。在原告诉讼请求及理由之后，要写明原告提供的证据以及证明目的。叙述被告的答辩理由和要求，要注意避免与前面已写明的行政主体的行政行为的内容相重复。如有第三人参加诉讼，要概括写明第三人的意见和其提供的证据以及证明目的。

此外，对于当事人超过法定举证期限提供的证据，法院予以采纳的，应当列明并说明理由。如有法院依职权或者原告、第三人的申请而调取证据的情况，则需写明被调取证据的名称、证明目的和双方当事人或者第三人的观点；如果法院不准许调取或者经调取未能取得相应证据的，也应予以说明。法院根据原告或第三人的申请而调取的证据，应作为原告或第三人的证据，在庭审质证表述中，可分别归于原告或第三人提供的证据作为质证内容。对法院依职权调取的证据，则应当单独予以说明。对于根据原告或者第三人、被告的申请，委托鉴定部门进行鉴定的，需写明鉴定部门、鉴定事项和鉴定结论以及双方当事人或者第三人的意见。

根据《行政诉讼法》及《最高人民法院关于行政诉讼证据若干问题的规定》的规定，被告对作出的行政行为负有举证责任，应当提供作出该行政行为的证据和所依据的规范性文件。为了突出体现这一原则，在写明被告答辩意见后，随之需将被告作出行政行为的证据等一一列举在后。列举的证据应写明证据的名称、内容、证明目的。为体现被告必须在法定期限内向法院提供证据的要求，应当写明被告提供证据的时间。对于经法院批准延期提供证据的，应当予以说明。对于被告未提供证据的，应注明“被告×××在法定期限内未向本院提交作出行政行为时的证据、依据”；被告逾期提交的，需说明法院采纳或不采纳该证据的依据和理由。

对这部分写作总的要求是要对当事人在整个诉讼过程中所提出的观点、请求、理由和提供的证据进行完整的归纳和客观的反映，但语言要精练，言简意赅，不能内容冗长，前后重复或者以偏概全。对证据要进行整理和归纳，注意证据和事实之间的关联性，避免证据堆砌。对提交质证的证据，原则上均应在裁判文书中予以体现，对于多项证据主要内容重复的，可进行分类、概括，不能因当事人提供的证据繁杂而随意选择性使用。

（3）写明质证和认证情况。证据是认定案件事实的基础。因此，写明证据的采信情况，反映出当事人的法庭质辩意见和法院认证的动态过程，是判决书的重要内容，也是一直以来裁判文书改革的重点。在归纳当事人的质证意见时，要注意加以提炼、概括和总结，避免繁复冗长，特别是对于案情复杂、证据繁多的案件，更要在总结、归纳上下功夫，可将证据按照证明目的等分组进行质证，概括出质证意见。

根据《最高人民法院关于行政诉讼证据若干问题的规定》，法院的认证应从证据的关联性、合法性、真实性三个方面来阐述，法院对证据的认证意见应当明确。对争议的问题，应当根据法律规定，遵循法官职业道德，运用逻辑推理和生活经验、生活常识，全面、客观、公正地分析判断，确定证据材料与案件事实之间的证明关系，排除不具有关联性的证据材料，准确认定案件事实。通过庭审质证或庭前交换证据、庭前准备会议，如果被告对原告诉讼理由中予以认可的部分与法院审查的事实相一致，则只须说明即可；如果不一致，且影响被诉行政行为合法性成立的，应当在质证后，再对这一部分事实的合法性进行认证。

对于案件的争议主要集中在事实问题的，也可将对证据的具体质证、认证意见与案件的争议焦点结合起来，置于“本院认为”部分论述。

（4）写明经审理查明认定的案件事实。认真查明案件事实，是正确适用法律的基础。对案件事实的表述要准确具体、重点突出、繁简适度。叙述事实的方法，一般可按案情发展的时间顺序，重点突出争议焦点的关键问题，把事情的来龙去脉讲清楚。要区分案件的不同情况，合理确定写作章法，在内容上有所侧重。比如，拟判决撤销的案件，可在事实中重点表述违法部分，比如证据不足、程序违法等，其余部分可简略或省略。如审查的结果是被告缺乏职权依据的情况，可考虑只写明对法定职权的审查，而对被诉行政行为的执法程序、认定事实、适用法律等方面的问题就不必再赘述。表述事实时，要注意保守国家机密，保护当事人的商业秘密和个人隐私。对于当事人因有害社会或他人的言行而受到行政处罚引发的行政诉讼，事实认定中一般不得援引有害信息的原话，防止有害信息的二次传播。

3. 裁判理由

裁判理由是把案件事实和裁判结果有机结合在一起的媒介，是裁判文书的核心和灵魂，也是裁判结果正当化、司法合理化和法的妥当性的最重要表现。因此，写好裁判的理由是提升裁判公信力的重要环节。针对行政诉讼的特点，裁判理由部分要根据查明的事实和有关法律、法规和法学理论，就行政主体所作的行政行为是否合法或者行政主体不作为是否具有法律依据和事实根据，原告的诉讼请求是否依法有据等进行分析论证，作出解释和说明。

对于作为类行政案件，论述被诉行政行为的合法性，要从以下几方面展开：被告是否具有法定职权；被诉行政行为是否符合法定程序；被诉行政行为认定事实是否清楚，主要证据是否充分；适用法律、法规、司法解释、规章以及其他规范性文件是否正确；被告是否超越职权、滥用职权，行政处罚是否显失公正等。

对于不作为类行政案件则要从被诉行政主体是否具有相应的法定职责，被诉行政主体是否存在不履行或者拖延履行法定职责的事实两方面来说明裁判的理由。

原告根据《行政诉讼法》第53条的规定，请求对行政行为所依据的规范性文件一并进行合法性审查的，法院在对规范性文件进行审查后，应依照行政诉讼法及司法解释的规定，对规范性文件的合法性以及能否作为认定被诉行政行为合法性的依据予以阐明。

阐述裁判理由，离不开对裁判所依据的法律、法规和参照的行政规章的说明、分析和引用。根据《行政诉讼法》的规定，审理行政案件应以法律、行政法规、地方性法规、自治条例和单行条例为依据，参照国务院各部、委以及省、自治区、直辖市人民政府和较大的市人民政府制定、发布的行政规章。需要参照有关行政规章时，应当写明“根据《行政诉讼法》第六十三条第三款，参照××规章（条、款、项）的规定”。在最终判决形式的适用依据上，应分别适用《行政诉讼法》第六十九条、第七十条、第七十二条至第七十八条的规定以及行政诉讼法有关司法解释的规定，在法条的排列次序上，一般要按照先行政诉讼法、后司法解释的次序排列，在引用时要写明具体规定的条、款、项。

4. 判决结果

判决结果是人民法院在查明案件事实的基础上，对当事人之间的行政诉讼争议作出的实体处理结论。根据《行政诉讼法》的规定，一审行政判决可分为驳回诉讼请求判决、撤销或者部分撤销判决、履行判决、确认判决、变更判决等情形。准确适用这些判决形式需要认真掌握它们各自的适用条件。

（1）驳回诉讼请求判决。驳回诉讼请求判决是人民法院经审理，不支持原告的诉讼请求，从而对其诉讼请求予以驳回的判决形式。该判决适用于以下几种情况：被诉行政行为证据确凿，适用法律、法规正确，符合法定程序的；原告申请被告履行法定职责或者给付义务理由不成立的；原告请求确认被诉行政行为违法或无效不能成立的等。

（2）撤销判决。撤销判决是人民法院经审理，认为行政行为部分或者全部违法，从而部分或者全部撤销，并可以同时责令行政主体重新作出行政行为的判决形式。撤销判决可以在行政行为存在下列六种情形之一的情况下作出：主要证据不足；适用法律、法规错误；违反法定程序；超越职权；滥用职权；明显不当的。

（3）履行判决。履行判决是人民法院经审理，认定被告存在不履行或者拖延履行法定职责，或者不履行给付义务的，责令其在一定期限内履行法定职责或给付义务的判决形式。履行法定职责判决的适用要同时满足以下几个条件：行政主体依法负有法定职责；行政主体不履行或者拖延履行法定职责；行政主体不履行或者拖延履行法定职责没有正当理由；行政主体履行职责仍有意义。履行给付义务判决的适用条件是：被告依法负有给付义务；被告不履行给付义务没有正当理由。对于原告依照《行政诉讼法》第12条第1款第11项的规定，认为行政机关不依法履行、未按照约定履行或者违法变更、解除政府特许经营协议、土地房屋征收补偿协议等协议提起诉讼的，人民法院认为原告的理由成立的，可以判决被告继续履行协议，并可以判决被告赔偿原告的损失、采取补救措施等。

（4）确认判决。确认判决是人民法院经审理，确认行政行为（或确认不作为）违法或无效的判决形式。确认判决有两类：一类是确认行政行为（或确认不作为）违法的判决形式，适用于以下情形：行政行为依法应当撤销，但撤销会给国家利益、社会公共利益造成重大损害的；行政行为程序轻微违法，但对原告权利不产生实际影响的；行政行为违法，但不具有可撤销内容的；被告改变原违法行政行为，原告仍要求确认原行政行为违法的；被告不履行或者拖延履行法定职责，判决履行没有意义的。另一类是确认行政行为无效的判决形式，适用于行政行为有实施主体不具有行政主体资格或者没有依据等重大且明显违法情形，原告申请确认行政行为无效的。根据《行政诉讼法》第76条的规定，人民法院判决确认违法或者无效的，可以同时判决责令被告采取补救措施；给原告造成损失的，依法判决被告承担赔偿责任。

（5）变更判决。变更判决是人民法院经审理，认为被诉行政处罚明显不当，或者其他行政行为涉及对款额的确定、认定确有错误的，从而予以变更的判决形式。变更判决只能对行政处罚行为或者涉及对款额的确定、认定的行政行为作出。人民法院判决变更行政行为，不得加重原告的义务或者减损原告的权益，但利害关系人同为原告，且诉讼请求相反的除外。

在判决结果的行文上，要用确定的语言文字，准确、全面地表述，切不可模棱两可，更不能漏判。具体行文，可参照《行政诉讼文书样式（试行）》罗列的几种情况分别书写。

5. 尾部

尾部应依次写明诉讼费用的负担，交代上诉的权利、方法、期限和上诉审法院，合议庭成员署名，判决日期，法官助理和书记员署名等内容。涉外案件的上诉期限参照民事诉讼法的规定。判决书的正本，应由书记员在判决日期的左下方、书记员署名的左上方加盖“本件与原本核对无异”字样的印戳。

6. 附录

根据案件的不同需要，可将判决书中的有关内容载入附录部分，如将判决书中所提到的法律规范条文附上，以供当事人全面了解有关法律规定的内容。又如群体诉讼案件中原告名单及其身份情况也可以列入此部分。

（三）制作第一审普通程序行政判决书应注意的问题

制作好第一审普通程序行政判决书，实践中要注意以下几个问题：

（1）要始终围绕行政行为的合法性来查明事实，进行说理和论证。行政诉讼的审查对象是行政行为的合法性，制作判决书要充分体现这个诉讼主题。从文书的架构上，要围绕行政主体作出行政行为是否具有法定职权，证据是否确凿，适用法律是否正确，执法程序是否合法等方面进行审查和论述。需要注意的是不应围绕原告作出的行为是否合法来论述，要明确行政诉讼是审查被告作出的行政行为的合法性，而不是审查原告行为的合法性。

此外，根据行政行为的不同类型，审查的重点要各有侧重。比如，对行政处罚案件，除了对行政主体的主体资格、处罚的事实和法律依据进行审查外，处罚的程序是否符合法律规定以及处罚是否显失公正就是这类案件的审查重点。而对于行政裁决案件，行政裁决适用法律是否准确则通常是这类案件的审查重点。这一点反映在文书制作上，就要求根据不同的案件类型来合理布局文书的架构，进行相应的说理和论证。

（2）要注意举证责任的分配，并使其在裁判文书中得到展现。按照行政诉讼法的规定，被告对作出的行政行为负有举证责任，这是行政诉讼在举证责任分配上的特殊性。具体到行政诉讼案件中，对于作为类行政案件和不作为类行政案件，在举证责任的分配上也是有所不同的。作为类案件，被告要提供证据证明其作出行政行为的合法性。不作为类案件，原告应提供其已经向被诉行政机关提出申请的事实以及被诉行政机关不作为的证据和依据（被告应当依职权主动履行法定职责的或原告因正当理由不能提供证据的除外），被告应提供证据证明原告的申请事项是否属于其法定职责或者法定义务，被告是否在法定期限内已经履行法定职责或者义务以及其不作为是否符合法律规定等。判决书要围绕行政实体法预先设定的有关条件和行政诉讼法对于举证责任的分配来一一列举有关证据，分别对双方当事人所举证据予以认证，在认证的基础上进行充分说理、论证，最后明确被告作出的行政行为（或者不作为）是否合法。

（3）要合理协调判决书各个部分之间的关系。第一审普通程序行政判决书的六个组成部分，除首部、尾部和附录三部分是说明性内容外，其他三部分是一个逻辑严密的整体，从提出问题、分析问题，到解决问题，将事情的来龙去脉、双方当事人的争议焦点、法院的评判一一展现在文书中。事实部分是论据，理由部分是论证，结果部分是论点，三者紧密联系，前后照应，协调一致，体现以事实为根据、以法律为准绳的原则，从而作出必然的公正判决。总之，制作行政判决书，务必注意整体布局的合理性，选材用材和叙事说理的针对性，各部分相互关系的逻辑性，防止前后脱节甚至自相矛盾的现象发生。

（四）实例及评析

上海市××区人民法院
行 政 判 决 书

（2020）沪××行初××号

原告××汽车销售服务有限公司，住所地上海市××区。

法定代表人杨×。

委托代理人刘××，上海市××律师事务所律师。

委托代理人张×，上海市××律师事务所律师。

被告上海市青浦区××镇人民政府，住所地上海市青浦区。

法定代表人顾××。

参加诉讼行政机关负责人沈×，武装部部长。

委托代理人张××，上海××律师事务所律师。

原告××汽车销售服务有限公司诉被告上海市青浦区××镇人民政府行政处罚一案，本院于2020年9月1日立案受理，于当日依法向被告发送了起诉状副本、应诉通知书及举证通知书等材料。本案依法组成合议庭，于2020年×月×日公开开庭进行了审理，原告委托代理人刘××、张×，被告参加诉讼行政机关负责人沈×、委托代理人张××到庭参加诉讼。本案于2020年×月×日再次公开开庭进行了审理，原告委托代理人刘××、张×，被告参加诉讼行政机关负责人沈×、委托代理人张××到庭参加诉讼。本案现已审理终结。

被告于2020年3月13日作出第××××××××××××号《行政处罚决定书》（以下简称《处罚决定书》），查明，原告于2019年×月×日×时×分在上海市青浦区赵重公路×××号存在在河道管理范围内搭建构筑物的行为，该行为违反了《上海市河道管理条例》第三十五条第（三）项的规定，依据《上海市城市管理行政执法条例》第十一条第一款第（四）项和《上海市河道管理条例》第四十五条的规定，决定对原告作出罚款人民币2万元的行政处罚。

原告××汽车销售服务有限公司诉称：原告在上海市青浦区××镇赵重公路×××号已有几十年历史。2017年8月22日，原告已根据被告以及其他部门的指导要求对违法建筑进行了整改，这些违法建筑是由于历史原因形成的。原告厂区内的建筑已经存在三十多年，不存在正在搭建的违法建筑。在原告已支付2万元罚款的情况下，被告又加罚2万元，被告存在重复执法的情况。故请求法院判决撤销被告于2020年3月13日作出的《处罚决定书》。

原告为证明其主张，提供以下证据：1.《关于××汽车广场违法建筑拆除的情况说明》，证明原告处违章建筑全部拆除完毕，其房屋建筑在20世纪80年代前已存在，2017年时原告配合政府“五违四必”工作要求，拆除违法建筑，青浦区××镇生态环境综合治理工作领导小组办公室出具了违法建筑全部拆除完毕的书面证明，之后原告没有任何搭建新的房屋、构筑物或种植绿化等行为；2.（重府）城管改字〔2019〕第1972号《责令改正通知书》；3.青（重）城管责拆决字〔2019〕第070007号《责令限期拆除违法建筑决定书》；4.沪青规划资源（土）执责［2019］第16号《责令停止土地违法行为通知书》；5.（重府）城管改字〔2019〕第××号《责令改正通知书》；6.青（重）城管听告字［2019］第××号《听证告知书》；7.被诉《处罚决定书》；8.原告作出的汽服司（2020）01号《紧急公函》、汽服司（2020）02号《公函》；9.第××××××××××××号《加处罚款决定书》；10.（重府）城管改字〔2020〕第××号《责令改正通知书》；11.青（重）城管处告字〔2020〕第××号《行政处罚事先告知书》，证据2～11证明被告在上述文件所称的原告的违法搭建行为是不存在的，2019年10月起，被告及相关部门多次重复、盲目执法，不符合法律规定；12.《场地、道路租赁协议书》，证明原告向上海市青浦区××镇××村民委员会租赁场地、道路，该协议于2021年2月到期。

被告上海市青浦区××镇人民政府辩称：不同意原告的诉讼请求。被告经过调查确认作出的行政处罚行为主体适格，事实清楚、程序合法，适用法律依据正确，请求法院依法驳回原告诉讼请求。

被告于法定期限内向本院提交了证明行政行为合法性的证据、依据：一、职权依据：《中华人民共和国行政处罚法》（以下简称《行政处罚法》）第十一条、第十六条，《上海市城市管理行政执法条例》第十一条第一款第（四）项；二、程序依据：《行政处罚法》第三十六条、第三十七条、第三十八条、第三十九条、第四十条、第四十二条、第四十三条；三、法律规范依据：《上海市城市管理行政执法条例》第十一条第一款第（四）项，《上海市河道管理条例》第三十五条、第四十五条；四、程序和事实证据：1.《××汽车销售服务有限公司房屋面积测绘工程成果报告书》，证明2019年10月10日时原告厂区内的情况，其内部存在临河搭建构筑物，涉嫌占用河道管理范围；2.（重府）城管协通字〔2019〕第073号《执法协助通知书》，证明被告向上海市青浦区××水务管理所（以下简称××镇水务所）发放执法协助通知，请求其协助确认；3.《河道概况》，证明××镇水务所收到执法协助通知后作出河道概况说明，并上呈上海市青浦区水务局；4.《情况说明》，证明青浦区水务局确认原告的部分建筑物及构筑物确系建设在河道管理范围（防汛抢险通道）内，已违反相关法律规定；5. 现场检查笔录（一）、证据照片（图片）登记表（一）、证据照片（图片）登记表（二），证明被告于2019年12月24日对原告厂区进行现场检查，照片反映了违法建筑物、构筑物的情形；6.《谈话通知书》，证明被告于2019年12月24日向原告发放谈话通知，就涉案行为要求原告前来接受调查询问；7.《陈述笔录》及授权委托书，证明2019年12月25日，原告委托施××对临河搭建构筑物情况及数据予以解释；8. 送达地址确认书、（重府）城管改字〔2019〕第02066号《责令改正通知书》，证明针对涉案违法行为，被告根据送达地址向原告发放责令改正通知，要求原告拆除相关擅自搭建的构筑物；9. 现场检查笔录（复查）、证据照片（图片）登记表（复查）（一）、证据照片（图片）登记表（复查）（二），证明2019年12月30日时，涉案违建未进行任何处理，原告未实施整改措施，被告对原告处进行现场复查；10. 青（重）城管听告字〔2019〕第××号《听证告知书》及送达回证，证明被告经复查后，因原告未整改，被告告知原告拟对其罚款5万元，并告知原告享有陈述、申辩及书面申请听证的权利；11.《听证通知书》，证明被告告知原告听证权利、时间及地点；12.《××镇人民政府听证笔录》，证明原告委托代理人听证并陈述意见，陈述的主要内容在于房屋建筑物形成的时间以及相关水务局的认定意见；13.（重府）城管核字〔2020〕第××号《重大执法决定法制审核表》，证明被告结合法律法规并报负责人审核后确定拟对原告罚款2万元；14. 被诉《处罚决定书》及送达回证，证明被告作出《处罚决定书》并送达原告，该处罚是对于原告在河道蓝线内存在建筑物的持续状态进行处罚，该违法行为事实已经持续存在。

经庭审质证，原告对被告提供的职权依据无异议；对程序依据无异议，但认为程序有瑕疵，听证记录未给原告打印稿；对法律规范依据有异议，认为根据“一事不再理”的原则，被告不应重复执法，重复作出决定书，被告举证不完整。原告对被告提供的程序和事实证据发表如下质证意见：对证据1，认为不能作为事实依据，该报告书的有效期到2019年12月31日，而《处罚决定书》的作出日期是2020年3月13日，该报告书不是被告为了本案委托的，在该报告书的概述中写明了是为青浦规划、生态环境与社会经济双赢的目的进行整治，没有提到河道问题，青浦区××镇生态环境综合治理工作领导小组办公室对原告出具的情况说明中已认为原告符合要求，被告作出行政处罚的依据不足。对证据2～5形式真实性认可，但对事实真实性有异议，认为证明力存在瑕疵，这些证据与证据1不匹配，××镇水务所和城管都是被告下属单位，其证明是无效的，××镇水务所和青浦区水务局出具的证明与事实不符，所谓的违法建筑已存在30多年了。对证据6～9形式真实性认可，对事实真实性有异议，其中对证据8《责令改正通知书》中的事实不予认可；并认为证据7中《陈述笔录》第2页中，原告工作人员向被告介绍了厂区建筑的情况，已经把事实告知了被告，建筑物都是30多年前建造的，但被告未采纳原告工作人员的陈述，仍对原告进行了处罚。对证据10～14形式真实性认可，其中对证据13，认为审核表的文字表述看不清楚且送审材料未附在；对证据12，认为文字无法看懂；对证据14的文字表述有异议，不认可被告所述的存在违法行为，原告认为这不是一个行为，是已经存在的建筑物，被告作出行政处罚的事实依据不存在，执法有瑕疵，被告的举证材料不完整，在2019年10月以后，被告重复执法。

被告对原告提供的证据发表如下质证意见：对证据1真实性认可，对于证明目的不认可，认为本次涉案违建以及构筑物与2017年的并不重复，本次涉案违建以及构筑物评估时间为2019年，该情况说明中也是仅针对当时确认的违法建筑，并没有明确说厂区内所有的建筑量；对证据2真实性无异议，但对证明目的不认可，认为《责令改正通知书》与《责令限期拆除违法建筑决定书》是对原告违法搭建的相关查处，与本案无关联性，原告也陈述该份材料没有继续做下去，所谓重复处罚被告认为不属实；对证据3真实性认可，但对证明目的不认可，认为与本案无关，本案违法行为是河道蓝线内的搭建物；对证据4～7真实性认可，但对证明目的不认可；对证据8真实性认可，对证明目的不认可，认为与本案无关，其记载的内容并不属实；对证据9真实性认可，但认为该决定后来并未生效，当时误认为原告未缴纳罚款，后与原告沟通后知晓原告已经缴纳罚款，故该份决定并未生效；对证据10～11真实性认可，但认为与本案无关；对证据12真实性无异议，但对证明目的不认可，认为与本案无关联性。

本院对被告提交的依据、证据认证如下：被告提交的职权依据、程序依据和法律规范依据，合法有效，均适用于本案，本院予以确认；被告提供的程序和事实证据，来源合法、内容真实，能证明待证事实，本院对其证明效力予以确认。原告提供的证据与本案不具有关联性，本院对其证明效力不予确认。

根据当事人的庭审陈述及经本院审查确认的证据、依据，本院查明如下事实：2019年12月16日，被告向××镇水务所发出《执法协助通知书》，主要内容为：被告于2019年10月10日在青浦区赵重公路×××号发现涉嫌在河道管理范围内搭建构筑物的行为，基本情况如下：根据上海继拓土地规划设计勘测有限公司出具的《××汽车销售服务有限公司房屋面积测绘工程成果报告书》（项目编号：2019－QP－213－20）显示，该处厂区南侧及西侧沿河围墙总长度355.92米，河道6米范围线内围墙长度279.07米，为进一步查明案件事实，根据《上海市城市管理行政执法条例》第二十九条和《上海市城市管理行政执法条例实施办法》第八条的规定，请提供下列执法协助：进行现场检查和勘验；查阅、调取、复印与违法行为有关的文件资料；对违法行为和非法物品进行认定、鉴定，在收到本通知之日起十日内出具书面意见；请确认该厂区南侧及西侧涉案河道名称及管理级别，对于其在河道管理范围内发证范围内搭建构筑物是否违法予以确认。2019年12月17日，××镇水务所出具《河道概况》，主要内容为：老通波塘河道为××镇区管河道，北起××镇界，南至上达河。辖区内河道全长8 572米，平均口宽23米，属地化管理，目前陆域控制范围为河道两侧各8～15米，其中6米为防汛通道。东长泾河道为××镇毛××村、郏×村交界的村级河道，东起大石桥江，西至老通波塘。河道全长1 416米，平均口宽23米，属地化管理，目前陆域控制范围为河道两侧各6米，其中6米为防汛通道。河家浜河道为××镇郏店村的村级河道，西至老通波塘，东为断头浜。河道全长258米，平均口宽18米，属地化管理，目前陆域控制范围为河道两侧各6米，其中6米为防汛通道。2019年12月17日，青浦区水务局向被告出具《情况说明》，主要内容为：《执法协助通知书》已收悉，我局确认来函所涉建筑物和构筑物系建设在老通波塘及河家浜河道管理范围（防汛抢险通道）内，该行为已违反《上海市河道管理条例》的相关规定，请你镇依照相关法律法规予以查处。

2019年12月24日9时45分，××城管中队至青浦区赵重公路×××号，对在此处经营的企业进行水务类专项执法检查，并制作了现场检查笔录，检查情况为：经查，在此处经营的企业为原告，该公司厂区南侧及西侧的河道边建设有部分围墙，部分围墙紧邻河道建设，相关情况见测绘报告。2019 年 12 月 24 日，被告向原告发出《谈话通知书》，请原告于 2019 年 12 月 25 日 13 时 30 分到××镇福泉山路×××号接受调查询问，并携带证件材料及相关规划审批材料。2019 年 12 月 25 日 14 时 35 分，原告委托施××至被告处进行陈述，被告对其制作了陈述笔录。2019 年 12 月 25 日，被告作出《责令改正通知书》，责令原告在 2019 年 12 月 29 日 16 时 00 分前拆除在河道管理范围内搭建的构筑物（河道 6 米范围内为防汛通道）。2019 年 12 月 30 日 10 时 25 分，××城管中队再次进行了现场检查，检查情况为当事人未整改。2019 年 12 月 30 日，被告作出《听证告知书》，主要内容为：经查明，原告违法事实如下：2019 年 12 月 24 日 9 时 45 分在青浦区赵重公路×××号存在在河道管理范围内搭建构筑物的行为，该行为违反了《上海市河道管理条例》第三十五条第（三）项的规定，依据《上海市城市管理行政执法条例》第十一条第一款第（四）项和《上海市河道管理条例》第四十五条的规定，拟对原告作出罚款 5 万元的行政处罚，根据《行政处罚法》第四十二条的规定，原告有权要求举行听证，如要求听证的，应当自收到告知书之日起三个工作日内，向被告书面提出听证要求，逾期视为放弃听证的权利。2020 年 2 月 12 日，被告向原告发出《听证通知书》，通知原告参加听证会。2020 年 2 月 28 日 13 时，被告举行了听证会，并制作了听证笔录。经审核，被告于 2020 年 3 月 13 日作出被诉《处罚决定书》并送达原告。

本院认为，根据《上海市城市管理行政执法条例》第十一条第一款第（四）项的规定，被告作为镇人民政府具有对擅自搭建房屋、棚舍等建筑物或者构筑物等违反河道管理的违法行为实施行政处罚的法定职权。本案中，被告经调查、听证告知、组织听证、审核等程序后作出被诉行政处罚决定并送达当事人，执法程序合法。《上海市河道管理条例》第三十五条第（三）项规定，在河道管理范围内，不得从事搭建房屋、棚舍等建筑物或者构筑物的活动；第四十五条规定，违反本条例第三十五条规定，由市水务执法总队、区河道行政主管部门或者乡（镇）水利机构责令其停止违法行为，限期改正，并可处以一万元以上五万元以下的罚款。被告经调查，并根据××镇水务所、青浦区水务局出具的情况说明等，认定原告的涉案构筑物（围墙）建设在河道管理范围（防汛抢险通道）内，违反了相关法律规定，经听证告知，并听取原告的意见，根据上述规定，对原告作出被诉行政处罚决定，认定事实清楚、适用法律正确、裁量适当。原告称被告对其进行重复处罚，该主张缺乏事实证据，本院不予支持。据此，依照《中华人民共和国行政诉讼法》第六十九条之规定，判决如下：

驳回原告××汽车销售服务有限公司的诉讼请求。

本案案件受理费 50 元，由原告××汽车销售服务有限公司负担。

如不服本判决，可在判决书送达之日起十五日内，向本院递交上诉状，并按对方当事人的人数提出副本，上诉于上海市××中级人民法院。

审 判 长　×××
人民陪审员　×××
人民陪审员　×××
二〇二一年×月×日
法官助理　×××
书 记 员　×××

附：相关法律条文

《中华人民共和国行政诉讼法》

第六十九条　行政行为证据确凿，适用法律、法规正确，符合法定程序的，或者原告申请被告履行法定职责或者给付义务理由不成立的，人民法院判决驳回原告的诉讼请求。

评析：该判决书的制作格式符合要求，各项要素完整，对证据的罗列和质证、认证详细、规范。围绕被诉行政行为的合法性展开论述，在证据的分析和认证上把握住了双方争议的焦点，并在充分认证的基础上对查明的案件事实进行了准确客观的表述。行文流畅，表述准确。判决的理由从被告是否具有法定职权、认定事实是否清楚、适用法律是否适当、被告的处罚程序是否符合法律规定等方面进行了充分的阐述和论证，观点明确、论理充分、逻辑严密、层次分明、重点突出、说服力强，是一篇标准、规范的裁判文书。

二、第一审普通程序行政赔偿判决书

（一）概述

第一审普通程序行政赔偿判决书，是人民法院对当事人提起的行政赔偿诉讼按照第一审普通程序进行审理后，单独就赔偿问题作出的实体处理决定。

按照《行政诉讼法》的规定，当事人对行政机关作出的行政行为可以依法提起行政赔偿诉讼。提起行政赔偿诉讼有两种方式：一是在对行政行为提起行政诉讼时一并提起行政赔偿诉讼；二是单独提起行政赔偿诉讼，这种方式的适用前提是行政行为已被确认为违法。

（二）写法

第一审普通程序行政赔偿判决书的首部、尾部和附录的写法可参照第一审普通程序行政判决书的写法。在案件由来方面，可表述为："原告×××因与被告×××……（写明案由）行政赔偿一案，于××××年××月××日向本院提起行政赔偿诉讼。"对原告诉称、被告辩称、第三人述称和当事人提供的证据，法院调取的证据以及质证、认证等情况的表述，可参照第一审普通程序行政判决书的写法。

实践中，撰写第一审普通程序行政赔偿判决书需要注意以下几点：

（1）审理行政赔偿案件，应当以被诉行政行为违法为前提。原告对行政行为提起行政诉讼时一并提起行政赔偿诉讼的，赔偿判决书应当以行政判决书确认的被诉行政行为是否合法为判决依据；行政行为已被确认为违法的，对原告单独就行政行为提起行政赔偿诉讼的，人民法院不再对该行为是否合法进行审查，而只对该行政行为是否造成损害事实、损害后果的大小以及行政机关的赔偿责任进行审查。

（2）行政赔偿案件在举证责任的承担上有自己的特点，与行政诉讼由被告承担举证责任的规定有所不同。对于单独提起行政赔偿诉讼的，原告应提供确认该行政行为违法的法律文书或者有关材料，证明因受被诉行政行为侵害而遭受损失的事实，适用"谁主张，谁举证"的举证规则。如果因被告的原因导致原告无法举证的，由被告承担举证责任。

（3）行政赔偿诉讼的审查重点是被诉侵权事实是否存在；原告是否存在合法权益，原告的合法权益被侵害的程度和后果及其与被诉行政行为的因果关系。原告是否应得到赔偿，这也是行政赔偿判决书论证的重点。对经确认违法的行政行为，只需写明"经某机关已经确认该行为违法"即可，无须再进行分析论证。

（4）行政赔偿判决书在适用法律时，不仅要适用《行政诉讼法》，还要适用《中华人民共和国国家赔偿法》以及《最高人民法院关于审理行政赔偿案件若干问题的规定》等行政赔偿司法解释的规定。

三、第一审普通程序行政（赔偿）调解书

（一）概述

按照《行政诉讼法》第60条的规定，人民法院审理行政案件，不适用调解，但是，行政赔偿、补偿以及行政机关行使法律、法规规定的自由裁量权的案件可以调解。《行政诉讼文书样式（试行）》将一审普通程序的调解文书分为行政调解书和行政赔偿调解书两种。行政调解书是原告对被告作出的行政补偿决定或行使自由裁量权的行政行为不服提起行政诉讼后，经人民法院主持调解达成协议后制作的文书。行政赔偿调解书是原告对被告提起行政赔偿诉讼后，经人民法院主持调解达成协议后制作的文书。行政调解应当根据当事人自愿的原则，在查清事实、分清是非的基础上进行。协议的内容应明确、具体，便于履行，且不得违反法律规定。

（二）写法

调解书首部首先要写明是××人民法院行政调解书或行政赔偿调解书。有关当事人及其他诉讼参加人的列项和基本情况的写法，与第一审普通程序行政判决书样式相同。在列明当事人的情况之后，要写明案件由来，并简要写明当事人的诉讼请求和经审理查明的事实。然后写明经法院主持调解，双方当事人自愿达成的协议内容。对当事人诉辩意见、审理查明部分应当与裁判文书有所区别，应当本着减小分歧、钝化矛盾、有利于促进调解的原则，对争议和法院认定的事实适当简化。对于行政调解的案件，要在协议内容后写明诉讼费用的负担。诉讼费用的负担由当事人协商解决的，可以作为协议内容的最后一项；由法院决定的，要另起一行写明。由于人民法院审理行政赔偿案件不收取诉讼费用，因此行政赔偿调解书没有关于诉讼费用负担的内容。调解书的尾部要交代调解书经双方当事人签收后，即具有法律效力。合议庭署名和日期等格式参照第一审普通程序行政判决书样式。

第一审普通程序行政（赔偿）调解书的样式亦可供制作第二审和再审行政（赔偿）调解书时参考。第二审及再审行政（赔偿）调解书送达后，原一、二审判决、裁定不再执行。

四、第一审简易程序行政判决书和调解书

（一）概述

第一审简易程序行政判决书，是人民法院依照《行政诉讼法》第82条的规定，适用简易程序审理行政案件后就案件实体问题作出的书面处理决定。第一审简易程序行政调解书，是人民法院适用简易程序审理行政案件过程中，对当事人经人民法院主持调解自愿达成的调解协议予以确认的法律文书。

《行政诉讼法》第82条规定，人民法院审理下列第一审行政案件，认为事实清楚、权利义务关系明确、争议不大的，可以适用简易程序：（1）被诉行政行为是依法当场作出的；（2）案件涉及款额二千元以下的；（3）属于政府信息公开案件的。除此之外的第一审行政案件，当事人各方同意适用简易程序的，可以适用简易程序。但发回重审、按照审判监督程序再审的案件不适用简易程序。适用简易程序审理的行政案件，由审判员一人独任

审理，并应当在立案之日起四十五日内审结。

(二) 写法

1. 第一审简易程序判决书

第一审简易程序行政判决书首部、尾部和附录的基本写法可参照第一审普通程序行政判决书的写法。所不同的是，要在案件来源部分交代是适用简易程序公开（或不公开）开庭进行了审理。此外，简易程序是由审判员一人独任审判，因此文书署名只有审判员一人。

案件事实部分包括被诉行政行为认定的事实、适用的法律规范和处理内容（没有此部分内容的不写），当事人的诉讼请求、事实和理由，法院认定的事实和证据。书写这部分内容要注意简要概括。如果在叙述被诉行政行为部分已经写明的案件事实，当事人无争议的，在本院审理查明部分就可以略写。对于案件的证据情况，在当事人的诉讼请求后和答辩意见后，不必一一列举，而是采取在本院经审理查明的事实后，以列举能够佐证案件事实的证据的方式来展示。即可表述为："以上事实有当事人提交的……（列举当事人的主要证据）在案佐证。"但对于当事人有争议且对案件事实认定有实际影响的证据，应当写明采纳或者不采纳的意见。

裁判理由部分包括判决的理由和判决所依据的法律。裁判理由的书写要言简意赅。

判决结果要明确、具体、完整，具体判决方式可参照第一审普通程序判决书。

2. 第一审简易程序调解书

第一审简易程序调解书首部和审判人员署名的写法同第一审简易程序判决书。在写明案件由来后，要写明行政行为的内容、当事人的诉讼请求及简要事实。而后写明："本案在审理过程中，经本院主持调解，双方当事人自愿达成如下协议：（另起一行写明协议内容）。"在协议内容后要写明诉讼费用的负担。在调解书的尾部要交代调解书经双方当事人签收后即具有法律效力。

五、第一审行政裁定书

(一) 概述

行政裁定书是人民法院在审理行政诉讼案件过程中，为解决有关程序问题而作出的书面决定。它与行政判决书的主要区别是：(1) 解决的问题不同。后者解决当事人争议的实体问题，前者只解决某一程序问题。(2) 制作文书的时间不同。前者在诉讼中的某一阶段制作，后者在案件审理终结时制作。(3) 制作文书的具体要求不同。前者制作的要求比较简单，后者则有详尽的制作要求，制作的难度也比前者大。

《最高人民法院关于适用〈中华人民共和国行政诉讼法〉的解释》（简称《行政诉讼法解释》）第 101 条以列举的方式规定了行政裁定书的适用范围。这里主要介绍在第一审行政诉讼程序中常用的四类裁定书，即不予立案、驳回起诉、停止执行行政行为或驳回申请用，以及准许或不准许撤诉用的行政裁定书的写法。

(二) 不予立案用行政裁定书

1. 概念和适用范围

不予立案用行政裁定书，是指第一审人民法院接到起诉状或口头起诉后，经审查认为不符合法律规定的受理条件，在七天之内作出的对起诉不予立案的书面决定。因其涉及当事人实体权利的保护，所以《行政诉讼法》第 51 条规定，原告（即起诉人）对此裁定不服的，可以提起上诉。

该裁定主要适用于以下几种情况：《行政诉讼法》第 13 条规定的排除诉讼行为的；《行政诉讼法解释》第 33 条第 1 款、第 34 条、第 36 条第 1 款规定的行为；当事人起诉不符合法律规定受理条件的其他情况。

2. 写法

不予立案的行政裁定书首部要写明是××人民法院行政裁定书。首部当事人事项直接书写起诉人×××，不能写原告，也不能列被告。因为起诉人的起诉未被受理，尚未形成原告、被告的诉讼地位，只能列起诉人。

案件由来要写明××××年××月××日收到起诉人的起诉状（口头起诉的，注明起诉方式），并概括写明起诉的事由。在正文部分要写明不予立案的理由。比如，起诉事项不属于人民法院的受案范围，或者不属于受诉法院管辖，或者当事人主体资格不适格、超过法定起诉期限、重复起诉，等等。

裁定书的主文要写明“对×××的起诉，本院不予立案”。

由于不予立案的裁定免收诉讼费，所以在裁定书的尾部不用列写诉讼费用一项。裁定可以上诉，因此裁定书要交代上诉权利，上诉期限为十日。裁定书由合议庭署名。写明作出时间等。

（三）驳回起诉用行政裁定书

1. 概念和适用范围

驳回起诉用行政裁定书，是指人民法院对已经受理的行政诉讼案件，在审理过程中发现原告的起诉存在不符合法律规定的受理条件等情形，而作出依法驳回原告起诉的书面决定。驳回起诉不同于驳回诉讼请求，前者是从程序上否认原告有起诉的权利，法院不进行实体审理，后者是经过实体审理后，对原告的诉讼请求不予支持。

根据《最高人民法院关于适用〈中华人民共和国行政诉讼法〉的解释》第 69 条的规定，驳回起诉的行政裁定书主要适用于对原告的起诉，在七天审查起诉期间没有发现不应立案或者在此期间认为应予立案受理，而审理中进一步查明不应立案的，包括以下几种情况：（1）不符合《行政诉讼法》第 49 条各项规定之一的；（2）超过法定起诉期限且无正当理由的；（3）错列被告且拒绝变更的；（4）未按照法律规定由法定代理人、指定代理人、代表人为诉讼行为的；（5）未按照法律、法规规定先向行政机关申请复议的；（6）重复起诉的；（7）撤回起诉后无正当理由再行起诉的；（8）行政行为对其合法权益明显不产生实际影响的；（9）诉讼标的已为生效裁判所羁束的；（10）不符合其他法定起诉条件的。对此类案件，人民法院经过阅卷、调查或者询问当事人，认为不需要开庭审理的，可以径行裁定驳回起诉。

一审驳回起诉用行政裁定书参考文书

2. 写法

驳回起诉的行政裁定书与不予立案的行政裁定书相比，在写法上有如下不同：

（1）在当事人的称谓上。前者因已立案，故称为原告、被告和第三人（在具体写法上可参照第一审普通程序行政判决书的样式）；后者因尚未立案，故只有一方当事人，即起诉人。

（2）在审理程序上。前者一般是经过开庭审理的，所以在裁定书中要对审理过程予以表述（可参照第一审普通程序行政判决书的表述方式）；后者则未经立案审理。

（3）在裁定结果的表述上。前者是“驳回原告×××的起诉”；后者是“对×××的起诉，本院不予立案”。

（4）在诉讼费用的负担上。前者案件受理费由原告负担；后者免收诉讼费用。

需要说明的是，驳回起诉的行政裁定书中对查明的事实可简写，突出其不符合起诉条件的相关事实，在裁判理由部分，亦主要围绕其不符合起诉条件的事实和理由展开论述。驳回起诉的行政裁定书具体可参照《行政诉讼文书样式（试行）》制作，不再详述。

3. 实例及评析

北京市××中级人民法院

行政裁定书

（2020）京××行初××号

原告管××，女，××年×月×日出生，汉族，住北京市××区。

委托代理人余××，北京××律师事务所律师。

委托代理人李××，北京××律师事务所实习律师。

被告北京市××区人民政府，住所地北京市××区××路××号。

法定代表人王××，代区长。

委托代理人李×，北京市××区人民政府工作人员。

委托代理人莫××，北京××律师事务所律师。

原告管××请求确认被告北京市××区人民政府作出的×政征补字［2014］第××号《北京市××区人民政府征收补偿决定书》无效一案，向本院提起行政诉讼。本院受理后，依法组成合议庭进行了审理。本案现已审理终结。

原告诉称，位于××区××路××号的房屋系原告所有，被告未与原告协商征收补偿事宜，单方作出征收补偿决定书，违反了《国有土地上房屋征收与补偿条例》等相关规定，该决定书应属无效。原告为维护自身合法权益，故起诉至法院，请求：1. 确认×政征补字［2014］第××号《北京市××区人民政府征收补偿决定书》无效；2. 本案诉讼费由被告承担。

本院认为，公民、法人或者其他组织向人民法院提起行政诉讼，应当符合法定起诉条件。根据《最高人民法院关于适用〈中华人民共和国行政诉讼法〉的解释》第一百六十二条规定，公民、法人或者其他组织对2015年5月1日之前作出的行政行为提起诉讼，请求确认该行政行为无效的，人民法院不予立案。第六十九条第一款第（十）项规定，其他不符合法定起诉条件的情形，已经立案的，应当裁定驳回起诉。本案中，被告于2014年3月17日作出×政征补字［2014］第××号《北京市××区人民政府征收补偿决定书》，系在2015年5月1日之前，故对原告的起诉，人民法院应当依据上述规定不予立案；已经立案的，应当裁定驳回起诉。依照《最高人民法院关于适用〈中华人民共和国行政诉讼法〉的解释》第六十九条第一款第（十）项、第一百六十二条之规定，裁定如下：

驳回原告管××的起诉。

原告管××起诉时预交的案件受理费50元，于本裁定生效后退还。

如不服本裁定，可在裁定书送达之日起十日内向本院递交上诉状，并按对方当事人的人数提出副本，上诉于北京市高级人民法院。

审 判 长　×××
审 判 员　×××
审 判 员　×××
二〇二〇年十二月二十四日
法官助理　××
书 记 员　××

评析：该裁定书制作格式规范，语言准确，对案件由来和原告的诉讼请求表述清晰，裁定驳回起诉的理由充分，适用法律正确，是一篇行文规范、结构严谨的裁定书。

（四）停止执行行政行为或驳回申请用行政裁定书

1. 概念和适用范围

停止执行行政行为的裁定书，是指在行政诉讼期间，人民法院对具有《行政诉讼法》第56条规定的情形，根据原告的申请或者依职权而作出的书面决定。停止执行行政行为的裁定，根据提起的主体不同，可以分为依申请停止执行行政行为或驳回申请用，以及依职权停止执行行政行为用两种模式。

人民法院依申请作出停止执行行政行为的裁定，必须符合两个条件：一是原告提出申请；二是法院审查认为行政行为的执行会造成难以弥补的损失，并且停止执行不损害国家利益、社会公共利益。对不符合停止执行条件的申请，法院要依法裁定驳回申请。

人民法院在审理行政诉讼案件中，认为行政行为的执行会给国家利益、社会公共利益造成重大损害的，可以依职权裁定停止行政行为的执行。

2. 写法

前述两种模式的裁定书首部有关当事人及其他诉讼参加人的列项和基本情况的写法，与第一审普通程序行政判决书样式相同。在列写当事人情况之后，在案件由来和事实方面，按照依申请还是依职权作出该裁定，有两种不同的书写模式。

（1）依申请用模式。

在该模式中，要写明案件由来和原告或者利害关系人申请停止执行行政行为的理由和申请停止执行行政行为的名称。具体可表述为："本院在审理原告×××诉被告×××……（写明案由）一案中，原告（或者利害关系人）×××认为……（写明停止执行行政行为的理由），向本院申请停止执行……（写明停止执行行政行为的名称）。"

在接下来的"本院认为"部分，要写明法院经审查认为应当停止执行行政行为，或者驳回申请的理由以及法律依据。裁定主文部分分两种情况，对裁定停止执行的，表述为"在本案诉讼期间，停止××行政行为的执行"。驳回申请的，表述为"驳回原告（或利害关系人）×××的申请"。

裁定尾部要写明"如不服本裁定，可以向本院申请复议一次，复议期间不停止裁定的执行"。最后合议庭要署名，具体写法与第一审普通程序行政判决书相同。

（2）依职权用模式。

依职权用模式与依申请模式的区别就是在案件由来的表述上，将原告或者利害关系人申请，替换为法院发现存在停止执行的情况，并将停止执行的理由与依申请模式的本院认为部分合并，也即依职权用模式不存在单独的本院认为部分。

（五）准许或不准许撤诉用行政裁定书

1. 概念和适用范围

准许或不准许撤诉用行政裁定书，是指人民法院审理行政案件，在宣告判决或者裁定前，对原告申请撤诉进行审查后所作的同意与否的书面决定。

撤诉裁定适用于两种情况：一是原告主动申请撤诉的；二是被告改变其所作的行政行为，原告同意并申请撤诉的。被告改变行政行为包括以下几种情形：改变被诉行政行为所认定的事实和证据；改变被诉行政行为所适用的法律依据且对定性产生影响；撤销、部分撤销或者变更被诉行政行为处理结果；根据原告的请求依法履行法定职责；采取相应的补救、补偿等措施；在行政裁决案件中，书面认可原告和第三人达成的和解的；等等。

原告主动申请撤诉的，须是其真实的意思表示。被告改变被诉行政行为，原告申请撤诉，必须符合下列条件，人民法院才能裁定准许撤诉：申请撤诉是当事人真实意思表示；被告改变被诉行政行为，不违反法律、法规的禁止性规定，不超越或者放弃职权，不损害国家利益、公共利益和他人合法权益；被告已经改变或者决定改变被诉行政行为，并书面告知人民法院；第三人无异议。

2. 写法

该裁定书首部当事人、其他诉讼参加人的列项和基本情况的写法，与第一审普通程序行政判决书样式相同。接下来要写明“本院在审理原告×××诉被告×××……（写明案由）一案中，原告×××……（简要写明原告提出的撤诉请求和理由）”。

在裁定书正文部分，要写明法院准许撤诉或不准撤诉的理由。对于被告改变被诉行政行为，原告申请撤诉的，准许撤诉裁定可以载明被告改变被诉行政行为的主要内容及履行情况，并可以根据案件具体情况，在裁定理由中明确被诉行政行为全部或者部分不再执行，以充分保护原告的权益。

准许撤诉的，表述为“准许原告×××撤回起诉”。不准撤诉的，表述为“不准许原告×××撤诉，本案继续审理”。准许撤诉的，要写明诉讼费用的负担；不准撤诉的，此项不写。

第三节　第二审行政裁判文书

一、第二审行政判决书

（一）概述

第二审行政判决书，是第二审人民法院按照行政诉讼法规定的第二审程序，对当事人不服尚未发生法律效力的一审判决提出上诉的案件，经审理终结后，依法就案件的实体问题作出终局处理的书面决定。第二审判决书是人民法院对第一审判决书是否正确合法的再判定。

按照《行政诉讼法》第87条的规定，第二审人民法院审理上诉案件，应当对原审人民法院的裁判和被诉行政行为是否合法进行全面审查，不受上诉范围的限制。这一点是制作第二审行政判决书时需要加以注意和体现的。

（二）写法

制作第二审行政判决书要体现上诉审的特点，强调针对性和说服力。实践中，要注意与第一审行政判决书的联系和区别。第二审行政判决书的结构与第一审行政判决书基本相同，只是在具体内容和写法上有较大区别，具体如下所述。

1. 当事人称谓

上诉案件当事人的称谓，写“上诉人”“被上诉人”，并用括号注明其原审诉讼称谓。原审有第三人的，除提出上诉的也写“上诉人”外，仍写“第三人”。原审当事人都上诉的，可并列为上诉人，不必再写被上诉人。共同诉讼的案件，一审判决后，当事人中的一人或者部分人上诉，上诉后是可分之诉的，未上诉的当事人在判决书中可以不列；上诉后仍是不可分之诉的，未上诉的当事人可以列为被上诉人。除当事人的称谓外，当事人及其他诉讼参加人的列项和基本情况的写法，与第一审普通程序行政判决书样式相同。

2. 案件由来和审判方式

在案件由来上要写明：“上诉人×××因……（写明案由）一案，不服××××人民法院（××××）×行初××号行政判决，向本院提起上诉。”在审判方式上要写明：“本院依法组成合议庭，公开（或不公开）开庭审理了本案。……（写明到庭的当事人、诉讼代理人等）到庭参加诉讼。本案现已审理终结。”由于审理第二审行政案件可以开庭审理，也可以书面审理，所以未开庭的，写“本院依法组成合议庭，对本案进行了审理，现已审理终结”。

在二审案件是否应当开庭审理上，《行政诉讼法》第 86 条规定，人民法院对上诉案件，应当组成合议庭，开庭审理。经过阅卷、调查和询问当事人，对没有提出新的事实、证据或者理由，合议庭认为不需要开庭审理的，也可以不开庭审理。

3. 案件事实

首先要写明当事人上诉争议的事实，包括原审认定的事实、理由和判决结果，以及上诉人的上诉请求和主要理由、被上诉人的主要答辩内容以及第三人的陈述意见。上诉审要确定一审法院的判决是否正确，正确的予以维持，错误的依法改判，从而解决当事人争议的实体问题。所以概括写明原审判决认定的事实和判决结果，是为二审提供裁判依据。叙述一审判决认定的事实和结果既要准确无误地反映一审的裁判，又不能照抄照搬，使判决书显得冗长拖沓，而是要作必要的归纳和提炼。

书写上诉人的上诉请求和理由以及被上诉人的答辩意见可参照第一审普通程序判决书的写法。

接下来要写明二审审理中的举证、质证情况以及二审法院认定的事实和证据。在书写证据情况时，如果当事人在二审期间提出新证据的，就要在“经审理查明”内容之前，写明二审法院是否采纳以及质证情况，并说明理由。如果没有新证据，则不写该内容。书写审理查明这部分内容，要根据案件的实际情况有所侧重。比如原审判决认定的事实清楚，上诉人也没有异议的，可以简述，确认原审判决认定的事实即可；如果原审判决认定事实清楚，上诉人提出异议的，则应对有异议的问题进行重点叙述；如果原审判决认定事实不清，证据不足，经二审查清事实后改判的，则应具体叙述查明的事实和有关证据，予以澄清。

4. 判决理由

在这一部分，要根据上诉人的上诉请求和理由，就原审判决认定事实是否清楚，适用法律、法规是否正确，有无违反法定程序，上诉人的上诉理由是否成立，上诉请求是否应予支持，以及被上诉人的答辩是否有理等进行分析论证，阐明维持原判或者撤销原判予以改判的理由。阐述理由要有针对性和说服力，注重事理分析和法理分析，回答上诉争议的主要问题，引出合乎逻辑的公正结论。

第二审判决所依据的法律条文，应分别引用《行政诉讼法》第 89 条第 1 款第 1、2、3、4 项的规定。其中全部改判或者部分改判的，除先引用《行政诉讼法》的有关条款外，还应同时引用改判所依据的实体法的有关条款。

5. 判决结果

根据《行政诉讼法》第 89 条的规定，判决结果分四种情况写明：

（1）维持原审判决的情况，表述为："驳回上诉，维持原判。"

（2）对原审判决部分维持、部分撤销的情况，要分项写明维持和撤销原审判决的具体内容；如果对撤销部分作出改判的，要单独列出一项写明对撤销部分作出的改判内容。

（3）撤销原审判决，驳回原审原告诉讼请求的情况，要分项写明："撤销××××人民法院（××××）×行初字第××号行政判决；驳回×××（当事人名称）的诉讼请求。"

（4）撤销原审判决，同时撤销或变更行政机关的行政行为的情况，要分项写明撤销原审判决和撤销（或变更）行政机关的行政行为；如需改判的，要单列一项写明二审法院改判结果。

6. 尾部

要写明诉讼费用的负担，明确本判决为终审判决。

（三）实例及评析

上海市××人民法院

行 政 判 决 书

（2018）沪行终×××号

上诉人（原审原告）王某某，男，1952 年 1 月 4 日出生，汉族，住上海市××区。

上诉人（原审原告）王×某，男，1959 年 3 月 4 日出生，汉族，住上海市××区。

被上诉人（原审被告）上海市××区人民政府，住所地上海市××区。

法定代表人赵某某。

委托代理人时某某。

被上诉人（原审被告）上海市人民政府，住所地上海市××区。

法定代表人应某某。

上诉人王某某、王×某因政府信息公开答复及行政复议决定一案，不服上海市××人民法院（2018）沪××行初××号行政判决，向本院提起上诉。本院受理后依法组成合议庭审理了本案，现已审理终结。

原审法院查明，上海市××区人民政府（以下简称"××区政府"）于 2017 年 7 月×日收到王某某、王×某（以下简称"王某某等"）提出的政府信息公开申请。王某某等申请称，其在上海市××区××路×××弄×××号拥有房屋一处，现房屋面临征收，为核实房屋征收合法性，特书面申请房屋所在地如下政府信息："房屋征收决定；房屋征收决定公告；安置补偿方案；安置补偿方案公告；被征收房屋的评估报告。"因王某某等提交的申请内容不明确，××区政府于8月×日作出编号为SQ××01的补正告知书，告知王某某等：根据申请内容的描述，××区政府查询到《上海市××区人民政府房屋征收决定》（××府房征〔2012〕××号）、《××区××镇老街×××号地块（A段）房屋征收与补偿方案》、《关于修改〈××区××镇老街×××号地块（A段）房屋征收与补偿方案〉的公告》、《上海市国有土地上居住房屋征收估价分户报告单》（编号：（2012）估字第××号1A—2—3—2，被征收房屋坐落：上海市××区××路×××弄×××号），请申请人明确所需要的信息是否是上述文件，还是其他文件。王某某等于8月×日收到补正告知书后于8月×日对其申请补正为："申请人的房屋坐落于上海市××区××路×××弄×××号，因房屋面临征收，为核实房屋征收的合法性，故申请信息公开，请贵局依照申请人房屋的具体位置，即××区××路×××弄×××号，提供相应文件材料。"××区政府经审查，认为王某某等补正申请内容仍不明确，遂于2017年8月×日作出编号为SQ××01—2《告知书》（以下简称"被诉告知"）。告知王某某等："经审查，补正后，您仍未明确具体申请内容，不符合《上海市政府信息公开规定》第二十一条规定的政府信息公开的申请要求，不适用于《上海市政府信息公开规定》，本机关不再按照《上海市政府信息公开规定》作出答复。现出于便民原则告知您，《上海市××区人民政府房屋征收决定》（××府房征〔2012〕××号）及其附件《××区××镇老街×××号地块（A段）房屋征收与补偿方案》和《关于修改〈××区××镇老街×××号地块（A段）房屋征收与补偿方案〉的公告》，均已在上海××区门户网站（www.×××.gov.cn）上主动公开，建议您分别通过浏览信息公开→政府信息公开目录→城区建设和管理→旧区改造→房屋征收决定和信息公开→政府信息公开目录→城区建设和管理→旧区改造→房屋征收公告的相关页面获取，《上海市国有土地上居住房屋征收估价分户报告单》（编号：（2012）估字第××号1A—2—3—2，被征收房屋坐落：上海市××区××路×××弄×××号）建议您向××区房屋管理和住房保障局咨询。"王某某等收到被诉告知后不服，向上海市人民政府（以下简称"市政府"）申请行政复议。市政府于2017年9月×日受理王某某等的复议申请，于同月××日向××区政府发出《行政复议答复通知书》。××区政府向市政府提交了《行政复议答复书》及相关证据材料。同年11月××日，市政府向王某某等及××区政府发出《行政复议延长审理期限通知书》。市政府经审查认为××区政府所作答复并无不当，遂于2017年12月××日作出沪府复字（2017）第××号行政复议决定（以下简称"被诉复议决定"），维持××区政府作出被诉告知的行政行为，该行政复议决定书邮寄送达王某某等及××区政府。王某某等仍不服，向本院提起行政诉讼。

原审法院认为，××区政府依法具有对向其提出的政府信息公开申请作出答复的法定职责。××区政府收到王某某等的政府信息公开申请后，依法进行了审查，在经过补正程序后，于法定期限内作出被诉告知并送达，执法程序合法。《上海市政府信息公开规定》第二十一条第一款第二项规定，公民、法人或者其他组织向行政机关申请公开政府信息的申请书中应载明明确的政府信息内容，包括能够据以指向特定政府信息的文件名称、文号或者其他特征描述。本案中，王某某等的政府信息公开申请未能指明所需文件的名称、文号，也未载明能够指向特定政府信息的特征描述。对此，××区政府根据查找结果向王某某等作出了详细的指引性的补正告知，但王某某等并未针对××区政府的补正告知，进一步明确其申请的信息内容。××区政府经审查认定王某某等未能明确具体申请内容，不符合《上海市政府信息公开规定》第二十一条规定的政府信息公开的申请要求，遂作出被诉告知，告知王某某等不再按照《上海市政府信息公开规定》作出答复，认定事实清楚，适用法律正确。此外，××区政府将能够查找到的政府信息便民提供给了王某某等，未能提供的也告知了王某某等相关情况及具体获取信息的途径，实际保障了王某某等的知情权，××区政府所作被诉告知并无不当。市政府受理王某某等的行政复议申请后，向××区政府发出行政复议答复通知书，经延长复议审理期限，于法定期限内作出维持被诉告知的被诉复议决定，符合《中华人民共和国行政复议法》第三十一条第一款之规定，行政复议程序合法，被诉复议决定并无不当。王某某等的诉讼请求和理由缺乏事实证据和法律依据，不予支持。据此，依照《中华人民共和国行政诉讼法》第六十九条、第七十九条之规定，判决驳回王某某等的诉讼请求。王某某等不服，向本院提起上诉。

上诉人王某某等上诉称，其申请内容系明确的，被诉告知内容错误。被诉复议决定错误，原审判决错误。请求撤销原审判决，并依法改判或发回重审。

被上诉人××区政府辩称，其并不清楚上诉人申请公开的信息中房屋征收决定公告和安置补偿方案公告的具体指向是公告的载体还是公告行为本身，故上诉人申请公开的信息内容确实存在不明确之处。上诉人在收到补正告知后仍未明确申请内容，故被上诉人在此情况下作出被诉告知并无不当。原审判决正确，请求驳回上诉人的上诉请求。

被上诉人市政府未发表辩论意见。

经审理查明，原审法院查明的事实无误，本院予以确认。

本院认为，××区政府具有对王某某等向其提出的政府信息公开申请进行处理的职责。××区政府收到王某某等的政府信息公开申请以后，在法定期限内作出补正告知、被诉告知，程序合法。本案的争议焦点是王某某等提出的政府信息公开是否明确。政府信息公开是公民获取相关信息的法定途径，在申请内容具有不同理解的可能性之时，行政机关和申请者应当保持平等友善的沟通，共同确定申请的内容。及时沟通既是行政机关履行政府信息公开职责的必然要求，也是申请者知情权得以有效实现的保障。本案中，王某某等的申请内容中包含房屋征收决定公告、安置补偿方案公告，××区政府述称无法明确该两项信息具体指向是公告的载体还是公告行为本身，故该项申请内容存在不明确之处，××区政府的上述意见具有一定合理性。在此情况下，××区政府根据申请内容，提供了可能相关的材料名称向王某某等作了补正指引，建议王某某等对相关文件名称进行确认或者提供其他文件名称。王某某等收到补正通知以后，仅进一步强调了其申请目的，并未针对××区政府的补正告知进一步明确其申请的信息内容。在此情况下，××区政府认定王某某等的申请不符合《上海市政府信息公开规定》第二十一条的规定，作出被诉告知并无不当。市政府所作被诉复议决定，结果正确，程序合法。

综观本案，王某某等基于法律规定所提政府信息公开申请存在模糊之处，××区政府进行初步查询以后，要求王某某等进行确认补正有其合理性。在王某某等没有积极补正的情况下，××区政府通过便民的角度告知部分信息的获取途径，实际上有助于实现王某某等提出本案政府信息公开申请的目的。王某某等若认为××区政府的便民告知不能满足其需求的，可另行提出政府信息公开申请。各方当事人在提出以及处理政府信息公开申请过程中，宜秉持互信的态度，加强沟通，减少行政争议的产生。原审判决驳回上诉人王某某等的诉讼请求正确，应予维持。上诉人的上诉请求不能成立，应予驳回。依照《中华人民共和国行政诉讼法》第八十九条第一款第（一）项之规定，判决如下：

驳回上诉，维持原判。

上诉案件受理费人民币50元，由上诉人王某某等负担（已付）。

本判决为终审判决。

审判长　×××

审判员　×××

审判员　×××

二〇一×年×月×日

书记员　×××

评析：该裁判文书叙述案件事实客观全面、层次分明、结构完整、逻辑严密、详略得当，对双方当事人争议的案件事实逐一进行了查实和认定，对审理焦点问题的归纳明晰准确，特别是对法律问题的阐述清晰深刻，说理透彻充分。该文书全面反映了案件的审理程序，语言流畅、文法正确、文字凝练，符合规范。

二、第二审行政裁定书

下面主要介绍三种常用的二审行政裁定书的写法。

（一）发回重审用行政裁定书

1. 概念

发回重审用行政裁定书，是指第二审人民法院通过审理上诉案件，认为原判决存在认定事实不清、证据不足，遗漏当事人或者违法缺席判决等严重违反法定程序的情况，而依法作出撤销原判、发回重审的书面处理决定。

2. 写法

裁定书首部当事人及其他诉讼参加人的列项和基本情况的写法，案件由来、庭审程序的表述，以及事实部分当事人的上诉请求和答辩意见的写法，与第二审维持原判或改判用的行政判决书样式相同。在审理查明部分要重点写明法院据以作出发回重审裁定的相关事实，与发回重审无关的事实可以少写或者不写。在裁定书正文部分要写明发回重审的理由，并概括指引如何操作。发回重审的法律依据是《行政诉讼法》第89条第1款第3、4项的规定。

裁定主文分两项来写：一是“撤销××××人民法院（××××）×行初××号行政判决”；二是“发回××××人民法院重审”。

发回重审的裁定纯属审判程序问题，不发生诉讼费用的负担问题，所以在尾部不写诉讼费用的负担一项。

（二）是否准许撤回上诉用行政裁定书

1. 概念

是否准许撤回上诉的行政裁定书，是二审人民法院对上诉人在二审判决宣告前提出撤回上诉的申请进行审查后作出的是否准许的书面决定。

上诉人申请撤回上诉是对自己的诉讼权利的一种处分，人民法院审查是否准许撤回上诉从以下几个方面进行：一审判决认定事实、适用法律是否正确；撤回上诉是否本人自愿；多方上诉的，未申请方是否坚持上诉；是否影响上诉人的重大利益。当事人撤回上诉后，不得再就一审判决提出上诉，一审判决在撤回上诉裁定生效后即发生法律效力。

2. 写法

上诉人、被上诉人和其他诉讼参加人的列项及基本情况的写法，以及案件由来的表述，与第二审维持原判或改判用的行政判决书样式相同。在交代案件由来后，要简要写明上诉人申请撤回上诉的理由。然后另起一段写明和法院经审查认为准许上诉人撤回上诉或者不准许撤回上诉的理由以及法律依据。

裁定结果分两种情况书写：准许撤回上诉的，表述为“准许上诉人×××撤回上诉”。不准撤回上诉的，表述为“不准许上诉人×××撤回上诉，本案继续审理”。

在裁定尾部，准许撤回上诉的，要写明诉讼费用的负担，交代本裁定为终审裁定；不准撤回上诉的，以上两项不写。

（三）不服一审裁定的上诉案件的行政裁定书

1. 概念

对于一审法院作出的不予立案和驳回起诉的行政裁定，当事人可以提起上诉。对不予立案的裁定，二审法院经审查认为应予立案的，要作出撤销一审裁定，指令原审法院立案受理的裁定；如认为一审法院不予立案正确，裁定予以维持。对驳回起诉的裁定，二审法院经审查认为一审裁定错误，作出撤销一审裁定，指令原审法院继续审理的裁定；如认为正确则裁定予以维持。

2. 写法

《行政诉讼文书样式（试行）》将不服一审裁定的上诉案件的行政裁定书区分为二审维持或撤销一审不予立案裁定用和二审维持或撤销一审驳回起诉裁定用两种模式。这两种模式的裁定书首部上诉人、被上诉人及其他诉讼参加人的列项和基本情况以及案件由来的写法，与二审维持原判或改判用的行政判决书样式相同，其余部分则有所不同，下面分别予以说明。

（1）二审维持或撤销一审不予立案裁定用模式。

该裁定在交代案件由来后，要写明上诉人的上诉请求和理由。接下来，在裁定正文直接写明法院驳回上诉或撤销原裁定的理由和法律依据。

裁定结果分两种情况来写：驳回上诉，维持原裁定的，表述为“驳回上诉，维持原裁定”；撤销原裁定，应予立案的，表述为“撤销××××人民法院（××××）×行初××号行政裁定；本案由××××人民法院予以立案”。

尾部要写明本裁定为终审裁定。

（2）二审维持或撤销一审驳回起诉裁定用模式。

该裁定在交代案件由来后，要写明法院依法组成合议庭和是否公开开庭审理案件的情况。接下来要写明上诉人的上诉请求及其主要理由。

在裁定正文部分要写明法院经审理查明的与起诉条件有关的事实、证据和相关依据。在“本院认为”部分要写明作出裁定的理由和法律依据。

裁定结果分两种情况来写：驳回上诉，维持原裁定的，表述为“驳回上诉，维持原裁定”。撤销原裁定，应予继续审理的，分两项表述为：“一、撤销××××人民法院（××××）×行初字第××号行政裁定；二、本案指令××××人民法院继续审理。”

尾部要写明本裁定为终审裁定。

二审驳回上诉行政裁定书参考文书

【本章小结】

本章讲述了人民法院一审、二审和再审裁判文书的写法。在把握行政裁判文书的特点，即和民事裁判文书的不同之处的基础之上，应重点掌握一审行政判决书、行政赔偿文书和二审行政判决书的写法。

【思考练习题】

1. 简述行政裁判文书的特点。
2. 制作一审行政判决书应注意哪些问题？
3. 简述一审普通程序行政（赔偿）调解书的写法。

【写作训练题】

请根据以下材料，结合本章中的示例，写一篇一审判决书。要求：裁判文书要素齐全，格式正确，文字简练、准确。

（一）被诉行政行为：被告公安国际机场分局于×年×月×日对原告刘××作出沪公机行罚决字［2020］×号《行政处罚决定书》（以下简称被诉处罚决定），认定原告于×年×月×日在C××广州飞往上海虹桥的航班上犯有在航空器上非法使用器具的违法行为。根据《中华人民共和国治安管理处罚法》（以下简称《治安管理处罚法》）第34条第2款之规定，决定给予原告行政拘留五日的行政处罚。行政拘留送上海市徐汇区拘留所执行，执行期限为×年×月×日到×年×月×日。决定同时告知原告行使救济权利的方式及期限。

（二）原告刘××诉称：×年×月×日，原告乘坐C××广州飞往上海虹桥的航班中，在飞机尚未起飞时拨打手机，机组人员以恶劣态度制止，原告便挂断电话不再使用。飞机降落，乘客开始陆续离开机舱时，原告要求提供该机组人员工作职位等信息以便投诉，机组便报警称原告于飞行中使用手机。此后，被告对原告作出被诉处罚决定。原告认为，根据《治安管理处罚法》第34条第2款之规定，在使用中的航空器上使用可能影响导航系统正常功能的器具、工具，只有在不听劝阻的情况下方可被给予行政处罚，本案中，原告在机组人员制止后便挂断电话，已接受了劝阻，被告对原告作出处罚依据不足。

（三）原告刘××诉讼请求：请求法院判决撤销被诉处罚决定。

（四）原告刘××提供的证据：1. 原告的身份；2. 航班信息；3. 事发当时原告拨打电话的手机屏幕截图；4. 行政处罚告知笔录；5. 行政处罚复核表；6. 行政处罚决定书。

（五）被告公安国际机场分局辩称：被告具有作出本案被诉处罚决定的法定职责，在办案过程中，被告依法履行了法定调查程序，处罚程序合法。在处罚过程中，原告所持港澳居民往来内地通行证显示姓名为张某丽。经查，原告在所乘坐航班飞机滑行准备起飞阶段使用手机接听和拨打电话，经飞机安全员多次劝阻仍坚持使用，直至飞机即将加速起飞，安全员为防止影响航空器导航系统正常功能，准备用手制止原告使用手机时，原告才停止使用。原告的上述行为违反了《治安管理处罚法》第34条第2款的规定，被告据此对其作出被诉处罚决定，认定事实清楚，适用法律正确。原告的诉请缺乏事实根据与法律依据，请求法院予以判决驳回。

（六）被告公安国际机场分局提供的证据：1. 对原告的询问笔录、C××航班安全员杨某的询问笔录、证人陈某的询问笔录；2. 辨认笔录；3. 航班机组报警单；4. 受案登记表；5. 原告的身份及航班信息；6. 行政处罚告知笔录；7. 行政处罚复核表；8. 行政处罚决定书等。

（七）法律规定：

1.《中华人民共和国行政诉讼法》第六十九条

行政行为证据确凿，适用法律、法规正确，符合法定程序的，或者原告申请被告履行法定职责或者给付义务理由不成立的，人民法院判决驳回原告的诉讼请求。

2.《治安管理处罚法》第三十四条第二款

在使用中的航空器上使用可能影响导航系统正常功能的器具、工具，不听劝阻的，处五日以下拘留或者五百元以下罚款。

第四章写作训练题
参考答案

第五章　检察法律文书

【本章引言】

检察机关是国家的法律监督机关，担负着检察、批准逮捕、检察机关直接受理案件的侦查、提起公诉，依法对刑事诉讼、民事诉讼、行政诉讼实行法律监督，依照法律规定提起公益诉讼等重要职责。检察法律文书是检察机关依法履行职责，进行诉讼活动必不可少的法律工具，也是国家司法文书的重要组成部分。不同的检察法律文书具有不同的作用，其格式和写作方法也各不相同，要注意把握。

【本章学习目标】

1. 了解检察机关法律文书的概念、特征和主要种类；
2. 掌握常用检察法律文书的格式和写法；
3. 按要求写作有关检察法律文书。

第一节　检察法律文书概述

检察法律文书，是指人民检察院为实现其法律监督职能，依据法律规定所制作的具有法律效力的司法公文。它是国家司法文书的重要组成部分，具有以下主要特征：

（1）检察法律文书的制作主体是特定的、唯一的。检察法律文书的制作主体是依法行使法律监督职能的各级人民检察院，其他机关、团体和个人均无权制作检察法律文书。

（2）检察法律文书的目的和作用，是保证人民检察院履行和实现其各项法律监督职能。制作检察法律文书，是人民检察院为保证国家法律的统一正确实施，依法开展法律监督工作的具体体现，而检察法律文书则是人民检察院依法实施各项诉讼行为的重要书面凭证，人民检察院及其检察人员进入每一道诉讼程序、依法实施相关的诉讼行为，均应制作相应的法律文书，以保证其行为的合法、有效。

（3）检察法律文书的制作必须严格依法进行。检察法律文书是根据宪法和有关法律制作的，每一种文书均有相应的法律规定作为依据。人民检察院制作检察法律文书时，必须严格按照有关法律规定和司法解释的要求进行。

（4）检察法律文书是具有法律效力的文书。检察法律文书是依据有关法律的授权而制作的，是以国家强制力作为实施保障的，具有法律效力，即具有普遍的约束力，任何单位和个人都必须遵守，否则要承担相应的法律责任。

（5）检察法律文书属于国家公文，受法律保护。检察法律文书是国家机关公文的一种，除了特定的国家机关即人民检察院外，其他单位和个人不得制作。对于伪造、变造、买卖或者盗窃、抢夺、毁灭检察法律文书的行为，应当根据《刑法》第 280 条第 1 款的规定依法追究刑事责任。

近年来，全国检察机关坚持以习近平新时代中国特色社会主义思想为指导，认真贯彻习近平法治思想，全面落实《中共中央关于加强新时代检察机关法律监督工作的意见》，开启党绝对领导下的人民检察事业新征程。党的二十大报告进一步明确指出，“加强检察机关法律监督工作。完善公益诉讼制度。”这就为新时代检察工作创新发展指明了方向。检察机关内设机构及其职能历经系统性、整体性、重构性改革，形成了刑事、民事、行政、公益诉讼“四大检察”法律监督总体布局，与此同时，形成了普通犯罪检察、重大犯罪检察、职务犯罪检察、经济犯罪检察、刑事执行检察、民事检察、行政检察、公益诉讼检察、未成年人检察、控告申诉检察“十大业务”工作格局。为了适应新形势新任务，最高人民检察院及时对检察文书进行了全面修改和完善，本书重点讲述常用的“四大检察”法律文书、未成年人检察法律文书、检察通用法律文书。

第二节　常用刑事检察法律文书

根据 2020 年 1 月 15 日最高人民检察院印发的《人民检察院刑事诉讼法律文书格式样本（2020 年版）》的规定，检察机关刑事诉讼法律文书共有 333 种，分为 12 类：（1）立案、管辖文书，共 18 种；（2）回避文书，共 2 种；（3）辩护与代理文书，共 16 种；（4）证据文书，共 4 种；（5）强制措施文书，共 27 种；（6）侦查文书，共 61 种；（7）捕诉文书，共 88 种；（8）执行监督文书，共 13 种；（9）特别程序文书，共 21 种；（10）控告、申诉文书，共 7 种；（11）未检专用文书，共 51 种；（12）通用或其他文书，共 25 种。

一、通知立案书

（一）概述

通知立案书，是指人民检察院对于侦查机关应当立案侦查的案件而不立案侦查的，在要求侦查机关说明不立案的理由后，经审查认为侦查机关不立案的理由不能成立，或者侦查机关不说明不立案理由，但经审查符合立案条件，而通知侦查机关立案时所制作的法律文书。

通知立案书是人民检察院行使立案监督权，履行法律监督职责的重要法律文书之一。通知立案书的法律效力体现为，人民检察院一经发出通知立案书，则侦查机关必须在接到通知后 15 日内立案，并将立案决定书送达人民检察院。根据刑事诉讼法的规定，公安机关是侦查机关，国家安全机关、军队保卫部门、监狱也是刑事案件的侦查机关，这些机关的立案活动都应当接受人民检察院的监督，人民检察院在对其立案监督中需要通知其立案的，均适用本文书。本文书一式二份，一份留存，一份送达侦查机关。

（二）写法

本文书采用叙述式，按以下层次叙写：

（1）发往单位。例如：“北京市公安局××分局”。

（2）写明侦查机关回复“不立案理由说明书”的时间。例如：“本院于2022年3月21日收到你局回复的刘××涉嫌故意伤害罪一案的“不立案理由说明书”。”

（3）写明侦查机关关于不立案理由不能成立的原因和应当立案的事实根据和法律依据。先写明人民检察院经审查认为侦查机关说明的不立案理由不成立的原因，然后叙述人民检察院查明的案件事实，分析犯罪嫌疑人行为的特征，引用犯罪嫌疑人所触犯的刑法条文和涉嫌的罪名，并指出本案符合刑事诉讼法规定的立案条件。在必要的时候，还可以列举证据证明所认定的案件事实。

（4）写明通知侦查机关立案的法律依据和要求。例如：“根据《中华人民共和国刑事诉讼法》第一百一十三条的规定，现通知你局在收到本《通知立案书》后十五日以内对涉嫌故意伤害罪的刘××进行立案，并将立案决定书副本送达本院。”

通知立案书
参考文书

二、起诉书

（一）概述

起诉书，是指人民检察院对公诉案件经过审查，认为犯罪嫌疑人的犯罪事实已经查清，证据确实充分，依法应当追究刑事责任，代表国家将犯罪嫌疑人提起公诉，交付人民法院审判时制作的法律文书。起诉书是人民检察院在刑事诉讼中制作和使用的最重要的法律文书之一，集中反映了人民检察院对公诉案件进行审查起诉后的结论性意见，是人民检察院刑事公诉权的重要体现。

起诉书在刑事诉讼中具有十分重要的意义。对侦查机关来讲，起诉书是确认侦查终结的案件犯罪事实、情节清楚，证据确实、充分，侦查活动合法的凭证；对检察机关来讲，起诉书既是代表国家对被告人追究刑事责任交付审判的文书，又是出庭支持公诉、发表公诉意见、参加法庭调查和辩论的基础；对审判机关来讲，起诉书引起第一审程序的刑事审判活动，既是人民法院对公诉案件进行审判的凭据，又是法庭审理的基本范围；对被告人及其辩护人来讲，起诉书既是告知已将被告人交付审判的通知，又是公开指控被告人犯罪行为的法定文书。另外，起诉书还确定了提起公诉的内容：一是明确了提起公诉的对象，即人民检察院要求予以追究刑事责任的被告人的具体身份；二是明确了人民检察院对被告人指控的具体内容，包括被告人涉嫌犯罪的事实和罪名等；三是明确了人民检察院对被告人提起公诉的根据和理由，包括人民检察院据以提起公诉的刑法、刑事诉讼法依据，以及人民检察院认定犯罪性质和要求追究刑事责任的理由等；四是通过对犯罪性质、犯罪情节、共同犯罪各被告人的地位和作用作出认定以及引用相关刑法条款，明确人民检察院对适用刑罚的概括性意见，行使检察机关的追诉权。

（二）写法

基于案件类型、适用程序的不同，起诉书的格式分为五种，分别适用于普通程序案件、认罪认罚程序案件、单位犯罪案件、简易程序案件和刑事附带民事诉讼案件，各种格式在内容上均有所侧重。

1. 普通程序适用的起诉书

普通程序适用的起诉书，是指人民检察院对于应当按照普通程序审理的刑事案件，在提起公诉时制作的指控被告人犯罪行为的法律文书。

文书分为三个部分：首部、正文、尾部。

（1）首部。由制作文书的检察院名称、“起诉书”、文书编号、被告人基本情况、案由及案件审查过程组成。

关于被告人基本情况。写明被告人的姓名（别名、绰号）、性别、出生年月、公民身份号码、民族、文化程度、职业或者工作单位及职务、是否系人大代表或政协委员、户籍地、住址、曾受到刑事处罚以及与本案定罪量刑相关的行政处罚的情况和因本案采取强制措施的情况等。

关于案由及案件审查过程。准确表述侦查机关移送审查起诉的时间；若有变更管辖的，说明转至审查起诉的时间；有多名被告人的则分别写明被告人姓名及罪名；对被告人有权委托辩护人、被害人及其法定代理人或近亲属有权委托诉讼代理人、附带民事诉讼的当事人及法定代理人有权委托诉讼代理人情况的告知；讯问被告人和听取被告人、被害人及辩护人、诉讼代理人意见以及退回补充侦查、延长审查起诉期限（日期、理由）等程序事项。

（2）正文。由案件事实、证据、起诉理由和决定事项组成。

案件事实。写明经检察机关审查认定的犯罪事实，包括犯罪时间、地点、经过、手段、目的、动机、危害后果等与定罪、量刑有关的事实要素。应当根据具体案件情况，围绕刑法规定的该罪的构成要件叙写。对于不在一案中处理的同案人，应注明“另案处理”。

证据。应按证据的类型，结合将要列举证据的顺序分项写。结合具体案件，写明证据的来源。通常的写法是在全部犯罪事实叙述完毕之后写，但也可以用“一罪一证”及“一事一证”的写法。

起诉理由和决定事项。先对行为的性质、危害程度、情节轻重，结合犯罪的各构成要件进行概括性表述，突出本罪特征，语言精练、准确。多个被告人的，一般是每名被告人各起一自然段分别写，若多名被告人触犯的是相同罪名，一般是每名被告人各起一自然段分别写，若多名被告人触犯的是相同罪名，也可在一自然段内综合叙述。提起公诉的法律依据必须明确无误，具体到条、款、项。决定事项表述为：“提起公诉，请依法判处。”

起诉书
参考文书

（3）尾部。写明送达法院名称、起诉书签发的日期、承办案件检察官和检察官助理的姓名、附注事项。其中，附注事项部分，要在附注中说明被告人现在处所，具体包括在押被告人的羁押场所或监视居住、取保候审的处所。写明全案移送案卷的册数。证人、鉴定人、需要出庭的有专门知识的人的名单，需要保护的被害人、证人、鉴定人的名单。注明是否提起附带民事诉讼及主体、附带民事诉状的份数、有关涉案款物的情况等。

2. 认罪认罚程序适用的起诉书

认罪认罚程序适用的起诉书，在结构、内容等方面与普通程序适用的起诉书基本相同，现将其写作特点介绍如下：

关于案由及案件审查过程部分。应当叙写告知被告人认罪认罚可能导致的法律后果以及听取被告人及其辩护人意见的情况；被告人没有辩护人的，应当写明听取值班律师意见的情况；被告人同意适用速裁、简易或普通程序审理的情况。

关于案件事实部分。应当写明被告人到案后自愿如实供述自己的罪行，与被害人达成和解协议或者赔偿被害人损失，取得被害人谅解等事实要素。

关于证据部分。应当在起诉书中阐明证据的名称、种类，并概述证明的内容，并写明被告人对指控的犯罪事实和证据没有异议，并自愿认罪认罚。

关于起诉的要求和根据部分。对于酌定量刑情节，根据案件的具体情况，在起诉书中予以说明；阐述具体量刑建议，包括主刑、附加刑的刑种、刑期，以及刑罚执行方式；建议判处财产刑的，写明确定的数额。也可以单独附量刑建议书，量刑建议不在起诉书中表述。

关于附注事项部分。应附上认罪认罚具结书。

3. 单位犯罪案件适用的起诉书

单位犯罪案件适用的起诉书，在结构、内容等方面与普通程序适用的起诉书基本相同，现将其写作特点介绍如下：

关于被告单位、被告人的情况。要写明被告单位的名称、住所地、法定代表人姓名及职务；诉讼代表人基本情况，包括姓名、性别、年龄、工作单位、职务等。先写被告单位、法定代表人及作为被告人的责任人员的情况，再叙述一般的自然人被告人的情况。

关于案件事实部分。重点要写清单位犯罪的事实和有关责任人员构成犯罪的事实。

关于起诉的要求及根据部分。一般是按照先单位犯罪、后自然人犯罪的顺序叙述。

4. 简易程序适用的起诉书

简易程序适用的起诉书，是指人民检察院对于可以按照简易程序审理的刑事案件，在提起公诉时制作的指控被告人犯罪行为的法律文书。其与普通程序的起诉书不同之处，主要在于起诉的要求及根据部分，要明确地写明检察机关对于影响量刑因素的具体意见；对于法定及酌定情节的意见都应写入；在附注部分，写明全案移送案卷的册数。

5. 刑事附带民事起诉书

（1）首部。由提起附带民事诉讼检察机关的名称、“附带民事起诉书”、附带民事诉讼的案号、当事人的基本情况组成。当事人的基本情况，主要写明附带民事诉讼被告人的基本情况，包括姓名、性别、出生日期、民族、文化程度、职业、工作单位及职务、户籍地、住址、是否刑事案件被告人等。被害单位的基本情况，包括被害单位的名称、所有制性质、住所地、法定代表人姓名及职务等。

（2）正文。包括诉讼请求、事实证据和理由、起诉决定等内容。诉讼请求部分，对于要求被告人赔偿损失的数额应当具体明确。事实证据和理由部分，应写明检察机关审查认定的导致国家、集体财产损失的犯罪事实及有关证据。

（3）尾部。写清送达法院、承办案件检察官和检察官助理的姓名、起诉日期等。

三、量刑建议书

（一）概述

量刑建议书，是指人民检察院对提起公诉的被告人，依法就其适用的刑罚种类、幅度及执行方式等向人民法院提出建议的一种法律文书。量刑建议对于规范量刑活动、制约法院量刑裁量权、实现量刑公正具有重要的价值，特别是随着认罪认罚从宽制度的施行，量刑建议成为这项制度适用的必要前提。2018 年《刑事诉讼法》修订时，充分吸纳了刑事案件速裁程序和认罪认罚从宽制度试点的内容，从立法层面明确了检察机关量刑建议的地位和作用。

（二）写法

量刑建议书包括首部、正文、尾部三个部分。

1. 首部

首部包括标题、编号。

2. 正文

正文包括行为触犯的法律、涉嫌罪名、法定刑，量刑情节，建议的法律依据，建议具体内容。

（1）行为触犯的法律、涉嫌的罪名及法定刑。法定刑为依法适用的具体刑罚档次。

（2）量刑情节。量刑情节包括法定从重、从轻、减轻或免除处罚情节和酌定从重、从轻处罚情节。如果还有其他量刑理由的，可以列出。

（3）建议的法律依据。包括刑法、相关立法和司法解释等。

（4）建议的内容。包括主刑、附加刑、执行方式。主刑包括拘役、管制、有期徒刑等，执行方式是指是否适用缓刑，附加刑可以只建议刑种种类。如果建议单处附加刑或免于刑事处罚的，则不再建议主刑、执行方式和并处附加刑。

3. 尾部

尾部应当署具体承办案件检察官姓名；量刑建议书的年月日，为审批量刑建议书的日期。

4. 写作量刑建议书应当注意的问题

（1）被告人犯有数罪的，应当分别指出其触犯的法律、涉嫌罪名、法定刑、量刑情节，对指控的各罪分别提出量刑建议后，可以根据案件具体情况决定是否提出总的量刑建议。

（2）一案中有多名被告人的，可以分别制作量刑建议书，也可以同一份量刑建议书中集中表述。

（3）被告人认罪认罚的，人民检察院应当就主刑、附加刑、是否适用缓刑等提出量刑建议。人民检察院提出量刑建议前，应当充分听取犯罪嫌疑人、辩护人或者值班律师的意见，尽量协商一致。人民检察院一般应当提出“确定刑”量刑建议。提出量刑建议，应当说明理由和依据。被告人认罪认罚没有其他法定量刑情节的，人民检察院可以根据犯罪的事实、性质等，在“基准刑”基础上适当减让提出“确定刑”量刑建议。有其他法定量刑情节的，人民检察院应当综合认罪认罚和其他法定量刑情节，参照相关量刑规范提出“确定刑”量刑建议。

（4）本文书一式二份，一份附卷，一份送达人民法院。

量刑建议书
参考文书

四、公诉意见书

（一）概述

公诉意见书，是指受人民检察院指派出席法庭支持公诉的公诉人，在法庭上就对证据和案件情况集中发表意见时使用的法律文书。

根据我国刑事诉讼法的规定，人民法院审理公诉案件，人民检察院应当派员出席法庭支持公诉。在公诉人出席法庭支持公诉的情况下，法庭调查结束后，依法应当首先由公诉人发表公诉意见。公诉意见书就是出庭支持公诉的国家公诉人，在第一审程序法庭调查结束后、法庭辩论开始时，在起诉书提出的指控基础上，根据法庭调查情况，对起诉指控的犯罪事实进一步说明论证，对证据、案件情况以及定罪量刑、适用法律等问题发表综合性意见。公诉意见书只适用于第一审程序，检察人员参加上诉案件、抗诉案件在法庭发表的意见称为“出庭检察员意见书”。这是因为检察人员出席第一审法庭与出席上诉、抗诉案件法庭的任务有所不同，前者主要是支持公诉，后者主要是对审判活动进行监督。

公诉人发表的公诉意见书，是第一审法庭审理公诉案件的必备内容，是公诉人对起诉书指控被告人罪行和适用法律等重要问题的进一步阐发和论证，也是法庭听取国家公诉人对法庭调查的事实及如何定罪量刑等问题的总体性意见的重要形式，同时也成为辩方提出辩护意见的参照体，因此它对于法庭正确审理案件、准确定罪量刑有重要意义。另外，公诉意见书对旁听群众也起着一种法制宣传教育的作用。可见，公诉意见书在刑事诉讼中有重要的地位。

一般来说，为了保证出庭支持公诉取得良好效果，公诉人应当在出庭前，根据阅卷及分析研究的案件情况，预先制作公诉意见书稿，庭中再根据法庭调查的情况进行必要的修改、调整或补充。

（二）写法

公诉意见书是叙述式文书，由首部、正文、尾部三部分构成。

1. 首部

首部包括制作文书的人民检察院的名称和文书名称（即“公诉意见书”）。

2. 正文

依次写明下列事项：

（1）案件有关情况，包括被告人姓名、案由、起诉书文号。

（2）抬头，即对法庭审判人员的称呼语，具体可根据法庭的组成情况写为“审判长、审判员”“审判长、审判员、人民陪审员”“审判长、人民陪审员”。

（3）检察人员出庭支持公诉的法律根据、出席法庭的身份及职责。具体表述为：“根据《中华人民共和国刑事诉讼法》第一百八十九条和第二百零九条的规定，我（们）受×××人民检察院的指派，代表本院，以国家公诉人的身份，出席法庭支持公诉，并依法对刑事诉讼实行法律监督。”

（4）支持公诉的具体意见。这是公诉意见书的核心部分，应当根据具体的案件情况重点从以下几个方面加以阐述：

一是根据法庭的调查情况，概述法庭质证的情况、各证据的作用，并运用各证据之间的逻辑关系论证被告人的犯罪事实清楚、证据确实充分。这一部分内容的详略程度，应当根据案件的具体情况来确定。如果在法庭调查时对事实和证据基本上没有分歧，可以作简单概括；如果被告人不供、翻供、避重就轻或者对事实、证据提出了较多异议，就必须进行充分论证。

二是要根据被告人的犯罪事实，论证应适用的法律条款，提出定罪及从重、从轻、减轻处罚等意见。

三是根据庭审情况，在结论被告人犯罪行为的社会危害性的基础上，进行必要的法制宣传和教育工作。

（5）总结性意见。表述为：“综上所述，起诉书认定本案被告人×××的犯罪事实清楚、证据确实充分，依法应当认定被告人有罪，并建议____（根据是否认罪认罚等情况提出量刑建议或从重、从轻、减轻处罚等意见）。”

3. 尾部

尾部需写明公诉人姓名，注明当庭发表公诉意见书的时间。

4. 写作公诉意见书应当注意的问题

（1）公诉意见书的任务主要在于有力地证明起诉书的指控成立，因此其内容应当重点围绕本案证据及犯罪的成立进行论证，包括阐述本案的犯罪事实清楚、证据确实充分、犯罪的成立以及法律适用、量刑情节等问题，对其的基本要求是论点鲜明突出，论证有理有据，分析透彻深入，语言准确有力。

公诉意见书是与起诉书相辅相成的。起诉书是将被告人提交法院审判的一种法律凭证，其主要定位是定罪的申请书，因而应突出其客观性，且只要将指控的内容说清楚，为庭审的展开提供基础即可，至于进一步的分析、论证，就可交由公诉意见书来完成。即严格说来，起诉书并没有提出任何证据证明公诉机关的指控，它只是表述犯罪的实施过程，从逻辑上讲，只是给出了一个推论，而论据和逻辑推理是通过庭审举证、质证、辩论来完成的。而在法庭调查中，出示的单个证据本身的证明力仅能证明案件的某一事实或事实的某一方面，只有证据的相互组合才能必然推断出犯罪事实。因此，作为在法庭辩论开始时对起诉指控的犯罪事实进一步说明、论证的公诉意见书，其最重要的任务就是对证据的相互印证、相互组合必然推断出犯罪事实作出阐述，从而有力地证明起诉书的指控成立。

（2）公诉意见书是要通过论点、论据来推断出必然性结论即现有证据证实被告人犯罪事实成立的，所以它的总体逻辑结构是假言推理，而且一般是必要条件假言推理。对其大前提一般是再分为四个小前提即犯罪构成四要件来分别进行阐述、论证。当然，也不必对每个定罪构成要件都详细论述，而应根据案件情况，对存在争议、分歧的要件进行重点阐述。

在论证的深度上，首先要证明证据的确实、充分，包括某一个或某一组证据证明了什么，证据之间在哪些方面足以印证等。对当事人在举证阶段对证据提出的异议都要予以论证，而不能无视举证阶段被告人、辩护人等对证据的质疑。其次，要证明构成什么性质的犯罪。对此要根据有关的法理及法律依据进行深入的分析论证，必要时区分罪与非罪、此罪与彼罪的界限，反驳被告人、辩护人提出的相异观点，有时对被害人可能提出的相异观点也可简单地论证，使论证更有深度和信服力，更易于为法庭采信。这样以立论为主，加上适当的驳论，才能使公诉意见书的论证更有力度。最后，对法律适用及量刑情节进行论证。对量刑档次、从重或从轻情节等，一般在先论证这些情节成立的基础上，明确公诉人的观点是应从重还是从轻或者减轻，以弥补起诉书中对量刑情节的不确定表述。

公诉意见书
参考文书

五、不起诉决定书

（一）概述

不起诉决定书，是指人民检察院刑事检察部门在审查案件后，由检察人员根据案件的事实和证据，依照《刑事诉讼法》相关规定，对不予追究刑事责任的，犯罪情节轻微，依照刑法规定不需要判处刑罚或免除刑罚的，证据不足，不符合起诉条件的，犯罪嫌疑人自愿如实供述涉嫌犯罪的事实，有重大立功或者案件涉及国家重大利益，经最高人民检察院核准的被不起诉人作出不起诉决定时，所制作的法律文书。

根据我国刑事诉讼法的规定，不起诉分为四种：一是根据《刑事诉讼法》第 177 条第 1 款规定决定的不起诉（又称法定不起诉），即“犯罪嫌疑人没有犯罪事实，或者有本法第十六条规定的情形之一的，人民检察院应当作出不起诉决定”。而根据《刑事诉讼法》第 16 条规定，“有下列情形之一的，不追究刑事责任，已经追究的，应当撤销案件，或者不起诉，或者终止审理，或者宣告无罪：（一）情节显著轻微、危害不大，不认为是犯罪的；（二）犯罪已过追诉时效期限的；（三）经特赦令免除刑罚的；（四）依照刑法告诉才处理的犯罪，没有告诉或者撤回告诉的；（五）犯罪嫌疑人、被告人死亡的；（六）其他法律规定免予追究刑事责任的。”二是根据《刑事诉讼法》第 177 条第 2 款规定决定的不起诉（又称相对不起诉），即“对于犯罪情节轻微，依照刑法规定不需要判处刑罚或者免除刑罚的，人民检察院可以作出不起诉决定”。三是根据《刑事诉讼法》第 175 条第 4 款规定决定的不起诉（又称存疑不起诉），即“对于二次补充侦查的案件，人民检察院仍然认为证据不足，不符合起诉条件的，应当作出不起诉的决定”。四是根据《刑事诉讼法》第 182 条规定的最高检核准不起诉决定，即“犯罪嫌疑人自愿如实供述涉嫌犯罪的事实，有重大立功或者案件涉及国家重大利益的，经最高人民检察院核准，公安机关可以撤销案件，人民检察院可以作出不起诉决定，也可以对涉嫌数罪中的一项或者多项不起诉”。由于上述四种不起诉的适用条件和法律依据各不相同，因此，为完整、准确地表达各自的含义，突出四种不起诉的各自特点，分别针对四种不起诉而制作的不起诉决定书在格式和内容上也相应地有一定差别。

（二）写法

因据以不起诉的法律根据不同，制作不起诉决定书所要载明的内容也有所不同。针对四种不同的不起诉决定，相应的不起诉决定书也分为四种。

1. 法定不起诉决定书

（1）首部。按照文书样式，依次写清标题、编号、被不起诉人的基本情况、辩护人的基本情况、案由和案件来源等要素。

关于被不起诉人的基本情况。在该部分应当写明被不起诉人姓名、性别、出生年月日、公民身份号码、民族、文化程度、职业或工作单位及职务（国家机关工作人员利用职权实施的犯罪，应当写明犯罪期间在何单位任何职）、户籍地、住址（被不起诉人住址写居住地，如果户籍所在地与暂住地不一致的，应当写明户籍所在地和暂住地），是否受过刑事处罚，采取强制措施的种类、时间、决定机关等。

关于辩护人的基本情况。包括辩护人的姓名、单位等要素。

关于案由和案件来源。该部分是一段程式化用语，有固定的内容和表达模式。即“本案由×××（监察/侦查机关名称）调查/侦查终结，以被不起诉人×××涉嫌××罪，于×年×月×日向本院移送起诉”。如果是自侦案件，此处写“被不起诉人×××涉嫌××一案，由本院调查/侦查终结，于×年×月×日移送起诉或不起诉”。如果案件是其他人民检察院移送的，此处应当将指定管辖、移送单位以及移送时间等写清楚。同时在本部分中还要写明移送审查起诉及本院受理的时间，如果案件曾经退回补充侦查，应当写明退回补充侦查的日期、次数以及再次移送起诉时间。

（2）正文。包括以下内容：案件事实；不起诉的理由、法律依据和决定事项；查封、扣押、冻结的涉案款物的处理情况。

关于案件事实。如果是根据《刑事诉讼法》第 16 条第 1 项即监察/侦查机关移送起诉认为行为构成犯罪，经检察机关审查后认定行为情节显著轻微、危害不大，不认为是犯罪而决定不起诉的，则不起诉决定书应当先概述监察/侦查机关移送起诉意见书认定的犯罪事实（如果是检察机关的自侦案件，则这部分不写），然后叙写检察机关审查认定的事实及证据，重点反映显著轻微的情节和危害程度较小的结果。如果是行为已构成犯罪，本应当追究刑事责任，但审查过程中有《刑事诉讼法》第 16 条第 2～6 项法定不追究刑事责任的情形，因而决定不起诉的，应当重点叙明符合法定不追究刑事责任的事实和证据，充分反映出法律规定的内容。如果是根据《刑事诉讼法》第 177 条第 1 款中的没有犯罪事实而决定不起诉的，应当重点叙明不存在犯罪事实或者犯罪事实并非被不起诉人所为。

关于不起诉的理由、法律依据和决定事项。本部分主要是就检察机关作出不起诉决定的理由、法律依据进行表述。

关于查封、扣押、冻结的涉案款物的处理情况。《刑事诉讼法》第 177 条第 3 款规定，人民检察院决定不起诉的案件，应当同时对侦查中查封、扣押、冻结的财物解除查封、扣押、冻结。

（3）尾部。由告知事项、人民检察院名称、制作日期、人民检察院公章等要素构成。

关于告知事项。本部分主要是根据《刑事诉讼法》的相关规定，对相关当事人进行权利告知的内容。根据《刑事诉讼法》第 180 条的规定，对于有被害人的案件，决定不起诉的，人民检察院应当将不起诉决定书送达被害人。被害人如果不服，可以自收到决定书后七日以内向上一级人民检察院申诉，请求提起公诉。人民检察院应当将复查决定告知被害人。对人民检察院维持不起诉决定的，被害人可以向人民法院起诉。被害人也可以不经申诉，直接向人民法院起诉。该条规定了对被害人权利告知的内容。因此，在不起诉决定书中就应当作如下表述："被害人如果不服本决定，可以自收到本决定书后七日以内向×××人民检察院申诉，请求提起公诉；也可以不经申诉，直接向×××人民法院提起自诉。"

2. 相对不起诉决定书

相对不起诉决定书中，被不起诉人的基本情况、辩护人的基本情况、案由和案件来源等部分的内容，与法定不起诉决定书的内容一致，可参照制作。重点介绍正文部分和告知事项相关内容的制作。

关于案件事实部分。重点写明有关被不起诉人具有的法定情节和检察机关酌情作出不起诉决定的具体理由的事实。要将检察机关审查后认定的事实和证据写清楚，不必叙写调查/侦查机关移送审查时认定的事实和证据。对于证据不足的事实，不能写入不起诉决定书中。在事实部分中表述犯罪情节时应当以犯罪构成要件为标准，还要将体现其情节轻微的事实及符合不起诉条件的特征叙述清楚。叙述事实之后，应当将证明"犯罪情节"的各项证据一一列举，以阐明犯罪情节如何轻微。相对不起诉决定是检察机关运用自由裁量权的表现，因此，在相对不起诉决定书中，对事实的阐明、证据的列举和犯罪情节轻微的描述都应当全面、客观、充分。

不起诉决定书
参考文书

关于不起诉理由、法律依据和决定事项。应当重点对被不起诉人具有的认罪认罚、从轻、减轻或者免除刑事处罚具体情节进行表述。尤其要结合证据和本案事实，对于认定被不起诉人具有从轻、减轻或免除处罚的情节进行说明和论证，具体表述为："本院认为，被不起诉人实施了《中华人民共和国刑法》第××条规定的行为，但犯罪情节轻微，具有×××情节（此处写明认罪认罚、从轻、减轻或者免除刑事处罚具体情节的表现），根据《中华人民共和国刑法》第××条的规定，不需要判处刑罚（或者免除刑罚）。依据《中华人民共和国刑事诉讼法》第一百七十七条第二款的规定，决定对×××（被不起诉人的姓名）不起诉。"

关于查封、扣押、冻结的涉案款物的处理情况。与法定不起诉书相同，根据是《刑事诉讼法》第 177 条第 3 款的规定。

关于告知事项。虽然相对不起诉决定书不属于对被不起诉人的行为的定罪，被不起诉人在法律上是无罪的，但由于不起诉决定书中仍然对被不起诉人的行为作了构成犯罪的评价，故根据《刑事诉讼法》第 180 条、第 181 条的规定，该文书中应当对被不起诉人和被害人的权利都履行告知义务。这也是相对不起诉书区别于其他两种不起诉决定书所在。具体表述为："被不起诉人如不服本决定，可以自收到本决定书后七日内向本院申诉。""被害人如不服本决定，可以自收到本决定书后七日以内向×××人民检察院申诉，请求提起公诉；也可以不经申诉，直接向×××人民法院提起自诉。"

3. 存疑不起诉决定书

存疑不起诉决定书中，被不起诉人的基本情况、辩护人的基本情况、案由和案件来源等部分的内容，与法定不起诉决定书的内容一致，可参照制作。重点介绍正文部分和告知事项相关内容的制作。

关于案件事实部分。存疑不起诉决定书是因证据不足、不符合起诉条件所作出的，因此检察机关对于案件的事实情况无法作出认定，本不起诉决定书也没有相应的案件事实情况。

关于不起诉理由、法律依据和决定事项。对于非检察机关直接受理立案侦查的案件，具体表述为："本案经本院侦查终结后，在审查起诉期间，经两次补充侦查，本院仍认为本案证据不足，不符合起诉条件。依照《中华人民共和国刑事诉讼法》第一百七十五条第四款的规定，决定对×××不起诉。"在不起诉决定的理由部分，应当对于证据不足，不能认定构成犯罪的地方予以明确说明。

关于查封、扣押、冻结的涉案款物的处理情况。与法定不起诉决定书相同，根据是《刑事诉讼法》第 177 条第 3 款的规定。

关于告知事项。根据《刑事诉讼法》第 180 条的规定，本不起诉决定书应当对被害人进行权利告知。其具体表述为："被害人如不服本决定，可以自收到本决定书后七日以内向××人民检察院申诉，请求提起公诉；也可以不经申诉，直接向××人民法院提起自诉。"

4. 最高检核准不起诉决定书

最高检核准不起诉决定书中，被不起诉人的基本情况、辩护人的基本情况、案由和案件来源等部分的内容，与法定不起诉决定书的内容一致，可参照制作。重点介绍正文部分相关内容的制作。

关于案件事实部分。概括叙写案件事实，并写明被不起诉人自愿如实供述涉嫌的犯罪事实，并具有重大立功等，有必要作不起诉处理的事实。要将检察机关审查后认定的事实和证据写清楚，不必叙写侦查机关移送审查时认定的事实和证据。对于证据不足的事实，不能写入不起诉决定书中。在事实部分中表述犯罪情节时应当以犯罪构成要件为标准，还要将体现其有必要作不起诉处理的因素叙述清楚。叙述事实之后，应当将证据一一列举。

关于不起诉理由、法律依据和决定事项。具体表述为："本院认为，×××实施了《中华人民共和国刑法》第××条规定的行为，因自愿如实供述涉嫌犯罪的事实，并有重大立功（或案件涉及国家重大利益），经最高人民检察院核准，决定对（被不起诉人的姓名）不起诉。"

关于查封、扣押、冻结的涉案款物的处理情况。与法定不起诉决定书相同，根据是《刑事诉讼法》第 177 条第 3 款的规定。

六、刑事抗诉书

（一）概述

刑事抗诉书，是指人民检察院对人民法院的刑事判决或者裁定，认为确有错误，依法向人民法院提出抗诉时所使用的法律文书。

刑事抗诉书是检察机关行使审判监督职权的重要工具，是引起人民法院第二审程序或再审程序的法定文书之一。刑事抗诉书对于纠正人民法院确有错误的刑事判决和裁定，保证法律的正确实施，起着十分重要的作用。

根据我国刑事诉讼法的规定，抗诉有两种：一是按照第二审程序提出的抗诉，二是按照审判监督程序提出的抗诉。虽然这两种抗诉手段都是实行审判监督，目的都是确保人民法院的办案质量，使国家法律得到正确的贯彻与实施，但由于第二审程序的抗诉和审判监督程序的抗诉在程序、时限上不同，相应地对两种抗诉书的要求也不尽相同。

（二）写法

第二审程序适用的刑事抗诉书与审判监督程序适用的刑事抗诉书在格式、写法上均有所不同。总的区别是，前者比后者简略。如在第二审程序抗诉书中，不写在起诉书中已有的被告人的基本情况，对于起诉书中已经写明的犯罪事实也不必在第二审抗诉书中重复叙述，对于公安机关侦查终结情况和人民检察院起诉情况如果没有违反程序法的行为，就不必在第二审刑事抗诉书中叙述；而在审判监督程序适用的刑事抗诉书中，却要求写明被告人的基本情况、人民检察院认定的犯罪事实以及人民法院一审和二审情况。这主要是考虑到审判监督程序中的刑事抗诉与第二审程序中的刑事抗诉存在较大区别，如审判监督程序比较复杂，与生效判决或者裁定间隔时间较长，审理期限也较长等，如果审判监督程序中的刑事抗诉书也像二审程序中的刑事抗诉书格式那么简单，则不便于审判机关的审理活动。两种抗诉书的写法具体分述如下。

1. 二审程序抗诉书

二审程序抗诉书，是指人民检察院认为同级人民法院第一审尚未生效的判决、裁定确有错误，向上一级人民法院提起抗诉时所制作的法律文书。

制作二审程序抗诉书的法律依据是《刑事诉讼法》第 228 条和《人民检察院刑事诉讼规则》第 587 条，二审程序抗诉书是检察机关纠正人民法院未生效一审裁判文书、切实履行审判监督职能的重要检察法律文书。二审程序抗诉书由首部、正文、尾部组成。

（1）首部。包括标题、编号、原审判决、裁定情况等。

标题中的文书制作机关，应写明所在省（自治区、直辖市）的名称，不能只写地区级市、县、区院名；涉外案件要冠以“中华人民共和国”字样。

原审判决、裁定情况。第一，不写被告人的基本情况。第二，关于案由。如果检法两家认定罪名不一致时，应该分别表述。第三，如果调查/侦查、起诉、审判阶段没有超时限等程序违法现象时，不必写明公安机关、检察机关与法院的办案经过，只简要写明法院判决、裁定的结果。

（2）正文。包括审查意见、抗诉理由、结论性意见、法律根据、决定和要求事项等。

审查意见。这一部分的内容是检察机关对原审判决（裁定）的审查意见，目的是明确指出原审判决（裁定）的错误所在，告知二审法院，检察院抗诉的重点是什么。这部分要观点鲜明，简明扼要。

抗诉理由。针对事实确有错误、适用法律不当或审判程序严重违法等不同情况，阐述抗诉理由。

第一，如果法院认定的事实有误，则要针对原审裁判的错误之处，提出纠正意见，强调抗诉的针对性。对于有多起“犯罪事实”的抗诉案件，只叙写原判决（裁定）认定事实不当的部分，认定事实没有错误的，只需写明“对……事实的认定无异议”。突出检、法两家的争议重点，体现抗诉的针对性。对于共同犯罪案件，也可以作类似处理，即只对原判决（裁定）漏定或错定的部分被告人犯罪事实作重点叙述，对其他被告人的犯罪事实可简写或者不写。关于“证据部分”，应该在论述事实时有针对性地列举证据，说明证据的内容要点及其与犯罪事实的联系。刑事抗诉书中不能追诉起诉书中没有指控的犯罪事实。如有自首、立功等情节，应在抗诉书中予以论述。

第二，如果法院适用法律不当，主要针对犯罪行为的本质特征，论述应该如何认定行为性质，从而正确适用法律。要从引用罪状、量刑情节等方面分别论述。

第三，如果法院审判程序严重违法，抗诉书就应该主要根据《刑事诉讼法》及有关司法解释，逐个论述原审法院违反法定程序的事实表现，再写明影响公正判决的现实或可能性，最后阐述法律规定的正确诉讼程序。

刑事抗诉书
参考文书

结论性意见、法律根据、决定和要求事项。刑事抗诉书中结论性意见应当简洁、明确。在要求事项部分，应写明“特提出抗诉，请依法判处”。

（3）尾部。包括署名、日期、院印、附注等。

署名方式，署检察院名称并盖院印。

附注。对于未被羁押的原审被告人，应将住所或居所明确写明。证据目录和证人名单如果与起诉书相同，可不另附。

2. 审判监督程序抗诉书

审判监督程序抗诉书，是指最高人民检察院认为各级人民法院、上级人民检察院认为下级人民法院已生效的刑事判决（裁定）确有错误的，按照审判监督程序向同级人民法院提起抗诉时所制作的法律文书。

制作审判监督抗诉书的法律根据是《刑事诉讼法》第254条第3款和《人民检察院刑事诉讼规则》第597条。审判监督程序抗诉书由首部、正文、尾部组成。

（1）首部。包括标题、编号、原审被告人基本情况、诉讼过程、生效判决或裁定概况等。

原审被告人基本情况。应写明原审被告人出生日期、住址等；原审被告人的公民身份号码、户籍地；刑满释放或者假释的具体日期等。

诉讼过程、生效判决或裁定概况。如果是一审生效判决或裁定，不仅要写明一审判决或裁定的主要内容，还要写明一审判决或裁定的生效时间。如果是二审终审的判决或裁定，应该分别写明一审和二审判决或裁定的主要内容，此外，还应该写明提起审判监督程序抗诉的原因。

（2）正文。包括对生效判决或裁定的审查意见、抗诉理由、结论性意见、法律根据、决定和要求事项等。

对生效判决或裁定的审查意见（含事实认定）。一是事实认定与证据。对于原审判决、裁定中认定的事实或新发现的事实、证据，应该作比较详细的介绍。二是审查意见。这一部分的内容是检察机关对原判决（裁定）的审查意见，目的是明确指出原判决（裁定）的错误所在，告知再审法院、检察院抗诉的重点是什么。这部分要观点鲜明、简明扼要。

抗诉理由。针对事实确有错误、适用法律不当或审判程序严重违法等不同情况，述写抗诉理由。《最高人民检察院关于刑事抗诉工作的若干意见》第5条第3项规定，抗诉书应当重点阐述抗诉理由，增强说理性。因此，抗诉书的重点在于说理，即运用证据和法律论证人民法院的裁判错在何处，同时对如何纠正要明确表明观点。论述抗诉理由时，应当强调说理性，对判决、裁定可能存在的错误进行具体、充分的论证，这样才能表明观点、分清是非，促使人民法院采纳人民检察院的主张，纠正错误的裁判。

结论性意见、法律根据、决定和要求事项。可参照二审程序抗诉书制作，但法律依据与二审程序抗诉书不同，应准确适用。

（3）尾部。可参照二审程序抗诉书制作。

第三节 常用民事检察法律文书

根据2021年11月18日最高人民检察院印发的《人民检察院民事诉讼监督法律文书格式样本》的规定，检察机关民事诉讼监督法律文书共有68种，包括人民检察院制作民事诉讼监督文书格式样本和当事人申请民事诉讼监督相关文书格式样本两类，前者共62种，后者共6种。人民检察院制作民事诉讼监督文书格式样本分为7类：（1）抗诉及提请监督（审查）类文书，共6种；（2）检察建议类文书，共3种；（3）审查终结报告类文书，共5种；（4）决定类文书，共13种；（5）通知类文书，共19种；（6）函类文书，共7种；（7）其他文书，共9种。

一、民事检察提请抗诉报告书

（一）概述

民事检察提请抗诉报告书，是地方各级人民检察院发现同级人民法院已经发生法律效力的民事判决、裁定或调解书确有错误，向上一级人民检察院提请抗诉时制作的法律文书。

根据《民事诉讼法》第215条第2款的规定，地方各级人民检察院对同级人民法院已经发生法律效力的判决、裁定，发现有本法第207条规定情形之一的，或者发现调解书损害国家利益、社会公共利益的，可以提请上级人民检察院向同级人民法院提出抗诉。根据最高人民检察院2021年8月1日公布施行的《人民检察院民事诉讼监督规则》第82条、第83条、第85条和第88条的规定，地方各级人民检察院对同级人民法院已经发生法律效力的判决、裁定，或者发现民事调解书损害国家利益、社会公共利益的，经审查认为符合抗诉条件的，应当（或者可以）提请上一级人民检察院抗诉；人民检察院提请抗诉，应当制作民事检察提请抗诉报告书，并将案件卷宗报送上一级人民检察院。

（二）写法

民事检察提请抗诉报告书为叙述式文书，分为首部、正文、尾部三部分。

1. 首部

包括制作文书的人民检察院名称；文书名称，即“××××人民检察院提请抗诉报告书”；文书编号，民事提请抗诉报告书为“×检民监〔 〕×号”。其中“检”字前面应填写制作文书的人民检察院简称，括号中填写制作文书的年度，“号”字前面应填写文书序号。

2. 正文

（1）抬头。应写明接受提请抗诉的人民检察院。

（2）案件来源及审查经过。案件来源部分因案件的不同来源分别有两种表述方式：

如果案件是当事人向检察机关申请监督的，表述为：“×××（申请人）因与×××（对方当事人）……（案由）纠纷一案，不服×××人民法院×××号民事判决（裁定或调解书），向本院申请监督。本案现已审查终结。”

如果案件是检察机关依职权发现的，表述为：“×××（一审原告）与×××（一审被告）……（案由）纠纷一案，×××人民法院（此处指作出生效裁判、调解书的法院）作出了×××号民事判决（裁定或调解书），本院依法进行了审查。本案现已审查终结。”

（3）当事人基本情况。包括申请人和对方当事人的基本情况。当事人申请监督的，应写明申请人和其他当事人在一审、二审、再审中的诉讼地位。经过两次以上再审的，再审诉讼地位按最后一次再审中的诉讼地位列明：

申请人（一审×告、二审××人、再审××人）：……（写明姓名或名称等基本情况）；

法定代表人（或负责人）：……（写明姓名和职务）；

法定代理人（或指定代理人）：……（写明姓名等基本情况）；

委托代理人（此处指申请监督的委托代理人）：……（写明姓名等基本情况）；

其他当事人（一审×告、二审××人、再审××人）：……（写明姓名或名称等基本情况）；

法定代表人（或负责人）：……（写明姓名和职务）；

法定代理人（或指定代理人）：……（写明姓名等基本情况）；

委托代理人（此处指申请监督的委托代理人）：……（写明姓名等基本情况）。

检察机关依职权发现的案件，直接写明各方当事人在一审、二审、再审中的诉讼地位：

当事人（一审×告、二审××人、再审××人）：……（写明姓名或名称等基本情况）。

（4）诉讼过程和法院历次审理情况。此部分应写明该案的全部诉讼过程。如果该案是一审后生效的，应写明一审判决（裁定或调解书）的理由及判决（裁定或调解书）结果；

如果该案是二审后生效的，应分别写明一审、二审判决（裁定或调解书）的理由及判决（裁定或调解书）结果；如果该案经过法院审判监督程序再审的，也要将有关情况一并写明。对于法院判决（裁定或调解书）认定的事实与检察机关认定的事实不一致的，应简要写明法院认定的事实。如果一审判决（裁定或调解书）认定事实正确，二审判决、裁定认定事实错误的，应简要写明二审判决（裁定或调解书）认定的事实；如果一审、二审判决（裁定或调解书）认定事实均错误的，则一审、二审判决（裁定或调解书）认定的事实都要简要写明。具体格式如下：

××人民法院于××年×月×日受理×××（以下简称××）起诉，……（简要写明一审原告的诉讼请求，被告提出反诉的，简要写明反诉请求）。

××人民法院于××年×月×日作出×号民事判决（裁定）。该院一审查明，……。该院一审认为，……。判决（裁定）：……。

××不服一审判决（裁定），向××人民法院提起上诉，……（简要写明上诉请求）。

××人民法院于××年×月×日作出×号民事判决（裁定或调解书）。该院二审查明，……（如二审查明的事实与一审一致，可简写。如“确认了一审法院认定的事实”或“与一审法院查明的事实一致”）。该院二审认为，……。判决（裁定）：……。

××不服二审判决（裁定或调解书），向××人民法院申请再审，……（简要写明再审请求）。

人民法院驳回再审申请或逾期未对再审申请作出裁定的表述为：××人民法院于××年×月×日作出×号裁定驳回再审申请或××人民法院逾期未对再审申请作出裁定。××向检察机关申请监督。

人民法院作出再审判决、裁定或调解书的表述为：××人民法院于××年×月×日作出×号民事判决（裁定或调解书）。该院再审查明，……（如查明的事实与前一审一致，可简写）。该院再审认为，……。判决（裁定）：……。

××不服再审判决（裁定或调解书），向检察机关申请监督。

（5）申请监督理由及其他当事人意见。此部分应摘要写明申请人的申请监督的理由，如果对方当事人提出反驳意见的，也应摘要写明。其他当事人未提意见的应当写明：其他当事人经检察机关依法通知后，在法定期间内未提出意见。如果是检察机关自行发现的案件，则取消此部分。

（6）检察机关审查认定的事实。如检察机关与作出生效裁判、调解书的法院认定事实一致的，写明“本院审查认定的事实与××人民法院认定的事实一致”；如与作出生效裁判的法院认定事实不一致的，写明分歧和依据，所作的调查核实工作一并写明，如对……问题进行了调查、委托鉴定、咨询等。

（7）提请抗诉理由。此部分应首先阐明本院审查后得出的结论，明确指出人民法院生效判决（裁定或调解书）存在哪些法定应当监督的情形，然后阐明具体理由。本部分应注重结合检察机关审查认定的事实，依照法律、法规及司法解释相关规定，详细论述提请抗诉的理由和依据。说理要有针对性，引用法律、法规和司法解释时应当准确、全面、具体。

（8）其他需要说明的情况。检察机关对申请监督理由中不予支持的部分，应在此部分说明理由和依据。如还有其他需要说明的重要情况，也应当一并说明。

3. 尾部

包括制作文书的年月日和提请抗诉的人民检察院院印，并且注明随案移送的卷宗及有关材料情况。

民事检察提请抗诉报告书参考文书

4. 写作民事检察提请抗诉报告书的注意事项

（1）实践中应用本文书应一案一报，一份文书中既不能对多起民事案件提请抗诉，也不能同时对民事案件和行政案件提请抗诉。

（2）本文书分为正本和副本，正本加盖“正本”印章，正本除按规定份数报送上一级人民检察院以外，应存检察正卷；副本加盖“副本”印章，存检察副卷。

（3）文书尾部的日期应为检察长或者检察委员会决定提请抗诉的日期，而不是具体制作该文书的日期。

二、民事抗诉书

（一）概述

民事抗诉书，是人民检察院对人民法院已经发生法律效力的民事判决、裁定、调解书，认为符合法律规定的条件，而按照审判监督程序向人民法院提出抗诉时制作的法律文书。

根据《民事诉讼法》第 215 条第 1 款的规定，最高人民检察院对各级人民法院已经发生法律效力的判决、裁定，上级人民检察院对下级人民法院已经发生法律效力的判决、裁定，发现有本法第 207 条规定情形之一的，或者发现调解书损害国家利益、社会公共利益的，应当提出抗诉。《民事诉讼法》第 219 条明确规定：“人民检察院决定对人民法院的判决、裁定、调解书提出抗诉的，应当制作抗诉书。”

（二）写法

民事抗诉书为叙述式文书，分为首部、正文和尾部三部分。

1. 首部

包括制作文书的人民检察院名称；文书名称，即“民事抗诉书”；文书编号，即“×检民监〔20××〕×号”其中“检”字前面应填写制作文书的人民检察院简称，括号中填写制作文书的年度，“号”字前面应填写文书序号。

2. 正文

（1）案件来源。

当事人申请监督的表述为：×××（申请人）因与×××（其他当事人）××（案由）纠纷一案，不服××人民法院×号民事判决（裁定或调解书），向本院申请监督。（下级人民检察院提请抗诉的表述为：×××（申请人）因与×××（其他当事人）××（案由）纠纷一案，不服××人民法院×号民事判决（裁定或调解书），向××人民检察院申请监督，该院提请本院抗诉。）本案现已审查终结。

检察机关依职权启动监督程序的表述为：×××（一审原告）与×××（一审被告）××（案由）纠纷一案，××人民法院（此处指作出生效裁判、调解书的法院）作出了×号民事判决（裁定或调解书）。本院依法进行了审查。（下级人民检察院提请抗诉的表述为：×××（一审原告）与×××（一审被告）××（案由）纠纷一案，××人民法院（此处指作出生效裁判、调解书的法院）作出了×号民事判决（裁定或调解书），××人民检察院提请本院抗诉。）本案现已审查终结。

（2）诉讼过程和法院历次审理情况。

此部分应按时间顺序写明一审法院、二审法院判决、裁定的作出日期，以及文号、理由、主文及诉讼费负担等情况。如果法院判决、裁定与检察机关认定事实有不同之处，要在此部分简要写明。如果该案件经过了再审，还要将再审情况也写明。对人民法院审理该案中认定的事实，应区分为几种情况处理：对于法院一审、二审及再审判决、裁定与检察机关认定事实相同的，这里就无须单独写明法院认定的事实；对于法院一审、二审及再审判决、裁定与检察机关认定事实不一致的，应重点叙述生效判决裁定认定的事实；对于法院一审、二审判决、裁定与检察机关认定事实一致，再审判决、裁定与检察机关认定事实不一致的，应重点叙述再审判决、裁定认定的事实。

××人民法院于××年×月×日受理×××（以下简称××）起诉，……（简要写明一审原告的诉讼请求，被告提出反诉的，简要写明反诉请求）。

××人民法院于××年×月×日作出×号民事判决（裁定）。该院一审查明，……。该院一审认为，……。判决（裁定）：……。

××不服一审判决（裁定），向××人民法院提起上诉，……（简要写明上诉请求）。

××人民法院于××年×月×日作出×号民事判决（裁定或调解书）。该院二审查明，……（如二审法院查明的事实与一审法院一致，可简写。如“确认了一审法院认定的事实”或“与一审法院查明的事实一致”）。该院二审认为，……。判决（裁定）：……。

××不服二审判决（裁定或调解书），向××人民法院申请再审，……（简要写明再审请求）。

人民法院驳回再审申请或逾期未对再审申请作出裁定的表述为：××人民法院于××年×月×日作出×号裁定驳回再审申请或××人民法院逾期未对再审申请作出裁定。××向检察机关申请监督。

人民法院作出再审判决、裁定或调解书的表述为：××人民法院于××年×月×日作出×号民事判决（裁定或调解书）。该院再审查明，……（如查明的事实与前一审一致，可简写）。该院再审认为，……。判决（裁定）：……。

××不服再审判决（裁定或调解书），向检察机关申请监督。

（3）检察机关审查认定的事实。

如与作出生效裁判、调解书的法院认定事实一致的，写明“本院审查认定的事实与××人民法院认定的事实一致”；如与作出生效裁判、调解书的法院认定事实不一致的，写明分歧和依据，所作的调查核实工作一并写明，如对……问题进行了调查、委托鉴定、咨询等。

（4）抗诉理由和依据。

本院认为，××人民法院×号民事判决（裁定或调解书）……（概括列明生效民事裁判、调解书存在哪些法定监督的情形，应根据《中华人民共和国民事诉讼法》第二百条或第二百零八条第一款规定的情形进行概括）。理由如下：

……（此段结合检察机关审查认定的事实，依照法律、法规及司法解释相关规定，详细论述抗诉的理由和依据。说理要有针对性，引用法律、法规和司法解释时应当准确、全面、具体。）

综上所述，××人民法院×号民事判决（裁定或调解书）……（概括列明生效民事裁判、调解书存在哪些法定监督的情形）。（经检察委员会讨论的，写明“经本院检察委员会讨论决定，”）根据《中华人民共和国民事诉讼法》第二百一十五条、第二百零七条第×项的规定（检察机关依职权启动监督程序的表述为：根据《中华人民共和国民事诉讼法》第二百零七条第×项、第二百一十五条第一款的规定），特提出抗诉，请依法再审。

3. 尾部

包括文书送达的人民法院名称，决定抗诉的年月日，并加盖院印，附注写明随案移送的卷宗及有关材料情况。

4. 写作民事抗诉书应注意的事项

（1）《民事诉讼法》第 215 条规定，最高人民检察院对各级人民法院已经发生法律效力的判决、裁定，上级人民检察院对下级人民法院已经发生法律效力的判决、裁定，发现有本法第 207 条规定情形之一的，或者发现调解书损害国家利益、社会公共利益的，应当提出抗诉。地方各级人民检察院对同级人民法院已经发生法律效力的判决、裁定，发现有本法第 207 条规定情形之一的，或者发现调解书损害国家利益、社会公共利益的，可以向同级人民法院提出检察建议，并报上级人民检察院备案；也可以提请上级人民检察院向同级人民法院提出抗诉。实践中，应该根据案件的具体情况，准确适用相关规定。

（2）《民事抗诉书》应当由检察长签发，加盖人民检察院印章，文书结尾处的日期应为检察长签发的日期而不是具体制作文书的日期。抗诉书的编号应该按照决定抗诉的时间先后排序。

（3）本文书分正本和副本，正本加盖“正本”印章，副本加盖“副本”印章。其中，正本送同级人民法院，同时按当事人人数送副本，并报送上一级人民检察院备案。根据最高人民检察院关于抗诉案件要向人大报告的规定，抗诉书副本还应报同级人大备案。留下的副本应存检察副卷。抗诉书正本上不写“本件与原本核对无异”，而应将其制成专用印章，加盖在正本末页的年月日的左下方、附项的上方。抗诉书个别涂改之处，应加盖校对章。

民事抗诉书
参考文书

第四节　常用行政检察法律文书

根据 2021 年 8 月 18 日最高人民检察院印发的《人民检察院行政诉讼监督法律文书格式样本（2021 年版）》的规定，检察机关行政诉讼监督法律文书共有 69 种，分为 7 类：（1）抗诉类文书，共 4 种；（2）检察建议类文书，共 5 种；（3）审查终结报告类文书，共 5 种；（4）决定类文书，共 9 种；（5）通知类文书，共 22 种；（6）函类文书，共 5 种；（7）其他文书，共 19 种。本书重点讲述行政抗诉书。

一、行政抗诉书概述

1. 行政抗诉书的概念

行政抗诉书是人民检察院发现人民法院已经发生法律效力的行政判决、裁定具有《行政诉讼法》第 91 条规定情形之一，或者发现行政调解书损害国家利益、社会利益，按照审判监督程序向人民法院提出抗诉时制作的法律文书。

2. 相关法律依据

《行政诉讼法》第 91 条规定，当事人的申请符合下列情形之一的，人民法院应当再审：（一）不予立案或者驳回起诉确有错误的；（二）有新的证据，足以推翻原判决、裁定的；（三）原判决、裁定认定事实的主要证据不足、未经质证或者系伪造的；（四）原判决、裁定适用法律、法规确有错误的；（五）违反法律规定的诉讼程序，可能影响公正审判的；（六）原判决、裁定遗漏诉讼请求的；（七）据以作出原判决、裁定的法律文书被撤销或者变更的；（八）审判人员在审理该案件时有贪污受贿、徇私舞弊、枉法裁判行为的。

《行政诉讼法》第 93 条第 1 款规定，最高人民检察院对各级人民法院已经发生法律效力的判决、裁定，上级人民检察院对下级人民法院已经发生法律效力的判决、裁定，发现有本法第 91 条规定情形之一，或者发现调解书损害国家利益、社会公共利益的，应当提出抗诉。

《人民检察院行政诉讼监督规则》第 94 条规定，最高人民检察院对各级人民法院已经发生法律效力的行政判决、裁定、调解书，上级人民检察院对下级人民法院已经发生法律效力的行政判决、裁定、调解书，发现有《中华人民共和国行政诉讼法》第 91 条、第 93 条规定情形的，应当向同级人民法院提出抗诉。人民检察院提出抗诉后，接受抗诉的人民法院未在法定期限内作出审判监督的相关裁定的，人民检察院可以采取询问、走访等方式进行督促，并制作工作记录。人民法院对抗诉案件裁定再审后，对于人民法院在审判活动中存在违反法定审理期限等违法情形的，依照本规则第六章规定办理。人民检察院提出抗诉的案件，接受抗诉的人民法院将案件交下一级人民法院再审，下一级人民法院审理后作出的再审判决、裁定仍符合抗诉条件且存在明显错误的，原提出抗诉的人民检察院可以再次提出抗诉。

《人民检察院行政诉讼监督规则》第 95 条规定，人民检察院提出抗诉，应当制作《抗诉书》，在决定之日起 15 日内将《抗诉书》连同案件卷宗移送同级人民法院，并由接受抗诉的人民法院向当事人送达再审裁定时一并送达《抗诉书》。人民检察院应当制作决定抗诉的通知文书，发送当事人。上级人民检察院可以委托提请抗诉的人民检察院将通知文书发送当事人。

3. 行政抗诉书的适用范围

（1）上级人民检察院对下级人民法院发生法律效力的行政判决、裁定，发现有《行政诉讼法》第 91 条规定情形之一，向同级人民法院提出抗诉时，应当制作抗诉书；

（2）上级人民检察院对下级人民法院发生法律效力的行政调解书，发现损害国家利益和社会公共利益，向同级人民法院提出抗诉时，应当制作抗诉书；

（3）最高人民检察院对地方各级人民法院发生法律效力的行政判决、裁定，发现有《行政诉讼法》第 91 条规定情形之一，向最高人民法院提出抗诉时，应当制作抗诉书；

（4）最高人民检察院对地方各级人民法院发生法律效力的行政调解书，发现损害国家利益和社会公共利益，向最高人民法院提出抗诉时，应当制作抗诉书；

（5）最高人民检察院对最高人民法院发生法律效力的行政判决、裁定，发现有《行政诉讼法》第 91 条规定情形之一，向最高人民法院提出抗诉时，应当制作抗诉书；

（6）最高人民检察院院对最高人民法院发生法律效力的行政调解书，发现损害国家利益和社会公共利益，向最高人民法院提出抗诉时，应当制作抗诉书。

二、行政抗诉书的写法

行政抗诉书为叙述式文书，分为首部、正文和尾部三部分。

1. 首部

包括制作文书的人民检察院名称、文书名称和文书文号。制作文书的人民检察院的名称，即提出抗诉的人民检察院的名称，应当与人民检察院院印上的名称一致，基层人民检察院应当冠以省、自治区、直辖市名称。文书名称即行政抗诉书。根据一案一号的工作要求，行政抗诉书的文书文号应当与该案件受理时分配的案号保持一致，由发文机关代字、部门简称、文书名称、年度和发文顺序号组成，表述为“×检行监〔20××〕×号”。

2. 正文

依次写明下列事项。

（1）案件来源。

包括案件当事人、案由以及来源。案件当事人包括原审原告、被诉行政机关、第三人等各方当事人的姓名或名称。案由应当与《最高人民法院关于行政案件案由的暂行规定》一致。根据《人民检察院行政诉讼监督规则》第 18 条的规定，行政诉讼监督案件来源主要包括当事人向人民检察院申请监督，当事人以外的公民、法人或者其他组织向人民检察院控告和人民检察院依职权发现三种途径。检察实践中，行政裁判结果监督案件一般来源于当事人向人民检察院申请监督或人民检察院依职权发现，大多为当事人向人民检察院申请监督。对此，应当写明申请人的姓名或名称，指明申请监督的对象，即“×××（申请人）不服×××人民法院×号行政判决（裁定或调解书），向本院（或×××人民检察院）申请监督”。

此外，如果案件为人民检察院跟进监督提请上一级人民检察院抗诉的，还应当简要写明人民检察院之前提出抗诉或者再审检察建议及人民法院审理情况、提请上一级人民检察院抗诉的理由等。

（2）诉讼过程和法院历次审理情况。

一是人民法院一审情况。包括原告提起行政诉讼的时间、受诉法院、原告的诉讼请求；一审法院作出行政判决、裁定、调解书的时间及文书文号；一审查明的事实；行政判决、裁定结果（主文以及判项）或者行政调解书的协议内容。对超过上诉期没有上诉的行政判决、裁定，写明一审行政判决、裁定发生法律效力。

二是人民法院二审的情况。对经过第二审程序审理的案件，写明上诉人的上诉请求、受诉法院；二审法院作出行政判决、裁定、调解书的时间、文书文号；二审查明的事实；行政判决、裁定结果（主文以及判项）或者行政调解书的协议内容。对于二审法院撤销原判、发回重审的，写明重审情况。

三是再审审查或再审裁判情况。写明当事人再审请求、受理法院。

对于人民法院驳回再审申请的，写明人民法院作出驳回再审申请裁定的时间、文书文号。至于人民法院驳回当事人再审申请的理由，可写也可不写。

对于人民法院逾期未对再审申请作出裁定的，写明“×××人民法院逾期未对再审申请作出裁定”。

对于人民法院启动再审程序的，写明人民法院作出提审或者指令再审裁定的时间、文书文号。对于经过再审程序的案件，写明再审法院作出行政判决、裁定、调解书的时间、文书文号；再审查明的事实；行政判决、裁定结果（主文以及判项）或者行政调解书的协议内容。

四是当事人申请监督情况。写明申请人的姓名或名称、受理人民检察院。对于经过再审程序的，特别写明“×××不服再审判决（裁定或调解书），向×××人民检察院申请监督”。对于依职权监督案件，此部分内容不写。

（3）检察机关审查认定的事实。

如检察机关审查认定的事实与作出生效裁判的法院认定事实一致，写明“本院审查认定的事实与××人民法院认定的事实一致”。

如检察机关审查认定的事实与作出生效裁判的人民法院认定事实不一致，有两种写法。一种写法是，先写明检察机关审查认定的事实与作出生效裁判的人民法院认定事实在哪些方面一致，再写明在哪些方面不一致和依据。对于申请人提供的新证据以及检察机关调查取得的证据，能够证明原判决、裁定确有错误的，写明证据情况以及证明的事实。对于检察机关审查认定的事实属于作出生效裁判的人民法院认定事实中没有涉及的事实，可以采取“另查明，……”的写法。另一种写法是，先写明检察机关审查认定的事实与作出生效裁判的人民法院认定事实在哪些方面不一致和依据。对于申请人提供的新证据以及检察机关调查取得的证据，能够证明原判决、裁定确有错误的，写明证据情况以及证明的事实。对于检察机关审查认定的事实属于作出生效裁判的人民法院认定事实中没有涉及的事实，可以采取“另查明，……”的写法。最后写明“本院审查认定的其他事实与××人民法院认定的事实一致”。此外，一并写明检察机关所作的调查核实工作，如对……问题进行了调查、委托鉴定、咨询、听证等。

（4）抗诉理由和依据。

应当结合检察机关审查认定的事实，依照法律、法规和司法解释的相关规定，详细论述抗诉的理由和依据。说理要有针对性，引用法律、法规和司法解释应当准确、全面、具体。抗诉理由应当为《行政诉讼法》第91条规定的抗诉事由之一，或者行政调解书损害国家利益、社会公共利益，援引的法律依据既包括检察机关提出抗诉的程序性规定，又包括案件应当启动再审的实体性规定，即《行政诉讼法》第93条第1款和第91条第×项的规定。

（5）结语。

此部分应当对检察机关提出抗诉的事实和理由予以概述，并明确相关法律依据。经过检察委员会讨论决定抗诉的，应当写明“经本院检察委员会讨论决定”。还应写明行政抗诉书主送的人民法院全称。

行政抗诉书参考文书

3. 尾部

行政抗诉书的尾部包括成文日期、落款、附件。抗诉书的日期为作出抗诉决定的批准人的批准日期。根据检察官权力清单，一般为检察长、主管检察长审批的日期，或者检察委员会研究决定的日期。成文日期用阿拉伯数字将年、月、日标全，年份应标全称，月、日不编虚位。落款采取在日期上加盖人民检察院公章的方式。落款与正文同处一面，排版后所剩空白处不能容下印章时，可以适当调整行距、字距，不用“此页无正文”的方法解决。在附件部分，写明移送人民法院的检察卷宗册数。

第五节 常用公益诉讼检察法律文书

党的二十大报告指出：强化对司法活动的制约监督，促进司法公正。加强检察机关法律监督工作。完善公益诉讼制度。根据 2021 年 10 月 12 日最高人民检察院印发的《人民检察院公益诉讼法律文书格式样本（2021 年版）》的规定，公益诉讼检察法律文书共 146 种，其中包括行政公益诉讼文书 56 种、民事公益诉讼文书 66 种、公用文书 24 种。

一、行政公益诉讼检察建议书

（一）概述

行政公益诉讼检察建议书，是指人民检察院在办理行政公益诉讼过程中，发现行政机关违法行使职权或者不作为，致使国家利益或者社会公共利益受到侵害的，向行政机关提出督促其依法履行职责的法律文书。

制作行政公益诉讼检察建议书的法律依据，是《行政诉讼法》第 25 条第 4 款的规定，人民检察院在履行职责中发现生态环境和资源保护、食品药品安全、国有财产保护、国有土地使用权出让等领域负有监督管理职责的行政机关违法行使职权或者不作为，致使国家利益或者社会公共利益受到侵害的，应当向行政机关提出检察建议，督促其依法履行职责。行政机关不依法履行职责的，人民检察院依法向人民法院提起诉讼。人民检察院应当在向人民法院提起行政公益诉讼之前向行政机关提出检察建议，督促其依法履行职责。提出检察建议是检察行政公益诉讼的必经程序，也是检察公益诉讼与普通行政诉讼的重要不同之处。实践中，检察机关秉持“双赢多赢共赢”的理念，采用磋商、发出检察建议等方式推动行政机关自我纠错、依法行政，绝大多数问题可以在诉前得以解决，实现诉前实现保护公益目的最佳司法状态。

（二）写法

根据《人民检察院公益诉讼办案规则》第 75 条第 2 款的规定，行政公益诉讼检察建议书应当包括以下内容：行政机关的名称、案件来源、国家利益或者社会公共利益受到侵害的事实、认定行政机关不依法履行职责的事实和理由、提出检察建议的法律依据、建议的具体内容、行政机关整改期限、其他需要说明的事项。行政公益诉讼检察建议书由首部、正文、尾部组成。首部包括标题、编号、行政机关名称、案件来源；正文包括事实与理由、磋商及调查情况、提出检察建议的理由及检察建议的具体内容；尾部包括整改期限、日期、人民检察院公章等。

（1）关于行政机关名称。检察建议书中行政机关的名称就是人民检察院办理行政公益诉讼案件的监督对象。在确认监督对象方面，人民检察院需要认定行政机关的法定职责，即未依法履行职责造成公益受到侵害的责任主体。在实践中，人民检察院认定行政机关法定职责的依据为法律法规规章规定的行政机关职责，此外，还可以参考行政机关的“三定”方案、权力清单和责任清单等。

（2）关于案件来源。公益诉讼案件线索的来源为履行职责中发现，在办案实践中主要包括以下几个方面的来源：一是自然人、法人和非法人组织向人民检察院控告、举报的；二是人民检察院在办案中发现的，包括在办理刑事案件、民事行政诉讼监督案件等中发现的；三是行政执法信息共享平台上发现的；四是国家机关、社会团体和人大代表、政协委员等转交的；五是新闻媒体、社会舆论等反映的，检察机关主动发现线索进行调查；六是其他在履行职责中发现的。

（3）关于事实与理由。检察建议书中事实与理由部分主要包括国家利益或者社会公共利益受到侵害的事实和认定行政机关不依法履行职责的事实和理由。在办理行政公益诉讼案件过程中，检察机关为了查清案件事实需要按照相关规定进行调查收集证据。但是，检察机关进行调查的具体过程、方式，以及调查收集到的各类证据及证明内容不需要在检察建议书中一一写明，只需要写明调查的基本情况、经调查最终查明的国家利益或者社会公共利益受到侵害的事实和认定行政机关不依法履行职责的事实即可。

（4）关于磋商及调查情况。磋商是《人民检察院公益诉讼办案规则》新规定的行政公益诉讼的办案程序，是指人民检察院决定立案的，应当在七日以内将立案决定书送达行政机关，并可以就行政机关是否存在违法行使职权或者不作为以及国家利益或者社会公共利益受到侵害的事实、会商整改方案等事项与行政机关进行磋商。磋商后，被监督行政机关采纳检察机关意见，依法履行职责，国家利益或者社会公共利益已经得到有效保护的，人民检察院调查后应当作出终结案件决定。对于经过磋商程序，而行政机关仍未依法履行职责的，人民检察院应当向行政机关发出检察建议，在检察建议书中应当写入磋商的情况和经过磋商查明的案件事实。

（5）关于建议具体内容。建议的具体内容部分应当写明检察机关对行政机关提出的具体建议。本部分的撰写需要注意完整性、针对性、匹配性等要求。完整性是指检察机关在给行政机关发出检察建议的时候，应当对行政机关未依法履职的行为和公益受到侵害的状况进行完整的调查；针对性是指建议内容应当与行政机关未依法履职的行为相对应，既应当明确行政机关未依法履行职责的事实，提出针对性的建议，也需要注意尊重行政权的行使，不能越权；匹配性是指检察建议书中列明的每一项建议要与以后可能提出的行政公益诉讼请求相匹配，这也是检察建议作为公益诉讼必经程序的体现，也就是说检察建议的内容必须涵盖诉讼请求的每一项，检察建议书中未提出建议内容，就不宜在之后的诉讼请求中提出来。

（6）关于整改期限。根据《最高人民法院 最高人民检察院关于检察公益诉讼案件适用法律若干问题的解释》第 21 条第 2 款的规定，行政机关应当在收到检察建议书之日起两个月内依法履行职责，并书面回复人民检察院。出现国家利益或者社会公共利益损害继续扩大等紧急情形的，行政机关应当在十五日内书面回复。因此，行政机关的整改期限应为一般情况下为两个月，存在紧急情形的为十五日。

在撰写行政公益诉讼检察建议书时，还需要注意：

（1）注意与其他类型检察建议书的区分。根据《人民检察院检察建议工作规定》，检察建议包括再审检察建议、纠正违法检察建议、公益诉讼检察建议、社会治理检察建议和其他检察建议等五种类型。行政公益诉讼检察建议书是人民检察院办理行政公益诉讼案件过程中向行政机关制发的法律文书，目的是督促行政机关自行整改，如行政机关不依法履行职责的，依法向人民法院提起诉讼。因此，在制作文书时需要注意与其他类

行政公益诉讼检察建议书参考文书

型检察建议书的区分。

（2）送达期限与方式。人民检察院决定提出检察建议的，应当在三日以内将检察建议书送达行政机关。送达方式可以采取当面送达、宣告送达、邮寄送达等多种方式进行。行政机关拒绝签收的，应当在送达回证上记录，把检察建议书留在其住所地，检察机关可以采用拍照、录像等方式记录送达过程。在宣告送达过程中，检察机关可以邀请人大代表、政协委员、人民监督员等参加。

二、行政公益诉讼起诉书

（一）概述

行政公益诉讼起诉书，是指人民检察院认为行政机关经检察建议督促仍然没有依法履行职责，国家利益或者社会公共利益仍处于受侵害状态的，依法向人民法院提起行政公益诉讼时制作的法律文书。制作行政公益诉讼起诉书的法律依据，是《人民检察院公益诉讼办案规则》第 46 条和第 81 条。

（二）写法

根据《人民检察院公益诉讼办案规则》第 46 条规定，人民检察院提起公益诉讼，应当向人民法院提交公益诉讼起诉书和相关证据材料。行政公益诉讼起诉书由首部、正文、尾部组成。首部包括标题、案件编号以及公益诉讼起诉人、被告的基本信息等；正文包括诉讼请求、提起诉讼的事实与理由、起诉决定，具体写明检察机关的立案、检察建议程序、审查认定的案件事实、证据材料及论证过程等；尾部包括致送法院、日期、检察机关印章等。在撰写行政公益诉讼起诉书时需要注意以下问题：

（1）关于检察机关提起公益诉讼的身份。检察机关提起公益诉讼的身份为“公益诉讼起诉人”。试点期间“两高”实施办法规定检察机关以“公益诉讼人”的身份提起公益诉讼。从试点实践情况看，这一身份基本体现了检察机关不同于一般原告的诉讼地位。《最高人民法院 最高人民检察院关于检察公益诉讼案件适用法律若干问题的解释》将检察机关提起公益诉讼的身份调整为“公益诉讼起诉人”。检察机关作为法律监督机关提起公益诉讼，其身份不同于普通民事诉讼、行政诉讼的原告。因此，在行政公益诉讼起诉书中，“公益诉讼起诉人”一项中仅需要写明提起公益诉讼的人民检察院即可，不需要写明检察长、住所地等内容。检察机关指派检察人员出席法庭，出庭检察人员与检察机关之间也不是委托授权关系，因此，也不需要在起诉书中写明出席检察人员的相关情况，待收到人民法院出庭通知书后再向人民法院提交派员出庭通知书，写明出庭人员的姓名、法律职务以及出庭履行的职责。

（2）关于行政公益诉讼请求。根据行政诉讼法的相关规定，人民检察院在行政公益诉讼中可以根据行政机关的不同违法情形，向人民法院提出确认行政行为违法或者无效、撤销或者部分撤销违法行政行为、依法履行法定职责、变更行政行为等诉讼请求。在行政公益诉讼案件审理过程中，被告已经依法履行职责而全部实现诉讼请求的，人民检察院可以撤回起诉。确有必要的，人民检察院可以变更诉讼请求，请求判决确认行政行为违法。在履行职责诉讼请求中，检察机关公益诉讼目的是督促行政机关依法履职，而非直接针对行政相对人的私益，但在实践中，检察机关诉请和法院判决行政机关依法履职很多情况下是包含了行政相对人的具体义务。在行政诉讼中，第三人在诉讼中是由法院通知参加或者自行申请参加的，检察机关无权单独决定，针对实践中存在因第三人增加审理难度，第三人上诉浪费司法资源等问题，为了达到尽量不追加第三人的效果，《人民检察院公益诉讼办案规则》规定了检察机关提出的依法履行法定职责的诉讼请求中不予载明行政相对人承担具体义务或者减损具体权益的事项的内容。

（3）关于如何认定行政机关未依法履行职责。行政机关未依法履行职责是检察机关提起行政公益诉讼的条件，也是起诉书中需要论证的重点问题。在行政公益诉讼起诉书中的事实与理由部分需要写明的案件线索来源、国家利益或者/和社会公共利益受到侵害的事实、检察机关审查认定的被告违法行使职权或者不作为的事实、被告法定职责等内容，应与检察建议书中的相关内容基本一致。在向行政机关提出检察建议后，人民检察院应当对行政机关履行职责的情况和国家利益或者社会公共利益受到侵害的情况跟进调查，收集相关证据材料。一般来说，行政机关应当在整改期限（两个月或者十五日）之内整改完毕并回复检察机关。但实践中可能存在很多不同情况，如行政机关回复整改而实际未整改，或者并未回复而实际整改等。这就需要检察机关根据行政机关回复、整改和检察机关跟进调查的情况来判断是否符合提起行政公益诉讼的条件。在 2019 年最高人民检察院与生态环境部等九部委会签的《关于在检察公益诉讼中加强协作配合依法打好污染防治攻坚战的意见》和 2020 年最高人民检察院与中央网信办等十单位共同制定的《关于在检察公益诉讼中加强协作配合依法保障食品药品安全的意见》中对行政机关依法履职的判断标准进行了明确："不依法履行法定职责的判断和认定，应以法律规定的食品药品有关部门法定职责为依据，对照食品药品有关部门的执法权力清单和责任清单，以是否采取有效措施制止违法行为，是否全面运用法律法规、规章和规范性文件规定的行政监管手段，国家利益或者社会公共利益是否得到了有效保护为标准。"《人民检察院公益诉讼办案规则》第 82 条也列举了行政机关未依法履行职责的几种情形，主要包括行政机关逾期不回复检察建议，也没有采取有效整改措施的；已经制定整改措施，但没有实质性执行的；虽按期回复，但未采取整改措施或者仅采取部分整改措施的；违法行为人已经被追究刑事责任或者案件已经移送刑事司法机关处理，但行政机关仍应当继续依法履行职责的；因客观障碍导致整改方案难以按期执行，但客观障碍消除后未及时恢复整改的；整改措施违反法律法规规定的；其他没有依法履行职责的情形。

行政公益诉讼起诉书参考文书

（4）关于送达时间和方式。行政公益诉讼起诉书作出后应及时连同起诉书副本、检察卷宗等一并送达人民法院，并应当自送达人民法院之日起五日以内报上一级人民检察院备案。

三、民事公益诉讼起诉书

（一）概述

民事公益诉讼起诉书，是指人民检察院办理民事公益诉讼案件，经过公告等诉前程序后，没有适格主体，或者适格主体不提起诉讼，社会公共利益仍然处于受损害状态的情况下，人民检察院依法向人民法院提起民事公益诉讼时制作的法律文书。《民事诉讼法》第 58 条第 2 款规定："人民检察院在履行职责中发现破坏生态环境和资源保护、食品药品安全领域侵害众多消费者合法权益等损害社会公共利益的行为，在没有前款规定的机关和组织或者前款规定的机关和组织不提起诉讼的情况下，可以向人民法院提起诉讼。”《人民检察院公益诉讼办案规则》第46条和第96条，为民事公益诉讼起诉书提供了法律依据。

（二）写法

民事公益诉讼起诉书由首部、正文、尾部组成。首部包括标题、编号、公益诉讼起诉人及被告基本情况；正文包括诉讼请求、事实与理由两部分，事实与理由包括检察机关的立案、公告程序、审查认定的案件事实、证据材料及论证过程等；尾部包括致送法院名称、制作日期、检察院公章等。撰写民事公益诉讼起诉书时，需要注意下列事项：

（1）列明民事公益诉讼的诉讼请求。按照《民事诉讼法》的规定，检察机关在民事公益诉讼中提出的诉讼请求主要包括要求被告停止侵害、排除妨碍、消除危险、恢复原状、赔偿损失等几个类型。针对不同领域案件，还可以提出以下诉讼请求：一是破坏生态环境和资源保护领域案件，可以提出要求被告以补植复绿、增殖放流、土地复垦等方式修复生态环境的诉讼请求，或者支付生态环境修复费用，赔偿生态环境受到损害至修复完成期间服务功能损失、生态环境功能永久性损失等诉讼请求，被告违反法律规定故意污染环境、破坏生态造成严重后果的，可以提出惩罚性赔偿等诉讼请求；二是食品药品安全领域案件，可以提出要求被告召回并依法处置相关食品药品以及承担相关费用和惩罚性赔偿等诉讼请求；三是英雄烈士等的姓名、肖像、名誉、荣誉保护案件，可以提出要求被告消除影响、恢复名誉、赔礼道歉等诉讼请求。此外，人民检察院为诉讼支出的鉴定评估、专家咨询等费用，可以在起诉时一并提出由被告承担的诉讼请求。

（2）简述民事公益诉讼的诉前程序。检察机关在公共利益保护体系中具有最后保障作用，在民事公益诉讼中，体现在法律规定的机关和有关社会组织的公益诉权是优先的，只有在没有有关机关和社会组织或者有关机关和社会组织不提起诉讼的情况下，检察机关才提起诉讼。针对现阶段检察机关办理的法定领域的民事公益诉讼案件，主要有三类诉前程序的方式：一是发布公告，向社会公告检察机关查明社会公共利益受到损害的事实，并告知适格主体可以向人民法院提起诉讼；二是对于符合启动生态环境损害赔偿程序条件的案件，在公告的同时还可以以督促意见等方式告知赔偿权利人可以启动生态环境损害赔偿程序；三是对于侵害英雄烈士等的姓名、肖像、名誉、荣誉的民事公益诉讼案件，因为诉权属于英雄烈士等的近亲属，所以可以直接征询英雄烈士等的近亲属是否提起民事诉讼的意见，如果被侵害的英雄烈士等人数众多、难以确定近亲属，或者直接征询近亲属意见确有困难的，也可以通过公告的方式征询英雄烈士等的近亲属的意见。

民事公益诉讼起诉书参考文书

（3）写清提起诉讼的事实与理由。确认民事公益诉讼案件的事实需要检察机关进行调查，民事公益诉讼调查的主要事项包括：一是违法行为人的基本情况，即起诉书中被告的基本情况；二是违法行为人实施的损害社会公共利益的行为；三是社会公共利益受到损害的类型、具体数额或者修复费用等；四是违法行为与损害后果之间的因果关系；五是违法行为人的主观过错情况；六是违法行为人是否存在免除或者减轻责任的相关事实；七是其他需要查明的事项。对于污染环境、破坏生态等应当由违法行为人依法就其不承担责任或者减轻责任及其行为与损害后果之间不存在因果关系承担举证责任的案件，对于因果关系的判断可以主要调查违法行为与损害后果之间的关联性。

第六节　常用未成年人检察法律文书

近年来，全国检察机关积极贯彻“教育、感化、挽救”方针和“教育为主、惩罚为辅”原则，进一步更新司法理念，准确把握未成年人司法规律，充分履行未成年人保护法律监督职责，推动未成年人检察工作更加深入开展。2020 年 1 月 15 日最高人民检察院印发的《人民检察院刑事诉讼法律文书格式样本（2020 年版）》专门将未成年人检察法律文书作为一类予以单独规定，称为“未检专用文书”，其中包括未成年犯罪嫌疑人诉讼权利义务告知书、合适成年人诉讼权利义务告知书等诉讼权利义务告知文书，社会调查报告、犯罪记录封存通知书等特殊检察制度文书，传唤证（未成年嫌疑人适用）等未检讯问、询问文书，以及附条件不起诉决定书等未检捕诉文书，共计四类。其中，社会调查报告和附条件不起诉决定书是最具未成年人检察工作特点的未成年人检察法律文书。

一、社会调查报告

（一）概述

《刑事诉讼法》第 279 条规定：“公安机关、人民检察院、人民法院办理未成年人刑事案件，根据情况可以对未成年犯罪嫌疑人、被告人的成长经历、犯罪原因、监护教育等情况进行调查。”社会调查报告就是对未成年犯罪嫌疑人、被告人进行社会调查后所做的书面报告。社会调查制度是《联合国少年司法最低限度标准规则》（1985 年我国参与，在北京制定，简称《北京规则》）所确立的一项基础性少年司法制度，该规则第 16 条规定：“所有案件除涉及轻微违法行为的案件，在主管当局作出判决前的最后处理之前，应对少年生活的背景和环境或犯罪的环境进行适当的调查，以便主管当局对案件作出明智的判决。”并在说明中指出：“在大多数少年法律诉讼案中，必须借助社会调查报告（社会报告或判决前调查报告）。应使主管当局了解少年的社会和家庭背景、学历、教育经历等有关事实。为此，有些司法制度利用法院或委员会附设的专门社会机构和人员来达到这一目的。其他人员包括执行缓刑的人员，也可起到这一作用。因此，本规则要求提供足够的社会服务，以便提出合乎要求的社会调查报告。”社会调查为个性化的司法处遇打下坚实的基础，因此对少年刑事案件实施个案性质的社会调查，是各国少年司法制度中普遍规定的一种做法，被作为未成年人刑事案件处理的必经程序。因此，社会调查报告是未成年人检察工作中的重要法律文书。

（二）写法

社会调查报告从整体结构看，大致可以分为三个部分：首部，包括文书名称、未成年犯罪嫌疑人简要情况（姓名、性别、出生年月、公民身份号码、电话号码、户籍地等）、涉嫌案由、社会调查方式；正文，包括“一、家庭背景”“二、个性特点”“三、与案件有关的情况”“四、对涉案行为的认识”“五、帮教条件”共五项需要调查的内容和“六、其他需要说明的情况”“七、综合评价意见”；尾部，注明制作本文书的调查员姓名、制作日期，并加盖调查员单位的印章。其中，五项需要调查的内容无疑是整个社会调查报告中最重要的部分，因此，在制作时应当不吝笔墨，越详细越好；尤其应当注意这部分每一项调查的内容中对于未成年犯罪嫌疑人有利和不利的材料均应完备，才能使后面“该项内容与未成年犯罪嫌疑人再犯可能性的联系程度评估”更为客观，这就需要调查的全面性和充分性。

1. 关于“家庭背景”

这部分需要调查的内容有 6 项，其中“1. 父母的基本情况”一般包括父和母的姓名、年龄、公民身份号码、民族、党派、宗教信仰、文化程度、职业、住址、健康状况、个人喜好、文化娱乐休闲情况、受过何种奖励、是否受过行政或刑事处罚等；“2. 未成年犯罪嫌疑人的家庭情况”一般包括家庭成员人数、家庭成员之间的关系、家庭成员对未成年人教育保护的观念、家庭经济状况、家庭消费情况、家务承担情况、作息时间安排等；“3. 父母对未成年犯罪嫌疑人的监护情况”一般包括父母的抚养照料情况、安全保护情况、亲情呵护情况、行为养成情况、学业教育辅导情况、家庭教养的方式，如属于放养型、骄纵型、控制型、民主型、虐待型等多种情形中的哪种，与未成年人的学校教师沟通情况等；“4. 未成年犯罪嫌疑人对家人的态度”是指未成年犯罪嫌疑人对家人礼貌、体贴、理解、热爱还是无礼、蛮横、疏远、反感等；“5. 未成年犯罪嫌疑人居住情况”是指未成年犯罪嫌疑人的居住条件、居住环境、是单独居住还是与家庭成员共用房间等；“6. 与未成年犯罪嫌疑人最有感情的人基本情况”一般包括姓名、年龄、公民身份号码、民族、党派、宗教信仰、文化程度、职业、住址、联系电话、与该未成年人的关系、本人健康状况、个人喜好、文化娱乐休闲情况、受过何种奖励、是否受过行政或刑事处罚等。

家庭特别是父母之于未成年人的重要性是不言而喻的。我国未成年人保护法将父母（家庭）确定为未成年人保护的第一责任人。实践中绝大多数未成年人违法犯罪都与父母（家庭）养育方式、监护、教育意识和能力存在着种种密切而复杂的联系。家庭结构或家庭功能不健全，家庭不和睦，未成年人沦为父母泄私愤、打压对方的工具，家庭监护缺失、不足、教育缺位，“生而不养，养而不教，教而不当”，甚至侵害未成年人合法权益，等等，往往是未成年人走上违法犯罪道路的重要原因。因此，这部分内容的调查，尤其是“3. 父母对未成年犯罪嫌疑人的监护情况”与未成年犯罪嫌疑人再犯可能性的联系程度非常密切，需要引起调查人员的足够重视。关于未成年犯罪嫌疑人家庭情况与其再犯可能性的联系程度评估，一般而言，首先需要评估家庭结构是否完整，系单亲家庭、双亲家庭还是隔代抚养，双亲家庭的监护教育能力一般高于单亲家庭或者隔代抚养，相应的再犯风险会显著降低；其次需要评估家庭功能是否健全，父母的监护教育意识和监护教育能力如何，如果父母没有监护、教育意识和能力，再犯风险显著升高；再次，需要评估亲子关系和亲子沟通模式，需要从帮教对象和父母双方的自评和他评入手评估，如果缺少温暖和谐的亲子关系和良好的亲子沟通模式，再犯风险显著升高，因为不良亲子关系和不良朋辈关系正相关，如果未成年人和家庭的关系不好，那么在不良朋辈中寻找温暖的可能性大大升高，再犯风险显著升高。在司法实践中，涉案未成年人如果是留守、流动或者隔代监护等情况，需要了解与未成年人情感密切联系的他人（爷爷奶奶或者外公外婆等），因为这是能够感化教育的重要他人。

2. 关于“个性特点”

这部分需要调查的内容有：“1. 未成年犯罪嫌疑人健康状况及有无不良行为、嗜好；2. 未成年犯罪嫌疑人心理情况；3. 未成年犯罪嫌疑人受教育情况；4. 未成年犯罪嫌疑人思维及行动情况；5. 未成年犯罪嫌疑人社会交往情况；6. 未成年犯罪嫌疑人个人爱好及是否受过表彰情况”。一般而言，反映未成年犯罪嫌疑人个性特点的上述情况，与其再犯可能性的联系程度主要体现在以下几个方面：一是如果未成年犯罪嫌疑人在成长发育过程中罹患重大疾病，或者本身有抽烟、酗酒等不良行为和嗜好，都会对其情绪控制能力、正确认识和行为能力等造成危害后果，无疑会增大其人身危险性，反之则不同；二是未成年人的心理情况，包括情绪状态（案发前后对比）等，会对帮教难度和再犯可能性造成一定的影响，如愤怒情绪较多、心理不稳定会造成攻击性增加，尤其是故意伤害、聚众斗殴、寻衅滋事等暴力冲动型犯罪，如果不良情绪管理难以及时矫治到位，再犯风险会增高，反之则不同；三是未成年人受教育程度如何与看待问题的单一视角或者多元思维有一定的关联，如果受教育程度低，对于毒品危害性的认识、对被别人欺凌后正当方式防卫的认识等就会受局限，再犯风险会增高，反之则不同；四是未成年人的思维模式和行为模式往往与认知偏差和行为偏差有关，影响再犯风险；五是未成年人的社会交往主要是同伴和朋辈的影响，13 到 18 岁的未成年人最容易受不良朋辈的影响，或者被教唆或者引诱犯罪，如果未成年人身边有不良朋辈，再犯可能性会增高，反之则不同；六是未成年人的个性特征与是否曾经受过表彰等情形，对于未成年人是内向还是外向、是否合群、是否容易被影响和矫治等有一定的影响，如果曾经受过各种表彰，人身危险性和再犯难度一般会降低，反之则不同。社会调查的关键在于收集相关资料认定罪犯的人身危险性和主观恶性，从而评判其人格特点，对其再犯的可能性进行预测；调查的内容也就应当围绕能够有效反映罪犯人格的因素进行。罪犯人格是由罪犯的性格、心理特征、家庭与社会环境等各方面的因素共同决定的犯罪倾向。因此，有时需要由心理专家对涉罪未成年人进行心理测评，评估其社会人格健康状况，并提出相应的心理疏导和矫治的对策建议，对未成年人的教育、保护以及处遇措施的采取具有重要参考价值。《人民检察院刑事检察工作指引》第 35 条规定：“社会调查过程中，根据需要，经未成年犯罪嫌疑人及其法定代理人同意，可以进行心理测评。”进行心理测评的，可将情况在此部分表述。

3. 关于“与案件有关的情况”

这部分需要调查的内容有 3 项，其中“1. 未成年犯罪嫌疑人受处罚情况”包括其曾经受过的刑事、行政、纪律处罚的所有种类，并应当写明受处罚的时间、原因等；“2. 未成年犯罪嫌疑人此次涉案主观因素”主要是指其系故意还是过失，动机目的是什么等；“3. 未成年犯罪嫌疑人此次涉案客观行为”一般包括行为方式、手段、情节等。这部分内容主要侧重于未成年人一贯行为表现，有无前科劣迹，实施本次行为的动机、目的、手段等，这些是评估人身危险性和再犯可能性的重要依据，也是精准帮教工作开展的重要起点。未成年犯罪嫌疑人涉案情况与其再犯可能性的联系程度评估主要体现在以下几个方面：一是未成年人受处罚情况，尤其是曾被刑事处罚或者行政处罚，其人身危险性和再犯风险会加大，因为其习惯于漠视规则。二是未成年犯罪嫌疑人此次涉案主观因素如果是故意，则无疑人身危险性和再犯可能性都会比过失要高；如果是侵财类犯罪，那么未成年人主观动机是牟利或者生活所迫或者为其他情形（比如为女友还债等）就直接关系到帮教难度和方向性选择；如果是故意伤害类犯罪或者聚众斗殴、寻衅滋事等聚众型犯罪，是出于哥们义气还是报复心强也关系到人身危险性和再犯可能性高低。三是未成年犯罪嫌疑人此次涉案客观行为则主要需要考量涉案行为的后果、犯罪前后的行为变化等，从而对未成年人的悔过自新等有所把握，判断再犯可能性大小。

4. 关于“对涉案行为的认识”

这部分需要调查的内容有：“1. 未成年犯罪嫌疑人对涉案的消极认识情况；2. 未成年犯罪嫌疑人对涉案的积极认识情况”。这部分内容主要调查未成年人对待自己触法行为的认识和态度，包括对于行为是否违法、对自己和家庭的危害性、对被害人和家庭的危害性、对社会秩序的危害性等有无认识，是否有认识但存在侥幸心理，对于犯罪原因是单一视角还是多元视角，对于涉案行为是内归因还是外归因等。其中“未成年犯罪嫌疑人对涉案的消极认识情况”，主要需要收集未成年人在涉案后对于自己和家庭、对被害人和社会造成的影响和危害性后果有无认识，自身是否存在自杀、自伤、他杀、他伤的想法，这两项内容对于评估人身危险性有很高价值。“未成年犯罪嫌疑人对涉案的积极认识情况”，主要需要收集未成年人在涉案后改过自新的积极愿望和行动，对于未来是否抱有希望和乐观想法，是否能够从多个角度思考自己的行为对于自己和被害人的家庭、对于社会的影响和后果，如具有积极的认识，无疑有助于其人身危险性和再犯可能性的降低。

5. 关于“帮教条件”

这部分需要调查的内容有 4 项，其中“1. 未成年犯罪嫌疑人自身生活、学习、工作情况”，主要需要调查其是否正在坚持学习和工作，或者有积极的愿意入学和坚持工作自食其力的想法和愿望，这种情况下再犯风险显著降低，反之则增高；“2. 未成年犯罪嫌疑人家庭帮教条件情况”主要是指父母、家庭成员的赔偿和解的态度和努力，以及有无监护能力和监护意愿，平时和未成年人联系是否紧密、关系是否和谐、沟通是否顺畅等，是则再犯风险低，反之则增高；“3. 未成年犯罪嫌疑人所处环境情况”主要是指未成年人周围的生活环境如何，是否存在不良诱惑或者致罪因素，是否存在不良朋辈圈子等，是则再犯风险低，反之则增高；“4. 受害者的态度”主要反映了被害者是否获得情感和经济抚慰、获得赔偿后是否表示谅解，是则会显著降低未成年人的再犯可能性和人身危险性，反之则增高。需要注意的是，对于帮教条件，除了注意家庭监护条件，也要注意家庭监护意愿和监护能力等实质因素，未成年人自身存在的对于改过自新的愿望和向往，个性特征中的喜欢和擅长等，外部环境的朋辈群体和社区、学校、工作环境中的有利帮教的因素和不利帮教的因素的收集。

6. 关于“其他需要说明的情况”

这部分是指社会调查报告其他部分无法涵盖而调查员认为需要说明或者报告的事项。司法实践中主要包括如下几种情况：第一，心理测评情况。《人民检察院刑事检察工作指引》第 35 条规定“社会调查过程中，根据需要，经未成年犯罪嫌疑人及其法定代理人同意，可以进行心理测评”。罪犯人格是由罪犯的性格、心理特征、家庭与社会环境等各方面的因素共同决定的犯罪倾向。因此，有时需要由心理专家对涉罪未成年人进行心理测评，评估其社会人格健康状况，并提出相应的心理疏导和矫治的对策建议，对未成年人的教育、保护以及处遇措施的采取具有重要参考价值。第二，社会调查人员意见不一致的，应当在这部分中报告。一份报告的社会调查员一般为数人，各调查员就调查事项和内容进行讨论，共同作出一份统一的报告。当意见不一致时，应该如实在报告中记载并说明。再如对未能调查的事项、未能调查的原因等进行说明。

7. 关于“综合评价意见”

这部分也是制作社会调查报告的重点，属于“画龙点睛”部分。因为综合评价意见是调查员在社会调查后，根据调查的情况，基于自己的专业知识和经验，运用科学的方法，对未成年人进行全面、综合、客观、公正的评价，一般包括对犯罪原因、回归社会的需求、再犯可能性以及回归社会的有利条件、不利因素等进行综合的、科学的、深层次的、专业的分析判断，找出教育、感化和挽救未成年人的“感化点”和“矫治点”，从而能够对未成年犯罪嫌疑人的处遇和帮助教育具有较大的参考价值。未成年人的犯罪原因一般应当从认知偏差、行为偏差、不良情绪管理、不良人际关系管理、心理创伤等五大方面去找，这实际上也是“矫治点”，当存在多个“矫治点”时，需要指出主要“矫治点”。“感化点”实际上也是未成年人回归社会的需求，如基本物质生活条件的满足，就学、就业方面愿望和目标的实现，以及学业进步、劳动技能提升等。未成年人回归社会的有利因素和不利因素需要从未成年人自身、家庭、同伴群体、学校和社区等多个层面进行综合评价。

另外，还需要注意以下三个方面的问题：

一是关于社会调查报告的制作主体及称谓。由于社会调查的本质要求是在收集资料、分析资料的基础上，找出导致未成年人犯罪的风险因素和回归社会的需求等，评估其再犯的可能性，因而要想保障评估结果的客观性和准确性，对调查人员素质、能力的要求非常高，需要由具有相关专业知识（如社会学、心理学、犯罪学、教育学等）、接受过专业方法训练、具有广阔社会视角的人员来开展，才能真正取得实效。社会调查不仅关系到司法机关相关法律处理决定的正确性，更关系到涉罪未成年人的切身利益与未来成长，因此需要特别强调社会调查直接承担者的专业素质和能力。从《刑事诉讼法》第 279 条的规定看，公安机关、人民检察院、人民法院办理未成年人刑事案件时都可以进行社会调查。这是一个相对灵活的弹性规定，即社会调查主体可以根据实际情况由公安、检察、法院人员担任。当然，其前提是《刑事诉讼法》第 277 条第 2 款规定的未成年人刑事案件“由熟悉未成年人身心特点的审判人员、检察人员、侦查人员承办”能够得到切实落实，这样，由从事未成年人司法工作的人员承担社会调查职责才能保证专业性要求。《人民检察院办理未成年人刑事案件的规定》第 8 条对从事未成年人检察工作人员提出的具体要求是：“各级人民检察院应当选任经过专门培训，熟悉未成年人身心特点，具有犯罪学、社会学、心理学、教育学等方面知识的检察人员承办未成年人刑事案件，并加强对办案人员的培训和指导。”但是，目前我国还没有专门的少年司法学科，从事少年司法工作的人员大多数未受过社会学、心理学等方面严格的专业训练，因此，《人民检察院刑事诉讼规则》第 461 条第 2 款规定“人民检察院开展社会调查，可以委托有关组织和机构进行。”《刑事诉讼法解释》第 568 条第 2 款也有类似规定。也就是说，司法机关可以通过委托的形式，使有关组织和机构的专业人员成为社会调查的主体。因而，本文书为人民检察院对未成年犯罪嫌疑人进行社会调查时使用，“有关组织和机构接受人民检察院委托进行社会调查的，可以参照适用”。为此，人民检察院委托有关组织和机构进行社会调查时，应当同时提供《社会调查报告样本》和《制作说明》，供其制作社会调查报告时参照。另外，从《社会调查报告样本》和《制作说明》看，社会调查主体称为调查员，且“调查人员不得少于二人，并在报告中署名”。也就是说，无论是由检察人员还是由有关组织和机构的人员进行社会调查，均称为调查员，并要在报告中签名。社会调查报告是社会调查员依据其专业知识提出的个人意见，因此应当签名，对社会调查报告的内容以及分析判断结论的公正性、客观性和正当性承担责任。另外，还需加盖印章，这个印章指的是进行社会调查的单位印章，意指调查员系受单位指派。

二是关于社会调查的方式和过程。社会调查报告的首部要求写明“社会调查方式：走访谈话（走访居委会、村委会、家庭、学校、工作单位、派出所等）、查询档案、电话联系等”，并要求“附：（走访座谈的相关调查笔录或谈话记录等）”。社会调查方式的科学性和具体操作过程的规范性是保证社会调查报告客观、准确的基础，因此，写清楚社会调查的方式和过程非常重要，要求写明社会调查方式并附能够印证社会调查程序、社会调查报告内容的调查笔录或谈话记录等材料，便是出于这样的考虑。为此，对调查的方法、过程，如每次会谈的时间、地点及内容等，有关的人员与机构的名称、住址等，应当如实、准确、详细地进行记载。一般而言，能够印证社会调查程序、社会调查报告内容的材料包括以下几个方面：（1）反映未成年犯罪嫌疑人家庭环境、成长情况的材料，如法定代理人、亲属和未成年本人的相关陈述以及户籍档案、医疗档案等；（2）反映未成年犯罪嫌疑人在学校、工作单位表现情况的材料，如教师、同学、同事的相关陈述及学校档案、单位档案等；（3）反映未成年犯罪嫌疑人社区表现情况的材料，如邻居、伙伴的相关陈述等；四是反映未成年犯罪嫌疑人个性特征、心理状况等方面的材料，如心理评测报告、相关人员分析评估等。

三是关于社会调查报告内容的针对性。少年司法关注的是少年回归健康成长的需要，已然犯罪行为背后的致罪原因（包括客观因素和主观认识）对于帮助其回归健康之路至关重要。社会调查正是通过对具体内容的调查分析，揭示未成年人犯罪的普遍原因和个别现象的区别，从而为精准矫治和再次犯罪预防提出对策，实现刑罚的个别化。社会调查制度是未成年人刑事案件诉讼程序中的一项重要制度，未成年人社会调查报告具有相关性、专业性、科学性和应用性，对于未成年人犯罪的处理意义重大，充分发挥该制度的效用，有助于实现教育、感化和挽救的方针和刑事诉讼的价值与目标，更好地维护未成年人的合法权益。为此，社会调查决不能搞成一种摆设，而务实性的最大要求是社会调查报告内容要有针对性，要揭示出被调查对象的个性，也就是说，要把被调查对象真正的失足原因挑明，把被调查对象的矫治点、感化点找出，从而为办案和帮教提供较大的参考价值。

社会调查报告
参考文书

二、附条件不起诉决定书

（一）概述

《刑事诉讼法》第282条规定：“对于未成年人涉嫌刑法分则第四章、第五章、第六章规定的犯罪，可能判处一年有期徒刑以下刑罚，符合起诉条件，但有悔罪表现的，人民检察院可以作出附条件不起诉决定。”附条件不起诉决定书是指人民检察院依据上述规定制作，为人民检察院对未成年犯罪嫌疑人作出附条件不起诉决定时使用。本文书应当向未成年犯罪嫌疑人宣读，并责令其遵守所附条件和考察要求，告知其违反考察规定可能发生的法律后果。附条件不起诉是最具未成年人检察特色的办案程序，对于落实“教育、感化、挽救”的未成年人刑事司法原则、及时分流案件、促使涉罪未成年人回归社会重新做人具有重要意义。因此，作为附条件不起诉载体的附条件不起诉决定书是未成年人刑事检察工作中极其重要的法律文书。

(二) 写法

附条件不起诉决定书是叙述式文书，从整体结构看，可以分为首部、正文、尾部三部分构成。其中首部包括制作文书的人民检察院名称、文书名称和文书编号；正文包括未成年犯罪嫌疑人的基本情况、法定代理人和辩护人的简要情况，案由、案件来源和案件审查过程，检察机关审查认定的案件事实和证据情况，社会调查情况，附条件不起诉的理由、法律依据、决定事项（包括考验期和考察内容）以及告知事项等；尾部包括制作文书的年月日，并加盖院印。另外，还要求附相关法律条文。制作附条件不起诉决定书时，除遵循格式要求外，还要注意下列问题：

1. 关于未成年犯罪嫌疑人基本情况的制作

对本部分需要写明以下三个方面的内容：一是未成年犯罪嫌疑人作为自然人的基本情况，即“姓名、曾用名、与案情有关的别名（化名、绰号）、性别、出生年月日、公民身份号码、民族、文化程度、职业或者工作单位及职务、出生地、户籍所在地、住址”。该部分内容必须非常明确、具体并尽可能详尽，以保证该文书适用对象准确无误。其中未成年犯罪嫌疑人的姓名应当使用身份证等法定身份文件中使用的正式姓名，同时写明“曾用名”和“与案情有关的别名（化名、绰号）”；出生年月日应以公历为准；文化程度应当写经正规教育所达到的教育程度，不识字的写为“文盲”，略识一些字的写为“初识字”，小学文化以上的写为“××文化程度”；住址应当写经常居住地。未成年犯罪嫌疑人系外国人的，应当在其中文译名后面用括号注明外文姓名，并写明国籍、护照号码、国外居所。二是前科情况，即“作为适用附条件不起诉依据的曾受刑事处罚、行政处罚的情况”。一般按照从轻到重顺序，先写受行政处罚的情况，再写受到刑事处罚的情况；无论是行政处罚还是刑事处罚，一般应当按照时间顺序叙写，注明受处罚的时间、缘由、处罚种类、决定机关、释放时间等有关情况。三是被采取强制措施的情况，即“因涉嫌××（案由）罪，经×××（决定机关）批准/决定，于×年×月×日由×××（执行机关）执行×××（强制措施名称），延长刑事拘留期限及延长、重新计算、中止侦查等羁押期限变化的情况……”。此部分要求写明采取强制措施的原因、种类、批准或决定的机关和时间、执行的机关和时间；采取过多种强制措施的应按照时间的先后分别叙写，延长刑事拘留期限及延长、重新计算、中止侦查等羁押期限变化的，也要求写明相关情况。需要进一步强调的是，《人民检察院办理未成年人刑事案件的规定》第 34 条规定：“未成年犯罪嫌疑人在押的，作出附条件不起诉决定后，人民检察院应当作出释放或者变更强制措施的决定。”因此，文书中交代清楚强制措施以及相关时限非常重要。

2. 关于法定代理人和辩护人简要情况的制作

这两部分内容分别要求写明法定代理人“姓名、与犯罪嫌疑人的关系、住址”和辩护人“姓名、×律师事务所律师，如系法律援助律师的，应注明指派的法律援助中心；不是律师的写单位、职务或职业”。这样要求主要是考虑到以下因素：一是在未成年人刑事司法程序中，法定代理人参与制度是针对涉罪未成年人身心不成熟的特点，为避免其合法权益受到侵害而设计的一项重要制度，是未成年人受保护权的表现形式之一。《刑事诉讼法》第 282 条规定：“未成年犯罪嫌疑人及其法定代理人对人民检察院决定附条件不起诉有异议的，人民检察院应当作出起诉的决定。”第 283 条规定：“在附条件不起诉的考验期内，由人民检察院对被附条件不起诉的未成年犯罪嫌疑人进行监督考察。未成年犯罪嫌疑人的监护人，应当对未成年犯罪嫌疑人加强管教，配合人民检察院做好监督考察工作。”也就是说，未成年犯罪嫌疑人的法定代理人有对人民检察院附条件不起诉决定提出异议的权利和配合人民检察院做好附条件不起诉监督考察工作的义务。因此，在附条件不起诉决定书中应当体现法定代理人的相关情况。二是由于未成年人年龄、智力发育程度等方面的限制，通常很难对法律和诉讼行为有正确、全面的理解，也难以充分行使其诉讼权利，因此，在当今世界，未成年犯罪嫌疑人、被告人获得律师帮助是基本共识，已在多个国际公约中予以确认。如《联合国少年司法最低限度标准规则》（简称《北京规则》）第 15.1 条件规定：“在整个诉讼程序中，少年应有权由 1 名法律顾问代表，或在提供义务法律援助的国家申请这种法律援助。”《刑事诉讼法》第 278 条规定：“未成年犯罪嫌疑人、被告人没有委托辩护人的，人民法院、人民检察院、公安机关应当通知法律援助机构指派律师为其提供辩护。”这一规定意味着未成年人犯罪嫌疑人（被告人）有获得律师辩护的权利，没有委托辩护人的，国家有义务为其指定辩护律师。因此，在涉及未成年人刑事案件的相关法律文书中应当体现辩护人参与的相关情况，这无疑是落实法律规定的必然要求。

3. 关于案件来源、案由和案件审查过程的制作

案件来源和案由的撰写格式是“本案由×××（侦查机关）侦查终结，以犯罪嫌疑人×××涉嫌××（案由）罪，于×年×月×日向本院移送审查起诉”，这意味着“案由”是指侦查机关移送审查起诉认定的行为性质，而非检察机关审查后认定的行为性质，且要写明移送机关及移送审查起诉的时间。“如果案件是其他人民检察院移送的，此处应将指定管辖、移送单位以及移送时间等写清楚。”这样要求是为了使案件当事人能够对相关办案时限有全面的了解。

案件审查过程的监督。撰写格式是“本院受理后，于×年×月×日已告知犯罪嫌疑人及其法定代理人有权委托辩护人，×年×月×日已告知被害人及其法定代理人（近亲属）有权委托诉讼代理人；为犯罪嫌疑人×××落实了法律援助；对其进行了社会调查（或委托×××单位进行了社会调查）；依法讯问了犯罪嫌疑人，其法定代理人（合适成年人）到场；并就是否适用附条件不起诉听取了侦查机关、被害人及其法定代理人、未成年犯罪嫌疑人及其法定代理人、辩护人的意见，未成年犯罪嫌疑人及其法定代理人对适用附条件不起诉无异议。”上述内容可以分为三类。第一类是检察机关审查起诉所有刑事案件都必经的三项程序：一是《刑事诉讼法》第 34 条第 2 款规定的“……人民检察院自收到移送审查起诉的案件材料之日起三日以内，应当告知犯罪嫌疑人有权委托辩护人”。二是《刑事诉讼法》第 46 条第 2 款规定的“……人民检察院自收到移送审查起诉的案件材料之日起三日以内，应当告知被害人及其法定代理人或者其近亲属、附带民事诉讼的当事人及其法定代理人有权委托诉讼代理人”。三是《刑事诉讼法》第 173 条规定的“人民检察院审查案件，应当讯问犯罪嫌疑人”。第二类是检察机关审查起诉所有未成年人刑事案件都必经的两项程序：一是前文中已提到如果未成年犯罪嫌疑人没有委托辩护人，要为其落实法律援助；二是讯问未成年犯罪嫌疑人时，要通知其法定代理人或者合适成年人到场。第三类是附条件不起诉案件必经的五项“专门”程序：一是根据《刑事诉讼法》第 279 条的规定进行社会调查（如果系委托进行社会调查的，要写明委托的单位）；二、三是根据《刑事诉讼法》第 282 条第 1 款的规定分别听取公安机关、被害人对附条件不起诉的意见；四

是根据《刑事诉讼法》第282条第3款的规定征得未成年犯罪嫌疑人及其法定代理人同意附条件不起诉；五是依据《人民检察院刑事诉讼规则》第469条第2款的规定听取辩护人的意见。综上，上述三类程序是依据法律或者司法解释的规定，检察机关审查附条件不起诉案件的必经程序，因而都应当在附条件不起诉决定书中予以体现。另外，还有一些程序并非检察机关审查起诉（附条件不起诉）案件的必经程序，如退回补充侦查、延长审查起诉期限等程序，应当根据实际情况撰写：（1）对于侦查机关移送审查起诉后变更管辖权的，表述为："本案由×××（侦查机关）侦查终结，以犯罪嫌疑人×××涉嫌×罪，于×年×月×日移送×××人民检察院审查起诉。×××人民检察院经审查，于×年×月×日移送（或者报送、交由）本院审查起诉。本院受理后……"（2）对于因上级检察机关指定而变更管辖权的，表述为："本案由×××（侦查机关）侦查终结，以犯罪嫌疑人×××涉嫌×罪，于×年×月×日移送×××人民检察院审查起诉，后经×××人民检察院指定，于×年×月×日移送（或者报送、交由）本院审查起诉。本院受理后，……"（3）对于退回补充侦查的，在"审查了全部案件材料"后写明："经审查，于×年×月×日（和×年×月×日两次）退回补充侦查，侦查机关补充侦查完毕后，于×年×月×日（最终补充侦查完毕时间）移送本院审查起诉。"（4）对延长审查起诉期限的，表述为："本院于×年×月×日（一次延长日期、二次延长日期、三次延长日期）延长审查起诉期限（×次）（各）十五日。"（5）对于审查起诉阶段进行精神病鉴定的，在"审查了全部案件材料"后写明："其间，于×年×月×日至×年×月×日对犯罪嫌疑人×××作精神病鉴定。"（6）对于进行不公开听证审查的，在上述内容后写明："×年×月×日，本院对本案进行不公开听证审查，听取了侦查机关、犯罪嫌疑人×××及其法定代理人×××、辩护人×××以及×××（具体写明其他参加人员及诉讼身份）的意见。"

4. 关于案件事实和证据的制作

案件事实的写法是："经本院依法审查查明：……（概括叙写案件事实，要将检察机关审查后认定的事实写清楚，不必叙写侦查机关移送审查起诉时认定的事实，重点叙写犯罪嫌疑人符合附条件不起诉法定条件的事实尤其是其悔罪表现及监管帮教条件）"证据的写法是："认定上述事实的证据如下：……（要将证明犯罪嫌疑人符合附条件不起诉法定条件的证据，按照证据种类写明具体名称并概述其证明内容，与认定的事实相对应，确保全部事实均有充分的证据证实）"上述要求表明，这部分要叙写的是检察机关经审查后认定的案件事实和证明所认定的案件事实的证据，而非侦查机关移送审查起诉时认定的事实和证据，检察机关没有认定的事实情节等和检察机关没有采集的证据，不必叙述。对于案件事实部分，要求"重点叙写犯罪嫌疑人符合附条件不起诉法定条件的事实尤其是其悔罪表现及监管帮教条件"。之所以这样要求，是因为"符合附条件不起诉法定条件"是检察机关作出附条件不起诉决定的前提和基础。根据《刑事诉讼法》第282条第1款的规定，附条件不起诉的适用条件包括"四要件"：一是罪名条件，即"涉嫌刑法分则第四章、第五章、第六章规定的犯罪"，这就要求在事实部分中表述犯罪行为、情节时，应当以侵犯公民人身权利、民主权利罪或者侵犯财产罪、妨害社会管理秩序罪中的某个具体罪名的犯罪构成要件为标准，表明未成年犯罪嫌疑人的行为已构成该罪；二是刑罚条件，即"可能判处一年有期徒刑以下刑罚"，这里的刑罚是指未成年犯罪嫌疑人被交付审判，法院对其可能适用的刑罚，而非其涉嫌犯罪的法定最高刑，这就需要综合考虑未成年人犯罪的性质、情节、是否初犯、是否偶犯、是否认罪认罚、是否达成刑事和解或者获得谅解以及实施犯罪行为的动机、目的、犯罪时的年龄、其对犯罪行为的认识能力等所有法定和酌定量刑情节来预估可能适用的刑罚；三是可诉条件，即“符合起诉条件”，也就是说，证据不足的案件和依法绝对不起诉的案件不能作附条件不起诉处理；四是悔罪条件，即“有悔罪表现”，包括认罪态度好，表示愿意悔改，向被害人赔礼道歉，积极赔偿，取得被害人谅解等。只有未成年人刑事案件在上述四方面的条件都具备时，人民检察院才能作出附条件不起诉处理。至于“监管帮教条件”，虽然法律没有将其规定为适用附条件不起诉的前提条件，但是，由于附条件不起诉制度对涉罪未成年人的教育、矫治是在非监禁的社会化环境中进行，为了保障他人的合法权益不受损害，除了要求犯罪嫌疑人的再犯罪可能性较小，具备有效监管帮教条件无疑也非常重要，而且，它也是保证附条件不起诉“教育、感化、挽救”涉罪未成年人效果的基础。需要强调的是，对于“监管帮教条件”不能仅考虑家庭监护，虽然这一点很重要，是需要考虑的一个重要因素；但如果只考虑家庭监护，则对于外来未成年犯罪嫌疑人往往是不利和不公正的，对于在本地欠缺家庭监护的外来未成年犯罪嫌疑人，可以考虑为其创设帮教条件，如为其找到合适的观护点和临时监护人等，或者通过异地协作机制来解决监管帮教条件问题。总之，附条件不起诉决定书中关于案件事实部分应当对上述五个方面的内容都要叙写清楚。对于证据部分，要求“按照证据种类写明具体名称并概述其证明内容，与认定的事实相对应，确保全部事实均有充分的证据证实”。也就是说，第一，按照证据种类来写，根据《刑事诉讼法》第50条的规定，证据包括八大类，即物证，书证，证人证言，被害人陈述，犯罪嫌疑人、被告人供述和辩解，鉴定意见，勘验、检查、辨认、侦查实验等笔录，视听资料、电子数据；第二，不需要摘录具体的证据内容，只写明证据名称和证明的情况即可，如犯罪嫌疑人×××供述和辩解，证明×××伙同×××、×××实施盗窃的时间、地点、过程、数额；第三，为体现事实与证据之间的联系，证据与所认定的事实要一一对应；第四，所有认定的事实必须均有证据予以证明，并整体上能够形成锁链，以保证达到证据确实充分的标准。

5. 关于社会调查情况的制作

本部分的写法是：“根据《中华人民共和国刑事诉讼法》第二百七十九条，本院（委托×××）对犯罪嫌疑人×××进行了社会调查，经调查查明：……（叙写经社会调查查明的事实）”前面在“案件审查过程”的制作部分已谈到附条件不起诉案件必须经过社会调查这一特别程序，而本部分则要求具体写明“经社会调查查明的事实”。社会调查报告要求详细叙写查明的家庭背景、个性特点等5个方面21项具体情况，因此，本部分的制作应当根据社会调查报告概括写明社会调查中查明的情况，重点说明作出附条件不起诉决定所参考的事实，如未成年犯罪嫌疑人向被害人赔礼道歉、赔偿损失等悔罪表现，对自己的犯罪行为有一定认识但还需要进一步考察，具有较好的帮教条件或者社会化帮教措施等事实。

6. 关于附条件不起诉的理由、法律依据、决定事项及告知事项的制作

附条件不起诉的理由、法律依据的写法是：“本院认为，犯罪嫌疑人×××实施了《中华人民共和国刑法》第×条规定的行为，但具有……等情节（写明法定和酌定量刑情节），可能判处一年有期徒刑以下刑罚，符合起诉条件，并具有悔罪表现。根据《中华人民共和国刑事诉讼法》第二百八十二条第一款的规定，决定对×××（犯罪嫌疑人的姓

名）附条件不起诉。”其中，关于要求写明“法定和酌定量刑情节”，由于前面在案件事实部分已要求具体写明，因此，这里只要简单概括即可，如“但具有自首、获得被害人谅解的情节”。决定事项包括设定的考验期和考察内容，写法分别是：“考验期为×个月，从××年×月×日至××年×月×日止。”“考验期内，犯罪嫌疑人×××应当遵守《中华人民共和国刑事诉讼法》第二百八十三条第三款的规定：（一）遵守法律法规，服从监督；（二）按照考察机关的规定（报告的时间，方式）报告自己的活动情况；（三）离开所居住的市、县或者迁居，应当报经考察机关批准；（四）按照考察机关的要求接受矫治教育；……（可以参考《刑事诉讼规则》第四百七十六条，结合具体情况写明接受矫治教育的内容）。”《刑事诉讼法》第 283 条第 2 款规定：“附条件不起诉的考验期为六个月以上一年以下，从人民检察院作出附条件不起诉的决定之日起计算。”因此要在 6 个月以上 12 个月以下确定具体几个月（根据相关法律规定，“以上”“以下”包括本数）。《人民检察院刑事诉讼规则》第 476 条规定：“人民检察院可以要求被附条件不起诉的未成年犯罪嫌疑人接受下列矫治和教育：（一）完成戒瘾治疗、心理辅导或者其他适当的处遇措施；（二）向社区或者公益团体提供公益劳动；（三）不得进入特定场所，与特定的人员会见或者通信，从事特定的活动；（四）向被害人赔偿损失、赔礼道歉等；（五）接受相关教育；（六）遵守其他保护被害人安全以及预防再犯的禁止性规定。”《人民检察院公益诉讼法律文书格式样本（2021 版）》要求参考上述内容，并“结合具体情况写明接受矫治教育的内容”，意味着：第一，要具体列明要求被附条件不起诉的未成年人接受哪些矫治教育，这一点很重要，因为“所附条件”越具体、越量化越有利于执行和执行效果的评估；第二，附什么条件要具有针对性，这一点也很重要，因为“下药”“对症”，有利于确保附条件不起诉制度教育矫治功能的实现。告知事项一共有三项：一是撤销附条件不起诉的决定，提起公诉或者作出不起诉决定的情形；二是犯罪嫌疑人及其法定代理人有向本院提出对附条件不起诉决定有异议的权利和提出异议后本院的处理；三是被害人有上一级人民检察院提出申诉、请求提起公诉的权利及提出的时限，即自收到本决定书后七日以内，并要求将上一级人民检察院名称写明。即根据《刑事诉讼法》第 284 条和第 282 条第 2 款、第 3 款的规定，在附条件不起诉决定书的正文部分最后应当写明“在考验期内有《中华人民共和国刑事诉讼法》第二百八十四条第一款规定情形之一的，本院将撤销附条件不起诉的决定，提起公诉：（一）实施新的犯罪或者发现决定附条件不起诉以前还有其他犯罪需要追诉的；（二）违反治安管理规定或者考察机关有关附条件不起诉的监督管理规定，情节严重的。在考验期内没有上述情形，考验期满的，本院将作出不起诉决定。犯罪嫌疑人及其法定代理人如果对本决定有异议，可以向本院提出，本院将依法提起公诉。被害人如果不服本决定，可以自收到本决定书后七日以内向×××人民检察院（此处应写明上一级人民检察院名称）申诉，请求提起公诉。”当然，没有被害人的案件，就不必写第三项。

另外，还需要注意以下几个问题：

一是首部关于制作文书的人民检察院名称和文书名称均应当写全称，如“××省××市××区人民检察院”不能写成“××区人民检察院”，“附条件不起诉决定书”不能写成“附条件不起诉书”等，以体现法律文书的规范性、严肃性和准确性。同理，文书中所涉及的司法机关均应当写全称。

二是所引用的法律应当引全称，所引用的法律条款要用汉字将条、款、项引全。法律文书引用法律笼统，不写具体，是一种引证法律缺乏准确性、严肃性的做法，因此，所有法律文书都强调引用法律的准确性、规范性、具体性和全面性。

三是《制作说明》要求“本文书应当向未成年犯罪嫌疑人及其法定代理人宣布，同时，宣读并责令其遵守《中华人民共和国刑事诉讼法》第 283 条第 3 款的规定，告知其违反规定应负的法律责任”，即在向未成年犯罪嫌疑人及其法定代理人宣布附条件不起诉决定书时，要责令其遵守所附条件，并告知其违反考察规定可能发生的法律后果。

四是附条件不起诉是针对人作出的决定，而不是针对案件作出的决定，因此，对共同犯罪的多个未成年人需要分别制作附条件不起诉决定书。

五是根据《制作说明》，附条件不起诉决定书分为正本、副本，其中正本一份归入正卷，一份发送犯罪嫌疑人，其他副本分别送达未成年犯罪嫌疑人的法定代理人、辩护人、侦查机关、被害人或者其近亲属及其诉讼代理人。

最后，还有一点需要重点强调：附条件不起诉决定书要向未成年人犯罪嫌疑人送达和宣布，这就需要考虑语言表述既要严肃、准确、未成年人能够理解，又要有利于鼓励其改过自新。如在社会调查部分“对犯罪行为的危害性有了较深的认识，法治意识和观念得到很大提升”的表述，一般而言不如“对犯罪行为的危害性有了一定的认识，法治意识和观念得到提升”表述好，因为话说得较满，会给人感觉无提升的必要或者空间。

附条件不起诉决定书参考文书

第七节 检察通用法律文书

检察通用法律文书，是指可以在若干个诉讼环节中适用的具有法律效力的检察法律文书。根据人民检察院组织法和刑事诉讼法等法律的有关规定及人民检察院的工作制度，人民检察院在检察履职过程中，具体开展“四大检察”“十大业务”工作时，不同业务部门需要适用的一些法律文书是相同的，将这些共同适用的法律文书规定为统一格式，有利于减少文书格式繁复和加强检察法律文书的规范性。

一、纠正违法通知书

（一）概述

纠正违法通知书，是人民检察院在办理检察业务过程中，发现侦查机关的侦查活动、审判机关的审判活动、执行机关的执行活动有违法情况时，为纠正违法行为，依法向违法单位提出纠正意见时所制作的法律文书。

本文书依据《刑事诉讼法》第 8 条、第 100 条、第 171 条、第 276 条，《民事诉讼法》第 14 条及《行政诉讼法》第 11 条等有关法律规定制作。根据《刑事诉讼法》的有关规定，人民检察院在审查批准逮捕工作中，如果发现公安机关的侦查活动有违法情况，应当通知公安机关予以纠正，公安机关应当将纠正情况通知人民检察院。人民检察院审查起诉案件的时候，必须查明：（1）犯罪事实、情节是否清楚，证据是否确实、充分，犯罪性质和罪名的认定是否正确；（2）有无遗漏罪行和其他应当追究刑事责任的人；（3）是否属于不应追究刑事责任的；（4）有无附带民事诉讼；（5）侦查活动是否合法。人民检察院对执行机关执行刑罚的活动是否合法实行监督。如果发现有违法的情况，应当通知执行机关纠正。根据《民事诉讼法》和《行政诉讼法》的规定，人民检察院有权对民事诉讼和行政诉讼实行法律监督。

根据法律和司法解释的规定，人民检察院在下列情况适用纠正违法通知书：

（1）发现侦查机关的侦查活动有违法行为。这里的侦查机关，包括公安机关、国家安全机关、军队保卫部门、中国海警局、监狱。检察机关在检察工作中发现上述侦查机关在侦查活动中有违法行为，如超期羁押犯罪嫌疑人、对犯罪嫌疑人刑讯逼供等行为，应当向其发出纠正违法通知书。

（2）发现执行机关执行刑罚的活动有违法行为。这里的执行机关包括监狱、社区矫正机构、看守所、人民法院等。执行刑罚的活动是否合法主要包括以下几个方面：一是交付执行是否合法。如已交付执行的判决、裁定是否已发生法律效力，应当收押的罪犯是否全部收押等。二是变更执行是否合法。如决定减刑、假释的罪犯是否属于不应当减刑、假释的，被暂予监外执行的罪犯是否符合法律规定的暂予监外执行条件等。三是执行机关监督管理罪犯的活动是否合法。如公安机关对被暂予监外执行、假释的罪犯以及被判处管制、剥夺政治权利的罪犯的执行活动是否合法等。

（3）人民检察院发现人民法院的审判活动中有严重违法情况。一般是指程序上有错误但没有影响实体判决、裁定的情况。

（二）写法

纠正违法通知书为叙述式文书，分为首部、正文和尾部三部分。

1. 首部

包括制作本文书的人民检察院名称；文书名称，即“纠正违法通知书”；文书编号，即“××检××纠违（20××）××号”，“××”处依次填写制作文书的人民检察院简称、具体办案部门名称、制作文书的年度和文书序号。

2. 正文

包括四部分，分别按以下层次叙写：

（1）发往单位，即发生违法情况的单位，行文上应顶格书写。

（2）发现的违法情况。表述为“经调查核实，发现……”。表述内容顺序为：1）发生违法情况的具体单位和人员。违法人员要写明姓名、所在单位、职务等。2）违法事实。写明违法的时间、地点、经过、手段、目的和后果等。

（3）检察机关认定违法的理由及其法律根据。表述为“本院认为……”。应具体写明违法行为触犯的法律、法规的具体条款，违法行为的性质等。

（4）纠正意见。表述为：“根据……的规定，特通知你单位予以纠正。请将纠正情况告知本院。”“根据”后应写明具体的法律根据，如《刑事诉讼法》第×条。

3. 尾部

包括制作文书的年月日和人民检察院印章。

4. 写作纠正违法通知书应注意的事项

（1）本文书一案一文书，同一案件发现多项违法问题的，制发一份文书即可，各违法项按照严重程度从重到轻排序。

（2）人民检察院可以直接向本院所办理案件的同级单位发送纠正违法通知书；办案单

位为上级机关的，应当层报被纠违单位的同级人民检察院决定并发送纠正违法通知书，或者由办理案件的人民检察院制作纠正违法通知书后，层报被纠违单位的同级人民检察院审核并转送被纠违单位。需要向下级有关单位发送纠正违法通知书的，可以指令对应的下级人民检察院发送纠正违法通知书。需要向异地有关单位发送纠正违法通知书的，应当征求被纠违单位所在地同级人民检察院意见。被纠违单位所在地同级人民检察院提出不同意见，办理案件的人民检察院坚持认为应当发送纠正违法通知书的，层报共同的上级人民检察院决定。

纠正违法通知书参考文书

（3）本文书一式二份，一份送达发生违法行为的单位，一份附卷。

二、检察意见书

（一）概述

检察意见书，是人民检察院向有关主管机关提出对不起诉人给予行政处罚、行政处分或向其他有关单位提出纠正意见及其他检察意见时制作的法律文书。

《刑事诉讼法》第177条第3款规定："人民检察院决定不起诉的案件，应当同时对侦查中查封、扣押、冻结的财物解除查封、扣押、冻结。对被不起诉人需要给予行政处罚、处分或者需要没收其违法所得的，人民检察院应当提出检察意见，移送有关主管机关处理。有关主管机关应当将处理结果及时通知人民检察院。"检察意见书主要适用于前述情况。人民检察院接到控告、举报或者发现行政执法机关不移送涉嫌犯罪案件的，应当向行政执法机关提出检察意见，要求其按照管辖规定向公安机关或者人民检察院移送涉嫌犯罪案件，被控告人、被举报人行为未构成犯罪，但需要追究党纪、政纪、违法责任的，移送有管辖权的主管机关，或者向其他单位提出检察意见时，也使用本文书。另外，检察意见书还可以适用于一些不宜采用纠正违法通知书或者检察建议书的情况，如法庭审理过程中，合议庭对证据有疑问并在休庭后进行的勘验、检查、扣押、鉴定和查询、冻结活动有违法情况，或者人民法院对由其根据律师申请收集、调取的证据或者休庭后自行收集的证据，未经庭审辨认、质证直接采纳为判决依据的，必要时，人民检察院可以向人民法院发出检察意见书。

（二）写法

检察意见书为叙述式文书，分为首部、正文和尾部三部分。

1. 首部

包括制作文书的人民检察院名称；文书名称，即"检察意见书"；文书编号，即"××检××意［20××］××号"，"××"处依次填写制作文书的人民检察院简称、具体办案部门名称、制作文书的年度和文书序号。

2. 正文

包括四部分，分别按以下层次叙写：

（1）发往单位，即有关主管机关或者其他有关单位，行文上应顶格书写。

（2）案件来源及查处（审查）情况。案件来源主要有公安部门移送、纪检监察部门移送或其他机关移送。查处（审查）情况写案件办理的有关情况及人民检察院对案件进行审查处理的情况。

（3）认定的事实、证据、决定事项（认定结论）及法律依据。写明根据现有证据能够证明的事实，依据有关法律规定，对该案件的处理情况，即说明案情并依据有关法律规定作出处理决定。

（4）根据法律规定，提出检察意见的具体内容和要求。写明根据法律规定，建议有关主管机关作出给予被不起诉人行政处分、行政处罚或没收违法所得决定，或者要求有关单位对违法情况进行纠正等。

3. 尾部

包括制作检察意见书的年月日和人民检察院院印。

4. 写作检察意见书应注意的事项

（1）根据《刑事诉讼法》第177条的规定，制作检察意见书时，应将检察意见书与不起诉决定书一同送达有关主管机关。

（2）正文中根据认定的事实作出不起诉决定的法律依据与提出检察意见的法律依据不同。前者是根据案件事实，认为犯罪情节轻微，依照刑法不需要判处刑罚或者免除刑罚的，依照《刑事诉讼法》第177条第2款等有关法律规定，作出不起诉决定；后者是提出检察意见的法律依据，也就是《刑事诉讼法》第177条第3款。

（3）应注意检察意见书与纠正违法通知书的区别。二者都是发往有关单位的，但检察意见书一般是发给被不起诉人的主管机关，而纠正违法通知书则是发送给发生违法情况的单位。

检察意见书
参考文书

（4）本文书一式二份，一份送达有关单位，一份附卷。

三、检察建议书

（一）概述

检察建议，是人民检察院履行法律监督职责，参与社会治理，维护司法公正，促进依法行政，预防和减少违法犯罪，保护国家利益和社会公共利益，维护个人和组织合法权益，保障法律统一正确实施的重要方式。检察建议书，是人民检察院在办案过程中，依法向有关单位提出检察建议时制作的法律文书。

检察建议的类型主要包括再审检察建议、纠正违法检察建议、公益诉讼检察建议以及其他检察建议。不同类型的检察建议，其文书格式有所不同，本书重点讲述纠正普遍性倾向性违法问题和社会治理检察建议使用的文书。

（二）写法

检察建议书为叙述式文书，分为首部、正文和尾部三部分。

1. 首部

包括制作本文书的人民检察院名称；文书名称，即“检察建议书”；文书编号，即“×检建〔20××〕×号”，“××”处依次填写制作文书的人民检察院简称、制作文书的年度和文书序号。

2. 正文

包括八部分，依次叙写以下内容：

（1）发往单位。应写明主送单位的全称，行文上应顶格书写。

（2）案件或问题的来源。写明本院在办理案件或者履行法律监督职责过程中发现该单位存在的问题以及需要提出检察建议的有关情况。

（3）依法认定的案件事实或者经调查核实的事实及其证据。写明依法认定的案件事实或者经过调查后查清的事实及证据。对事实的叙述要求客观、准确、概括性强，要归纳成几条反映问题实质的事实要件，然后加以叙述。

（4）存在的违法情形或者应当消除的隐患。写明该单位存在的违法情形或者隐患，包括刑事诉讼活动或者执行活动中存在的普遍性、倾向性违法问题或者其他重大隐患；制度不健全、不落实；存在管理监督漏洞；民间纠纷问题突出；不依法及时履行职责；需要给予有关人员行政处罚、政务处分、行业惩戒或者追究司法责任等问题。

（5）建议的具体内容及所依据的法律、法规和有关文件等的规定。写明建议的具体内容及依据。建议的内容应当具体明确，切实可行，要与以上列举的问题紧密联系。检察建议引用依据有两种情况：一种是检察机关提出建议的行为所依据的有关规定；另一种是该单位存在的问题不符合哪项法律法规和有关规章制度的规定。

（6）被建议单位提出异议的期限。告知被建议单位可以提出异议及提出异议的期限。

（7）被建议单位书面回复落实情况的期限。

（8）其他需要说明的事项。

3. 尾部

包括制作检察建议书的日期（年、月、日）以及该人民检察院院印。

4. 写作检察建议书时应注意的事项

（1）提出检察建议，应当立足检察职能、结合执法办案工作，坚持严格执法、正确及时、注重实效的原则。

（2）提出检察建议应当有实施依据，并且符合法律、法规及其他有关规定，建议的内容应当具体明确，切实可行。

（3）人民检察院可以直接向本院所办理案件的涉案单位、本级有关主管机关以及其他有关单位提出检察建议。需要向涉案单位以外的上级机关有关主管机关提出检察建议的，应当层报被建议单位的同级人民检察院决定并提出检察建议，或者由办理案件的人民检察院制作检察建议书后，报被建议单位的同级人民检察院审核并转送被建议单位。需要向下级有关单位提出检察建议的，应当指令对应的下级人民检察院提出检察建议。需要向异地有关单位提出检察建议的，应当征求被建议单位所在地同级人民检察院意见。被建议单位所在地同级人民检察院提出不同意见，办理案件的人民检察院坚持认为应当提出检察建议的，层报共同的上级人民检察院决定。

检察建议书
参考文书

（4）本文书一式三份，一份附卷，一份发送被建议单位，一份报送送达上一级人民检察院备案，并可根据抄送对象增加印制份数。

【本章小结】

1. 起诉书、不起诉决定书、刑事抗诉书是检察机关最常用的刑事检察法律文书，应当熟练掌握其格式和写作方法及技巧。

2. 民事抗诉书和行政抗诉书的格式比较相近，但其法律依据及写作内容和侧重点是不同的，应当注意加以区别。

3. 检察通用法律文书的写作要注意简明扼要、突出重点，切忌冗长杂乱，使人无所适从。

【思考练习题】

1. 制作起诉书中叙述被告人的犯罪事实应该注意哪些问题?
2. 制作民事抗诉书和行政抗诉书分别应当注意哪些事项?
3. 行政公益诉讼起诉书中对行政机关不依法履行职责如何进行说理分析?
4. 检察建议书与检察意见书有什么不同?

【写作训练题】

请根据以下案件事实起草一份不起诉决定书：

李某某是河北省邯郸市涉县人，26 岁，高中文化，在北京务工。2021 年 7 月 19 日，李某某在网上售卖假的苹果手机，骗取了位于北京市海淀区的被害人吴某某（女，30 岁）人民币 3 900 元。2021 年 7 月 20 日，吴某某发现手机是假手机不能正常使用，当日向北京市公安局海淀分局报案。2021 年 9 月 23 日民警将李某某抓获，李某某如实供述自己的犯罪事实并表示认罪认罚。2021 年 10 月 30 日北京市公安局海淀分局对李某某取保候审，2022 年 3 月 4 日以李某某涉嫌诈骗罪向北京市海淀区人民检察院移送审查起诉。2022 年 3 月 7 日，李某某赔偿吴某某 3 900 元，吴某某出具谅解书对李某某表示谅解。2022 年 3 月 29 日北京市海淀区人民检察院经审查拟对犯罪嫌疑人李某某作出不起诉决定。

第五章写作训练题
参考答案

第六章　公安侦查法律文书

【本章引言】

公安侦查法律文书，是公安机关在查处刑事案件过程中对侦查工作的记载、说明和总结，是落实公安执法规范的前提和基础。从侦查工作法律程序的角度看，可分为受理、立案、侦查、结案等多种文书。从法律文书运用所表现的具体形式上，公安侦查法律文书又分为表凭证式、通用式、问话笔录式、工作记录（文字叙述）式等多种形式。特别是通用法律文书（万能表）的制作与使用，在法律程序的实施与运用过程中尤为重要。

【本章学习目标】

1. 了解和掌握公安侦查法律文书的概念、种类及相关文书的制作方法；
2. 了解和掌握公安机关刑事案件侦查工作的办案程序和相关的法律法规；
3. 了解和掌握通用法律文书的制作方法与应注意的问题；
4. 了解和掌握凭证式法律文书的特点及制作要求。

第一节　公安侦查法律文书概述

习近平法治思想中的公平正义观，是实现规范执法的支撑点和根本点。规范法律文书制作，是努力让人民群众在每一项法律制度、每一个执法决定、每一宗司法案件中都感受到公平正义的基本举措。习近平总书记在党的二十大报告中明确指出："规范司法权力运行，健全公安机关、检察机关、审判机关、司法行政机关各司其职、相互配合、相互制约的体制机制。"公安机关处在刑事执法工作的最前沿，落实习近平法治思想是公安机关开展刑事执法工作的核心。公安侦查法律文书制作是体现刑事执法公平公正，依法履职的具体表现形式。公安侦查法律文书是实施法律过程的具体体现，制作时必须体现法律的严肃性，严格区别于其他公文写作；必须按照汉语语法的规则和"法言法语"的应用，本着"有则详，无则略"的宗旨，否则，"失之毫厘，谬以千里"。制作者必须娴熟地掌握法律法规和办案的相关程序规定，这样才能确保实现执法规范化，实现法律公平公正。

一、公安侦查法律文书的概念

公安侦查法律文书是指公安警察依照法定授权，在查处各类刑事案件中，记载调查取证或报请适用相关法定程序的格式化书面材料。法律文书制作则是形成该格式化书面材料的司法活动全过程。

二、公安侦查法律文书的特征

(一) 制作主体的专属性

公安侦查法律文书的制作者是公安警察，非此范畴的人员不能作为该法律文书的制作者。因此，法律文书制作主体还具有法定的排他性。

(二) 依法制作的特定性

对此应理解为公安警察是根据查办刑事案件这一执法工作的需要，并且是依照法定程序制作相关的法律文书。这里所说的法定程序指的是：

(1) 相关程序法或法律中有关程序方面的规定；

(2) 法律文书的制作基于查处各类刑事案件的需要；

(3) 法律文书制作要遵守文书设定的要求和制作要求。

(三) 内容的专有性

公安侦查法律文书的制作虽然是汉字的运用，但由于受到法律要求的特殊限制，制作时应严格区分于一般公文写作，更迥然于文学创作。要在严格依照汉字使用要求的基础上，以法律专有语言对实施法定程序的相关内容予以准确、精练的叙述。

(四) 审核的严谨性

公安侦查法律文书是对实施法定程序准确表述的文字体现，为确保准确、客观、公正地实施法律程序，对于法律文书这一文字载体方式要经过严格的审查和审批。

(1) 由接受调查人员本人签字认可；

(2) 由法定数量的执法人员签字认可；

(3) 由主管人员审阅认可，并在相应的表格中签字备查；

(4) 由负责人最终审核，并在相应的表格中签字表示同意后，该法律程序方可正式实施。

通过上述步骤，确定该法定程序运用是否符合法律要求、是否符合实施条件等诸多环节，如发现问题及时变更、纠正或不批准实施该法律程序。

(5) 留档被查，为今后复查案件、案例参考等留下原始凭证。

(五) 文书的格式化

这一表象是受以下因素影响的：

(1) 法律程序适用需由法定授权的相应层级审批许可；

(2) 法律程序适用的重复性；

(3) 不同的法律程序根据案件调查的需要的并用；

(4) 法律程序使用文字表述的相似或相通。

是否适用法律程序，是法律文书固化模式的书面反映，所不同的是四个要件在具体案件中的表现不尽相同，因此法律文书有相对固定的模式，制作者根据违法犯罪主体、客观方面等不同，适用相应的法定程序，形成法律文书格式相对固定而叙述内容不同的表象。这里所说的相对固定是指司法机关对文书格式的不断调整，旨在使文书表达更趋合理、准确、便捷。

三、公安侦查法律文书分类和文书样式

（一）广义的公安侦查法律文书分类

由于刑事案件案情复杂，法律文书组成和制作相对烦琐。从案件查处程序的角度看，刑事案件侦查工作中的法律文书可分为：

（1）前期侦查阶段，一般指受理、立案，以及调查询问、证据调取、查询等相应的其他法律文书。

（2）中期侦查阶段，一般指犯罪嫌疑人相对确定后，对嫌疑人采取刑事拘留、逮捕等强制措施后的案件侦查阶段，包括延长羁押等法律手续的延续与变更等。

（3）后期侦查阶段，一般指向同级检察院移请提起公诉。包括未经逮捕强制措施的直接起诉（简称直诉），以及向同级检察院移请提起公诉后的退回补充侦查、变更强制措施、撤销案件等。

（二）狭义的公安侦查法律文书分类

（1）针对法律强制措施运用的法律文书。例如：呈请传唤报告书、呈请刑事拘留报告书、提请批准逮捕书、提请批准延长侦查羁押期限意见书等。

（2）适用某一法定程序的法律文书。例如：接受刑事案件登记表、呈请立案报告书、呈请搜查报告书、移请起诉意见书等。

（3）专项工作法律文书。例如：讯问笔录、询问笔录、搜查笔录、犯罪嫌疑人权利义务告知书等。

（4）特殊公安文书。这里的特殊公安文书是指，公安警察需要实施某项特定工作，而该项工作法律没有明文规定，为实施该项工作所制作的公案文书。例如：呈请外出辨认作案地点报告书、关于孙××一案如何定性的请示等。

（三）从公安法律文书的使用角度分类

从公安法律文书的使用角度看，可分为内部审批与对外使用两大部分。

1. 内部审批类

即通用法律文书，是指“呈请____报告书”。这类文书的特点是：

（1）这类法律文书基本上是不完全的格式化文书，作者可根据需要在制作时有限度地自由发挥。

（2）主要项目预先设置，以栏目的形式体现，案件承办人（制作者）根据主要项目设置要求完成相关项目内容的制作。

（3）项目内容相对固定，包括审批项目、法律文书名称、违法犯罪嫌疑人基本情况、理由与依据共四大部分。

（4）由各级主责人按照层级分工逐级审批，依照内部规定直至最终一级领导审阅。各级领导审阅后，签署是否实施的具体意见，或者是否变更的具体指示。

2. 对外使用类

是指各类法律凭证、通知书、告知书等。这类法律文书的特点是：

（1）典型的格式化文书，作者只能依照要求进行填写。

（2）项目内容固定，凭证或送达通知等类型的法律文书还要加盖负责查办案件单位的公章，一般由存根、正页、副本等组成。公章加盖在正页，根据需要还要加盖执法单位法人名章，同一组法律凭证的连接处要加盖骑缝章。

（3）侦查机关在执法工作中向执法对象或相关人员出示法律文书，通知或告知其应履行的法定义务或执行某项法律规定等法定事宜。

（4）法律凭证等类法律文书应配有相应的审批表，即在上级领导许可执行后，才能制作相应的法律凭证。

（5）涉案人员的权利义务告知书，告知当事人应履行义务、享有权利相关各项法律条款的书面材料。

随着科技手段的介入，刑事侦查文书制作日趋电子化，科技手段的支撑有助于监督程序法在执法过程中的准确、高效实施。此外还应从执法者综合能力提升、法律应用与实际结合、法律文书说理的复杂和个性等方面系统推进刑事侦查文书的改革完善。由于目前凭证式法律文书电子化程度较高，存根部分的应用就趋于萎缩。基于对刑事侦查文书历史发展的梳理，本章在介绍凭证式法律文书制作过程中，重点对附卷联的制作方法及注意事项进行讨论，保留了部分凭证式法律文书对存根部分制作方法与相关注意事项的介绍供读者参阅。

（四）通用法律文书

1. 通用法律文书的概念

通用法律文书是刑事案件执法人员，根据查办案件需要以适用的法律程序作为名称，报请由上级审批决定是否适用该项法律程序的内部审批类法律文书，是办理刑事案件工作中相对格式化的书面请示。

2. 通用法律文书的特点

在查处刑事案件的工作中，经常会遇到诸多与案件调查有关的工作事项。这些工作事项临时性强，有些工作在程序法中并无明确规定，与案件查处密不可分且极为重要，是否可以进行这些工作，应以该法律文书的形式，报请上级领导予以批示。通用法律文书法律文书与凭证式法律文书配合使用，要求有一份“呈请____报告书”，就要有一份凭证式法律文书与之相对应，即一表一证。

3. 通用法律文书基本格式

侦查工作适用法律程序具有临时性强，需要执法人员根据需要临时决断等特点。实际执法工作中不可能将所有的适用法律程序工作事项逐一设定并印制成相应的内部审批法律文书。因此，需要有一种事先相对格式化的文书范本，以适应所有法律程序适用前的内部审批工作需要。刑事侦查通用法律文书的设置，是将各个项目高度概括后，形成主要审批、法律文书名称、嫌疑人基本情况、理由与依据等，事先格式化予以统一印制，制作时由执法人员按照项目设定完成相关内容的制作。其中，法律文书的名称以空格形式预留，而制作文书的关键是理由与依据，这是文书的核心部分。这一核心部分是通过表述简要案情为导引，说明侦查工作需要对何种犯罪行为进行侦查，及需要适用的法律程序，而需要适用的法律程序决定了法律文书的名称。其基本格式是：

（1）审批部分。

1）领导批示：由分（县）局领导签署意见、姓名、日期；

2）审核部门意见：一般是法制部门工作人员在审阅相关材料之后提出意见，并签署姓名、日期；

3）承办单位负责人签署意见、姓名、日期。

（2）文书名称：呈请××报告书。根据需要适用的法律程序或具体工作内容予以命名。

（3）正文部分。

1）犯罪嫌疑人基本情况：姓名、性别、出生日期、住址、职业、简历；

2）处理理由或者理由及依据（文书的核心部分）：叙述简要案情，提出适用法律程序或实施某项工作的理由，说明法律依据。

（4）结尾：执法单位名称、承办人姓名、日期。

四、制作公安侦查法律文书应注意的问题

（一）严格依照汉字使用的标准和相关要求

法律文书制作是通过汉字的使用表达法律的内容，从任何一个角度看，都是一项极为严肃的工作过程，不能出现丝毫的瑕疵，更不能通过主观臆断编纂文字。但是在实际工作中，由于种种原因，这方面存在的问题较为突出，有些还相当严重并造成不良影响。在这里重点要强调的是：

（1）杜绝错别字，正确使用标点符号；

（2）不能随意进行字词之间的替换；

（3）避免用词欠妥造成意思表达不准确或者大相径庭；

（4）字迹要工整。

（二）体现法律文书的严肃性

这一问题既包含法律本身的严肃性，也包含法律文书的制作可能意味着对人身自由的剥夺乃至生命的终止，还包括是否能以高度的责任心对待被害人或者对待死者。每一名执法者在制作法律文书时，特别是在制作笔录时，必须将严谨缜密的态度体现在字里行间，不得有丝毫马虎。

（三）突出“有则详、无则略”的原则

（1）“有则详”。即对与案件有关的问题应详细记录，这里所说的详细记录并非一字不漏，而是有重点地以书面语言予以记录予以体现，特别是在制作“呈请____报告书”和其他请示类的法律文书时，尤应注意。

（2）“无则略”。即对与案件无关的内容不予记录。例如：在制作“呈请____报告书”时，对于简历部分不必从犯罪嫌疑人上小学时起逐一表述，对于以往从事的职业与违法犯罪无关，或者是本人没有违法犯罪记录的，应以最简单的书面语言予以表述。

（四）不能使用任何词汇渲染案情

法律文书制作绝不是一般的公文写作，更不同于记叙文。制作者（执法人员）不能够掺杂有任何不必要的辞藻予以点缀，防止夸大或缩小等可能影响案件认定的现象发生，更不允许标新立异。

（五）准确体现法定情节、适当体现酌定情节

（1）对于法定情节要准确地体现在“呈请____报告书”和其他请示类的法律文书中，例如：抢劫罪适用死刑的具体规定，必须在相关的取证工作中，形成严谨的证据体系，为

依法处罚基础。

（2）酌定情节应当是自由裁量权适用的基础和依据，在适用自由裁量权时如何能够做到既不放纵犯罪嫌疑人，充分保护被侵害人的利益，也不使犯罪嫌疑人受到冤枉，除了执法者有高度的责任心，还要用相应的证据，以便在法定程序的全过程中便于监督执法者自由裁量权的依法使用。

（3）法律文书是形成执法案卷的最基本的文字材料，也是取证工作的基础环节，所有的证据均由笔录穿针引线缝合在一起，织成一个严密的证据体系，法律文书制作是侦查执法工作的基本执法技能，具有刑事案件查处职能的部门的每一名执法人员均应熟练掌握。

第二节　公安侦查通用法律文书制作

公安机关在刑事执法办案工作中，查处犯罪案件经常会遇到诸多与案件侦查有关的工作事项，需要依法履行相关的法律程序。这些工作事项临时性强，与案件查处密不可分，且极为重要。是否可以使用相关法律规定以及如何使用，应以侦查法律文书的形式，按照公安机关内部管理规定，由各层级领导予以批示。这一审批形式是履行法律规定与内部管理机制的应用，也是侦查机关执行内部执法监督、确保依法正确履职的基本保障手段。

法律设定的各项程序规定以及公安机关内部规定，是侦查执法办案工作的基础和依据，在查办各类刑事案件的实际工作中，对法律程序和内部规定适用具有极强的临时性、随机性，而且法律设定的要求，特别是程序法规定的内容项目繁多，不可能对应法律规定项目事先逐一印制出各类审批表的具体名称，每适用一项法律规定就需要制作相应的通用法律文书。为此设置了“呈请____报告书”这一通用灵活的实用形式，以适应繁杂的案件侦查工作需要。

公安侦查通用法律文书的特点就是根据实际执法工作的具体情况，事先将相对固定部分内容予以格式化形式印制，不易形成格式化的部分，以高度涵盖的简称方式预留较大的空间，由制作者根据拟使用的相关法律程序要求，叙述适用理由的文书。“呈请____报告书”就是在这一侦查执法工作特殊需求的前提下，经过制作者多年工作经验积累形成的，相对格式化的内部审批使用的公安通用法律文书模式。

一、通用类法律文书的制作方法

（一）批示审核部分

1. 领导批示

即侦查机关县级及以上单位领导签署的审批意见。根据法律及有关规定的具体要求，在侦查刑事案件的工作中大部分法律程序的适用，需要由县级及以上侦查机关领导最终审核同意后才能履行。填注时需要表明具体意见、本人签字、注明日期。

2. 审核意见

侦查部门专职执法审查的机构，一般是法制办（处）或专职法制岗位人员，按照相关权限分工，对具体承办单位提出意见和相关材料审查把关，提出具体意见后，报县级或县级以上侦查部门领导批示。

3. 办案单位意见

填注具体办案部门的主管领导对具体案件承办人提出适用法律程序的意见是否同意的具体表述，以及报请上级领导予以具体批示的表述。

例如：依据公安部《公安机关办理刑事案件程序规定》，有些法律程序的使用可以由县级或县级以上公安机关所属的承办单位负责人审批，对于符合此项规定的呈批建议，由案件具体承办人所在单位负责领导在此做出同意与否的表示即可。填注时需要表明具体意见、本人签字、注明日期。

（二）法律文书名称

即由制作者在“呈请____报告书”的空白部分，根据拟适用的相关法律要求的文书内容，填注该法律文书的名称。例如：搜查、传唤、刑事拘留等。

（三）正文部分

1. 犯罪嫌疑人基本情况

包括：犯罪嫌疑人姓名（犯罪嫌疑人使用的假名，或是网络案件使用的网名可予以注明）、性别、出生日期、住址、职业、身份证件种类及号码、文化程度，可根据需要加入简历。注意以下问题：

（1）在侦查工作初期的法律文书中，如果犯罪嫌疑人身份尚未能核实，在制作相关的法律文书中其身份的表述应与初期未核实的姓名内容使用字样相一致；

（2）在侦查工作进入中、后期，对犯罪嫌疑人主体身份已核实后，制作法律文书时应当按照已核实后的犯罪嫌疑人名称字样填注有关内容；

（3）至侦查后期仍未能核实犯罪嫌疑人主体身份，依照《刑事诉讼法》的规定，可按照其自述身份转入下一法律程序，但不得中断对其身份的核查工作。

2. 简历、家庭成员

根据实际情况使用制作本项内容，无特殊情况可不填注家庭成员。制作时要求文字运用应尽量做到简洁、明了。

3. 处理理由与依据

也称简要案情，是文书的核心部分，也是“七要素”（时、地、人、因、情、历、果）的具体应用。

（1）内容的设置。包括的内容为：

表述时间；

表述相关人员；

表述地点；

表述案件的起因、情节过程、后果；

表述如何将违法当事人查获归案；

表述嫌疑人对其涉及犯罪事实的供述情况。

（2）制作方法。

1）表述时间。该时间系指案发时间。

例 1：20××年 11 月 21 日 16 时许。

注意：在此应注意相关表述用语的使用，不得出现类似“15:30 分许”的错误表述方式。“许”字的运用应理解为：该时间无法以准确的时间予以说明。“15:30”的表述已经是对时间的精确说明，无须再加“许”。

例 2：20××年 11 月间（此表述适用于违法事实清楚而具体时间无法确定的案件）。

例 3：20××年 1 月及 20××年 11 月间（此种表述，适用于一段时间内多次作案且无法确认具体时间的案件）。

例 4：20××年 3 月至 20××年 6 月，以及 20××年 9 月 21 日至 20××年 11 月间（适用于多次作案且有时间间隔）。

例 5：自 20××年 5 月以来（适用于持续连续作案的时间表述）。

2）表述相关人员。

表述犯罪嫌疑人（违反治安管理当事人）。

例 1：犯罪嫌疑人柳某伙同张某（在押或在逃）。

例 2：犯罪嫌疑人柳某伙同张某（在押），并纠集李某（在押或在逃）及另六人（均在逃）。

表述被侵害人：事主、失主、被害人。

应注意的问题：不得滥用“等”字。“等”字的使用，意味着还有其他内容未涵盖在语句要表达意思的范围内。法律文书中，在针对某一个嫌疑人制作审批表示时，“七要素”涉及对其他嫌疑人到案（或在逃）情况的表述必须逐一说明。其表述次序分别是：在押人员姓名、在逃人员姓名（或绰号）。对于在逃人员姓名或绰号均不掌握的，才可以使用“等”字表述，但必须用括号注明“在逃”或“均在逃”。这一问题在制作刑事案件“呈请____报告书”的理由与依据部分特别要予以重视。例如：犯罪嫌疑人张某受犯罪嫌疑人刘某（在押）纠集，并伙同黄某等人（均在逃）……

3）表述地点。作案地点：此问题涉及案件管辖地，必须首先表述行政区划的名称，要求按照公安机关统一颁布的街巷名称尽量将地址表述清楚。如无法具体化，也应表述为某一具体地点的附近或某侧。

例 1：南城区幸福里 1 号楼 2 门一层；

例 2：滨河区拐棒胡同 2 号院门内（或院门外）；

例 3：顺城区 12 路公共汽车东安门南侧车站附近；

例 4：先后在南城区幸福里 1 号楼、滨河区拐棒胡同 2 号院、顺城区 12 路公共汽车东安门南侧车站附近。

4）表述案件的起因、情节过程。

第一，案件的起因。即对主观故意的表述，这是认定案件性质的参考依据。如酒后滋事、无故寻衅、损毁公私财物等。无故将他人打伤与因故发生口角后互殴将他人打伤，前者应认定为扰乱公共秩序，后者系侵犯他人人身权利。有些案件原因不明显，或无明确侵害对象的案件，可不必注明起因，直接进入对过程的表述。

第二，情节过程。是指对案件发生过程及主要情节的表述，必须用精练的语言对较为复杂的案件过程进行叙述。可视具体案情，组织详略得当的词语进行表述，如系共同违法犯罪，则应在每个审批表中注明该人的责任，以确定该人应受到的相应处罚。如本栏目空间条件允许，应将作案工具及是否收缴的情况予以注明（如例 1）。

例 1：由犯罪嫌疑人张某望风，犯罪嫌疑人柳某（在押）用改锥（已缴获）撬锁盗窃事主师某某的飞马牌 26A 型号电动自行车一辆（已缴获价，经鉴定值人民币 5 500 余元）。

例 2：由张某（在押）介绍，邹某与卖淫妇女孙某（在押）相识，邹某在南城区××

宾馆 2011 房间，与张某嫖宿。

第三，注意对法定条件的表述。法定条件的表述，直接影响到强制措施的适用、变更强制措施，以及提请批准逮捕或是移请审查起诉意见书当中相关法律条款的适用，涉及对嫌疑人的量刑幅度，必须予以明确的叙述。

5）表述结果。指违法犯罪行为的实施，对社会造成的危害结果（“七要素”中的果）。法律文书中所指的结果，通常是指违法犯罪行为对明确的侵害对象造成的侵害的后果。制作时注意以下问题：

第一，对于有直接侵害对象的案件，在表述结果时应引用专门机关出具的鉴定意见中的专业表述用语。刑事案件中还应当注意对特殊法定条件状态的表述。例如：犯罪中止、未遂等。

第二，一些案件中无明确的侵害对象，其结果是对客体侵害的抽象结果。该类案件法律文书的表述中，只涉及对违法行为实施过程的表述。

例如，在以上例 1 中收缴的电动自行车，就是犯罪行为侵害的对象，电动自行车被偷窃就是其犯罪行为的作用具体结果。而在例 2 中的介绍卖淫行为，其行为发生就是犯罪的结果（对客体侵害的抽象结果）。

第三，在涉及对人或物进行侵害的案件中，需要引用伤情结论及价值数额。原则上，需要专职部门的正式鉴定意见，如：法医鉴定、物价部门出具的价值证明。应注意的是：

A. 对于矛盾突出、疑难复杂的案件必须由法医出具鉴定，便于今后案件的处理；

B. 可以使用临时鉴定对嫌疑人采取强制措施，但必须在法定时限内出具正式鉴定结果，否则需要变更强制措施；

C. 注意轻微伤情可能出现变化从而导致案件性质的改变；

D. 对一些侵犯他人人身权利的案件，即使事实清楚、案情简单、伤情明显可以认定为轻微伤，或是明显不构成轻伤的案件，建议执法者不宜臆断办案，对于双方有肢体接触的案件必须到医院就诊并经过法医鉴定。

E. 如果受伤一方既不去指定医院就诊又不做法医鉴定，执法人员必须在询问笔录中告知当事人，如果无医院的诊断证明又无法医部门的鉴定，将影响本案处理，其后果自负。经告知，可以直接引用医院的诊断证明对违法行为进行治安处罚。

6）表述如何将违法当事人查获归案。

A. 抓获时间：

（a）于当日；（b）被当场发现（抓获）；（c）于同年×月×日；（d）于×年×月×日。

B. 抓获方式：

（a）传唤到案；（b）自首到案；（c）拘传到案。

（3）处理理由。

简要案情的结尾一般涉及案件现有证据表述和犯罪嫌疑人对涉嫌犯罪事实的供认情况。这一情节涉及法定的从轻情节，表述时在简要案情叙述完毕以后，有关犯罪嫌疑人对涉案事实的供述情况需另起一行书写。记录为：

1）经讯问：犯罪嫌疑人宫某供认上述事实；

2）经讯问：犯罪嫌疑人宫某拒不供认上述事实，但现有证据能予以证实。

（4）“依据”部分。

第一，应简要注明适用该法律规定的相关理由；

第二，准确引用法律依据或规定，并注明相关条款；

第三，明确提出承办人的具体意见。制作时要求对《刑法》《刑事诉讼法》相关条款表述清楚，做到引用程序法法律条文准确，适用实体法法律条文适当。

（四）结尾

包括案件承办单位名称、承办人姓名、日期。

（1）注明县级及县级以上公安机关所属办案单位的名称。

（2）由制作者注明案件承办人员的姓名，一般为两人。

（3）注明日期：该法律文书制作的具体日期。

二、“呈请____报告书”的使用

见实例 6－1 和 6－2。

实例 6－1

领导批示	同意。 成某某　20××年 8 月 30 日
审核意见	经审核该案件材料，提议对及某刑事拘留，请局领导审批。 关某某　20××年 8 月 30 日
办案单位意见	拟对及某刑事拘留，请局领导审批。 方某某　20××年 8 月 30 日

呈请刑事拘留报告书

犯罪嫌疑人：及某，男，19××年 12 月 26 日生人，现住址：南城区万柳庄镇打铁村街 464 号，户籍所在地：东海省滨海市南边河区六亲山村南山二组 11 号，身份证号：××80419××08263513。职业：无固定职业。

简历：自幼上学，初中毕业后在原籍务农，20××年 11 月来东都市无固定职业至今。

理由与依据：

20××年 8 月 29 日 11 时许，犯罪嫌疑人及某伙同王某（在押），并由王某纠集另 5 人（均在逃），在南城区××小区 11 号楼 1102 室，抢劫事主赵某某、秦某某、贺某某人民币共计 1 300 余元后逃跑。犯罪嫌疑人及某于同年 8 月 30 日被拘传到案。经讯问：犯罪嫌疑人及某对以上事实供认不讳。

呈报刑事拘留报告书参考文书

综上所述，犯罪嫌疑人及某的行为触犯《刑法》第二百六十三条之规定涉嫌抢劫罪。根据《刑事诉讼法》第八十二条之规定，提议对犯罪嫌疑人及某刑事拘留。

以上妥否，请批示。

侦查员：寇某某

杨某某

南城公安分局刑侦支队

20××年 8 月 30 日

实例 6-2

领导批示	同意。 成某某　　20××年9月20日
审核意见	
办案单位意见	拟延长对孙某拘传时限至24小时。 金某某　　20××年9月20日

呈请　延长拘传时限　报告书

犯罪嫌疑人：孙某，男，汉族，19××年7月23日出生，住址：××市滨海区××小区1号楼地下室012号。户籍所在地：××省临夏县夏集镇夏集村夏东二组151号，身份证号：×××××619××07232014。职业：滨海区××物业公司业务员。

简历：自幼上学，20××年服兵役。20××年5月来京无固定职业至今。20××年11月19日因涉嫌非法拘禁被东湖公安局取保候审。

理由与依据：

20××年9月11日8时许，犯罪嫌疑人孙某经高某、张某（均在押）纠集，并伙同吴某、商某（均取保候审），将事主严某某带至滨海区××小区27号楼1903号房间非法拘禁24小时。犯罪嫌疑人孙某于同年9月20日被传唤到案。

因案情复杂，为查明同案下落，依据《刑事诉讼法》第一百一十九条第二款之规定，提议延长犯罪嫌疑人孙某于的拘传时限至24小时。

以上妥否，请批示。

侦查员：金某某

盛某某

滨海区公安分局南街派出所

20××年9月20日

第三节　侦查取证法律文书

一、《呈请搜查报告书》

依据《刑事诉讼法》第136条、第138条的规定，为进一步获取证据，依据法律规定可以对犯罪嫌疑人以及可能隐藏罪犯或者是隐匿犯罪证据的人的身体、物品、住处和其他有关的地方进行搜查。呈请搜查报告书是报请领导批准适用搜查这一法定侦查程序的公安机关法律文书。

依据《刑事诉讼法》第138条第2款的规定，在执行逮捕、拘留的时候，遇有紧急情况，不另用搜查证也可以进行搜查。

依据《刑事诉讼法》第140条规定，搜查的情况应当写成笔录，由侦查人员和被搜查人或者他的家属、邻居或其他见证人签名或者盖章。如果被搜查人或者他的家属在逃或者拒绝签名、盖章，应当在笔录上注明。

呈请搜查报告书是公安通用法律文书万能表的具体运用方式。一般由以下几部分组成：

（1）批示审核部分。（略）

（2）法律文书名称。（略）

（3）正文部分。一般由犯罪嫌疑人基本情况、搜查理由与依据组成。

（4）结尾。承办单位、承办人（不得少于二人，案件主责警官姓名在第一位）、法律文书制作日期。

实例 6-3

领导批示	同意。 关某某 20××年4月10日
审核意见	经审核案卷材料，同意搜查，请局领导审批。 丰某某 20××年4月10日
办案单位意见	提议搜查，请局领导审批。 陈某某 20××年4月10日

呈请搜查报告书

犯罪嫌疑人基本情况：邱某某，男，19××年6月22日出生，身份证号码×××××××××，汉族，高中毕业，职业：天海市南城区利华公司职工，住址：天海市滨海区八家小区18号楼1221号，户籍所在地：同住址。

简历：自幼读书，高中毕业后待业，20××年到现单位工作至今。20××年因诈骗罪被南城区法院判处有期徒刑二年十个月。

理由与依据：

20××年3月23日10时许，犯罪嫌疑人邱某某伙同孙某某、秦某、韩某（均在押），在天海市利华路12号天客来公司办公室，利用伪造公章签订购买钢材合同，诈骗事主焦某某人民币1 500万元（赃款部分缴获）。犯罪嫌疑人邱某某于20××年4月7日被刑事拘留。经讯问，犯罪嫌疑人邱某某供认上述事实。

据犯罪嫌疑人邱某某供述：其进行犯罪活动所伪造的公章以及部分赃款藏匿于天海市滨海区东升大街1号楼11号的暂住地，为进一步查明案情，根据《刑事诉讼法》第136条之规定，提议对天海市滨海区东升大街1号楼11号进行搜查。

妥否，请批示。

天海市公安局经济案件侦查支队

办案人：苏某、古某某

20××年4月10日

二、搜查证

搜查证与呈请搜查报告书、搜查笔录配合使用（如需在现场调取证据，还应当制作扣押物品清单），是执行搜查时对外出示的凭证式法律文书。由存根和附卷联两部分组成。

（一）存根部分

由以下项目组成：

（1）制作本法律文书公安机关名称、法律文书名称及编号；

（2）案件名称：一般以犯罪嫌疑人姓名及案件性质作为案件名称；
（3）案件编号：该案件在年度刑事案件中的具体序号；
（4）犯罪嫌疑人的基本情况：姓名、性别、出生日期、住址、单位及职业；
（5）搜查原因：简要注明搜查理由；
（6）搜查对象：具体的地址或其他搜查对象名称；
（7）批准人、批准时间：与呈请搜查报告书领导批示栏目内容一致；
（8）办案人：案件侦查人员姓名，不得少于二人；
（9）办案单位：案件侦查人员所在单位；
（10）填发时间、填发人：法律文书的制作时间与制作者姓名。

（二）附卷联

由以下部分组成：

（1）首部：制作本法律文书公安机关名称、法律文书名称及编号。

（2）正文部分：事先印制的法律条款，由制作者填注搜查的具体地址（或相关处所、对象的具体名称）、批准执行搜查公安机关行政印章、制作日期（与呈请搜查报告书领导批示时间一致）。

（3）尾部：由被搜查人或其家属依照栏目设置注明执行搜查的具体时间，签署姓名。

应注意的问题：

第一，在执行刑事拘留或逮捕时附带进行搜查，应制作工作记录予以说明，随附搜查笔录和扣押物品清单，不必另行开具搜查证。

第二，执行搜查时应当有被搜查人或其家属在场。如系被搜查人亲属在场，应由执行搜查的侦查员在搜查证下方注明签字人与犯罪嫌疑人的关系。如搜查人或其家属无法到达搜查现场，必须聘请第三方证人在场见证搜查情况，并由证人在搜查正下方和搜查笔录上签字。

第三，执行搜查后如获取了相关证据，应当及时制作《讯问笔录》，在笔录中将嫌疑人藏匿证据、发现的涉案证据特征，以及客观媒介在案件中具体表象予以表述清楚。

第四，本法律文书存根联与附卷联之间的衔接处为法律文书制作的组成部分，应依照要求以汉字书写法律文书编号，并加盖县级（或以上）公安机关的行政公章作为骑缝章。

实例 6-4

天海公安局

搜　查　证

天公（×）搜字〔20××〕98 号

因侦查犯罪需要，根据《中华人民共和国刑事诉讼法》第一百三十六条之规定，我局依法对犯罪嫌疑人邱某某在天海市滨海区东升大街 1 号楼 11 号的暂住地进行搜查。

天海公安局（印）
20××年 4 月 10 日

本证已于20××年 4 月 11 日 10 时向我宣布。

被搜查人或其家属或其他见证人：

搜查时被搜查人妻子王某在场。

王某（签字）
见证人：许某某

此联附卷

三、搜查笔录

搜查笔录与呈请搜查报告书、搜查证配合使用，用于记录搜查过程的法律文书，是执行搜查这一法定程序的具体体现。如果在搜查中发现了与案件有关的线索或证据，要予以提取作为证据使用，还要与《扣押物品清单》配合使用。由以下部分组成：

（一）首部

（1）法律文书名称；

（2）搜查的起止时间；

（3）执行搜查的公安机关名称、侦查人员姓名（不得少于二人）；

（4）搜查证批准的日期、文号；

（5）见证人（一般是被搜查人或其家属）、被搜查地。

（二）正文部分

（1）搜查的简要情况：简要记录搜查的过程；

（2）注明接受证据情况，详见扣押物品清单；

（3）注明扣押物品清单已交被搜查人或其家属。

（三）尾部

（1）侦查人员签字；

（2）被搜查人或其家属签字：注意如果遇到犯罪嫌疑人或其家属拒绝签名的情况，应当由侦查员在笔录上注明；

（3）见证人签字：一般是所在地居民委员会的工作人员或其他与案件无关的见证人；

（4）记录人：搜查笔录的制作者。

实例 6-5

搜查笔录

时间：20××年4月11日10时20分至20××年4月11日11时25分

天海市公安局侦查人员粟某、古某某根据20××年4月10日天海市公安局签发的天公（×）搜字［20××］98号搜查证，在王某的见证下，对犯罪嫌疑人邱某某在天海市滨海区东升大街1号楼11号的暂住地进行搜查。

搜查的简要情况：搜查工作依法进行，在犯罪嫌疑人邱某某之妻王某与见证人许某某的见证下，对天海市滨海区东升大街1号楼11号进行搜查，未损坏任何物品。

（以下空白）

接受证据情况：详见扣押物品清单。扣押物品清单已交王某收执。

侦查员：苏某、古某某

被搜查人或其家属：王某（签字）

见证人：许某某

记录人：古某某

四、扣押物品清单

与呈请搜查报告书、搜查证、搜查笔录配合使用，用于登记执行搜查时接受的证物情况。扣押物品清单一式三份，一份附卷，一份交持有人，一份交公安机关保管人员。该法律文书结构与制作方法如下。

（一）首部

（1）文书具体名称（已事先印制），执行扣押时由制作者填写所在单位名称。

（2）法律文书编号：由制作者按照本单位扣押物品清单使用顺序编号填写。

（二）正文部分

（1）编号：按照报案人提供的证据数量由制作者分类依次编写号码。注意：该号码应当与装载该证据的包装上编写的号码，在书写、文字运用等细节上严格保持一致。

（2）名称，即证物的具体名称。制作时注意以下问题：

1）严格按照物品生产国家或厂家的统一标准予以登记表述。

2）没有统一标准的，尽量采用能为大众熟识或广泛应用的称谓。

3）对于特殊或没有明确称谓的物品，要求制作者对该物品用简洁的字样予以尽量精确的涵盖性表述。该项目涉及客观媒介所形成证据的具体表现，直接影响到问话笔录“七要素”中有关核心内容的制作与表述，制作者必须严格把握并注意以下几方面问题：

第一，执行搜查后及时制作讯问笔录、询问笔录。要求在制作讯问笔录、询问笔录时就记录问话与回答的表述中，针对搜查过程的相关情况，以及扣押物品清单登记的通过搜查获取的涉案证据（物品），结合该物证（客观媒介）在案件中的具体作用予以翔实记录，问话笔录中对有关物品名称数量等相关表述，要与扣押物品清单内容绝对一致。

例如：经搜查，在犯罪嫌疑人住处卧室门夹层中查获六袋毒品。查获的地点、查获物品特征等细节，应在讯问笔录中与嫌疑人供述一致。同时藏匿的过程，是否涉及其他知情人，均应在问话中表述清楚。

第二，如案件进入其他法定程序或移送其他执法单位，接受案件的侦查人员在制作问话笔录时，对涉案物品名称的表述必须与前一侦查环节侦查人员制作的问话笔录相关内容表述保持一致，并与扣押物品清单上的登记内容保持一致。否则，一旦出现称谓的变化，即可能出现证据环节衔接的断裂，影响案件查处，出现执法过错责任。

例如：在张某贩毒的案件中，张某将毒品分装在12个透明塑料袋中，藏匿于上身穿着的红色马甲夹层内。在对张某执行抓捕的侦查员制作的问话笔录中，以及证据清单和缴获物品工作记录中，均对藏匿毒品的载体表述为“红色马甲”。但是案件移交其他执法单位后，侦查员在制作讯问笔录时，将藏匿毒品的载体称为“红坎肩”。由于该案件证据体系极为薄弱，在向检察院提请批注逮捕时，检察院在审查该案件时认为：“穿红马甲”的人和穿“红坎肩”的人，极有可能不是同一人，即犯罪嫌疑人主体身份出现了变异。因此不同意批准逮捕。

第三，一旦该物品称谓能够以相对标准的名称予以表述，而在以后的问话笔录中根据办案工作需要，对该物品名称表述字样作出调整或改变，必须出具相应的工作说明详细说明变化的原因，并且就该变化细节在相关问话笔录中予以翔实的表述。

（3）数量：按实际情况填写，填写时使用汉字大写，例如：壹、贰、叁……。

（4）特征：与名称相配合，使用简明扼要的文字予以叙述。注意问题：首先，参照前项“名称”内容的介绍；其次，特征的表述要与相关询问笔录、讯问笔录的表述保持一致。所谓特征，要记录当事人所表述的相关物品外表最突出的外观形状或特有的外观表现，不宜使用笼统的表述用语。这就要求执法者根据执法经验在制作相关问话笔录时，正确引导被问话人讲明如何能够在第一时间说明涉案物品属于自己所有的外观表现，或是涉案物品最吸引本人注意且印象最深的外观表现。最后，如果是文件，尽量全面注明文件的制作者、字号、制作日期以及是否为复印件等有关特征。

（5）备注：需要说明的其他问题。

（6）在紧邻填注表格最后一行，以斜划线将未予填注的所有空格处予以划线标注，防止可能出现的失误。

（三）尾部

1. 持有人

即被搜查人或其家属。制作时应注意以下问题：

（1）必须由本人签名、注明日期。不得代签，该签名字样应当同对应的问话笔录上本人签名使用字样做到绝对一致。

（2）本人不能签字时，可参照下列方式：由制作法律文书的工作人员注明“以上登记内容已向本人宣读，经本人确认无误”字样，并签制作者姓名、注明日期。相关情节应当在相关笔录中予以表述。

2. 见证人

在现场全程证明执法人员依法执行搜查工作的第三人签字、注明日期。本项内容不得代签。应注意的问题：

该日期的填写应当与持有人注明的日期一致，证明见证人全程见证执法者依法履行搜查程序。

3. 保管人

执法机关负责审案物品保管的人员签字、注明日期。本项内容不得代签。应注意的问题：

（1）本项目签署日期的填写原则上应当与持有人、见证人注明的日期一致，确保涉案物品及时交由专人保管。如果遇到特殊情况未能及时交由专人保管，应当出具书面工作记录予以说明。

（2）本项目设定目的在于落实赃证物管理规定，做到赃证物移交的即时性，防止赃证物被非法挪用使其证据功能受到影响，确保执法工作中的公正、廉洁。

（3）做到赃证物的专业保管，防止赃证物变质、遗失，杜绝出现执法过错责任。

4. 办案人

履行搜查程序的执法人员签字、注明日期。本项内容不得代签。注意：

第一，办案人签署日期应当与持有人、见证人签署的日期相同。

第二，办案人在本法律文书相关项目签字和注明日期后，应当在本项目加盖办案人所在单位公章。

制作扣押物品清单还应当注意以下问题：

（1）扣押物品依次编好序号逐项登记填写，一物一格，中间不能出现空格。

（2）在贴近最后一线扣押物品的下方格内，注明“以下空白”字样，或者用斜线划至栏目底格。

（3）在实际执法工作中应当承担相关问话笔录的制作。

实例 6-6

扣押物品清单

编号	名　称	数量	特　征	备注
1	八方通股份有限公司合同专用章	壹枚	红色圆形，刻章有“八方通股份有限公司合同专用章”字样	待鉴定
2	八方通股份有限公司财务专用章	壹枚	红色长方形，刻章有“八方通股份有限公司财务专用章”字样	待鉴定
3	人民币	伍拾万	百元面值	待鉴定
4	美元	伍万	百元面值	待鉴定
持有人： 王某 20××年4月11日	见证人： 许某某 20××年4月11日	保管人： 海某某 20××年4月11日	办案单位（盖章） 办案人：苏某、古某某 20××年4月11日	

本清单一式三份，一份附卷，一份交证据提交人，一份交公安机关保管人员。

五、呈请辨认报告书

在侦查过程中，在讯问和询问笔录不能够准确描述犯罪嫌疑人或涉案证据（物品）特征的情况下，为确定犯罪嫌疑人主体，明确法律责任或涉案证据情况，可以由被害人或证人对犯罪嫌疑人进行辨认，辨认也可以在共同犯罪嫌疑人之间进行。辨认既可以是对行为人，也可以是对涉案物品、文件、场所、尸体等。呈请辨认报告书是用于报请领导批准进行辨认的说明式法律文书。由以下部分内组成：

（1）批示审核部分。（略）

（2）法律文书名称。（略）

（3）正文部分。由犯罪嫌疑人基本情况、处理理由（呈请辨认的理由）与依据组成。

（4）结尾：承办单位、承办人（不得少于二人，案件主责警官姓名在第一位）、法律文书制作日期。

实例 6-7

领导批示	
审核意见	
办案单位意见	同意辨认。 陈某某 20××年4月9日

呈请辨认报告书

犯罪嫌疑人基本情况：邱某某，男，19××年6月22日出生，身份证号码×××××××××，汉族，高中毕业，职业：天海市南城区利华公司职工，住址：天海市滨海区八家小区18号楼1221号，户籍所在地：同住址。

简历：自幼读书，高中毕业后待业，20××年到现单位工作至今。20××年因诈骗罪被南城区法院判处有期徒刑二年十个月。

理由与依据：

20××年3月23日10时许，犯罪嫌疑人邱某某伙同孙某某、秦某、韩某（均在押），在天海市利华路12号天客来公司办公室，利用伪造公章签订购买钢材合同，诈骗事主焦某某人民币1 500万元（赃款部分缴获）。犯罪嫌疑人邱某某于20××年4月7日被刑事拘留。经讯问，犯罪嫌疑人邱某某供认上述事实。

为进一步查明案情，根据《公安机关办理刑事案件程序规定》第二百五十八条之规定，呈请由被害人焦某某对犯罪嫌疑人邱某某进行辨认。

妥否，请批示。

天海市公安局经济案件侦查支队

办案人：苏某、古某某

20××年4月9日

六、辨认笔录

辨认笔录是用于记录辨认过程和辨认结果的法律文书。与呈请辨认报告书配合使用。该类法律文书由“____笔录”模式转化而成，其设置类似于“万能表”，但与“万能表”有所不同，属于公安执法过程中说明性质的法律文书。辨认笔录由以下部分组成：

（一）首部

（1）执行辨认公安机关的名称。

（2）通过填写执行具体法定程序的名称，完成法律文书的命名。文书模板中已将可适用各项内容予以列举，制作者可选择使用。

（二）正文部分

（1）辨认的起止时间。指具体实施辨认的起止时间。

（2）辨认地点。辨认嫌疑人应当在公安机关的指定地点，辨认物品或其他证物时一般情况下也应当在公安机关进行（特殊情况下根据具体条件确定辨认地点）。

（3）办案民警或者勘验、检查人姓名及工作单位。

1）填写执行辨认办案人员姓名；

2）如果执行此项工作的执法人员是专业技术工作人员，并非案件承办人，则填写实际执行人；

3）工作单位填写实际执行人所在单位。

（4）检查或者辨认对象。执行检查时，检查对象应当与检查地点表述一致。制作时用斜划线划去不用的部分。

（5）当事人/辨认人基本情况（姓名、性别、身份证件种类及号码）。用斜划线划去不用的部分，使用电子版则直接删除不用的项目。

（6）见证人基本情况（姓名、性别、身份证件种类及号码）。依照见证人的实际情况填写。

（7）事由和目的。填写适用或执行相关法定程序的理由，或是要完成任务的具体指向。

（8）过程和结果。表明执行辨认的具体过程，以及完成辨认后指向的表现结果。

（三）尾部

按照项目设置要求，由相关人员亲笔签署姓名、日期，不得代签。

制作时应注意的问题：

第一，法律文书尾部的签字必须由本人签署姓名，不得代签。主持辨认的侦查员不得少于 2 人。

第二，几名辨认人对同一辨认对象进行辨认时，应当由辨认人分别进行，避免相互之间可能出现的干扰。

第三，辨认犯罪嫌疑人时，被辨认的人数不得少于 7 人，对犯罪嫌疑人的照片进行辨认时，照片不得少于 10 张。

第四，被辨认对象相互之间个体（人与物）特征差异不能过于悬殊。例如：如果被辨认人有特殊体貌特征，应在辨认时适当安排具有类似体貌特征的人员作为辨认对象。不可过分突出被辨认人的特殊体貌特征，造成“鹤立鸡群”的失当现象。

实例 6-8

天海市公安局静安区分局

辨认　笔录

时间：20××年 4 月 10 日 10 时 20 分至 20××年 4 月 10 日 10 时 50 分

地点：天海市公安分局经侦支队辨认室

办案民警或者勘验、检查人姓名及工作单位：苏某、顾某某，天海市公安局静安区分局刑侦支队

检查或者辨认对象：共 9 人均为男性，自东至西排列。

辨认人基本情况（姓名、性别、身份证件种类及号码）：焦某某，男，身份证号码××××××××。

见证人基本情况（姓名、性别、身份证件种类及号码）：汪某某，男，身份证号码×××××××，仉某某，男，身份证号码×××××××。

事由和目的：确认被辨认对象中有无对辨认人实施诈骗行为的犯罪嫌疑人。

过程和结果：被辨认人自东至西排列，经辨认人焦某某辨认，指出从西数第四人为对其实施诈骗行为的犯罪嫌疑人邱某某。实施上述辨认过程时，见证人汪某某、仉某某在场全程见证。

办案民警或者勘验、检查人：苏某、顾某某

当事人、辨认人或者见证人：焦某某　20××年 4 月 10 日

汪某某　20××年 4 月 10 日

仉某某　20××年 4 月 10 日

实例 6－9

天海市公安局静安区分局

辨认　笔录

时间：20××年10月20日14时0分至20××年10月20日14时15分

地点：静安区公安分局利民派出所辨认室

办案民警或者勘验、检查人姓名及工作单位：霍某、陈某某，天海市公安局静安区分局刑侦支队

检查或者辨认对象：不同男性免冠照片12张。

辨认人基本情况（姓名、性别、身份证件种类及号码）：倪某某，男，身份证号码××××××××。

见证人基本情况（姓名、性别、身份证件种类及号码）：屈某某，男，身份证号码×××××××；虎某某，男，身份证号码×××××××。

事由和目的：由辨认人辨认照片中是否有涉嫌利民大街燕竹医院南侧菜摊门前伤害案件的犯罪嫌疑人。

过程和结果：辨认人倪××是20××年10月18日20时许发生在本市静安区利民大街燕竹医院南侧菜摊门前故意伤害案的证人之一，为确认嫌疑人，侦查员将事先准备好的不同男性免冠照片12张（其中4号照片为嫌疑人郑××的照片）无规则地排列在一张白纸上，提供给辨认人，对辨认人讲明辨认要求后，在见证人屈某某、虎某某的见证下，让辨认人进行辨认。

辨认人将所有照片仔细观察后指出，4号或8号男子为利民大街燕竹医院南侧菜摊门前伤害案件的犯罪嫌疑人。

至此，辨认结束。

办案民警或者勘验、检查人：霍某、陈某某　20××年10月20日

当事人、辨认人或者见证人：倪某某　20××年10月20日

屈某某　20××年10月20日

虎某某　20××年10月20日

七、呈请鉴定报告书

为查明案情，公安机关根据侦查需要，对涉案证物聘请专业人员进行专项说明或进行鉴定，用以确定案件中的因果关系。呈请鉴定报告书是用于报请领导批准就某一问题进行鉴定的说明性质的法律文书。由以下部分组成：

（1）批示审核部分。领导批示、审核意见。（略）

（2）法律文书名称。（略）

（3）正文部分。一般由犯罪嫌疑人基本情况、呈请鉴定的理由与依据组成。

（4）结尾。承办单位、承办人（不得少于二人，案件主责警官姓名在第一位）、法律文书制作日期。

实例 6-10

领导批示	同意。 关某某 20××年4月11日
审核意见	
办案单位意见	同意鉴定，请局领导审批。 陈某某 20××年4月11日

呈请鉴定报告书

犯罪嫌疑人基本情况：邱某某，男，19××年6月22日出生，身份证号码××××××××××，汉族，高中毕业，职业：天海市南城区利华公司职工，住址：天海市滨海区八家小区18号楼1221号，户籍所在地：同住址。

简历：自幼读书，高中毕业后待业，20××年到现单位工作至今。20××年因诈骗罪被南城区法院判处有期徒刑二年十个月。

理由与依据：

20××年3月23日10时许，犯罪嫌疑人邱某某伙同孙某某、秦某、韩某（均在押），在天海市利华路12号天客来公司办公室，利用伪造公章签订购买钢材合同，诈骗事主焦某某人民币1 500万元（赃款部分缴获）。犯罪嫌疑人邱某某于20××年4月7日被刑事拘留。经讯问，犯罪嫌疑人邱某某供认上述事实。

综上所述，犯罪嫌疑人邱某某的行为触犯了《刑法》二百二十四条之规定，涉嫌合同诈骗罪。为进一步查明案情，根据《刑事诉讼法》第一百四十六条之规定，呈请对邱某某伪造的八方通股份有限公司合同专用章与八方通股份有限公司财务专用章进行鉴定。

妥否，请批示。

天海市公安局经济案件侦查支队
办案人：苏某、古某某
20××年4月11日

八、鉴定聘请书

鉴定聘请书与呈请鉴定报告书配合使用，指为查明案情，公安机关根据侦查需要，委托专业人员对案件中涉案物证进行专项说明或进行鉴定的凭证式法律文书。鉴定结论应当通知被害人及犯罪嫌疑人，通知时需要与鉴定意见通知书配合使用。该法律文书由存根联、附卷联、交被聘请人联三部分组成。

（一）存根联

（1）制作本法律文书公安机关名称、法律文书名称及编号；

（2）案件名称：一般以犯罪嫌疑人姓名及案件性质作为案件名称；

（3）案件编号：该案件在年度刑事案件中的具体序号；

（4）犯罪嫌疑人基本情况：姓名、性别、出生日期；

（5）鉴定内容：简要注明鉴定的具体事宜；
（6）被聘请人姓名、单位及职务：按实际情况填写；
（7）鉴定意见提交时间：根据侦查工作需要，指定作出鉴定意见的时间；
（8）批准人、批准时间：与《呈请鉴定报告书》中领导批示栏目一致；
（9）办案人、办案单位：（略）；
（10）填发时间、填发人：法律文书的制作时间与制作者姓名。

（二）附卷联

1. 首部

制作本法律文书公安机关名称、法律文书名称及编号。

2. 正文部分

（1）被聘请人姓名；
（2）案件名称、鉴定的具体事宜（简要叙述）；
（3）提交鉴定结论的时间；
（4）批准鉴定公安机关行政公章、日期。

3. 尾部

由被聘请人签字、注明日期。

交被聘请人联详见实例。

应注意的问题：本法律文书各联之间的衔接处为法律文书制作的组成部分，应依照要求以汉字书写法律文书编号，并加盖县级（或以上）公安机关的行政公章作为骑缝章。

实例 6－11

天海市公安局
鉴 定 聘 请 书
（副本）

天公（×）鉴聘字［20××］223号

金某某：

为了查明 邱某某涉嫌合同诈骗案，根据《中华人民共和国刑事诉讼法》第一百四十六条之规定，特聘请你对邱某某作案所使用的涉案物证八方通股份有限公司合同专用章与八方通股份有限公司财务专用章进行鉴定。请于20××年4月15日前将鉴定情况和结论写成书面材料送交我局。

天海市公安局（印）
20××年4月11日

本聘请书已收到。

被聘请人 金某某（签字）
20××年4月11日

此联附卷

九、鉴定意见通知书

鉴定意见通知书是指根据法律规定，将有关鉴定意见通知被害人或其法定代理人、犯罪嫌疑人的凭证式法律文书。与呈请鉴定报告书、鉴定聘请书配合使用，由存根联、附卷联、交被害人或其法定代理人联、交犯罪嫌疑人联四部分组成。

（一）存根联

（1）制作本法律文书公安机关名称、法律文书名称及编号；

（2）案件名称：一般以犯罪嫌疑人姓名及案件性质作为案件名称；

（3）案件编号：该案件在年度刑事案件中的具体序号；

（4）犯罪嫌疑人基本情况：包括姓名、性别、出生日期；

（5）被害人基本情况：包括姓名、性别、出生日期；

（6）鉴定内容：鉴定的具体事宜；

（7）鉴定结论；简要摘记有关专业人员出具的具体意见；

（8）批准人、批准时间：与呈请鉴定报告书中相关项目一致；

（9）办案人：同鉴定聘请书存根相关栏目；

（10）办案单位：同鉴定聘请书存根相关栏目；

（11）填发时间、填发人：法律文书的制作时间与制作者姓名。

（二）附卷联

1．首部

制作本法律文书公安机关名称、法律文书名称及编号。

2．正文部分

（1）被害人或其法定代理人、犯罪嫌疑人姓名；

（2）法律文书中设置了“指派/聘请”栏目，制作时以斜线将不用部分划去，如使用电子版可直接将不用部分删除；

（3）简要填注鉴定事宜；

（4）鉴定的相关专业学科名称（例如：人身伤害的医学），如不便填写，可注明“相关”字样即可；

（5）简要摘记鉴定意见的主要内容；

（6）批准鉴定公安机关行政公章、日期。

3．尾部

事先印制“本通知书已收到”字样；左下方由被害人或其法定代理人签字、注明日期；右下方由犯罪嫌疑人签字注明、日期；注意：应在收到鉴定意见后及时通知。

交被害人或其法定代理人联和交犯罪嫌疑人联详见实例。

应注意的问题：本法律文书各联之间的衔接处为法律文书制作的组成部分，应依照要求以汉字书写法律文书编号，并加盖县级（或以上）公安机关的行政公章作为骑缝章。

实例 6－12

天海市公安局

鉴定意见通知书

天公（×）鉴通字［20××］223号

邱某某：

我局聘请有关人员对邱某某合同诈骗一案使用的八方通股份有限公司合同专用章与八方通股份有限公司财务专用章进行了真伪鉴定，鉴定意见是经与原件比对，邱某某合同诈骗一案使用的八方通股份有限公司合同专用章与八方通股份有限公司财务专用章系伪造。根据《中华人民共和国刑事诉讼法》第一百四十八条之规定，如果你对该鉴定结论有异议，可以提出补充鉴定或者申请重新鉴定的申请。

天海市公安局（印）

20××年4月16日

本通知书已收到。

被害人或其法定代理人：

焦某某

本通知书已收到。

犯罪嫌疑人：

邱某某（指印）

20××年4月16日

此联附卷

【本章小结】

1. 公安机关刑事法律文书是落实执法规范化的具体表现，是具体实施相关法律规定和实现公安机关刑事执法职能的手段和工具，是体现公安机关刑事侦查执法质量的文字记载和依据。从受理、立案到侦查终结是一个完整的法律程序的应用过程。在这一过程中的每一阶段和每一点，都应有相应的文书。

2. 公安刑事侦查的各种文书，以及其制作方法、制作要求有其共性，而其个性表现有所差异。制作时应充分了解共性，把握相关特性，防止和杜绝出现失误。

【思考练习题】

1. 公安侦查法律文书的概念是什么？
2. 如何理解公安侦查法律文书依法制作？
3. 公安侦查法律文书严格的审核环节指的是什么？
4. 试述制作公安法律文书应注意的问题。
5. 通用法律文书的概念与特点是什么？

【写作训练题】

指出下列法律文书实例中“理由与依据”部分存在的问题，并重新制作“理由与依据”。七要素不足部分请自行设定。

《呈请刑事拘留报告书》实例

领导批示	
审核意见	
办案单位意见	

呈请刑事拘留报告书

犯罪嫌疑人：董三，男，19××年8月26日生人，户籍所在地：××省上口市南眷区熊岳镇大铁村644号，暂住河东省东平市平海区朱家坟一无号平房，身份证号：×××80419720826××××。

个人简历：自幼上学，初中毕业后到原籍务工，2009年6月来京务工至今。

理由与依据：20××年8月18日日1时25分许，报警人赵某（女，30岁，河西省礼县江口乡八房村四组 128 号）打 110 报警称其老公王某某在锦纺家园小区赌博被人扣了，经核实 2009 年 8 月 17 日 23 时许，贾某（男 49 岁、东海人）与雷某等人一起以扎金花方式赌博，嫌疑人张四强召集董三等 7 人持刀和棍抢走人民币 1 000 余元后逃跑。经侦查在南城区 25 号大院一无号平房内将犯罪嫌疑人董三抓获。经讯问该人对以上违法事实供认不讳。

综上所述，犯罪嫌疑人董三的行为触犯《中华人民共和国刑法》第二百六十三条之规定，涉嫌抢劫罪，现根据《中华人民共和国刑事诉讼法》第八十二条之规定，特呈请对犯罪嫌疑人董三执行刑事拘留。

妥否，请批示。

平海区公安分局刑侦支队

章某某　刘某某

20××年 8 月 19 日

第六章写作训练题
参考答案

第七章　监狱法律文书

【本章引言】

监狱是国家惩罚改造罪犯的场所，监狱法律文书作为监狱工作的重要载体，在监狱规范化、法治化建设中发挥着重大作用，监狱法律文书制作能力是监狱人民警察从事刑事执法工作所必需的基本业务技能。学习监狱法律文书制作理论，掌握制作方法和技巧，是监狱人民警察必修的一课。

【本章学习目标】

1. 理解监狱法律文书及常用文种的概念及功能，掌握制作监狱法律文书的法定条件；
2. 能够分析监狱法律文书结构、语言、表达方式等要素的运用规则及表达要求；
3. 能够运用法律文书制作方法和技巧规范制作监狱法律文书。

第一节　监狱法律文书概述

习近平总书记指出：坚持走中国特色社会主义法治道路。推进全面依法治国，必须从中国实际出发，体现中国特色。出礼入刑、隆礼重法的治国策略，以礼为核心，情理法统一的伦理法治，人与自然和谐共生的天道观，德主刑辅、明德慎罚的慎刑思想，民为邦本、本固邦宁的民本思想，天下无讼、以和为贵的价值追求等传统、优秀的法律文化，已成为中国法律思想的重要渊源。法律专业学生必须深刻理解中国传统优秀文化是中国法律思想的重要渊源，传承好中国优秀传统法律文化，讲好中国法律故事。宽严相济刑事政策是我国的基本刑事政策，贯穿于刑事立法、刑事司法和刑罚执行的全过程，是传统文化在新时期的继承、发展和完善，是司法机关惩罚犯罪、预防犯罪、保护人民、保障人权、正确实施国家法律的指南。监狱法律文书作为司法活动的重要载体，直接展示司法过程，体现司法结果。为了适应新形势下对监狱工作的高要求，监狱干警在制作监狱法律文书的过程中应把司法公正的价值理念贯彻到文书的制作中，既注重实体公正，同时亦要注重程序的公正，在文书制作中加强文书的释法说理，让人民群众在每一个司法案件中感受到公平和正义。

一、监狱法律文书的概念、功能

（一）监狱法律文书的概念

监狱法律文书，也称为监狱执法文书，是指我国各监狱和未成年犯管教所在对判处死刑缓期两年执行、无期徒刑、有期徒刑的罪犯执行刑罚和教育改造的过程中，依照法定程序，根据国家法律和监管规定，制作的具有法律效力或法律意义的文书总称。

这一概念包含了以下几层意思：

1. 监狱法律文书的制作主体是监狱机关

我国《监狱法》第 2 条第 1 款规定：“监狱是国家的刑罚执行机关。”《刑法》第 46 条规定：“被判处有期徒刑、无期徒刑的犯罪分子，在监狱或者其他执行场所执行。”监狱是制作监狱法律文书的主体。监狱是抽象主体，监狱法律文书实际上是由监狱人民警察代表监狱机关制作的。从这个意义上看，监狱人民警察制作法律文书是在依法行使职权而非个人行为。

2. 监狱法律文书具有特定的内容和范围

监狱法律文书是监狱执法工作的载体，它反映了监狱执法工作的质量，具有特定的内容和范围，具有显著的专业特征。监狱法律文书用于监狱的刑罚执行、狱政管理、安全防范、教育改造等执法工作中。监狱法律文书忠实地记载了我国监狱机关一系列执法活动的实际情况，是监狱机关履行各项执法职能的具体体现。监狱法律文书保证了法律的正确实施和监狱各项执法活动的有序进行。

3. 监狱法律文书具有法律效力或法律意义

监狱法律文书是由监狱代表国家行使国家警察权、刑罚执行权和监管改造权而制作的一种司法文书，是国家法律、法规在监管执法活动中的具体实施，具有一定的法律效力或法律意义。所谓具有法律效力，是指有一部分监狱法律文书是由国家强制力来保证实施的，一经制作生效，当事人就必须遵照执行，否则要承担相应的法律后果，其他任何单位和个人都无权改变。如“罪犯不予收监通知书”“监狱起诉意见书”等。所谓具有法律意义，是指有一部分监狱法律文书并不像前一类执法文书那样具有强制执行的效力，它们或是在执法活动中起辅助、补充作用，或是对确立、变更某种法律关系有重要价值，或是对罪犯进行教育改造，虽不具有法律效力，但在法律上都是某一程序不可缺少的必要环节。如“罪犯入监登记表”“罪犯出监鉴定表”“罪犯个案矫正方案”等。

4. 监狱法律文书具有特定的格式

监狱文书的特定格式是由监狱机关执法工作的实用性所决定的。1982 年 6 月，当时主管全国劳动改造机关工作的公安部颁发了《劳动改造机关执法文书格式》，为劳动改造机关制定了 32 种执法文书样式，使监狱法律文书的制作有了统一的规范，为监狱法律文书的规范化、格式化奠定了良好的基础。

2002 年 5 月，司法部监狱管理局结合监狱执法工作的实际情况，修订并颁布了《监狱文书格式》。修改后的监狱文书由过去的 32 种增加到了 48 种。这 48 种监狱法律文书是全国数十万监狱人民警察经过几代人的工作实践，并吸取了历代法律文书中有生命力的因素而总结出来的基本形式。因此，它是监狱人民警察集体智慧的结晶。在监狱执法实践中，由于各个省监狱情况复杂性各不相同，还有很大一部分监狱法律文书是由各省监狱，甚至是各监狱自行设计的，它们也在实践中广泛使用，这也成为监狱法律文书重要的补充。

（二）监狱法律文书的功能

监狱法律文书是法律文书的重要组成部分，一方面确保了刑事诉讼“执行”环节的落实，另一方面确保监狱在刑罚执行过程中发挥惩罚和改造罪犯的职能。

1. 是监狱执法管理的重要载体

监狱机关作为国家的刑罚执行机关，从罪犯收监开始到被依法释放，几乎每一个环节都要制作相应的监狱文书。这些监狱法律文书既是监狱执法具体过程的记录，又是罪犯的改造服刑资料，属于应当保存材料，具有档案的作用。

2. 具有记录和凭证作用

监狱法律文书客观忠实地记载了我国监狱对罪犯执行刑罚、狱政管理、教育改造等执法活动的情况，它既是反映监狱人民警察执法能力和素质的重要标尺，又是罪犯服刑改造轨迹和情况的真实记录。监狱法律文书记录了监狱人民警察执法过程和罪犯服刑改造的全过程，具有历史档案的价值。例如“罪犯入监登记表”客观地记录了罪犯新收入监时的基本情况，标志罪犯进入了刑事诉讼的执行阶段，也是执行刑罚的开端。

3. 是司法机关衔接与配合的工具

监狱法律文书是监狱与公安机关、检察机关、人民法院以及其他司法行政机关衔接与配合的重要工具。例如，监狱启动罪犯暂予监外执行程序时，监狱应委托县级以上司法行政机关对拟暂予监外执行的罪犯进行危险性调查评估，此时监狱制作“拟暂予监外执行罪犯调查评估委托函”送达给罪犯居住地的社区矫正机构来实现该程序。

4. 具有规范监狱执法作用

监狱法律文书是监狱人民警察履行法定职权、进行执法活动的载体，是监狱机关基本业务建设的重要内容。监狱法律文书除了在制作格式上有统一规范的要求外，制作中还应遵循相应的程序，履行必备的法律手续，以确保监狱法律文书的合法、有效。

二、监狱法律文书的分类方法

监狱法律文书分类方式很多，根据不同的划分标准，可以分为不同的种类。通常情况下，主要从以下几个方面进行分类。

（一）根据监狱法律文书的形式进行分类

根据文书形式的不同进行划分，监狱法律文书可以分为以下几种：

1. 表格式监狱法律文书

表格式文书是指以事先印制的表格为规范文本，使用时只需在空格处填入相应内容的监狱法律文书。表格式文书是程式化、标准化程度较高的一类文书，具有明确直观、简明扼要、制作难度低、时间花费少和便于阅读理解等优点，在监狱法律文书中使用较多。例如“罪犯入监登记表”“罪犯暂予监外执行期间不计入刑期审批表”等都属于表格式文书。表格式监狱法律文书还有一类为多联式表格式文书，这类文书常用于向特定对象告知某些执法事项，大致分为决定书、通知书和证明书三种类型，例如“释放证明书”“罪犯入监通知书”，其中“罪犯入监通知书”分为存根、正本、回执三联式文书，存根监狱机关留存，正本是通知罪犯家属的，罪犯家属收到通知书后把回执寄回监狱。

2. 拟制式监狱法律文书

拟制式文书是指通篇需要自行组织文字直接表述的监狱法律文书。拟制式文书要求制作者将相关内容用文字的形式从头到尾写下来，是制作难度最大的一类文书。拟制式文书按照制作要求又分为定式文书和自由式文书。定式文书是指有规定样式的文书，一般标题都是固定的，文书中要写哪些项目，这些项目在什么位置写，都有一定的要求。例如“提请减刑建议书”“监狱起诉意见书”等都属于拟制式文书中的定式文书。自由式文书，是除了定式文书外，采用一般文章形式出现的文书，例如“狱情分析报告”“个案矫正方案”等。

3. 实录式监狱法律文书

实录式文书是用于如实记录特定工作活动进程及结果的监狱法律文书，这类文书一般要求与工作同步制作，多存在于监狱狱内侦查文书。这类文书一般首部打印出笔录头，其余均为空白，使用时须在空白处记录工作进程。例如“罪犯个别谈话记录”“讯问笔录”“询问笔录”等属于实录式文书。

（二）按工作内容进行分类

1. 刑罚执行类文书

刑罚执行是刑事诉讼中的最后一个环节，监狱是刑罚执行的专门机关，负责有期徒刑、无期徒刑、死刑缓期二年执行刑罚的执行。刑罚执行执法文书是反映监狱机关对罪犯收监、减刑、假释、暂予监外执行、释放及对罪犯检举、控告和申诉的处理等刑罚执行内容的文书。例如罪犯入监通知书、提请减刑建议书。

2. 狱政管理类文书

狱政管理是监狱工作的重要组成部分，贯穿于惩罚和改造罪犯的过程，渗透在监狱工作的各个方面。狱政管理的内容十分广泛，是一项政策性和法律性很强，而且非常具体和复杂的工作。狱政管理文书包括了对罪犯的奖惩文书、警戒具使用文书、罪犯死亡处理等文书。

3. 狱内安全防范类文书

监狱的安全稳定是监狱改革发展和一切工作的基础，监狱的狱内侦查工作的任务一是预防控制，二是侦破案件。加强和规范狱内侦查工作，突出狱侦工作的预防控制，是监狱狱侦工作的重要内容。狱内安全防范类文书包括了狱内耳目使用管理文书、罪犯脱逃类文书、狱内侦查类文书及狱内安全防范等文书。

4. 罪犯教育改造类文书

监狱教育改造工作是刑罚执行活动的重要组成部分，是改造罪犯的基本手段之一，是监狱工作法制化、科学化、社会化的重要体现，贯穿于监狱工作的全过程。罪犯教育改造文书包括罪犯集体教育文书、罪犯个别教育文书及顽危犯教育改造等文书。

第二节　监狱法律文书常用文种具体制作方法

一、罪犯入监登记表

（一）罪犯入监登记表的概念、功能

罪犯入监登记表是监狱依法收押新入监罪犯后，用于记录新收罪犯基本情况的表格式文书。

罪犯入监登记表是新犯收押环节非常重要的法律文书，记载了罪犯基本信息的原始资料，是有助于监狱干警了解和掌握罪犯基本情况的重要档案资料，有利于对罪犯开展有针对性的教育改造工作；同时，对做好接见、社会帮教和追捕工作都具有重要意义。

罪犯收押是刑罚执行的初始环节，是一项严肃的执法活动，熟悉罪犯收押程序、掌握罪犯收监的法定条件是监狱人民警察完成收押罪犯的先决条件。

（二）罪犯入监登记表填写内容

1. 罪犯的基本情况

依次写明姓名、别名、性别、民族、出生日期、文化程度等项内容，并在表格内的右上方贴一寸免冠照片一张。

罪犯的基本情况可以通过查阅“三书一表”（即起诉书、刑事判决书、执行通知书及结案登记表）等法律文书获得，但在填写时需要通过个别谈话、函调等方式进一步核实罪犯的基本信息，准确、具体地填写罪犯的基本情况。

2. 罪犯受到强制措施和被处罚的情况

依次写明刑事拘留日期、逮捕机关、逮捕日期、判决书号、判决机关、判决日期、罪名、刑种、刑期、刑期起止和附加刑等内容。

在填写中特别要注意罪犯刑期起止日期的填写，不同的刑种填写方式各不相同：被判处有期徒刑的，起止日期以人民法院的执行通知书为准；被判处死刑缓期二年执行的此栏填写时用“/”代替，不能留白；被判处无期的只填写刑期起始日，以人民法院判决生效之日起算，刑期终止日可暂不填写。

3. 捕前职业和政治面貌等情况

依次写明捕前职业、政治面貌、有何特长、籍贯、原户籍所在地、口音、家庭住址、曾否受过何种惩处等内容。

对于此部分的内容要重视以下几个栏目的填写：

（1）特长栏。

这个地方的特长栏不能常规地理解成有什么艺术爱好，还包括了罪犯有哪些特殊的技能，如罪犯曾经有当特种兵的经历，在射击上有特别的技能，这时也需要在这个栏目中说明。

（2）籍贯、原户籍所在地及家庭住址栏。

填写时要注意区分籍贯、出生地、经常居所地、现居住地等概念，在接收罪犯时应对其籍贯、出生地和现住址进行详细了解，分别填入相关栏目。籍贯是指罪犯的原籍和祖居，居住地指罪犯捕前的固定居所地。填写必须详细准确，不能简写或缩写。农村的应写到县、乡、村、组；城镇的写到市县（区）、镇、路、街道、门牌号码。居住地变更后，监狱机关要随时更新罪犯的档案资料。此部分需要特别注意“家庭住址”栏的填写，此栏涉及罪犯社区矫正管辖地的选择，填写时要注意核实，不能简单照抄罪犯档案，该栏一般填写罪犯服刑前的经常居住地。

（3）曾否受过何种惩处栏。

即前科情况，指是否受到行政处罚或刑罚处罚，在叙写时应将处罚时间、事由和处罚机关、处罚种类及期限写清楚。

4. 罪犯个人简历

一般应写明罪犯从上小学开始至入监这段时间的主要经历。

在叙写罪犯个人简历时需注意以下问题：要详细了解罪犯的简历，从上小学或 7 岁开始按时间先后顺序填写，一直写到被逮捕、服刑为止，时间上不能有中断，要保持其连贯性。

5. 主要犯罪事实

要根据人民法院已经发生法律效力的裁判文书上认定的犯罪事实，简明扼要地写明主要的犯罪事实，不能照抄判决书。

犯罪事实在表述时通常采用顺叙表述，即按照事物发展的先后顺序进行叙述。叙述时应包括犯罪事实要素，即叙述清楚犯罪事实的何时、何地、何人、动机目的、情节手段、危害后果、被告人事后态度和涉及的人和事，同时要通过对事实基本要素的叙述，准确地反映被告人所触犯罪名的犯罪构成及罪状特点，即犯罪的主体、客体、主观方面、客观方面。

6. 家庭成员及主要社会关系

依次写明关系、姓名、性别、年龄、工作单位和职务、住址、政治面貌等项内容。

在叙写此栏目时，不能全部照抄“三书一表”中的内容，还需要通过个别谈话的方式了解罪犯的成长史和犯罪史，写明对罪犯影响较大，或关系密切的其他社会关系。

（三）实例及评析

罪犯入监登记表

单位：××省××监狱　　编号：37××××××××　　入监日期：2017 年 1 月 16 日

<table>
<tr><td>姓名</td><td>王某某</td><td>别名</td><td>无</td><td>性别</td><td>男</td><td rowspan="4">一寸免冠照片</td></tr>
<tr><td>民族</td><td>汉族</td><td>出生日期</td><td>1983 年 11 月 14 日</td><td>文化程度</td><td>大学</td></tr>
<tr><td>捕前职业</td><td>机关干部</td><td>原政治面貌</td><td>中共党员</td><td>特长</td><td>无</td></tr>
<tr><td>身份证号</td><td colspan="2">3701351983111×××××</td><td>口音</td><td colspan="2">普通话</td></tr>
<tr><td>籍贯（国籍）</td><td colspan="2">×省×市</td><td>原户籍所在地</td><td colspan="3">×市北江区××街道派出所</td></tr>
<tr><td>家庭住址</td><td colspan="4">×市新月小区×栋×单元×室</td><td>婚姻状况</td><td>已婚</td></tr>
<tr><td>拘留日期</td><td>2016 年 3 月 17 日</td><td>逮捕机关</td><td>北江区公安局</td><td>逮捕日期</td><td colspan="2">2016 年 3 月 21 日</td></tr>
<tr><td>判决书号</td><td>（2016）江法刑初字 68 号</td><td>判决机关</td><td>北江区人民法院</td><td>判决日期</td><td colspan="2">2016 年 12 月 27 日</td></tr>
<tr><td>罪名</td><td colspan="3">受贿罪</td><td>刑种</td><td colspan="2">有期徒刑</td></tr>
<tr><td>刑期</td><td>十三年</td><td>刑期起止</td><td>自 2016 年 3 月 17 日至 2029 年 3 月 16 日止</td><td>附加刑</td><td colspan="2">罚金×万元</td></tr>
<tr><td>曾受何种处罚</td><td colspan="6">无</td></tr>
</table>

续表

<table>
<tr><td rowspan="9">本人简历</td><td colspan="2">起时</td><td colspan="2">止时</td><td colspan="2">所在单位</td><td>职务（职业）</td></tr>
<tr><td colspan="2">1990 年 9 月</td><td colspan="2">1996 年 7 月</td><td colspan="2">×市北江区小学读书</td><td>学生</td></tr>
<tr><td colspan="2">1996 年 9 月</td><td colspan="2">1999 年 7 月</td><td colspan="2">×市北江区初中读书</td><td>学生</td></tr>
<tr><td colspan="2">1999 年 9 月</td><td colspan="2">2002 年 7 月</td><td colspan="2">×市北江区实验高中读书</td><td>学生</td></tr>
<tr><td colspan="2">2002 年 9 月</td><td colspan="2">2006 年 7 月</td><td colspan="2">×省理工大学外语系读书</td><td>学生</td></tr>
<tr><td colspan="2">2006 年 7 月</td><td colspan="2">2010 年 8 月</td><td colspan="2">×市国土资源管理局</td><td>科员</td></tr>
<tr><td colspan="2">2010 年 8 月</td><td colspan="2">2016 年 3 月</td><td colspan="2">×市国土资源管理局</td><td>局长助理</td></tr>
<tr><td colspan="2">2016 年 3 月</td><td colspan="2">2017 年 1 月</td><td colspan="2">受贿罪案发被刑事拘留至判决生效</td><td>犯罪嫌疑人</td></tr>
<tr><td colspan="2">2017 年 1 月</td><td colspan="2"></td><td colspan="2">×省×监狱服刑</td><td>罪犯</td></tr>
<tr><td>主要犯罪事实</td><td colspan="7">该犯在 2010 年 8 月至 2016 年 3 月担任局长助理期间，利用手中的权力，与该局原国土监管科科长李某某相互串通，在审批国有土地使用划拨项目中，向四家建设单位索要好处费，共计收受贿赂人民币 86 万元，该犯获得 45 万元。</td></tr>
<tr><td rowspan="6">家庭成员及主要社会关系</td><td>关系</td><td>姓名</td><td>出生日期</td><td>政治面貌</td><td>工作单位职务（职业）</td><td>住址</td><td>电话</td></tr>
<tr><td>妻子</td><td>何某</td><td>1986 年 5 月 27 日</td><td>群众</td><td>×市司法局，科员</td><td>×市新月小区×栋×单元×室</td><td>868500××</td></tr>
<tr><td>儿子</td><td>王某一</td><td>2005 年 6 月</td><td>群众</td><td>学生</td><td>×市新月小区×栋×单元×室</td><td>868500××</td></tr>
<tr><td>父亲</td><td>王某</td><td>1951 年 2 月</td><td>中共党员</td><td>×市×中学教师退休</td><td>×市×区×路 235 号</td><td>898887××</td></tr>
<tr><td>母亲</td><td>洪某某</td><td>1955 年 1 月</td><td>群众</td><td>×市×纺织公司退休</td><td>×市×区×路 235 号</td><td>898887××</td></tr>
<tr><td>表格</td><td>以下</td><td>无内容</td><td></td><td></td><td></td><td></td></tr>
<tr><td rowspan="3">同案犯</td><td colspan="2">姓名</td><td>性别</td><td>出生日期</td><td>捕前职业</td><td>刑期</td><td>家庭住址</td></tr>
<tr><td colspan="2">李某某</td><td>男</td><td>1983 年 6 月 1 日</td><td>机关干部</td><td>有期徒刑十年</td><td>×市南江区新新小区×栋×单元×室</td></tr>
<tr><td colspan="2">表格</td><td>以下</td><td>无内容</td><td></td><td></td><td></td></tr>
</table>

说明：此表一式两份

评析：罪犯入监登记表大部分内容可以从罪犯档案中的“三书一表”中获取，但需要进一步核实以确保信息的准确性。“曾受何种处罚”指是否受到治安拘留处罚或刑罚处罚，在叙写时应将处罚时间、事由和处罚机关、处罚种类及期限写清楚；对于“本人简历”的填写，要注意保持经历的连贯性，不能有时间上的中断；对于“主要犯罪事实”的填写要围绕犯罪事实的要素（犯罪事实的何时、何地、何人、动机目的、情节手段、行为过程、危害结果、被告人事后态度和涉及的人和事）来叙写，通过对犯罪事实要素的叙述须反映罪名的犯罪构成，突出罪状特点。

二、罪犯暂予监外执行审批表

（一）罪犯暂予监外执行审批表的概念、功能

罪犯暂予监外执行审批表，是监狱对符合条件的罪犯适用暂予监外执行时，经逐级合议提请省（自治区、直辖市）监狱管理局批准的表格式执法文书。

按照《暂予监外执行规定》，监狱办理罪犯暂予监外执行时必须严格履行法定程序及

完备的法律手续。罪犯暂予监外执行审批表是暂予监外执行审批各层级合议意见的具体呈现，有助于全面呈现暂予监外执行执法链条的完整性，体现了监狱上级、检察院对办理暂予监外执行过程的全程监督，保证监狱人民警察正确履职，防止不符合法定情形的罪犯弄虚作假，骗取暂予监外执行。

（1）熟悉《暂予监外执行规定》《监狱暂予监外执行程序规定》《社区矫正法》，准确掌握暂予监外执行的实体条件和程序条件。尤其要加强对限制性对象和禁止性对象等特殊主体条件的审核，分析判断必须全面完整。

（2）病情诊断必须有省级人民政府指定医院的诊断鉴定结论，同时应有罪犯病残鉴定小组成员的签名。

（3）执法须严谨，明确执法责任和执法要求。根据“谁执法谁签字、谁签字谁负责”，不得代签的要求，加盖公章的必须加盖公章；同时，要求公示的必须按照规定进行公示，不得随意缩短公示时间，注重执法过程中的时效性和连续性。

（4）明确暂予监外执行环节对应的相关法律文书，须做到办理案件时证据的完整性和严密性，任何结论必须有证据作为支撑。

（二）罪犯暂予监外执行审批表的填写内容

（1）罪犯基本情况。依次填写清楚罪犯的姓名、性别、民族、出生日期、户籍地、捕前居住地、罪名、原判法院、原判刑期、附加刑、刑期变动情况、现刑期起止、出监后居住地。

该栏目内容依据罪犯档案、服刑期间罪犯信息变动后的情况以及办理暂予监外执行过程中调查核实的情况如实填写，现刑期起止栏的填写按最近变更后的刑期起止日期填写，出监后居住地填写的是罪犯暂予监外执行后的居住地，可能不是罪犯的家庭住址或户籍地，而是保证人提供的地址，所以该栏目的填写一定要认真仔细核对后填写。

（2）主要犯罪事实及改造表现。该栏目内容分主要犯罪事实和改造表现两部分内容填写，主要犯罪事实主要依据人民法院判决书认定的犯罪事实来填写，填写时可参考罪犯入监登记表。叙写犯罪事实时应按犯罪事实的叙述要求来叙写，符合该罪的犯罪特征。改造表现应根据罪犯的服刑情况如实、概括填写，重点阐述适用暂予监外执行没有再犯罪危险性。

（3）病情诊断。监狱罪犯病残鉴定小组根据省级政府指定医院出具的罪犯病情诊断意见书和《保外就医严重疾病范围》规定进行审查，研究后作出是否符合暂予监外执行的结论，并注明病情诊断或检查意见书的文号。

（4）综合评估意见。该项内容包括社区矫正评估意见和罪犯再犯罪危险性评估意见，社区矫正评估意见是罪犯适用社区矫正前，监狱委托地方司法局进行社区矫正前的调查评估，由地方司法局出具的是否接纳罪犯社区矫正的评估意见。罪犯再犯罪评估意见是由监狱狱内侦查科出具的罪犯再犯罪危险评估结论。监狱根据评估意见结论如实填写。

（5）保证人情况。按照《暂予监外执行规定》第11条审查保证人资格，如实填写保证人姓名、住址、工作单位、与罪犯的关系、联系电话等内容。

（6）相关部门和单位意见。该栏主要包括：监区（直属分监区）意见、监狱刑罚执行科意见、监狱暂予监外执行评审委员会意见、监狱意见、驻狱检察机关意见、监狱管理局意见。

该栏内容的填写由相应单位严格按暂予监外执行的程序做出相应的结论后如实填写，负责人签名并加盖本单位公章。驻狱检察机关意见是指在监狱评审会后，必须将暂予监外执行案卷材料移送驻监狱的人民检察机关审查，并征求其监督意见。

（三）实例及评析

罪犯暂予监外执行审批表

<table>
<tr><td>姓名</td><td colspan="2">杜某</td><td colspan="2">性别</td><td>女</td><td colspan="2">民族</td><td>汉族</td></tr>
<tr><td>出生年月日</td><td colspan="2">1966年6月11日</td><td colspan="2">户籍地</td><td colspan="4">某省某市某县某乡某村2组12号</td></tr>
<tr><td>捕前居住地</td><td colspan="8">某省某市某县某乡某村2组12号</td></tr>
<tr><td>罪名</td><td colspan="2">诈骗罪</td><td colspan="2">原判法院</td><td colspan="4">某省某市某县人民法院</td></tr>
<tr><td>原判刑期</td><td colspan="2">4年</td><td colspan="2">附加刑</td><td colspan="4">罚金30 000元</td></tr>
<tr><td>刑期变动情况</td><td colspan="8">无</td></tr>
<tr><td>现刑期起止</td><td colspan="8">自2020年7月10日起至2024年7月6日止，羁押抵刑3日</td></tr>
<tr><td>出监后居住地</td><td colspan="8">某省某市某县某乡某村2组12号</td></tr>
<tr><td>主要犯罪事实</td><td colspan="8">2019年3月至12月底，被告人杜某伙同吴某某、罗某、蒲某某等人在某省剑阁县等地多次以给被害人介绍对象的名义，收取被害人的“见面礼”“介绍费”“结婚礼金”，共计骗取钱财7万余元，数据巨大。</td></tr>
<tr><td>改造表现</td><td colspan="8">该犯入监初期因患有糖尿病20多年、高血压8年等慢性疾病，且年龄较大，长期在监狱医院治疗。该犯因患病思想包袱重，情绪不稳定，缺乏改造信心，后经教育能认罪悔罪，遵守纪律，服从管理，改造表现稳定。</td></tr>
<tr><td rowspan="2">病情诊断</td><td colspan="8">据某省监狱管理局中心医院病情诊断证明，该犯患有1. Ⅱ型糖尿病、糖尿病肾病晚期、慢性肾功能不全、糖尿病周围神经病变；2. 高血压（极高危）、高血压性心脏病、心脏长大、慢性心功能不全；3. 冠心病，4. 甲减，5. 慢性结石性胆囊炎、急性胆源性胰腺炎（水肿型）等疾病。经审核，符合《保外就医严重疾病范围》第八条之规定。

病残鉴定小组人员签字（签章）：李某某、周某、陈某某
2022年3月1日</td></tr>
<tr><td colspan="8">病情诊断或检查证明文件（妊娠检查/生活不能自理鉴别书）</td></tr>
<tr><td rowspan="2">保证人情况</td><td>姓名</td><td>蒲某某</td><td>居住地</td><td colspan="5">某省某市某县某乡某村2组12号</td></tr>
<tr><td>工作单位</td><td colspan="2">无</td><td>与罪犯关系</td><td>母子</td><td>联系电话</td><td colspan="2">152××××××××</td></tr>
<tr><td>综合评估意见</td><td colspan="8">罪犯杜某暂无社会危险性，某市某县司法局同意将罪犯杜某纳入社区矫正。</td></tr>
<tr><td>监区意见</td><td colspan="8">经2022年3月1日监区长办公会议研究，该犯病情经监狱管理局中心医院诊断属于《保外就医严重疾病范围》，符合暂予监外执行条件，建议提请暂予监外执行。
签名（签章）：张某某
2022年3月1日</td></tr>
<tr><td>刑罚执行科意见</td><td colspan="8">经审查，该犯病情诊断明确，符合暂予监外执行条件，建议提请暂予监外执行。
签名（签章）：廖某某
2022年4月18日</td></tr>
<tr><td>监狱减假暂评委会意见</td><td colspan="8">经2022年5月4日监狱暂予监外执行评审会评审，同意提请该犯暂予监外执行，呈监狱长办公会审议决定。
签名（签章）：赵某某
2022年5月4日</td></tr>
</table>

续表

监狱意见	经 2022 年 5 月 15 日监狱长办公会研究，同意暂予监外执行。 签名（签章）：宁某某 2022 年 5 月 15 日
检察机关意见	详见：《技术性证据审查意见书》《检察意见书》 签名（签章）：陈某某 2022 年 5 月 16 日
监狱管理局意见	经省局研究，同意暂予监外执行。 签名（签章）：陈某某 2022 年 5 月 20 日

评析：暂予监外执行审批表作为表格文书，填写时要注意栏目信息的准确性，以及本文书与其他监狱法律文书的勾连性，确保法律文书之间不能出现矛盾。首先，对罪犯的基本信息、病情诊断、保证人情况都必须经过调查核实确保严谨准确，不能不经核实照抄照搬罪犯档案；其次，在填写各层级审核意见时，要特别注意在意见中表述暂予监外执行审查的程序以及与各层级机关、单位相匹配的审查意见，如监区、刑罚执行科的意见表述为“建议”。

三、提请减刑建议书

（一）提请减刑建议书的概念、功能

提请减刑建议书，是监狱、未成年犯管教所依法在对服刑改造期间确有悔改、立功或重大立功表现且已执行符合法定要求的刑期的罪犯，提请法院审核裁定减刑时而制作的文书。

监狱制作的提请减刑建议书，是监狱依法行使减刑建议权的具体体现，也是人民法院启动罪犯减刑案件审理程序的标志性文书，人民法院依据监狱提供的罪犯符合减刑条件的事实和证据，作出是否减刑裁定。减刑必须符合相应的条件，不符合法定的条件，非经法定程序都不得减刑。

制作提请减刑建议书要特别注意对罪犯减刑条件的把握。对于限制减刑罪犯、三类罪犯、黑社会性质组织犯罪罪犯、危害国家安全犯罪罪犯、恐怖活动犯罪罪犯、毒品犯罪集团的首要分子及毒品再犯、累犯、终身监禁等罪犯在减刑条件上有特殊的规定，所以对这几类罪犯在把握减刑条件时须特别注意，还需审查是否符合特定的条件。罪犯在刑罚执行期间的申诉权利应当依法保护，对其正当申诉不能不加分析地认为是不认罪悔罪。

（二）提请减刑建议书的结构及制作方法

提请减刑建议书中需要填写的内容可以分为首部、正文和尾部三个部分。

1. 首部

包括标题、发文字号、罪犯基本情况、判决情况和刑期变动情况。

监狱法律文书的发文字号由发文年度、发文机关简称、文书简称和发文的顺序号四部分构成。其结构为：（2022）川×监减字第 8 号。

罪犯的基本情况、判决情况可以在判决书中直接摘录，要反映出罪犯姓名、性别、出

生年月日、民族、原户籍所在地、罪名、判决法院、判决日期、判决书字号及刑种、刑期、入监时间等内容。

刑罚执行情况主要是以罪犯服刑期间刑期（刑种）的变动状况来反映，在填写时，要写明历次刑期（刑种）变动的时间、原因、幅度，现刑期截止日期。

2. 正文

正文由案由、事实和理由组成。

（1）案由。

案由的表述是程式化的用语，表述为“该犯在服刑改造期间，确有悔改（立功表现，或重大立功表现），具体事实如下：”。在填写的过程中，案由的表述只能是法定的事由，即只能单列或组合“悔改、立功或重大立功”的表述方式，而不能作其他的表述。对被判处死刑缓期二年执行罪犯提请减刑时，可根据罪犯的不同情况，依照法律规定，案由的写法有两种：一是没有故意犯罪；二是有重大立功表现。

（2）具体事实。

事实部分要写罪犯符合减刑的法定条件的事实，在表述时可采用固定的结构：主旨句＋阐释，确有悔改表现的事实，应围绕着法条的四个方面来叙写，注意用具体的事实和数据予以说明，不要过多用评价的语言代替事实的叙写。

第一，认罪悔罪表现。我们可以从罪犯认罪服判的态度，对犯罪性质、社会危害性的认识及态度，罪犯履行财产刑的情况，以及是否取得被害人谅解等方面进行考量。如果是三类罪犯还应表述对认罪悔罪认定的特殊规定。

第二，认真遵守监规监纪。主要体现罪犯的服刑改造表现，这部分内容可以通过罪犯的考核和奖惩情况入手进行表述。

第三，教育改造表现。这部分内容反映的是罪犯积极参加思想、文化、职业技能等教育改造的表现。可以从罪犯参加课程的到课率，取得的各种培训证书和资格证书，学习成绩及学习心得体会汇报情况等进行表述。

第四，劳动改造表现。这部分内容可以从罪犯的劳动态度、劳动绩效、劳动习惯养成、劳动技能提升等方面入手，用考核积分等材料进行说明。

考核积分是罪犯是否有资格提请减刑的重要依据，所以在表述完确有悔改表现的四个方面以后，一定要单列一段对罪犯所获得的行政奖励及考核积分情况进行专门的表述。

注意具体事实部分的时间节点问题：该文书具体事实的时间节点指的是罪犯上一次减刑后至提请减刑或假释前这一个考察期限内的改造表现，所以在叙写时应是以这一阶段的改造表现为准，所以不在此期限内的或在上一次已被核准减刑前的改造表现及所获得奖励就不能再作表述。

确有立功表现或确有重大立功表现，在叙述立功或重大立功的事实时，应抓住法定情形的某一种或某几种具体情形进行叙述，注意抓住事实的要素进行叙述。叙述时应将时间、地点、人物、事件、原因、结果等要素交代清楚。在过程完整的基础上要特别注意突出重点情节、细节和结果。

事实叙述要准确有据。提请减刑建议书不是证据，而是对罪犯符合减刑条件的叙述和材料的提供。因此，在制作提请减刑建议书时，注意对于事实结论的进一步的解释和材料证明。例如，叙述事件要有材料来源，如“经询问某某”“经某某机关评议”；或者需要提供材料证明，如“参见罪犯劳动改造考核表”；涉及立功表现的，应对立功事实进行详述，一定要附有相关的事实材料及证据材料。

（3）理由。

理由部分通常采用综合性叙述的写法，综合性叙述是代表监狱机关对具体事实作出定性和定量的综合性结论。包括两个部分：一是采用“综上所述”引出监狱结论性意见。二是援引法律依据、提出减刑建议。此部分内容采用程式化写法，具体表述为：“为此，根据《中华人民共和国监狱法》第二十九条、《中华人民共和国刑法》第七十八条（一）款、《中华人民共和国刑事诉讼法》第二百七十三条第二款的规定，建议对罪犯×××予以减刑××。特提请裁定。”如果是印好的格式，这一部分只需填写罪犯姓名和监狱的意见（即减刑）即可。

3. 尾部

包括：写明送达用语和送达的人民法院名称；在右下方注明文书制作的年月日，并加盖文书制作机关的公章；附项中说明随文附送的罪犯服刑档案的卷册数。

（三）实例及评析

提请减刑建议书

（2022）某监减字第5号

罪犯张某某，男，1983年9月9日生，汉族，初中毕业，某省某市南关区人，某省某市中级人民法院于2019年2月6日作出（2019）某01刑初10号刑事判决，认定被告人张某某犯故意伤害罪判处无期徒刑，剥夺政治权利终身，民事赔偿人民币55 000元。因被告人、同案被告人不服，提出上诉，某省高级人民法院于2019年8月8日作出（2019）某刑终56号刑事裁定，驳回上诉，维持原判。宣判后即交付执行于2019年8月16日投入我监服刑改造。服刑期间执行刑期无变动。

该犯近期确有悔改表现，具体事实如下：

该犯能够认罪悔罪。该犯入狱初期对所犯罪罪行认识不足，认为量刑过重，思想压力大，表现沉闷。经人民警察多次个别教育后，该犯转变了认罪态度，认识到“自己的犯罪行为给受害人的家庭和社会带来了极大的危害，自身罪孽深重，只有积极改造才能洗刷罪恶，报答监狱人民警察的挽救之恩”（摘自罪犯的思想汇报）。此后该犯承认犯罪事实，服从法院判决，能够深刻认识到自己的犯罪行为给他人和社会所造成的危害性，深挖犯罪根源，真诚悔罪。罪犯张某某因故意伤害罪被人民法院判决附带民事赔偿55 000元，至服刑以来，该犯积极履行民事赔偿义务，现已履行向被害人赔偿3万元。（见卷宗A第20页）

该犯遵守监规监纪，接受教育改造。该犯服从管理，遵守监规纪律，罪犯身份意识较强。在日常改造中能严格以《服刑人员行为规范》作为行为准则，不仅熟记条文内容，而且严格按要求去做。对监狱和监区的各项制度和纪律，也能自觉维护和遵守，考核期内未发生故意违规扣分的情况。能大胆制止其他罪犯的违规行为，行为养成较好，语言文明礼貌。

该犯能够按照监狱的要求积极参加思想、文化和职业技术教育。上课认真听课并做好笔记，按时完成各项作业，在今年组织的思想、文化、和技术课程的考核中，该犯取得平均 85 分的好成绩。

该犯在劳动中积极肯干，保质保量完成任务，在担任质检员期间，能够积极配合管理人员组织生产，认真监督检查产品质量，向其他罪犯传授生产操作技能，起到了带头改造作用。

该犯在 2020 年上半年获得表扬 1 次，2020 年度下半年获得物质奖励 1 次，2021 年度获得表扬 2 次，2022 年上半年获得表扬 1 次。（见卷宗 A 第 36 页）

综上所述，该犯认罪悔罪，遵守监规监纪，积极参加思想、文化和职业技术教育，积极参加劳动，努力完成劳动任务，确有悔改表现。

为此，根据《中华人民共和国监狱法》第二十九条、《中华人民共和国刑法》七十八条第一款、《中华人民共和国刑事诉讼法》第二百七十三条第二款的规定，建议对罪案张某某减为有期徒刑二十二年。

此致

某省高级人民法院

某省某监狱（公章）

2022 年 7 月 5 日

附：罪犯张某某卷宗材料共 2 卷 2 册 95 页。

评析：该文书制作的难点是“具体事实”部分。本文首先紧紧围绕“确有悔改表现”的法定条件进行阐释，在制作中采用了“主旨句＋阐释”的方式，使文书结构清晰明了。其次，制作本文书不能排除有鉴定性语言的表述，但文书在表述时加入了翔实的证据或数据予以证明，并指明证据所在案卷卷宗的位置，做到了有理有据。最后，对于理由部分用“综上所述”总领全文得出“确有悔改表现”结论，使下面的援引法律依据部分水到渠成。

提请减刑建议书参考文书

四、提请假释建议书

（一）提请假释建议书的概念、功能

提请假释建议书是监狱在对具备法定假释条件的罪犯，依法提请人民法院裁定予以假释时制作的法律文书。

假释是附条件的提前释放。假释是一项严肃的执法活动，必须按法定的条件和程序进行。假释建议权是法律赋予监狱的一项重要职权。提请假释建议书是监狱启动假释程序的标志性文书，也是人民法院裁定假释的前提。

注意对假释条件的审核。监狱要认真把握和审核假释条件。除了准确掌握《刑法》第 81 条、第 82 条规定审核罪犯的假释条件，还应该特别注意对特殊罪犯假释条件的审核。

一是对于无期徒刑罪犯的假释和死缓减为无期徒刑罪犯的假释条件的审核。注意刑罚执行刑期的要求。根据《最高人民法院关于办理减刑、假释案件具体应用法律的规定》第 23 条的相关规定，无期徒刑罪犯假释，实际执行的刑期不得少于 13 年，从判决生效之日起开始计算，判决生效之前的羁押时间不予折抵，这是与有期徒刑罪犯假释刑期计算的重

要区别。对于死缓减为无期徒刑罪犯的假释，实际执行的刑期不得少于15年，时间从死缓执行期满之日起计算，死缓执行期间不包括在内，判决确定以前先行羁押的时间不予折抵。

二是对不得假释罪犯条件的把握。根据《最高人民法院关于办理减刑、假释案件具体应用法律的规定》第25条规定："对累犯以及因故意杀人、强奸、抢劫、绑架、放火、爆炸、投放危险物质或者有组织的暴力性犯罪被判处十年以上有期徒刑、无期徒刑的罪犯，不得假释。因前款情形和犯罪被判处死刑缓期执行的罪犯，被减为无期徒刑、有期徒刑后，也不得假释。"第27条规定："对于生效裁判中有财产性判项，罪犯确有履行能力而不履行或者不全部履行的，不予假释。"

（二）提请假释建议书的结构及制作方法

提请假释建议书与提请减刑建议书在文书的结构、内容、制作目的和意义有很多相似处。以下对相同之处内容简要介绍，就不同之处进行详细介绍。

提请假释建议书的具体结构如下：

1. 首部

首部包括三个方面：标题，即"提请假释建议书"，居中书写；发文字号，由年号、机关代字和文书顺序号组成；罪犯基本情况，包括姓名、性别、出生日期、民族、原户籍所在地、文化程度、罪名、作出判决的人民法院、判决时间、判决书字号、刑期、附加刑情况、收监时间等内容。

2. 事实结论

提请假释建议书的事实结论部分主要包括两种情况：一是"确有悔改表现，没有再犯罪危险"；二是"具有国家、国防、外交等方面的特殊需要等特殊情况"。

对于"确有悔改表现"的认定与提请减刑建议书中"确有悔改表现"的认定标准一致，在这里不再赘述。表述为："该犯近期确有悔改表现，没有再犯罪的危险，具体事实如下："。如果是第二种情况就按第二种情况进行结论表述。

3. 具体事实

提请假释建议书在具体事实部分与提请减刑建议书基本相似。主要围绕事实结论"确有悔改表现、没有再犯罪危险"，或是"国家、国防、外交等方面的特殊需要"进行具体说明。

(1) 对于"确有悔改表现"在表述内容上与提请减刑建议书一致。如果罪犯有财产性判项，应当写明罪犯在服刑期间财产性判项的履行情况；如果是三类罪犯，不仅要看罪犯是否具备假释的一般条件，还应当看三类罪犯是否主动退赃、积极协助追缴境外赃款赃物、主动赔偿损失等方面的事实。

(2) 对于没有再犯罪的危险。按照《最高人民法院关于办理减刑、假释案件具体应用法律的规定》（法释（2016）23号）第22条的规定，办理假释案件，认定"没有再犯罪的危险"，除符合《刑法》第81条规定的情形外，还应当根据犯罪的具体情节、原判刑罚情况，在刑罚执行中的一贯表现，罪犯的年龄、身体状况、性格特征，假释后生活来源以及监管条件等因素综合考虑。所以在叙写此部分时应当从三个方面来阐述：一是犯罪的具体情节、原判刑罚情况（参照基础）；二是罪犯改造表现及人身危险性表征（基本条件）：调查罪犯犯罪前的一贯表现，罪犯性格特征、心理状态等人格状况，来判断其人身危险性高低；三是写清罪犯假释后的社会接纳情况：罪犯假释后的生活来源、监管条件以及共同居住的家庭成员及收入情况，对罪犯能否顺利重新回归社会有重要影响。

4. 尾部

这部分内容主要包括：致送机关、落款、成文日期、公章和附件。附件要写附送罪犯服刑改造档案的卷数、册数及页数。

（三）实例及评析

提请假释建议书

（2022）××监假释字第36号

罪犯王某某，男，1975年8月25日出生，汉族，原户籍所在地××省××市渤海区，大专文化，因职务侵占罪经渤海区人民法院于2014年1月20日以（2014）×法刑初字第5号刑事判决书判处有期徒刑13年，附加刑判处罚金3万元，刑期自2013年3月8日起至2026年3月7日止，于2014年2月1日送我监服刑改造。服刑期间刑期变动情况：2016年3月、2018年3月、2020年3月，因确有悔改表现分别被裁定减刑1年、6个月、6个月，刑期截止日期为2024年3月7日。

该犯在服刑改造期间，确有悔改表现，且一贯表现好，没有再犯罪的危险，具体事实如下：

该犯能够认罪悔罪。该犯投入改造以来，承认犯罪事实，服从法院判决。入狱后认罪悔罪态度端正，有悔过自新的愿望。经入监教育，该犯能够认识到自己的犯罪行为给国家和社会造成的严重危害，认为自己利用职务之便侵吞公司钱物的行为，既破坏了正常的经济秩序，也侵犯了公司员工的合法利益。在思想汇报中能深挖犯罪根源，清算犯罪危害，决心悔过自新："我的犯罪行为严重扰乱了公司正常的生产运营，使一个原本盈余的企业连年亏损，更重要的是涣散了公司员工的人心。我对自己贪欲的行为感到羞耻。犯罪的根源是私心膨胀，生活上极度虚荣，追求高消费。当入不抵支时，就把手伸向公司的账户。今天我唯一可选择的道路，就是痛定思痛，吸取犯罪教训，以积极改造的态度来赎罪。"（见卷宗A第3页）"法院对我的判决是罪有应得，我认罪服判。法院判我附加刑罚金3万元，我已通过变卖个人财产在判决生效后的1个月内缴纳。我要面对现实，接受法律的惩罚和改造，争取早日新生。"（见卷宗A第8页）

该犯遵守监规监纪，接受教育改造。在日常改造中能严格以《服刑人员行为规范》作为行为准则，不仅熟记条文内容．而且严格按要求去做。对监狱和监区的各项制度和纪律，也能自觉维护和遵守，考核期内未发生故意违规扣分的情况。能大胆制止其他罪犯的违规行为。2021年×月×日，罪犯赵某某在劳动现场私自与一位外来人员接触，要求对方为其违规购买香烟，并将私藏的500元现金偷偷塞给对方。见此情形，罪犯王某某迅速向现场的值班民警李某某汇报，民警及时制止了这起非法交易行为的发生。（见卷宗B第24页）

能认真参加思想、文化、技术教育，学习态度端正，成绩良好。平时能遵守课堂纪律，按时完成作业，到课率100%，"三课"平均成绩85.5分。能积极参加监狱组织的各项文体活动，2014年5月监狱组织"爱国情"书画比赛中获得二等奖。（见卷宗A第2页）

该犯积极参加劳动，努力完成劳动任务。该犯劳动态度端正，技术水平过硬，吃苦精神较强，能踏实履行劳动改造的服刑义务，把积极劳动看做是思想改造的重要途径。2016年，因劳动表现突出，生产技术过硬，其劳动岗位由一线操作工调整为监区质量检验员。质量检验员往往会得罪人，但他敢于较真，不怕别人讽刺挖苦，严格把好产品质量关。他说："既然监区信任我，让我担任质量检验员，我就应该对监区负责。否则，我就是失职。"劳动期间，他总是在生产现场不停地巡检，尽可能把次品控制在未然状态，一次，他在对一单5 000只箱包的样品裁片检验时，发现样品裁片的某个尺寸比设计要求小10毫米。一旦裁剪全部完工，后道工序就无法衔接，不但造成材料的损失，而且可能因不能按时交物遭客户巨额索赔。由于其发现及时，避免了一起重大质量事故的发生。为此，他受到监狱单项记功奖励一次。（见卷宗A第18页）

罪犯王某某在考核期内取得的主要成绩：2020年度被评为监狱级改造积极分子。2021年受到监狱记功奖励，（见卷宗A第20～24页）

我狱已委托××司法局对罪犯王某某进行了假释前适用社区矫正调查评估，司法所认为：罪犯王某某具有一技之长，假释后能够较快地适应社会，罪犯王某某的家庭关系和睦，罪犯比较认可家庭对其的管教，能够对罪犯实现有效监管。罪犯王某某符合社区矫正的相关条件，同意其适用社区矫正。

综上所述，监区经全体警察会议集体评议认为该犯认罪悔罪，遵守监规，积极参加思想、文化和职业技术学习，积极参加劳动，完成劳动任务，确有悔改表现。经罪犯王某某居住地××司法局调查评估，认为王某某没有再犯罪的危险，同意接受其社区矫正。

为此，根据《中华人民共和国监狱法》第三十二条、《中华人民共和国刑法》第八十一条第一款、《中华人民共和国刑事诉讼法》第二百七十三条第二款的规定。建议对罪犯王某某予以假释。特提请裁定。

此致

××市中级人民法院

某某监狱（公章）

2022年×月×日

附：罪犯王某某改造档案共2卷188页。

评析：与提请减刑建议书一样，提请假释建议书也不是证据，而是对罪犯符合假释条件的叙述，并提供证据材料予以证明。因此，在制作提请假释建议书时，注意对于事实结论的进一步的解释和材料证明。在制作文书中要阐明三方面内容：一是刑期要件、间隔要件，即满足假释最低执行刑期条件。本文中从罪犯基本情况的叙述中可以看出罪犯符合已执行刑期二分之一的刑期条件。罪犯减刑后又假释的，间隔时间不得少于一年。二是改造表现条件。文书反映了罪犯在狱内服刑期间确有悔改表现且一贯表现好，财产刑的履行情况对假释有一票否决权，所以文书对罪犯财产刑履行情况进行了专门说明。三是不具有再犯罪危险性，考虑对居住社区的影响。文书中体现了罪犯假释前的社区矫正机构的调查评估程序，符合假释的程序要求。

提请假释建议书
参考文书

五、对罪犯刑事判决提请处理意见书

（一）对罪犯刑事判决提请处理意见书的概念、功能

对罪犯刑事判决提请处理意见书，是指监狱在执行刑罚中，如果认为判决有错误，依照法定程序，提请人民检察院或原判人民法院复查处理时制作的文书。

申诉是罪犯的一项权利，监狱应当予以保障。罪犯如果对生效的判决、裁定不服的，可以提出申诉，请求人民法院或者人民检察院重新对案件进行审查处理。监狱和其他刑罚执行机关，对于罪犯提出的申诉，应当及时将申诉材料转交人民检察院或者原判人民法院进行处理，不能以任何形式和借口阻拦或者扣压罪犯的申诉。如果监狱也认为对罪犯已生效的刑事判决确有错误即可启动对罪犯原判决提请处理程序，制作相关执法文书，请求人民法院或人民检察院重新对案件进行处理。

该文书是人民检察院和人民法院对错案进行复查的依据和基础，有助于及时纠正错误，使案件得到正确处理，避免和减少错案，确保监狱准确地执行刑罚。同时，对保护在押罪犯的合法权利，促进他们认罪悔罪和积极接受改造，也具有重要的意义。

（二）对罪犯刑事判决提请处理意见书的结构及制作方法

对罪犯刑事判决提请处理意见书属于填空式文书，共两联，一联作存根，以备查阅，一联为正本，送提请复查的机关。

对罪犯刑事判决提请处理意见书的正本的内容包括首部、正文和尾部三个部分。

1. 首部

依次写明标题、发文字号和主送机关，主送机关即要送达法律文书的×××人民法院，如果法院不予受理可以送达给同级人民检察院，主送机关要顶格书写。

2. 正文

包括三项内容：一是原判决情况及监狱发现的判决中存在的问题；二是提请处理的理由；三是法律依据和监狱的意见。

（1）原判决情况及监狱发现的判决中存在的错误。原判情况包括罪犯的姓名，做出判决的人民法院名称，判决书字号，判处的刑罚，监狱提出对罪犯的判决可能有错误的看法，此部分采取程式化的表述：

罪犯________经__________人民法院以（____）__字第____刑事判决书判处__________________。在执行刑罚中，发现对罪犯________的判决可能有错误。具体理由是……

（2）提请处理的理由。

提请处理的具体理由是本文书的重点内容，是决定文书质量的关键部分。在阐述提请处理的理由时，首先要指出原判决错误之所在，这部分内容需要结合申诉的条件，综观原判决书内容加以概括，再针对原判决所存在的错误问题进行分析并阐明监狱的观点。

原判决可能出现的错误，是启动该程序的依据，也是本文书陈述提请处理的理由指向靶子，所以先要对原判决可能出现的错误进行定性，然后再陈述监狱提请理由，概括起来原判决可能出现的错误一般包括五种情况：一是认定事实有错误；二是适用法律有错误；三是量刑畸重（或畸轻）；四是审判程序违反法律规定的诉讼程序，可能影响公正裁判的（或是审判人员在审理该案件时有贪污受贿、徇私舞弊、枉法裁判行为）；五是刑期计算有

错误。

1）认定事实有错误。

生效判决在认定事实方面出现错误，主要有以下三种情况：第一，没有实施判决书认定的犯罪行为，混淆了罪与非罪、此罪与彼罪的界限；第二，判决书认定的犯罪行为与具体犯罪情节有出入，在“罪重或罪轻”认定上，没有考虑法定或酌定的情节；第三，认定犯罪的证据缺乏客观性、关联性、合法性，不能形成完整闭合的证据链。

2）适用法律有错误。

法律适用不当主要包括两方面内容：一是犯罪事实没有争议，但适用法律有错误，导致罪名认定有误，如将此罪与彼罪、轻罪与重罪、一罪与数罪，甚至罪与非罪混淆；二是犯罪事实认定有错误导致的适用法律不正确。

3）量刑不当。

量刑不当包括“畸轻”和“畸重”两种情况。如果认定事实和定性都是正确的，而量刑出现了偏差，其原因一般是对犯罪事实中可能影响量刑的因素，如法定从轻、减轻情节或是法定从重、加重情节，在量刑时未能全面考虑和准确把握。

4）审判程序违反法律规定的诉讼程序，可能影响公正裁判的。

此条作为申诉而引发再审的理由，彰显了程序公正的重要价值，突出了公正审判的独特效用，体现了“以审判为中心”的程序要义。此条定义了程序违法行为，即违反法律规定的诉讼行为，从广义上来讲包括整个刑事诉讼程序运行中存在的一切违反法律规定程序的情形。而狭义的程序性违法，主要是指侦查人员、检察人员、审判人员在诉讼活动中违反了刑事诉讼法规定的法律程序，侵犯了公民的诉讼权利，情节严重的违法行为。对罪犯刑事判决提请处理意见书，主要针对的是狭义的程序违法情形。

5）刑期计算有错误。

刑事判决在对罪犯刑期起止时间上出现多算或少算的错误。包括以下情形：

第一，未能将判决前羁押期间折抵刑期。《刑法》第 47 条规定：有期徒刑的刑期，从判决执行之日起计算；判决执行以前先行羁押的，羁押一日折抵刑期一日。如被告人在异地被抓获后羁押在派出所的时间没有折抵刑期。

第二，将不应折抵刑期期间折抵刑期。《行政处罚法》第 35 条规定：“违法行为构成犯罪，人民法院判处拘役或者有期徒刑时，行政机关已经给予当事人行政拘留的，应当依法折抵相应刑期。”即行政拘留可以折抵有期徒刑或者拘役；罚款可以折抵罚金。“如果被告人被给予行政拘留但未执行的，不得折抵刑期”。

（3）法律依据和监狱的意见。

引用的条款必须准确、具体、完整，并提出处理意见。

3. 尾部

写明成文时间并加盖成文机关的公章。

存根主要包括罪犯姓名、罪名、刑期、提请理由、递送单位、时间、承办人、回复时间和回复结果。存根中提请理由应当简明概括。

正本与存根骑缝处有发文字号，数字要用汉字大写。

（三）实例及评析

对罪犯刑事判决
提请处理意见书
（存根）

（2022）×监处字第×号
罪犯姓名：俞某某
罪名：故意伤害罪
刑期：有期徒刑10年
提请理由：量刑不当，人民法院在量刑时没有考虑到俞某某犯罪时是未成年人这个法定的从轻情节，对其适用了法定刑幅度内最高刑期。
递送单位：××市人民法院
时间：2022年3月6日
承办人：刘某
回复时间：2022年×月×日
回复结果：原判人民法院已立案审查

（贰零壹伍）×监处字第×号

对罪犯刑事判决提请处理意见书

（2022）×监处字第×号

××市人民法院

罪犯俞某某经××市人民法院以（2021）×0203刑初字56号文判处有期徒刑10年。在刑罚执行中，我们发现罪犯俞某某的判决可能有错误。具体理由是：罪犯俞某某在2002年12月3日出生，犯罪时间是2020年12月2日，犯罪时未满18周岁，为未成年人犯罪。《中华人民共和国刑法》第十七条第三款规定："已满十四周岁不满十八周岁的人犯罪，应当从轻或者减轻处罚。"根据该法条，罪犯俞某某属于未成年人犯罪，法院量刑时应当从轻处罚。但法院在量刑中忽视了俞某某是未成年人犯罪的情节，对罪犯俞某某适用了法定刑幅度内的最高刑期，判处10年有期徒刑，违反了法律的义务性规范，属量刑不当。

为此，根据《中华人民共和国刑事诉讼法》第二百七十五条和《中华人民共和国监狱法》第二十四条的规定，提请你院对俞某某的判决予以处理，并将处理结果函告我监。

（公章）
2022年3月6日

评析：存根部分的制作难点是提请理由部分，填写时应先对原判决错误之所在进行定性，再简要概述理由。正本部分的难点是具体理由部分，填写时采用"具体理由+结论"的写法。本文在具体理由阐释时，先写明事实理由，然后援引法律条文，再陈述法律理由，最后得出"量刑不当"的结论，理由充分，层次分明，具有说服力。

六、罪犯出监鉴定表

（一）罪犯出监鉴定表的概念、功能

罪犯出监鉴定表，是记载了监狱对罪犯在服刑改造期间表现的综合性评价和结论性意见，供接收机关对其安置、帮教、监督的表格式执法文书。罪犯因裁定假释、裁定暂予监外执行或刑满释放、再审改判无罪、特赦时，监狱应当对罪犯进行鉴定，并填写罪犯出监鉴定表。

释放标志着监狱执行刑罚完毕，是监狱对服刑罪犯依法解除监禁状态、恢复人身自由、使其重返社会的一项刑罚执行制度。释放是罪犯出监形式的一种，但决不能把释放等同于罪犯出监，罪犯无论什么性质的出监都应当履行相应的法律手续。我国法律规定的释放包括刑满释放、人民法院的无罪改判释放以及特赦。

罪犯出监鉴定表不同于罪犯入监登记表或罪犯奖惩审批表中对改造表现的叙写，后两个文书只针对罪犯阶段性的表现，而罪犯出监鉴定表要综合考虑罪犯整个服刑阶段的表现并作出鉴定。罪犯出监鉴定表便于接收单位掌握情况，有的放矢地对其进行帮助教育，巩固改造成果。认真填写罪犯出监鉴定表，对于完备罪犯出监的法律手续，健全罪犯服刑改

造的档案材料，也具有重要的意义。

（二）罪犯出监鉴定表的填写内容和制作方法

罪犯出监鉴定表属于表格式文书，包括封面和表格两个部分：封面印有“罪犯出监鉴定表”字样，正下方填写罪犯姓名、填表机关名称并加盖公章、填表日期。

表格填写内容分为罪犯的基本情况和意见两个部分。

1. 罪犯的基本情况

大部分栏目都可以从罪犯的服刑档案中查找。罪犯基本情况的填写可参照罪犯入监登记表的栏目填写要求，以下就本文书重点栏目的填写进行说明。

（1）健康状况：填写罪犯的实际健康状况。对于患有严重的慢性疾病或是身体有残疾的，应写明具体的病名和残疾情况。

（2）刑期变动情况：包括加刑、减刑及改判的情况。应依次写明判决和裁定的时间、原因及结果。

（3）出监原因：具体写明刑满释放、暂予监外执行、假释、特赦或是再审改判无罪等。

（4）文化程度（原有、现有）：具体写明国家承认的最高学历，应以学校颁发的毕业证为准。

（5）有无技术特长和等级：应根据劳动部门颁发的技术等级证书填写。有多种技术证书的应一一填写清楚。

（6）主要犯罪事实：除原判的犯罪事实外，对于有加刑的，还应当将引起加刑的犯罪事实填写清楚。叙写时可参照罪犯入监登记表中对犯罪事实的叙述要求，叙写一定要符合犯罪事实的叙述规则。

（7）家庭成员及主要社会关系：应根据实际情况写明与罪犯的关系、姓名、年龄、职业、政治面貌等。罪犯服刑期间家庭成员的情况发生变化的应填写变化后的具体情况。

（8）本人简历：除了转抄罪犯入监登记表中填写的简历外，还应当将出监罪犯的服刑经历也填写清楚。

（9）改造表现：按照“悔改表现”要求的四个方面的情形进行填写。如果表现有明显的阶段性，应从时间上作出界定；如果有立功表现的，应将立功表现融合在“悔改表现”里；如果罪犯出监前出现一些异常表现，也应填写清楚。

（10）服刑期间奖罚情况：填写时应以时间为序，分别写明服刑期间所受的行政奖惩和刑事奖惩的种类、期限及其原因。

2. 意见

包括分监区意见、监区意见、监狱意见。

（1）分监区意见：该文书的主旨是鉴定，作用是为地方政府安置、帮教、监督罪犯提供建议。因此，监区意见必须有符合罪犯个体改造情况的评语，或有安置、帮教、监督方面的具体建议。

（2）监区意见：是程序审核，只要签署“同意分监区意见”即可，而不能笼统地填上“刑期执行完毕，按期释放”或“依据法院裁定假释”或“经监狱局批准暂予监外执行”的意见，这是不正确的。

（3）监狱意见：填写时应表态明确。监狱意见同样是程序审核，代表刑罚执行机关，具有最高的确认效力，一般只要签署“同意出监鉴定”的意见即可。

（三）实例及评析

罪犯出监鉴定表

（封面）

姓　　名 鲜某某

填表机关 某某监狱

填表日期 2021 年 4 月 2 日

<table>
<tr><td>姓名</td><td colspan="2">鲜某某</td><td>别名</td><td colspan="2">铁柱</td><td>性别</td><td>男</td><td>民族</td><td>汉族</td></tr>
<tr><td colspan="3">出生日期</td><td colspan="3">1983 年 5 月 16 日</td><td colspan="2">健康状况</td><td colspan="2">良好</td></tr>
<tr><td colspan="3">家庭住址</td><td colspan="7">某省某市某街某小区 15 号楼 603 室</td></tr>
<tr><td colspan="3">原户籍所在地</td><td colspan="7">某省某市某小区</td></tr>
<tr><td colspan="3">罪名</td><td>抢劫罪</td><td colspan="2">原判法院</td><td colspan="2">某市中级
人民法院</td><td>判决书号</td><td>（2012）X法刑初字 362 号</td></tr>
<tr><td colspan="2" rowspan="2">刑期</td><td>原判
刑期</td><td colspan="3">10 年</td><td colspan="2">附加刑</td><td colspan="2">无</td></tr>
<tr><td>原判刑
期起止</td><td colspan="3">2012 年 4 月 5 日起
2022 年 4 月 4 日止</td><td colspan="2">刑期变动情况</td><td colspan="2">2017 年因立功被裁定减刑 1 年</td></tr>
<tr><td colspan="3">出监原因</td><td colspan="2">刑满释放</td><td rowspan="2">文化程度</td><td colspan="2">原有：小学</td><td rowspan="2">有何技术特
长及等级</td><td rowspan="2">焊工 3 级</td></tr>
<tr><td colspan="3">出监时间</td><td colspan="2">2021 年 4 月 4 日</td><td colspan="2">现有：初中</td></tr>
<tr><td colspan="3">主要犯罪事实</td><td colspan="7">该犯在实施犯罪前多次到银行附近踩点，谋划逃跑路线。2012 年 8 月 10 日晚上该犯在××市××路附近溜达，发现一名男子正在中国银行 ATM 机上取钱，于是尾随被害人进了银行，趁没人的时机，用刀架在被害人的脖子上，威胁被害人“把钱取出来给我，我就不伤害你”，该犯抢劫 5 000 多块钱后逃跑。</td></tr>
<tr><td colspan="3">家庭成员及
主要社会关系</td><td colspan="7">父亲：鲜某，××××厂工人，中共党员。
母亲：王某某，××××商店售货员，群众。
妻子：刘某某，××××厂工人，群众。
伯母：许某某，××公司职员，中共党员。
舅父：王某，××市教育局科长，中共党员。</td></tr>
<tr><td colspan="3">本人简历</td><td colspan="7">1989 年 8 月至 1995 年 8 月读小学；
1995 年 8 月至 1998 年 7 月读初中；
初中毕业待业，打短工等；
1998 年 8 月××××厂任焊工；
2006 年 10 月辞职后在社会上流浪至逮捕；
2012 年 12 月 1 日入本监服刑至今。</td></tr>
<tr><td colspan="3">改造表现</td><td colspan="7">该犯能认罪悔罪，但思想不够稳定。入监初期认为对自己判刑过重，缺乏改造信心。经教育后认识到自己的犯罪给社会和受害人带来很大的危害，决心努力改造，多为社会作贡献。该犯一般能遵守纪律，服从管理，但也有不少违纪行为，曾因酒后打架被警告处分一次。生产劳动中表现较突出，能服从分配，钻研技术，完成和超额完成任务。该犯近期表现较差，特别不遵守纪律。
改造评价为“较好”。</td></tr>
</table>

续表

服刑期间奖罚情况	2014年6月15日，因打架被警告处罚一次。 2015年、2016年均超额完成生产任务20%，并积极传授焊工技术，获得表扬三次，2017年因立功被裁定减刑一年。
分监区意见	该犯爱学习，钻研革新技术好，但改造成果不够巩固，思想波动大，自律意识差。应对其合理安置，加强教育与管理。 陈某某 2021年4月1日
监区意见	同意分监区意见。 张某某 2021年4月2日
监狱意见	同意出监鉴定。 李某某 2021年4月2日
备注	

评析：罪犯出监鉴定表制作主旨是对罪犯在执行刑罚期间改造表现做出综合性的评价，为其他司法机关提供帮教、监督建议，所以文书中的改造表现填写与罪犯入监登记表中的改造表现填写有一定区别，罪犯入监登记表填写内容为入监初期服刑人员的思想和行为的具体表现，监狱通过此表可以掌握罪犯的基本情况，便于有针对性地对罪犯进行教育改造；经过在狱内服刑后，服刑人员无论是在“悔改表现”，还是劳动技能、职业技能等方面都会有所变化，所以对罪犯出监鉴定表中的改造表现的描述，既要结合罪犯的现实表现，又要结合罪犯的一贯表现，并综合监狱对罪犯做出的改造质量评估意见等材料，对罪犯进行客观、综合性评价。

【本章小结】

本章介绍了监狱执行刑罚时常用的法律文书，在这些文书中除了提请减刑建议书、提请假释建议书及对罪犯刑事判决提请处理意见书是拟制式的文书，其他的基本上是表格式的文书。学习者要重点掌握提请减刑建议书、提请假释建议书、对罪犯刑事判决提请处理意见书文书的制作，对其他表格式的文书，重点掌握各个栏目的填写要求即可。因《刑法修正案十一》《监狱提请减刑假释工作程序规定》《暂予监外执行规定》《社区矫正法》《社区矫正实施办法》等相关法律的相继出台，近几年刑事法律有较大的变动，特别是涉及减刑、假释、暂予监外执行的法律法规，所以学习者在制作监狱法律文书时，要注意按照监狱目前正在适用的法律法规进行表述，体现法律文书的法律性、严谨性。在引用法律依据时一定要选择司法部最新出台的法律法规、监狱正在适用的法律法规。

【思考练习题】

1. 简述10年以下有期徒刑罪犯确有悔改表现的减刑的法定条件及减刑幅度、间隔。
2. 简述暂予监外执行的法定条件有哪些。
3. 简述制作刑事判决提请处理意见书的适用条件。

【写作训练题】

1. 请根据下列新闻材料（来自搜狐新闻）判断罪犯是否可以减刑并拟写理由：

潘某因犯诈骗罪被判处有期徒刑 8 年，罚金人民币 2 万元，并追缴犯罪所得 18 万余元。

2015 年 2 月 11 日，因认为潘某在服刑期间能够认罪悔罪、积极改造，监狱方面建议对潘某减刑四个月。而检察机关审查后认为，潘某一直未履行判决中的罚金刑也没有退缴赃款，但其在监狱中的消费卡内余额高达 15 933 元，因此建议对潘某不予减刑。2015 年 4 月 8 日上午，一中院清河法庭开庭审理了这起减刑案件。

法庭上，潘某对自己消费卡的 1 万多元钱的来历进行了解释。潘某表示，这笔钱是家里特意为其凑的用来交罚金刑的。“家里人以为在监狱里就能交就打给我了，后来管教说监狱里交不了，我又让闺女去法院问，后来又要判决和委托手续什么的，一来二去就耽误下来了。”潘某解释说。

监狱方面认为依照监狱管理规定，潘某在服刑期间表现良好，奖励的“分数”已够减刑标准，提请减刑符合程序，因此建议法院批准。

检方也出示了相关证据，其中包括潘某在监狱内的消费记录，记录显示服刑期间潘某每月约消费 480 元。潘某的消费卡记录显示，早在 2013 年年底，潘某的消费卡内就已有 2 万余元，但其直到 2014 年年底才向女儿提出希望缴纳罚款的意愿。

此外，检方还出示了一份询问笔录，显示当检察官找潘某问话时，潘某曾说过：“反正减刑也减不了，我出去以后还要生存，这罚金我也不想交了。”

第七章
写作训练题 1
参考答案

2. 请根据以下案例，为司法机关拟定“说理”的要点。

罪犯朱某至入监以来，一直不服人民法律的判决，多次提出申诉，2012 年 5 月 8 日，××市中级人民法院送达《驳回申诉通知书》，对朱××的申诉答复如下：“朱××……你的申诉理由不能成立，应予驳回，维持原判。”接到法院送达的通知书，朱某并不签名，而在说明栏里横七竖八地写了 32 个字：“法院说我用剑砍伤了陈××，这完全是捏造事实，无中生有。我不服，要继续申诉。”干警找朱某谈话，应从哪些方面进行说理，使朱犯能够认罪服判，尽快进入服刑改造的轨道。

第七章
写作训练题 2
参考答案

3. 以下是某监狱基层人民警察制作的一份提请假释建议书，请从专业的角度进行评议，并针对不足之处进行修改。

提请假释建议书

（2014）×狱假字第×号

罪犯刘××，女，197×年 10 月 18 日出生，汉族，××县人，文化程度高中，现在××省××女子监狱服刑。××省××市××区人民法院于 2011 年 11 月 15 日作出（2011）东刑初字第 917 号刑事判决，以被告人刘××犯破坏计算机信息系统、诈骗罪，判处有期徒刑 5 年，并处罚金 3 000 元，已执行。刑期起于 2010 年 12 月 15 日，止于 2015 年 12 月 14 日。判决生效后交付执行。于 2011 年 1 月 12 日送我狱服刑改造。

该犯在服刑改造期间，确有悔改表现，具体事实如下：

该犯自入监以来，能切实做到认罪悔罪，深挖犯罪根源。在平时的改造中，该犯能自觉遵守监规纪律，服从民警的管理教育，严格用《监狱服刑人员行为规范》及《服刑人员二十条行为规定》约束自己的言行。积极协助民警维护监内改造秩序，团结同改。在监区开展的各项专项活动中，该犯能积极投入活动，还能根据监狱对罪犯内务卫生的要求，自觉搞好卫生。

在劳动生产中，该犯劳动态度端正，服从民警分配，遵守劳动纪律，在劳动中不怕苦、不怕累，踏实肯干。作为监室召集员，协助民警做好新犯的教育工作。

在“三课”学习中，该犯遵守课堂纪律，上课认真听讲，课后按时完成作业，考试成绩优良。

综上所述：罪犯刘××在服刑改造期间，能认罪悔罪，自觉遵守监规纪律，认真完成监区交办的各项任务，在劳动中不怕脏，不怕累，任劳任怨，积极参加“三课”学习，成绩优良，现已获监狱标准考核分121分的奖励，确有悔改表现，假释后不致再危害社会。

为此，根据《中华人民共和国监狱法》第三十二条、《中华人民共和国刑法》八十一条第一款、《中华人民共和国刑事诉讼法》第二百六十二条第二款的规定，建议对罪犯刘××予以假释。

此致

××省××市中级人民法院

第七章
写作训练题3
参考答案

（公章）

2014年××月××日

附：罪犯刘××卷宗材料共2卷2册×页。

第八章　行政执法文书

【本章引言】

行政执法人员是行政管理活动的具体实施者，行政执法人员的法律知识水平和法律技能的高低，直接影响着依法行政的落实。没有具备良好法律素质的行政执法队伍，严格依法行政便无法谈起，而执法文书是执法人员的另一张“名片”。因为行政执法部门在日常监督管理活动中，会产生大量的执法文书，当事人可能很大程度上是通过执法文书来感知执法人员的。由于行政执法行为种类繁多，范围广，目前一些执法文书还没有统一的格式，如行政许可文书等。一些执法文书格式和要求散落在不同的规章或者规范性文件中，所以许多文书的格式还需要进一步修改。规范行政执法文书的制作，提高行政执法文书的质量，应该引起人们的重视。

【本章学习目标】

1. 了解行政执法文书的概念、性质、种类；
2. 针对不同的执法对象和不同的违法行为，正确使用相应的行政执法文书；
3. 能够具体制作各种常见的行政执法文书。

第一节　行政执法文书概述

习近平总书记强调：“推进全面依法治国，法治政府建设是重点任务和主体工程，对法治国家、法治社会建设具有示范带动作用，要率先突破。”党的二十大报告指出：深化行政执法体制改革，全面推进严格规范公正文明执法，加大关系群众切身利益的重点领域执法力度，完善行政执法程序，健全行政裁量基准。各级政府是法律法规实施的主体，行政机关行政效能如何直接影响到法治实施的实际效果，影响到人民生活的幸福感。因此，建设规范、高效的行政执法文书体系，提高政府公信力，在习近平法治思想指导下推进法治政府建设，对法治国家而言至关重要。本节旨在通过对行政执法文书的介绍来提高行政执法文书制作的规范性，提高行政执法的效能。

一、行政执法文书的概念

行政执法文书是行政执法机关依照法定的授权，依照一定程序制定的，用于处理行政违法行为，办理行政许可、行政复议、行政诉讼案件和其他事务而依法制作的具有法律效力或者法律意义的文书，包括行政机关制作的文书，以及行政相对人制作的文书。本书中指的行政执法文书使用的是广义的执法文书的概念，包括严格意义上的执法职能文书和与执法活动相关联的执法关联文书。严格意义上的执法职能文书包括行政许可文书、行政处罚文书、行政强制文书、行政确认文书、行政复议文书等。与执法活动相关联的执法关联文书，也是行政执法活动不可缺少的文书，例如申请书、委托书、申请材料、检验报告等，属于广义上的执法文书。

行政执法文书是行政执法活动的书面形式，有人认为制定种类繁多的行政执法文书是形式主义，行政执法文书的确是形式，但它是必要的形式，是法定的形式。形式反映内容，内容决定形式。行政执法文书体现的是国家行政权力的权威性和不可抗拒性，体现的是法律规范的强制性，体现的是行政执法的严谨程序。法律的实施要求通过一定的规范化形式加以表达、传递，行政执法文书就是法律实施的载体。

二、行政执法文书的特点

（一）法律性

1. 制作主体的特定性

行政许可文书、行政处罚文书、行政复议中的大部分文书等与行政执法有关的法律文书，只能由行政机关或者由行政机关依法委托的组织制作，并且一个行政机关或受委托的组织，只能在自己的职权范围或被委托的范围内制作相应的文书。行政机关包括各级人民政府及其所属职能部门，以及行政机关依照法律、法规或者规章的规定，在其法定权限内委托的符合法定条件的管理公共事务的事业组织等。行政机关这一制作行政执法类文书的主体，具体是指市场监督管理机关，税务管理机关，物价管理机关，城乡建设、环境保护行政管理机关，卫生行政管理机关，土地管理机关，房产管理部门，技术监督机构，公安机关等。

2. 内容的法律性

行政执法文书是行政机关和行政管理对象为保证法律、法规和规章的正确实施而制作和使用的文书。

（二）专业性

执法文书的专业性表现在它是行政执法管理范围内使用的特定法律文书，而行政执法涉及的范围大多是市场监督、税务、建设、城管等部门，这些行业的特殊性决定了它们对执法文书的内容和格式都有具体的要求。执法文书只能在行政执法的范围内使用，而不能以其他学科的一般性理论来概括。

（三）实用性

研究和学习行政执法文书是为了应用，为了在行政执法的过程中更好地制作执法文书。每一份执法文书都是有关特定权利义务的体现，是运用法律的有关规定处理和解决行政执法中的程序和实体问题的文件，执法文书的制作过程，充分体现了其实用性的一面。

（四）非规范性

这里所说的非规范性文件，是相对于规范性文件而言的。执法文书只是对特定的事件、特定的当事人具有效力，不具有普遍约束力。当执法文书发生法律效力时，有关当事人必须严格遵守，否则行政机关有权强制执行。

执法文书的上述四个特征，是其本质属性的必然反映，既相互联系，又缺一不可。

三、行政执法文书的分类

（1）根据文书的用途进行分类。行政执法文书可以分为申请类文书、处罚类文书、决定类文书、证据类文书、一般公文类文书等。

（2）根据文书制作体例进行分类，即按照文书制作难易的不同进行划分，行政执法文书可分为表格类文书、填写类文书、笔录类文书、决定类文书、报告类文书等。

（3）根据行政执法工作的需要，以用途划分，行政执法文书可以分为行政强制措施文书、行政处罚文书、行政执法笔录文书、行政执法函件文书和行政执法档案文书五种。行政强制措施文书包括决定采取行政强制措施的命令、决定、意见等文书，一般多在现场检查时使用。行政处罚文书是作出行政处罚决定的文书，只限于实施行政处罚时使用。行政执法笔录文书主要是行政执法人员实施现场检查、调查取证、核实情况或者申请行政复议时所使用的书面笔录。行政执法函件文书是指传递行政执法的告知、移送、建议、回执等信息的文书。行政执法档案文书是行政执法立卷建档所需要的文书。

按照上述方式对执法文书进行分类，有利于从系统的角度对各机关制作的文书进行把握，但是有些行政性质相同的文书，如笔录文书，不同的行政执法行为，如行政许可、行政处罚、行政复议等都使用。鉴于以上原因，为了便于学习和制作行政执法文书，本书分类的具体方法是：以行政执法行为的性质为主，兼顾用途和文种分类的方法，按照行政执法活动的几个重要环节，分为行政许可文书、行政处罚文书、行政复议文书。

四、行政执法文书的作用

（一）行政执法文书是行政执法的重要凭证

行政执法文书作为行政执法的主要载体，是记录行政执法机关履行法定职责的书面凭证。《中华人民共和国行政诉讼法》（以下简称《行政诉讼法》）、《中华人民共和国行政处罚法》（以下简称《行政处罚法》）、《中华人民共和国行政复议法》（以下简称《行政复议法》）、《中华人民共和国行政许可法》（以下简称《行政许可法》）等赋予行政机关很多监督管理和行政处罚的职权。行政机关履行法定职责，多以行政执法文书的形式体现。反过来说，行政机关是否履行和正确履行了法定职责，往往要通过行政执法文书加以验证。行政机关所做的行政执法工作，经常通过行政执法文书来反映。尤其是界定行政执法责任的时候，行政执法文书是最重要的执法凭证。如果应当使用行政执法文书而没有使用的，那么就不能证明行政机关人员尽职尽责，难免有失职、渎职之嫌。

（二）行政执法文书具有法定的证据效力

在行政执法活动中发生行政复议、行政诉讼、行政赔偿的时候，正确地使用行政执法文书显得格外重要。它的重要之处，就是在行政执法纠纷中具有法定的证据效力。

（三）行政执法文书具有执法、守法的教育意义

从宣传、教育意义上说，执法文书本身就是真实具体的教材。公开的执法文书对公

民、法人或者其他组织来说，是运用具体案例进行学法、懂法、守法和护法的重要手段。同时对执法文书的制作主体来说，通过制作，同样接受了严格的法律教育。执法文书的宣传教育作用，是执法文书的直接作用。

执法文书的作用是多方面的，它还可以对立法、制定政策等抽象行政行为起一定的参考作用。我们在执法实践中，应该充分发挥执法文书在打击各类违法犯罪活动、调整各种法律关系等方面的重要作用。

五、制作行政执法文书的主要原则

行政执法文书有规范的格式、内容和填写要求，应当正确地使用。它对于保证行政机关工作人员依法办事、培养守法意识、学会规范执法，保证法律实施的严肃性、公正性，维护当事人的合法权益，具有重要作用。正确地使用行政执法文书，是对行政执法人员的基本要求。但在实践中，许多执法文书的制作和表达，离实际要求相去甚远，有的甚至漏洞百出。因此制作时必须态度严肃，尊重客观事实。具体而言，行政机关制作执法文书应当遵循以下几个原则。

（一）客观性原则

这个原则要求在制作执法文书时，无论是程序还是实体方面，都必须以客观事实为法律适用的依据，不允许有任何主观臆断或编造、歪曲案件事实的情况发生。

（二）合法性原则

执法人员在执法中的每个阶段和环节都必须依法进行活动，制作执法文书同样如此，必须以《行政处罚法》《行政诉讼法》《行政复议法》等法律法规为依据，不得随意制作。否则，出具的执法文书很可能造成无效的后果。

（三）管理相对人在法律面前一律平等的原则

这个原则要求不能因管理相对人的地位、出身、文化程度、职业、性别、民族等方面有差别，就在制作执法文书时篡改事实，畸轻畸重，或者对相同情节的案件，给予不同处罚。行政执法文书填写的事项和内容十分严格，执法人员填写的字迹应当工整清楚，不得涂抹。该加盖公章、需由执法人员和当事人签名的，不能出现遗漏和错误。

（四）准确性原则

即行政执法文书的对象、标的物、适用法律及选用文书方面都要准确。文书的接受者须是具有法定行为能力的公民、法人或其他组织。针对不同的执法对象和不同的违法行为，应当使用相应的行政执法文书，不能张冠李戴，随意乱用。行政执法文书使用不当，会构成行政违法，在行政复议或者行政诉讼中将要处于被动违法的境地。如立案只能用立案报告；若在现场检查中，发现当事人有违法行为，需要责令改正时，一定不能用现场检查笔录等。实践中容易混淆使用的，还有行政强制措施文书与行政处罚文书。行政执法行为有标的物时，要辨明其能否作为该行政行为的标的物。执法文书中不仅要准确引用法律、法规的名称，还要注明所引用的具体的条、款、项等。

执法人员的水平参差不齐，制作出的执法文书很多属于非专业化或半专业化水平，很容易导致不良的后果。所以，执法人员应苦练基本功，用准确、严格的执法文书，以及特有的法律思维，来反映事物的本质，同时也塑造良好的执法者形象。

第二节　行政许可文书

一、行政许可文书概述

行政许可文书，是指行政机关在依法实施行政许可的过程中，为处理和解决相关问题而制作的具有法律效力或者法律意义的法律文书。一般行政许可办理过程可以分为申请、受理、审查、决定、送达、变更与延续几个阶段，在行政许可的各个阶段，都要制作和使用相应的行政许可文书。行政许可文书存在于行政机关实施行政许可的各个环节，行政许可程序是否合法、规范都可以通过文书体现出来，它是行政许可决定的依据材料，是在行政复议、行政诉讼中，复议机关和人民法院定案的重要证据，行政机关及其工作人员对行政许可文书应给予高度重视，从形式和内容等各个方面加强规范。

具体来说，行政许可文书包括以下文书：(1) 行政许可申请书。(2) 行政许可申请材料补正告知书。(3) 行政许可准予（不予）受理审批表。(4) 行政许可申请受理通知书。(5) 行政许可申请不予受理决定书。(6) 行政许可利害关系人告知书。(7) 行政许可听证告知书。(8) 行政许可听证申请书。(9) 行政许可听证通知书。(10) 行政许可听证公告。(11) 行政许可听证笔录。(12) 行政许可听证报告。(13) 行政许可延期决定审批表。(14) 行政许可延期决定通知书。(15) 准予（不予）行政许可决定审批表。(16) 行政许可决定书。(17) 不予行政许可决定书。(18) 行政许可准予（不予）延续审批表。(19) 行政许可延续决定书。(20) 行政许可不予延续决定书。(21) 行政许可准予（不予）变更审批表。(22) 行政许可变更决定书。(23) 行政许可不予变更决定书。(24) 行政许可撤回审批表。(25) 行政许可撤回决定书。(26) 行政许可撤销审批表。(27) 行政许可撤销决定书。(28) 行政许可注销审批表。(29) 行政许可注销决定书。(30) 行政许可文书送达回证。由于篇幅有限，本书主要介绍几种常用的行政许可文书的制作。

二、常用行政许可文书

(一) 行政许可申请书

1. 概念

行政许可申请书，是指行政许可申请人或者委托代理人向行政机关提出其拟从事某种需要取得行政许可的事项的活动时所递交的文书。《行政许可法》第 29 条规定行政许可申请人可以委托代理人提出行政许可申请。但是，如果因为行政事务自身的性质决定不能由代理人代为提出申请的，申请人应该亲自到行政机关办公场所提出行政许可申请。行政许可申请可以通过信函、电报、电传、传真、电子数据交换和电子邮件等方式提出。

2. 格式

公民、法人或者其他组织从事特定活动，依法需要取得行政许可的，应当向行政机关提出申请。申请书有的需要采用格式文本，如果需要，行政机关应当向申请人提供行政许可申请书格式文本。申请书格式文本中不得包含与申请行政许可事项没有直接关系的内容。申请人申请行政许可，应当如实向行政机关提交有关材料和反映真实情况，并对其申请材料实质内容的真实性负责。行政机关不得要求申请人提交与其申请的行政许可事项无关的技术资料和其他材料。行政机关如果对具体行政许可事项的申请格式另有规定的，依照其要求的格式进行填写。

3. 实例及评析

建设行政许可申请书

河北省住建厅房产处：

河北省某市某房地产开发有限公司现向河北省住建厅房产处申请房地产开发企业三级资质核准行政许可，并提交如下申请材料：

1. 房地产开发企业资质申报表（一式三份）

2. 企业资质证书正、副本

3. 企业营业执照副本

4. 公司章程和股东会决议

5. 上年度财务会计报告

6. 法定代表人和高级管理人员的任职文件和身份证的复印件、专职专业技术经济管理人员提供托管档案的人才交流中心出具的职称情况证明、社会保险缴纳凭证、职称证书和身份证复印件

7. 经营场所证明

8. 经营业绩证明

9.《住宅质量保证书》《住宅使用说明书》执行情况的报告

10. 企业注册地的房地产开发主管部门出具的企业诚信经营情况的证明（原件）

申请人承诺：以上提交材料真实合法有效。请依法审查并予以批准。

申请人签字（盖章）

2022 年 2 月 22 日

申请人：某市某房地产开发有限公司

评析：本文书按照行政机关的要求列出了相关的材料，材料中有申请人的基本情况和申请的事项，没有具体的说明和解释，提供的材料只需真实合法即可。这是行政许可申请书发展的趋势。

（二）行政许可申请不予受理决定书

1. 概念

行政许可申请不予受理决定书，是指依据《行政许可法》设定的，其内容是行政机关依法作出行政许可申请不予受理决定的一种法律文书，不是以告知为目的，而是向申请人明确表示申请事项不予受理的决定，申请人不服可以申请复议或诉讼。不予受理的原因如下：（1）该事项不需要取得行政许可；（2）该事项不属于行政部门职权范围；（3）申请材料不齐全或者不符合法定形式，经补正后仍不齐全或者不符合法定形式的；（4）法律、法规规定的其他不予受理的情形。

2. 实例

江苏省市食品药品监督管理局
行政许可申请不予受理决定书

不受决字（　　）第　　号

苏州某生物科技有限公司：

你（单位）于 2022 年 3 月 15 日提出的医疗器械生产行政许可申请收悉。根据《医疗

器械生产监督管理办法》，你企业在申请医疗器械生产许可相关事项时未在规定时间内提交全部补正资料，故作出不予受理的书面决定。

如不服本决定，可在接到本决定书之日起 6 个月内依法向江苏省人民政府或国家食品药品监督管理总局申请行政复议，或 3 个月内向鼓楼区人民法院提起行政诉讼。

江苏省市食品药品监督管理局

二〇二二年四月七日

（三）行政许可听证告知书

1. 概念

行政许可听证告知书是指行政机关接受行政许可申请人、利害关系人的申请，在作出许可决定之前通知申请人、利害关系人参加听证会的文书。它属于填写式文书，行政机关收到听证申请后，应当在 20 日内组织听证，并于听证的 7 日前制作本文书，将举行听证的时间、地点通知申请人、利害关系人，必要时予以公告。

2. 实例及评析

深圳市某区经济促进局行政许可听证告知书

申请人、各相邻和利害关系人：

2022 年×月×日，深圳市某区经济促进局依法受理了深圳市某宠物医院提出新设的申请，因在受理审查审批环节中接到数位业主的联合投诉，为充分保障申请人、相邻和利害关系人的社会公共权益，经向深圳市某区法制办公室申请并经其回函同意，根据《中华人民共和国行政许可法》等相关规定，我局决定将有关情况告知如下：

一、许可申请人：深圳市某宠物医院。

二、许可申请事项：新设立。

三、申请事项设置地点：深圳市某区××路××号、××号、××号。

四、申请人、各相邻和利害关系人的相关权利义务：

（一）申请人、各相邻和利害关系人享有听证的权利。

（二）申请人、各相邻和利害关系人应于本告知书公布之日起 5 日内向我局提出举行听证的书面申请，提供本人身份证件、住所、联系电话，申请人、各相邻和利害关系人书面说明及相关证明材料，我局将依法确认其资格。逾期未提出申请的，视为自行放弃听证的权利。

五、上述第四条（二）中涉及提供相关证件和证明材料的均须提供原件。

六、联系地址：深圳市××区经济促进局农业与畜牧水产科（深圳市某区中心城××中路××大厦×座××楼××办公室），联系人：罗××，联系电话：0755－××××××××。

深圳市某区经济促进局（公章）

二〇二一年五月十七日

评析：本文书格式符合要求，在行文上做到了要交代的基本内容都交代清楚了，给人以客观完整的印象。

（四）不予行政许可决定书

1. 概念

不予行政许可决定书，是指行政机关对申请人的申请，经依法审查，认为不符合该项行政许可的法定条件、标准的，依法作出不予行政许可决定的文书。

2. 制作方法

行政许可文书由于种类不同，结构不一样，一般由首部、正文、尾部构成。

（1）首部。包括标题、文书编号、申请人基本情况。文书编号写在标题的右下方，申请人基本情况应当尽量具体。

（2）正文。由于申请的行政许可事项不同，事实、依据差异较大，一般包括申请事项名称，不符合法定条件、标准的事实和依据，不予该项行政许可的理由、结论或决定，救济途径等。

（3）尾部。写明文书签发时间，并盖上发文机关的公章。

3. 实例及评析

不予行政许可决定书

珠海××劳务服务有限公司：

你公司向我局提出施工劳务企业资质的申请，经审查核对，你公司提供的申请材料中企业技术负责人、施工现场管理人员、技术工人等56人，均未在我市参加社会保险，所提供的社会保险证明是虚假材料，与我局向市社保主管机关核验不一致。

你公司的申请不符合住房城乡建设部《建筑业企业资质管理规定》（建设部第22号令）和《关于印发〈建筑业企业资质标准〉的通知》（建市〔2014〕159号）的规定。根据《中华人民共和国行政许可法》第三十八条第二款的规定，我局决定不予行政许可。

对本次决定不服，你公司可以自接到本决定书之日起六十日内，依法向广东省住房和城乡建设厅或珠海市人民政府申请行政复议，也可以在六个月内依法向人民法院提起行政诉讼。

××市住房和城乡规划建设局

二〇二二年三月二十日

评析：本文书格式基本符合要求，对作出不予行政许可决定的事实和法律依据都进行了说明，简明扼要，令人信服。

第三节　行政处罚文书

一、行政处罚文书概述

（一）概念

行政处罚文书是指具有行政处罚权的行政机关或其他行政主体，对违反行政管理法律法规，依法应当给予行政处罚的公民、法人或其他组织，依照行政处罚法的规定所制作的具有法律效力或法律意义的一系列文件的总称。

（二）分类

行政处罚法律文书是一种执法类的法律文书，其文书分类方法有多种。按制作主体不同，可以分为市场监督管理类文书、卫生类文书、环境保护类文书、税务类文书等。按制作形式不同，可以分为填空式文书、笔录式文书和文字叙述式文书。按行政处罚案件的办案流程，可以分为立案类、调查取证类、告知类、决定类、执行类、结案类、其他七类文书。按行政处罚案件的办案流程分类的具体内容如下。

（1）立案类文书：包括行政处罚案件举报登记表、行政处罚案件立案审批表。

（2）调查取证类文书：包括现场笔录、询问通知书、询问笔录、陈述笔录、先行登记保存通知书、抽样取证通知书、采取（解除）强制措施审批表、封存（查封、暂扣、扣押）物品通知书、封存（查封、暂扣、扣押）物品清单、收缴物品清单、案件调查终结审批表。

（3）告知类文书：包括行政处罚事先告知书、行政处罚听证告知书、行政处罚听证通知书、行政处罚听证笔录。

（4）决定类文书：包括行政处罚决定审批表、当场行政处罚决定书、行政处罚决定书、没收物品清单。

（5）执行类文书：包括罚款催缴通知书、延期（分期）缴纳罚款审批表、延期（分期）交纳罚款批准书、强制执行申请书、强制执行通知书、强制执行决定书。

（6）结案类文书：包括结案审批表、案件移送审批表、案件移送函。

（7）其他文书：包括责令改正通知书、送达回证。

二、常用行政处罚文书

（一）行政处罚事先告知书

1. 概念

行政处罚事先告知书，是行政机关在作出行政处罚之前，依法告知当事人给予行政处罚决定的事实、理由及依据和享有陈述权、申辩权的通知性文书。

2. 实例

行政处罚事先告知书

制发机关：××市民政局　　　　成文日期：2022－3－15

发布日期：2022－3－15　　　　索引号：×××××××××××××

编　　号：×民罚告字〔2022〕第××号　　　　生效日期：2022－3－15

统一信用代码：××××××

登记地址：××市××区××北路××号

法定代表人：刘××　　　　联系电话：×××××××××

经查，你单位连续两年（2021、2022 年度）未在规定时间内向我局提交年检材料接受监督检查，其行为违反了《民办非企业单位登记管理暂行条例》第二十三条第一款之规定。

依据《民办非企业单位登记管理暂行条例》第二十五条第一款“民办非企业单位有下列情形之一的，由登记管理机关予以警告，责令改正，可以限期停止活动；情节严重的，予以撤销登记；构成犯罪的，依法追究刑事责任”第三项“拒不接受或者不按照规定接受监督检查的”和《××市民政行政处罚裁量基准》第九条关于裁量标准的有关规定，拟给予你单位以下行政处罚：

撤销登记。

根据《中华人民共和国行政处罚法》第四十四条、第四十五条之规定，你单位如对本机关上述认定的违法事实、处罚依据及处罚内容等有异议的，可于收到本告知书后 3 日内提出书面陈述、申辩意见；也可直接到本机关进行陈述、申辩。逾期未提出陈述、申辩的，视为放弃上述权利，本机关将依法作出行政处罚决定。

联 系 人：张××

联系电话：××××××××××××××

联系地址：××市××路××号

××市民政局

二〇二二年三月十五日

（二）行政处罚听证告知书

1. 概念

行政处罚听证告知书是指行政机关在作出行政处罚决定之前，对符合听证条件的案件告知当事人作出行政处罚决定的事实、理由、依据及要求举行听证的权利的法律文书。行政处罚听证告知书是在行政机关作出较大数额罚款、责令停产停业、吊销许可证或者营业执照等行政处罚决定之前使用的。听证告知程序是行政处罚事先告知程序的特殊形式。使用了行政处罚听证告知书，就不必使用行政处罚事先告知书。

填制听证告知书必须是在案件调查终结，且拟作出的行政处罚决定的事实、理由、依据和具体处罚意见确定的情况下进行，以免出现在听证告知书发出之后，因办案机关自身内部的原因有关处罚事项又有改变的情况。填制听证通知书应注意两点：一是须在举行听证七日前将确定的听证时间通知当事人；二是要考虑通知送达和当事人前往听证的路途时间，即听证举行时间的可行性。

2. 实例及评析

行政处罚听证告知书

（2021）×环罚告字 23－1 号

××省××生物科技有限责任公司：

2021 年 12 月 4 日，我局环境执法人员对你公司进行执法检查时，发现你公司类胡萝卜素专用中间体研发中试基地建设项目的环境影响评价文件未依法经审批部门批准，擅自于 2018 年 11 月开工建设，第一车间已投入生产，间断性生产类胡萝卜素，且现有 20 多公斤类胡萝卜素产品贮存在第一生产车间贮存罐。你公司的上述行为违反了《中华人民共和国环境影响评价法》第二十五条和《建设项目环境保护管理条例》第九条第一款、第十九条第一款的规定。2021 年 12 月 9 日，我局对你公司下达了《责令改正违法行为决定书》（×环责改字〔2021〕23 号），责令你公司立即改正环境违法行为。2021 年 12 月 15 日，我局对你公司下达了《环境保护查封决定书》（×环查字〔2021〕2 号）。同日，我局对你公司配电箱、配电房进行了查封。

能证明上述违法行为的证据有：现场监察记录 1 份；调查询问笔录 2 份；现场照片 6 张；营业执照复印件 1 份；排污许可证复印件 1 份；《责令改正违法行为决定书》1 份；送达回证 1 份。

你公司未经批准开工建设类胡萝卜素专用中间体研发中试基地建设项目，且在环境保护设施未进行验收的情况下，擅自投入生产的违法行为，经我局行政处罚案件审议委员会 2021 年第四次会议研究决定，根据《建设项目环境保护管理条例》第二十三条第一款和《中华人民共和国环境影响评价法》第三十一条规定，我局拟对你公司作出如下处理决定：

1. 责令立即恢复原状。

2. 处罚款人民币贰拾万元整（¥200 000.00 元）。

根据《中华人民共和国行政处罚法》第四十四条、第六十四条的规定，你公司有权要求听证。你公司如果要求听证，可在收到本通知之日起五日内向我局书面提出听证申请；逾期未提出听证申请，视为你公司放弃听证要求。

根据《中华人民共和国行政处罚法》第七条、第四十四条的规定，你公司如对该处罚意见有异议，应在接到本通知之日起七日内向我局提出陈述和申辩；逾期未提出陈述或者申辩，视为你公司放弃陈述和申辩的权利。

联系人：曾×× 联系电话：×××××××××

地址：××市××南路××市生态环境局

××市生态环境局

二〇二一年十二月二十八日

评析：本文书是针对公司的违法行为制作的，全文主题突出，既点明了具体的违法行为，又说明了具体的处罚措施，并详细交代了行政救济的方式，行文非常流畅。

（三）行政处罚听证通知书

1. 概念

行政处罚听证通知书，是行政机关依法告知当事人举行听证的时间、地点及相关事项的书面文书。

2. 实例及评析

××市城市管理行政执法局

行政处罚听证通知书

××执听通字（2022）第 3 号

××省福利彩票发行中心：

应你单位的要求，我局原定于 2022 年 3 月 4 日召开行政处罚听证会，由于你单位申请听证会延期举行，经本局研究同意延期，并决定于 2022 年 3 月 24 日 9 时在××市城市管理行政执法局听证室就违章装修工程一案公开举行听证。经本机关负责人指定，本次听证会由张××担任主持人。

请你单位届时凭本通知准时参加，你单位法定代表人可亲自参加，也可委托一至二人代理。若无故缺席，视为放弃听证。

在前来参加听证前，请你单位做好以下准备：

（1）携带身份证明，委托代理人单独出席的，应提交当事人签署的授权委托书。

（2）携带有关证据材料，通知有关证人出席作证。

（3）如申请主持人回避，请及时告知本机关。

××市城市管理行政执法局

二〇二二年三月十一日

评析：本文书格式基本正确，需要强调的是文书只交代了主持人的姓名，没有写明书记员的姓名，由于当事人也可以对书记员申请回避，因此不利于当事人及时行使申请回避权。文书中也没有写明行政机关负责听证会具体事宜的听证人员的姓名和联系方式，不便于当事人和行政机关联系，不利于当事人和行政机关之间的沟通，也不利于当事人及时行使自己的权利。

（四）行政处罚决定书

1. 概念

行政处罚决定书，是指行政机关根据当事人违反法律、法规或者规章的事实和证据，按照行政处罚法的规定，对当事人实施行政处罚时制作的文书，是行政处罚决定最具体的表现形式。

凡行政处罚，必须制作和送达行政处罚决定书。要求履行行政处罚决定，当以发生法律效力的行政处罚决定书为凭据；当事人不服行政处罚，亦以行政处罚决定书为凭据并针对行政处罚决定书载明的行政处罚决定而提起行政复议或者行政诉讼；当事人在法定期限内既不提起行政复议也不提起行政诉讼，逾期也拒不履行行政处罚决定，行政执法机关申请人民法院强制执行，仍然是以已经生效的行政处罚决定书为法律凭据。可见行政处罚决定书是整个行政执法过程中最重要的也是最关键的法律文书。可以这样说，行政处罚决定书规范化制作，直接关系到行政处罚的是否成立，关系到行政执法的准确性和严肃性。行政处罚决定书的规范化制作，是行政执法规范化要求最基本的要素，体现着行政执法队伍的综合素质和行政执法队伍的执法水平。

行政处罚决定书应当注重说理，只有分析周密、论证严谨、说理透彻，才能体现执法者的公正立场，对法律支持什么、反对什么以及为什么支持、为什么反对，都要有清楚表述。因此，说理式处罚决定书的重点在于要说透“五种理”，即认定事实的事理、适用法律的法理、行使自由裁量的情理、逻辑思维的哲理和答复当事人陈述、申辩的道理。

定性说理是说理式处罚决定书说理的核心，也是重点和难点。案件性质认定要从违法行为的构成要件着手阐明理由。准确引用所适用法律、法规或规章的具体禁则条文的内容，说明当事人的行为具体违反了该条的什么禁止性规定，构成什么行为；详细引用与禁则相对应的罚则条文的内容。

此外，说理时也不能忽略参照情理说理。公序良俗就是重要的情理之一，是判断是非曲直的重要依据和原则。公序良俗包括了道德、习惯、风俗等内容，利用公序良俗判断一个行为的过程实际上是依情理说理的过程，尤其是在法律存在缺陷或空白时，情理论述与事理、法理的论述会相得益彰。

2. 制作的要求

行政处罚决定书由首部、正文、尾部构成。

（1）首部。包括标题、文书编号、当事人的姓名或者名称、地址。当事人包括公民、法人或者其他组织。对公民的行政处罚，应当写明当事人的姓名、地址；对法人或者其他组织的行政处罚，应当写明法人或者其他组织的名称、地址。

（2）正文。包括下列四项：

1）违反法律、法规或者规章的事实和证据。违法事实与证据是实施行政处罚的根据，行政处罚决定书上应当予以载明。一个完整违法事实必然的构成要件包括主体、客体、主观方面、客观方面，具体而言就是具备7个要素：违法的时间、地点、人物、原因（动机和目的）、手段、情节（包括违法过程）、结果。实践中，因为案件类型的不同，违法事实具备的要素也有不同，例如无照经营案件一般应当具备8个要素：一是行为人（投资者）；二是违法行为开始时间；三是违法经营场所；四是主要从事的业务；五是未依法取得营业执照情况；六是经营规模情况；七是查获时间；八是经营额、违法所得情况。违法事实表述时必备要素缺一不可，缺了就是事实不清。

2）行政处罚的种类和依据。是指行政机关给予当事人何种行政处罚，以及行政机关作出行政处罚决定所依据的法律、行政法规、地方性法规或者规章的规定，应当在行政处罚决定书上载明。

3）行政处罚的履行方式和期限。行政处罚的履行方式是指当事人是以什么行为履行行政处罚，如到指定银行交纳罚款、拆除违章建筑等。期限是法律规定的或者由行政机关要求、限定当事人履行行政处罚决定的期间。如当事人应当在 15 日内到指定的银行交纳罚款，当事人应当在行政机关要求的 1 个月内拆除违章建筑等。当事人不按照履行方式和限定的期限履行行政处罚决定，即属于违法，行政机关可以采取执行措施，强制当事人履行处罚决定。

4）救济的途径。即当事人不服行政处罚决定，申请行政复议或者提起行政诉讼的途径和期限。这是要求行政机关在作出行政处罚决定的同时，向当事人说明不服行政处罚决定的法律救济途径。同时，要告知当事人申请行政复议或者提起行政诉讼的期限，即当事人应当在宣告行政处罚决定之日起多少天内申请行政复议或者提起行政诉讼。

（3）尾部。包括作出行政处罚决定的行政机关名称和作出决定的日期。这是任何法律文书都不可缺少的载明事项。行政处罚决定书必须盖有作出行政处罚决定的行政机关的印章。

行政处罚决定书应当由行政机关统一印制，有预定的格式，编有号码，依照法律规定填写，向当事人宣告并当场交付当事人，即对当事人产生法律约束力。

3. 实例

行政处罚决定书

××环罚〔2022〕16 号

当事人：××市××镇××卫浴五金厂

统一社会信用代码：924××4M××159XW××

经营者：涂某某

经营场所：××市××镇××村

××市××镇××厂环境违法一案，我局经过调查，现已审查终结。

一、环境违法事实和证据

我局于 2021 年 11 月 5 日、2021 年 11 月 8 日分别对你厂进行了现场检查和调查，发现你厂实施了以下环境违法行为：

你厂未依法向生态环境主管部门报批环境影响评价文件，于 2018 年 12 月在××市××镇××村建成金属表面处理项目，从事五金卫浴件的来料喷漆加工，该项目属于《建设项目环境影响评价分类管理名录》（2021 年版）三十、金属制品业 33、第 67“金属表面处理及热处理加工”项目类别中“其他（年用非溶剂型低 VOCs 含量涂料 10 吨以下的除外）”，需编制环境影响报告表类别。项目需要配套建设的环境保护设施未经验收，便于 2019 年 1 月投入正式生产。

以上事实有《××市生态环境局现场检查笔录》、《××市生态环境局调查询问笔录》、《溶剂型原辅料使用说明》、涂某某的身份证复印件、营业执照复印件和现场拍摄照片等证据为凭。

你厂的上述行为违反了《建设项目环境保护管理条例》第九条第一款、第十七条和第十九条第一款的规定。

我局于2022年1月19日以《行政处罚听证告知书》（××环罚听告〔2021〕127号）告知你厂违法事实、处罚依据和拟作出的处罚决定，并告知你厂有权进行陈述、申辩和要求听证。你厂在法定期限内未提出陈述申辩意见，也未提出听证申请。

以上事实，有××市生态环境局《行政处罚听证告知书》（××环罚听告〔2021〕127号）、《××市生态环境局送达回证》等为证。

二、行政处罚的依据、种类

依据《建设项目环境保护管理条例》第二十三条第一款关于“违反本条例规定，需要配套建设的环境保护设施未经验收，建设项目即投入生产或者使用，由县级以上环境保护行政主管部门责令限期改正，处20万元以上100万元以下的罚款”及参照《××市生态环境局关于生态环境违法行为行政处罚自由裁量权裁量标准规定（试行）》、《××市生态环境局关于生态环境违法行为行政处罚自由裁量权裁量标准参照表》序号8—3第一项类别1关于“应编制环境影响报告表项目，责令限期改正，处二十万元以上三十万元以下罚款”的规定，我局决定对你厂上述环境违法行为作出罚款人民币贰拾万元整（小写：20万元）的行政处罚。

三、行政处罚的履行方式和期限

根据《中华人民共和国行政处罚法》第六十七条第三款的规定，你厂应于接到本处罚决定书之日起15日内，到××市生态环境局××分局领取“缴款通知书”将罚款足额缴纳至××市国库，你厂缴纳罚款后，应将缴款凭据报送××市生态环境局××分局复印备案。逾期不缴纳罚款的，根据《中华人民共和国行政处罚法》第七十二条第（一）项规定，可以每日按罚款数额的百分之三加处罚款。

四、申请复议或者提起诉讼的途径和期限

根据《中华人民共和国行政处罚法》第七条、《中华人民共和国行政复议法》第九条和第十二条以及《中华人民共和国行政诉讼法》第四十六条第一款的规定，如不服本处罚决定，你厂可在收到本处罚决定书之日起60日内向××市人民政府提出行政复议申请，受理地址：××市人民政府行政复议办公室，××市××区××市人民政府西侧门，也可在接到本决定书六个月内直接向××市××区人民法院起诉。逾期不申请行政复议，也不提起诉讼，又不履行本处罚决定的，我局将依法申请人民法院强制执行。

联系人：刘某某　　　　　　　电　话：×××××××××

地　址：××市××街道××路×号　邮政编码：××××××

××市生态环境局

二〇二二年一月二十八日

（五）当场行政处罚决定书

1. 概念

当场行政处罚决定书是指行政机关在违法行为发生的现场，按照行政处罚法规定的简易程序，对违法行为人给予行政处罚时制作的法律文书。执法人员当场作出行政处罚决定的，应当向当事人出示执法身份证件，填写预定格式、编有号码的行政处罚决定书。行政处罚决定书应当当场交付当事人。执法人员当场作出的行政处罚决定，必须报所属行政机关备案。

2. 实例及评析

××市海淀区卫生局
当场行政处罚决定书

××卫当行罚字（2022）第13号

××××饭店：

本机关于2022年3月2日查明你（单位）有下列违法行为：1名厨师未取得健康证明，以上行为有现场检查笔录。

上述行为已违反了《中华人民共和国食品安全法》第四十五条第二款之规定，现依《中华人民共和国食品安全法》第一百二十六条第一款第（六）项规定，决定予以你（单位）800元的行政处罚。同时责令立即改正违法行为。

罚款于收到本决定书之日起15日内缴至×××路×号。逾期不缴纳罚款的，依据《中华人民共和国行政处罚法》第七十二条第一款第（一）项规定，每日按罚款数额的3%加处罚款。

如不服本处罚决定，可在收到本处罚决定书之日起60日内向××市卫生局或××区人民政府申请行政复议，或15日内向××区人民法院起诉，但不得停止执行本处罚决定。逾期不申请行政复议也不向人民法院起诉，又不履行处罚决定的，本机关将依法申请人民法院强制执行。

本决定书于2020年3月20日收到，卫生监督员丁××和王××在处罚前已向我（单位）告知了权利，并听取了我的陈述和申辩。

当事人签收：徐××

（卫生行政机关名称）（盖章）

二〇二二年三月二十二日

备注：本决定书一式三联，第一联存根，第二联交被处罚人，第三联留存执法案卷。

评析：本文书格式基本符合要求，在论述上做到了逻辑清楚、观点明确，给人以客观准确的印象。不足之处在于文书尾部没有执法人员的签字，缺少必需的内容。

（六）责令改正通知书

1. 概念

责令改正通知书是指行政机关在进行案件调查时，对已有证据证明有违法行为的，责令其改正或者限期改正违法行为时制作的文书。

2. 实例及评析

××省知识产权局
责令改正通知书

××知责字（2021）第9号

××有限公司贵阳人民广场分店：

经查，你店销售的××食品有限公司生产的精选通心粉（250克/袋）和快熟通心粉（90克/袋）两款产品的包装袋上均标注有“本产品包装已申请中国外观包装专利，仿冒必究”字样。经你店提供的专利号为ZL99308549.0、ZL01342743.1的外观设计专利证书，《关于珠海溢兴食品有限公司专利失效情况说明》，《有关溢兴（中国）贸易公司专利问题说明》等材料证明：精选通心粉包装袋的外观设计专利号为ZL99308549.0，于2014年2月2日授权，专利权人是溢兴（中国）贸易公司；快熟通心粉包装袋的外观设计专利号为ZL01342743.1，于2018年4月24日授权，专利权人是珠海溢兴食品有限公司。精选通心粉包装袋外观设计专利是由溢兴（中国）贸易公司授权给珠海溢兴食品有限公司使用和代缴专利年费，由于珠海溢兴食品有限公司负责上述两项专利工作的员工于2021年春节前被公司解雇，以致未及时缴纳上述两项专利续期年费，导致精选通心粉包装袋外观设计专利权于2021年6月24日终止，快熟通心粉包装袋的外观设计专利权于2021年9月30日终止。目前，你店尚有库存精选通心粉（250克/袋）13袋，快熟通心粉（90克/袋）18袋，总计货款价值147元。

综上所述，你店销售标识不规范且专利权已终止的上述产品，至今仍提供不出上述产品标注专利有效的证据，已构成冒充专利行为。鉴于你店购进上述产品时不知道该产品属于冒充专利产品，主观上没有违法的故意，且涉案产品价值较小，你店也积极配合调查处理，可酌情从轻处罚。根据《中华人民共和国专利法》第六十三条、《中华人民共和国专利法实施细则》第九十八条和《专利行政执法办法》第三十一条之规定，免于对你店给予罚款处罚，现责令你店自收到本通知之日起七日内，采取下列改正措施：

立即消除珠海溢兴食品有限公司生产的精选通心粉（250克/袋）和快熟通心粉（90克/袋）产品外包装袋上标注的“本产品包装已申请中国外观包装专利，仿冒必究”字样并公告。

行政执法人员：×××（签名）

证号：×××

被检查单位负责人：×××（签名）

××省知识产权局（印章）

二〇二一年二月十日

评析：本文书在格式和具体内容上都符合要求。文书将本案的事实、证据和法律有机地结合在一起，使之成为一个整体，事实清楚、证据确实充分，基本上达到了观点鲜明突出、分析透彻的要求。

第四节 行政复议文书

一、行政复议文书概述

（一）行政复议文书的概念及特点

1. 行政复议文书的概念

行政复议是指依法对具体行政行为重新进行审查并作出裁决的一种行为。它是解决行政争议的一种手段。按照我国的《行政诉讼法》和《行政复议法》规定，公民、法人或其他组织认为行政机关的具体行政行为侵犯其合法权益，可以依法请求复议。行政复议是国家行政机关为了及时解决行政争议、更好地实施行政管理而建立起来的一项重要的行政制度，是国家行政机关重要的职能之一。行政复议文书是指利用行政手段解决行政争议而使用的公务文书。

2. 行政复议文书的特点

（1）行政复议文书首先是行政公文。行政复议行为可以说是一种行政司法行为，行政复议的主体是行政机关，适用行政程序，复议决定一般不具有终局效力，这反映了行政复议的行政性。但复议决定同样具有法律效力。

（2）行政复议文书具有司法文书的性质。行政复议文书是用来解决行政争议的，是由行政行为损害人提出申请，复议机关依法进行审理、作出决定答复的一种行为，适用准司法程序。所以行政复议决定文书可以说是司法文书。

（二）行政复议文书的分类

（1）行政复议文书一般分为决定书类、通知书类、函件类三大类。决定书类包括行政复议决定书、不予受理决定书、停止执行具体行政行为决定书；通知书类包括行政复议答复通知书、补充复议申请材料通知书、行政复议案件调查通知书、行政复议受理机关告知书、责令受理行政复议申请通知书、责令履行行政复议决定通知书、参加行政复议通知书、行政复议中止通知书、行政复议延期通知书、行政复议终止通知书；函件类包括转送处理规范性文件函等。

（2）根据行政复议的具体行为和复议机关不同，可作出不同性质的复议文书，分为海关、市场监督、商品检疫、税务等行政复议文书。

二、常用行政复议文书

（一）行政复议申请书

1. 概念

按照《行政复议法》的规定，公民、法人或者其他组织认为行政机关的具体行政行为侵犯其合法权益，可依法向行政机关申请复议。行政复议申请书是作为行政管理相对人的公民、法人或者其他组织，因行政机关的具体行政行为直接侵犯其合法权益而向有管辖权的行政机关申请复议时提交的，据以引起行政复议程序发生的法律文书。

行政复议的申请是公民、法人或者其他组织认为行政机关和行政机关工作人员的具体行政行为侵犯其合法权益，而依法请求行政复议机关对该具体行政行为进行审查并作出裁决，以保护自己合法权益的一种意思表示。申请人提出的申请书，必须是针对具体行政行为，并应在法定时间内提出申请，否则不属于行政复议申请范围，复议机关也不会受理。由于行政复议实行不告不理原则，即行政相对人不申请复议，复议机关不能主动进行复议，因而行政相对人的复议申请是行政复议的前提和基础。

根据《行政复议法》第 11 条的规定，申请人申请行政复议，可以书面申请，也可以口头申请。采用书面形式的，应当向复议机关提交行政复议申请书。复议机关经审查认为符合条件的予以受理，行政复议程序正式启动。

2. 制作要求

行政复议申请书由首部、正文、尾部组成。

（1）首部。包括标题和申请人与被申请人的相关情况。标题中要写明行政复议申请书，不能只写申请书，“行政复议”四字标明了申请书的性质。申请人和被申请人的有关情况中：申请人如果是公民的要写明姓名、性别、年龄、民族、籍贯、住址；如果是法人或非法人组织的要写明单位或组织的全称地址，法定代表人的姓名、职务。被申请人有关情况中要写明复议机关的全称、地址，法定代表人或负责人的姓名、职务。

（2）正文。正文内容主要由两部分构成，一是复议申请的要求，二是要求的理由。首先写明要求撤销、变更被申请人的具体行政行为，或者确认具体行政行为违法，或者要求责令被申请人作出何种具体行政行为。理由部分要写明支持行政复议请求的事实和法律依据等。这部分要讲清申请人所主张的事实与其行政复议请求之间的逻辑关系，因而属于行政复议申请书的核心部分。事实和证据的表述，采用夹叙夹议的写法。说道理应该依据事实，引用有关法律法规进行分析说理。申请书使用书面语言，表述要重事实、重证据、说理充分。

（3）尾部。尾部包括三项内容：一是致送的机关，分两行写；二是写明申请人和申请时间，并由申请人签名或者盖章；三是如有附件，可附在正文之后。

3. 实例

行政复议申请书

申请人：中国××银行××市支行，地址：××区××街46号，负责人：××，职务：行长。

被申请人：××市××区劳动和社会保障局，地址：××区××处江城大道236号，负责人：××，职务：局长。

申请人因不服被申请人二〇二〇年六月七日作出的工伤认定决定（××劳社伤险认决字［2020］803号），向××区人民政府提出复议申请，请求：撤销被申请人作出的××劳社伤险认决字［2020］803号《工伤认定决定书》关于××不属工伤或视同工伤的决定并重新认定为工伤。

事实及理由：

申请人计划财会部员工××受申请人指派于2020年3月2日前往××市参加××农行组织的全系统财务、安全保卫、业务交叉大检查，当日晚饭后8时许××与同事散步返回住宿楼（××行××市分行干部培训中心住宿楼）时不慎摔伤右膝，经西南医院诊断为右膝胫骨髁间后棘骨折。被申请人在××劳社伤险认决字［2020］803号《工伤认定决定书》中认为：××是因工外出期间在休息期间因意外受伤，而不是由于工作原因受到事故伤害的，其受伤情形不符合《工伤保险条例》第十四条、第十五条应当认定工伤或视同工伤的任何条款，故认定××的受伤不属于工伤或视同工伤。申请人认为，被申请人作出“因工外出期间在休息期间因意外受伤，而不是由于工作原因受到事故伤害的”是对《工伤保险条例》第十四条规定的“因工作原因”的片面理解，不符合《工伤保险条例》保障受伤职工获得医疗救治和经济赔偿的立法目的，属于认定事实和适用法律错误。理由如下：

××受申请人指派于2020年3月2日前往××市参加××行组织的全系统财务、安全保卫、业务交叉大检查。按要求，为执行检查任务做准备，包括××在内的所有参加人员必须于3月2日集中在××分行报到并接受统一培训和安排，包括吃、住、行等。当日晚饭后8时许××与同事（检查组成员）上住宿楼时，不慎摔伤右膝，经西南医院诊断为右膝胫骨髁间后棘骨折。上述事实已经被申请人调查确认。根据《工伤保险条例》第十四条第五款规定，因工外出期间，由于工作原因受到伤害或者发生事故下落不明的，应当认定为工伤。无疑，在因工外出期间，只要是由于工作原因受到伤害就应当认定为工伤。申请人认为，是否“工作原因”要结合因工外出期间的具体情况分析。执行全系统财务、安全保卫、业务交叉大检查，必然要为该任务做许多必要的准备工作，为此××分行要求检查人员接受统一安排，包括吃、住、行等，这些活动和真正的检查工作构成整个外出工作期间的工作行为，在这些行为中受到伤害，应当属于因工作原因受到伤害，不应该排除在工作范围之外。××与同事散步并一起返回住宿楼，正是其按分行要求统一行动的具体表现，应为工作原因。被申请人将“××因工外出期间与同事外出散步返回××行××市分行干部培训中心住宿楼，上楼时不慎摔伤右膝”认定为“因工外出期间在休息期间意外受伤”并排除在“因工作原因”之外，显然模糊了《工伤保险条例》第十四条第五款“因工外出期间，由于工作原因受到伤害或者发生事故下落不明的，应当认定为工伤”的适用条件，是不恰当的。《工伤保险条例》第十六条规定了不认定工伤或视同工伤的三种情形，即因故意犯罪的、醉酒或者吸毒的、自残或者自杀的。××的受伤不属于这三种情形中的任何一种。

综上，××在因工外出期间，由于工作原因受到伤害，应当认定为工伤。根据《工伤保险条例》第五十三条及《行政复议法》规定，请求撤销被申请人作出的××劳社伤险认决字［2020］803号《工伤认定决定书》关于××不属工伤或视同工伤的决定并重新认定为工伤。

此致

××区人民政府

申请人：公章

二〇二〇年七月十七日

附：申请书副本壹份。

证据材料（7）份。

（二）行政复议受理通知书

1. 概念

行政复议受理通知书是指行政机关收到行政复议申请后，在法定期限内进行审查，认为行政复议申请符合法定条件而作出受理决定时制作的文书。

2. 实例

国家环境保护总局

××等行政复议受理通知书

××：

你们对江苏省环境保护厅《关于对无锡华晶上华半导体有限公司扩建工程项目环境影响报告书的批复》（苏环管（2021）145号）和《关于对无锡华润晶芯半导体有限公司6英寸大规模集成电路（年产36万片）生产线建设项目环境影响报告书的批复》（苏环管（2021）175号）不服，向我局提出行政复议申请。

经审查，你们的复议申请符合法定条件。根据《中华人民共和国行政复议法》第十七条的规定，我局决定受理。

特此通知。

二〇二一年五月十日

（三）行政复议答辩书

1. 概念

行政复议答辩书是在行政复议过程中，被申请人收到复议申请书副本后，针对申请人所提出的复议申请事实和理由，在法定期限内进行答复和辩解所使用的一种法律文书。

根据《行政复议法》第23条的规定，行政复议机关负责法制工作的机构应当自行政复议申请受理之日起7日内，将行政复议申请书副本或者行政复议申请笔录复印件发送被申请人。被申请人应当自收到申请书副本或者申请笔录复印件之日起10日内，提出书面答复，并提交当初作出具体行政行为的证据、依据和其他有关材料。此处的书面答复即提交行政复议答辩书。

如果被申请人不按《行政复议法》第23条的规定提出书面答复，提交当初作出具体行政行为的证据、依据和其他有关材料，依照《行政复议法》第28条第4款的规定，视为该具体行政行为没有证据、依据，复议机关将决定撤销该具体行政行为。被申请人提交行政复议答辩书是行使阐明自己意见、维护自己所作出的具体行政行为的权利，有助于复议机关全面查清案情，作出正确的复议决定。

2. 制作要求

（1）首部。应写明答辩人，即被申请人的基本情况。包括答辩人的全称、所在地址以及法定代表人的姓名、职务、联系电话等。

（2）正文。应针对申请人所提出的事实与理由，明确地阐明自己对案件的意见和理由。如果认为申请人在复议申请书中所述事实准确，提供的证据确实、充分，请求合法或者部分合法，则可以表示接受或者部分接受其请求。如果认为申请人的请求是不合法的，则应使用自己掌握的证据阐述案情，澄清事实真相，依照法律、法规的规定反驳申请人的请求，说明自己作出的具体行政行为是合法的、适当的。

（3）尾部。应写明致送的复议机关的名称和作成答辩书的时间，并加盖答辩人的印章。

3. 实例

××市房产管理局

行政复议答辩书

答辩人：××市房产管理局

法定代表人：陆××　职务：局长

住所地：××路××号

我局就申请人××花园城××小区业主委员会要求对××花园城××小区会所产权进行重新确权的复议申请作如下答复：

××花园城××小区会所系我局原下属××市经济实用住房发展中心所建，其后××市经济实用住房发展中心被批准改制（改制后的名称为：××万恒房地产开发有限公司，该资产从改制资产中剥离，由我局收回交××房产经营总公司管理）。××房产经营总公司于2021年4月6日向我局申请该房屋的产权登记，并提交了××市经济实用住房发展中心开发建设该项目的立项批复、开工批复、土地使用证、建设工程规划许可证、竣工验收证明、协议、接管通知、申请报告、法人代码证、授权委托书等相关材料。我局比照

《××市城镇房屋权属登记条例》第八条、第二十一条第一款第一项的规定，向××房产经营总公司颁发了××转字第 242299 号房屋所有权证。

申请人要求对××花园城××小区会所产权进行重新确权，却未能提供相关事实和法律的证据，因此申请人的申请无事实根据和法律根据，故恳请××市人民政府复议委员会驳回申请人的申请。

此呈

××市人民政府复议委员会

（××市房产管理局公章）

二〇二一年六月十四日

（四）行政复议决定书

1. 概念

行政复议决定书是指复议机关对申请复议的案件进行审理，对原具体行政行为重新审理后作出裁决使用的公务文书。行政复议决定书首先是行政公文，又具有司法文书的性质。行政复议行为可以说是一种行政司法行为。与行政诉讼相比，行政复议的主体是行政机关，适用行政程序，复议决定一般不具有终局效力，这反映了行政复议的行政性。但复议决定同样具有法律效力。行政复议决定书也是对行政复议申请的答复。行政复议是解决行政争议的，是由行政行为损害人提出申请，复议机关依法进行审理、作出决定答复的一种行为，适用准司法程序。

2. 制作要点

（1）首部。包括标题、文书编号、申请人和被申请人的有关情况。

（2）正文。需要写明下列的四项内容：

1）引述申请复议的主要事实和理由。如申请人复议申请内容简短明确的应原文引用。如申请人复议申请内容冗长烦琐，应全面、准确归纳、概括申请人申请复议的事实、理由及其请求，应力求准确真实地反映申请人的原意。如申请人是口头申请复议的，应根据复议机关制作的口头申请复议笔录的内容书写申请人申请复议的事实、理由及其请求。

2）引述被申请人答辩的主要事实和理由。应全面、准确归纳、概括被申请人答复的事实、理由及其依据，应力求准确真实地反映被申请人答复的原意。两个以上被申请人分别进行答辩的，应加上被申请人名称，如被申请人×××答复称，分别予以叙述。

3）复议机关认定的事实和理由。复议机关的意见应以认定的事实为根据，一般包括对案件中当事人有争议的事实的认定、法律的适用、复议机关作出决定的内容等方面内容。复议机关根据案件的情况，阐明被申请人对所做的具体行政行为是否享有法定职权或应否履行该法定职责，然后根据相关的实体法律及程序法律规范进行分析论证，作出评价，对被申请人作出该具体行政行为的合法性和适当性的结论，即依法应予维持（撤销、变更等）。复议机关根据案件的情况和需要对申请人、第三人的复议请求、复议理由作出回应，说明依法予以支持或不予支持的理由，增强复议决定书的说理性。

4）行政复议的决定。行政复议决定书正文的最后部分是“决定”的内容，该部分是案件的最终处理结果，故应当明确、具体，具有可执行性。

（3）尾部。包括文书签发的时间等内容。

3. 实例及评析

行政复议决定书

申请人：石某某

被申请人：××市食品药品监督管理局

地址：××市迎湖路508号

法定代表人：周某某，局长

申请人对《消费者投诉举报查处结果告知书》（×经市场监〔2018〕第18号）不服，向本机关提出行政复议申请，本机关依法已予受理，现已审理终结。

申请人请求：撤销被申请人2018年7月23日作出的《消费者投诉举报查处结果告知书》（×经市场监〔2018〕第18号），责令被申请人在法定期限内重新履行职责。

申请人称：申请人2018年5月8日以书面形式通过邮政挂号信的方式向××市食品药品监督管理局递交了11份举报书及产品实物图片、购物小票复印件，××市食品药品监督管理局邮寄给申请人一份《举报事项告知书（×）食药举告（2018）25号》，告知申请人已经将举报材料移交至被申请人处。被申请人在2018年7月23日作出的《消费者投诉举报查处结果告知书》（×经市场监〔2018〕第18号），申请人对此结果告知不服，特此提出行政复议申请，理由如下：被申请人认定事实不清、滥用职权、法律适用错误。1. 申请人明确指出被举报人违反了下列规定：《预包装食品标签通则》3.11“若外包装易于开启识别或透过外包装物能清晰地识别内包装物（容器）上的所有强制标示内容或部分强制标示内容，可不在外包装物上重复标示相应的内容；否则应在外包装物上按要求标示所有强制标示内容。”《中华人民共和国食品安全法》第六十七条第一款：预包装食品的包装上应当有标签。标签应当标明下列事项：（九）法律、法规或者食品安全标准规定应当标明的其他事项。2.《预包装食品标签通则》是国家对食品标签规定的强制性规定，凡是违反其规定，应当依法进行处罚，被申请人对被举报人销售的违法食品最终以瑕疵来认定，被申请人的这种行为属于滥用职权，法律适用错误，认定事实不清。3. 被申请人有法不依，执法不严，应罚未罚给国家造成了严重的财产损失，请贵局同时对被申请人渎职的行为依法立案调查。4. 申请人购买的产品外包装上严重不符合《预包装食品标签通则》（GB7718—2011）3.10和4.1.7.2的强制性标准规定，涉案大礼包的外包装没有保质期，没有营养成分表，没有执行标准，没有配料等等，是严重不符合《食品安全法》第六十七条所规定的内容。涉案大礼包内有多个不同品种可独立销售的小包装食品，所以应当依法在大礼包的包装袋上标注相应的标签标识。被申请人在调查处理时仅仅针对“×××合家欢大礼包”存在不容易辨识大包装内的小包装食品的生产日期、执行标准等信息的行为进行调查处理，明显是认定事实不清。申请人明确提出被举报产品“×××合家欢大礼包”无保质期。5.《食品安全法》第一百二十五条第二款是对不影响食品安全且不会对消费者造成误导的瑕疵进行责令改正。但申请人所举报的产品是严重不符合食品安全标准的食品，食品外包装不仅要符合《食品安全法》的规定，同时也要符合《预包装食品标签通则》、《预包装食品营养标签通则》、《预包装特殊膳食用食品标签》等其他国家食品安全标准。被举报人销售的“×××合家欢大礼包”外包装上无任何安全标准，已经不能算得上是瑕疵，是存在影响食品安全且给消费者造成严重误导的食品。综上所述，申请人根据《最高人民法院关于举报人对行政机关就举报事项作出的处理或者不作为行为不服是否具有行政复议申请人资格问题的答复》（〔2013〕行他字第14号）等相关规定提起复议，请求支持申请人的复议请求。

被申请人称：一、基本情况。2018年5月9日，申请人称××百大集团××合家福××超市有限责任公司阳光店、金山店、宝龙店、珍珠店销售的“×××合家欢大礼包”商品，涉嫌违反《中华人民共和国食品安全法》和《预包装食品标签通则》。2018年5月11日，被申请人将该投诉移交市食品药品投诉举报中心，2018年5月14日，市食品药品投诉举报中心将申请人的投诉举报材料移交承办部门××经济开发区局查处。承办部门立即组织执法人员对上述超市进行了现场核查，现场均未发现申请人投诉举报的“×××合家欢大礼包”商品。承办部门于2018年6月19日向申请人送达了要求提供商品实物和其他相关证据的《通知书》。申请人在收到《通知书》后，向承办部门提供了两袋上述商品的实物。本着对消费者负责，对企业负责的态度，为进一步查明事实，被申请人安排承办部门派出执法人员在××市食品药品监督管理局执法人员的协助下到生产厂家××联泰食品有限公司进行现场调查。现场调取了上述产品生产厂家的营业执照、食品生产许可证、大礼包外包装、内包装所有小袋食品的标签标识和检验报告。从调查的结果来看，该产品存在不容易辨识大包装内的小包装食品的部分标示内容的情形，违反了《中华人民共和国食品安全法》第三十四条第（十三）项、不符合第七十一条第二款的规定。依据《中华人民共和国食品安全法》第一百二十五条第二款的规定分别给上述超市下达了《责令改正通知书》，责令其立即改正；于2018年7月23日作出《消费者投诉举报查处结果告知书》（×经市场监〔2018〕第18号），告知申请人投诉举报处理结果。二、针对申请人提出的行政复议请求及其理由，申请人认为被申请人“认定事实不清”“滥用职权、法律适用错误”等理由，被申请人认为，上述所有理由不能成立。承办部门××经济开发区局执法人员对上述超市进行了现场核查，因现场均未发现申请人投诉的“×××合家欢大礼包”商品，承办部门要求申请人提供商品实物和其他相关证据。根据申请人提供的商品实物，执法人员发现该商品的大包装内的多个不同品种的独立小包装都清楚地标示了保质期、生产日期、执行标准等强制标示的内容，只是通过大包装的窗口不太容易逐个辨识。被申请人对“×××合家欢大礼包”商品涉嫌违法事实的认定，事实清楚、证据确凿。被申请人在法定的期限内将申请人的投诉举报材料通过市食品药品投诉举报中心移交承办部门××经济开发区局查处，并在规定时限内向申请人送达了（×）食药举告〔2018〕25号《举报事项告知书》。承办部门及时组织执法人员进行了现场核查，调取了相关资料，做了现场检查笔录。由于现场均未发现申请人投诉举报的“×××合家欢大礼包”商品，承办部门要求申请人提供商品实物和其他相关证据，并安排执法人员到生产厂家××联泰食品有限公司进行现场取证。根据核查结果，承办部门认为申请人所购买的“×××合家欢大礼包”存在不容易辨识大包装内的小包装食品的部分标示内容的情形，违反了《中华人民共和国食品安全法》第三十四条第（十三）项、不符合第七十一条第二款的规定，但该商品标签不影响食品安全也不会对消费者造成误导。因此，依据《中华人民共和国食品安全法》第一百二十五条第二款的规定分别给上述超市下达了《责令改正通知书》，责令其立即改正。承办部门在投诉举报办理期限内给申请人送达了《消费者投诉举报查处结果告知书》。故被申请人已经依法履行食品药品投诉举报处理职责。综上，《消费者投诉举报查处结果告知书》认定事实清楚，程序合法，适用法律正确，请予维持。

经查：2018年5月9日，申请人称××百大集团××合家福百大超市有限责任公司阳光店、金山店、宝龙店、珍珠店销售的×××大礼包，涉嫌违反《中华人民共和国食品安全法》、《预包装食品标签通则》。2018 年 5 月 14 日，被申请人将申请人的举报材料移交承办部门××经济开发区局查处，承办部门对上述超市进行了现场核查，未发现申请人举报的商品。2018 年 6 月 19 日，承办部门向申请人送达要求提供商品实物和其他相关证据的《通知书》，根据申请人提供的商品实物，执法人员发现该商品的大包装内的多个不同品种的独立小包装都清楚地标示了保质期、生产日期、执行标准等强制标示的内容，只是通过大包装的 ** 窗口不太容易逐个辨识。为进一步查明事实，被申请人安排承办部门派出执法人员在××市食品药品监督管理局执法人员的协助下到生产厂家××联泰食品有限公司进行现场调查，现场调取了上述产品生产厂家的营业执照、食品生产许可证、大礼包外包装、内包装所有小袋食品的标签标识和检验报告。经调查，被申请人认为：申请人购买的该商品存在不容易辨识大包装内的小包装食品的部分标示内容的情形，违反了《中华人民共和国食品安全法》第三十四条第（十三）项、不符合第七十一条第二款的规定，但该商品标签不影响食品安全也不会对消费者造成误导。被申请人依据《中华人民共和国食品安全法》第一百二十五条第二款的规定分别给上述超市下达了《责令改正通知书》，责令其立即改正。2018 年 7 月 23 日，承办部门在投诉举报办理期限内向申请人送达了《消费者投诉举报查处结果告知书》。申请人对《消费者投诉举报查处结果告知书》（×经市场监〔2018〕第 18 号）不服，于 2018 年 7 月 31 日向本机关提出行政复议申请。

本机关认为：被申请人收到申请人举报材料后，依法开展调查处理，根据调查结果，对相关超市依法作出《责令改正通知书》，责令其立即改正。查处结果在法定期限内已依法告知申请人。《消费者投诉举报查处结果告知书》（×经市场监〔2018〕第 18 号）事实清楚、程序合法、适用依据正确，申请人的复议请求无事实和法律依据，本机关不予支持。

综上，根据《中华人民共和国行政复议法》第二十八条第一款第（一）项之规定，本机关决定如下：维持《消费者投诉举报查处结果告知书》（×经市场监〔2018〕第 18 号）。

对本决定不服，可以自收到本决定之日起 15 日内，依法向人民法院提起行政诉讼。

××市人民政府

二〇二一年一月八日

行政复议决定书参考文书

评析：本文书行文流畅，语言修辞得当，在一定程度上使当事人愿意通读全文，从而发挥了行政复议决定书的说理功能。事实证明说理性文书侧重于法理性，有利于当事人接受决定。

【本章小结】

1. 行政执法文书是行政执法活动的书面形式，法律的实施要求通过一定的规范化形式加以表达、传递，行政执法文书就是法律实施的载体。

2. 行政执法文书体现的是国家行政权力的权威性和不可抗拒性，体现的是法律规范的强制性，体现的是行政执法的严谨程序。

3. 行政执法文书中还有许多文书没有固定统一的格式，但是对所有文书的制作都应该在结构、内容要求的范围之内，尽量做到事实清楚，说理明白，以理服当事人。

【思考练习题】

1. 简述行政执法文书对推进依法行政的意义。

2. 如何针对不同的执法对象和不同的违法行为，正确使用相应的行政执法文书？

3. 制作行政处罚类文书应该注意什么问题？

【写作训练题】

1. 请根据下述材料，书写一份格式正确、事实清楚、说理充分的行政处罚决定书。

案件事实：

当事人：王某某，男，汉族，身份证号码：11010819780923×××××，身份证住址：××市××区××屯南××号楼××里元××号。王某某从2020年11月20日至12月23日在××市××区××屯南××号楼××号从事采耳的经营活动，没有办理营业执照。面积约40平方米，违法所得无法计算。由于当事人拒绝接受调查，××市××区市场监督管理局于2021年5月12日在××市××区人民政府网站向当事人公告送达《行罚听证告知书》，告知拟对当事人作出行致处罚的事实、理由、依据及内容。当事人依法享有陈述、申辩，以及听证的权利。当事人在法定期限内未提出陈述、申辩意见，也未要求听证。

第八章
写作训练题1
参考答案

2. 请根据下述材料，以陈某某身份写一份行政复议申请书，申请××人民政府撤销1994年10月9日为陈某某办理的××号农村宅基地登记的决定书。要求格式正确，事实清楚，说理充分。

案件事实：

1961年，××村村民龙某某将其位于该村4组16号的房屋转让给王某某。王某某及家人后迁往××市工作、生活，但其母亲刘××仍在该屋居住。王某某为照料其母亲的生活起居，便委托申请人陈某某迁至该处居住以帮助照料其母亲，并将该房屋赠送给申请人。1992年，王某某母亲去世，陈某某及家人在该屋一直居住至今。1994年，在进行农村宅基地详查时，土管部门将受赠人陈某某登记为该宗地的使用权人。现××人民政府以利害关系人王某某提出土地登记错误为由撤销1994年10月9日为陈某某办理的××号农村宅基地登记。

第八章
写作训练题2
参考答案

3. 请根据下述材料，写一份行政复议答辩书。要求格式正确，事实清楚，说理充分。

案件事实：

2020年1月21日对田林至西林（滇桂界）公路项目作出同意审批决定，并印发《关于田林至西林（滇桂界）公路环境影响报告书的批复》（×环管字〔2020〕03号）。该建设项目环评批复文件抄送××市环境监察支队、××市田林生态环境局、××市环境影响技术评估中心及××交通设计集团有限公司。××市生态环境局2020年1月24日于“××市生态环境局网站”对田林至西林（滇桂界）公路项目环境影响评价文件审批决定全文进行公告并依法告知提起行政复议和行政诉讼的权利及期限，公众可通过网站进行查询。被答复人：黄××，男，住××市田阳区头塘华侨三区，身份证号：452624××××××××3350。被答复人认为××市生态环境局不依法进行政府信息公开的行政行为违法。

第八章
写作训练题3
参考答案

第九章　纪检监察文书

【本章引言】

纪检监察文书是纪检监察各项工作最终的文字反映，是纪检监察工作规范化和法治化的重要保障。纪检监察文书相对于其他法律文书而言更具规范性和政策性。

【本章学习目标】

1. 全面了解纪检监察文书的基本情况；
2. 了解主要纪检监察文书的写作方法。

第一节　纪检监察文书概述

党的十八大以来，习近平总书记就新的历史条件下“为什么要全面从严治党、怎样全面从严治党”“为什么要反腐败、怎样反腐败”等重大理论和实践问题，提出一系列创造性的新理念、新论断、新要求，这些重要论述深刻阐释了全面从严治党、党风廉政建设和反腐败斗争的重大意义、形势任务、基本原则、方法路径等，是习近平新时代中国特色社会主义思想的重要组成部分，为纪检监察工作提供了强大思想武器和行动指南。[①] 党的二十大报告要求：坚持不敢腐、不能腐、不想腐一体推进，同时发力、同向发力、综合发力。根据《中国共产党党章》（以下简称《党章》）和《中华人民共和国监察法》（以下简称《监察法》）等有关规定，党的各级纪律检查委员会是党内监督专责机关；各级监察委员会是行使国家监察职能的专责机关；纪委监委合署办公，履行纪检、监察两项职责，实行一套工作机构、两个机关名称，这是加强党对反腐败工作的统一领导的重要举措。纪检监察文书是纪检监察机关开展纪检监察工作的主要载体。纪检监察机关工作人员制作使用纪检监察文书，与开展纪检监察工作是程序与实体的结合，是纪法规定与实际应用的体现，二者相辅相成、缺一不可。在全面从严治党和全面依法治国的大背景下，纪检监察文书的规范化、法治化要求越来越高。本节主要介绍纪检监察文书的特点、一般格式和写作要求，以提高纪检监察文书的制作水平。

① 本书编写组．纪检监察工作简明读本．北京：中国方正出版社，2021：4－5.

一、纪检监察文书的特点

纪检监察文书是纪检监察机关在纪检监察中依法依纪制作的文书。纪检监察文书不同于纪检监察机关的一般文书，如年度工作计划、差旅补助办法等，二者适用的对象不同。纪检监察文书也不同于一般的党政机关文书。正是由于纪检监察工作的特殊性，纪检监察文书具有自身的特点。

（一）特定强制性

特定或者法定效力是纪检监察文书的一个重要特点。这一特点是由纪检监察工作的性质及纪检监察机关在党和国家工作中所处的地位所决定的。

根据《党章》的规定，中央纪律检查委员会由中国共产党全国代表大会选举产生，党的地方各级纪律检查委员会由各地方党的代表大会选举产生。党的各级纪律检查委员会的主要任务是：维护党的章程和其他党内法规，检查党的路线、方针、政策和决议的执行情况，协助党的委员会推进全面从严治党、加强党风建设和组织协调反腐败工作。党的各级纪律检查委员会的职责是监督、执纪、问责，要经常对党员进行遵守纪律的教育，作出关于维护党纪的决定；对党的组织和党员领导干部履行职责、行使权力进行监督，受理处置党员群众检举举报，开展谈话提醒、约谈函询；检查和处理党的组织和党员违反党的章程和其他党内法规的比较重要或复杂的案件，决定或取消对这些案件中的党员的处分；进行问责和提出责任追究的建议；受理党员的控告和申诉；保障党员的权利。

《监察法》对监察机关的职责、监察范围与管辖、权限、监察程序作了明确规定。监察委员会依照法律规定独立行使监察权，不受行政机关、社会团体和个人的干涉。各级监察委员会依法对所有行使公权力的公职人员进行监察，调查职务违法和职务犯罪，开展廉政建设和反腐败工作，维护宪法和法律的尊严。各级监察委员会依照《监察法》和有关法律规定履行监督、调查、处置职责：对公职人员开展廉政教育，对其依法履职、秉公用权、廉洁从政从业以及道德操守情况进行监督检查；对涉嫌贪污贿赂、滥用职权、玩忽职守、权力寻租、利益输送、徇私舞弊以及浪费国家资财等职务违法和职务犯罪进行调查；对违法的公职人员依法作出政务处分决定；对履行职责不力、失职失责的领导人员进行问责；对涉嫌职务犯罪的，将调查结果移送人民检察院依法审查、提起公诉；向监察对象所在单位提出监察建议。各级监察委员会可以向本级中国共产党机关、国家机关、法律法规授权或者委托管理公共事务的组织和单位以及所管辖的行政区域、国有企业等派驻或者派出监察机构、监察专员。监察机构、监察专员对派驻或者派出它的监察委员会负责。派驻或者派出的监察机构、监察专员根据授权，按照管理权限依法对公职人员进行监督，提出监察建议，依法对公职人员进行调查、处置。

上述规定决定了纪检监察文书具有强制性。纪检机关代表党的代表大会，监察机关代表国家，依据党规、法律等对纪检、对监察对象进行纪律检查或者监察。纪检监察文书是纪检监察机关在履行上述职责过程中形成的，一旦生效，任何个人、组织都不能以任何借口违反其内容，否则就要受到更为严厉的约束。

上述规定决定纪检监察文书具有特定强制性，即纪检监察文书在特定范围、针对特定对象具有强制性：纪检文书只对违纪的党的组织、党员领导干部、党员具有特定强制力；监察文书只对行使公权力的公职人员具有特定强制力。

（二）规范性

纪检监察文书属于公文语体，属于公文应用文。为保证文书的完善性、统一性、严肃性和科学性，便于文书的制作和掌握，提高工作效率和质量，纪检监察文书具有规范性。

（1）结构的规范性。纪检监察工作的特点决定了纪检监察文书具有实用性，因而结构上比一般法律文书要求得更为严格。纪检监察文书由首部、正文、尾部三部分组成，缺一不可。纪检监察文书的规范性表现在，主要的纪检监察文书的结构、格式必须由中央纪律检查委员会和国家监察委员会统一制定、统一制作，文书的规格、标定的尺寸、文字大小、使用字体、文书具有的事项内容等都必须严格按照统一的格式制作，不允许制作机关或者个人随意变更。

（2）内容的规范性。纪检监察文书不仅具有形式上的结构规范性，在内容上也具有规范性，二者相辅相成。内容的规范性，是指纪检监察文书必须写清每项内容必备的要素。例如处分决定必须有被处分人基本情况、违纪违法和涉嫌犯罪的问题、处分决定等内容。每一部分也必须按照一定的写作要求叙述，例如被处分人的基本情况，包括姓名、性别、民族、出生年月、籍贯、学历、政治面貌、工作单位等。

（3）用语的规范性。在填空式的纪检监察文书中，有些项目、内容是提前印刷好的，制作者只需在空白处填写固定用语即可。在一般纪检监察文书中，无论是在开头还是在承上启下的连接，或是在收尾部分，都有一些相对固定的规范化用语。

（三）政策性

纪检监察文书的政策性很强，不同于一般的党政文书。纪检机关按照《党章》《中国共产党廉洁自律准则》《中国共产党党内监督条例》《中国共产党巡视工作条例》《中国共产党党纪处分条例》《中国共产党问责条例》《中国共产党党员权利保障条例》《中国共产党纪律检查机关监督执纪工作规则》《纪律监察机关处理检举控告工作规则》等对于违反党的纪律的党员进行处理，监察机关按照《监察法》《中华人民共和国公职人员政务处分法》《中华人民共和国监察官法》等对公职人员进行监察。纪检监察文书的制作主要依据的是党的方针、政策和法规，以及有关监察法律、法规、规章，因此，纪检监察文书具有政策性。

二、纪检监察文书的一般格式

纪检监察文书的格式遵循一般党政文书格式的要求，根据《党政机关公文处理工作条例》的规定，党政机关公文由版头、份号、密级、紧急程度、发文字号、签发人、标题、主送机关、正文、附件、发文机关署名、成文日期、印章、印发传达范围、主题词、抄送机关、印制版记组成。许多纪检监察文书不具有上述所有党政文书格式要素，但是纪检监察文书必须具备如下要素。

（一）秘密等级

绝大多数纪检监察文书都有密级限制，因此必须在纪检监察文书首页的左上角标出“秘密”“机密”“绝密”。其中，绝密、机密级文书还应当标明份数序号。

（二）版头

版头即发文机关标识，应当使用发文机关的全称或者规范化简称；联合行文的主办机关排列在前。

（三）发文字号

纪检监察文书按其所反映的内容和公文种类，按年度、类型分别列出公文字号，并按照一定的顺序号进行排列。例如，汉监建字（2022）9号。两个以上机关联合发文，只标明主办机关发文字号。

（四）标题

纪检监察文书的标题一般由内容和文种两部分组成。例如：关于给予王某某诫勉处理的通知。

（五）主送机关或者领导

主送机关或者领导即纪检监察文书受理的机关或者领导。主送机关名称应当用全称、规范化简称或者同类型机关的统称，位于正文上方，顶格排印。

（六）正文

正文是纪检监察文书的主体，用来表述文书的内容，位于标题或者主送机关的下方。

（七）附件

附件是指与纪检监察文书的主件有直接关系，对正文起补充、解释、说明的文件材料。附件位于正文之后，发送机关名称之前，与主件装订在一起。

（八）发文机关署名

发文机关署名应当用全称或者规范化简称，位于正文的右下方。如系多个机关、个人联合行文的，都必须署名。

（九）成文日期

对于成文日期，正式文件应以文件签发或者会议通过的日期为准，其他形式的文书应以最后领导审批或者部门报出的日期为准。成文日期应当写明年月日，位于发文机关署名右下方。

部分纪检监察文书需要标注主题词、抄送机关、印制版记。主题词按上级机关的要求和《国务院公文主题词表》标注，位于抄送机关上方。抄送机关是指除主送机关以外其他需要告知文书内容的上级、下级和不相隶属的机关。抄送机关名称应当使用全称或者规范化简称，位于印制版记上方。印制版记由文书印发机关名称、印发日期和份数组成，位于文书末页下端。

纪检监察文书文字从左至右横写。在民族自治地方，可以并用汉字和通用的少数民族文字（按其习惯书写、排版）。纪检监察文书用纸一般采用A4型纸。填写纪检监察文书时，应使用黑色或者蓝色墨水，不得使用其他颜色墨水，也不得使用圆珠笔或者铅笔。

三、纪检监察文书的写作要求

纪检监察文书是纪检监察专业知识与写作学、语言学、逻辑学等学科的基本原理和技巧的具体、综合运用，纪检监察文书的写作是一门技能性很强的学问。纪检监察工作的特殊性质决定和制约了纪检监察文书的写作，其具体要求是：情况确实、观点明确、语言规范、用词准确、文风朴实、结构规范、逻辑清晰、篇幅简洁。

（一）情况确实

纪检监察文书所叙述情况是否确实，直接影响到纪检监察机关所作出的决定是否正确，也直接关系到纪检监察对象的政治前途，关系到纪检监察机关能否正确履行纪检监察职责。因此，纪检监察文书所反映的问题必须客观真实、准确无误。

（二）观点明确

纪检监察文书以党和国家的方针、政策、法律法规及具有约束力的决定为依据，观点必须十分明确，要旗帜鲜明地表明主题思想，说明什么，支持什么，反对什么，有理有据地论述问题，不回避、不遮掩，切忌模棱两可。

（三）语言规范

纪检监察文书属于公文，要使用标准的现代汉语，具体包括：

(1) 要使用现代汉语、普通话、书面语，而不能使用口头语、方言、俚语等。例如，像“害病在家”“知不道”“怎办”“打群架”“遛弯”都不符合规范要求。

(2) 要使用现代汉语语法规范，掌握句子的基本成分，熟练使用句子附加成分，不能省略的主语、宾语及必要的名词必须保留。会正确使用句子的基本类型，包括陈述句、判断句、疑问句，以及单句和复句。

（四）用词准确

纪检监察文书用词的要求近乎苛刻，这是由纪检监察工作的性质和纪检监察文书的特点所决定的。纪检监察文书除了要求在使用人员、地名、时间、数字、引文时准确之外，更要求准确使用纪检监察文书的专业词汇，这种专业词汇有以下三类：

(1) 纪检监察文书的专业词汇。这属于纪检监察工作的基本业务术语。例如立案、审理、违纪、揭发、检举、打击报复、以权谋私、廉政提醒、诫勉处理、问责、留置、留党察看、开除党籍等。

(2) 纪检监察文书的法律词汇和其他专业词汇。如证据、受害人、辩护、伪造证据、索贿受贿、敲诈勒索、挪用公款、徇私枉法、从轻处理等。

(3) 普通词汇。这类专业词汇主要和上述基本词汇配合使用。例如保护伞、拉关系、走后门、一言堂、特殊化、家长制、执迷不悟、铤而走险、欺行霸市、哄抬物价等。

在纪检监察文书的写作中，常容易混淆的是意义相似或者相近的近义词，例如“违反”和“违犯”、“权利”和“权力”、“后果”和“结果”、“隔离审查”和“离职审查”，或者感情色彩不同的词语，例如“公开”和“公然”、“鼓动”和“煽动”、“同”和“伙同”等。这需要纪检监察文书的制作者在准确区分、掌握各种词汇的基础上，针对案情特点和打击力度，有针对性地使用。

（五）文风朴实

纪检监察文书用来阐述党和国家的路线、方针、政策，传达党和国家的有关决定、决议和法规，具有文件性质。因此，不需要华丽辞藻和精美句式，力求文风的通俗、朴实。例如描述受害人为利器所伤，就应当具体叙述受伤部位、伤口长度、缝合针数，而不能用“血流如注”“血流满面”来形容。纪检监察文书文风朴实并不意味着语言僵硬、套话连篇、千篇一律，而是要根据具体案情和理由进行准确表达。

（六）结构规范

纪检监察文书必须按照既定的结构来制作，不能任意发挥。例如监察决定书必须先写受处分人的基本情况，再写处分依据、理由、证据，最后写处分决定。

（七）逻辑清晰

纪检监察文书不同于文学创作，必须符合逻辑的要求，符合事物发展规律和人的思维规律，要把观点、论据、事实和证据、法律法规、依据等合乎逻辑地联系起来，做到有理有据，有步骤有层次。

（八）篇幅简洁

纪检监察文书要求篇幅简洁，就是要求言简意赅，用最少的文字把意思表达清楚，不拖泥带水，不说空话、套话。当然，也不能一味求“简”，而应是当详则详，该略则略。篇幅的简洁便于突出文书的主要问题、主要观点，也便于阅读对象的阅读和理解，同时也能避免因文字过多而产生疏漏。

四、纪检监察文书的分类和几类常用文书

掌握纪检监察文书的不同分类，有助于了解纪检监察文书的大体覆盖范围，有助于了解纪检监察工作的特殊性。

（一）纪检监察文书的分类

1. 依据不同制作机关的分类

纪检监察文书依据制作机关不同，可以分为纪检机关依据党的政策、方针、法规制作的纪检文书和监察机关依据法律法规、规章制作的监察文书。常见纪检文书包括纪检机关给予违纪的党员党纪处分的文书，纪检机关建议罢免或者撤销违纪党员所任人大、政协、法官、检察官等职务的文书。常见监察文书包括监察机关给予违法的公职人员政务处分的文书，监察机关对于公职人员任免机关、单位应当给予处分而未处分，或者给予的处分违法、不当所制作的监察建议。

2. 依据不同适用情形的分类

2000 年以来，中央纪委、原监察部案件审理室综合纪检和行政监察实践，编写了纪检监察文书格式，包括案件检查文书①、案件审理文书②和信访文书③三类。2016 年国家监察体制改革以来，纪检监察体制、规定、程序均发生重大变化，绝大部分纪检监察文书没有形成统一的法定格式，有关部门对于纪检监察工作的常见的 200 种文书加以归类，编写了《纪检监察文书格式》④。根据适用情形不同，纪检监察文书包括监督检查文书、审查调查文书、案件审理文书和内部决策文书。

（1）监督检查文书是纪检监察机关的监督检查部门依规依纪依法对党的组织、党员、干部以及行使公权力的公职人员遵守党政党纪、宪法法律法规，履行责任和义务情况等进行监督检查所制作的文书。监督检查的目的是发现问题、纠正偏差，确保各级党组织坚定政治立场，坚定正确政治方向。监督检查文书有 14 种，具体包括函询通知书、委托谈话函、采信了结函、澄清证明函、党风廉政意见回复函、廉政提醒函、纪律检查建议书、诫勉处理决定书、诫勉处理通知书、不予政务处分决定书、问责决定书、问责通知书、问责申诉处理决定书。

（2）审查调查文书是纪检监察机关依据党章、宪法和有关纪律、法律规定，对党组织和党员、干部及监察对象涉嫌违纪或者职务违法、职务犯罪，需要追究纪律或者法律责任

① 刘丽英．案件检查文书的写作和运用．北京：中国方正出版社，2004.

② 中央纪委监察部案件审理室．纪检监察常用审理公文格式．北京：中国方正出版社，2000.

③ 里程，辛方．纪检监察公文．北京：中国方正出版社，2005.

④ 本书编写组．纪检监察文书格式．北京：中国方正出版社，2021.

的行为，予以立案进行纪律审核和监察调查所制作的文书。审查调查工作的措施包括谈话、讯问、询问，留置，查询、冻结，搜查，调取、查封、扣押（暂扣、封存），勘验检查，鉴定，技术调查，通缉，限制出境等。审查调查工作程序一般包括初步核实、立案审查调查、开展审查调查、移送并审理、移送司法机关审查起诉、总结善后等程序。审查调查文书有110种，其中主要是调查取证文书。常见审查调查文书有立案决定书、谈话笔录、讯问笔录、询问笔录、留置通知书、被调查人权利义务告知书、协助冻结财产通知书、查封/扣押通知书、采取技术调查措施决定书、数据查询通知书等。

（3）案件审理文书是纪检监察文书调查处理违纪违法案件最后阶段制作的文书。案件审理工作既是审理调查工作的继续，也是对审查调查工作审核把关的重要环节，是纪检监察工作中一项重要的经常性工作，是调查处理违纪违法案件的必经阶段。党内法规和国家法律明确规定，纪检监察机关实行“查审分离”原则，即审查调查和审理相分离，审查调查人员不得参与审理，坚决杜绝“先定后审”“未审即定”“查审部分”等问题。根据党内法规和国家法律法规，拟给予纪律处理、党纪处分、政务处分的案件，拟移送起诉的涉嫌职务犯罪、适用缺席审判程序、申请没收违法所得的案件，申诉复查的案件必须经过审理程序。

（4）内部决策文书是纪检监察机关在执纪执法中供内部决策使用的文书。在监督检查中常见内部决策文书包括谈话函询报批请示、谈话函询情况报告暨处置意见、问责调查报告等3种。在审查调查中常见内部决策文书包括初步核实情况报告、立案审查调查呈批报告、立案请示、审查调查报告、起诉建议书等20种。在案件审理中常见内部决策文书包括提前介入审理意见、审理报告、检察机关提前介入反馈意见的审核意见等3种。

（二）常用纪检监察文书

通过以上分类，可以看出纪检监察文书的种类多样，涉及领域、阶段很多，多数文书属于纪检监察机关的内部文书，多数为不公开的文件，例如案件的初步核实、立案、调查、措施、结案等多种文书。考虑到各类纪检监察文书规范化的程度，特别是考虑到纪检监察机关合署办公的实际，以及纪检监察文书对内和对外不同的使用用途，我们将着重介绍纪检监察文书中对外产生约束力的处分决定书（包括通知书）以及建议书两类主要文书。

在重点介绍处分决定书和建议书之前，有必要简单介绍纪检监察文书中其他几类常用的文书，具体如下所述。

1. 审查调查报告

审查调查报告是依照《中国共产党纪律检查机关监督执纪工作规则》第51条第2款等，由纪检监察机关批准成立的审查调查组在审查调查工作结束时总结审查调查情况和提出具体处理建议时制作并使用的文书。审查调查报告主要内容包括审查调查简况、主要违纪违法事实、涉案财物情况、被审查调查人的态度和认识、处理建议等。其中“涉嫌犯罪”部分应当逐一写明犯罪事实，与审理报告中的表述方式不同。审查调查组应当集体讨论后制作本文书，并由审查调查组组长和有关人员签名，按程序报本机关主要负责人批准后，连同忏悔反思材料、违纪或者职务违法、职务犯罪事实材料，涉案财物报告，以及全部证据和程序材料等一并移送审理。

2. 审理报告

审理报告是依照《中国共产党纪律检查机关监督执纪工作规则》第 55 条第 1 款第 6 项等，由纪检监察机关案件审理部门对案件事实、证据、定性、处理及程序提出审理意见时制作并使用的文书。审理报告主要内容包括：导语、被审查（调查）人基本情况、审查（调查）简况、主要违纪（违法）事实、涉案财物情况、被审查（调查）人的态度和认识、处理意见（包括案件承办部门意见和审理意见）等。其中主要违纪违法事实部分，一般按照违反党的纪律、违反国家法律法规和涉嫌犯罪问题三部门进行归类表述。每个问题的具体事实根据案件不同情况，采取不同的叙述方法，一般包括经审理认定的被审查调查人违纪违法事实及证据状况，要写明被审查调查人违纪的时间、地点、手段、后果以及是否有从轻、从重、减轻、加重处分的情节等。

3. 起诉意见书

起诉意见书是依照《监察法》第 45 条第 1 款第 4 项的规定，由监察机关决定将被调查人涉嫌职务犯罪案件移送人民检察院审查起诉时制作并使用的文书。监察机关根据被调查人的具体身份和在移送起诉之前是否作出党纪、政务处分等情况，按照规定的审批权限报批后制作起诉意见书移送起诉。起诉意见书主要内容包括被调查人基本情况、调查过程、调查查明的涉嫌犯罪事实及相关情节、起诉意见等部分。

4. 请示

请示是下级机关向上级机关请求指示、批准时所适用的文书，通常是针对特定事项呈请有审批权的上级机关批准，所请示的事项须由被请示机关批复后方可办理。

5. 批复

批复是上级机关用于答复下级机关请示时所使用的文书，通常是针对请示作出的，一经作出，对呈报请示的机关或者部门处理所请示事项具有约束力。

6. 函

函是不相隶属的机关或部门之间洽谈工作、询问、答复问题等公务联系时使用的文书。上下级机关之间询问、答复有关问题，也可使用函。函在纪检监察机关的工作中使用较为普遍。函的格式简单，写作简便、灵活，易于掌握。

根据函的特点和审理工作的需要，函常分为征询类函和答复类函两种。

（1）征询类函。

征询类函是指案件审理部门在办理案件过程中就案件的事实认定、定性、处理等问题，征询有关机关及其工作部门意见，并请求答复时使用的文书。有些征询类函是案件审理部门代本纪检监察机关制作的。

征询类函的适用范围包括：就有关案件的定性、处理等问题向上级纪检监察机关的案件审理部门征求意见的；纪检监察机关就对被调查人的处理意见等问题征求有关组织或单位意见的；纪检监察机关就有关案件事项征询党委和政府的其他工作部门以及人大、政协机关、司法机关意见的；案件审理部门就对某类违纪行为的定性、处理以及有关政策问题等咨询上级纪检监察机关有关部门意见的；案件审理中其他需要使用征询函的情况。

（2）答复类函。

答复类函是指上级纪检监察机关及其案件审理部门对下级机关或部门在征询类函或请示中所提出的问题作出答复的文书。

答复类函的适用范围包括：需对下级纪检监察机关征求意见案件的请示作出答复的；案件审理部门对下级机关及其案件审理部门就有关案件事项征询意见作出答复的；其他需要使用答复类函的情形。

第二节　处分决定书

处分决定书是指纪检监察机关依据有关法律法规，对违纪违法的对象作出处分决定（包括党纪处分决定书和政务处分决定书）、免予处分决定（包括免予党纪处分决定书和免予政务处分决定书），并依据程序向对象宣布执行处分、处理决定事项时使用的通知书，具体内容如下所述。①

一、党纪处分决定书

（一）概述

1．概念

党纪处分决定书是指党的纪检机关对违反党的纪律的党组织或党员作出党纪处分决定时所使用的文书。

2．特点

党纪处分决定书是按照特定的程序制作的，具有党纪的约束力。党纪处分决定书一经批准即发生效力，有关党组织和党员必须无条件地执行，其效力不受被处分的党组织或党员申诉的影响。

3．制作依据

（1）《党章》第 40 条第 2 款规定：坚持惩前毖后、治病救人，执纪必严、违纪必究，抓早抓小、防微杜渐，按照错误性质和情节轻重，给以批评教育直至党纪处分。

（2）《中国共产党纪律处分条例》第 40 条规定：对于违纪行为所获得的职务、职称、学历、学位、奖励、资格等其他利益，应当由承办案件的纪检机关或者由其上级纪检机关建议有关组织、部门、单位按照规定予以纠正。对于依照该条例第 35 条、第 36 条规定处理的党员，经调查确属其实施违纪行为获得的利益，依照本条规定处理。第 41 条规定：党纪处分决定作出后，应当在一个月内向受处分党员所在党的基层组织中的全体党员及其本人宣布，是领导班子成员的还应当向所在党组织领导班子宣布，并按照干部管理权限和组织关系将处分决定材料归入受处分者档案；对于受到撤销党内职务以上（含撤销党内职务）处分的，还应当在一个月内办理职务、工资、工作及其他有关待遇等相应变更手续；涉及撤销或者调整其党外职务的，应当建议党外组织及时撤销或者调整其党外职务。特殊情况下，经作出或者批准作出处分决定的组织批准，可以适当延长办理期限。办理期限最长不得超过六个月。

（3）《中国共产党权利保障条例》第 18 条第 1 款规定：党员有党内申诉权，对于党组

① 关于处分决定书、免予处分决定书等的写作可参阅：本书编写组．纪检监察公文格式．北京：中国方正出版社，2021：577－609.

织给予本人的处理、处分或者作出的鉴定、审查结论不服的，有权按照规定程序逐级向本人所在党组织、上级党组织直至中央提出申诉。第 35 条第 2 款规定：处理、处分所依据的事实材料应当同本人见面。处理、处分的决定应当向本人宣布，并写明党员的申诉权以及受理申诉的组织等内容。事实材料和决定应当由本人签署意见，对签署不同意见或者拒不签署意见的，应当作出说明或者注明情况。

(4)《中国共产党纪律监察机关监督执纪工作规则》第 56 条第 2 款规定：处分决定作出后，纪检监察机关应当通知受处分党员所在党委（党组），抄送同级党委组织部门，并依照规定在 1 个月内向其所在党的基层组织中的全体党员以及本人宣布。处分决定执行情况应当及时报告。第 58 条规定：对被审查调查人违规违纪违法所得财物，应当依规依纪依法予以收缴、责令退赔或者登记上交。对涉嫌职务犯罪所得财物，应当随案移送司法机关。对经认定不属于违规违纪违法所得的，应当在案件审结后依规依纪依法予以返还，并办理签收手续。

4. 适用范围

凡经有决定或批准权限的纪律检查委员会决定给予党员警告、严重警告、撤销党内职务、留党察看、开除党籍，给予党组织改组、解散处分的，均需制作党纪处分决定书。

5. 制作程序

纪检监察机关作出党纪处分决定，应当按照处分党员批准权限规定报批，并报本机关主要负责人批准后，制作本文书，通知受处分党员的所在党委（党组），抄送同级党委组织部门，并依照规定在 1 个月内向其所在党的基层组织中的全体党员以及本人宣布。

（二）写法

1. 首部

党纪处分决定书的首部由版头、标题、发文字号三部分组成。

(1) 版头。党纪处分决定书的版头，由发文机关全称或规范化简称加括号标明文种（即决定）组成，用套红大字居中印在决定书首页上部，如“中共某省纪律检查委员会（决定）”。

(2) 标题。党纪处分决定书的标题，一般由受处分人的姓名、处分种类及文种组成。如“关于给予王某某开除党籍处分的决定”。

(3) 发文字号。党纪处分决定书发文字号，由发文机关代字、发文年度和发文顺序号组成，标注于标题右下方，如“晋纪（2022）2 号”。

2. 正文

党纪处分决定书的正文，主要由以下几部分内容组成：

(1) 被处分人的基本情况。

这主要包括被处分人的姓名、性别、民族、出生年月、籍贯、文化程度、参加工作时间、入党时间、主要任职情况，如果处理时需要，还应写明职称、职级。被处分人所任职务一项，主要应写明被处分人现任的职务。被处分人的违纪行为不是在任现职期间发生的，应写明违纪行为发生时所担任的职务及担任上述职务的时间。已经离退休的，应写明离退休的时间及当时所任的职务。被处分人是现任人民代表大会代表、政治协商会议委员的，也应写明。

被处分人曾经受过处分或刑罚处罚的，应写明被处分人何时因何原因，受到何种处分或刑罚处罚。

（2）违纪违法事实。

党纪处分决定书中的违纪违法事实，是指经过纪检机关审定的、作为处分依据的事实。叙述违纪违法事实时，应根据违纪、违法和犯罪构成要件，完整表述行为发生的时间、地点、情节、后果等内容。如果被处分人具有从轻、减轻或从重、加重处分的情节，应当写明。

违纪违法事实中如果有涉及党和国家秘密或其他不宜公开的内容，不要详加描述，应主要围绕被处分人的违纪违法行为概述事实经过。在叙述中应尽量避免涉及他人，如果必须出现相关人员的姓名时，可保留其姓氏隐去人名，如用张某某。

违纪违法事实作为处分决定的依据，是党纪处分决定书的重要组成部分，表述要求用词准确、逻辑严谨、详略得当、符合法规要求，切忌渲染夸张。

（3）处理决定及依据。

党纪处分决定书中应写明处理决定的具体内容及法律法规依据。党纪处分决定书应对违纪违法行为的本质和特点进行概括描述，评价违纪行为的性质，对本人认错悔过表现、主动投案、立功表现等理由进行概括（如提出可以从轻、减轻或者从重、加重处分的意见），写明决定给予的处分种类及定性量纪的法规依据，引用法律法规时要完整引用题目。给予撤销党内职务处分的，要写明是撤销党内一切职务还是某个职务。给予留党察看处分的，要写明留党察看期限（一年或二年）。对经过上级机关批准后生效的处分决定，应写明批准的机关及时间。如果有责令退赔或收缴等处理事项的，应一并写明。

（4）结束语。

由于处分决定的生效时间涉及党纪处分的影响期限问题，因此，党纪处分决定书的结束语应写明处分决定生效的时间（一般是有最终决定权或批准权的机关决定或批准的时间）。如“本处分决定自 2022 年 5 月 15 日起生效”。为保障党员权利，处分决定书应当告知救济途径。如“如不服本处分决定，可按程序向某市纪委、某市党委或者某省纪委直至中共中央提出申诉”。

3. 尾部

党纪处分决定书尾部由署名，成文日期，印章，主题词，主、抄送机关及人员，印制版记组成。

（1）署名。党纪处分决定书应署发文的纪检机关的全称或规范化简称，标注于正文的右下方。

（2）成文日期。党纪处分决定书的成文日期应署纪检机关领导签批的日期，应写明年月日，标注于发文机关署名的下方。

（3）印章。应在署名和成文日期位置上，加盖发文机关的印章。

（4）主题词。党纪处分决定书的主题词，由党纪处分、具体的处分种类和被处分人的姓名、文种（即决定）四个部分组成。如“党纪处分　开除党籍　李某　决定”。

（5）主、抄送机关及人员。纪检机关的党纪处分决定书，应主送被处分人及其所在单位或主管单位，同时抄送对被处分对象有管理权的党组织、人事部门。应使用主送、抄送机关的全称或规范化简称，标注于主题词下方。

（6）印制版记。一般由党纪处分决定书印制机关及部门名称、印制日期、印制份数组成，标注于抄送机关的下方。党纪处分决定书的印制份数根据实际需要确定。

（三）实例及评析

中共阳成市纪律检查委员会（决定）

关于给予王××开除党籍处分的决定

阳纪（2018）9号

王××，女，回族，1966年9月出生，××省阳成市人，大学文化，1987年9月参加工作，1991年6月加入中国共产党。2018年6月起，任阳成市交通局副局长。

经审查，王××存在以下违纪的问题。

2021年3月，王××同志通过投标交通局老干部活动中心装修工程的某装修公司吴经理，由该公司专门派遣工程队为王××个人自购商品房进行装修，装修工程款、材料款等合计××万元，王××在明知实价的情况下，只付款××元，少付款××元。

以上事实，有相关证人证言及物证、书证等证据证实。

王××身为领导干部，利用职务上的便利，由为交通局装修工程投标方之一的某装修公司为其个人自购商品房进行装修，只付了少量钱款，已构成收受可能影响公正执行公务的财物，情节严重。依据《中国共产党纪律处分条例》第八十八条第一款之规定，经市纪委常委会决定，并经市委常委会2021年9月5日批准，给予王××开除党籍处分，责令其退赔少付款××元。

本决定自2021年9月5日起生效。

中共阳成市纪委（印章）

二〇二一年九月五日

主题词：党纪处分　开除党籍　王××　决定

主送：市直属机关工委、王××

抄送：市委组织部、市人事局

中共阳成市纪委公室

2021年9月8日印发

共印8份

评析：从整体上看，本党纪处分决定书的写法符合党纪处分决定书的结构要求，基本要素齐备、规范，但在有关表述上不符合规定，在给予开除党籍处分的人员姓名后面不得再加“同志”称谓，给予留党察看及以下处分的，被处分人姓名后需加“同志”2字。另外，制作党纪处分决定书时，还要注意以下几点：

（1）对于需要呈报上级机关审批的案件，应根据上级机关批复的内容制作或修改党纪处分决定书，不能用批复代替党纪处分决定书。

（2）本处分中处分依据部分仅引用于作出党纪处分有关的条款，终止党代会代表资格、移送检察机关审查起诉、中止党员权利等所涉及的《中国共产党纪律处分条例》第14、29、30条等条款不得引用。

（3）被处分人系已经退休的公职人员，依照规定调整其享有的待遇的，有关内容不属于党纪处分决定的内容，不宜写入本文书中。

（4）处分决定生效和落款日期均为有权批准党纪处分的党委或者纪委常委会会议审议的时间。

(5) 如果对同一违纪人员，既要给予党纪处分又要给予政务处分，要分别制作党纪处分决定书和政务处分决定书。

(6) 对共同违纪案件，应对每一个违纪人员分别制作党纪处分决定书。

(7) 有关单位宣布执行党纪处分决定及办理其他有关事项的，还应同时制作处分决定通知书。处分决定通知书的制作详见本节第四部分。

二、政务处分决定书

(一) 概述

1. 概念

政务处分决定书是指各级监察机关对违法的公职人员作出处分决定时使用的文书。

2. 特点

政务处分决定书是按照特定的程序制作的，具有法定约束力的文书。政务处分决定书一经批准送达即发生效力，被处分对象及其所在的单位必须执行，其效力不受被处分对象申诉的影响。

3. 制作依据

(1)《监察法》第 11 条第 3 项规定：监察机关依法向监察对象所在单位提出监察建议。

(2)《监察法》第 13 条规定：派驻或者派出的监察机构、监察专员根据授权，按照管理权限依法对公职人员进行监督，提出监察建议，依法对公职人员进行调查、处置。

(3)《监察法》第 45 条第 3 项和第 5 项规定：监察机关根据监督、调查结果，依法作出如下处置：对不履行或者不正确履行职责负有责任的领导人员，按照管理权限对其直接作出问责决定，或者向有权作出问责决定的机关提出问责建议；对监察对象所在单位廉政建设和履行职责存在的问题等提出监察建议。

(4)《中华人民共和国公职人员政务处分法》(以下简称《公职人员政务处分法》) 第 45 条规定：决定给予政务处分的，应当制作政务处分决定书。政务处分决定书应当载明下列事项：(1) 被处分人的姓名、工作单位和职务；(2) 违法事实和证据；(3) 政务处分的种类和依据；(4) 不服政务处分决定，申请复审、复核的途径和期限；(5) 作出政务处分决定的机关名称和日期。政务处分决定书应当盖有作出决定的监察机关的印章。第 46 条规定：政务处分决定书应当及时送达被处分人和被处分人所在机关、单位，并在一定范围内宣布。作出政务处分决定后，监察机关应当根据被处分人的具体身份书面告知相关的机关、单位。

(5)《监察法》第 62 条规定：有关单位拒不执行监察机关作出的处理决定，或者无正当理由拒不采纳监察建议的，由其主管部门、上级机关责令改正，对单位给予通报批评；对负有责任的领导人员和直接责任人员依法给予处理。

4. 适用范围

凡经有决定或批准权限的监察机关决定给予监察对象警告、记过、记大过、降级、撤职、开除处分的，均需制作政务处分决定书。

5. 制作程序

纪检监察机关对被调查人作出政务处分决定的，应当按照被调查人的具体身份，按照处分批准权限，经纪委常委会会议审议（应当报请同级党委或者上级监委审批的，还需呈报审批）后制作本文书。若被调查人系经各级人民代表大会、县级以上各级人民代表大会常务委员会选举或者决定任命的公职人员，给予其撤职或者开除处分的，应当先依法罢免、撤销或者免去其职务，再依法作出政务处分决定，制作本文书。若被调查人系经中国人民政治协商会议各级委员会全体会议或者常务委员会选举或者决定任命的公职人员，给予其撤职或者开除处分的，应当先依章程免去其职务，再依法作出政务处分决定，制作本文书。

（二）写法

1. 首部

政务处分决定书是监察决定书的一种，其首部由版头、发文文号、标题组成，格式和要求与党纪处分决定书的首部基本相同，例如，版头为“某某省监察委员会政务处分决定书”，标题为“关于给予王某某撤职处分的决定”，发文字号为“某监决字（2021）12号”。略有不同的是，处分决定书的版头由发文的监察机关全称或规范化简称加“监察决定书”字样组成，分两行居中印在处分决定书首页上部。

2. 正文

政务处分决定书的正文主要由被处分人的基本情况、违法事实、处理决定及依据、结束语四部分组成，与党纪处分决定书要求基本相同。不同之处在于：

（1）违法事实是经过监察机关审定的。

（2）法律依据主要是监察法律法规。

（3）结束语应根据《监察法》第60条第2款的规定写明：“如不服本处分决定，可以在收到处理决定之日起一个月内向上一级监察机关申请复查。”

3. 尾部

政务处分决定书的尾部由署名，成文日期，印章，主题词，主、抄送机关及人员，印制版记六部分组成。其中主题词一般由监察、处分种类、被处分人的姓名和文种（即决定）组成。其余部分与党纪处分决定书尾部基本相同。

此外，制作政务处分决定书还要注意以下几点：

（1）无论是给予被调查人开除处分，还是警告、记过、记大过、降级或者撤职处分，本文书标题中被处分人姓名后均不加“同志”2字。

（2）依照《中国共产党纪律处分条例》第56条和《公职人员政务处分法》第13条之规定，对抗组织审查在党纪上属于违反政治纪律的违纪行为，在政务上则属于应当从重给予政务处分的法定情形，因此，被调查人对抗组织审查行为应当写入本文书“处理决定及依据”部分。

（3）依照《公职人员政务处分法》第50条第3款的规定，监察机关对各级人民代表大会代表、中国人民政治协商会议各级委员会委员给予政务处分，应当向有关的人民代表大会常务委员会，乡、民族乡、镇的人民代表大会主席团或者中国人民政治协商会议委员会常务委员会通报。

（4）对同一违纪违法人员既要给予政务处分又要给予党纪处分的，要分别制作政务处分决定书和党纪处分决定书。

（5）对共同违法案件，应对每一个违法人员分别制作处分决定书。

（6）委托有关单位代为宣布执行处分决定及办理其他有关事项的，还应同时制作处分决定通知书。

三、免予处分决定书

（一）概述

1. 概念

免予处分决定书（包括免予党纪处分决定书和免予政务处分决定书）是指纪检监察机关依纪依法对符合免予处分条件的违纪违法人员，作出免予处分决定时使用的文书。

2. 特点

免予处分虽然不属于党纪或政务处分的一个种类，但它是纪检监察机关依纪依法对违纪违法人员作出的正式处理结论。所以，免予处分决定书同样具有约束力。

3. 制作依据

（1）《中国共产党纪律处分条例》第 19 条规定：对于党员违犯党纪应当给予警告或者严重警告处分，但是具有本条例第 17 条规定的情形之一或者本条例分则中另有规定的，可以给予批评教育、责令检查、诫勉或者组织处理，免予党纪处分。对违纪党员免予处分，应当作出书面结论。

（2）《中华人民共和国公务员法》第 55 条规定：公务员因违法违纪应当承担纪律责任的，依照该法给予处分；违纪行为情节轻微，经批评教育后改正的，可以免予处分。

（3）《公职人员政务处分法》第 12 条规定：公职人员违法行为情节轻微，且具有本法第 11 条规定的情形之一的，可以对其进行谈话提醒、批评教育、责令检查或者予以诫勉，免予或者不予政务处分。公职人员因不明真相被裹挟或者被胁迫参与违法活动，经批评教育后确有悔改表现的，可以减轻、免予或者不予政务处分。

4. 适用范围

符合下列条件，纪检监察机关决定免予处分的，应制作免予处分决定书：

（1）依照《中国共产党纪律处分条例》第 19 条规定符合免予处分条件的正式党员。

（2）依照《公职人员政务处分法》第 11 条、第 12 条等有关规定符合免予处分条件的公务员。

5. 制作程序

纪检监察机关对违纪违法人员决定免于党纪、政务的，应当按照其具体身份，按照审批权限报批后，制作本文书。有违法所得需要没收的，同时对其进行谈话提醒、批评教育、责令检查或者予以诫勉的，一并写入免于政务处分决定书。

（二）写法

免予处分决定书由首部、正文和尾部三部分组成。

1. 首部

免予处分决定书的首部由版头、发文字号和标题组成，具体写法与对应决定书的首部相同。其中标题一般由被免予处分人员的姓名（其中免予党纪处分决定书，在姓名后应加“同志”）、决定事项和公文种类即决定组成，如“关于免予周某某同志党纪处分的决定”“关于免予孟某某政务处分的决定”。

2. 正文

免予处分决定书的正文，主要由被免予处分人的基本情况、违纪违法事实、处理决定及依据、结束语四部分组成，具体写法与党纪处分决定书、政务处分决定书基本相同。不同的是，在处理决定及依据部分，须写明减轻处分情节或其他免予处分的条件、违纪违法行为的性质以及定性和适用的依据。

3. 尾部

免予处分决定书尾部由署名，成文日期，印章，主题词，主、抄送机关及人员，印制版记六部分组成，其中，署名、成文日期、印章、印制版记与党纪处分决定书和政务处分决定书基本相同。

免予党纪处分决定书的主题词，由纪律检查、免予处分、被免予处分人员的姓名和文种（即决定）四个部分组成，标注于抄送机关上方。如“纪律检查　免予处分　李某　决定”。免予政务处分决定书的主题词，由监察、免予政务处分、被免予处分人员的姓名和文种（即决定）组成，标注于主、抄送机关上方。如“监察　免予处分　王某某　决定”。

免予党纪处分决定书的主、抄送机关及人员部分，应主送被免予处分人所在单位或主管单位及被免予处分人，同时抄送对被免予处分人有管理权的组织人事部门及其他有关单位，应用主、抄送机关的全称或规范化简称，标注于印制版记的上方。

此外，写作免予处分决定书还要注意以下几点：

（1）免予处分决定书的制发应与制发处分决定书一样，履行有关审批程序。

（2）免予处分决定应在一定范围内宣布；免予处分决定书应装入本人档案。

（3）委托有关单位代为宣布执行免予处分决定或办理其他事项的，应同时制作免予处分决定通知书。

（4）免于党纪处分决定书仅适用于立案审查后，在立案审查前发现党员有《中华人民共和国纪律处分条例》第 19 条规定的可以免于党纪处分的两种情形之一的不适用本文书，可以直接给予其批评教育、责令检查、予以诫勉或者建有有关管理权限的党组织给予其组织处理。

（5）免于党纪处分决定书送达免于处分所在党委（党组）、同级党委组织部门，不需要同时作出免于政务处分决定；决定免于政务处分的也不需要同时再作出免于党纪处分决定。

（6）免于政务处分与不予政务处分在适用的环节、程序和对文书的要求均存在不同，应当区别适用。

（7）仅党纪立案，监察机关没有立案调查的，监察机关通常不宜作出免于、不予政务处分决定。

四、处分决定通知书

（一）概述

1. 概念

处分决定通知书是指纪检监察机关印发被处分对象所在组织或单位宣布执行处分、处理决定事项时使用的文书。它包括党纪处分通知书和政务处分决定通知书。

2. 特点

处分决定通知书是与处分决定书或免予处分决定书相配套的文件，一般不单独使用。

3. 制作依据

（1）《中国共产党纪律处分条例》第 41 条规定：党纪处分决定作出后，应当在一个月内向受处分党员所在党的基层组织中的全体党员及其本人宣布，是领导班子成员的还应当向所在党组织领导班子宣布，并按照干部管理权限和组织关系将处分决定材料归入受处分者档案；对于受到撤销党内职务以上（含撤销党内职务）处分的，还应当在一个月内办理职务、工资、工作及其他有关待遇等相应变更手续；涉及撤销或者调整其党外职务的，应当建议党外组织及时撤销或者调整其党外职务。特殊情况下，经作出或者批准作出处分决定的组织批准，可以适当延长办理期限。办理期限最长不得超过六个月。

（2）《中国共产党纪律检查机关监督执纪工作规则》第 56 条第 2 款规定：处分决定作出后，纪检监察机关应当通知受处分党员所在党委（党组），抄送同级党委组织部门，并依照规定在 1 个月内向其所在党的基层组织中的全体党员以及本人宣布。处分决定执行情况应当及时报告。

（3）《公职人员政务处分法》第 46 条第 1 款规定：政务处分决定书应当及时送达被处分人和被处分人所在机关、单位，并在一定范围内宣布。

4. 适用范围

凡纪检监察机关印发被处分对象所在组织或单位宣布执行处分、处理决定事项的，均需制作处分决定通知书。

5. 制作程序

纪检监察机关将党纪、政务处分决定印发被处分人所在党委（党组）、同级党委组织部门的，应当在党纪、政务处分决定根据处分批准权限审批通过，按程序报批作出党纪、政务处分决定时一并报批制作本文书，并在向被处分人本人宣布党纪、政务处分决定后，将本文书送到被处分人所在党委（党组）、同级党委组织部门，其中被处分人所在党委系地方党委的，还应当抄送该地方纪委监委；被处分人所在党务（党委）系本级党委审批设立，还应当同时抄送相应派驻纪检监察组。

（二）写法

1. 首部

处分决定通知书的首部由版头、发文字号、标题、主送机关组成，其格式与对应决定书的首部基本相同。其中，处分决定通知书的标题一般由被处分人姓名、处分种类、公文种类即通知组成。如“关于给予李某某开除党籍处分的通知”“关于给予王某记过处分的通知”等。

2. 正文

处分决定通知书的正文一般比较简短，主要应写明所决定的事项及要求受文单位办理的事项。一般由以下几部分组成：

（1）决定事项。决定事项中应完整表述所决定的各项内容。在写决定事项的具体内容之前，应简要交代该决定的审议或批准情况，如“经省纪委常委会讨论，并经省委批准，决定给予省民政厅副厅长张×同志留党察看两年处分”。

（2）受文单位办理事项。需要受文单位办理的事项，应在通知书中写明，如“现将《关于给予孙某某同志留党察看两年的处分决定》（文号）印发给你们，请宣布执行，并在一定范围内宣布”。这部分还应写明要求受文单位将处分执行和宣布情况及时回告发文的纪检监察机关，如“执行和宣布情况请于两个月内函告我委”。

这里需要说明的是，通知书中表述的决定事项，有的不能在处分决定书中表述。有的与处分决定书的表述角度不一样，如对违法违纪所得的处理，处分决定书针对的是被处分人本人，可能表述为“责令退赔”或“予以收缴”，而通知书则可能表述为“由你们负责追缴李××的违纪所得××元，上交国库”或“由你们负责将胡某某退出的人民币××元上交国库”。

（3）结束语。通知的结束语一般写“特此通知”。

3. 尾部

通知书的尾部与处分决定书的尾部基本相同，二者的主要不同之处在于主题词。

（1）党纪处分决定通知书的主题词，由党纪处分、处分种类、被处分人姓名、通知四部分组成。如“党纪处分　开除党籍　胡某某　通知”。

（2）政务处分决定通知书的主题词，由监察、处分种类、被处分人姓名、通知四部分组成。如“政务处分　行政撤职　马某　通知”。

（三）实例及评析

中共阳成市纪律检查委员会（通知）

关于给予王××开除党籍处分的通知

阳纪（2021）10号

市交通局党委：

2021年9月5日，市纪委常委会会议审议了市交通局纪委《关于给予王××开除党籍处分的请示》，并经市委批准，决定给予王××开除党籍处分；责令其退赔违纪所得××元。市纪委监委负责向王××本人宣布处分决定。

现将《关于给予王××开除党籍处分的决定》印发给你们，请予执行，并在一定范围内宣布。执行和宣布情况请于两个月内函告我委。

特此通知。

中共阳成市纪委办公室（印章）

二〇二一年九月九日

主题词：党纪处分　开除党籍　王××　通知

抄送：市委组织部、市直属机关工委

中共阳成市纪委办公室　　2021年9月10日印发

共印8份

评析：以上通知书符合党纪处分通知书的基本规范、格式要求。在实际制作和使用中还应注意以下几点：

（1）处分决定书是独立的文件，不能作为处分决定通知书的附件。

（2）同时给予党纪、政务处分或者仅给予党纪处分的，本文书制作主体为作出党纪处分决定的纪委的办公厅（室）；仅给予政务处分的，本文书制作主体为作出政务处分决定的监委的办公厅（室）。处分决定通知书是发给委托宣布执行的党组织或有关单位的，处分决定书、免予处分决定书也应同时发送上述单位。对被处分人或被免予处分人，则只发处分决定书或免予处分决定书。

（3）对于违纪违法行为所获得的职务、职称、学历、学位、奖励、资格等其他利益，可在本文书中一并提出请被处分人所在党委（党组）按照规定予以纠正的明确要求，可在“请予执行，并在一定范围内宣布”之后，增加表述“对某某因（违纪）违法行为所获得职务（职称、学历、学位、奖励、资格等其他利益）按照规定予以纠正”。

（4）纪检监察机关提级办理的案件，直接作出党纪、政务处分决定，本文书可直接主送下一级党委（党组），抄送下一级纪委监委（或者相应派驻纪检监察组），不需要再抄送同级党委组织部门。

第三节　建议书

根据制作机关和制作依据的不同，建议书可以分为纪律检查建议书和监察建议书两种。[①]

一、纪律检查建议书

（一）概述

1. 概念

纪律检查建议书是纪检机关承办部门对监督中发现的突出问题，认为应当向有关党组织提出纪律检查建议的，所起草制作并按程序报批的文书。

2. 特点

建议权是纪检机关的重要职权。纪检机关根据监督中发现的突出问题，就检查涉及的人员或组织的处理，向有关单位提出建议，是纪检机关行使建议权的形式之一。纪律检查建议书对接受建议的党组织具有较强的约束力。接受建议的党组织，对纪律检查建议无正当理由的，应予采纳，并应将对建议的办理情况和处理结果及时报告或告知提出建议的纪检机关。

3. 制作依据

《中国共产党纪律检查机关监督执纪工作规则》第19条规定：纪检监察机关对监督中发现的突出问题，应当向有关党组织或者单位提出纪律检查建议或者监察建议，通过督促召开专题民主生活会、组织开展专项检查等方式，督查督办，推动整改。

4. 适用范围

纪律检查建议适用于纪检机关根据监督检查、审查调查、巡视巡察等工作中发现的突出问题，向有关党组织提出强化全面从严治党主体责任落实、完善体制机制的建议，主要包括党的领导弱化，党的建设不力，党的路线方针政策和党中央重大决策部署没有得到有效贯彻执行的；落实全面从严治党责任不到位，维护党的纪律、落实中央八项规定精神不力的；经过谈话函询或者初步核实，有违纪事实，但情节轻微，不需要追究纪律责任，应当建议有关党组织作出处理的；发现相关制度机制不健全需要建章立制的等。

纪律检查建议书的接受单位，应是中国共产党的党组织、党组织的工作部门或派出机构。

① 关于建议书的写作可参阅：本书编写组．纪检监察公文格式．北京：中国方正出版社，2021：26-33.

5. 制作程序

纪检监察机关承办部门对监督中发现的突出问题，经综合分析后，认为应当向有关党组织提出纪律检查建议的，按程序报纪检监察机关主要负责人批准后，制作本文书。

（二）写法

1. 首部

纪律检查建议书首部由版头、份号、密级、发文字号、标题、主送机关组成。版头、发文字号、主送机关与党纪处分决定书基本相同。

纪律检查建议书的标题一般由事由和文种（即建议）组成。如“关于切实履行好主体责任的纪律检查建议”。

2. 正文

纪律检查建议书的正文包括以下内容：

（1）导语。导语包括问题来源或者提起建议的起因。

（2）提出的建议。纪检机关提出的纪律检查建议，一般经过纪检机关常委会议讨论决定，代表着纪检机关的正式意见，因此一定要写得明确具体，切忌抽象模糊，使接受建议单位难以采纳办理。

（3）结束语。这部分要求告知接受建议单位应将对建议的办理情况和处理结果及时报告或告知纪检机关。

3. 尾部

纪律检查建议书的尾部较为简单，一般由附件、署名、成文日期、印章等构成。其中，附件应标注于正文之后发文的纪检机关署名之前，顺序列出附件名称。

（三）实例及评析

关于加强主体责任和监督责任的纪律检查建议

市商务局：

我委在监督检查工作中，发现你单位存在的干部管理监督缺位等突出问题，为进一步压实全面从严治党主体责任和监督责任，依照《中国共产党纪律检查机关监督执纪工作规则》第十九条等规定，现提出如下纪律检查建议：

一、提高政治站位，牢记职责使命。领导班子要不断提高政治站位，切实增强危机感、责任感、使命感，要始终牢记职责使命，真正做到心中有党、心中有国、心中有民、心中有责、心中有戒，切实履行好各自应承担的责任，下大力气解决现在你单位存在的主要矛盾和问题。

二、健全监督网络，扩大监督效果。实施干部管理负面清单制度，构建干部日常管理立体网络。对干部的监督由单位内延伸到单位外、由组织延伸到社会、由“八小时以内”延伸到“八小时以外”，重点加强对“一把手”的监督。构筑“防范线”，对干部的活动和行为做出规范，建立超前、管用、有约束力的监督制度；构筑“辅助线”，采取教育、引导和鼓励等办法，促使领导干部的家属在廉政方面对其进行积极的提示、批评和监督；构筑“举报线”，建立群众举报网络，及时获取有效信息，以便组织上及时发现某些领导干部的倾向性、苗头性问题；构筑“纠察线”，聘请监督员，经常性地对消费、娱乐场所进行明察暗访；构筑“警示线”，加强对报纸、电视、网络等媒体的舆情引导，加大正面典型的宣传力度，正确引导舆情，为干部选拔任用工作和干部监督工作创造良好的社会氛围。

三、培育监督意识，营造良好氛围。一要教育各级干部克服逃避监督的错误心态，真正把来自组织、群众和社会的监督看作是对自己的关心和爱护，树立“监督是对干部最大的关心”意识，从而自觉接受监督。二要加强干部监督意识，克服“唱黑脸”的心理障碍，敢于监督，敢于说真话，增强干部的使命感和责任感，从而不断增强工作的自觉性和主动性。三要前移监督关口，坚持正面教育和事前监督为主，引导干部自重、自省、自警、自励，守法遵纪，避免犯错，从而实现对干部的保护，防患于未然。

四、坚持统筹兼顾，增强监督合力。一要强化外部协调，按照谁主管谁牵头的原则，各部门互通情况，交流信息，研究对策，充分发挥执纪执法部门在加强干部监督方面的积极作用。二要强化内部沟通，组织部门内部要对干部监督工作进行合理分工，进一步明确干部监督机构与干部管理机构的职责，形成分工负责、密切协作、齐抓共管的工作格局。三要强化舆论监督，充分运用舆论监督手段，加强对干部选拔任用工作和领导干部的监督，正面引导领导干部规范从政行为，坚持依法行政、依法用权。积极应对舆情突发事件，正确引导舆论宣传。四要拓宽信息渠道，充分发挥网络监督、信访举报等监督手段的作用，及时收集信息，并与干部考察考核、奖惩任免、日常监督相结合，形成齐抓共管的干部监督预防体系。

请收到本纪律检查建议书后抓紧研究落实，并于两个月内向我委反馈建议落实情况，我委将适时组织开展对落实纪律检查建议情况的监督检查。如对本纪律检查建议有异议，可自收到本纪律检查建议书后一个月内向我委书面提出并阐明理由。

联系人及电话：略。

市纪委（印章）
二〇二二年三月八日
共印 8 份

评析：从整体上看，本纪律检查建议书的写法符合纪律检查建议书的结构要求，基本要素齐备、规范，但在建议书适用对象即主送机关上写作有误，纪律检查建议书适用于向与纪检机关同级党组织的工作部门，如组织部、宣传部、统战部等；同级党组织的派出机构，如人大机关、政协机关、司法机关、人民团体的党组等；下级党组织；企事业等单位的党组织提出建议的情况。纪律检查建议书不适用于向同级党委提出建议，一般也不适用于在纪律检查系统内部提出建议，如上级纪检机关向下级纪检机关所作指示或提出的工作意见。因此，本建议书中的主送机关为“市商务局”是不正确的，应该修正为“市商务局党组”。

此外，纪检检查建议书的制作还应注意：

（1）纪律检查建议书应当是在监督检查或者审查调查等工作中，根据监督、调查的结果，提出纪律检查建议。

（2）综合分析监督中发现的问题，防止重复提出纪律检查建议，或者对同一党组织频繁提出纪律检查建议，其中可以整合后一并提出纪律检查建议的尽可能归并提出。纪检监察机关审查调查、案件审理、案件监督管理等部门拟提出纪律检查建议的，可与相应监督检查部门沟通，并在提出纪律检查建议后抄送相应监督检查部门，由监督检查部门或者提出纪律检查建议的部门通过督促召开专题民主生活会、组织开展专项检查等方式督查督办，推动整改落实。

（3）纪检监察机关提出纪律检查建议的，通常是向本级或者下级纪检机关负责监督执纪的党组织提出，不宜向上级或者没有隶属关系的纪检机关负责监督执纪的党组织提出。根据上级纪检机关的指定管辖决定开展审查工作中发现突出问题，确需向上级纪检机关或者没有隶属关系的纪检机关负责监督执纪的党组织提出纪律检查建议的，可向该上级纪检机关或者没有隶属关系的纪检机关提出建议。

（4）就同一事项既需要向监察对象所在党组织提出纪律检查建议，又需要向监察对象所在单位提出监察建议的，可以制作本文书一并提出纪律检查建议，一般不宜制作没有党内法规和国家法律法规授权的纪检监察建议。

二、监察建议书

（一）概述

1. 概念

监察建议书是纪检监察机关承办部门对监督中发现的突出问题，认为应当向监察对象所在单位提出监察建议的，所起草并按程序报批的文书。

2. 特点

（1）具有一定的法律效力。监察机关依法提出的监察建议，有关部门无正当理由，应当采纳，否则，可以责令改正、通报批评或给予有关责任人员以政务处分。但监察建议书的强制力又与监察决定有一定区别。对监察建议有异议，可以在法定期限内提出。

监察机关依法制作的监察建议书，须经监察机关主要负责人审核批准后才能正式发出。监察机关提出的重要监察建议，应当报经上一级监察机关同意。

（2）建议事项超过监察权限。监察建议书所建议的事项，是监察机关按照其权限不能直接决定，或者虽然有权直接决定，但采取提出监察建议的方式更为适宜的事项。因此，监察建议书的内容应主题明确、逻辑严密、措辞准确、理由充分、符合法律。

3. 制作依据

（1）《监察法》第 11 条第 3 项规定：“监察委员会依照本法和有关法律规定履行监督、调查、处置职责：……（三）对违法的公职人员依法作出政务处分决定；对履行职责不力、失职失责的领导人员进行问责；对涉嫌职务犯罪的，将调查结果移送人民检察院依法审查、提起公诉；向监察对象所在单位提出监察建议。”

（2）《监察法》第 45 条第 1 款第 5 项规定：“监察机关根据监督、调查结果，依法作出如下处置：……（五）对监察对象所在单位廉政建设和履行职责存在的问题等提出监察建议。”

（3）《监察法》第 62 条规定：“有关单位拒不执行监察机关作出的处理决定，或者无正当理由拒不采纳监察建议的，由其主管部门、上级机关责令改正，对单位给予通报批评；对负有责任的领导人员和直接责任人员依法给予处理。”

（4）《公职人员政务处分法》第 3 条第 3 款规定：“监察机关发现公职人员任免机关、单位应当给予处分而未给予，或者给予的处分违法、不当的，应当及时提出监察建议。”

4. 适用范围

监察建议适用于监察机关在依法履行监察职能过程中，根据监督、调查结果，针对监察对象所在单位廉政建设和履行职责存在的问题等提出纠正措施、强化监管、健全制度的建议，主要包括不依法履行职责，或作出的决定、命令、指示等违反党和国家方针政策及法律法规的；因不当行为给国家利益、集体利益和公民合法权益造成损害的；经过谈话函询或者初步核实，有违法事实，但情节轻微，不需要给予政务处分，应当建议有关单位作出处理的；需要完善廉政制度的等。

5. 制作程序

纪检监察机关承办部门对监督中发现的突出问题，经综合分析后，认为应当向监察对象所在单位提出监察建议的，按程序报纪检监察机关主要负责人批准后，制作本文书。

（二）写法

1. 首部

监察建议书的首部由版头、发文字号、标题、主送机关组成，其格式、要求与处分决定书首部基本相同。其中，监察建议书的标题，一般由事由和公文种类即建议组成。如“关于严格执行村级监管制度的建议”。

2. 正文

监察建议书的正文包括以下内容：

（1）导语。导语包括问题来源或者提起建议的起因。

（2）提出的建议。监察机关提出的监察建议，经过监察机关领导班子办公会议讨论决定，代表着监察机关的正式意见，因此一定要写得明确具体，切忌抽象模糊。

（3）结束语。这部分要求告知接受建议单位应将对建议的办理情况和处理结果及时报告或告知监察机关。

3. 尾部

监察建议书的尾部较为简单，一般由附件、署名、成文日期、印章等构成。其中，附件应标注于正文之后发文的监察机关署名之前，顺序列出附件名称。

（三）实例及评析

关于加强县属国有企业监管的监察建议

县国资办：

我委立案查处了你单位监管的县某国有公司李某伟等 6 人多次隐瞒公司收入共 120 多万元并转至账外进行私分，发现了你单位对国有企业管理存在的管理制度不完善、监督措施不得力、日常监管不到位等问题。依照《中华人民共和国监察法》第十一条第（三）项、第十五条第一款第（五）项规定，现县提出如下监察建议：

一、要严格按照“一案一整改”要求，全面开展自查自纠，及时对所属企业单位负责人历任和任职期间竞技责任进行审计；要严格落实“三重一大”“末位表态”等议事规则和决策制度。

二、修订完善国有企业管理制度、办法，对在人事任免、人员招聘、“三公”经费开支、重大项目和大额资金使用等方面，建立统一、有效的监管机制。

三、要进一步加强国有资产的有效监管，确保国有资产租赁、承包、转让等行为遵循市场经济规律，按照法定程序规范运作。

请收到本监察建议书后抓紧研究落实，并于两个月内向我委反馈建议落实情况，我委将适时组织开展对落实监察建议情况的监督检查。

联系人及电话：略。

县监察委员会（印章）

二〇二二年五月六日

评析：从整体上看，本监察建议书的写法符合监察建议书的结构要求，基本要素齐备、规范。监察建议书是依法制作的法律文书，必须严格程序制作。按照规定，接受建议单位应在收到监察建议书之日起 30 日内将对监察建议的采纳情况通报监察机关。接受建议单位无正当理由拒不采纳监察建议的，由主管机关或者监察机关责令改正，对单位给予通报批评；对负有直接责任的主管人员和其他直接责任人员依法给予政务处分。接受建议单位对监察建议有异议的，应在收到监察建议书之日起 30 日内向作出监察建议的监察机关提出。监察机关应当自收到异议之日起 30 日内回复。接受建议单位对回复仍有异议的，由提出监察建议的监察机关提请本级人民政府或者上一级监察机关裁决。因此，本监察建议书应该在正文的最后增加一段表述：“如对本监察建议有异议，可自收到本监察建议书后一个月内向我委书面提出并阐明理由。”监察机关在制作监察建议书时候，注意对于不属于本监察机关管辖范围内的监察对象，或涉及监察对象以外的单位或人员，需要提出建议的，不能提出监察建议，也不能制发监察建议书，可以采取工作建议的方式。

此外，监察建议书的制作还应注意：

（1）综合分析监督中发现的问题，防止重复提出监察建议，或者对同一单位频繁提出监察建议，其中可以整合后一并提出监察建议的尽可能归并提出。纪检监察机关审查调查、案件审理、案件监督管理等部门拟提出监察建议的，可与相应监督检查部门沟通，并在提出监察建议后抄送相应监督检查部门，由监督检查部门或者提出监察建议的部门通过督促召开专题民主生活会、组织开展专项检查等方式督查督办，推动整改落实。

（2）纪检监察机关提出监察建议的，通常是向本级或者下级监察机关管辖的监察对象所在单位提出，不宜向上级监察机关或者没有隶属关系的监察机关管辖的监察对象所在单位提出。根据上级监察机关的指定管辖决定开展调查工作中发现监察对象所在单位廉政建设和履行职责存在的问题等，确需向上级监察机关或者没有隶属关系的监察机关管辖的监察对象所在单位提出监察建议的，可向该上级监察机关或者没有隶属关系的监察机关提出建议。

（3）就同一事项既需要向监察对象所在党组织提出纪律检查建议，又需要向监察对象所在单位提出监察建议的，可以制作纪律检查建议书一并提出纪律检查建议，一般不宜制作没有党内法规和国家法律法规授权的纪检监察建议。

【本章小结】

纪检监察文书是纪检监察机关对纪检监察对象进行纪检监察的履行职责过程中依法制作的文书。纪检监察文书具有特定强制性、规范性、政策性的特点，其格式遵循一般党政文书格式的要求。纪检检察文书的种类多样，涉及领域、阶段甚多，本章主要介绍了两类纪检监察文书，即处分决定书和建议书，要求在了解和掌握纪检监察文书的基础上，掌握处分决定书和建议书的特点、制作依据、适用范围以及具体的制作方法。

【思考练习题】

1. 简述纪检监察文书的特点。

2. 简述纪检监察文书的分类。
3. 比较党纪处分决定书与政务处分决定书的异同。
4. 简述免予处分决定书的适用范围。
5. 简述处分决定通知书制作注意事项。
6. 比较纪律检查建议书和监察建议书的异同。

【写作训练题】

请根据以下案情，制作一份党纪处分决定书。

杜某，男，汉族，1981 年 7 月出生，本科学历，2000 年 8 月参加工作，2005 年 8 月入党，2014 年 8 月至 2019 年 7 月任甲小学校长，2019 年 8 月至今任乙小学校长。2022 年 2 月 16 日，杜某饮酒后驾驶豫 R×××××小型汽车在县张天庄路段行驶时，与同车人员王某发生争执，后王某报警，杜某被民警查获。经检验，杜某血液中乙醇含量为 106.74mg/100ml。县人民检察院认定杜某犯罪情节轻微，对其作出不起诉决定。

第九章写作训练题
参考答案

第十章　律师法律文书

【本章引言】

律师是依法取得律师执业证书，接受委托或者制定，为当事人提供法律服务的执业人员。律师法律文书是律师执业的重要内容，也是律师依法参加诉讼或处理非诉讼法律事务时所使用的重要工具，它不仅可以起到为当事人提供法律服务的作用，而且可以起到与公安、检察、司法、监察以及其他相关机关进行配合、协作和制约的功能。

【本章学习目标】

1. 掌握各种涉诉书状的概念、特点、作用、法律依据和写法；
2. 掌握辩护词和代理词的基本要求和写作方法；
3. 掌握合同、法律意见书应有的主要条款或主要内容以及非诉讼律师文书的写作方法；
4. 了解使用证据论证事实的意义和方法；
5. 了解运用法律保障当事人合法权益的意义和方法。

党的十八大以来，习近平总书记多次对律师工作作出重要指示。党的二十大报告中提出："建设社会主义法治国家，围绕保障和促进社会公平正义……全面推进国家各方面工作法治化。""努力让人民群众在每一个司法案件中感受到公平正义。"为新时代律师工作提供了根本遵循，指明了前进方向。新时代、新征程、新使命，为律师事业发展提供了难得机遇。广大律师在立法、执法、司法、守法等领域发挥了积极的作用，作出了应有的贡献。党中央要求广大律师一定要把个人的价值追求同党和国家事业发展紧密连接在一起，坚定不移听党话、跟党走。始终坚持人民律师为人民，努力用法治守护人民群众美好生活。自觉拥护中国共产党领导、拥护社会主义法治，维护宪法和法律权威。要始终坚持中国特色社会主义法治工作者的定位，积极投身全面依法治国伟大实践。作为律师要与时俱进，不断提高政治素质和专业能力、坚定职业操守，严格依法依规履行职责。律师要在职业学习中，努力深刻理解习近平法治思想，自觉弘扬社会主义法治精神，争做受人尊敬的法律之师、诚信之师。

律师和律师事务所，无论其职责还是职权都与公检法机关大不相同。因此律师法律文书与公检法机关的法律文书也具有明显的不同。这主要表现在：

（1）行文的受托性。律师或律师事务所接受当事人的聘请或委托，代写代书的各类法律文书，大多是按当事人的意愿并以当事人的名义撰拟的，而不是以自己的名义书写的。律师虽然执笔写作，但行文的主体却是当事人，这与公检法机关的法律文书代表国家的利益、以本机关的名义制发具有明显的区别。

（2）内容的广泛性。律师法律文书内容十分广泛，既包括诉讼案件的各种文书，也包括非诉讼法律事务的各种文书，这是由律师为社会提供法律服务的职业属性所决定的，与公检法机关的法律文书相对单一地各司其职有明显不同。

（3）作用的单一性。公检法机关制作的非规范性法律文书，有的具有法律效力，有的具有法律意义；而律师法律文书则不是以国家权力维护其强制性、约束力的文书，尤其是其中的诉讼文书也仅是一种代表当事人单方意愿的法律行为，它只代表文书行文主体自身的利益，其作用是为了引起法律程序的提起及法律程序的变化，通过诉讼请求执法机关公正处理，因此它具有一定的法律意义，而不产生法律效力。

本章将重点介绍律师诉状类文书、律师涉诉申请书和法庭演说词的内容。

第一节　律师诉状类文书

律师的涉诉文书，除法庭演说词外，主要是各种诉状和申请书。诉状的内容相对而言具有综合性，其目的在于启动某一审判程序或是对对方要求启动某一审判程序的回应；申请书的内容相对而言较为单一，主要是就某一程序性问题或实质性问题提出申请。

一、刑事自诉状

（一）概述

刑事诉讼分为公诉与自诉。刑事自诉案件是指被害人为追究被告人的刑事责任而向人民法院直接提起诉讼的案件。刑事自诉状是自诉案件的被害人或其法定代理人为追究被告人的刑事责任，向人民法院递交的请求予以立案的法律文书。我国《刑事诉讼法》第210条规定，自诉案件包括下列案件：（1）告诉才处理的案件；（2）被害人有证据证明的轻微刑事案件；（3）被害人有证据证明对被告人侵犯自己人身、财产权利的行为应当依法追究刑事责任，而公安机关或者人民检察院不予追究被告人刑事责任的案件。同时，还要注意在拟写时适用《最高人民法院关于适用〈中华人民共和国刑事诉讼法〉的解释》第316条的规定，人民法院受理自诉案件必须符合下列条件：（1）符合《刑事诉讼法》第210条、本解释第1条的规定；（2）属于本院管辖；（3）被害人告诉；（4）有明确的被告人、具体的诉讼请求和证明被告人犯罪事实的证据。

刑事自诉状是人民法院受理上述案件，追究被告人刑事责任的主要依据。

（二）写法

刑事自诉状由首部、正文、尾部和附项组成。

1. 首部

（1）标题。居中写明“刑事自诉状”。

（2）当事人的基本情况。依次写明自诉人及被告人的身份等基本情况。自诉人与被告人为自然人的，应写明姓名、性别、出生年月日或年龄、民族、职业、工作单位及职务、住所等。自诉人与被告人为法人或其他组织的，应写明单位的全称和地址、法定代表人或主要负责人的姓名和职务。自诉人、被告人为二人或二人以上的，应一一写明；被告人按罪行重轻排列顺序。如果自诉人委托他人为诉讼代理人，应在委托人项下写明诉讼代理人的姓名、所在单位或律师事务所名称。如果是被害人的法定代理人或者近亲属代为告诉的，除写明其基本情况外，还应当注明与被害人的关系。如果起诉人是没有法律行为能力的公民，应写明其法定代理人或指定代理人的姓名、性别、职业或工作单位、住所，及其与起诉人的关系。

（3）案由和诉讼请求。案由就是案件的性质，即自诉人认定的被告人所犯的罪行。诉讼请求就是诉讼的目的和要求，刑事自诉状的诉讼请求就是自诉人所要求人民法院追究的被告人的刑事责任。一件刑事自诉案件中，如果有两个或两个以上案由，诉讼请求可以分别表述，一一列出。

2. 正文

正文主要写事实和理由。这是刑事自诉状的核心部分。

（1）事实，就是被告人犯罪的具体事实，即被告人实施犯罪的时间、地点、动机、目的、手段、情节、危害结果和证实其实施犯罪行为的证据。

（2）理由，就是以本案事实为依据，以有关法条为准绳，分析被告人的犯罪行为给自诉人造成的损失和危害以及被告人的犯罪行为所触及的罪名和追究其刑事责任的法律依据。写作中，一般于正文最后用一段文字总结事实和理由，指明被告人的犯罪行为所触及的罪名，重申诉讼请求。

（3）证据，就是向人民法院提供的证明所指控被告人犯罪事实的证据的名称、件数和各个证据的来源、证人的姓名和详细住所。

3. 尾部

（1）致送本刑事自诉状的人民法院的名称。

（2）自诉人签名盖章。如果律师仅代写刑事自诉状，而非本案自诉人的委托代理人，则应在自诉状的最后写上代书律师的姓名及代书律师所在的律师事务所名称。

（3）起诉时间。

4. 附项

（1）刑事自诉状副本，按被告人人数提供。

（2）证据。

（3）其他材料，如身份证明书、授权委托书等。

（三）写作注意事项

（1）律师在刑事诉讼活动中可以接受自诉案件自诉人委托代写诉状或担任代理人参加诉讼，给委托人提供法律帮助，以维护其合法权益；但律师在为自诉人起草刑事自诉状时，如发现该案件不属于刑事自诉案件的范围、已超过诉讼时效或已由人民检察院提起公诉，不得为之具状提起自诉。

（2）要严格区分罪与非罪的界限，不应因非罪情节提起自诉，也不应将非罪情节作为重点写入自诉状。

（3）由于刑事自诉案自诉人与被告人之间一般都是原先就有着某种瓜葛，因此刑事自诉状应概述涉讼双方的昔日关系、矛盾的产生与演化过程以及争执中各自的意见和理由。

二、民事起诉状

（一）概述

民事起诉状，是指公民、法人和其他组织，在认为自己的民事权益受到侵害或者与他人发生争议时，向人民法院提出的要求人民法院依法裁判的法律文书。我国《民事诉讼法》第122条规定，起诉必须符合下列条件：（1）原告是与本案有直接利害关系的公民、法人和其他组织；（2）有明确的被告；（3）有具体的诉讼请求和事实、理由；（4）属于人民法院受理民事诉讼的范围和受诉人民法院管辖。民事起诉状是人民法院受理民事诉讼案件、启动民事一审程序的依据。人民法院对符合上述规定的起诉，必须受理；否则，将不予受理。

（二）写法

民事起诉状由首部、正文、尾部和附项组成。

1. 首部

（1）标题。居中写明“民事起诉状”。

（2）当事人的基本情况。原告是公民的，应当写明姓名、性别、出生日期、民族、职业、工作单位、住所、联系方式。原告无民事行为能力的，应当写明法定代理人姓名、性别、出生日期、民族、职业、工作单位、住所、联系方式，在诉讼地位后括注与原告的关系。原告是法人或其他组织的，写明原告的名称、住所，法定代表人或主要负责人的姓名、职务、联系方式。如果有第三人，还应写明第三人的姓名、性别、出生年月日、民族、籍贯、职业、工作单位和住所等。如果第三人是法人或者其他组织的，应写明法人或者其他组织的名称和住所，以及法定代表人或主要负责人的姓名和职务。

（3）起诉时已经委托诉讼代理人的，应当写明委托诉讼代理人基本信息。委托诉讼代理人是律师的，写明其姓名和所在律师事务所的名称。

（4）诉讼请求。写明原告请求人民法院依法解决的有关民事权益争议的问题，即诉讼标的。依确认之诉、变更之诉和给付之诉的不同请求，具体写出。

2. 正文

（1）事实部分。应写明原告、被告民事法律关系存在的事实，以及双方发生民事权益争议的时间、地点、原因、经过、情节和后果。一般应以时间顺序，既要如实地写明案情，又要重点详述被告侵权的行为后果。

（2）理由部分。要根据案情和有关法律、法规和政策，阐明原告对本案的性质、被告的责任以及如何解决纠纷的主张。

（3）证据。写明向人民法院提供的能够证明案情的证据的名称、件数或证据线索，并写明证据来源。有证人的，应写明证人的姓名和住所。

3. 尾部

（1）致送人民法院的名称。

（2）原告签名。如果是法人或其他组织应加盖公章，如果仅委托律师为原告代书起诉状，可在起诉状的最后写上代书律师的姓名及其所在律师事务所的名称。

（3）起诉时间。

4. 附项

附项一般写明两项内容：（1）诉状副本的份数，诉状副本份数应按被告（含第三人）的人数提交。（2）有关证据及证明材料。

（三）写作注意事项

（1）代理民事案件或代书民事起诉状，如遇不符合法律规定者，应针对其案情，告知当事人通过其他途径解决。如属于行政诉讼的，应告知当事人依照行政诉讼法的有关规定起诉；属于请求再审的，应告知当事人向告申庭提出请求；属于应由仲裁机构进行仲裁的，应告知当事人到协商确定的仲裁机构申请仲裁；属于应由行政部门处理的争议，应告知当事人向有关部门申请解决；或因其他情节，人民法院不予受理或在一定期限内不予受理的，亦应明确告知当事人。

（2）我国《民法典》第188条规定，向人民法院请求保护民事权利的诉讼时效期间为三年。法律另有规定的，依照其规定。诉讼时效期间自权利人知道或者应当知道权利受到损害以及义务人之日起计算。法律另有规定的，依照其规定。但是，自权利受到损害之日起超过二十年的，人民法院不予保护，有特殊情况的，人民法院可以根据权利人的申请决定延长。

律师为当事人写作民事起诉状时，应审查其诉权是否仍在法定诉讼时效之内，如已超过则不应为之写作而劝其息讼。

（3）当事人提起民事诉讼，往往存在期望过高、意气用事等因素，可能会脱离案件具体情况，提出过高的诉讼要求，因此导致诉状中、庭审中言辞失实的现象，给人民法院的审理造成麻烦。所以，律师为当事人写作民事起诉状时，一定要提醒当事人依法求实提出诉讼请求，并以此为出发点，在整个诉讼中实事求是，依法诉讼。

（四）实例及评析

民事起诉状

原告：甲公司

统一社会信用代码：××××××××××

住所地：×××××××

法定代表人：×××　　　　　　职务：×××

联系电话：××××××

委托代理人：×××，××××××律师事务所律师

被告：乙公司

统一社会信用代码：××××××××

住所地：×××××××××

法定代表人：×××　　　　　　职务：×××××

联系电话：××××××

案由：买卖合同纠纷

诉讼请求：

一、请求依法判令被告向原告支付欠付货款人民币×××××元。

二、请求依法判令被告承担本案的诉讼费。

事实与理由：

×年×月×日，原告甲公司与被告乙公司签订了《渗水砖块采购合同》，合同编号×××。约定被告乙公司就×××××××开发项目×××××工程向原告甲公司采购×××××××。×年×月×日，原、被告共同确认《工程结算单》，确认实际供货总额为××××元。其中，×万元货款，被告乙公司已于×年×月×日支付。剩余货款为×××××元，被告乙公司至今尚未付清。现原告甲公司已无法与被告乙公司取得联系。

综上所述，被告乙公司未依约支付货款，其行为违反了《渗水砖块采购合同》的约定。原告根据《中华人民共和国民事诉讼法》《中华人民共和国民法典》的规定，依法提起诉讼。请求人民法院依法维护原告的合法权益，判如所请。

此致

×市×区人民法院

起诉人：甲公司

法定代表人：××××

年　月　日

附：本诉状副本1份。

证据：1.……，2.……

评析：这份民事起诉状写得简洁、明确、客观。虽篇幅不大，但将双方的合同签订情况、双方履行合同的情况、欠款情况等全部包含其中，也从法律适用角度写明了提起本次诉讼的法律依据。本案中，原告在合同签订后按合同约定按时保质保量地履行了供货义务，被告理应按照约定按时足额向原告支付费用。在买卖合同纠纷的案件中，要注意买方未支付货款的理由，如数量、质量、规格等不符合合同约定，买方可依据约定内容主张拒绝付款或要求赔偿损失。原告在拟写买卖合同纠纷的诉状时，需综合考虑合同约定内容及履行情况。当然，事实与理由部分的陈述，不能脱离真实、合法且有关联的证据，否则仅有起诉状而无证据，法院也难以支持原告的诉讼请求。

三、民事反诉状

（一）概述

民事反诉状，是民事案件审理过程中，被告就原告起诉的同一案件，向人民法院递交的请求追究原告相应民事责任，由人民法院适用同一诉讼程序与原告起诉合并审理的法律文书。我国《民事诉讼法》第54条规定，原告可以放弃或者变更诉讼请求，被告可以承认或者反驳诉讼请求，有权提起反诉。《民事诉讼法》第143条规定，原告增加诉讼请求，被告提出反诉，第三人提出与本案有关的诉讼请求，可以合并审理。起诉与反诉之所以可以合并审理，是因为反诉必须以本诉为基础：一是反诉的被告必须是本诉的原告，反诉的原告必须是本诉的被告；二是被告提起反诉的诉讼事实和诉讼理由与本诉产生于同一法律关系，或者以同一事件为诉讼缘由；三是反诉人的反诉只能向审理本诉的人民法院提起，不能向其他人民法院提起。民事反诉状不仅是人民法院对原告本诉、被告反诉适用同一诉讼程序合并审理的基础，而且也为人民法院提供了更为全面的材料，从而更加公正地保护了当事人双方的合法权益。

（二）写法

1. 首部

（1）标题。居中写明“民事反诉状”。

（2）当事人的基本情况。分别写明反诉原告（本诉被告）的姓名、性别、出生年月日、民族、职业、工作单位、住所、联系方式。反诉被告是自然人的，应当写明姓名、性别、工作单位、住所等信息；反诉被告是法人或其他组织的，应写明其名称和住所等信息，以及法定代表人（或主要负责人）的姓名和职务。如果反诉原告或反诉被告委托律师代理诉讼，应在其项后或其法定代理人项后写明代理律师的姓名及代理律师所在的律师事务所名称。

（3）反诉请求。写明反诉原告请求人民法院依法解决本案有关民事权益争议的具体主张和要求，如果不止一项，则分项写出。

2. 正文

（1）事实部分，应写明与本诉同一的和相关联的事实，写明事实、原因和经过，重点写明被反诉人的侵权行为。

（2）理由部分，应根据自己陈述的事实和有关法律，阐明反诉人对本案的性质、被反诉人的责任以及如何解决纠纷的意见。

（3）证据，应写明向人民法院提供的能够证明反诉请求的证据的名称、件数，并写明证据来源。有证人的，应写明证人的姓名和住所。反诉状要反驳原告的起诉，所以举出证据、说明真相尤为重要。

3. 尾部

除当事人称谓和文种名称不同外，尾部其余部分的写法同民事起诉状。

4. 附项

除当事人称谓和文种名称不同外，附项其余部分的写法同民事起诉状。

（三）写作注意事项

（1）《最高人民法院关于适用〈中华人民共和国民事诉讼法〉的解释》第 232 条规定，在案件受理后、法庭辩论结束前，原告增加诉讼请求，被告提出反诉，第三人提出与本案有关的诉讼请求，可以合并审理的，人民法院应当合并审理。第 233 条规定：反诉的当事人应当限于本诉的当事人的范围；反诉与本诉的诉讼请求基于相同法律关系、诉讼请求之间具有因果关系，或者反诉与本诉的诉讼请求基于相同事实的，人民法院应当合并审理。需要注意的是：反诉的当事人仅限于本诉的当事人范围，反诉与本诉的诉讼请求基于相同法律关系、诉讼请求之间具有因果关系，或者反诉与本诉的诉讼请求基于相同事实。律师为民事案件被告写作反诉状，要注意提出的时限，不能延迟到法庭辩论结束。

（2）反诉状的写作应抓住与原告所述在事实上的分歧以及由此而产生的争议焦点进行论证，从而指出原告应负的民事责任，而不要过多陈述双方共同认可的事实，更不要陈述与本案无关的事实。因为与本案无关的事实情节，即使再有充分证据也不能构成本案之反诉理由，而应另行起诉。

（3）《诉讼费用交纳办法》第 20 条指出，案件受理费由原告、有独立请求权的第三人、上诉人预交。被告提出反诉的，依照本办法规定需要交纳案件受理费的由被告预交。一般人只注意受理费由原告预交，律师为民事案件被告写作反诉状时，应注意提醒其预交反诉受理费。

（四）实例及评析

民事反诉状

反诉原告（本诉被告）：周××，女，××年×月××日出生，汉族

住址：××市××区××××1号×××号楼××××号

身份证号：××××××××××××

委托诉讼代理人：张××××，×××市×××律师事务所律师

联系电话：×××××××××××

反诉被告（本诉原告）：×××××物业服务有限公司

统一社会信用代码：××××××××

法定代表人：赵××

地址：××市×××区号××××室

电话：×××××××××××

案由：物业服务合同纠纷

反诉请求：

1. 判决确认反诉原告已经依约履行了交纳全部物业费用的义务；

2. 判令反诉被告承担反诉原告因处理本诉所支付的律师费5 000元；

3. 判令反诉被告向反诉原告就错误提起诉讼而给反诉原告造成声誉损失公开赔礼道歉；

4. 判令反诉被告承担本案的全部诉讼费。

事实和理由

反诉被告诉反诉原告物业服务合同纠纷一案，反诉被告主张的物业费等费用中的部分已由反诉原告支付，其余部分双方已于20××年达成协议免除，反诉被告作出过承诺并已完成减免，因此反诉原告已经依约履行了交纳全部物业费用的义务。

因应诉需要，反诉原告不具备相关专业法律知识，无法处理本案诉讼事宜，故委托律师代为拟写答辩状、起草反诉状及处理应诉事务，根据有关规定为此支付了律师费，客观上造成了财产损失。此外，因反诉被告错误地提起诉讼，还造成了反诉原告社会声誉降低以及大量时间和精力的损耗。

反诉被告滥用诉讼权利造成反诉原告的经济损失，依法理应承担相应的法律责任。反诉原告依据《中华人民共和国民事诉讼法》第一百一十九条、《最高人民法院关于适用〈中华人民共和国民事诉讼法〉的解释》第二百三十三条之规定提起本反诉，请求人民法院判如所请。

此致

×××市××区人民法院

反诉人：

20××年 ×月　日

附：本反诉状副本 1 份；

证据 2 份；

授权委托书。

评析：这份反诉状，陈述反诉事实简明扼要，干净利落。提出反诉请求，法律规定引用准确，逻辑关系依次递进，文意清晰。

四、行政起诉状

（一）概述

行政起诉状，是公民、法人或其他组织认为行政机关和行政机关的工作人员的具体行政行为侵犯其合法权益，按照行政诉讼法的规定，向人民法院提起行政诉讼的法律文书。我国《行政诉讼法》第 12 条规定了人民法院受理公民、法人或者其他组织提起行政诉讼的范围：

（1）对行政拘留、暂扣或者吊销许可证和执照、责令停产停业、没收违法所得、没收非法财物、罚款、警告等行政处罚不服的。

（2）对限制人身自由或者对财产的查封、扣押、冻结等行政强制措施和行政强制执行不服的。

（3）申请行政许可，行政机关拒绝或者在法定期限内不予答复，或者对行政机关作出的有关行政许可的其他决定不服的。

（4）对行政机关作出的关于确认土地、矿藏、水流、森林、山岭、草原、荒地、滩涂、海域等自然资源的所有权或者使用权的决定不服的。

（5）对征收、征用决定及其补偿决定不服的。

（6）申请行政机关履行保护人身权、财产权等合法权益的法定职责，行政机关拒绝履行或者不予答复的。

（7）认为行政机关侵犯其经营自主权或者农村土地承包经营权、农村土地经营权的。

（8）认为行政机关滥用行政权力排除或者限制竞争的。

（9）认为行政机关违法集资、摊派费用或者违法要求履行其他义务的。

（10）认为行政机关没有依法支付抚恤金、最低生活保障待遇或者社会保险待遇的。

（11）认为行政机关不依法履行、未按照约定履行或者违法变更、解除政府特许经营协议、土地房屋征收补偿协议等协议的。

（12）认为行政机关侵犯其他人身权、财产权等合法权益的。

除前款规定外，人民法院受理法律、法规规定可以提起诉讼的其他行政案件。

《行政诉讼法》第 13 条规定了人民法院不受理公民、法人或者其他组织提起的行政诉讼的具体范围：

（1）国防、外交等国家行为。

（2）行政法规、规章或者行政机关制定、发布的具有普遍约束力的决定、命令。

（3）行政机关对行政机关工作人员的奖惩、任免等决定。

（4）法律规定由行政机关最终裁决的行政行为。

（二）写法

1. 首部

首部包括的项目有：（1）标题。居中写明“行政起诉状”。（2）当事人的基本情况。

（3）案由。（4）诉讼请求。应针对自己不服被告行政行为的情况，分别提出不同的诉讼请求，主要有撤销违法决定、请求作为、请求变更和损害赔偿等。

2. 正文

（1）事实与理由。事实部分要写明行政机关被诉行政行为实施的过程，被告及其工作人员侵犯原告合法权益的事实经过、原因及结果。理由应根据不同的案情有针对性地进行论述。对于被告侵犯原告人身权和财产权的案件，可从被告实施的行政行为所依据的事实不真实、适用法律不当、违反法定程序或属超越职权、滥用职权、处罚决定过重、显失公平等角度加以论述。对于被告不履行法定职责或拖延履行法定职责的案件，可从原告依法享有请求权、被告应当在一定期限内履行职责的角度加以论述。

（2）证据。写明向人民法院提供的能够证明案情的证据的名称、件数，并写明证据来源。有证人的，应写明证人的姓名和住所。部分原告无法提供的证据，可以依法提出主张，要求被告方提供。

3. 尾部

除当事人称谓和文种名称不同外，尾部其余部分的写法同民事起诉状。

4. 附项

除当事人称谓和文种名称不同外，附项其余部分的写法同民事起诉状。

（三）写作注意事项

（1）《行政诉讼法》第 49 条规定，提起诉讼应当符合下列条件：1）原告是符合该法第 25 条规定的公民、法人或者其他组织。2）有明确的被告。3）有具体的诉讼请求和事实根据。4）属于人民法院受案范围和受诉人民法院管辖。律师为行政诉讼案件当事人写作起诉状，应审查其是否符合提起诉讼的条件。

《最高人民法院关于适用〈中华人民共和国行政诉讼法〉若干问题的解释》第 2 条明确《行政诉讼法》第 49 条第 3 项规定的“有具体的诉讼请求”是指：1）请求判决撤销或者变更行政行为；2）请求判决行政机关履行法定职责或者给付义务；3）请求判决确认行政行为违法；4）请求判决确认行政行为无效；5）请求判决行政机关予以赔偿或者补偿；6）请求解决行政协议争议；7）请求一并审查规章以下规范性文件；8）请求一并解决相关民事争议；9）其他诉讼请求。当事人未能正确表达诉讼请求的，人民法院应当予以释明。

（2）《行政诉讼法》第 44 条第 2 款规定，法律、法规规定应当先向行政机关申请复议，对复议决定不服再向人民法院提起诉讼的，依照法律、法规的规定。律师在审查当事人是否符合提起诉讼条件的同时，如是法律、法规规定必有复议程序的案件，应审查当事人是否履行了复议程序。同时，还应审查本案中有关行政诉讼法规定的诉讼时效问题。

（3）事实与理由部分要着重写明被告及其工作人员侵犯原告合法权益的事实及其错误所在，要注意针对性。没有经过复议的，以作出该行政行为的行政机关决定为辩驳对象；经过复议的，复议机关决定维持原该行政行为的，仍以作出原行政行为的行政机关决定为辩驳对象，复议机关改变原行政行为的，以复议机关的复议决定为辩驳对象。

五、刑事上诉状

（一）概述

刑事上诉状，是刑事诉讼当事人或其法定代理人，或是刑事被告人的辩护人或其近亲属经被告人同意，不服第一审人民法院作出的未生效的判决、裁定，在上诉期限内依照法定程序请求上一级人民法院撤销、变更原裁判的法律文书。

《刑事诉讼法》第108条中对相关法律用语的含义进行了界定："当事人"是指被害人、自诉人、犯罪嫌疑人、被告人、附带民事诉讼的原告人和被告人；"法定代理人"是指被代理人的父母、养父母、监护人和负有保护责任的机关、团体的代表；"诉讼参与人"是指当事人、法定代理人、诉讼代理人、辩护人、证人、鉴定人和翻译人员；"诉讼代理人"是指公诉案件的被害人及其法定代理人或者近亲属、自诉案件的自诉人及其法定代理人委托代为参加诉讼的人和附带民事诉讼的当事人及其法定代理人委托代为参加诉讼的人；"近亲属"是指夫、妻、父、母、子、女、同胞兄弟姊妹。如公诉人不同意一审的裁决，就应在法定的上诉期限内提出抗诉。《刑事诉讼法》第230条规定，不服判决的上诉和抗诉的期限为10日，不服裁定的上诉和抗诉的期限为5日，从接到判决书、裁定书的第二日起算。刑事上诉状既是刑事案件当事人等不服第一审裁判、要求引起第二审程序的文书，也是第二审人民法院开始刑事案件上诉审判程序的依据，有利于人民法院严格执法，不枉不纵，既严厉打击刑事犯罪，又保护刑事诉讼当事人的合法权益。

（二）写法

1. 首部

（1）标题。居中写明"刑事上诉状"。

（2）当事人的身份和基本情况。自诉人、被告人中的一方提出上诉的，相对一方就作为被上诉人；公诉刑事案件的被告人提出上诉的，没有被上诉人，只需写明上诉人（一审被告人）的身份和基本情况，同时要写明上诉人因本案所受强制措施情况，现在何处。

（3）上诉请求。写明上诉人不服的原审裁判，要求第二审人民法院部分或全部撤销或者变更原审裁判。

2. 正文

这部分主要是针对原审判决、裁定中的不当之处提出不服的理由。这就要涉及原审裁判对证据和事实的认定、对法律的适用以及诉讼程序方面是否正确、合法的问题。

（1）法庭认证方面。凡是法庭认定的证据，一要具有合法性、客观性、关联性，二要与案件证明的事实有内在的联系，并能证明案件中的某些问题的事实。如果证据本身存在瑕疵或庭审过程中存在疏漏，就有可能影响对事实的认定，所以上诉状中可以将其作为理由之一。

（2）认定事实方面。如果原审裁判在事实认定上有错误，包括某种行为根本不存在，或有重大出入，或缺乏证据等，那就要用确凿的证据说明事实真相，全部或部分地否定原审裁判认定的事实。

（3）适用法律方面。如果原审裁判在认定事实方面并无不妥，但在认定案件性质、确定罪名以及适用法律作出的处理等方面有误，那就要运用法律条款，包括从法律理论上的论证和引用具体的法律规定，指明原审裁判在适用法律方面的错误。

（4）诉讼程序方面。如果原审法院在审理案件和最后的裁判中，存在违反诉讼程序的错误，包括是否应当回避、是否应指定辩护人、审判方式是否公开、审判组织是否合法等，也应根据有关的法律规定，指明原审存在违反诉讼程序方面的错误。上诉理由的具体写法，应以阐述理由为一条主线。上诉人在申明上诉理由时，要先辩明事实，说明事实真相，拟写这种叙述事实真相的文字，根本目的就是阐明上诉理由，然后在此基础上提出具体的诉讼请求。若能提供新的证据、证人，应予列出。

3. 尾部

除当事人称谓和文种名称不同外，尾部其余部分的写法同刑事自诉状。

4. 附项

除当事人称谓和文种名称不同外，附项其余部分的写法同刑事自诉状。

（三）写作注意事项

（1）《刑事诉讼法》第230条规定，不服判决的上诉和抗诉的期限为10日，不服裁定的上诉和抗诉期限为5日，从接到判决书、裁定书的第二日起算。律师为被告人、自诉人、附带民事诉讼的原告人和被告人写作上诉状时，应注意上诉时限。

（2）《刑事诉讼法》第229条规定，被害人及其法定代理人不服地方各级人民法院第一审的判决的，自收到判决书后5日内，有权请求人民检察院提出抗诉。因律师没有独立的上诉权，律师如果接受被害人委托，不服一审判决应写作抗诉请求书而不能写作上诉书。

六、民事上诉状

（一）概述

民事上诉状，是民事案件当事人或者其法定代理人不服一审人民法院的民事判决、裁定，在上诉期限内，要求上一级人民法院进行审理，撤销、变更原审裁判所提出的法律文书。我国《民事诉讼法》规定，上诉权是第一审案件当事人依法享有的诉讼权利。无论是一审原告，还是一审被告均有上诉权。人民法院判决承担民事责任的第三人也有权提起上诉。上诉的当事人可以自己行使上诉权，也可以委托代理人代为行使上诉权。无行为能力的人、限制行为能力的人的法定代理人和指定代理人可以直接以被代理人的名义提出上诉。一审中的特别授权的全权委托代理人也可以以被代理人的名义上诉。法人、其他组织由其法定代表人或主要负责人行使上诉权。民事上诉状对于维护当事人的合法权益、避免错误裁判生效或促使二审维持正确裁判都有积极意义，也是上一级人民法院进行二审程序的依据。

（二）写法

《民事诉讼法》第172条规定：上诉状的内容应当包括当事人的姓名，法人的名称及其法定代表人的姓名或者其他组织的名称及其主要负责人的姓名；原审人民法院名称、案件的编号和案由；上诉的请求和理由。

1. 首部

首部包括的项目有：（1）标题。居中写明“民事上诉状”。（2）当事人基本情况。（3）上诉请求。写明上诉人请求二审人民法院依法撤销或者变更原审裁判，以及如何解决本案民事权益争议的具体要求，须写明第一审人民法院的名称、判决书或裁定书的编号及案由。

2. 正文

正文包括的项目有：（1）上诉理由。明确提出原审裁判在认定证据、事实方面，在适用法律方面或在诉讼程序方面存在的错误或不当之处，可以是其中一个方面，也可以是两个或三个方面，但都必须运用充分的事实证据和有关的法律依据加以论证，以说明自己的上诉请求是合法的。（2）证据。如有新的证据、证人，应写明向人民法院提供的能够证明上诉要求的证据名称、件数，证人姓名和住所。

3. 尾部

除当事人称谓和文种名称不同外，尾部其余部分的写法同民事起诉状。

4. 附项

除当事人称谓和文种名称不同外，附项其余部分的写法同民事起诉状。

（三）写作注意事项

（1）《最高人民法院关于适用〈中华人民共和国民事诉讼法〉的解释》第 317 条规定，双方当事人和第三人都提起上诉的，均列为上诉人。人民法院可以依职权确定第二审程序中当事人的诉讼地位。

（2）依法可以对其提起上诉的一审裁判包括：地方各级人民法院适用普通程序、简易程序作出的一审判决，人民法院作出的不予受理、驳回起诉、驳回管辖异议的裁定。其他裁定，只能申请复议，不能上诉。律师不得为当事人写作上诉状。

（四）实例及评析

民事上诉状

上诉人（原审被告、原审反诉原告）：××，××年××月××日出生，汉族，住××市××区，身份证号码：×××××

上诉人（原审被告、原审反诉原告）：××，××年×月×日出生，汉族，住××省××县，身份证号码：×××××

被上诉人（原审原告、原审反诉被告）：××，××年×月××日出生，汉族，住××省××县，身份证号码：×××××

被上诉人（原审反诉被告）：××，××年×月×日出生，汉族，住××省××县，身份证号码：×××××

上诉请求：

一、请求依法撤销北京市××区人民法院于 2021 年×月×日作出的（2020）京××××民初××××号民事判决书，并依法予以改判，或发回重审；

二、请求判令由二被上诉人连带承担上诉费和原审诉讼费、保全费、反诉费。

事实与理由：

北京市××区人民法院于 2021 年×月×日作出的（2020）京××××民初××××号民事判决书，认定事实错误，适用法律错误。

一、一审判决未查明上诉人履约的真实意思表示及客观事实，主观地认定上诉人“表明了不愿意依据协议约定履行的意思”，属认定事实错误，适用法律错误

×年×月×日，上诉人××、××与被上诉人××、××签订了《股权转让协议》。上诉人依据约定于协议签订后，即××年××月××日，已将股权转让定金 10 万元支付于被上诉人，完成了该项义务。

×年×月×日，×区聚集性疫情暴发，根据北京市商务局发布的《新型冠状病毒肺炎疫情期间餐饮服务单位经营服务指引（4.0 版）》，××饮食服务行业协会发布通知严控用

餐人数规模及就座方式，也对消毒卫生等作出了严格要求。上诉人的餐厅无法正常营业，还需额外承担各项经营成本，上诉人遭受了严重的经济损失。

全国人民代表大会法制工作委员会认定，“为了保护公众健康，政府也采取了相应疫情防控措施。对于因此不能履行合同的当事人来说，属于不能预见、不能避免并不能克服的不可抗力。”根据《民法典》的规定，因不可抗力不能履行合同的，根据不可抗力的影响，部分或者全部免除责任，但法律另有规定的除外。上诉人在×年×月×日向被上诉人发送的补充协议，意在请求延期履行第二笔款项的支付义务，防止损失的进一步扩大，并非完全终止履行，也意在协商共同解决不可抗力影响下的合同履行问题，并非要求免除全部责任。被上诉人的租金减免事宜，亦是在新冠肺炎疫情这一不可抗力因素影响下产生的。

一审法院主观地认为上诉人“未支付第二期转让款，还以疫情为由要求延期交接，即表明了不愿履行协议的意思”，曲解上诉人的意思表示，未全面查明案件有关事实，错误地适用法律，一审判决认定的事实错误，是片面的，也是罔顾客观现实的。

二、一审判决未查明被上诉人是否存在违约情形，简单地认定“不履行合同的违约方”为上诉人，属认定事实错误

1. 被上诉人有未偿付的债务，构成违约

一审法院认为，“《股权转让协议》注明的‘本协议履行之日前（×年×月×日）产生的免租金及其他的政策优惠均归甲方所有，需乙、丙方配合完成相关退租手续’，表明上诉人对餐厅房屋的租赁情况清楚”。但这并不影响被上诉人应按协议承诺保证标的公司无未偿付债务的义务。如若被上诉人向上诉人隐瞒其欠付租金的事实，被上诉人则构成欺诈，《股权转让协议》依法可被撤销，其效力另当别论，更不论协议义务的履行问题了。

按照《房屋使用协议》的约定，房屋使用费由被上诉人按季度交纳。遭遇新冠疫情是可以减免房租的事由，不是不支付房租的事由。且《股权转让协议》中约定的上诉人的付款义务是支付股权转让款，而非租金，被上诉人对案外人的义务不能转嫁给上诉人。被上诉人未能按协议约定保证标的公司无未偿付债务构成违约已是事实。

2. 关于被上诉人隐瞒×房屋的真实用途

《股权转让协议》第二条第3款约定，被上诉人“获得×健身房经营场所的续租权，……，健身房收回用于餐厅扩大改造经营”。但涉×房屋的《房屋使用协议》记载，该房屋仅作为办公用房使用，不得擅自改变使用途径，否则案外人×分公司有权单方通知解除协议。这就给上诉人后续的经营造成了极大的法律风险，即便×房屋完成续租工作，也无法实现被上诉人承诺的：餐厅扩大改造经营。被上诉人的该行为已构成违约。

3. 关于被上诉人未披露和移交餐厅相关文件及财务资料

《股权转让协议》第三条第2.2款约定，各方“完成餐厅的全部物品、设备、财务及债务债权等的清点和交接”。但经上诉人发函催告，被上诉人仍有众多财物及资料未移交。

三、一审法院因未查明原审本诉与反诉中上诉人与被上诉人的合同履约情况（合同解除条件是否达成），在无视当事人之间存在合法有效的合意约定的情况下判决“不产生解除合同的效力”，属认定事实错误，适用法律错误

《股权转让协议》第五条第1项约定，“甲、丁方如违反本合同第二条任一项约定的，乙、丙方可单方解除本合同且不承担法律责任，届时，甲方应退还乙、丙方已支付的款项

及已投入的投资款，并按年利率20%利率支付利息，丁方承担连带责任”。根据《民法典》第五百六十二条的规定，被上诉人未按时偿付案外人×分公司的房屋租金，且由此引发了×分公司起诉的房屋租赁合同纠纷（《股权转让协议》签订前租期内的租金应由被上诉人承担），违反了《股权转让协议》第二条的约定，上诉人解除合同的条件已经达成，上诉人有权依法、依约解除合同。又根据《民法典》第五百六十五条规定，“合同自通知到达对方时解除”，被上诉人收到上诉人发送的律师函时《股权转让协议》已发生解除效力，并应根据合同解除的相关法律规定，由被上诉人采取补救措施，并向上诉人赔偿相应的损失。

一审法院未查明本案合同解除条件是否达成，又曲解了关于合同解除的法律规定，错误地认定事实和适用法律。

综上所述，依据《民事诉讼法》第一百七十条之规定，一审判决认定事实错误，适用法律错误，上诉人的上诉请求依法应得到法律的支持，请求法院依据事实和法律作出公正裁判。

此致

北京市第×中级人民法院

上诉人：××、××

2021年×月××日

评析：本案上诉人不服一审判决而提起上诉，请求二审法院支持上诉请求。该上诉状从事实认定及法律适用方面进行论证，目的在于反驳一审法院做出的判决。该上诉状结合案件事实及社会现实，陈述合同履行过程中出现的客观因素及合同双方在疫情影响下各自履行合同的情况，也表明了上诉人在一审中提出反诉的事实依据。该上诉状较为全面地回应了一审判决的事实认定内容，客观地陈述了上诉人基于事实和法律而提出的上诉意见。

七、民事答辩状

（一）概述

民事答辩状，是民事被告、被上诉人针对原告或上诉人的起诉或上诉，阐述自己认定的事实和理由，予以答复和辩驳的文书。《民事诉讼法》第128条规定：人民法院应当在立案之日起5日内将起诉状副本发送被告，被告应当在收到之日起15日内提出答辩状。答辩状应当记明被告的姓名、性别、年龄、民族、职业、工作单位、住所、联系方式；法人或者其他组织的名称、住所和法定代表人或者主要负责人的姓名、职务、联系方式。人民法院应当在收到答辩状之日起5日内将答辩状副本发送原告。提出答辩状是当事人的一项诉讼权利，不是诉讼义务，但被告或被上诉人逾期不提出答辩状，不影响人民法院审理。民事诉讼第一审的被告或第二审被上诉人提出答辩状，作用在于充分阐明其观点和主张，以利于人民法院全面了解案情并及时作出公正裁判。

（二）写法

1. 首部

（1）标题。居中写明“民事答辩状”。

（2）答辩人的基本情况。写明答辩人的姓名、性别、出生年月日、民族、工作单位、职业、住所、联系方式。如答辩人系无诉讼行为能力人，应在其项后写明法定代理人的姓名、性别、出生年月日、民族、工作单位、职业、住所，及其与答辩人的关系。答辩人是法人或其他组织的，应写明其名称和所在地址及其法定代表人（或主要负责人）的姓名、职务、联系方式。如答辩人委托律师代理诉讼，应在其项后写明代理律师的姓名及代理律师所在的律师事务所名称。

（3）答辩缘由。应写明答辩人因××一案进行答辩。

2. 正文

（1）答辩的理由。答辩状应针对原告或上诉人的诉讼请求及其所依据的事实与理由进行反驳与辩解，这一点尤为重要。无论是一审被告还是二审被上诉人，提出的答辩理由一是要实事求是，二是要有证据支持。一审被告的答辩要从证据、事实、案件性质及原告之诉讼请求等方面进行答辩，同时可以提供新的证据以证明原告证据与事实之虚伪。此外，还可以从其他方面进行答辩，例如提出原告不适格，或原告起诉的案件不属于受诉法院管辖，或原告的起诉不符合法定的起诉条件，说明原告无权起诉或起诉不合法，从而否定案件。二审被上诉人的答辩主要从实体方面针对上诉人的证据、事实、理由和请求事项进行答辩，全部否定或部分否定上诉人所依据的事实和证据，从而否定其上诉理由和诉讼请求。但是如果上诉人提出了新的证据、事实，被上诉人则应当对此进行重点答复与辩驳，如果上诉人就一审程序问题提出指责，涉及被上诉人责任的，答辩状中应予辩驳或解释。

（2）答辩请求。答辩请求是答辩人在阐明答辩理由的基础上针对原告的诉讼请求向人民法院提出的请求。答辩状中应根据有关法律规定，请求人民法院保护答辩人的合法权益。一审民事答辩状中的答辩请求主要有：1）要求人民法院驳回起诉，不予受理；2）要求人民法院否定原告请求事项的全部或部分；3）提出新的主张和要求，如追加第三人；4）提出反诉请求。如果民事答辩状所请求事项为两项以上，在写请求事项时应逐项写明。二审被上诉人的答辩状的请求应为支持原判决或原裁定，反驳上诉人的要求。

（3）证据和证据来源，证人的姓名和住所。答辩中有关举证事项，应写明证据的名称、件数、来源或证据线索。有证人的，应写明证人的姓名、住所。

3. 尾部

尾部包括如下项目：（1）致送人民法院的名称。（2）答辩人签名。答辩人是法人或其他组织的，应写明全称，加盖单位公章。（3）答辩时间。

4. 附项

附项包括如下项目：（1）本答辩状副本份数，应按原告的人数提交。（2）其他有关证据及证明材料。

（三）实例及评析

民事答辩状

上诉答辩人（原审原告）：甲，男，×年×月×日生，汉族，身份证号码：××××××××××，住××××××××××，联系电话：××××××××××

上诉被答辩人（原审被告）：乙公司

统一社会信用代码：×××××××××

住所地：×××××××××××××

法定代表人：×××　　职务：×××××

联系电话：×××××××××

答辩人甲因占有物返还纠纷一案，对上诉人乙公司不服北京市×区人民法院（2021）京×民初×××号判决，提出答辩状。答辩如下：

（2021）京×民初××××号判决认定事实清楚，适用法律正确，合法合理，请求二审法院依法驳回上诉人的上诉请求，维持原判。

一、一审判决认定事实清楚、正确，上诉人的主张不应得到支持

本案案由为占有物返还纠纷，调整的就是物权侵占人与合法物权主体之间的物权法律关系。答辩人甲是案涉车辆的购买者，亦是所有者。上诉人乙公司是在甲不知情的情况下私自非法拖走案涉车辆且至今未归还的侵占者。乙公司明知案涉车辆并非由其购买仍然私自非法拖走并占有，是对甲所有权和占有权法益的严重侵犯。乙公司企图混淆和误导本案的物权法律关系及法律主体，没有事实和法律依据，其为侵占人及侵占案涉车辆的事实无法改变。

乙公司称一审法院“未考虑其占有案涉车辆的原因”，这不能成为其侵占甲车辆的合理理由，也没有任何法律依据。乙公司出租，或者所谓“出借”小客车指标的行为已扰乱了正常的机动车登记管理秩序，其并无合法权益遭受侵害。车辆牌照的交通违章扣分，是乙公司出租其车辆指标所能合理预见的风险，出租车辆指标的行为实际构成了对上述风险的自担，属于乙公司自身的过错，其无法免责。且事实上，存在大量交通违章的车辆牌照，并非挂在案涉车辆上的牌照。乙公司应依法向违章车辆的车主主张权利，而非私自非法侵夺甲的车辆。

如其认为权利受到损害，应通过合法途径寻求救济，而非私自侵占他人车辆；即便在其所谓的“无奈之举”之后，也应当立即寻求公力救济，而非拖延至今仍处在私力救济的状态。如纵容此等行为突破法律保护屏障，每个社会主体的安全感将荡然无存！

综上，上诉人乙公司主张一审法院认定事实错误，不应得到支持。

二、一审判决适用法律正确，上诉人的主张不应得到支持

上诉人认为“原审法院适用《物权法》之规定”，没有规定其应当承担赔偿损失的责任，孤立地曲解了《物权法》的整体规定及权利救济途径，是错误的。

《物权法》第二百四十五条第一款规定：“……因侵占或者妨害造成损害的，占有人有权请求损害赔偿。”本案中，损害赔偿作为法定的侵权责任救济方式，在于使甲完全、完整的物权权利得到圆满救济。甲对案涉车辆赋予了极大预期的可得利益，购买车辆的目的即在于获得车辆的使用价值，并付出了巨大的人力、财力和时间成本。乙公司的私自非法侵占车辆的行为直接导致了甲丧失了该使用价值，遭受使用损害，甲有权依法请求乙公司赔偿损失，一审法院适用法律正确。

如根据《最高人民法院关于适用〈中华人民共和国民法典〉时间效力的若干规定》第一条第三款的规定适用《民法典》，则根据《民法典》第二百三十八条、第四百六十二条的规定，甲仍有权依法请求乙公司赔偿损失，一审法院适用法律正确，乙公司的主张不应得到支持。

上诉人乙公司的侵占行为严重侵犯了答辩人甲的合法物权权利，给甲造成了严重的损失，一审法院认定事实清楚、正确，适用法律正确，请二审法院依法驳回乙公司的上诉请求，维持原判，保护甲的合法权益。

此致

北京市×中级人民法院

答辩人：

年　月　日

评析：这是一份基于占有物返还纠纷案制作的民事答辩状。答辩人购买了车辆，因车辆指标属于被答辩人，双方共同将车辆过户至该指标名下，并由答辩人一直使用。被答辩人在答辩人不知情的情况下私自非法拖走车辆且至今未归还答辩人。答辩人认为被答辩人的侵占行为侵犯了答辩人的合法物权权利，要求被答辩人承担赔偿损失。被答辩人不服一审判决提出上诉，答辩人就被答辩人的上诉状提出几点答辩理由。其中包括事实认定清楚、法律适用正确等，被答辩人的主张不应得到支持，并请求二审人民法院依法驳回被答辩人的上诉请求，维持原判。

这份民事答辩状以被答辩人侵犯答辩人占有权及所有权法益为基础，陈述事实，重点突出，写得简洁、明确、客观。答辩状引用相关法律规定，以证明答辩人提出的请求和主张的合法性，同时也说明了一审法院适用法律正确。答辩人最后提出请求，有理有节，是较好的实例。

八、民事再审申请书

（一）概述

民事再审申请书，是民事案件当事人对已经发生法律效力的判决、裁定认为确有错误，或者认为调解协议违反自愿原则或者认为调解协议的内容违反法律的，向人民法院申请再审而制作的法律文书。我国《民事诉讼法》第 206 条规定：当事人对已经发生法律效力的判决、裁定，认为有错误的，可以向上一级人民法院申请再审；当事人一方人数众多或者当事人双方为公民的案件，也可以向原审人民法院申请再审。当事人申请再审的，不停止判决、裁定的执行。第 208 条规定，当事人对已经发生法律效力的调解书，提出证据证明调解违反自愿原则或者调解协议的内容违反法律的，可以申请再审。经人民法院审查属实的，应当再审。第 209 条规定，当事人对已经发生法律效力的解除婚姻关系的判决、调解书，不得申请再审。

申请再审属于审判监督程序。当事人申请再审，不停止判决、裁定的执行；按照审判监督程序决定再审的案件，裁定中止原判决的执行。民事再审申请书是民事案件的当事人在判决、裁定发生法律效力后 6 个月内提出再审申请时使用的文书。有《民事诉讼法》第 207 条第 1 项、第 3 项、第 12 项、第 13 项规定情形的，自知道或者应当知道之日起 6 个月内提出。此外，对已经发生法律效力的解除婚姻关系的判决不得申请再审，但涉及财产争议问题的，可以就财产争议事项提出再审申请。民事再审申请书既是当事人表示申诉意愿的文书，也是人民法院适用审判监督程序对民事案件提起再审的依据。

（二）写法

1. 首部

（1）标题。居中写明“民事再审申请书”。

（2）申请人基本情况。

2. 正文

(1) 请求事项。写明原审人民法院的名称和案件的编号。写明申请人要求人民法院撤销原判，进行再审改判。如请求部分改判，应当写明撤销原判决某一项或某几项，进行改判，维持原判决某一项或某几项。请求事项较多的，可以分项一一列出。

(2) 事实与理由。根据我国《民事诉讼法》第 207 条的规定，当事人的申请符合下列情形之一的，人民法院应当再审：1) 有新的证据，足以推翻原判决、裁定的；2) 原判决、裁定认定的基本事实缺乏证据证明的；3) 原判决、裁定认定事实的主要证据是伪造的；4) 原判决、裁定认定事实的主要证据未经质证的；5) 对审理案件需要的主要证据，当事人因客观原因不能自行收集，书面申请人民法院调查收集，人民法院未调查收集的；6) 原判决、裁定适用法律确有错误的；7) 审判组织的组成不合法或者依法应当回避的审判人员没有回避的；8) 无诉讼行为能力人未经法定代理人代为诉讼或者应当参加诉讼的当事人，因不能归责于本人或者其诉讼代理人的事由，未参加诉讼的；9) 违反法律规定，剥夺当事人辩论权利的；10) 未经传票传唤，缺席判决的；11) 原判决、裁定遗漏或者超出诉讼请求的；12) 据以作出原判决、裁定的法律文书被撤销或者变更的；13) 审判人员审理该案件时有贪污受贿、徇私舞弊、枉法裁判行为的。在事实与理由部分中，必须运用证据和法律，充分说明原审判决或裁定存在上述错误或情况，从而论证本申请符合民事诉讼法规定的再审条件。

(3) 证据和证人。可写明证据的名称、来源、件数以及证人姓名和住所。

3. 尾部

除当事人称谓和文种名称不同外，尾部其余部分的写法同民事起诉状。

4. 附项

该案已生效的民事判决书或裁定书抄件一份。

(三) 写作注意事项

(1) 律师为当事人写作再审申请书时一定要以《民事诉讼法》第 207 条的规定为准，要审查当事人提供的材料，如不符合则不予写作，并应教育当事人不要无理缠诉。

(2)《民事诉讼法》第 212 条规定，当事人申请再审，应当在判决、裁定发生法律效力后 6 个月内提出；有该法第 207 条第 1 项、第 3 项、第 12 项、第 13 项规定情形的，自知道或者应当知道之日起 6 个月内提出。《最高人民法院关于适用〈中华人民共和国民事诉讼法〉的解释》第 382 条规定：当事人对已发生法律效力的调解书申请再审，应当在调解书发生法律效力后 6 个月内提出。律师为当事人写作再审申请书时应注意时限。

第二节　律师涉诉申请书

公民、法人或其他组织在刑事诉讼、民事诉讼或行政诉讼中，常常会因为各种各样的实体性的问题或者程序性的问题，向人民法院提出这样或那样的申请。其中，有些申请的内容，刑事诉讼法、民事诉讼法和行政诉讼法作了相关的规定，而有些申请的内容则是上述三部法律并无具体规定的。这类文书大体上可以分为以下四类：一是与解除当事人人身限制有关的文书；二是与证据有关的文书；三是与程序有关的文书；四是为表述其他相关问题，包括一些实体问题而制作的文书。本节将选择几种重要的文书加以介绍。

一、取保候审申请书

（一）概述

取保候审是人民法院、人民检察院和公安机关根据案件情况，对犯罪嫌疑人、被告人施行的强制措施中的一种。《刑事诉讼法》第 67 条规定，人民法院、人民检察院和公安机关对有下列情形之一的犯罪嫌疑人、被告人，可以取保候审：（1）可能判处管制、拘役或者独立适用附加刑的；（2）可能判处有期徒刑以上刑罚，采取取保候审不致发生社会危险性的；（3）患有严重疾病、生活不能自理，怀孕或者正在哺乳自己婴儿的妇女，采取取保候审不致发生社会危险性的；（4）羁押期限届满，案件尚未办结，需要采取取保候审的。取保候审由公安机关执行。被羁押的犯罪嫌疑人、被告人及其法定代理人、近亲属以及受托律师有权申请取保候审。人民法院、人民检察院和公安机关决定对犯罪嫌疑人、被告人采取取保候审的，应当责令犯罪嫌疑人、被告人提出保证人或交纳保证金。保证人须与本案无牵连，并有能力履行保证义务，享有政治权利，人身自由未受到限制，以及有固定的住所和收入。

（二）写法

1. 首部

首部写明如下项目：（1）标题。居中写明“取保候审申请书”。（2）申请人身份，是律师的写明律师姓名、所在律师事务所名称以及通信地址或联系方法。

2. 正文

正文应写明如下内容：

（1）犯罪嫌疑人姓名及其涉嫌的案件。

（2）取保候审的理由。

（3）有保证人的，写明保证人身份，包括姓名、性别、年龄、民族、籍贯、工作单位及职务、住所等。

（4）保证内容。1）根据《刑事诉讼法》第 71 条的规定，被取保候审的犯罪嫌疑人、被告人应当遵守以下规定：未经执行机关批准不得离开所居住的市、县；住址、工作单位和联系方式发生变动的，在 24 小时以内向执行机关报告；在传讯的时候及时到案；不得以任何形式干扰证人作证；不得毁灭、伪造证据或者串供。2）人民法院、人民检察院和公安机关可以根据案件情况，责令被取保候审的犯罪嫌疑人、被告人遵守以下一项或者多项规定：不得进入特定的场所；不得与特定的人员会见或者通信；不得从事特定的活动；将护照等出入境证件、驾驶证件交执行机关保存。

3. 尾部

尾部包括如下项目：（1）致送机关。申请对犯罪嫌疑人或被告人作出取保候审决定，致送机关的选择主要看案件正处于哪一个阶段，如果是侦查阶段，应当向公安机关或检察机关申请；如果是审查起诉阶段，应当向检察机关申请；如果是审判阶段，应当向人民法院申请。（2）申请人、保证人签字。律师代书的，写明律师姓名及所在律师事务所名称。申请人交纳保证金的，则不用写保证人。

4. 附项

附项主要包括拘留证、通知书、逮捕证等证据。

二、财产保全申请书

(一) 概述

财产保全是指人民法院在审理给付之诉的过程中，为了保证将来发生法律效力的判决能够得到全部执行，在作出判决之前，对当事人的财产或争执标的物采取查封、扣押、冻结或者法律规定的其他方法进行保护的措施。财产保全申请书是当事人请求意愿的表示，也是人民法院采取财产保全措施的依据。我国《民事诉讼法》第103条规定：人民法院对于可能因当事人一方的行为或者其他原因，使判决难以执行或者造成当事人其他损害的案件，根据对方当事人的申请，可以裁定对其财产进行保全、责令其作出一定行为或者禁止其作出一定行为；当事人没有提出申请的，人民法院在必要时也可以裁定采取保全措施。人民法院采取保全措施，可以责令申请人提供担保，申请人不提供担保的，裁定驳回申请。人民法院接受申请后，对情况紧急的，必须在48小时内作出裁定；裁定采取保全措施的，应当立即开始执行。上述规定表明，采取财产保全的程序有两种：一种是人民法院根据当事人的申请裁定采取的；另一种是人民法院依职权主动采取的。

(二) 写法

1. 首部

首部包括如下项目：(1) 标题。居中写明“财产保全申请书”。(2) 申请人、被申请人的基本情况。(3) 请求事项。写明要求保全的财物情况，包括申请人与被申请人的关系，申请人和被申请人与要求被保全财物的关系及财物名称、数量、质量、形状、花色、品种、价格、所在地点及现状等。(4) 必须写明要求保全财产的总金额，如无法精确计算，也可以写出相应价值的财产，而不得遗漏或空白。

2. 正文

正文包括如下项目：(1) 申请的事实和理由。主要写明需要保全的财物遭受侵害情况，以及采取保全措施的重要性、紧迫性及在判决执行中的意义。(2) 证据。写明能够证明申请请求的证据的名称、件数和证据来源。有证人的，应写明证人的姓名和住所。如果证据不在申请人手里，应向人民法院提供证据线索。

3. 尾部

除当事人称谓和文书名称不同外，尾部其余部分的写法同民事起诉状。

三、先予执行申请书

(一) 概述

先予执行是指人民法院在审理给付之诉时，在作出判决与交付执行之前，因权利人难以或无法维持生活、生产经营以及发生其他紧急情况，及时裁定义务人先行给付一定款项、特定物或停止实施一定行为，并立即付诸执行的措施。先予执行申请书是当事人为申请人民法院先予执行时使用的法律文书。根据我国《民事诉讼法》第109条的规定，人民法院对下列案件，根据当事人的申请，可以裁定先予执行：(1) 追索赡养费、扶养费、抚养费、抚恤金、医疗费用的；(2) 追索劳动报酬的；(3) 因情况紧急需要先予执行的。申请人递交先予执行申请书之后，人民法院可以责令申请人提供担保，申请人不提供担保的，驳回申请。人民法院裁定先予执行的，应当先行给付。当事人对先予执行裁定不服的，可以申请复议一次，复议期间不停止裁定的执行。申请人败诉的，应当赔偿被申请人因先予执行遭受的财产损失。

（二）写法

1. 首部

首部包括如下项目：（1）标题。居中写明“先予执行申请书”。（2）申请人、被申请人的基本情况。

2. 正文

正文包括如下项目：（1）请求事项。写明先予执行的具体要求。如果申请先予执行的是金钱，要写明具体数额；如果申请先予执行的是财物，要写明名称、数量、规格等。所提要求应以解决申请人紧迫需要为限，不能超过权利范围和被申请人的承受能力。（2）事实与理由。应写明申请人、被申请人之间确定的民事法律关系；申请人已向人民法院提起要求被申请人给付之诉；申请人确实存在困难，如不先予执行，申请人生活或经营将很困难，甚至无法维持生活和不能经营；被申请人有一定的履行能力，有能力给付先予执行的金钱或财产。（3）证据。

3. 尾部

除当事人称谓和文书名称不同外，尾部其余部分的写法同民事起诉状。

四、强制执行申请书

（一）概述

强制执行申请书，是指享有权利的当事人根据人民法院作出的已经发生法律效力的民事判决、裁定、调解书，或根据仲裁机关已经发生法律效力的裁决书，或根据公证机关依法赋予强制执行效力的债权文书以及行政机关作出的决定书，在对方当事人不履行或拒绝履行义务时，向人民法院提出强制执行的书面请求。我国《民事诉讼法》第231条规定：发生法律效力的民事判决、裁定，以及刑事判决、裁定中的财产部分，由第一审人民法院或者与第一审人民法院同级的被执行的财产所在地人民法院执行。法律规定由人民法院执行的其他法律文书，由被执行人住所地或者被执行的财产所在地人民法院执行。《民事诉讼法》第243条规定：发生法律效力的民事判决、裁定，当事人必须履行；一方拒绝履行的，对方当事人可以向人民法院申请执行，也可以由审判员移送执行员执行。调解书和其他应当由人民法院执行的法律文书，当事人必须履行；一方拒绝履行的，对方当事人可以向人民法院申请执行。执行申请书必须在法定的执行期限内提出。我国《民事诉讼法》第246条规定：申请执行的期间为二年；申请执行时效的中止、中断，适用法律有关诉讼时效中止、中断的规定。上述规定的期间，从法律文书规定履行期间的最后一日起计算；法律文书规定分期履行的，从最后一期履行期限届满之日起计算；法律文书未规定履行期间的，从法律文书生效之日起计算。强制执行申请书是对于发生法律效力的民事判决、裁定、调解书和其他由人民法院制作的法律文书，以及依法设立的仲裁机构的裁决、公证债权文书，当事人一方拒绝履行或不履行的，对方当事人向有管辖权的人民法院提交申请执行的法律文书，以保障本方合法权益的实现。

（二）写作内容和方法

1. 首部

首部包括如下项目：（1）标题。居中写明“强制执行申请书”。（2）申请人和被申请人的基本情况。（3）申请事项。写明申请执行的生效法律文书的制作单位、文书标题、案件编号、案由执行的具体要求。

2. 正文

正文包括如下项目：（1）事实与理由。申请执行的事项即各种生效法律文书中的主文部分涉及的财产执行内容。被执行人应当给付事项的种类、范围、数量等。被执行人没有履行的情况，写明被执行人逾期拒不履行法律文书中指定义务的情况。（2）被申请人可供执行的财产状况，包括被申请人的经济收入、有无履行义务的能力，以及其财产所在地等。

3. 尾部

尾部包括如下项目：（1）申请人的姓名或名称。（2）生效判决书或裁定书的复印件。（3）日期。

第三节　法庭演说词

一、法庭演说词概述

法庭演说词是指代表当事人出庭的辩护人、代理人在法庭辩论阶段，就案件的事实、证据、法律适用以及主张案件应当如何处理等所发表的系统性意见。与律师实务文书中其他类别的文书，诸如诉状类文书、申请书类文书相比，法庭演说词的特点有三个：一是所涉及的内容十分广泛，既包含多种诉讼纠纷所涉及的事实、证据、情节等案件事实内容，也涉及各种不同的法律、法规及司法解释的内容，还会涉及社会伦理、道德和社会公益等内容。因此，法庭演说词内容带有很强的综合性。二是因其是在法庭辩论阶段形成和使用的，因此表述形式为宣讲性。三是控辩双方或诉辩双方在面对面的交锋中带有一定的甚至是激烈的对抗性，所以也就最具有观点上的代表性与主张上的集中性。法庭演说是最能体现律师职业风采的行为。

（一）法庭演说词的主要论证方法

1. 据实论证

案件事实是案件的基础，一般情况下，只要把事实如实表述清楚，就能把是非曲直分辨清楚，特别是一些是非界限明确的事实。因此，法庭演说词最常见的论证方法就是据实论证的方法，即提出足以肯定，或否定某一法律事实或某一法律行为的证据，以证实本代理人代理方遭到侵权或并未侵权。这种方法既可以辩驳对方，使其理屈，又可以为法庭所采纳，取得胜诉。

2. 据法论证

在诉讼中，“以事实为根据”是一个重要方面，而“以法律为准绳”则是另一个重要方面，特别是在比较复杂甚至真假杂糅、曲直交错的纠纷之中，若不依据法律仔细分析、深入论证，是不易辨清其具体的是非界限和双方各自的法律责任的。

3. 据情说理

一般来说，法律与情理虽然有时候有一定的差距，但基本上是一致的。因此，在法律与情理相一致的情况下，有的法庭演说词除加强法律论证外，还需要在情理上作进一步的申说，以取得更好的论辩说理的效果。

（二）法庭演说词表达的方法与技巧

作为系统发言的一篇法庭演说词，必须依据事实和法律阐述自己的意见和理由，而要想收到较好的效果，必须讲求方法，注重技巧。常见的方法与技巧大致有以下几种。

1. 先总述后分论

先总述后分论，是指在法庭演说词的开头部分先将本法庭演说词分几个部分、各是什么内容一一表述清楚，然后再一个部分一个部分地分别加以论述。这种方法可以给法庭、也给对方一个完整和全面的印象，前面提到几个部分，后面论及几个部分，总分一致，无疏无漏、周密严谨，可以增强论辩的说服力。

2. 先设的后放矢

先设的后放矢，是指在法庭演说词的开头将对方的论点及其证据加以归纳之后集中表述一遍，立以为的，之后针锋相对地加以辩驳。这种方法，有的放矢，针对性强，能给人以成竹在胸、理直气壮之感。但使用中要注意，不得曲解对方的论点与证据，流于诡辩。

3. “但书”的使用

“但书”的使用，即在法庭演说词中特别是在辩护词的前言部分或主体的开头部分，对法庭开庭审理此案表示支持，对公诉机关提起的公诉表示原则性的肯定，或者是对被告人的犯罪行为表示谴责、对犯罪行为给被害人造成的伤害与损失表示同情甚至道歉等，缓和气氛、争取理解与谅解，然后再以“但书”形式转入辩护论题，或论述对方对本案发生亦有责任，或阐述被告人存在应予减轻、免除刑事责任的情节。这种方法，易于使法庭与对方当事人接受，易于取得较好结果。

4. 有话则长，无话则短

有话则长，是指在法庭演说词中，凡涉及双方存在争议的问题，涉及法庭对证据、事实认定与否的问题，要作为重点内容加以论证与辩驳，集中力量，说全说透。无话则短，是指对于为保护本方当事人合法权益应当提出，但双方又无分歧的问题，则应少说，少说不是不说，亦应论及，提请法庭注意即可，不必多谈，以免冲淡重点问题的论证与辩驳。

二、辩护词

（一）概述

辩护词，是刑事案件被告人或上诉人委托或人民法院指派的辩护人在法庭辩论阶段，依据事实和法律为被告人所作无罪、罪轻或者减轻、免除刑事处罚的法庭演说词，也是一种具有法律意义的法律文书。

《刑事诉讼法》第 33 条规定，犯罪嫌疑人、被告人除自己行使辩护权之外，还可以委托一至二人作为辩护人，并规定了可以被委托为辩护人的三类人，其中律师被列为第一类。《刑事诉讼法》第 37 条至第 49 条分别规定了辩护人的责任、辩护人的权利、辩护律师的调查取证权和辩护人的义务等。第 198 条规定：法庭审理过程中，对与定罪、量刑有关的事实、证据都应当进行调查、辩论；经审判长许可，公诉人、当事人和辩护人、诉讼代理人可以对证据和案件情况发表意见并且可以互相辩论。从上述规定中可以看出，辩护词是一种十分重要的法律文书。在刑事诉讼程序中，辩护词是辩护人实现辩护职能，维护被告人或上诉人合法权益的重要手段，也是帮助法院正确审理刑事案件、对广大公民进行法制宣传和教育的重要工具。制作辩护词是律师为被告人进行辩护的诸多工作中的一项，是带有“集大成”性质的重要工作。辩护词是律师在法庭审判中法庭辩论程序里所作的第一轮的发言，是律师全面阐述自己对本案特别是对为之辩护的被告人的处理意见的系统的演说。辩护词与本章前两节所讲文种不同，没有固定格式，并且是口头表述，因此，在辩护词的写作上有一些与书状不同的要求与方法。

（二）结构和基本内容

辩护词一般由三个部分组成，即前言、辩护理由和主张、结尾。

1. 前言

前言包括如下内容：（1）对审判庭成员的称呼。（2）申明辩护人受何人委托、何人指派或是为法院所指定，出庭为被告人辩护。（3）简要说明辩护人在开庭前所做的工作，还可以陈述辩护人对全案的基本看法。

2. 辩护理由和主张

这一部分是辩护词的核心内容，可以从以下几个方面进行论证与辩驳：

（1）有关事实认定问题的论证和辩驳。事实是案件的基础，有没有被指控的犯罪事实或者被指控的犯罪事实与事实真相有无出入甚至重大出入，直接影响到被告人是否构成犯罪或罪行的轻重。因此，辩护人首先要对公诉机关的起诉书、自诉人的自诉状或一审刑事判决书中所指控或认定的事实部分进行认真的分析研究，如发现对方在认定事实上有误，即应予以辩驳。

（2）有关证据认定问题的论证和辩驳。在事实部分有无证据在案佐证，是应当进行认真分析研究的。如果发现对方没有证据或证据不足，证据不具备真实性、客观性、关联性，证据取得不合法或在二审辩护中发现证据在一审程序中未经质证，都应予以指出并加以辩驳。

（3）有关定罪问题的论证和辩驳。有关定罪问题的论证和辩驳，主要是指当起诉书、自诉状或一审刑事判决书中所指控或认定的罪名适用法律不当时而就此问题进行的论辩，即不否认被告人构成犯罪，但其罪行属于一种较轻的罪名而不是被指控或被认定的罪名。例如，被告人被指控构成强奸罪（有未遂情节），辩护人辩护为侮辱妇女罪；被告人被指控构成抢劫罪，辩护人辩护为抢夺罪；被告人被控构成故意杀人罪，辩护人辩护为故意伤害（致死）罪等。

（4）有关量刑问题的论证。关于量刑问题，辩护词中多属于正面说理，因为起诉书或自诉状中一般不会提出具体的量刑意见，充其量不过是要求“从严惩处”。即使公诉机关行使了求刑权并提出了过重的刑罚，辩护词中一般也不宜直接辩驳，而应根据被告人自身存在的从轻情节，提出较为具体的从轻意见。这种论证本身就是间接地辩驳过重的求刑与判决。常见的从轻情节很多：1）有年龄方面的，如未成年人；2）有法律规定的从轻情节，如又聋又哑的人；3）有犯罪实施过程方面的，如有犯罪中止、犯罪未遂等情节；4）有认罪态度方面的，如有自首、悔罪认罪、立功表现等；5）有未造成严重损失方面的，如积极退赃、退赔等；6）个人犯罪有初犯、偶犯情节的；7）共同犯罪中，有从犯、胁从犯等情况的。辩护人都应根据被告人自身存在的从轻事实，引证有关的法律规定，正面论证对被告人应予从轻处理的理由。

（5）有关程序问题的论证和辩驳。人民法院在审理案件过程中，有违反程序的事实，并可能影响案件公正裁决的，辩护人也应据法论证，加以辩驳，以保证案件得以公正裁决。例如人民法院违反管辖，受理不应受理的案件，又未向被告人交代被告人应有的诉讼权利（如未交代被告人有申请法庭组成人员及其他有关人员回避的权利），影响案件公正处理的；其他违反程序问题，如一方举证未经质证便予认定等。对此，作为辩护人均应据法驳辩。

（6）有关情理方面的论证和辩驳。辩护词有时也可能针对某些与人情事理相悖的情况，进行论证和辩驳。如被告人虽属犯罪，但与被害人的激将挑衅有直接关系，这样就需要将被害人的激将挑衅的情况如实讲出，以说明被告人之所以犯罪，与被害人的行为不无关系，从而应考虑对被告人从轻予以处罚等。

3. 结尾

总结全篇辩护词的中心论点，提出具体的处理意见，供法庭参考。

（三）无罪辩护与一般辩护

辩护人的责任是依照事实和法律为被告人作无罪、罪轻或者减轻、免除刑事责任的辩护，其中存在两种不同内容的辩护：一是无罪辩护；二是罪轻或者减轻、免除刑事责任的辩护，即有罪辩护（通常称为一般辩护）。下面分别介绍二者不同的辩护内容与方法。

1. 无罪辩护

无罪辩护一般采取“先设的后放矢”的方法，把对方论点一一辩驳。做无罪辩护时应注意以下几点：

（1）从事实入手。事实是案件的基础，否定了对方指控的犯罪事实，案件就不复存在了，至于罪名问题、量刑问题等，也就无从谈起了。否定事实一般从以下两方面着手：1）证据不实，即犯罪事实并不存在；2）犯罪事实存在，但不是本案被告人所为，确切地说不是本辩护人所辩护的被告人所实施。这两者无论哪种情况，辩护人都必须用充分有力的证据，论证被告人不存在上述犯罪行为。对于前者，应侧重于推翻对方提供的证明被告人犯罪事实的证据，同时用新的证据说明事实真相。对于后者，要侧重用证据说明被告人根本没有实施犯罪的可能性。

（2）进行法理分析。可以从以下两方面进行：1）被害人受到伤害、受到损失的事实存在，本辩护人所辩护的被告人也在现场或者其行为与之有着某种关联，但二者之间没有因果关系。对此，要运用法理及其他理论、常识加以分析，予以解脱。2）事实虽有，也是本辩护人所辩护的被告人所实施，但事实不是犯罪事实。这种情况，辩护人与公诉人或自诉人对起诉书或自诉状中所列举的被告人的行为事实本身，并无重大的分歧，但在该事实的性质认识上有原则性的分歧，对于这一分歧认识所作的结论，自然也截然不同，这有时涉及罪与非罪的不同性质。

2. 一般辩护

一般辩护，即被告人确实有罪，辩护人的责任是指出被告人有罪轻或减轻、免除刑事责任的情节。案中，被告人毕竟给国家、社会或被害人造成损失或伤害，所以必须以事实为根据，以法律为准绳，在肯定其犯有罪行的前提下进行辩护。其方法如下所述：

（1）欲进先退，后发制人。这是指先退一步，承认被告人有罪，然后逐步申述有利于被告人的种种客观事实和从轻或减轻的理由，使法庭和指控的一方不得不承认其确实存在从轻的情节和依据，这种方式容易得到认同。

（2）揭露真相，澄清事实。起诉书或自诉状中对不利于被告人的事实有所夸大，或对于有利被告人的事实有所缩小甚至根本不提，往往会使被告人的犯罪程度有所加重。为此，被告人的辩护人则必须提供证据或指出对方证据虚假，从而说明事实真相，还事实以本来面目，以达到减轻被告人犯罪严重程度的目的。

（3）解释罪名，对号入座。就是在涉及被告人犯罪行为构成何种罪名时，可先将两个罪名构成的要件阐明，然后结合本案具体事实的性质进行论证辩驳，从而否定一个被指控或被认定的较重的罪名，而肯定一个相对较轻的罪名。

（四）实例及评析

辩 护 词

尊敬的审判长、各位审判员：

受本案上诉人黄××的委托，本律师为其担任刑事案件辩护人。纵观全案，在案所有证据及开庭审理显示的事实，不仅不能支持公诉机关的指控，却反而更加证明了上诉人黄××无罪，以及××学校没有主张民事赔偿的事实依据和法律基础。为确保审理与判决的合法与公正，我们的如下观点，还是恳请法庭予以考量采纳。

一、本案此次开庭审理，应当接受辩护人庭前调取相关证据的申请

（一）为查清本案，法院应当调取重要证据

××学校的办学资质，以及每年的年检、年审资料，是进一步查清本案基本事实的重要证据。庭前，我们多次前往××市教育局和民政局以申请政府信息公开的方式申请查阅该等证据材料，但都被以涉及隐私或商业秘密等理由拒绝了。故此，我们多次向原审法院及本院申请调取该证据。原审法院未予调取，径行判决了；此次，贵院同样未予调取。

我们认为：拒绝接受上诉人及代理律师的书面请求，不予调取上述证据，有违法律规定。我们根据现有证据结合开庭调查推定调取的证据，将更加有利于证明上诉人无罪以及其行为并不侵害本案刑事附带民事原告人的利益。

（二）法院应当依法传唤关键证人王××、田×夫妇出庭作证

王××、田×夫妇系本案查清案涉土地及地上所有建筑及附属物（即××学校所占据的教学楼等）归属问题的关键证人；就数次庭审情况来看，法庭认为不能真正查清地上建筑及附属物（包括室内物品的存入、使用）归属的一个很重要原因，就在于没有传唤王××、田×夫妇到庭作证。我们多次向原审法院及本院申请传唤王××、田×夫妇出庭作证，但法院均未置可否，更未予传唤。

原审法院以无法联系上王××、田×夫妇为由拒绝辩护人的传唤申请。但是，我们发现原审法院在本案原审的审理期限内作出（2018）××号民事判决等审判活动时，审理法庭能够通知王××、田×夫妇参加诉讼。我们认为原审法院没有传唤王××、田×夫妇的做法以及搁置本案的基本事实——土地及地上附属物的法律归属不作审理认定，径直作出该土地上附属物及附属物内的财产被非法侵犯，是完全错误的。

根据《刑事诉讼法》第一百九十二条、第一百九十三条的规定，王××、田×夫妇的证人证言对于进一步查清案件事实和定罪量刑有重大影响。如王××、田×夫妇无正当理

由拒绝出庭作证，人民法院可以依法强制其到庭作证。

（三）审理法院应当即时调取××区人民法院的两份判决的全部案卷材料

与本案密切相关的两份判决书，即（2017）××号和（2018）××号涉及虚假诉讼。现已看到的上述案件判决书显示：现任××学校校长胡×在虚假诉讼案件中向法院说明：在2009年，王××、田×夫妇等全家以口头约定的方式已将本案中涉案的28亩土地分配给张氏兄妹。而本案事实却证明，王××等人在2013年与黄××达成了6 000万元的《土地转让协议》，将涉案的28亩土地卖给了黄××。

显而易见，上述两份判决书确认的所谓事实与本案所涉及的事实是完全不同的。孰真孰假？依本案现在的法律状况，如果前述判决事实成立，则本案审理中就应当依法认定为：王××、田×夫妇的行为涉嫌合同诈骗。基于秦×在本案中的自述及其证言，秦×亦应当系王××、田×夫妇合同诈骗案的共同犯罪嫌疑人。本案的受害人也就不应该是××学校和秦×，而应该是黄××。

我们要求调取的这两个案件的全部案卷材料对查明本案事实有至关重要的意义，且该两案件属于公开审理案件，本案的审理法庭不予调取两案全部卷宗材料是没有道理的。

原审法院审理时，公诉机关也当庭要求调取该两案的全部案卷材料，这说明，公诉机关也认为上述证据对于本案侦察、审理具有重要的法律意义；除非公诉机关书面撤回有关要求。

二、关于本案的其他事实

（一）案涉《土地转让协议》并不违法，且已实际履行

2013年10月1日，王××等人与黄××签订了名为“土地转让协议”，实为股权转让的协议，在当时它是黄××真实的意思表示。该协议在没有被依法判决认定为无效时，它理应受到法律的保护，特别是在黄××已经履行了该协议中约定的事项，实际支付6 000余万元的情况下。通过签订该协议，黄××购买了王××、田×夫妇及其他股东在山西省××有限公司（以下简称××公司）的全部股权。协议履行完毕，王××、田×夫妇拥有了××公司全部股权，即拥有了支配××公司名下的所有资产的权利（包括案涉土地的使用权及地上附属物等）。这是本案之所以发生的根本原因。对此不做审理或审理不清，都将可能会严重影响本案的最终判决。

（二）黄××履行《土地转让协议》支付了6 000万元

查清这6 000万元的支付情况，也是查清本案重要事实的关键因素之一。

我国法律规定土地的使用权及房屋的所有权归属应以登记为准。

自2007年始，就已经登记于××公司名下，属于该公司的法定财产，直至今日。而非登记于其他人员或单位名下。

另据了解，2013年前后，与涉案土地近似的地块，每亩土地使用权的转让价格不超过100万元人民币，而王××等人与黄××的交易平均每亩205万元，显然交易价格也佐证了于××所言：交易应当包括“协议”中的“地上建筑物等”的所有财产。本次开庭前，上诉人黄××向法庭递交了关于支付6 000万元的支付情况说明。

原审法院有意回避土地及地上建筑物等的权属问题，而本次开庭法庭也未予关注，这对于案件审理来讲，有违法律规定原则与精神。

（三）谁对涉案土地上的教学楼拥有所有权或处置权

1. 在本案上一轮发回重审时，二审法院要求原审法院进一步查明案涉土地上的建筑

物的权属问题，认为这是确认本案案件事实和案件性质的基础。然而，本轮的一审判决却完全回避了这一重要问题，没有回应发回重审的要求。现有在案证据证明，案涉土地上的建筑物，是由××公司设计并建设的。王××、田×夫妇持有××公司100%的股权，并且王××、田×夫妇截至案发时还占有××学校95%的股权；这些事实存在，足以使黄××相信其与王××等人的交易是真实与合法的。

黄××完成了6 000万元的支付义务，王××、田×夫妇等也依约为其办理了股权转让手续，交易并不违法且已经完毕。现有事实及证据证明，黄××依法有充分的理由相信，他依约已经完全拥有了××公司名下的土地使用权及地上建筑物等资产的所有权和处置权。

2. 王××、田×夫妇在完成交易后，立即玩起了“失踪游戏”，以致今天似乎都无法查找到踪迹。黄××在支付了全部交易相关费用后，着手办理了相关的房地产开发手续，但是开发工作却无法向前推进。2017年黄××多次向政府等有关部门反映情况，多方寻求解决方法无果；严重的拖期，给黄××和××公司造成了巨大损失。在这一过程中，政府不作为、怠于行使职权等行为让黄××对政府失去了信任，无奈之下选择了自行委托别人拆除自己土地上的建筑。

拆除过程中，如有物品损毁，也应当依法查明这些物品是如何被存入涉案现场的，这些物品存入涉案现场的合法性。法律只应保护合法的利益。本案数次的审理，××学校没有证据，也无法说明这些物品是合法存入并使用于涉案现场的。既然是非法进入涉案现场，且长期拒绝搬移，并且这些作为给××公司及其股东（王××、田×夫妇）造成了巨大损失，那么，这些物品就不属于应当被依法保护的利益。

三、田×对案涉土地及地上附着物的交易完全知情

现有证据证明田×对案涉土地及地上附着物的买卖是知情的。

王××等人与黄××签订协议之前（即2013年10月1日前），田×与王××见过黄××（见新证据乔××的《情况说明》），田×表示愿意出售学校。田×在原审时说其在穿棉衣的时候去见过黄××，却在公安机关的询问笔录中说其在签订协议前见过黄××（见询问笔录）。

此外，2013年10月1日与王××等人签订《土地转让协议》之后，黄××就与××地震局达成勘探协议，当月14日地震局在得到田×的许可后便对进入××学校内进行了勘探（见乔××《情况说明》），证明田×对王××等人与黄××的交易是知情的，否则不会允许地震局的勘查人员入校勘查，也不会积极予以配合。

已有调查结果证明了秦×作伪证的事实。秦×不能证明××学校就是土地上建筑物及建筑物内物品的所有权人，××学校也就不具有作为刑事附带民事原告主张任何民事赔偿的权利基础。

综上简述，结合我们前面已经讲过的有关意见，我们认为：以法庭现有的调查结果来看，公诉机关的指控依法不能成立。对于公诉机关指控的任何支持以及对于××学校民事赔偿的支持，都需要法庭对上述重要的基础事实再做进一步的调查。我们坚持认为依法而论，现有的证据和法庭调查所显示的事实，不能证明黄××的行为构成故意毁坏财物罪。同理，也没有能够证明被毁坏的建筑物及建筑物内的物品归××学校所有（包括合法的存入及使用于涉案现场）；××学校主张的民事损害赔偿依法不能成立，其提出的诉讼请求

也应依法予以全部驳回。

辩护人：×××
××律师事务所律师
2019 年××月××日

评析：这是一份无罪辩护词，主要分为四个部分：第一部分说明了接受委托出庭辩护的合法性以及发表辩护意见的主要依据。第二部分首先就本案所涉及的调查取证的不足和程序上的问题发表意见，其次从事实分析着手，针对主要人物和法律关系，采用已经查明的证据证明辩护人对事实的看法，再引据相关法律规定，比照本案事实证明辩护人观点的合理性、合法性。第三部分综合辩护人对全案的总体看法，提出被告人无罪的辩护主张。本辩护意见最终被法院采纳，取得了较好的辩护效果。（注：案例中所引法律规定，均为该辩护词拟写当时之规定。）

三、代理词

代理词作为一种法庭演说词，在内容上与本节所讲辩护词所涉及的案件性质不同，但在写法上二者却有许多相同、相似之处。当然，由案件性质所决定的代理词与辩护词在写法上也有诸多不同。

（一）概述

代理词是指民事案件、行政案件的当事人，刑事案件的被害人以及刑事附带民事案件的原、被告人所委托的诉讼代理人，在法庭审理的辩论阶段或人民法院依法进行书面审理中，为了维护其所代理一方的合法权益，以被代理人的名义，在代理权限之内发表或递交的具有综合性的代理意见。

《民事诉讼法》第 61 条规定：当事人、法定代理人可以委托一至二人作为诉讼代理人。下列人员可以被委托为诉讼代理人：(1) 律师、基层法律服务工作者；(2) 当事人的近亲属或者工作人员；(3) 当事人所在社区、单位以及有关社会团体推荐的公民。《行政诉讼法》第 31 条也同样规定：当事人、法定代理人，可以委托一至二人作为诉讼代理人。下列人员可以被委托为诉讼代理人：(1) 律师、基层法律服务工作者；(2) 当事人的近亲属或者工作人员；(3) 当事人所在社区、单位以及有关社会团体推荐的公民。根据《民事诉讼法》第 141 条的规定，法庭调查按照下列顺序进行：(1) 当事人陈述；(2) 告知证人的权利义务，证人作证，宣读未到庭的证人证言；(3) 出示书证、物证、视听资料和电子数据；(4) 宣读鉴定意见；(5) 宣读勘验笔录。《民事诉讼法》第 181 条规定：第二审人民法院审理上诉案件，除依照该法相关规定外，适用第一审普通程序。其中，无论是发言稿还是答辩稿，都属于代理词。由此可见，代理词的功能很重要，所以，代理词既应该就事实的真实性展开论证，也应该从事实的合法性方面展开论证。

（二）结构和基本内容

代理词分前言、理由和结尾三部分。

1. 前言

前言申明代理人的合法地位，说明开庭前所做的工作和对案件的总体看法。

2. 理由

理由部分是代理词的核心部分，是阐明起诉、上诉理由或反驳对方起诉、上诉意见的关键内容。

代理词理由部分写作的基本内容如下：

（1）有关法律事实或法律行为及其法律效力的论证。某一法律事实或法律行为是否存在，是否具有法律效力，这是当事人首先要论证与争议的。前者是论证该法律事实或法律行为是否具有真实性，后者是论证其是否具有合法性。有时法律事实或法律行为虽然存在，但却不具有合法性。因此，对这一问题必须认真分析，辩论清楚。

（2）有关法律关系及其权利和义务的论证。在论证案件当事人之间所存在的某一法律事实或法律行为的真实性、合法性之后，就要对基于相互之间的法律关系及其权利和义务的分配问题进行分析论证。两方之中是哪一方未尽应尽的义务，或超越了应当享有的权利范围。有的属于一方未尽义务或未尽全部义务，则案情较为明朗；有的属于双方都未能部分或全部尽到义务，此种情况还要比较论证究竟哪一方尽到的义务多些，哪一方尽到的义务少些。对此作出正确分析，直接影响判决结果。

（3）有关案件性质和法律责任的论证。民事、行政案件涉及的案件性质，多数属于是否构成侵权的问题。民事案件还可以细分为请求确认、请求解除、请求给付的情形，行政案件还可以细分是作为还是不作为的情形。因此，在代理词中，代理人必须就案件的根本性质问题展开论证。一般来说，原告方的代理词总是要据实据法论证被告方构成了侵权行为，并进一步论证被告方应承担的法律责任，或应赔偿经济损失，或应补偿精神损失，或两者兼而有之。被告方的代理词则相反，往往要论证被告的行为不构成侵权行为，因而不负任何法律责任。在民事案件中，被告还可以反诉原告有侵权行为，应负相应的法律责任。总之，这种有关案件根本性质和应负法律责任的论辩内容，常常是代理词的核心内容之一，且这一问题的论辩又多是和上述两个问题的论辩紧密结合在一起的。

3. 结尾

结尾在归纳全文的基础上，重申诉讼请求或提出处理意见。

（三）民事案件代理词和行政案件代理词

民事案件和行政案件中，代理人在法庭辩论阶段所发表的演说都称代理词，但是，民事案件和行政案件是两种性质不同的案件，案情不同，审判程序的依据也不同，所以其代理词的制作也有所不同。其区别主要是以下四点：

（1）民事案件中有请求确权的，有请求解除的，更有大量请求给付的，人民法院受案范围极其广泛，因此，代理词的写作方法也就千变万化。例如，确权的代理词一般要写权利之产生、演变，以阐明当事人具有某一权利，而请求解除的代理词一般要写权利与义务上的今昔变化、名存实亡、当初之关系已不复存在。以上两种代理词虽然都要表述发展过程，但其重点所在显然不同。对于行政案件，人民法院受案范围有限，内容相对集中，原告起诉不外乎是说行政行为如何违法，请予撤销或变更，被告答辩也不外乎是说行政行为之所以作出如何合法，请予维持，因此导致其代理词写作的模式也相对简单划一。

（2）《行政诉讼法》第 34 条规定：被告对作出的行政行为负有举证责任，应当提供作出该行政行为的证据和所依据的规范性文件。被告不提供或者无正当理由逾期提供证据，视为没有相应证据。但是，被诉行政行为涉及第三人合法权益，第三人提供证据的除外。

第 35 条规定：在诉讼过程中，被告及其诉讼代理人不得自行向原告、第三人和证人收集证据。由于举证责任的倒置和收集证据的限制，行政案件代理词中有关证据的提出与辩驳比民事案件代理词中关于证据的内容更为重要，尤其是行政机关一方，无论是作为被告还是作为上诉人、被上诉人都是如此。

（3）民事案件虽然也有的在“对簿公堂”之前经过了相关部门、人员的调解，但一般而言没有固定程序。行政案件是因为不服行政机关所作具体行政行为而“民告官”的，人民法院受理之前已有一个行政处罚的程序或一个行政机关不作为的过程，有的还要有一个必经的复议程序。因此，在行政案件代理词中，无论是一审代理词还是二审代理词，事关行政处罚法、行政许可法和行政复议法的一些程序问题，都有可能成为重点之一。民事案件的代理词中，如无特殊情况，此类内容较少，尤其是一审代理词，几乎很少涉及程序问题。

（4）公诉的刑事附带民事案件的民事案件代理词，一般要提及被告人犯罪行为与被害人所受伤害或损失的因果关系；行政案件没有作为附带性质的诉讼，也就没有此类代理词。

（四）一审代理词与二审代理词

一审代理词，原告代理人的代理词主要是阐述案件事实、诉讼请求的依据和理由。而被告代理人的代理词，主要是反驳原告起诉的事实、诉讼请求的依据和理由，双方争执的焦点是案件事实的本身。如继承案件论证与辩驳的重点是主张继承的人是否享有继承权；离婚案件论证与辩驳的重点是双方是否具备感情破裂的法定条件；损害赔偿案件论证与辩驳的重点是被诉侵权一方是否具备侵权的构成要件；合同纠纷案件论证与辩驳的重点是合同履行过程中因何事何因引起的纠纷；行政纠纷案件论证与辩驳的重点是行政机关作出的具体行政行为是违法还是合法。双方代理词均直接以案件本身分歧为焦点。

二审上诉人的代理词主要是阐述否定一审判决中全部或部分判决内容的事实根据和理由。被上诉人的代理词主要是肯定一审判决，反驳上诉人主张的事实根据和理由。二审代理词争执的焦点虽然也是案件事实本身，但是，它更具体地表现在对一审判决全部内容或某一部分内容的否定与肯定上，无论是在事实认定、法律适用上还是在新的证据以及一审程序上都是这样，其内容更加具体、细化，其分析更加深入、细致，又面临终审判决，所以其言辞可能更加尖锐，辩论更加激烈。

（五）实例及评析

代　理　词

尊敬的审判长和审判员：

我受当事人的委托，作为原告的代理人参加本案的各项诉讼活动，现就本案的审理，发表如下代理词：

经过法庭对本案的审理和调查，在座的人们看到或听到了这样一个血淋淋的事实：2017 年 3 月 8 日餐桌上一声巨响，使一个花季少女美好而平静的生活被粉碎了，使一个普通和睦家庭的安定生活被粉碎了。在卡式炉爆炸中，年仅 17 岁的原告贾××面部和双手严重烧伤，虽经抢救脱离了危险，但深二度至三度的严重烧伤使其面部容貌被毁、手指变形留下永久残疾。对于这一残酷的事实，原被告各方均予确认，我们现在所面对的是造成原告的伤害者应如何承担赔偿损失的责任问题。

第一，关于本案物质损失的确定。

通过质证，原告已经受到的肉体伤害和物质损失，历历在目，不容否认，加害人应承担不可推卸的赔偿责任。本庭各方代理人都在通过自己的努力，最大限度地维护所代理方的利益，以减少或免除可能要承担的赔偿责任。但是根据法律的精神和人们的善良愿望，这种致人损害的行为都是不可原宥的。受害人的损失远远不仅局限在已经支出的各项费用上，在今后的日子里，还将为弥合难以治愈的创伤付出更多的物质代价，这些开支远非一个普通百姓家庭所能够承受的，因此，凡因治疗由于被告产品造成的人身伤害所付出的各项物质开支均应由被告负担。由于我国《民法通则》《产品质量法》《消费者权益保护法》所规定的医疗费既包括前期治疗的费用，也包括现期正在治疗的费用，还包括远期治疗的费用，尽管未来开支的数额带有不确定性，但受伤惨重的原告，今后需要治疗、必须支付大量的开支则是必然的，不可逆转的，因此法庭在裁量今后治疗等费用时，应充分考虑原告所受伤害的严重性、手术治疗的复杂性和费用支出的必然性等诸因素。

第二，关于本案的精神赔偿问题。

爆炸事件发生距今已经两年了，两年的治疗，原告的伤口虽然愈合，但创伤留下的疤痕永远刻在她那娇嫩、白皙的脸庞上；弯曲的手指活动不便，时时作痛。更使原告痛苦的是，两年前的 3 月 12 日，也就是受伤后的第 4 天，原本已取得初赛第 2 名的她将要参加中澳国际英语竞赛，她失去了这一竞争的机会、失去了显示她外语实力的机会；同年 7 月，躺在病床上的原告眼睁睁地看着高中毕业班的同学们考上了大学，这位保送上重点中学的优秀学生又痛失了一次升学的机会。这些美好的理想、美好的生活就毁于这套有质量问题的卡式炉具和燃气罐上。燃烧在原告身上的火被扑灭了；流着血水、绽开皮肉的伤口已经愈合了，但面对升学、面对就业、面对未来家庭生活的原告，心灵上的痛苦和创伤能够即时愈合吗？各位被告仅仅希望从对法律条文的片面理解上，否认精神损失的存在，进而免除承担精神赔偿的责任，这不仅有悖于法律的基本精神，也与善良的人们所推崇的人道主义大相径庭。我国《民法通则》《产品质量法》《消费者权益保护法》都明确地规定了对公民人身权给予保护的内容，这里的人身权与物质性的财产权是相对应的，是一种非财产型的权利，人身权中重要的一项权利就是人的身体健康权，而身体健康不仅指人有一个强壮的体魄，还包括有焕发向上的精神和幸福的情怀。《消费者权益保护法》第 49 条关于“残疾赔偿金”的规定本身就带有精神赔偿的性质。3 月 8 日的爆炸声中，原告难道仅仅是肌肤在流血吗？她的心不是一直在流血吗？这难道不应获得赔偿吗？花季的少女、姣好的容颜，在短短的几分钟里被毁，难道她不应获得最大限度的赔偿吗？原告的父亲说过，他并不想要被告们的一分钱，他只要自己的女儿！请问各位被告，如果受害的是你们的女儿、你们的姐妹，你们愿意用金钱去换回这血的代价吗？精神赔偿，索之何过，于法有据，合情合理。

第三，关于赔偿额确定的标准问题。

以下几方面的因素，请法庭在审理本案时予以充分的考虑：

1. 受害人受到的补偿应使其基本生活维持在事发前正常的水平。我国《宪法》《民法通则》和其他基本法律对公民正常的生活都给予了充分的保障，原告一家无意去破坏他人的家庭生活，但也不愿自己平静的生活被他人打乱。如果受害人一家无端遭受这飞来横祸，而得到的补偿却不能使他们的基本生活得到恢复，这无疑是使法律所保护的原告人正常的家庭生活受到破坏，进而违背了立法精神和法律的基本原则。

2. 赔偿应当参考加害人因事故产品获利的情况。我国《产品质量法》的基本精神是非常明确的，即生产伪劣低质产品的厂家不能因此而获得利益。如果厂家在丰厚的利润中拿出一小部分来补偿消费者永远无法挽回和弥补的损失，仍会使生产者有利可图，便会使一些非法经营者铤而走险，继续生产不合格的危害民众的产品。因此法律必然要使制造、销售或使用伪劣产品者所得的利润和利益全部丧失，这才会有力制止其不负责任的违法生产经营行为。

3. 赔偿应体现法律在市场经济建设中作为市场行为规范的尊严和威慑力，体现法律在市场经济中的引导作用。本案致人伤害的卡式炉和燃气罐无疑就是一颗炸弹，而社会上那些假冒伪劣产品和有严重质量问题的产品不也是一颗颗定时炸弹吗？今天的这声巨响响在17岁少女的头上，也许明天就会有另一颗炸弹在我们自己头上，在我们的亲人头上，在在座的各位听众头上，在本庭的法官、本庭被告方的各位当事人和代理人头上爆炸。生产者、制造者可以辩解肇事产品只是合格产品中的百分之几、千分之几，但它给一个消费者带来的危险和损失却是百分之百。如果法律在制裁这些违法行为上表现得软弱无力，就无法遏制假冒伪劣产品和有严重质量问题的产品在市场上流通。对于那些不顾人民生命和财产安全，大发不义之财的人，就要罚他个倾家荡产。谁毁坏我们老百姓美好幸福的生活，我们就要砸掉他手中的饭碗。

最后，我代表原告一家对辛勤工作、依法公正审理本案的人民法院审判工作人员，对为维护消费者利益勇敢呐喊的新闻界的朋友们，对热情关怀和无私帮助受害人一家的广大群众表示最衷心的感谢！

评析：这是一篇十分成功的代理词，其成功之处在于：

（1）依法论证，立意超前。其中，最有代表性的一点就是关于精神赔偿的论证。精神赔偿的问题在当时确实存在一个法律依据问题，但该代理词从情理，从法理，从《民法通则》《产品质量法》《消费者权益保护法》相关规定的角度进行了说理，最后提出“精神赔偿，索之何过，于法有据，合情合理”的诉讼要求。不仅如此，在赔偿金额问题上所述的三点也是高瞻远瞩，既有利于本案被害人，又威慑加害人，同时警醒世人，值得称赞。

（2）精巧构思，以静制动。这主要体现在对待几家企业上。该代理词一律称之为加害人，并指出“根据法律的精神和人们的善良愿望，这种致人损害的行为都是不可原宥的”——不去评论厂家、商家各是什么责任，只把侵权事实说清，赔偿要求讲明，等待赔偿，至于谁多谁少，让被告各方自行争议。

（3）文涉各方，引人共鸣。该代理词不仅在结尾处对法院工作人员、对新闻界、对广大群众表示最衷心的感谢，而且在文中指出：“也许明天就会有另一颗炸弹在……本庭被告方的各位当事人和代理人的头上爆炸。”这是何等的感染力，何等的说服力。

（4）语言形象，动人心魄。该代理词在语言的运用上也是很有特色的，“……餐桌上一声巨响，使一个花季少女美好而平静的生活被粉碎了……”“花季的少女，姣好的容颜，在短短的几分钟里被毁……”，何其形象，何其感人，谁能不为之动容，谁能不为之愤慨？该代理词受到各界广泛称誉，应当说是当之无愧的。（注：案例中所引法律规定，均为该辩护词拟写当时之规定。）

【本章小结】

学习本章知识，应注意：

1. 律师法律文书与其他行文主体制作的名近实异的法律文书的区别。

2. 律师法律文书中辩护词、代理词与有固定格式的法律文书在表述上的区别。

3. 无论是有固定格式的律师法律文书，还是无固定格式的律师法律文书，都应在结构内容要求的范围内尽量做到提供证据，写清事实，阐明运用法律的理由。

【思考练习题】

1. 简述民事答辩状与民事反诉状的区别。

2. 简述民事起诉状与民事代理词的区别。

3. 律师应从哪些方面撰写辩护理由？

4. 如何完成一份优秀的代理词？

【写作训练题】

2019年1月20日，张某给同学李某打电话，表示自己遇到了财务困难，希望李某能够在春节前借给他20万元钱，一年后还清。李某念及张某是自己大学同班同学，于是向张某要了银行账号，很快就按张某电话信息确定的账号汇出了20万元。2020年7月18日，李某向张某表示自己近期要购买住房，催促其尽快还款。张某先是表示一定会尽快偿还，过了一段时间后就不再接听李某电话，甚至不再回复李某的索款信息。于是，2021年3月15日，李某找到律师事务所，决定委托律师起诉张某，要求其还款。李某向律师事务所提交了下列证据：（1）张某提供给李某指定汇款的信息截屏，该截屏载明：工商银行，马××，账号×××××××××；（2）2020年7月18日，李某向张某发送要求其尽快还款的信息，以及张某的回复“我会尽快想办法，请再宽限几日”的信息截屏；（3）张某户籍地的查询证明复印件；（4）中国人民银行关于民间借贷的有关利息的计算表单。

请根据上述案情介绍，以李某代理律师的身份写一篇民事起诉状。

第十章写作训练题

参考答案

第十一章　公证法律文书

【本章引言】

公证是公证机构根据自然人、法人或者其他组织的申请，依照法定程序对民事法律行为、有法律意义的事实和文书的真实性、合法性予以证明的活动。

公证法律文书是法律文书的一种，从广义上讲，是公证机构基于公证证明活动所制作或出具的各类文书的总称，从狭义上讲是指公证机构出具的具有特殊效力的公证书。公证书除具有法律文书的共性外，还具有其他法律文书不具备的特性，即三大基本效力：使法律行为生效的效力、作为证据的效力和赋予强制执行的效力。

公证员根据公证活动的基本原则，依据《中华人民共和国公证法》《公证程序规则》和相关规定，对公证申请人向公证机构提出办理的公证事项进行受理、审查、收集证据，最后出具公证书。当然，根据不同的公证事项所出具的公证书，其格式各有不同。

【本章学习目标】

1. 全面了解公证法律文书的概念、法律特征、分类、效力、出具条件；
2. 了解并会制作各类常见公证书。

第一节　公证法律文书概述

习近平总书记在主持十八届中央政治局第四次集体学习时讲道："实践是法律的基础，法律要随着实践发展而发展。"公证作为一项实践性极强的专业法律服务，公证法律文书的写作与训练要始终坚持以习近平新时代中国特色社会主义思想为指导，要深入贯彻习近平法治思想。新发展阶段、新发展理念、新发展格局对公证员提出了新的更高要求，公证员需要不断提高法律服务能力和水平，守正创新，坚持以人民为中心，切实履行职责使命，更好地满足人民群众对公平正义的新要求新期待，为实现经济持续健康发展和社会和谐稳定提供有力的公证法律服务，为加快建设中国特色社会主义法治体系、建设社会主义法治国家作出更大贡献。

一、公证法律文书的概念、法律特征、适用范围

（一）公证法律文书的概念

公证法律文书，从广义上讲是指公证机构依法制作的各类法律文书、表格的总称。具体包括公证书、公证申请表、公证受理通知书、公证告知书、公证送达回执、公证谈话笔录等。从狭义上讲，主要是指各类公证书，即公证机构根据公证申请，依照事实和法律，按照法定程序和格式出具的证明民事法律行为、有法律意义的事实和文书真实、合法的法律证明文书，即公证书。本章所讲的是狭义的公证法律文书。

公证书是公证机构进行公证证明活动的记录和成果，公证的效力和职能、作用集中体现在公证书中。

（二）公证法律文书的法律特征

1. 公证法律文书由法定的证明机构出具

公证是由专门机构和专业人员进行的一种特殊的法律证明活动。《公证程序规则》第 3 条规定：公证机构依法独立行使公证职能，独立承担民事责任，任何单位、个人不得非法干预，其合法权益不受侵犯。公证机构是进行公证活动的法律证明机构。《公证程序规则》第 4 条规定，公证机构应当根据《公证法》的规定，受理公证申请，办理公证业务，以本公证机构的名义出具公证书。因此，公证书的出具主体是公证机构，而不是在公证书上署名盖章的公证员。当出具的公证书出现错误造成损失，需要承担赔偿责任的也是出具公证书的公证机构，而不是公证机构的公证员。

2. 公证法律文书是严格按照法定程序及格式出具的法律文书

公证证明活动要按照法律规定的程序进行。为了规范办证程序，保证公证质量，司法部专门制定了《公证程序规则》来规范公证办证程序。因此，公证法律文书是经过严格审查的，按照法律程序出具的，具有特殊效力的法律文书。此外，司法部先后颁布了要素式公证书格式及定式公证书格式。公证法律文书应该严格按照司法部要求的格式出具，特别是定式公证书更不得随意更改，以保证公证法律文书的严肃性。

3. 制作公证法律文书遵循“真实、合法”的原则

公证的标准是真实性、合法性。“以事实为根据，以法律为准绳”是我国社会主义法制的基本原则，也是公证活动中必须遵循的基本准则。真实性是指公证的对象必须是客观存在的，通过直观或者人证、物证能为公证人员感知的，而且事实的内容与公证证明的内容是相符的。合法性是指公证对象的内容、形式和取得方式符合国家法律、法规、规章，不违反社会公共利益。公证的合法性包括内容合法与形式合法两个方面。真实、合法是统一的，二者必须同时具备、缺一不可。因此，作为公证证明活动的记录和成果的公证法律文书应遵循“真实、合法”的原则。

（三）公证法律文书的适用范围

公证的业务范围即公证法律文书的适用范围。根据《中华人民共和国公证法》（以下简称《公证法》）第 11 条、第 12 条及《公证程序规则》第 55 条的规定，公证的业务范围包括以下公证事项及事务。

公证事项有：（1）合同；（2）继承；（3）委托、声明、赠与、遗嘱；（4）财产分割；（5）招标投标、拍卖；（6）婚姻状况、亲属关系、收养关系；（7）出生、生存、死亡、身

份、经历、学历、学位、职务、职称、有无违法犯罪记录；（8）公司章程；（9）保全证据；（10）文书上的签名、印鉴、日期，文书的副本、影印本与原本相符；（11）自然人、法人或者其他组织自愿申请办理的其他公证事项。法律、行政法规规定应当公证的事项，有关自然人、法人或者其他组织应当向公证机构申请办理公证；（12）赋予债权文书具有强制执行效力及出具执行证书。

公证事务有：（1）法律、行政法规规定由公证机构登记的事务；（2）提存；（3）保管遗嘱、遗产或者其他与公证事项有关的财产、物品、文书；（4）代写与公证事项有关的法律事务文书；（5）提供公证法律咨询。

二、公证书的分类

（一）按公证申请主体和公证书使用地的不同分类

按照公证申请主体和公证书使用地的不同，公证书分为国内经济公证书、国内民事公证书、涉外公证书、涉港澳台公证书四类。

一般来讲，因在我国港澳台地区使用的公证书有其特殊性，专设一类外，凡在我国境内使用的公证书均为国内公证书，在我国境外使用的公证书为涉外公证书。国内公证书中，公证申请主体为法人或者其他组织的为国内经济类，申请主体为自然人的为民事类。司法行政机关在对公证机构进行监督指导、统计办证量时，按照此分类方法统计公证机构出具的公证书数量。

（二）按公证证明对象的不同分类

按照公证证明对象的不同，公证书分为证明民事法律行为类公证书、证明有法律意义的事实类公证书和证明有法律意义的文书类公证书。公证证明的法律行为，是指引起民事法律关系发生、变更和消灭的行为。需要公证证明的民事法律行为很多，如委托、声明、赠与、遗嘱、继承等。有法律意义的文书，是指能够产生权利义务关系的文书，需要公证证明的有证明文件上的签名、印章属实；证明学历证书、经历证书；证明文件的副本、节本、译本、影印本与原本相符等。需要公证证明的法律事实有出生、生存、死亡、身份、曾用名、经历、住所地、亲属关系等。

（三）按证词格式的不同分类

按照证词格式的不同，公证书分为定式公证书和要素式公证书两类。

（1）定式公证书。顾名思义，定式公证书为格式固定的公证书。目前规定定式公证书的有效文件是司法部颁布的《定式公证书格式》（2011 年版），计 35 式，涉及人身状况、婚姻状况、亲属关系、学历、经历、职务（称）、未受刑事处罚等事项的公证。定式公证书的特点是格式规范并有利于提高工作效率，对简单明了或批量化的公证事项比较适用。

（2）要素式公证书。要素式公证书是相对于定式公证书而言的，要素式公证书证词内容包括必备要素和选择要素两部分。其中“选择要素”为根据公证证明的实际需要，根据不同案情在公证书证词中撰写的内容。目前要素式公证书主要适用于证据保全、现场监督、合同（协议）、继承、强制执行类共计 5 类公证书和法律意见书。要素式公证书的特点是使公证员能够根据实际情况客观全面地反映所公证证明的事项，比定式公证书更加全面、灵活，能够充分发挥公证员在公证工作中的专业性、创造性。要素式公证书的推行具有重要意义，是我国公证文书改革历史上的一大飞跃。

三、公证书的效力

（一）概念

公证书的效力，是指公证证明在法律上的效用和约束力。根据《公证法》第 36 条、第 37 条和第 38 条的规定，公证书具有三个基本法律效力，即证据效力、强制执行效力和法律要件效力。其中证据效力是公证书的最基本的效力，任何公证书都具有证据效力。公证的强制执行效力和法律要件效力则不是普遍的，只有特定的公证书或在特定的条件下才能产生。

公证书不仅在国内具有法律效力，而且还具有域外法律效力。因为公证书是证明法律行为、有法律意义的事实和文书的真实性、合法性的可靠的司法证明文书，被广泛地运用在国际交往中，在国际上得到广泛的承认，具有域外法律证明力。它是进行国际民事、经济交往不可缺少的法律文书。这也是公证书的证据效力在空间上的延伸。

（二）证据效力

证据效力是公证书的最基本的效力，任何公证书都具有证据效力。这不仅体现在诉讼活动中，更主要的是表现在日常的民事、经济交往和行政管理活动中。公证的证据效力，是指公证书是一种可靠的证据，具有证明公证对象真实、合法的证明力，可直接作为认定事实的根据。

《民事诉讼法》第 72 条规定：经过法定程序公证证明的法律事实和文书，人民法院应当作为认定事实的根据，但有相反证据足以推翻公证证明的除外。这是因为，公证机构是国家的司法证明机关，公证过程中，公证机构要对公证对象进行认真全面的调查、核实，只有公证机构确认需公证的有法律意义的行为、事实和文书真实、合法的才给予公证，因此，公证书是公证机构对证明对象真实性、合法性已经审查、确认的证明，故具有无可争议的法律证明力，可以直接作为认定事实的根据，供机关、团体、企事业单位和公民直接使用，是及时调整经济、民事法律关系的可靠法律凭据。这是其他书证所不具备的。

（三）强制执行效力

强制执行效力，是指公证机构依法赋予强制执行效力的债权文书，债务人不履行时，债权人可以直接向有管辖权的人民法院申请强制执行，而不再经过诉讼程序。《公证法》第 37 条规定，对经公证的以给付为内容并载明债务人愿意接受强制执行承诺的债权文书，债务人不履行或者履行不适当的，债权人可以依法向有管辖权的人民法院申请执行。具有执行效力的法律文书是执行程序启动的条件之一。根据民事诉讼法的基本原则和民事执行的特点，民事诉讼中的执行应当遵循的原则之一即执行必须以法定机关制作的发生法律效力有给付内容的法律文书为根据。因此，赋予了强制执行效力的债权文书的执行效力是当事人权益最终得以实现的保障。

（四）法律要件效力

公证书的法律要件效力，即公证的法律行为或文书成立要件效力，是指依照法律、法规、规章的规定或国际惯例或当事人的约定，特定的法律行为或文书只有经过公证证明才能产生法律效力，不履行公证程序，则该项法律行为或文书不具有法律效力。具有法律要件效力的公证书主要有三种：

（1）根据我国法律、法规、规章规定应当办理公证的法律行为或文书。

（2）根据当事人约定需要办理公证的法律行为或文书。

（3）根据国际惯例、双边协定或者外国法律的规定，非经公证不能生效的涉外法律行为或文书。

四、公证书格式的沿革

《公证法》第 32 条第 1 款规定：公证书应当按照国务院司法行政部门规定的格式制作。1956 年司法部制定了统一的公证文书格式，计有公证书格式和公证书登记簿格式 13 种；1981 年司法部颁行《公证书试行格式》，计有公证书格式 24 种，并附代书格式 7 种；1992 年 10 月司法部对公证书格式进行全面补充修改后，颁布《公证书格式（试行）》，共计公证书格式 56 式 106 种。此前，公证书格式均为定式格式。此后，随着我国市场经济的发展以及改革开放的深化、社会主义法制建设的不断推进，各种法律关系更加复杂多变，定式公证书已经不能适应新出现的法律问题，难以满足公证需求。

1998 年，我国公证文书改革正式启动。2000 年司法部开始推行要素式公证书改革，2000 年 3 月 11 日司法部推行第一批要素式公证书，印发了《关于保全证据等三类公证书试行要素式格式的通知》，包括保全证据、现场监督、合同（协议）三类公证书；2008 年 12 月司法部印发了《关于推行继承类强制执行类要素式公证书和法律意见书的通知》，从 2009 年 7 月 1 日正式推行第二批要素式公证书，至此，共计 5 种公证书进行了要素式改革，并增加了法律意见书。2011 年，司法部对 5 种要素式公证书以外的定式公证书再次全面整理修订，颁行了《公证书格式》（2011 年版），计有公证书格式 35 式 49 种。

2020 年司法部为贯彻落实《民法典》，结合实施新修改的《公证程序规则》，梳理并回应解决 2011 年版《公证书格式》实施以来的新情况新问题，规范公证执业行为，健全完善公证文书管理制度，提高公证法律服务水平，在总结成熟实践经验基础上继续修订完善公证书格式，于 2020 年 12 月 22 日公布《公证书格式（修订征求意见稿）》，在要素式公证书格式中增加现场监督类通用、合同（协议）类通用格式、保管证书格式、撤销公证书、补正公证书、不予出具执行证书决定格式共计 6 种；在 35 式定式公证书格式的基础上，结合相关法律、法规的修改完善，对定式公证书格式各部分的文字表述、引用法等条进行了修改，以适应公证工作中出现的新情况新问题。

自 1956 年起至今，公证书从定式格式到要素式格式和定式格式并行，公证文书改革从未停止，尤其在扎根中国特色社会主义法治实践沃土的习近平法治思想的指引下，公证文书改革分阶段、分步骤地持续开展，不断深化，极大地焕发了公证行业的生机与活力。深入理解习近平法治思想，撰写好并充分运用好公证书，切实实现公证书的法律价值，以促进社会公平正义是公证员今后相当长时间内应该努力完成的重要使命。

五、出具公证书

（一）结构与写法

公证书应当按照司法部规定或批准的格式和要求制作。根据规定，公证书为 16 开大小，由封面、主题内容、封底组成。封面上部居中为“公证书”三个字，使用初号宋体字，下部居中为公证机构全称，使用二号宋体字，证词部分则使用三号宋体字。一份完整的公证书主体内容由首部、正文和尾部三部分组成。

1. 首部

（1）文书名称。顶部居中写“公证书”。

（2）文书编号。在公证书名称的右下方，由年度编号、公证机构及公证类别代码和公证书序号编码组成，年度编码和序号编码使用阿拉伯数字，例如：“（2022）京方圆内民证字第 01346 号”。公证类别代码分别为国内民事、国内经济、涉外民事、涉外经济、涉港澳、涉台、公证事务、补正等。公证类别代码因不同公证处办证总量不同而异，办证总量较少的公证处可以不用公证类别代码；办证总量较大的公证处，对某些数量较多的公证事项可以采用专门代码。例如，“京方圆金融证字”表示北京市方圆公证处办理的金融事项公证。序号编码应当以年度为单位编排，同一公证处在同一年度办理的同类公证的序号编码必须连续，不得有断号和重号。

（3）当事人的基本情况。当事人的基本情况包括公证申请人（自然人、法人、其他组织）、关系人及代理人的基本情况。申请人为自然人的，须写明自然人的姓名、性别、出生日期、身份证号码、住址等相关内容；申请人为法人或其他组织的，须写明全称、住所、营业执照（组织机构代码证）编号、法定代表人等相关内容。

（4）公证事项。写在当事人的基本情况下面，单列一行。简单写明公证证明对象的名称或类别。例如：“学历”“赋予合同强制执行效力”。

2. 正文

正文即公证证词部分，是公证书的核心部分。公证书按照格式的不同分为定式公证书和要素式公证书。两类公证书的首部和尾部没有太大差异，只有正文部分有所不同。

（1）定式公证书正文。定式公证书的正文部分非常简明，可以形象地比喻为“填空式”。所谓填空式，是指公证书的基本模式始终保持不变，公证人员在办理具体的公证事务时，只需将不同公证申请人的不同基本情况填入统一格式当中，即可完成公证书的制作。例如，证明死亡的公证书证词为：“兹证明×××，男（或女），于××××年×月×日在省市（或县）因（死亡原因）死亡。”签名（印鉴）公证书证词为：“兹证明（公证申请人的姓名、性别、出生日期、身份证号码或其他身份证明编号）于××××年×月×日来到（具体地点），在我（和本处工作人员）的面前，在前面的委托书（或声明书、文件）上签名（或盖章、捺指纹）。”证明文本相符的公证书证词为：“兹证明前面的复印件与×××（申请人）出示给本公证员的××××（文件名称）的原件相符。”需要特别注意的是定式公证书需要严格按照固定的格式语言撰写公证书证词，不得随意修改格式语言，不得随意增加或减少证词内容，不得在原公证证词格式中通过加注的方式规避公证机构负有的法定义务，如在文本相符公证书中加注“本公证书不证明原件真实性”等内容。目前有效的定式公证书证词以司法部颁行的《公证书格式》（2011 年版）为准，共有公证书格式 35 式 49 种。

（2）要素式公证书正文。要素式公证书证词撰写灵活多样，可以说不存在固定正文格式。一般来说，要素式公证书的正文由必备要素和选择要素两部分组成。必备要素为证词中必须具备的内容，选择要素为根据不同公证事项的实际需要酌情撰写的内容。不同公证事项的必备要素和选择要素有所不同，为了能够将证明情况撰写清晰，要素内容大体应当包括但不限于以下几方面：申请人申请情况（例如，“申请人的委托代理人于××××年×月×日向本处提出申请，称由于××××原因，对大奖赛进行现场监督公证”）、公证机构受理情况、具体证明过程、证明所依据的事实和法律、公证证明结论等。证词内容应当语言流畅、逻辑清楚，每一方面应当各成一个段落。目前可以以司法部公布的《公证书格式（修订征求意见稿）》中要素式公证书格式部分作为参考撰写要素式公证书证词。

3. 尾部

公证书尾部包括公证机构全称、承办公证员签名章或签名、出证日期、公证机构红色处章和钢印，钢印应当加盖在公证书左下方。另外，根据相关规定，部分涉外和涉港澳台公证书还需要粘贴公证申请人的照片，照片应当贴在证词左下方的空白处，此时公证机构的钢印则应当加盖在照片的骑缝处。

司法部公证书格式

（二）出具公证书的条件

1. 对法律行为公证的出具条件

根据《公证程序规则》第 36 条的规定，民事法律行为的公证应当符合下列条件：

（1）当事人具有从事该行为的资格和相应的民事行为能力。

（2）当事人的意思表示真实。

（3）该行为的内容和形式合法，不违背社会公德。

（4）《公证法》规定的其他条件。

也就是说，当事人申请办理法律行为公证，必须具有与其实施的法律行为相适应的民事行为能力，并且是在没有胁迫的情况下，根据自己内心判断自主作出的真实意思表示，无论内容还是形式，均不违反法律规定或公共利益，对这样的法律行为，才能出具公证书。

2. 具有法律意义的事实或文书的公证的出具条件

根据《公证程序规则》第 37 条的规定，出具具有法律意义的事实或文书的公证书，应当符合以下条件：

（1）该事实或者文书与当事人有利害关系。

（2）事实或者文书真实无误。

（3）事实或者文书的内容和形式合法，不违背社会公德。

（4）《公证法》规定的其他条件。

这里所讲的“法律上的利害关系”，是指该事实或文书将对当事人的权利义务或未来的活动产生法律上的影响；“真实无误”是指事实或文书确实存在，内容与客观实际一致。

3. 有强制执行效力的公证的出具条件

根据《公证程序规则》第 39 条的规定，出具具有强制执行效力的债权文书的公证书，应当符合以下条件：

（1）债权文书以给付为内容。

（2）债权债务关系明确，债权人和债务人对债权文书有关给付内容无疑义。

（3）债务履行方式、内容、时限明确。

（4）债权文书中载明当债务人不履行或者不适当履行义务时，债务人愿意接受强制执行的承诺。

（5）债权人和债务人愿意接受公证机构对债务履行情况进行核实。

（6）《公证法》规定的其他条件。

以上出具公证书的条件必须同时具备，缺一不可。

（三）公证书的生效和送达

1. 公证书的生效时间

《公证程序规则》第 44 条规定，公证书自出具之日起生效。需要审批的公证事项，审批人的批准日期为公证书的出具日期；不需要审批的公证事项，承办公证员的签发日期为公证书的出具日期；现场监督类公证需要现场宣读公证证词的，宣读日期为公证书的出具日期。因此，一般公证的生效日期为公证审批之日，特殊公证事项的公证生效时间为公证证词宣读之时。

2. 公证书的送达

公证书的送达，是指公证机构将制成的公证书或其他公证决定，按照法律的要求送交当事人或有关人员的活动。公证书制作后，公证机构应当及时通知当事人或其代理人领取，当事人或其代理人应当在公证书送达回执上签名或盖章，并注明收到的日期、份数和公证书的编号。代理人代领时，送达人应当核对代理人的身份和委托书。当事人或其代理人到公证处领取有困难的，也可由公证机构根据公证当事人提供的收件地址邮寄送达，送达情况应记录在案。

第二节 要素式公证书格式

一、继承权公证书

（一）继承权公证

继承权公证是公证机构根据公证申请，依照法律规定证明哪些人对被继承人的遗产享有继承权并证明其继承活动真实、合法。继承权公证对稳定财产关系和家庭关系，妥善处理遗产继承事宜，保证《民法典》的贯彻实施，保护自然人财产上的合法权益，预防继承纠纷，维护家庭和睦和社会安定团结具有重要意义。

（二）格式适用

格式适用于在我国境内发生的各种继承行为。

继承行为分为遗嘱继承、法定继承。法定继承中含转继承、代位继承。证词内容根据不同的继承行为进行调整。

（三）结构与写法

1. 首部

首部由公证书标题、公证书编号、申请人、被继承人、公证事项五项内容构成。

（1）申请人，为所有继承人的基本情况。

（2）被继承人，为被继承人的基本情况。

（3）公证事项，表述为“继承权”。

2. 正文

公证词包括必备要素和选择要素。

必备要素包括：

（1）继承人姓名、申请日期、申请事项。

（2）当事人提供的证明材料。

（3）公证机构向当事人告知了继承权公证的法律意义和可能产生的法律后果。

（4）公证机构查明（审查核实）的事实，包括：被继承人的死亡时间、地点；继承人申请继承被继承人的遗产的情况；经向所有继承人核实，被继承人生前是否立有遗嘱、遗赠扶养协议；被继承人的全体继承人，有无死亡的继承人；继承人与被继承人的亲属关系；代位继承情况及其他继承人；继承人中有无丧失继承权的情况；有无放弃继承权的情况。

（5）公证结论，包括：法律事实与理由；被继承人遗留的个人财产为合法财产；被继承人的合法继承人；被继承人的遗产由何人继承、如何继承。

选择要素包括：

（1）被继承人的死亡原因。

（2）继承人提供的主要证据材料的真实性、合法性。

（3）适用遗嘱继承的，当事人是否了解遗嘱的内容。公证机构经向所有继承人核实，用于遗嘱继承的遗嘱为被继承人所立的最后一份有效遗嘱。

（4）对遗嘱见证人、执行人、遗产的使用人、保管人等事项的说明。

（5）根据遗嘱信托办理继承权公证的，应当根据遗嘱的内容，列明受托人应当承担的义务。

（6）根据《中华人民共和国公司法》《中华人民共和国保险法》《中华人民共和国合伙企业法》等有关继承的特别法的规定办理继承权公证的，写明特别法的具体适用。

（7）被继承人生前未缴纳的税款和债务情况，继承人对此所作的意思表示。

（8）公证员认为需要告知的有关继承的其他法律规定。

（9）公证员认为需要说明的其他事实或情节。

3. 尾部

包括承办公证机构名称、承办公证员的签名或签名章、公证书出具日期和公证处印章等内容。

（四）实例及评析

公证书

（2022）京××内民证字第 05330 号

申请人：李某，女，一九××年××月××日出生，现住北京市海淀区××××××××号楼××单元××××号，居民身份证号码：××××××××××××××××××。

被继承人：张某，男，一九××年××月××日出生，生前住北京市海淀区××××××××号楼××单元××××室。

公证事项：继承权公证

申请人李某因继承被继承人张某的遗产，于二〇二二年一月四日向本处申请办理继承权公证，并提交了以下证明材料：一、申请人李某的身份证、居民户口簿；二、被继承人张某的身份证、居民户口簿；三、李某与张某的结婚证；四、被继承人张某的母亲朱某的身份证；五、遗嘱见证人杨某、徐某的身份证；六、被继承人张某的死亡证明；七、发票、商品房买卖合同、房产证；八、申请人李某及被继承人张某档案存放部门出具的亲属关系证明信；九、被继承人张某生前于二〇二一年十月二十七日订立的一份代书遗嘱。

根据《中华人民共和国公证法》的规定，本处对申请人提交的权利证明及相关证据材料进行了审查核实，并对申请人及被继承人张某的母亲朱某，遗嘱见证人杨某、徐某进行了询问，现查明如下事实：

一、被继承人张某于二〇二一年十月三十一日在北京市因病死亡。

二、据被继承人张某的继承人李某称，被继承人张某生前未与他人签订遗赠扶养协议。被继承人张某生前于二〇二一年十月二十七日订立了一份代书遗嘱。该遗嘱中被继承人张某将坐落在北京市海淀区××××××××号楼××单元××××室房产中属于被继承人张某所有的那部分房产留给其妻李某所有，且该遗嘱为被继承人张某生前所立的最后一份真实、有效遗嘱。经与被继承人张某的其他继承人即张某的母亲朱某核实，被继承人张某生前未与他人签订遗赠扶养协议，且该遗嘱为被继承人张某生前所立的最后一份真实、有效遗嘱，并对该份遗嘱予以认可。

三、继承人李某向本处申请继承被继承人张某生前与其妻子李某的夫妻共同财产，包括：坐落在北京市海淀区××××××××号楼××单元××××室房产（房屋所有权证登记地址：北京市海淀区××××××××号楼××单元××××号，房屋所有权证编号：京房权证海私移字第××××××××号）一套。

兹证明被继承人张某生前所立遗嘱未违反《中华人民共和国民法典》的规定，真实、有效。根据被继承人张某的上述代书遗嘱，被继承人张某死亡时遗留的上述个人合法财产由其妻李某继承。

中华人民共和国北京市××公证处
公证员：××
2022年××月××日

评析：作为要素式公证书，本公证书整体布局合理，结构清晰，用词准确。由于不受限于定式公证书固定证词格式，公证书充分发挥了要素式公证书的特点，环环相扣、层层深入、条理清楚，能够真实地反映出公证员的法律素养及文字功底。

二、证据保全类公证书

（一）证据保全公证

证据保全公证，是指公证机构根据公证申请，依法对与申请人权益有关的，有可能灭失或者以后难以取得的证据或者行为过程加以提取、收存、固定、描述、监督。证据保全公证主要有保全物证、书证公证、保全行为公证、保全视听资料公证等。

（二）格式适用

证据保全公证适用于有可能灭失或者以后难以取得的各类证据或者行为的保全。

（三）结构与写法

1. 首部

首部由公证书标题、公证书编号、申请人、公证事项四项内容构成。

（1）申请人基本情况。应当写明申请人全称、住所地，法定代表人或代理人的姓名、性别、出生日期，身份证号码或护照号码可酌情写。如果有关系人，应将关系人的基本情况一并列明。

（2）公证事项。为保全证据，可根据需要将保全对象列明，如保全证据（网页）、保全证据（购买）等。

2. 正文

正文为公证书证词，应该包括必备要素和选择要素。

必备要素包括：

（1）法人或非法人组织的全称，并要写法定代表人或代理人姓名、申请日期及申请事项。

（2）保全标的的基本状况。这包括物证的名称、数量、表状特征等或书证的数量、名称、页数、标题、形成时间等。保全的物证为商品时，要注明商品的品牌、型号、生产厂家名称、售价等。保全的物证为房屋等不动产时，要注明位置、坐落、四至、面积、结构、附属物等。保全对象为视听资料、软件的，应注明名称、数量、表状特征，所有人或使用人、经营人、传播者、实验者的名称，视听资料或软件的播放、销售、使用、制作、运行的地点等。物证不在公证处的，应注明存放地点。

（3）保全时间、地点。

（4）保全的方式方法。这包括申请人提交、公证人员提取、公证人员记录、现场勘验、照相录像、技术鉴定、录音、录像、复制、下载等其他能够固定并再现证据的方式。

（5）保全证据的关键过程。这包括以下几点：

1）参与保全的人员，包括承办公证人员及在场的相关人员的人数、姓名。相关人员包括申请人、关系人、代理人、见证人、勘验人、鉴定人以及照相、录像、复制、绘图人员等。

2）公证人员保全过程中所做的主要工作。如对重要事实进行了现场勘验、询问，对取得的证据履行了提示义务等。一般性、事务性工作可记入谈话笔录，不写入公证书证词。

3）证据取得的时间、方式或物证的存在方式、地点、现状等。

4）取得的证据数量、种类、形式、存放处所等，以及当事人对取得的证据予以确认的方式和过程。

（6）公证员结论，包括保全证据的方式、方法，程序是否真实、合法，用于做证的书面文件（如发票、产地证明等）要同时证明这些书证的真实性；取得证据的数量、种类、日期；取得证据的存放方式及存放地点。

选择要素包括：

（1）申请保全证据的原因、用途。

（2）办理该项公证的法律依据（公证法规或有关规章等）。

（3）有书证能够证明物的来源或存在的，应写明书证的名称。

（4）保全拆迁房屋时，要写明与该房屋有关的所有权人或使用权人、代管人等。

（5）物品难以长期保存的，在结论中应写明保存期限。已采取变通保存措施的，结论中也应一并写明。

（6）公证书的正本和副本。

（7）有附件时，附件的名称、顺序号应在公证证词中列明。

3. 尾部

尾部包括承办公证机构名称、承办公证员的签名或签名章、公证书出具日期和公证处印章等内容。

（四）实例及评析

公证书

（2022）京××内民证字第2360号

申请人：北京某工业表面材料有限公司

住所：北京市北京经济技术开发区永昌北路×号×号楼××室

法定代表人：李言棣

代理人：陈某，男，身份证号：××××××××××××××××××

公证事项：保全证据

公证申请人的代理人陈某于二〇二二年七月八日来到本公证处，代公证申请人向我处申请办理电话录音公证。根据《中华人民共和国公证法》《公证程序规则》的规定及申请人提供的相关证明材料，我处对该申请予以受理。

二〇二二年七月八日15时10分许，代理人陈某在本公证员办公室，在本公证员及本处工作人员齐琳的监督下，使用本公证员办公室的电话拨打电话587909××，并与电话接听者进行了通话。当日15时15分许，陈某再次使用本公证员办公室的电话拨打上述号码，并与电话接听者进行了通话。本公证员使用本处录音笔对上述两段通话内容均进行了录音。通话结束后，本公证员在本公证员办公室的计算机中新建了一个文件夹，命名为“某公司电话录音”，并将录音笔中保存的上述两段电话录音的音频文件复制到该文件夹中。本公证员将该文件夹刻录成光盘装入我处证物袋中进行了封存。

兹证明：与本公证书相粘连的证物袋中封存的光盘系本公证员按上述过程刻录所得，光盘中所保存的两段音频均系陈某拨打上述电话号码后与电话接听者的通话内容；与本公证书相粘连的电话录音记录系本公证员根据上述通话录音内容整理所得（实际通话内容以光盘中的音频文件播放内容为准）。

附件：1. 电话录音记录

2. 电话录音刻录光盘

中华人民共和国北京市××公证处

公证员：××

2022年×月×日

附件1

工作记录

说明：“对方”代表接听电话者，本公证书并不证明接听电话者的身份。实际通话内容以公证书后所附光盘中的音频文件播放内容为准。

一、2022年7月8日下午15:10左右，陈某使用我处公证员工作室电话670925××拨打电话587909××，对方接听后通话内容为：

对方：喂，你好！

陈某：喂，你好，是某国际装饰公司吗？

对方：对，找哪位？

陈某：那个卢某卢经理在吗？

对方：不在。

陈某：出去了还是怎么的？

对方：不清楚。

陈某：不清楚？

对方：嗯，您是哪里啊？

陈某：我是以前跟他做材料的。

对方：您还能找别人吗？

陈某：那行，那行，谢谢啊！

挂断电话。

二、当日 15:15 左右，陈某再次用我处公证员工作室电话 670925××拨打电话 587909××，对方接听后通话内容为：

对方：喂，你好！

陈某：喂，你好，某装饰吧？

对方：对。

陈某：那个张锦文张经理在吧？

对方：他在项目上。

陈某：他一般什么时候在公司呢？

对方；不清楚。

陈某：那他回公司吗？

对方：喂！

陈某：他什么时候大概在公司啊，我给他打电话找他。

对方：只有开会的时候他才来。

陈某：开会的时候是吧。

对方：对。

陈某：一般咱们是周一开会还是周五啊？

对方：不一定。

陈某：不一定是吧？

对方：对。

陈某：那好嘞，谢谢啊！

对方：不客气。

陈某：再见！

挂断电话。

评析：证据保全公证书多作为证据用于诉讼。本公证书详细表述了保全证据的时间、地点、人物、情形，形成比较完整的证据链，较好地展现了事实场景，并将现场电话录音制作成书面记录作为公证书的附件，非常便于法官庭审使用。

三、现场监督类公证书

（一）现场监督公证

现场监督公证是指公证机构根据公证申请，由两名以上公证人员亲临现场，依照事先确定的章程、规则，依法证明所进行的法律行为或有法律意义的事件是真实、有效的。

（二）格式适用

现场监督类公证书适用范围较为广泛，包括招标投标公证、拍卖公证、开奖公证、评选公证、股东大会公证等各类现场活动。

（三）结构及写法

1. 首部

首部由公证书标题、公证书编号、申请人、公证事项四项内容构成。

申请人通常为法人或非法人组织机构。

公证事项通常为××拍卖、招标投标、××开奖、××××股东大会等。

2. 正文

下面以拍卖活动举例说明。

公证书证词包括必备要素和选择要素。

必备要素具体包括：

（1）法人或非法人组织的全称，并要写法定代表人或代理人姓名，申请日期及申请事项。

（2）对委托人、拍卖人、拍卖师及竞买人资格的审查情况。委托人、拍卖人、拍卖师的资格应符合《中华人民共和国拍卖法》的规定，竞买人的资格应符合拍卖公告的规定。

（3）拍卖标的的基本情况及对其所有权或处分权的审查结果。

（4）拍卖公告及拍卖标的的展示情况。

（5）对拍卖规则内容的审查结果。

（6）拍卖活动是否得到相关部门的批准或许可。不需要经批准或许可的拍卖活动，不写此项内容。

（7）承办公证机构名称、承办公证人员姓名及公证的法律依据。

（8）拍卖的时间、地点及拍卖过程（含拍卖方、竞价形式）是否符合拍卖规则。

（9）拍卖结果及公证结论，应包括：

1）当事人的资格是否合法，意思表示是否真实。

2）拍卖程序是否真实、合法。

3）对拍卖结果的确认，包括买受人姓名、拍卖成交价格、成交标的物名称、成交时间等。

选择要素包括：

（1）申请人提供的主要证据材料的真实性、合法性。

（2）拍卖人对拍卖标的的来源、瑕疵及相关责任的说明。

（3）有调查取证情节的，可根据查证时间对查证认定的事实在公证书中逐项列出。

（4）拍卖活动有见证人的，应将其民事主体资格状况连同“见证人×××、×××在场见证”字样一并在公证书中加以描述。

（5）公证员认为需要认定的其他事实或情节。一般性、事务性工作可记入谈话笔录，但不用写入公证书证词。

（6）公证生效日期。公证生效日期为公证员在拍卖现场宣读公证词的日期。

（7）有附件时，附件的名称、顺序号应在公证证词中列明。附件包括成交确认书、中买通知书、拍卖现场获得的重要证据材料等。

3. 尾部

尾部包括承办公证机构名称、承办公证员的签名或签名章、公证书出具日期和公证处印章等内容。

需要说明的是，对于现场监督类公证，公证机构除了需要出具公证书外，一般还需要在监督现场公开宣读公证词。公证词应根据现场情况参考公证书证词撰写，语言要流畅，易于宣读，要与现场的气氛相吻合。

（四）实例及评析

公证书

（2022）深证字第××号

申请人：深圳市××商业银行

住所：深圳市××区××路××栋

营业执照注册号：××××

法定代表人：黄某，职务：董事长

委托代理人：许某

公证事项：债权资产包转让竞价会现场监督

申请人深圳市××商业银行于二〇二二年五月十一日委托代理人许某向我处提出申请，申请对于其组织召开的债权资产包转让竞价会进行现场监督公证。

申请人的委托代理人许某向本处提供了企业法人营业执照（副本）、金融许可证、法定代表人证明书、法定代表人身份证明、法定代表人授权委托书、受托人身份证明、《深圳市××商业银行债权资产包明细表》、《深圳市××商业银行债权资产包转让竞价文件》（2022—1号）、《深圳市××商业银行第四届董事会第六次会议决议》以及深圳市××商业银行发给中国××资产管理公司深圳办事处、中国××资产管理公司深圳办事处、中国××资产管理公司深圳办事处、中国××资产管理公司深圳办事处参加竞价会的邀请函和补充通知，还提供了上述四家机构提交给深圳市××商业银行的《关于参加深商行不良债权资产包尽职调查的复函》和表示参加竞价会的接受邀请函等文件。经本处核实，上述文件均真实、客观。同时，申请人深圳市××商业银行向本处提供了《关于〈拨备充足及无法回收的特殊资产整体处置计划〉相关说明》，就竞价会前期各项工作程序及结果做了说明。本公证员就申请人申请该项公证的法律意义和可能产生的法律后果向申请人的委托代理人许某做了说明，并将告知内容记录于谈话笔录中。

根据《中华人民共和国公证法》和《公证程序规则》的规定，本公证员和本处工作人员谢某于二〇二二年五月十五日出席了在深圳市××区××路××号深圳市××商业银行大厦八楼会议室举行的深圳市商业××银行债权资产包转让竞价会，并对竞价过程进行了现场监督。

根据《深圳市××商业银行债权资产包转让竞价文件》（2022—1号）中“竞价规则”的规定，深圳市××商业银行对按照规定时间到达现场的竞价人进行竞价资格审核，竞价采用两轮竞价方式，高于深圳市××商业银行保留价的竞价为有效价，以两轮竞价中有效价最高的为竞得价。经深圳市××商业银行审核结果，竞价人均符合资格。上午10：00，深圳市××商业银行开标主持人宣布竞价开始，竞价人当场提交密封的竞价书，经本公证员及工作人员谢××检查，竞价书密封完好。主持人公布深圳市××商业银行出具的本债权资产包保留价为人民币陆亿柒仟伍佰万元整。公布竞价人第一轮报价，其中一号竞价人中国××资产管理公司深圳办事处出价为人民币伍亿陆仟万元整；二号竞价人中国××资产管理公司深圳办事处出价为人民币伍仟万元整；三号竞价人中国××资产管理公司深圳办事处出价为人民币伍亿元整；四号竞价人中国××资产管理公司深圳办事处出价为人民币叁亿捌仟万元整。公布竞价人第二轮报价，其中一号竞价人中国××资产管理公司深圳办事处出价为人民币柒亿捌仟捌佰万元整；二号竞价人中国××资产管理公司深圳办事处出价为人民币肆亿零叁拾肆万元整；三号竞价人中国××资产管理公司深圳办事处出价为人民币柒亿壹仟万元整；四号竞价人中国××资产管理公司深圳办事处出价为人民币柒亿捌仟玖佰壹拾玖万玖仟元整。竞价人两轮竞价书均经本公证员及工作人员谢××共同监督，确认无误。

根据规则，最终竞得人为四号竞价人中国××资产管理公司深圳办事处，竞得价为人民币柒亿捌仟玖佰壹拾玖万玖仟元整。随后，在本公证员及本处工作人员谢某的见证下，深圳市××商业银行代表与中国××资产管理公司深圳办事处共同签订了《债权资产包转让合同》。

以上现场过程记录于现场监督笔录。

兹证明，此次竞价会的竞价过程符合《深圳市××商业银行债权资产包转让竞价文件》（2022—1号）的规定，竞价结果真实、合法、有效。

中华人民共和国广东省深圳市公证处

公证员：×××

2022年××月××日

评析：本公证书较为突出的优点有：（1）对于当事人提供的证据材料做了全面详细的记载，为证明公证事项的真实性提供了有力的证据支撑。（2）根据《公证法》《公证程序规则》的规定，公证员对于当事人申请办理公证事项的法律意义及可能产生的法律后果进行了告知，并将告知内容记载于谈话笔录，公证词中也有所提及。（3）公证书中对于公证员所做的具体监督工作以及申请人所做的事项作了区分，如公证员对于竞价文件的密封情况、竞价的具体数额作了监督，而竞价人的资质情况则由申请人负责审查，从而明确了公证员的监督责任。（4）公证书行文流畅，结构严谨，内容重点突出，如对于公证监督过程的叙述比较详细，而公证结论言简意赅。

四、合同协议类公证书

（一）合同协议类公证

合同协议类公证，是指公证机构根据公证申请，依法证明当事人之间签订合同的行为真实、合法。合同协议类公证是公证机构的一项重要业务，是国家对合同进行法律监督管理，加强宏观经济调控，预防经济纠纷，制止经济违法行为，减少经济诉讼，保护合同当事人合法权益的重要法律手段。

（二）格式适用

合同协议类公证书适用于各类合同协议。

（三）结构与写法

1. 首部

首部由公证书标题、公证书编号、申请人、公证事项四项内容构成。

（1）申请人为合同当事人，可以是自然人或法人、非法人组织。申请人有数个时，应一并列明。

（2）公证事项为××合同（协议）。应列明合同（协议）的名称或类别，如承包合同、租赁合同、借款合同等。

2. 正文

公证书证词包括必备要素和选择要素。

必备要素具体包括：

（1）自然人的基本情况或者法人或非法人组织的全称，并要写法定代表人或代理人姓名、申请日期及申请事项。

（2）公证处审查（查明）的事实，包括：当事人的身份、资格及签订合同的民事权利能力和行为能力；代理人的身份及代理权限；担保人的身份、资格及担保能力；当事人签订合同的意思表示是否真实，是否对合同的主要条款取得了一致意见；合同条款是否完备，内容是否明确、具体。可简述合同的关键性内容、是否履行了法律规定的批准或许可手续。不须经批准或许可的，不写此内容。

（3）公证结论，包括：当事人签订合同的日期、地点、方式等；当事人签订合同（协议）行为的合法性，引用《民法典》第143条的规定；合同（协议）内容的合法性，引用《民法典》合同编或有关法律、法规的规定；当事人在合同（协议）上的签字、盖章的真实性。

选择要素具体包括：

（1）合同标的物的权属情况及相关权利人的意思表示。权属情况指所有权、使用权、担保物权、专有权、专用权等；相关权利人包括与合同标的有关的共有权人、所有权人、使用权人、担保权人等。涉及转让、承包或租赁合同标的物时，应按法律规定征得相关权利人的同意或认可。

（2）当事人对合同内容的重要解释或说明。

（3）当事人是否了解了合同的全部内容。特别在签订定式合同时，此点非常重要。

（4）合同生效日期及条件等。如法律规定合同须经登记或批准方能生效的，公证书中应予以注明。

（5）公证员认为需要说明的其他事实或情节。

（6）有附件时，附件的名称、顺序号应在公证证词中列明。

3. 尾部

尾部包括承办公证机构名称、承办公证员的签名或签名章、公证书出具日期和公证处印章等内容。

（四）实例及评析

公证书

（2022）沪证外经字第××号

当事人：

何某（系合同中出卖方，下称“甲方”），男，一九××年××月××日出生，中华人民共和国居民身份证编号：××××××××××××××××××

黄某（系合同中买受方，下称“乙方”），女，一九××年××月××日出生，印度尼西亚护照号码：××××××××

申请公证事项：房地产买卖合同

甲、乙双方于二〇二二年××月××日向本处申请办理本公证书后面的《上海市房地产买卖合同》（下称“该合同”）公证。

经查，甲、乙双方经协商一致订立了该合同。甲、乙双方在订立该合同时具有法律规定的民事权利能力和相应的民事行为能力。

另经查，甲方转让的房地产系坐落于上海市××路××号××幢××室的房屋及第××号车位，上述房屋及车位（下称“该房地产”）的建筑面积分别为××平方米及××平方米，合计建筑面积为××平方米。甲方对该房地产持有上海市房屋土地资源管理局颁发的编号为沪房地徐字（2013）第××××号《上海市房地产权证》。经本处于二〇二二年××月××日通过上海网上房地产信息查询系统向上海市房地产登记机关进行核查，该房地产无抵押及其他权利受限制的登记记录。根据《中华人民共和国城市房地产管理法》的有关规定，该房地产可依法转让。

另经查，甲、乙双方曾于二〇二一年××月××日就该房地产转让一事订立了《上海市房地产买卖合同》（下称“原合同”），并经本处公证［公证书编号：（2021）沪证外经字第××××号］。甲、乙双方在履行原合同过程中发生争议，依原合同约定将争议提交上海仲裁委员会仲裁。在仲裁庭的主持下，甲、乙双方于二〇二一年××月××日自愿达成了《调解协议》，对原合同所约定的房款、履行期限及付款方式等条款进行了变更约定，该《调解协议》已经上海仲裁委员会编号为（2021）沪仲案字第××××号《上海仲裁委员会裁决书》予以确认。据此，甲、乙双方于二〇二一年××月××日重新订立了本公证书后面的《上海市房地产买卖合同》。

甲、乙双方在该合同中约定，甲方以人民币×仟×佰万元整的价款将该房地产转让给乙方。合同中约定的付款方式、房地产交付日期及违约责任等条款均具体、明确。

依据以上事实，兹证明甲方何××与乙方黄某于二〇二二年××月××日来到本处，在公证人员的面前，确认双方于二〇二一年××月××日在上海市签订了本公证书后面的《上海市房地产买卖合同》。合同双方的签约行为符合《中华人民共和国民法典》第143条的规定，合同上双方当事人的签名均属实，合同内容符合《中华人民共和国民法典》合同编的相关规定。

中华人民共和国上海市公证处
公证员：××
2022年×月×日

评析：要素式公证书的写作水平是对整个办证过程质量高低的直接反映，要素式公证书体现的是整个公证活动的全部求证过程，更体现出承办公证人员的法律功底和综合素质。本公证词充分说明了当事人为何就同一交易先后申办两次公证的来龙去脉，体现了公证员对于“当事人对合同的重要解释或说明”和“公证员认为需要说明的其他事实或情节”这两项要素的准确把握，也体现出了要素式公证书的创造性、灵活性。

五、强制执行效力类公证书

（一）强制执行效力公证

强制执行效力公证，是指公证机构根据公证申请，对于无疑义的债权文书赋予强制执行效力的公证。在债务人拒不履行债权文书中约定的义务时，债权人可以不经审判程序，直接向有管辖权的人民法院申请强制执行。证明债权文书并依法赋予强制执行效力是法律赋予公证机关的一项重要职能。有强制执行效力的公证书有利于及时保护债权人的合法权益，可以避免因诉讼、仲裁带来的时间上的浪费，节约诉讼成本。

（二）格式适用

强制执行效力类公证书适用以下情况：

（1）借款合同、借用合同、无财产担保的租赁合同。

（2）赊欠货物的债权文书。

（3）各种借据、欠条。

（4）还款（物）协议。

（5）以给付赡养费、抚养费、学费、赔（补）偿金为内容的协议。

（6）符合赋予强制执行效力条件的其他债权文书。

（三）结构与写法

1. 首部

首部由公证书标题、公证书编号、申请人、公证事项四项内容构成。

公证书标题为具有强制执行效力的债权文书公证书。

申请人为合同当事人，可以是自然人或法人、非法人组织。申请人有数个时，应一并列明。

公证事项为赋予××合同/协议强制执行效力。

2. 正文

公证书证词包括必备要素和选择要素。

必备要素具体包括：

（1）申请人名称或姓名、申请日期及申请公证事项。

（2）公证机构查明的事实，包括：

1）当事人的身份及签订债权文书的民事权利能力与民事行为能力。

2）代理人的身份及代理权限。

3）担保人的身份及民事权利能力和民事行为能力。

4）债权文书所附担保合同标的物的权属情况及相关权利人的意思表示。

5）债权文书主要条款是否完备，内容是否明确、具体。

6）当事人签订债权文书的意思表示是否真实、是否对所有条款达成了一致意见。

7）当事人是否了解、确认了债权文书的全部内容。

8）是否履行了法律规定的批准、许可或登记手续。

9）公证机构对强制执行公证的法律意义和可能产生的法律后果的告知。

10）债权文书当事人对强制执行的约定及债务人/担保人自愿直接接受强制执行的意思表示。

11）债权文书当事人就《执行证书》出具前公证机构核查内容、方式达成的在先约定。

（3）公证结论，包括：

1）当事人签订债权文书的日期、地点等。

2）当事人签订债权文书行为的合法性。

3）债权文书内容的合法性。

4）当事人在债权文书上签字、盖章的真实性。

5）赋予该债权文书强制执行效力。

6）债权文书的生效日期、条件等。

选择要素具体包括：

（1）双方当事人向公证机构提交的证据材料。

（2）当事人对债权文书的重要解释或说明。

（3）公证员认为需要说明的其他情况。

3. 尾部

尾部包括承办公证机构名称、承办公证员的签名或签名章、公证书出具日期和公证处印章等内容。

（四）实例及评析

公证书

（2022）京××内经证字第18817号

申请人：

甲方：

王某，男，一九××年××月××日出生，身份证号码：××××××××××××××××××

瞿某，女，一九××年××月××日出生，身份证号码：××××××××××××××××××

乙方：北京市住房贷款担保中心

住所：北京市海淀区北四环西路××大厦7～8层

法定代表人：张某，男，身份证号码：××××××××××××××××××

授权代理人：孙某，女，身份证号码：××××××××××××××××××

公证事项：赋予《还款协议》强制执行效力

甲、乙双方于二〇二二年八月十七日向本处申请办理前面的《还款协议》公证，并依法赋予强制执行效力。

本公证员向该协议双方告知了赋予强制执行效力公证的法律意义和可能产生的法律后果。

经审查：甲方向本处提供的身份证、户口本、结婚证、房屋所有权证、商品房买卖合同等证明材料和乙方向本处提供的营业执照、组织机构代码证、法定代表人身份证明书、公证申请、授权委托书、身份证件、个人住房担保借款合同、履行保证责任通知书（清偿）、代偿证明（清偿）、房屋他项权证等证明材料均真实。甲、乙双方经协商一致订立前面的《还款协议》；双方当事人在订立该协议时均具有法律规定的民事权利能力和民事行为能力；乙方的授权代理人具有合法的代理资格；协议内容是双方当事人的真实意思表示。

双方当事人在该协议中约定，如甲方不履行该协议规定的还款义务，乙方有权不经诉讼程序，直接向有管辖权的人民法院申请强制执行的意思表示真实。

依据上述事实，兹证明：王某与北京市住房贷款担保中心的法定代表人张某于二〇二二年八月十七日在北京签订了前面的《还款协议》；双方当事人的签约行为及该协议内容符合《中华人民共和国民法典》的相关规定，该协议上双方当事人的签字、印章均属实。

根据《中华人民共和国民事诉讼法》《中华人民共和国公证法》《公证程序规则》的规定及双方当事人在该协议中的约定，该协议具有强制执行效力；如甲方未能履行该协议约定的还款义务，乙方可以在该协议约定的还款之日起两年内持本公证书及相关证据材料向本公证处申请出具执行证书，向有管辖权的人民法院申请强制执行。

中华人民共和国北京市××公证处

公证员：××

2022年×月×日

评析：随着我国经济及公证行业不断的发展变化，各类金融机构的各类贷款合同赋予强制执行效力公证已经非常普遍。本公证词极具代表性和典型性，公证词表述清晰、结构完整，充分体现了强制执行效力类公证书法律保障的价值，使赋予强制执行效力公证书的基本使命得到良好实现。

六、执行证书

（一）执行证书及出具条件

当债务人不履行或不完全履行公证机构赋予强制执行效力的债权文书时，债权人可以向原公证机构申请执行证书。公证机构出具执行证书的条件为：

（1）不履行或不完全履行的事实确实发生。

（2）有债权人履行合同义务的事实、证据。

（3）债务人对债权文书赋予强制执行效力有明确的意思表示。

（二）结构与写法

1. 首部

首部由公证书标题、公证书编号、申请执行人、被申请执行人四项内容构成。

2. 正文

证词内容包括必备要素和选择要素。

必备要素具体包括：

（1）申请执行人和被申请执行人的名称或姓名、申请日期及申请事项。

（2）申请执行人申请执行所提交的证据材料。

（3）公证机构查明的事实，包括：申请执行人与被申请执行人订立债权文书经公证并赋予强制执行效力的情况；申请执行人履行、被申请执行人不履行或履行不适当的事实；申请执行人与被申请执行人在债权文书中就公证机构核查内容、方式所作的在先约定；公证机构签发本证书前进行核查的过程。

（4）公证结论，包括：被执行人；具体执行标的（违约金、利息、滞纳金等可列入执行标的）；第三人对申请出具本证书是否提出过异议；申请执行的期限。

选择要素具体包括：

（1）抵押物/质物的登记情况。

（2）可供执行标的物。

（3）有管辖权的人民法院。

（4）公证员认为需要说明的其他情况。

（5）附件。

3. 尾部

尾部包括承办公证机构名称、承办公证员的签名或签名章、公证书出具日期和公证处印章等内容。

（三）实例及评析

执行证书

（2021）京××执行证字第××××号

申请人：北京市华夏典当行有限责任公司，统一社会信用代码：91110000101301××××，住所：北京市东城区珠市口东大街11号，法定代表人：杨永。

委托代理人：闵某，男，1990年6月17日出生，公民身份号码：11022319900617××××。

被申请执行人：齐某，男，1983年9月18日出生，公民身份号码：11022619830918××××。

被申请执行人：云某（北京）技术发展有限公司，统一社会信用代码：91110116MA017D1P27，住所：北京市怀柔区北房镇幸福西街1号301室。

法定代表人：齐某，男，1983年9月18日出生，公民身份号码：11022619830918××××。

申请执行人北京市华夏典当行有限责任公司（以下简称"申请执行人"）于2021年8月6日向我处提出申请，就其与被申请执行人齐某（以下简称"债务人"）、云某（北京）技术发展有限公司（以下简称"保证人"）签订的下列公证债权文书签发执行证书：

1.（2021）京方圆内经证字第00686号公证书赋予强制执行效力的《北京市华夏典当行有限责任公司房（地）产最高额典当借款合同》（以下简称"借款合同"）；

2.（2021）京方圆内经证字第00687号公证书赋予强制执行效力的《北京市华夏典当行有限责任公司房（地）产最高额抵押合同》（以下简称"抵押合同"）；

3.（2021）京方圆内经证字第00688号公证书赋予强制执行效力的《北京市华夏典当行有限责任公司保证合同》（以下简称"保证合同"）。

申请执行人向我处提交了营业执照（副本），法定代表人身份证明书，法定代表人身份证，授权书，受托人身份证，强制执行申请书，齐某、云某（北京）技术发展有限公司执行证书申请书变更说明，公证书，不动产权证书，不动产登记证明，不动产权证书，当票，跨行快付批量业务回单，续当凭证，中国工商银行网上银行电子回单（补打）等证明资料。

经查，申请执行人与债务人于2021年3月10日签订了借款合同、抵押合同，并经北京市方圆公证处公证赋予强制执行效力【公证书编号：（2021）京方圆内经证字第00686号—00687号】。根据上述借款合同、抵押合同约定，债务人以登记在其名下的坐落于北京市海淀区××路1号院10号楼3层1单元3×8【不动产权证书编号：京（2021）海不动产权第000××××号】的不动产作为抵押物，向申请执行人申请最高本金额为人民币壹仟柒佰万元整的典当借款，典当最高债权额期限为六十个月，从2021年3月10日起至

2026年3月10日止。双方约定月综合费率为典当借款金额的2.7%，月利息为典当借款金额的0.30%，合计为典当借款金额的3%。如果债务人当期内能按时续当，申请执行人免收月利息，只收月综合费用。每笔典当借款以当期当票约定内容为准，对合同约定的典当借款最高本金额限度内的每笔具体典当借款，在各期末还款决算时累计发生的借款本金额不得超过约定的典当借款最高本金额。每笔典当借款期限为一个月，典当借款期限届满之日5日内，借款人可以续当。每笔典当借款期限或续当期限届满五日后，借款人未能按合同约定续当或赎当，视为绝当。绝当后，在处理抵押财产时，申请执行人有权自绝当之日起至申请执行人收回全部债权之日止，收取相关当票载明的累计借款金额继续发生的息费，并另加收每日万分之五的罚息。由于市场经济环境的变化，合同期内利息存在调整的不确定性，双方确认各当次典当借款的息费和金额以当期当票记载的内容为准。但债务人逾期续当或还本的应按本条约定息费标准向申请执行人支付息费，不再以当票记载为准。月综合费用申请执行人放款时可以预先扣除。上述合同中特别约定：合同双方均同意向北京市方圆公证处申请对上述合同办理具有强制执行效力的公证。若债务人未按期偿还或未按期全部偿还借款，申请执行人有权向公证机关申请签发执行证书，并持该证书向有管辖权的人民法院申请强制执行债务人的财产而无须经过诉讼程序。执行所得款项用于清偿贷款本金、利息、综合费用、违约金、罚息及相关费用。

作为担保，保证人以其全部财产为债务人在借款合同项下的全部债务向申请执行人承担连带保证责任。为此保证人、申请执行人经协商一致于2021年3月10日签订了保证合同，并经北京市方圆公证处公证赋予强制执行效力【公证书编号：（2021）京方圆内经证字第00688号公证书】。根据上述保证合同约定，保证人承诺保证妥善履行合同中所规定的义务，若债务人在借款合同约定的债务履行期届满不能履行债务，其保证妥善履行合同中所规定的义务，否则，其将自愿放弃抗辩权并接受有管辖权人民法院的强制执行。

申请执行人向我处确认，其与债务人办理了上述抵押物的抵押登记手续，并于2021年3月10日取得了不动产登记证明【不动产登记证明编号：京（2021）海不动产证明第000××××号】。

根据借款合同中的相关约定及申请执行人提交的当票（编号：1101883663）、跨行快付批量业务回单记载，申请执行人于2021年3月17日分两次向债务人发放典当借款人民币共计17 000 000元（大写：壹仟柒佰万元整）【其中第一笔支付7 694 000元，第二笔支付9 000 000元，扣除综合费用306 000元，实际支付16 694 000元】，典当借款的月费率为1.8%，月利率为0%，典当期限由2021年3月17日至2021年4月17日。此后债务人对上述典当借款续当，续当截止日期为2021年6月17日。

2021年8月6日，申请执行人向我处提出申请称，上述续当期限届满后，因债务人未按约定履行还款义务，且保证人未按约定履行担保义务，故其申请签发上述借款合同、抵押合同、保证合同（以下统称为“合同”）的执行证书。在申请执行证书期间，申请执行人的代理人闵某称：债务人分别于2021年8月9日、2021年8月10日偿还综合服务费共计612 000元，双方经协商一致，再次办理了续当手续，将续当期限延长至2021年8月17日，故向我处申请暂缓出具执行证书。

2021年9月17日，申请执行人的代理人闵某向我递交《齐某、云某（北京）技术发展有限公司执行证书申请书变更说明》称，上述续当期限届满后，债务人未按期偿还全部本金、部分月综合费用、月利息，保证人亦未履行担保责任，故向公证处申请继续出具上述合同的执行证书，申请执行的标的为：

1. 典当借款本金人民币：壹仟柒佰万元整；

2. 自 2021 年 8 月 18 日起至款项清偿之日止应付的月综合费用（月综合费用按借款本金的 2.7%计算）；

3. 自 2021 年 8 月 18 日起至款项清偿之日止应付的月利息（月利息按借款本金的 0.3%计算）；

4. 自 2021 年 8 月 18 日起至款项清偿之日止应付的罚息（罚息标准：以借款本金为基数，按实际逾期天数在继续收取综合费的同时另外加收每日万分之五的罚息）；

5. 公证费：20 740 元。

根据《中华人民共和国公证法》和《公证程序规则》的规定，我处受理了申请执行人的申请。本公证员对申请执行人提交的证明材料进行了审查，对委托代理人进行了询问和告知，同时按照合同约定的核实方式就该债权债务向被申请执行人进行了核实，具体核实情况如下：

1. 2021 年 10 月 13 日，本处以 EMS 特快专递的方式，按照债务人在借款合同、抵押合同上预留的联系地址向其邮寄了一份《债务履行情况核实函》（EMS 国内特快专递单号：1164485129470），在核实函中，本处向被申请执行人告知了申请执行人已向本处申请出具执行证书的事实及申请执行标的，并告知其如对申请执行内容有异议，应于发函之日起的五日内向本处提交相关书面证明材料，否则公证处将按申请执行人的申请出具执行证书。经官网查询，上述快递于 2021 年 10 月 14 日显示已签收（他人代收，物业送）。

2. 2021 年 10 月 13 日，本处以 EMS 特快专递的方式，按照保证人在保证合同上预留的联系地址向其邮寄了一份《债务履行情况核实函》（EMS 国内特快专递单号：1164485130370），在核实函中，本处向被申请执行人告知了申请执行人已向本处申请出具执行证书的事实及申请执行标的，并告知其如对申请执行内容有异议，应于发函之日起的五日内向本处提交相关书面证明材料，否则公证处将按申请执行人的申请出具执行证书。经官网查询，上述快递因收件人“拒收”于 2021 年 10 月 15 日退回我处。

3. 2021 年 10 月 21 日，本处公证人员使用本处座机电话拨打了债务人在合同中留存的电话（1381037××××），一名自称齐某的男士接听了电话，本处公证人员向其告知了因其与申请执行人的债务已逾期，按照合同内约定，申请执行人已向我处提出签发执行证书的申请，询问其是否收到本处邮寄的《债务履行情况核实函》。该男士表示已经和申请执行人进行沟通，月底前偿还利息，并表示因其不在北京，所以目前未收到我处邮寄的函件。公证人员向其说明了所邮寄函件的地址、签收日期等相关情况，并告知其将给其发送债务履行情况核实短信，要求其对申请执行人所主张的执行标的进行确认，如其已向申请执行人偿还了全部或部分债务，请尽快与本处联系，并向本处提交相关书面证明材料，否则本处将按照申请执行人的申请出具执行证书。

4. 2021 年 10 月 21 日，本处公证人员使用手机分别向债务人在合同中预留的联系电话（1381037××××）、保证人在合同中预留的联系电话（1891005××××）发送了债务履行情况核查短信，截至本执行证书出具之日未收到回复。

5. 2021 年 10 月 21 日，本处公证人员使用本处座机电话拨打了债务人在合同中留存的电话（1381037××××），一名自称齐某的男士接听了电话，本处公证人员向其询问是否看到本处给其发送的短信，对申请执行人所主张的执行标的是否认可。该男士表示已收到核实短信，其没有细看内容，大概金额应该差不多，对细微的差距可能存在异议。本处公证人员再次向其核实了申请执行人所主张的执行标的，并告知其执行标的中的月综合费用、月利息、罚息的计算标准均按照双方签订的合同所约定执行。该男士表示其已经和申请执行人进行了沟通，本周五前可以偿还所欠利息。本处公证人员向其告知，因核实期限已到，其未能按期提供偿还全部或部分债务的书面证明材料，且申请执行人也未向我处提交终止出具执行证书的相关申请，故我处将依据合同约定出具执行证书，该执行证书出具后，执行证书是否使用由申请执行人自行决定，双方也可在执行证书出具后继续对债务履行时间进行协商，该男子表示已知晓。

以上电话核实过程均由本处公证人员进行了摄像，所得视频文件刻录成光盘放入证物袋密封存卷。以上快递查询记录、核实短信内容均进行了截屏打印存卷。

截至本执行证书出具之日，被申请执行人未向我处提供证据对抗申请执行人上述主张，亦未有第三人对申请人申请出具本证书提出过异议。

根据上述合同中强制执行公证条款之相关约定，如果债务人出现以下两种事实之一，申请执行人有权单方向北京市方圆公证处申请办理执行证书：1. 债务人逾期未履行或未完全履行借款合同规定的清偿义务，并在当票或续当票记载的期限届满之日起五个工作日内，债务人未能向北京市方圆公证处提供合同所规定的有关证明文件；2. 债务人具备借款合同约定的其他违约情形，导致申请执行人有权提前收回部分或全部借款的。申请执行人申请出具执行证书后，公证处以邮寄信函的方式向债务人、保证人核实还款情况，即自公证处发出核实信函之日起五个工作日内，债务人、保证人有义务向公证处提交书面证据说明债务的履行状况，若债务人、保证人未能在五个工作日内将相关证明文件送至公证处，则视为债务人、保证人认可申请执行人的执行申请。申请执行人有权向公证机关申请签发执行证书，并持该证书向有管辖权的人民法院申请强制执行债务人的财产而无须经过诉讼程序。

现应申请执行人的申请，根据《中华人民共和国民事诉讼法》第二百三十八条和《中华人民共和国公证法》第三十七条的规定以及申请执行人与被申请执行人签订的《北京市华夏典当行有限责任公司房（地）产最高额典当借款合同》、《北京市华夏典当行有限责任公司房（地）产最高额抵押合同》、《北京市华夏典当行有限责任公司保证合同》的约定，特此出具本执行证书。

一、被执行人：

齐某、云某（北京）技术发展有限公司。

二、申请执行标的：

1. 典当借款本金：人民币 17 000 000 元（大写：壹仟柒佰万元整）；

2. 自 2021 年 8 月 18 日起至款项清偿之日止应付的综合费用【综合费用以典当借款本金为基数，按 2.7%/月计算】；

3. 自 2021 年 8 月 18 日起至款项清偿之日止应付的利息【利息以典当借款本金为基数，按 0.30%/月计算】；

4. 自 2021 年 8 月 18 日起至款项清偿之日止应付的罚息【罚息以典当借款本金为基

数，按每日万分之五计算】；

5. 公证费：人民币 20 740 元。

以上 2、3、4 项的计算标准，合计不超过年利率 24%。

三、被申请执行人可供执行的财产：

1. 齐某的全部财产，其中对其名下位于北京市海淀区××路 1 号院 10 号楼 3 层 1 单元 3×8【不动产权证书编号：京（2021）海不动产权第 00062××号】，申请执行人有权依法律规定以该不动产折价，或者以拍卖、变卖该不动产的价款优先受偿；

2. 云某（北京）技术发展有限公司名下的全部财产。

四、申请执行期限：

申请执行的期间为二年，自执行证书出具之日起计算。申请执行时效的中止、中断，适用法律有关诉讼时效中止、中断的规定。

中华人民共和国北京市方圆公证处

公证员

2021 年×月×日

评析：本执行证书对公证机构出具执行证书前的核实程序及方式进行了较为详细的描述，逻辑清晰，事实充分。从公证词中可以看出在出具执行证书前公证员做了大量的证据收集及核实工作，最终形成了一份完整的公证书。

七、法律意见书

（一）概念

随着社会和经济的发展，公证机构为自然人、法人及非法人组织提供越来越多样化、个性化的公证法律服务。根据委托人请求，公证机构可以针对某一特定事项撰写法律意见书，供委托人参考。法律意见书是指公证机构依据法律、法规及规章，结合相关行业的业务操作规范或习惯，对委托人提出的有关法律行为、法律事实问题，进行解答释疑的法律文书。法律意见书的出具对公证员的法律素养和执业能力提出了极高的要求。

（二）结构及写法

1. 首部

首部即标题，实践中一般有两种写法：一种是直接写“法律意见书”；另一种是具体写明法律意见书的性质，例如：“关于××银行贷前审查的法律意见书”。此外还可以有法律意见书的编号。

2. 正文

法律意见书有可能涉及各种事项，因而具体内容可能各不相同，但法律意见书的基本内容至少应该包括以下几个方面：

（1）法律意见书涉及的主体，即委托人。委托人是指委托出具法律意见书的当事人。根据一般法律文书对于身份事项的要求，如果委托人是自然人的话，依次应为姓名、性别、出生日期、住所以及身份证件号码，如果委托人是法人或非法人组织，应当写明名称、法人代表或负责人、住所、证照号码。

（2）委托事项。应当写明就何法律问题提供法律意见。

（3）委托人提供的资料和公证机构独立调查获得的资料。各类资料和相关事实应如实写明，如果有附件的，应当另行注明。

（4）出具法律意见书所依据的法律规定不需要具体到条款，只需要说明法律、法规、司法解释的名称和颁发机关及施行日期即可。需要注意的是，上述内容有时在法律意见书中是空缺的，这是因为公证机构在出具某些法律意见书时没有义务去调查和获取其他资料。一般只有在公证机构有义务去调查和获取其他资料时，这部分内容才可能出现在法律意见书中，而这种义务有可能来自委托方的要求，也有可能源自法律的直接规定。

（5）法律分析部分。法律分析是法律意见书的主体，应当对于事实和法律规定作详细的分析，引用法律法规和司法解释的规定应完整、具体。如有必要，还应进行法理上的阐述。

（6）结论。结论部分是实现法律意见书目的的载体，因而对于委托人和其他利害关系人具有重要意义，也是委托人和其他利害关系人作出决策的最为直接的依据。在措辞上应该严谨缜密、客观直接。

（7）声明和提示条款。声明条款涉及法律意见书的责任问题，对于任何一方当事人来说都具有重要性，声明条款的内容包括责任限定条款，即出具人对于自己应该承担的责任予以限制和排除的条款；提示条款是出具人提示委托人和其他利害关系人应特别注意的条款，也关系到委托人可能承担的责任。

3. 尾部

尾部包括出具法律意见书的公证机构名称、承办公证员的签名章、公证书出具日期和公证处印章等内容。

4. 附件

对法律意见书的结论可能产生影响的文件应附于法律意见书之后，附件较多的，应另行编制附件目录。

（三）实例及评析

法律意见书

（2018）浙×证法字第　号

致：某市人民法院

本处接受某市人民法院的委托，根据相关法律、法规的规定，通过对某市人民法院提交的证据材料进行审查并作相关核实，就（2017）浙0681执4×43号一案，出具法律意见书。

一、本处审查了某市人民法院提交的下列材料：

（一）执行立案材料［民事强制执行申请书、申请人和被申请人相关材料、某市人民法院执行案件受理通知书（（2017）浙0681执4×43号）、人民法院执行案件立案审查和流程管理信息表、某市人民法院执行案件移送表］；

（二）某市人民法院民事调解书［（2016）浙0681民初1×906号］、某市人民法院刑事判决书［（2016）浙0681刑初1×46号］、某市人民法院民事判决书［（2016）浙0681民初1×296号］；

（三）某市人民法院执行通知书［（2017）浙0681执4×43号］、某市人民法院报告财产令［（2017）浙0681执4×43号］、某市人民法院公告［（2017）浙0681执4×43号］、某市人民法院限制消费令［（2017）浙0681执4×43号］、某市人民法院执行决定书［（2017）浙0681执4×43号］；

（四）某市人民法院查询银行存款、理财产品、婚姻、工商、不动产、电子商务、车辆、有价证券等相关资料；

（五）某市人民法院执行裁定书［（2017）浙0681执4×43号］；

（六）向被执行人户籍所在地调查了解财产情况及财产线索的执行调查笔录一份；

（七）某市人民法院延长执行期限审批表［（2017）浙0681执4×43号］；

（八）对被执行人的执行笔录一份。

二、本处依据下列法律、法规及规范性文件的规定出具法律意见书：

（一）《中华人民共和国民事诉讼法》；

（二）《最高人民法院关于适用〈中华人民共和国民事诉讼法〉的解释》；

（三）《最高人民法院〈关于严格规范终结本次执行程序的规定（试行）〉》。

三、经审查核实确认的事实：

依据上述法律、法规的有关规定，通过对某市人民法院提交的材料进行审查，并采取现场核实、电话查问以及信息咨询等方式了解情况，确认如下事实：

（一）申请执行的标的及申请执行人和被执行人：申请执行的标的金额计1×8 393元，申请执行人是秦某（男，一九××年×月×日出生，公民身份号码：3××××××××××××××7，住址：×××××××××，现住×××××××××），被执行人是傅某（男，一九××年×月×日出生，公民身份号码：3×××××××××3，住址：××××××××）。

（二）某市人民法院已向被执行人傅某发出执行通知书，发出报告财产令，并将被执行人纳入失信被执行人名单，发出限制消费令，采取了各种财产调查措施，但仍未发现被执行人有可供执行的财产，本案自执行案件立案之日起已超过三个月，且延长执行期限也已超期，被执行人现在浙江乔司监狱服刑。

（三）某市人民法院通过全国法院网络执行查控“总对总”系统和浙江省“点对点”网络执行查控系统完成了对被执行人的银行存款、理财产品、工商、不动产、电子商务、车辆、有价证券等查询，向被执行人户籍所在地调查了解被执行人的财产状况及线索，被执行人的经济收入来源等，申请执行人秦某未提供被执行人的具体财产线索。

（四）申请人秦某申请执行的标的（金额计1×8 393元）被执行人傅某至今未履行。

（五）本处专门派工作人员到某市某镇某村进行核实，核实结果是被执行人傅某现在浙江乔司监狱服刑，未发现有可供执行的财产及相关线索。

四、法律意见：

依据上述事实，本处认为（2017）浙0681执4×43号案在执行过程中，某市人民法院已向被执行人傅某发出执行通知，责令被执行人报告财产，向被执行人发出限制消费令，并将被执行人纳入失信被执行人名单，同时采取各种财产调查措施，但仍未发现被执行人傅某有可供执行的财产及可供执行的财产依据或线索，本案自执行案件立案之日起已超过三个月，且延长执行期限也已超期，被执行人傅某现在浙江乔司监狱服刑。综上，（2017）浙0681执4×43号一案已符合终结本次执行程序的条件，建议某市人民法院终结（2017）浙0681执4×43号一案的本次执行程序。

本法律意见书仅供某市人民法院参考，非经本处同意，不得用作其他用途。

中华人民共和国浙江省某市公证处

公证员

2018 年×月×日

评析：为进一步规范人民法院终结执行程序案件的办理，完善程序终结的结案标准和案件退出机制，某市人民法院与某市司法局签订了《关于对部分终本执行案件引入公证法律意见的会议纪要》，在执行终结案件中引入了公证意见制度。随后，某市公证处对某市人民法院移送的移交拟终结案件（申请人秦某与被执行人傅某关于买卖合同纠纷一案）出具了公证法律意见书。目前实践中，公证机构出具法律意见书极少。公证机构如何在法律活动（尤其是司法辅助活动）中运用好这一文书工具，本法律意见书树立了一个典型。律师事务所和公证机构出具法律意见书的角色有所不同，公证机构作为司法辅助的主体，相对于律师法律意见书，公证机构出具的法律意见书更为中立、客观。

【本章小结】

本章阐述了公证法律文书的概念、法律特征、分类、效力、出具条件，并就各类公证书的制作进行了介绍。要素式公证书包括继承类、证据保全类、现场监督类、合同协议类、强制执行类、法律意见书等共六类。公证文书格式繁多，但具有共性，其较为严格的格式性及办理不同事项公证的实用性很强，这也是公证文书不同于其他法律文书的最主要的特点。

【思考练习题】

1. 简述公证法律文书的概念、法律特征和适用范围。
2. 继承公证书的必备要素有哪些？
3. 简述强制执行效力类公证书的格式与写法。

【写作训练题】

一、文书修改，指出下面公证文书的错误并修改正确。

公证书

申请人：王某娟，女，1952 年 1 月 26 日出生，住址：北京市房山区城关街道东大街××号，公民身份号码：110000000000000001。

申请人：张某川，男，1975 年 3 月 18 日出生，住址：北京市房山区良乡××号，公民身份号码：110000000000000002。

被继承人：张某刚，男，1950 年 10 月 20 日出生，生前住址：北京市房山区城关街道东大街××号，生前身份证号码：100000000000000003。

申请人王某娟、张某川因继承被继承人张某刚的遗产，于 2021 年 2 月 26 日向本处申请办理继承权公证，并提供了以下证明材料：被继承人张某刚的《北京市死亡医学证明书》《死亡证明》《亲属关系证明》；申请人王某娟名下《中华人民共和国房屋所有权证》《北京市商品房现房买卖合同》、契税专用缴款书、购房发票；被继承人张某刚父母的死亡证明；申请人王某娟与被继承人张某刚的结婚证；申请人张某川的《北京市独生子女证》；

申请人王某娟、张某川各自的《居民身份证》《居民户口簿》《亲属关系证明》。

根据《中华人民共和国公证法》的规定，本处向申请人告知了继承权公证的法律意义和可能产生的法律后果，就继承的相关事实进行了询问，对申请人提交的权利证明及相关证据材料进行了审查核实，申请人均承诺所提供的证明材料真实无误，并自愿承担提供虚假证明材料或作虚假陈述的法律责任，现本处查明如下事实：

一、被继承人张某刚于2012年12月18日在北京市死亡。

二、申请人王某娟、张某川向本处申请办理继承权公证的下列财产属于被继承人张某刚生前与其配偶王某娟在婚姻关系存续期间取得，属于被继承人张某刚生前与其配偶王某娟夫妻共同所有财产：北京市房山区某小区5号楼3单元202号房产的产权，《中华人民共和国房屋所有权证》编号：京房权证房私字第20号。

三、被继承人张某刚的配偶是王某娟；被继承人张某刚生前与其配偶王某娟共生育一个子女：儿子张某川；被继承人张某刚的父母均先于被继承人张某刚死亡。

四、据被继承人张某刚的所有继承人王某娟、张某川称，被继承人张某刚生前无遗嘱，亦未与他人签订遗赠扶养协议；申请人王某娟、张某川对被继承人张某刚生前无遗嘱及遗赠扶养协议无争，截至本公证书出具之日亦未有他人向本处提出异议。

第十一章
写作训练题1
参考答案

五、现申请人王素娟表示要求继承被继承人张某刚的上述遗产，申请人张某川自愿表示放弃对被继承人张世刚的上述遗产的继承权，并在本公证员面前作出放弃继承上诉遗产的书面意思表示。

公证员　张明

2021年3月11日

（公章）

二、阅读下面案例，撰写一份继承权公证书。

罗某胜、李某锋于2022年1月20日向北京市德信公证处申请办理继承公证。李某锋是其父李某独子，李某于2022年1月3日在北京市去世，李某死亡后遗留有房屋遗产，坐落于北京市西城区某路西四条2号楼761【房屋所有权证编号：房权证西私字第311111号】，该房屋属于被继承人李某与其妻子罗某胜的夫妻共同财产。被继承人李某的父亲李某田、母亲王某芝均先于其去世。罗某胜提供了以下证明材料：(1)罗某胜、李某锋、李某的居民身份证、户口簿；(2)罗某胜、李某的结婚证；(3)李某锋的《北京市独生子女证》；(4)李某的居民死亡医学证明（推断）书；(5)王某芝的北京市死亡医学证明书、火化证明；(6)李某田的火葬证；(7)李某的房屋所有权证；(8)李某、罗某胜的人事档案情况摘抄表。上述材料经审查均真实，且未发现被继承人李某留有公证遗嘱记录，未有他人向公证处提出异议。罗某胜自愿放弃被继承人上述房屋的继承权，李某锋要求继承上述房屋。

第十一章
写作训练题2
参考答案

第十二章　仲裁法律文书

【本章引言】

仲裁法律文书是仲裁过程中产生的具有法律意义和法律效力的文书，既包括仲裁委员会为处理案件而制作的文书，如仲裁裁决书、仲裁调解书等，又包括当事人申请仲裁及参加仲裁而制作的文书，如仲裁申请书、仲裁答辩书等。仲裁法律文书的写法与诉讼文书有相似之处，但由于仲裁的特殊性，仲裁法律文书也有自己的特点。一方面，制作仲裁法律文书要符合法律、法规的规定，《仲裁法》以及仲裁规则对仲裁法律文书及仲裁申请书、仲裁裁决书的内容都作了具体的规定，制作时要严格遵守；另一方面，仲裁法律文书要符合规定的格式，做到要素齐全、格式规范、层次分明。仲裁法律文书一般由首部、正文、尾部三个部分组成，正文通常由事实、证据和理由组成，事实即客观事实，理由一般是从法律上予以论证，这两个部分之间存在内在的逻辑关系。①

【本章学习目标】

1. 掌握仲裁协议书的制作；
2. 掌握仲裁申请书、仲裁答辩书的制作；
3. 掌握仲裁裁决书的制作。

第一节　仲裁文书概述

习近平总书记在中央全面依法治国工作会议上指出：坚持在法治轨道上推进国家治理体系和治理能力现代化。在党的十八届三中全会上，习近平总书记提出“完善和发展中国特色社会主义制度、推进国家治理体系和治理能力现代化”命题，并将其作为全面深化改革的总目标。作为纠纷解决途径的重要一环，仲裁得到了应有的重视。在党的十八届四中全会作出的《中共中央关于全面推进依法治国若干重大问题的决定》中，即提出了“完善仲裁制度，提高仲裁公信力”的目标与任务，中共中央于 2021 年 1 月印发的《法治中国

① 本章的仲裁法律文书主要是因合同或非合同法律关系而发生的纠纷的仲裁文书。

建设规划（2020—2025 年）》也明确提出了“完善调解、信访、仲裁、行政裁决、行政复议、诉讼等社会矛盾纠纷多元预防调处化解综合机制”。党的二十大报告中再次强调了加快建设法治社会的必要性，强调加强重点领域、新兴领域、涉外领域立法，强调全面推进国各各方面工作法治化。仲裁制度作为中国特色社会主义法治体系的重要组成部分，在全面推进依法治国过程中不断改进与完善，向科学化、规范化不断迈进，而仲裁文书的撰写正是仲裁进行科学规范建设的重要载体，理应得到关注。本节主要介绍仲裁文书的概念、特点、种类与写作要求，阅读后对其有一个较为初步的理解，帮助提高仲裁文书的制作水平。

一、仲裁文书的概念、特点和种类

（一）仲裁文书的概念

仲裁，从字面上讲，即“居中公断”之意。我们所说的仲裁，属于解决社会矛盾的一种制度，是平等主体之间自愿将争议（包括可能发生的争议、已经发生的争议）提交第三方公平裁断的一种制度。仲裁必须由独立于双方申请人的中立的第三方作出。仲裁文书则是仲裁过程中产生的法律文书，是仲裁机构和仲裁申请人依据仲裁法和仲裁规则制定的具有法律意义和法律效力的法律文书。

（二）仲裁文书的特点

（1）仲裁文书的制作主体包括仲裁申请人和仲裁机构。仲裁申请人为参加仲裁活动而制作，仲裁机构为处理争议事实和确定申请人之间的权利义务关系而制作。在我国，仲裁机构即仲裁委员会，包括中国国际经济贸易仲裁委员会、中国海事仲裁委员会以及依仲裁法组建的各种仲裁委员会。

（2）仲裁文书的制作必须符合仲裁法和仲裁规则的规定。仲裁机构和仲裁申请人只能依据仲裁法和仲裁规则所赋予的职权或者权利制作和使用仲裁文书。仲裁法或者仲裁规则对仲裁文书的格式、内容有明确要求的，应当按照相应的要求制作仲裁文书。

（3）仲裁文书具有法律意义或法律效力。仲裁文书是在仲裁过程中由仲裁机构和仲裁申请人依法制作和使用的法律文书，是如实反映和记录仲裁活动的专业文书，也是具体适用法律、实现权利义务的结果。因此，无论是仲裁机构制作、使用的仲裁文书，还是申请人制作、使用的仲裁文书，都是具有一定法律意义或效力的。尤其是仲裁机构制作的仲裁裁决书、仲裁调解书，依法生效后具有强制执行的法律效力，并且未经法定程序，任何人不得随意变更或者撤销。

（三）仲裁文书的种类

仲裁文书可以根据不同的标准划分为不同的类型。

（1）依据制作主体的不同，仲裁文书可分为当事人制作的仲裁文书和仲裁机构制作的仲裁文书。当事人制作的仲裁文书包括仲裁协议书、仲裁申请书、仲裁反请求书、仲裁答辩书、仲裁保全措施申请书等；仲裁机构制作的文书包括仲裁调解书、仲裁裁决书以及受理或不受理仲裁申请通知书等。

（2）根据案件是否具有涉外因素，仲裁文书可分为国内仲裁文书和涉外仲裁文书。国内仲裁文书是仲裁机构和申请人在国内纠纷案件的仲裁过程中，按照国内仲裁程序制作的具有法律效力的文书。涉外仲裁文书是仲裁机构和申请人在涉外经济贸易、运输和海事纠纷案件的仲裁过程中，按照涉外仲裁程序制作的具有法律效力的文书。

（3）根据文书的内容，分为以下类别：1）申请类。如仲裁申请书、财产保全申请书等。2）通知类。如受理案件通知书等。3）笔录类。如调查笔录、仲裁庭开庭笔录类等。4）决定类。如仲裁调解书、仲裁裁决书等。5）其他。如送达回证等。

（4）根据申请或作出的内容是实体还是程序，分为仲裁实体文书和仲裁程序文书。前者包括仲裁协议书、仲裁申请书、仲裁调解书、仲裁裁决书等；后者包括受理或不受理仲裁申请通知书、仲裁应诉通知书、仲裁通知书、指定仲裁员通知书等。

本章主要介绍仲裁协议书、仲裁申请书、仲裁答辩书、仲裁反请求书、仲裁裁决书和仲裁调解书的写作方法和技巧。

二、制作仲裁文书的要求

仲裁文书的制作应当具有一定的规范性。仲裁文书的格式，既要区别于行政文书格式，也不能直接照搬民事诉讼文书格式，应当根据仲裁法的规定和仲裁工作的具体情况，制定出仲裁专用的文种和格式。仲裁文书的制作应符合以下要求。

（一）符合法律、法规

制作仲裁文书必须符合相关法律、法规的规定。我国《仲裁法》对仲裁申请书、仲裁庭的组成、仲裁裁决书的内容都作了具体的规定，制作时要严格遵守。同时，对于仲裁文书的格式要求，制作时必须符合相关仲裁规则，对于程式化的文字不得随意改变，叙写的事项要齐全，结论的作出要有理有据。

（二）客观真实

我国《仲裁法》规定：裁决所根据的证据若是伪造的，则申请人可向人民法院申请撤销裁决；仲裁裁决认定事实的主要证据不足的，人民法院可裁定不予执行。客观真实的要求是仲裁文书必须遵循的最基本的要求，是仲裁文书的生命力所在。这既是对申请人的要求，也是对仲裁机构的要求。申请人在订立仲裁协议、申请仲裁时，所提供的事实要客观真实，不能捏造虚假的证据；仲裁机构在制作仲裁文书时，也要以客观事实为依据。

（三）具体明确

仲裁文书应包含法律规定的全部内容，同时内容应该明确，使申请人及相关机构能够理解或执行。仲裁文书的内容不具体明确，就不能达到预期的法律后果。比如，根据《仲裁法》第 18 条的规定，仲裁协议对仲裁事项或者仲裁委员会没有约定或者约定不明确的，当事人可以补充协议；如果达不成补充协议，该仲裁协议就无效。

第二节　当事人制作的仲裁文书

当事人制作的仲裁文书包括仲裁协议书、仲裁申请书、仲裁答辩书、仲裁反请求书、仲裁保全措施申请书等。这里介绍前四种文书的内容和写法。

一、仲裁协议书

（一）仲裁协议书概述

1. 仲裁协议书的概念

仲裁协议书，是申请人将已发生或将来可能发生的争议提交仲裁机构予以解决，并服从仲裁机构的裁决，以解决纷争为目的的书面协议。仲裁协议在整个仲裁制度中处于至关重要的位置，是仲裁的前提和依据。无论是国际公法上的仲裁，还是国际商事仲裁，抑或是海事仲裁，仲裁协议是整个仲裁制度的基石。我国《仲裁法》第 16 条规定：“仲裁协议包括合同中订立的仲裁条款和以其他书面方式在纠纷发生前或者纠纷发生后达成的请求仲裁的协议。”根据该条规定，仲裁协议主要有三种形式：合同中订立的仲裁条款、仲裁协议书和其他书面方式。仲裁条款是仲裁协议的最常见和最主要的表现形式，是指双方申请人在其所签订的合同中约定将来就合同的相关事项发生的争议提交仲裁机构解决的条款，作为合同的一项内容。同时根据《仲裁法》第 19 条的规定，仲裁协议独立存在，主合同的变更、解除、终止或者无效，不影响仲裁协议的效力。仲裁条款的制作比较简单，通常是在合同中插入“凡因执行本合同而产生的或者与本合同有关的一切争议，双方申请人一致同意提请××××仲裁委员会进行仲裁”这样的条款。仲裁协议是专门性的单独订立的协议书，是独立于主合同之外专门为解决争议、在约定没有仲裁条款的情况下而订立的合同。这种形式是本节介绍的内容。其他书面形式主要指双方当事人的来往信函、传真、电报等书面材料。比如，两个公司发生经济纠纷后，其中一个公司发出一份传真告知另一个公司，希望将双方的纠纷提交某仲裁机构仲裁，对方回电予以认可。

2. 仲裁协议的特征

仲裁协议的法律特征是：(1) 双方当事人的自愿，如果是一方的意思表示，他方提出异议的，则协议仲裁就不成立。(2) 双方当事人可以事先约定，也可以事后约定将双方的争议交由仲裁机构裁决。(3) 仲裁协议必须是书面的而不是口头的。

3. 仲裁协议书的效力

(1) 订立仲裁协议的双方均受该协议的约束。仲裁协议书是申请人选择仲裁方式解决纠纷的依据，如果发生争议，以仲裁方式解决，不得向法院起诉。任何一方如果违反协议向法院提起诉讼，另一方可以根据仲裁协议予以抗辩，要求法院停止诉讼程序，撤销诉讼立案。任何一方提请仲裁的，应向协议中约定的仲裁机构提起申请，不得任意改变仲裁机构或仲裁地点。

(2) 仲裁机构或仲裁庭拥有对该纠纷的管辖权。《仲裁法》第 4 条规定：“当事人采用仲裁方式解决纠纷，应当双方自愿，达成仲裁协议。没有仲裁协议，一方申请仲裁的，仲裁委员会不予受理。”由此可见，仲裁协议是仲裁机构受理仲裁申请的依据和前提，申请人申请仲裁，应当向仲裁委员会递交仲裁协议，仲裁庭便有权进行审理并裁决，否则不予受理。

(3) 排除法院的管辖权。《仲裁法》第 5 条规定：“当事人达成仲裁协议，一方向人民法院起诉的，人民法院不予受理，但仲裁协议无效的除外。”所以，仲裁协议书还具有排除人民法院对有关案件的管辖权的功能，只要存在有效的仲裁协议书，申请人就无权向法院起诉，只能向选定的仲裁机构申请仲裁，法院不得强制管辖。即使一方违反仲裁协议向法院提起诉讼，法院亦不得立案受理。如果申请人对仲裁裁决不服，申请人向法院起诉或上诉的，法院也不得立案受理。

当事人对仲裁协议的效力有异议的，可以请求仲裁委员会作出决定或者请求人民法院作出裁定。一方请求仲裁委员会作出决定，另一方请求人民法院作出裁定的，由人民法院裁定。当事人对仲裁协议的效力有异议，应当在仲裁庭首次开庭前提出。

（二）仲裁协议书的内容与制作方法

仲裁协议书由首部、正文和尾部三部分组成。

1. 首部

（1）标题。要居中写明文书全称，不能简写成“协议书”。

（2）当事人的基本情况。一般称为甲方与乙方，以及他们的姓名、住址或名称、地址。

2. 正文

正文部分应写明仲裁协议的具体内容。仲裁协议书的内容直接关系到仲裁协议的效力，也就决定争议能否通过仲裁方式予以解决，关系到仲裁机构的管辖权。为了保证仲裁协议有效，仲裁协议书的内容必须全面、完整，清楚地表明申请人的仲裁意愿。《仲裁法》第 16 条第 2 款规定，仲裁协议应具备以下内容：

（1）请求仲裁的意思表示。即各方申请人在订立合同或者签订其他形式的仲裁协议时，一致同意将他们之间已发生或者将来可能发生的争议，采取仲裁方式解决的共同而明确的意思表示。

（2）仲裁事项。仲裁事项决定申请人提起仲裁的争议以及仲裁委员会受理的争议的范围。仲裁协议中约定仲裁事项要广泛、明确。常见的用语有“因本合同引起的争议”“与本合同有关的争议”“因本合同引起的及与本合同有关的争议”等。

（3）选定的仲裁委员会。仲裁协议中必须写明申请人约定的有权解决争议的仲裁委员会的名称，该名称必须正确。同时，选定的仲裁委员会必须确定、唯一。

3. 尾部

由申请人或者其委托代理人签字，加盖公章，并写明仲裁协议书签订的日期和地点。

（三）制作仲裁协议的技巧及应注意的问题

（1）请求仲裁的意思表示必须明确肯定，不允许含糊；同时，请求仲裁的意思表示必须单一指向，不能既指向仲裁又指向诉讼。

（2）仲裁事项必须明确。根据《仲裁法》第 18 条的规定，如果仲裁协议对仲裁事项没有约定或者约定不明确的，申请人可以补充约定，达不成补充协议的，则仲裁协议无效。

（3）注意争议事项的可仲裁性。《仲裁法》第 2 条规定：“平等主体的公民、法人和其他组织之间发生的合同纠纷和其他财产权益纠纷，可以仲裁。”第 3 条规定：“下列纠纷不能仲裁：（一）婚姻、收养、监护、扶养、继承纠纷；（二）依法应当由行政机关处理的行政争议。”所以，申请人约定的仲裁事项必须符合法定的仲裁范围，否则，将导致仲裁协议无效。

（4）选定的仲裁委员会的名称必须正确。最常见的错误是对仲裁委员会的名称表达不正确。例如“北京仲裁委员会”常常被错误表述为“北京市仲裁委员会”。选定仲裁委员会不仅要明确，还要单一。《仲裁法》第 18 条规定：仲裁协议对仲裁委员会没有约定或者约定不明确的，申请人可以补充协议；达不成补充协议的，仲裁协议无效。如某仲裁协议中：“双方同意向北京仲裁委员会或者中国国际经济贸易仲裁委员会申请仲裁……”这里双方约定了两个仲裁机构，属于约定不明确，所以，申请人选定仲裁委员会不能选定两个或两个以上的仲裁委员会。

（四）实例及评析

仲裁协议书

甲方：江苏东方某星有限公司

地址：江苏省南京市天某桥路37号

法定代表人：何某　职务：经理

乙方：江苏西方某晨服装经贸公司

地址：江苏省昆山市廊某桥大街21号

法定代表人：胡某华　职务：经理

当事人双方愿意提请苏州仲裁委员会按照《中华人民共和国仲裁法》的规定，仲裁如下争议：

双方于2022年1月签订服装货物买卖合同。在合同履行过程中，因买方对卖方提供的货物的质量等级提出异议，导致双方发生争议，经协商解决不成。故双方一致同意选择苏州仲裁委员会依据《中华人民共和国仲裁法》及该会仲裁规则，对双方合同中所涉服装的质量等级和双方如何继续履行合同作出裁断。

甲方：江苏东方某星有限公司

（盖章）

法定代表人：何某

2022年1月30日

乙方：江苏西方某晨服装经贸公司

（盖章）

法定代表人：胡某

2022年1月30日

评析：该仲裁协议书是在争议发生之后书写的，比较符合要求，写明了请求仲裁的具体仲裁机构等内容，但其中的最后一句话，最好改为“……与本合同有关的争议作出裁断”。

二、仲裁申请书

（一）仲裁申请书概述

仲裁申请书，是指平等主体的公民、法人或者其他组织在发生合同纠纷或者其他财产权益纠纷后，申请人一方或双方根据双方自愿达成的仲裁协议，向其所选定的仲裁委员会提出仲裁申请，要求通过仲裁解决纠纷的书面请求。我国《仲裁法》第22条规定，当事人申请仲裁，应当向仲裁委员会递交仲裁协议、仲裁申请书及副本。递交仲裁申请书是仲裁机构受理仲裁案件的前提和基础。申请人达成仲裁协议只是表明申请仲裁的可能，仲裁程序还未启动。只有当纠纷发生后，申请人向其选定的仲裁机构提交仲裁申请书时，仲裁程序才被启动。一份质量较高的仲裁申请书，不仅有利于申请人完整准确地陈述自己的意见和主张，也有利于案件的顺利受理。

（二）仲裁申请书的内容和制作方法

仲裁申请书包括首部、正文、尾部三部分。

1. 首部

（1）标题。居中写明文书的名称，即“仲裁申请书”，不能简写成“申请书”。

（2）申请人和被申请人①的基本情况。具体包括申请人的姓名或名称、住所、邮编、电子信箱、电话、传真，申请人如果是法人或者其他组织的，还要写明法定代表人或者主要负责人的姓名、职务、电话、传真。如果申请人委托律师或者其他人员作为代理人进行仲裁活动的，还应写明委托代理人的姓名、地址、邮编、电话和传真。

2. 正文

（1）申请仲裁的依据。即申请仲裁所依据的书面仲裁协议的内容。因为书面仲裁协议是使仲裁机构具有解决纠纷的管辖权的依据，所以在仲裁申请书中必须写明申请人双方已经自愿达成了仲裁协议。

（2）仲裁请求。仲裁请求即申请人要求仲裁机构予以评断、解决的具体事项，包括要求仲裁机构确认某种法律关系是否存在，裁决被申请人履行给付义务，变更某种法律关系等。仲裁请求应当合理合法、具体完整，语言表达力求言简意赅。如有多项请求，要逐项分行写明。同时注意，仲裁请求只能在仲裁协议所约定的范围内，且不能超出仲裁委员会有权裁决的事项范围。

（3）申请仲裁的事实与理由。这是仲裁申请书的核心内容，也是仲裁机构审理的对象和依据。事实与理由主要包括：申请人之间争议事项形成的事实；双方申请人争执的具体内容和焦点；被申请人应承担的责任并说明理由以及所适用的法律等。仲裁申请大多为合同纠纷案，这类案件事实部分要写明：订立合同的时间、地点和合同的主要内容；被申请人违反合同中的什么义务事项，给申请人造成了怎样的经济损失，被申请人以什么理由为借口拒不履行合同等内容。在写作时还要根据具体的案情，侧重点有所不同，如果因合同本身发生争执，要写明订立合同的经过及合同的内容，如果是在履行合同时产生纠纷，着重写明履行合同的情况。

理由部分首先必须判明当事人存在何种法律关系及所存在的法律关系（如买卖合同关系）是否有效；其次对违反合同的事实进行概括、归纳，使案情与分析衔接呼应；最后依据有关实体法、法规、政策等，联系上述事实，指明被申请人行为违反合同的性质，说明申请人的正当权益应该受到保护。

3. 尾部

（1）写明致送的仲裁委员会的名称，即在仲裁协议中选定的仲裁委员会的名称。

（2）右下方写明申请人的姓名或者名称，申请人是法人或者其他组织的，要加盖印章，并写明法定代表人的姓名和职务。另起一行写明制作文书的日期。

（3）附项。注明仲裁申请书副本的份数；提交证据的名称、份数，并按编号顺序附于申请书后。

（三）制作仲裁申请书的技巧及应注意的问题

把握好了仲裁申请就为胜诉打下了良好的基础，但实践中申请人往往不太注重仲裁申请，如果申请不正确，或超越了合同的规定，会使本来应该胜诉的案件出现败诉的结果，尤其是比较复杂的案件，应当对有关事实、证据及相关的合同规定、法律规定进行全面分析判断，经过慎重考虑之后再提出仲裁申请。

---

① 有的仲裁文书称为“申诉人与被诉人”，笔者认为，仲裁是一种纠纷的非诉讼解决方式，因此称为“申请人与被申请人”更为合适。

提出仲裁申请应注意以下问题。

1. 仲裁请求

(1) 依据法律及合同规定确定恰当、合理的诉讼请求。提出仲裁请求时一定要紧紧围绕法律及合同进行，所提仲裁请求一定要有相应的法律及合同依据，不能凭主观臆断，更不能感情用事。

(2) 仲裁请求的内容不能超越特定的合同规定。申请人申请仲裁时，只能对特定合同中发生的争议事项提请仲裁，超出合同范围的请求，仲裁庭一律不予支持，也无权支持。

(3) 仲裁请求赔偿的金额要适当。申请人确定赔偿数额时，不要盲目地扩大请求额，因为对申请人而言，即使多主张也不会得到支持，反而需要多交仲裁费。确定赔偿的数额要根据法律的规定，同时要提供充足的证据。

2. 申请仲裁的事实

书写申请仲裁的事实时要注意以下几点：

(1) 注意人称的一致性，不要第一人称与第三人称混用。

(2) 要围绕纠纷发生的起因、经过和结果来写事实，并突出双方的争执点或主要分歧。

(3) 注意事实的客观性，并运用证据予以支持。

3. 申请仲裁的理由

对申请仲裁的理由的论证要充分、严密。首先针对仲裁请求、主张或意见进行分析，有针对性地论证，做到有的放矢。其次要运用法律论理，不能仅凭法律意识空发议论。

(四) 实例及评析

仲裁申请书

申请人：Global (NY) International Trade Co.，Ltd.

住所（注册登记地址）：××××，Fifth Avenue，New York，USA.

邮政编码：100017　　　　电子信箱：×××××××@global.com

电　　话：(212) ×××××××　　　　传　　真：(212) ×××××××

负责人姓名、职务：Simon Smith，Chairman of Board of Directors

申请人代理人：陈某，大智律师事务所律师。

被申请人：赵某，个体经营户，身份证号码：××××××××××××××××××

住　　所：北京市海淀区南北长街×号　　　　邮政编码：100088

电子信箱：×××××@163.com

电　　话：(010) ×××××××　　　　传　　真：(010) ×××××××

申请仲裁所依据的仲裁协议：

申请人Global (NY) International Trade Co.，Ltd.与被申请人赵某2021年1月9日签订的GIT05/90买卖皮衣的合同（见附件第6页）中的仲裁条款——该合同第十五条15.1约定：“……”

所有当事人受此仲裁条款约束的事实和法律依据：

仲裁请求：

1. 被申请人向申请人支付货款165 751美元。

2. 被申请人向申请人支付违约金4 131美元。

3. 被申请人向申请人支付 3 000 美元以补偿申请人花费的律师费。

4. 被申请人向申请人偿付为办理本案支出的差旅费。

5. 被申请人承担本案仲裁费。

索赔额的计算及各项计算数值的说明和依据：

…………

仲裁请求所依据的事实和理由：

…………

交易背景/交易项目简介：

2021 年 1 月 9 日，申请人与被申请人在香港签订了 GIT05/90 号买卖皮衣的合同（见附件第 6 页），约定由申请人向被申请人出售皮衣若干，总价款为 165 751 美元，付款方式为 D/A180 天。

交易合同的履行和纠纷的产生：

合同签订后，申请人按照被申请人选定的羊皮、指定的皮衣款式、辅料等进行了制作。被申请人验货后签署了检验合格证书（见附件第 7 页），北京市进出口商品检验局出具了检验证书（见附件第 8 至第 9 页）。申请人在合同规定的装运期内把货物及时装运。货到后，被申请人到银行承兑了汇票，提取了货物。在合同规定期内，被申请人未对货物的质量提出异议，也未提供合同规定的提出质量异议所要求的检验报告。

当事人解决纠纷的努力：

申请人多次通过传真、信函等方式催要货款。被申请人拒不履行合同规定的付款义务，已经构成严重违约。在此期间，申请人曾多次发函（见附件第 10～15 页）、通电话（见附件第 16～17 页的证人证言），并以各种方式谋求和解，因被申请人并无诚意，一直未果。

此致

中国国际经济贸易仲裁委员会

附证据：

1. 附件第 1～3 页，申请人在美国注册登记的官方文件
2. 附件第 4 页，授权委托书
3. 附件第 5 页，赵×的中国居民身份证
4. 附件第 6 页，双方签订的 GIT05/90 号合同文本
5. 附件第 7 页，被申请人验货后签署的检验合格证书
6. 附件第 8～9 页，进出口商品的检验证书
7. 附件第 10～15 页，申请人致被申请人的函件
8. 附件第 16～17 页，证人证言

申请人：Global（NY）International Trade Co.，Ltd.

法定代表人：Simon Smith，Chairman of Board of Directors

（申请人签名或盖章）

2022 年 1 月 10 日

评析：该仲裁申请书是格式范本。第一，当事人的身份事项很清楚。第二，申请仲裁所依据的仲裁协议很明确。如前所述，申请仲裁的前提是双方当事人达成申请仲裁的合

意，仲裁申请书最好有该部分内容，但是目前很多仲裁申请书缺少这部分内容。第三，仲裁请求表述很完整。第四，撰写“索赔额的计算及各项计算数值的说明和依据”的目的，是使仲裁员对该仲裁案件索赔的各项要求的依据和计算有一个全面、深入、细致而具体的了解，便于仲裁员查找相关的证据，研究索赔项目及款额的合理性，核算索赔的款额以及最终确定和计算裁决的款额。第五，正文部分写明交易的背景、纠纷的产生和最后的结果，事实清楚。第六，附项中的证据部分也很齐全。

该仲裁申请书的不足之处是缺少运用法律说理部分。

三、仲裁答辩书

（一）仲裁答辩书概述

1. 仲裁答辩书的概念

答辩是被申请人所享有的一项重要权利，被申请人提交仲裁答辩书是其行使答辩权的重要体现。仲裁答辩书，是指仲裁案件的被申请人针对申请人在仲裁申请书中提出的仲裁请求以及所依据的事实和理由作出辩解和反驳而制作的法律文书。根据《仲裁法》第25条第2款的规定，被申请人收到仲裁申请书副本后，应当在仲裁规则规定的期限内向仲裁委员会提交答辩书。仲裁委员会收到答辩书后，应当在仲裁规则规定的期限内将答辩书副本送达申请人。

2. 仲裁答辩书的作用

（1）维护被申请人的合法权益。被申请人依法提出答辩书，针对申请人的仲裁请求进行答复和反驳，可以表明自己对申请人的仲裁态度，维护自己的合法权益。

（2）有利于仲裁机构作出公正的裁决。仲裁答辩书可以使仲裁机构在全面了解案情，掌握双方当事人争议的焦点，查明案件事实之后作出裁决。因此，仲裁答辩书是一种非常重要的仲裁文书。当然，仲裁答辩书在仲裁程序中并非必不可少，被申请人未提交答辩书的，不影响仲裁程序的进行。

（二）仲裁答辩书的格式与制作方法

仲裁答辩书包括首部、正文和尾部三个部分。

1. 首部

（1）标题。居中写明文书名称，即“仲裁答辩书”。

（2）被申请人（答辩人）的基本情况。被申请人与申请人的姓名或名称、住所、邮编、电子信箱、电话、传真，被申请人如果是法人或者其他组织的，还要写明法定代表人或者主要负责人的姓名、职务。如果有委托代理人的，还应写明其姓名、地址、邮编、电话和传真。

（3）案由及案件的来源。写明答辩人进行答辩所针对的具体纠纷。一般表述为：“答辩人就与________________________之间的争议仲裁案［案件编号：（______）京仲案字第____号］提出答辩意见如下：”。

2. 正文

正文包括答辩理由和答辩意见，这是仲裁答辩书的核心。答辩人既可以从事实、证据和法律方面对申请人的仲裁请求进行答复和反驳，也可以从程序和实体方面的内容进行反驳。答辩人要清楚地表明自己的态度，提出对案件的主张和理由。如果认为申请人提出的事实有误，要澄清事实并提供相应的证据；如果认为申请人适用法律错误，则援引自己认为正确的法律依据并阐明理由。同样，也可以从仲裁程序方面进行反驳，如指出仲裁协议无效或者仲裁委员会对该争议无权管辖等。无论从哪个方面进行答辩，都要注意有理有据，合理、合法。最后要在充分反驳仲裁申请书的内容之后，提出自己的主张及要求。

3. 尾部

（1）写明致送的仲裁委员会的名称。

（2）右下方写明答辩人的姓名或者名称，答辩人是法人或者其他组织的，要加盖印章。另起一行写明制作文书的日期。

（3）附项。注明仲裁答辩书副本的份数，提交证据的名称、份数，并按编号顺序附于答辩书后。

（三）制作仲裁答辩书的技巧及应注意的问题

1. 围绕申请人的仲裁请求及双方签订的合同进行答辩

（1）答辩书的事实及理由应当紧紧围绕申请人的仲裁请求进行，证明申请人的仲裁请求哪些是不成立的，哪些是没有事实依据的，哪些是缺乏法律依据的。答辩书切忌漫无目的，而应当有针对性，通过事实及法律依据，反驳对方观点并提出自己的主张。

（2）要针对合同进行答辩。仲裁是对具体合同项下双方当事人因履行合同而产生争议的审理。因此，合同中有明确规定的，当事人才能享受相应的权利；同样，也只有合同中有明确规定的，当事人才应当承担相应的义务。被申请人应对照合同，看对方指责己方如何违反合同，违反的是什么条款，再结合实际作出答辩。

2. 事实和理由要有针对性地展开

答辩人要根据申请人在仲裁申请书中所叙述的事实和理由进行回答和反驳。要紧紧围绕争议的事实是否存在、谁有过错、谁承担责任等问题，结合法律进行反驳，不要脱离仲裁申请书所阐述的内容。反驳要有理有据，不能强词夺理。

3. 答辩书应当尽量全面完整

不能对仲裁申请作简单的反驳，这样会不利于被申请人；反驳对方的事实时都要举出过硬的证据。

（四）实例及评析

仲裁答辩书

被申请人（答辩人）：Global（NY）International Trade Co.，Ltd.

住所（注册登记地址）：××××，Fifth Avenue，New York，USA

邮政编码：100017　　电子信箱：×××××××@global. com

电　　话：(212)××××××××　　传　　真：(212)×××××××

负责人姓名、职务：Simon Smith，Chairman of Board of Directors

被申请人代理人：张某　中国居民身份证号码：××××××××××××××××××

通信地址：北京市海淀区文某都长街××号　　邮政编码：100088

电子信箱：××××××@163. com

电　　话：(010)×××××××　　传　　真：(010)×××××××

申请人：赵某，个体经营户　中国居民身份证号码：××××××××××××××××××

住　　所：北京市海淀区南北长街×号　　邮政编码：100088

电子信箱：××××××@163.com

电　　话：(010) ×××××××　　　　　传　　真：(010) ×××××××

就中国国际经济贸易仲裁委员会编号为××××的案件中，对于申请人2021年12月5日提出的仲裁请求，本公司现提出答辩如下：

2021年9月9日，被申请人与申请人在香港签订了GIT05/90号买卖皮衣的合同（见附件第5页），约定由申请人向被申请人出售皮衣若干，总价款为165 751美元，付款方式为预付80%货款，余款待货交买方检验合格后30日内支付。

合同签订后，被申请人依约收取了货物，并请北京进出口商品检验局出具了检验证书（见附件第6至第9页）。该检验证书检验结果证明，申请人所交货物质量与合同规定严重不符。被申请人将检验结果及时通知了申请人（见附件第10页），申请人未对检验结果提出异议。因此，根据合同规定，申请人无权再向被申请人索要剩余的20%货款。

以上所述，均有相应证据予以证明。请仲裁庭查明，驳回申请人的全部仲裁请求。

此致

中国国际经济贸易仲裁委员会

证据目录：

附件1. 第1至3页，申请人在美国注册登记的官方文件

附件2. 第4页，授权委托书

附件3. 第5页，双方签订的GIT05/90号合同文本

附件4. 第6至9页，商品检验证书

附件5. 第10页，被申请人致申请人的传真

被申请人：赵某

签名或盖章

2022年1月20日

评析：该仲裁答辩书同样是格式范本，因此符合格式要求，也很规范，针对争执的焦点阐明理由，列举证据齐全，但是同样缺乏依据法律的引用。

四、仲裁反请求书

（一）仲裁反请求书概述

1. 仲裁反请求书的概念

仲裁反请求是在仲裁程序进行过程中，被申请人对申请人提出的独立的反请求。反请求可以单独提出，也可以与答辩一起提出。仲裁中提起反请求不得以口头的方式提出，必须以书面的形式，即书写仲裁反请求书。仲裁反请求书，是指仲裁机构在受理了一方申请人的仲裁申请后，另一方申请人就同一争议，依据同一仲裁协议，向同一仲裁机构针对申请人的仲裁请求提出要求仲裁机构作出对自己有利的裁决的书面请求。仲裁反请求书不同于仲裁答辩书，而是兼具仲裁申请书与仲裁答辩书的特点。仲裁答辩书只是反驳申请人的主张，说明其仲裁请求不能成立，仲裁机构应予驳回；而仲裁反请求书不仅要反驳申请人的仲裁请求，更重要的是要提出自己的仲裁请求，要求仲裁机构支持自己的仲裁请求。

2. 仲裁反请求书的作用

（1）用以抵消或吞并申请人的诉讼请求。仲裁涉及的多是一些比较复杂的案件，双方

或多方当事人之间有时往往互有错误。在这种情况下，被申请人提出反请求，有利于案件得到全面、公正的解决，使双方的利益都能得到很好的保护。

（2）使双方当事人真正处于平等地位。仲裁庭就申请人提出的请求事项进行审理，如果被申请人提出答辩，则只能就申请人提出的指控作出反驳或解释，这样在整个仲裁审理过程中，被申请人就只能处于被动挨打的地位。而反请求的提出，使被申请人也有权利对申请人的违约行为提出指控，要求其承担相应的违约责任，使被申请人的被动地位得以转变。

（3）增加谈判筹码，促使双方达成和解。实践证明，当双方谈判破裂，一方当事人提出仲裁申请后，被申请人如果再想通过调解解决纠纷，就需要作出更大让步，因为对方既然已经下决心提起仲裁，往往不会轻易撤回申请。但是，如果被申请人能够提出理由充分的反请求，则会增加自己手中的谈判筹码，迫使申请人不得不重新考虑各方在遵守合同方面的优势与劣势，有利于争议公正、迅速地得以解决。

（二）仲裁反请求书的格式与制作方法

1. 首部

（1）标题。写明文书的名称，即“仲裁反请求书”。

（2）写明被申请人与申请人的基本情况，其写法同仲裁申请书。

2. 正文

（1）反驳对方的仲裁请求和所根据的事实、理由，充分论证对方的仲裁请求不能成立或不能完全成立。具体可参照仲裁答辩书的相关要求。

（2）提出反请求所根据的事实。仲裁反请求书从根本上说就是一个独立的仲裁申请书，所以一定要明确地提出自己的仲裁请求，不能只反驳申请人的请求，而忘了提出自己的请求事项。该部分的具体要求，可参照仲裁申请书的相关内容。

（3）提出反请求的理由。提出反请求的理由时，通常需要运用法律进行论证，说明反请求的合法性以支持自己的主张。

3. 尾部

（1）写明致送的仲裁委员会的名称。

（2）右下方写明反请求人的姓名或者名称，反请求人是法人或者其他组织的，要加盖印章。另起一行写明制作文书的日期。

（3）附项。注明仲裁反请求书副本的份数，提交证据的名称、证人的姓名和住所等，并按编号顺序附于反请求书后。

（三）制作仲裁反请求书的技巧及应注意的问题

在叙述有关争议事实与提供有关证据后，在正文中的理由部分，除应论证申请人的仲裁请求不能成立或者不能全部成立外，重点应论证自己所提出的仲裁请求的合理性与合法性，说明自己的仲裁请求成立，请求仲裁机构支持。要立论和反驳并存，一般先证明对方所提事实与证据虚假因而不能成立，或者说明对方的主张没有法律依据或与法律相抵触，再证明自己所提事实的真实性和请求的合法性。

（四）实例及评析

仲裁反请求书

反请求人：齐某，女，40岁，北京市文某长大街阳光花园××楼×门××。

被反请求人：阳光房地产开发有限公司，地址：北京市黄甫大厦×××室。

法定代表人：吴某，经理，电话：×××××××××××。

反请求事项：

1. 解除双方签订的《商品房买卖合同》；

2. 被反请求人退还购房款 488 869 元；

3. 被反请求人支付违约金 586 642 元；

4. 被反请求人承担本案的仲裁费。

事实和理由：

2020 年 5 月 22 日，反请求人与被反请求人签订了《商品房买卖合同》《补充协议》及附件，约定购买被反请求人开发的××花园 1 区 2 座××××房，总房价 1 618 869 元，2019 年 5 月 26 日前反请求人须付清首期楼款人民币 328 869 元，并到银行办妥余款人民币 1 290 000 元的楼宇按揭手续，而被反请求人须于 2021 年 10 月 1 日前将验收合格并符合合同约定的商品房交付反请求人使用。如果反请求人未依约付款逾期超过 90 天，被反请求人有权选择提出解除合同，被反请求人解除合同则反请求人按累计应付款的 1.2%向被反请求人支付违约金；双方同意继续履行合同的，自约定的应付款期限之次日起至实际付清应付款之日止，按日向被反请求人支付逾期应付款的 0.04%的违约金。如在履行合同过程中被反请求人同意反请求人自行选择退楼，被反请求人无息退回反请求人已支付的首期款及反请求人已支付给银行的本金部分，贷款利息及按揭费用由反请求人自负。

反请求人认为，根据合同约定，出卖人应于 2021 年 10 月 1 日前交房，逾期 90 日，买受人有权提出解除合同。买受人解除合同的，出卖人应当自买受人解除合同通知到达之日起 30 天内退还全部已付款，并按买受人累计付款的 1.2%向买受人支付违约金。但至今被反请求人仍未依约交房，且已超过了交房期限 90 日。因此，根据《民法典》合同编的有关规定，应当解除合同。

此致

北京仲裁委员会

反请求人：齐某

二〇二二年一月二十九日

评析：该仲裁反请求书简洁，观点鲜明，在说明反诉理由的基础之上，提出独立的反诉请求。该仲裁反请求书的不足之处在于忽视法律的引用。

第三节　仲裁机构制作的仲裁文书

一、仲裁裁决书

（一）仲裁裁决书概述

1. 仲裁裁决书的概念

仲裁裁决书，是指仲裁庭根据申请人的申请，依照法定的程序，对申请人与被申请人之间的纠纷进行审理后，根据查明的事实和认定的证据，适用相关的法律，最终在实体上对双方的权利义务争议所作出的具有法律效力的裁判文书。仲裁裁决分为中间裁决、部分裁决和最终裁决。这里主要是指最终裁决。在案件审理结束时所作的裁决是终局的，仲裁裁决书的作出标志着仲裁程序的终结，裁决对争议双方具有约束力和强制执行力。

2. 仲裁裁决书的作用

（1）有助于解决纠纷，维护当事人的合法权益。仲裁委员会在查明事实的基础上，确定当事人的责任，从而解决纠纷，确认他们之间的权利、义务关系，维护当事人的合法权益。

（2）有效地约束双方当事人。仲裁裁决书一经作出即发生法律效力。仲裁裁决书的效力与生效的民事判决书相同，非经法定程序，任何人不得随意变更。如果一方不执行仲裁裁决的内容，另一方有权向人民法院申请强制执行。

（二）仲裁裁决书的格式与制作方法

《仲裁法》第54条规定："裁决书应当写明仲裁请求、争议事实、裁决理由、裁决结果、仲裁费用的负担和裁决日期。当事人协议不愿写明争议事实和裁决理由的，可以不写。裁决书由仲裁员签名，加盖仲裁委员会印章。对裁决持不同意见的仲裁员，可以签名，也可以不签名。"这是制作仲裁裁决书的法律依据。仲裁裁决书与民事判决书很相似，尤其是正文部分。但是相比之下，仲裁裁决书的制作灵活性较大，对争议事实和裁决理由，申请人协议不愿写明的，可以不写。仲裁裁决书也包括首部、正文、尾部三部分。

1. 首部

（1）写明文书制作机关、文书名称和文书编号。

（2）申请人与被申请人的基本情况，其写法同仲裁申请书。

（3）引言。这部分内容包括仲裁委员会受理案件的依据、仲裁庭的产生和组成情况以及仲裁庭对案件的审理情况等程序性事项，主要是为了表明仲裁程序的合法性。

2. 正文

这部分是仲裁裁决书的主体，包括案情、仲裁庭的意见和裁决结果三个部分。

（1）案情。包括两个方面：一是写明案件受理的过程、庭审情况；二是对仲裁申请书、仲裁答辩书及仲裁反请求书的主张和意见加以概括。

（2）仲裁庭的意见。先提出双方争议的焦点，然后根据仲裁庭查明的事实和证据，依据有关的法律、法规，说明双方的哪些主张和请求是合法的，应予支持，哪些主张和请求是不合法的，不予支持或驳回。该部分要说理充分，有针对性，针对双方的争议焦点和仲裁请求，摆事实、讲道理，对申请人的每个仲裁请求都要明确表明态度。争议的焦点通常包括：适用的法律、合同的效力、双方的责任等。书写仲裁庭的意见时要注意以下几点：

1）论证清楚申请人与被申请人之间的法律关系或双方行为的效力。有时案件很复杂，申请人与被申请人之间存在多重关系，因此首先说明他们之间存在何种法律关系，其次说明法律关系是否有效，这是解决纷争的前提。论述时不能含混不清、似是而非，或不论述有效、无效及合法、违法的原因。

2）运用法律论理。这是目前仲裁裁决书比较缺乏的。如果双方对适用法律有争议时，裁决书更要对为什么适用此种法律规定而不适用彼种法律规定加以解释。至于具体的违约事实有哪些、当事人为什么要承担违约责任的具体理由，也要详细论证。如果判决的结论是一果多因，就要论证充分，从多个角度进行分析，不能只选择其中一二项加以说明。

3）针对申请人的诉讼请求、主张或意见进行分析。仲裁裁决书应当认真地分析当事人的请求、主张或意见是否合理和合法，有针对性地发表支持或否认的评论和理由，一定要做到有的放矢，使论述的理由准确，说服力强。

（3）裁决结果。裁决结果是对案件实体问题所作的处理决定，是根据仲裁庭查明的事实、证据和法律依据等，针对申请人的仲裁请求作出的仲裁裁决。裁决结果明确双方的法律关系以及责任的承担，确定双方的权利义务以及履行责任的期限和方式等。对这部分的表述要清楚，对仲裁请求都要作出决定。同时，还应写明仲裁费用的数额及分担，确定是一方负担还是双方分担以及分担的理由。

3. 尾部

（1）写明仲裁裁决书的生效时间。根据《仲裁法》第 57 条的规定，一般表述为"本裁决为终局裁决，自作出之日起发生法律效力"。

（2）仲裁庭成员署名并加盖仲裁委员会印章，注明制作裁决书的日期。由三名仲裁员组成仲裁庭的，依序写明首席仲裁员及其他两名仲裁员的姓名。由一名仲裁员组成仲裁庭的，只写其姓名即可。对仲裁裁决持有不同意见的仲裁员，在仲裁书上可以签名，也可以不签名。

（3）仲裁秘书署名。

（三）制作仲裁裁决书的技巧及应注意的问题

（1）裁决书的文字表达要清楚明确。仲裁裁决书是仲裁庭行使仲裁权的集中体现，也是申请人行使权利、履行义务的依据，所以语言表达要清楚明确。

（2）一般情况下应写明争议事实和仲裁理由，但如果申请人不愿写明争议事实和理由的，可以不写。这是仲裁裁决书与民事判决书的不同之处。

（3）仲裁裁决书的引言部分一定要写明受理案件的依据，即申请人之间的仲裁协议和申请人的仲裁申请。因为根据法律规定，如果没有仲裁协议，作出的仲裁裁决可能会因申请人的申请，由人民法院予以撤销。

（4）仲裁裁决书的案情部分，要概括双方申请人在仲裁申请书和仲裁答辩书中，以及仲裁过程中提出的事实、理由和仲裁请求。排列顺序是先写申请人的主张和请求，再写被申请人的答辩理由和要求。要注意全面、客观，表达清楚，抓住争执的焦点。

仲裁裁决书
参考文书

（5）对于仲裁结果，既要对双方的请求予以答复，或支持或驳回，分项表述；同时又不能超出仲裁请求，必须针对双方的请求事项作出。裁决结果必须明确、具体，便于申请人与被申请人执行。

（四）实例及评析

中国国际经济贸易仲裁委员会

裁决书

中国国际经济贸易仲裁委员会（以下简称"仲裁委员会"）根据明光设计院有限公司（以下简称"申请人"）与华平投资开发有限公司（以下简称"被申请人"）于 2018 年 2 月 24 日签订的《某楼饭店及商住楼设计合同》中的仲裁条款以及申请人于 2018 年 4 月 28 日向仲裁委员会提交的书面仲裁申请，受理了申请人与被申请人之间就上述合同的履行而产生的本争议案。

2018 年 5 月 30 日，被申请人向仲裁委员会提交了《仲裁反请求书》，就本案争议提出了仲裁反请求。

2018 年 6 月 21 日，仲裁委员会根据《仲裁规则》的规定组成以赵某平为独任仲裁员的仲裁庭，审理本案。

2018 年 8 月 1 日，仲裁庭对本案进行了开庭审理。双方当事人均委派仲裁代理人参加了庭审，并在庭审中就本案事实和法律问题进行了陈述和辩论，对证据进行了质证，回答了仲裁庭提出的问题。

双方均多次提交书面意见及证据材料。

仲裁庭于 2018 年 9 月 21 日作出本裁决书。

现将本案案情、仲裁庭意见和裁决结果分述如下。

一、案情

2018 年 2 月 24 日，申请人与被申请人（由韩国公司投资的独资公司）签订《某楼饭店及商住楼设计合同》（以下简称合同或设计合同），约定由申请人为被申请人位于北京市长某街大道的某楼饭店及商住楼项目进行设计工作。

申请人诉称：

合同签订后，在被申请人未能提供完整设计条件的情况下，申请人按被申请人要求进行了设计工作，已经将方案阶段设计图纸初步完成。但被申请人在无任何理由的情况下，于 2018 年 4 月 10 日、2018 年 4 月 20 日两次发函通知申请人解除合同。被申请人的行为已经构成违约，按照合同约定应当按照申请人实际工作量支付方案阶段全部设计费。申请人的仲裁请求如下：

（1）请求裁决被申请人支付设计费人民币 330 960 元。

（2）请求裁决被申请人承担申请仲裁发生的律师费人民币 13 200 元及相应差旅费。

（3）请求裁决被申请人承担仲裁费用。

针对申请人的仲裁请求，被申请人提出如下答辩意见及反请求：

（1）被申请人基于申请人违约而解除合同，申请人无权要求支付设计费或赔偿损失。

根据合同约定，本合同为总价包干合同，以合同确定的金额完成合同中规定的所有设计任务。合同第 4 条规定的设计范围主要包括：概念设计（第 9 项）、方案设计（第 10 项）、扩初设计（第 11 项）、施工图设计。其中申请人进行概念设计以被申请人提供的概念性设计方案为基础，对酒店及商住楼的合理规划和平面调整计划进行协商和执行。除此之外，申请人还应在 4 月 17 日前向被申请人提交基础桩施工图，协助被申请人能够在 5 月中旬进行打桩施工。在合同签订后，被申请人按合同要求向申请人提供了概念性设计方案，申请人却以该概念性设计方案不符合中国设计规范、不能据此直接进行方案设计为由，提出就概念性设计由其制作并另行收取总设计费 20%及酒店部分 10%设计费的要求，否则，声明将中止工作，并对由此造成的设计延误不负责任。对此被申请人感到难以理解。被申请人认为，合同规定得十分清楚，即被申请人只是提供一个按照自己的理念所做的概念性方案，设计方应以此为基础做出既符合被申请人要求又符合中国规范的概念性设计，并进一步做出合同规定的方案设计。申请人这一额外的要求使被申请人处在两难之中，即如果答应加价，则超出合同订立时所期望支付的设计费，且申请人这一不诚信的做法，已经使初涉中国市场的被申请人对于申请人未来能否顺利履约产生了极大的担忧；如不支付，势必使工程处于无限期拖延的状态，对整个工程造成无可估量的损失。并且，申请人在签约后只把精力放在要求增加设计费上，对于应在 4 月 17 日提交的设计也未提交。基于上述原因，被申请人只能选择解除合同，依据是合同第 14 条关于被申请人解除合同的条件第 6 项规定，乙方（即申请人）“违反设计合同事项，给甲方进行本项目的日程带来损害时”，被申请人可以解除合同。

申请人因违约导致被申请人不得不解除合同，申请人作为违约方，无权向被申请人主张任何损失。

（2）申请人无实际工作量，其 33 万余元人民币的设计费主张无事实依据。

申请人对于每阶段的设计工作，按合同第 4 条第 7 项的规定，都应首先得到被申请人的确认及认可。因此，如无经过被申请人认可的概念性设计，申请人就不能进入方案设计阶段。在 2018 年 3 月 31 日，申请人来函中声称，“没有可用的概念性方案，我方的所有工作被迫中止”，按照申请人的意思，除非由被申请人另付费用，委托申请人重新制作概念性方案，则申请人既不能做概念性设计，更不用说进行方案设计等下一步工作了。此后，被申请人于 4 月 10 日通知解除了合同，在此情况下，方案阶段设计图纸不可能已初步完成，申请人仲裁请求的基本事实不存在，应予驳回。

由于被申请人是因申请人违约而不得不解除合同：申请人增加设计费的要求违反合同已有的规定；其中止工作的行为显然会给被申请人“进行本项目的日程带来损害”（合同第 14 条第 6 项），被申请人因此遭受的所有损失都有权向申请人主张。

被申请人提出如下反请求：

（1）请求裁决申请人返还被申请人定金人民币 110 310 元。

（2）请求裁决申请人承担被申请人律师费人民币 13 238 元及相应差旅费。

（3）请求裁决反请求仲裁费由申请人承担。

申请人对反请求的答辩及对本请求的补充意见如下：

（1）申请人无任何违约行为，被申请人以申请人违约而解除设计合同，既无事实依据也无法律依据。

1）根据设计合同第 4 条第 9 款的约定，申请人的概念设计义务需以被申请人提供的“概念性设计方案”为基础，即被申请人提供的概念性设计方案至少应当有一半以上乃至大半部分是符合要求，可以使用的，局部或少部分不达要求的，申请人再进行调整和修改。但是，被申请人提供的由韩国设计院设计的方案绝大部分与中国的设计规范不相符，根本无法以此为基础进行概念设计，相当于被申请人没有提供概念性设计方案。为了使设计工作顺利进行，申请人必须对概念性设计方案进行重新制作，这需要大大增加合同签订时无法预料的工作量，因此申请人提出了增加设计费用的协商请求，详细说明其中的原因，并多次与被申请人协商。同时，在协商过程中，申请人并未单方终止任何设计工作，因此，申请人增加设计费协商的行为绝非违约行为。

2）根据设计合同第 4 条前两款的约定，被申请人需明确提供工程的功能条件和工程周边有关部门提供的设备条件，并且设计之前由被申请人提供规划局批准的选址意见书，这些都是进入设计程序之前被申请人必须提供的前置条件；同时，申请人于 2018 年 2 月 27 日向被申请人发函，列明并要求被申请人提供进入设计程序所必不可少的条件，然而被申请人至今都未提供，根据合同约定及设计规范的要求，在这些前置条件不具备的情况下，申请人是无法开始设计的，但为了避免影响到被申请人整个工程的周期，申请人根据自己的专业知识和相关部门的口头回复按期进行了设计工作。

（2）被申请人在不具备单方解约权的情况下，提出解除合同的行为属于违约行为。

1）被申请人未按合同约定提供设计条件以及提供的概念性设计方案无法使用致使申请人工作量大增，申请人提出增加设计费用的要求，合情合理，并非违约，该要求也不意味着合同目的就无法实现，因此，被申请人不具备法定单方解约权。

2）根据设计合同第14条的规定，只有在申请人无正当理由迟延交付各阶段设计图纸，超过规定期限30日的，被申请人才可以解除合同。很显然，申请人增加设计费用的要求并非不正当理由，同时，申请人也未延期交付各阶段图纸，因此，被申请人也不具备约定解约权。

（3）被申请人的行为构成违约，应当按照申请人实际工作量支付方案阶段全部设计费，并赔偿给申请人造成的损失。

申请人提出增加设计费的要求并与被申请人协商的过程中，并没想到这一正常合同履行过程中的协商会让被申请人作出解除合同的违约行为。因此，申请人没有停止设计活动，于2018年3月22日作出了《关于某楼饭店概念性方案的调整意见》，并于2018年4月7日出正式方案设计图。这些设计活动，在4月10日被申请人提出停止设计合同的函之前就已经完成，因此被申请人必须依合同约定按照申请人实际工作量支付方案阶段全部设计费。在被申请人违约之后，申请人多次与之协商，要求被申请人支付相关设计费用，被申请人都予以拒绝，为维护自身的权利，申请人聘请律师向仲裁委员会申请仲裁，因此，律师费、财产保全费、差旅费等费用，都是被申请人的违约行为给申请人造成的直接损失，理应由被申请人进行赔偿。

二、仲裁庭意见

（一）关于本案的法律适用

双方当事人在本案合同中没有约定法律适用，仲裁庭根据最密切联系的原则，考虑到本案合同的履行地在中国，认定本案争议的解决应适用中国法律。

（二）关于本案合同的效力

本案合同系申请人与被申请人于2018年2月24日签订，对其真实性、有效性双方均无异议，故仲裁庭认定，本案合同是双方真实意思的表示，自双方签字之日起生效，对双方均具有法律约束力。

（三）关于双方当事人的履约情况

1.“概念设计”问题

本案合同第4条“合同设计范围及前置条件”第9款“概念设计（各种图纸及规范集、设计说明书）”规定：“以甲方所提供的概念性设计方案为基础对酒店和商住楼的合理规划及新的平面调整计划进行相互协商和执行。”关于该款中“甲方所提供的概念性设计方案”应该如何理解，双方各执一词，是争议的一个焦点。

申请人认为，根据该条款的约定，申请人的概念设计义务需以被申请人提供的“概念性设计方案”为基础，即被申请人提供的概念性设计方案至少应当有一半以上乃至大半部分是符合要求，可以使用的，局部或少部分不达要求，申请人再进行调整和修改。但是，被申请人提供的由韩国设计院设计的方案绝大部分与中国的设计规范不相符，根本无法以此为基础进行概念设计，相当于被申请人没有提供概念性设计方案。为了使设计工作顺利进行，申请人必须对概念性设计方案进行重新制作，这需要大大增加合同签订时无法预料的工作量，因此申请人提出了增加设计费用的要求。

被申请人则认为，其已按合同要求向申请人提供了概念性设计方案，根据合同的规定，被申请人只需要提供一个按照自己的理念所做的概念性方案，设计方应以此为基础做出既符合被申请人要求又符合中国规范的概念性设计，并进一步作出合同规定的方案设计。而申请人却违反合同约定，要求增加设计费。

仲裁庭认为，从合同约定本身来看，本案合同中对所谓“甲方所提供的概念性设计方案”应符合什么标准约定不明，导致双方一开始就在概念设计的理解上发生争议，这是导致合同不能正常履行的主要障碍。此外，在对设计图纸和资料的提交、修改、确认及批准的时限等问题上意见不能达成一致时如何处理，合同中都缺乏明晰的约定。因此，仲裁庭认为，导致本案合同不能顺利履行的原因是多方面的，但主要问题是合同条款约定不明，使得双方都存在不能按照合同约定履行义务的情况，双方都应当承担责任。

2. 被申请人是否履行了提供设计前置条件的合同义务

合同第 4 条“合同设计范围及前置条件”中前两款约定，被申请人需明确提供工程的功能条件和工程周边有关部门提供的设备条件，并且设计之前由被申请人提供规划局批准的选址意见书。

申请人认为，这些都是进入设计程序之前被申请人必须提供的前置条件；同时，申请人于 2018 年 2 月 27 日向被申请人发函，列明并要求被申请人提供进入设计程序所必不可少的条件，然而被申请人至今尚未提供。根据合同约定及设计规范的要求，在这些前置条件不具备的情况下，申请人无法开始设计。

经查，被申请人没有提出其已按照合同约定提供进入设计程序必备的前置条件的充分证据，且其在庭审中也承认由于与政府部门协调的问题，没有完全准备好选址意见书、红线图以及用地周边供水、热、电情况等相关资料。

因此，仲裁庭认为，被申请人没有完全履行提供设计前置条件的合同义务。

（四）关于本案合同的解除

被申请人认为，申请人提出重新制作概念性设计方案并另行收取费用的要求是不诚信的做法，对申请人未来能否顺利履约产生极大担忧，此外，申请人应于 4 月 17 日提交的施工设计图也未提交，因此被申请人只能选择解除合同。被申请人主张其解除合同的依据是合同第 14 条甲方解除条件中的第 6 款，即乙方（申请人）“违反设计合同事项，给甲方进行本项目的日程带来损害时”。

仲裁庭审查了本案合同规定的双方解除合同及终止合同的约定，也审查了被申请人在答辩书中的主张及解除合同的两份通知，仲裁庭认为，本案合同双方对概念设计的不同理解以及申请人要求由自己制作概念设计、加价及“中止合同”的行为的确导致合同履行迟延，但基于仲裁庭前面认定的被申请人没有完全履行提供设计前置条件的合同义务，根据合同第 3 条“设计期限”的规定，方案设计阶段的期限为 40 天，期限在被申请人提供了完整的设计条件以后开始计算，因此，设计的第一阶段——方案设计阶段的期限实际上还未开始起算，也就谈不上给被申请人进行项目的日程带来什么具体的损害。被申请人也没有提供申请人给被申请人带来损害的证据。仲裁庭认为，被申请人依据合同第 14 条第 6 款的约定解除合同根据不足，是不适当的，但是，鉴于被申请人已与他人签约，本案合同无法继续履行，且庭审中，申请人也表示同意解除合同，因此，仲裁庭确认本案合同已解除的事实。

（五）关于申请人的仲裁请求

1. 关于申请人要求被申请人支付方案设计阶段设计费的请求

根据合同第 7 条“付款条件”的规定，申请人应在“概念及方案设计批准后 7 日之内支付合同金额的 20%”。对此，仲裁庭认为：

（1）合同中对概念设计的有关约定不明确，双方在“概念设计”的理解上存在争议。

（2）合同第 5 条“设计图纸的制作及提交”中约定，设计图纸需得到甲方（被申请人）的最终认可和得到批准认定。合同第 7 条也规定，对“概念及方案设计”的付款条件以得到批准为前提。尽管申请人主张自己“按被申请人的要求进行了设计工作，已经将方案阶段图纸初步完成”，但并未提出设计图纸已交给对方并得到合同规定的对方认可和有关机构批准的有力证据，因此，仲裁庭对申请人要求按实际工作量支付方案阶段全部设计费人民币 330 960 元（概念及方案设计费人民币 441 270 元-对方已支付的定金人民币 110 310 元）的仲裁请求不予支持。

2. 关于申请人要求被申请人承担仲裁发生的律师费人民币 13 200 元及相应差旅费的申请

鉴于上述理由，仲裁庭对申请人要求被申请人承担仲裁发生的律师费人民币 13 200 元及相应差旅费的仲裁请求不予支持。

（六）关于被申请人的仲裁反请求

鉴于仲裁庭前述认定被申请人单方解除合同的行为根据不足，有不当之处，仲裁庭对被申请人要求返还定金人民币 110 310 元、要求申请人承担被申请人律师费人民币 13 238 元及相应差旅费的反请求，均不予支持。

（七）关于本案仲裁费

由于申请人的仲裁请求和被申请人的仲裁反请求在本案中均未得到支持，因此，仲裁庭认为，本案申请人提起仲裁申请的仲裁费应由申请人自行承担，被申请人提起反请求的仲裁费应由被申请人自行承担。

三、裁决

仲裁庭作出裁决如下：

（1）驳回申请人的全部仲裁请求。

（2）驳回被申请人的全部仲裁反请求。

（3）本案申请人提起仲裁申请的仲裁费由申请人自行承担，反请求仲裁费由被申请人自行承担。

本裁决为终局裁决，自作出之日起生效。

仲裁员：赵某

仲裁秘书：张某华

评析：该案中申请人和被申请人签订了一份总价包干的设计合同，约定由申请人为被申请人的项目进行设计工作。在合同履行过程中，双方对合同中约定的由被申请人提供的“概念性设计方案”应该如何理解产生了分歧。申请人认为被申请人提供的“概念性设计方案”无法使用，需要由己方重做，故应增加设计费；被申请人则认为自己提供的方案已经符合合同的要求，申请人要求增加设计费的行为是违约行为，并以此为由解除了合同。申请人认为被申请人在不具备解约权的情况下解除合同构成违约，故提请仲裁，要求被申请人支付方案阶段的全部设计费。被申请人在仲裁中提出反请求，要求申请人返还定金。仲裁庭认为，合同有关“概念性设计方案”的条款约定不明，是双方出现履约障碍的主要原因，对此双方都应当承担责任。申请人的加价要求虽然延迟了合同的履行，但由于被申请人并没有完全履行提供设计前置条件的合同义务，方案设计阶段的期限实际上还未开始起算，不符合被申请人自称依据的“给甲方进行本项目的日程带来损害”的单方解约条件，故被申请人属不当解除合同，无权收回定金。而申请人也没有满足合同约定的方案阶段设计费支付的条件，因此，申请人的仲裁请求也没有得到支持。

这份裁决书首先叙述了案件的受理过程，简洁明了，其次概述了申请人的请求和被申请人的答辩意见和反请求，以及申请人对反请求的答辩和对本请求的补充意见，提炼要点明确完整。仲裁庭的意见抓住本案的焦点进行论证，包括法律的适用、合同的效力以及当事人履约的情况、合同的解除等问题进行分析论证，有较强的针对性和说服力。

二、仲裁调解书

（一）仲裁调解书的概念

仲裁调解书，是在仲裁过程中，仲裁庭根据当事人双方自愿就申请仲裁的争议达成的协议制作的具有法律效力的法律文书。调解并不是仲裁的必经程序，仲裁庭应当在查明事实、分清是非的基础上，以自愿、合法为原则，进行调解。我国《仲裁法》第 51 条规定：“仲裁庭在作出裁决前，可以先行调解。当事人自愿调解的，仲裁庭应当调解。调解不成的，应当及时作出裁决。调解达成协议的，仲裁庭应当制作调解书或者根据协议的结果制作裁决书。”仲裁调解书自双方申请人签收之日起生效，与裁决书具有同等的法律效力，可作为执行的根据，如果一方申请人不履行调解书，另一方申请人可以据此向有关的人民法院申请强制执行。《仲裁法》第 52 条规定：“调解书应当写明仲裁请求和当事人协议的结果。调解书由仲裁员签名，加盖仲裁委员会印章，送达双方当事人。调解书经双方当事人签收后，即发生法律效力。在调解书签收前当事人反悔的，仲裁庭应当及时作出裁决。”这是制作仲裁调解书的法律依据。

仲裁调解书只适用于国内仲裁，在涉外仲裁中，仲裁庭运用调解方式使双方申请人达成和解的，除非申请人另有约定，仲裁庭应根据申请人书面和解协议的内容制作仲裁裁决书来结案。

（二）仲裁调解书的格式与制作方法

1. 首部

（1）标题，包括文书名称和文书编号。文书名称包括制作机关名称，如“×××仲裁委员会调解书”，文书编号在名称的右下方标明。

（2）申请人与被申请人的基本情况。

（3）引言。这部分内容包括仲裁委员会受理案件的依据、仲裁庭的产生和组成情况以及仲裁庭对案件的审理情况等程序性事项，主要是为了表明仲裁程序的合法性。

2. 正文

（1）写明双方申请人争议的事实和仲裁请求。双方申请人争议的事实可以简要概括，但是对于仲裁请求则要根据申请人的仲裁申请书以及仲裁反请求书写清楚、完整。写明仲裁请求是法律要求写出的内容。

（2）写明双方申请人达成的调解协议的具体内容。仲裁法明确规定，调解书应当写明申请人与被申请人协议的结果。该部分是仲裁调解书的核心部分，其内容决定双方的权利义务，既包括实体权利争议所达成的协议内容，也包括有关仲裁费用分担的内容。

（3）仲裁庭经过对调解协议的审查，表明对调解协议的态度。仲裁庭应当对双方申请人达成协议的内容进行审查，确认其与事实相符，不违反法律规定，不损害他人的合法权益，对其予以确认。

3. 尾部

（1）写明仲裁调解书的生效时间。根据《仲裁法》第52条的规定，可表述为："本调解书与仲裁裁决书具有同等法律效力，自双方申请人签收之日起生效。"

（2）仲裁庭成员署名并加盖仲裁委员会印章，注明制作调解书的日期。由三名仲裁员组成仲裁庭的，依序写明首席仲裁员及其他两名仲裁员的姓名。由一名仲裁员组成仲裁庭的，只写其姓名即可。

（3）仲裁秘书署名。

（三）制作仲裁调解书的技巧及应注意的问题

（1）仲裁调解书的内容，一定是申请人双方达成协议的内容。另外，写入调解书的内容必须是符合法律规定的。

（2）仲裁调解书对于争议的事实可以简要概括，但对于仲裁请求和协议内容一定要具体、明确，同时对于放弃仲裁请求的内容也应一并写明。协议的内容不止一项的，应分项列明，并记载履行的期限和履行方式，使调解书具有可操作性。

（3）调解依据的写作必须实事求是。申请人达成调解协议既可以是依法而成，也可以是依照一定的社会情理，结合实际情况表述。

【本章小结】

本章介绍了经常使用的仲裁文书，如仲裁协议书、仲裁申请书、仲裁答辩书、仲裁反请求书、仲裁裁决书和仲裁调解书的概念、功能及制作，包括格式的要求、制作的方法与技巧以及制作时应注意的问题。

【思考练习题】

1. 制作仲裁文书的要求有哪些？
2. 制作仲裁协议书应注意哪些问题？
3. 仲裁申请书包含哪些内容？
4. 仲裁答辩书的制作技巧有哪些？
5. 仲裁裁决书的正文应写明哪些内容？

【写作训练题】

根据下列案情，代被申请人制作一份仲裁答辩书。

申请人：隆裕娱乐总公司。

被申请人：景天实业有限公司。

2018 年 3 月 6 日，申请人与被申请人签订《租赁合同》，约定申请人出租阳光大道 21 号 2 000 平方米房屋及 10 000 平方米停车场给被申请人作汽车交易市场，租期为两年。房屋按每月每平方米 25 元计收租金，停车场按每平方米 16 元计收租金，均从第二年起按 6%递增计算租金。空调机按每月每部 82 元收费，电话按每部电信部门规定计收费用。被申请人享有 1 个月的免租装修期，之后按月缴纳租金及其他费用。被申请人须于合同生效后 7 日内缴纳 20 万元的保证金。

合同签订后，申请人依约交付了场地、房屋及附属设施，被申请人也依约交付了 20 万元的保证金和 3 个月的租金，之后欠交租金及其他费用。申请人以被申请人违约为由提起仲裁，要求被申请人支付拖欠的租金等费用。经查，申请人在签约时尚未取得场地使用权，在提起仲裁时已经取得了土地使用权，但仍然没有取得房屋产权证。

申请人的仲裁请求为：（1）解除双方签订的《租赁合同》；（2）判令被申请人支付欠申请人的租金等费用 50 万元。

第十二章写作训练题
参考答案

第十三章　立法性文书

【本章引言】

立法性文书是规范性文件在起草过程中形成的文本，也是法律文书写作领域的重要内容。立法性文书体现了规范性法律文件的前期制作过程，并且一旦经过正式程序的通过、签署和颁布施行，就成为具有普遍约束力和司法裁判力的行为规范，因而在法治生活和法律实务中具有非常重要的意义。在概念上，立法性文书和规范性文件有所不同。立法性文书只有在其得以通过、颁布或施行之后才成为规范性文件；规范性文件是被赋予法律效力的立法性文书的文本。因此，尽管前者不具有后者那样的效力，但在最终形式上是完全一样的。

【本章学习目标】

1. 了解立法性文书的概念和种类；
2. 明确各种立法性文书的特征、结构和写法；
3. 把握各种立法性文书的制定依据和制定程序；
4. 学会根据不同的立法层级和立法事项正确规范地制作相应的立法性文书。

第一节　立法机关的立法性文件

加强和改进新时代立法工作，必须深入学习贯彻习近平总书记关于发展全过程人民民主的重要论述，坚持人民主体地位，坚持立法为了人民、依靠人民、造福人民、保护人民，在确保质量的前提下加快立法工作步伐，为推进国家治理体系和治理能力现代化、全面建设社会主义现代化国家提供有力法治保障。①

以立法性文书制定颁布主体为标准，可以把立法性文书分为三个类别，即立法机关的立法性文书、司法机关的立法性文书和行政机关的立法性文书，其中每一层面又可以分为不同的层级。就立法机关的立法性文书而言，具体包括全国人民代表大会及其常务委员会的法律文本、地方省级人民代表大会及其常务委员会的法规文本、民族自治地方的地方性

① 《人民日报》评论员．发展全过程人民民主 加强和改进新时代立法工作．人民日报，2021-10-26 (9).

法规文本、全国人大授权经济特区的地方性法规文本以及省、自治区的人民政府所在地的市、设区的市等地方性法规文本。就司法机关的立法性文书而言，主要包括最高人民法院的司法解释文本，最高人民检察院的司法解释文本，最高人民法院、最高人民检察院与其他机关联合拟制的司法解释文本。就行政机关的立法性文书而言，主要包括国务院的行政法规文本、国务院部门的规章文本、省级人民政府的规章文本。

根据“一国两制”方针，香港、澳门特别行政区基本法规定，香港和澳门两个特别行政区的立法会有权制定法律，报全国人大常委会备案。由于我国特别行政区立法具有很强的特殊性，并且也不具有普遍的应用性，故其立法性文书写作不纳入本章述及范围。

立法机关制定的立法性文件在整个立法性文件制定中具有最重要的意义，这种立法性文件制定得怎样，对该国社会发展的影响是不言而喻的。一般来说，一个国家的立法机关制定的立法性文件，应该体现出充分的民主性、科学性和发展性，因而在语句文字、内在逻辑、适用范围和存在状态诸方面都具有非常高的要求。在这方面，法国民法典堪称典范，由于其语言文字上的精准性、内在逻辑上的严密性、适用范围上的普遍性以及存在状态上的稳定性，历经数百年而不衰，至今仍是大陆法系国家民法制定的援用对象和起草范本。在我国，全国人大常委会法制委员会也于2009年专门制定了《立法技术规范（试行）（一）》[法工委发（2009）62号，以下简称《规范》]，就我国立法机关制定立法性文件的内容结构、表述方式、常用词语、修改形式和废止形式作了详细规定。立法机关在制定立法性文件时，应当遵守《规范》。

如本章引言所述，立法机关的立法性文书层级种类较多，其中省、自治区的人民政府所在地的市、设区的市以及全国人大确定的四个不设区的市等地方性法规文本具有一定的共性，本书单独对其作为一个类型讲述。

一、全国人大及其常务委员会发布的立法性文件

（一）概念

习近平总书记在2021年中央人大工作会议上的重要讲话，深刻回答了新时代发展中国特色社会主义民主政治、坚持和完善人民代表大会制度的一系列重大理论和实践问题，丰富和拓展了中国特色社会主义民主政治和人民代表大会制度的政治内涵、理论内涵、实践内涵。① 我国实行一元性的立法体制，全国人民代表大会是我国的最高国家权力机关，行使国家立法权，全国人民代表大会闭会期间由其常务委员会行使立法权，其他国家机关只能在不同全国人民代表大会及其常务委员会立法相抵触的情况下制定具体的法规、规章或自治条例、单行条例。

全国人民代表大会及其常务委员会发布的立法性文件是最为正式的一类文书。这类文件主要包括正式的法律文件以及关于立法方面的决议或决定，一般由有权机关、组织或社会团体提出法律文本，经审议后交付表决通过。

（二）结构及写法

1. 结构

由于全国人民代表大会及其常务委员会发布的立法性文件在效力上处于最高层级，在

① 《人民日报》评论员．发展全过程人民民主 加强和改进新时代立法工作．人民日报，2021－10－26（9）．

程序上最为正式，因而在结构上也最为严密。就法律文件而言，一般包括题头、目录、正文。其中，题头内容包括法律文件的名称、通过日期、立法依据、发布机构，目录主要概括法规的主要内容，但不是必备部分，正文包括总则、主体部分和附则，以章、节、条、款的形式组织起来。法律文件之外的其他关于立法方面的决议或决定要相对灵活一些，但题头和正文是必备部分，题头与法律文件大同小异，一般包括决议或决定的名称、通过日期、立法依据、发布机构，正文则根据内容的不同而不同，如果内容简单，可以自然段的形式加以表述，如果内容比较复杂，也可以采取章、节、条、款的形式组织起来。

就这类文书的题头结构而言，主要有以下三种表现形式：

（1）基本立法题头，例如：

中华人民共和国×××法

（××××年×月×日第×届全国人民代表大会第×次会议通过）

（2）法律修正案题头，例如：

中华人民共和国×××法

（××××年×月×日第×届全国人民代表大会常务委员会第×次会议通过，根据××××年×月×日第×届全国人民代表大会常务委员会第×次会议《关于修改〈中华人民共和国×××法〉的决定》修正，××××年×月×日第×届全国人民代表大会常务委员会第×次会议修订）

（3）法律修改决议题头，例如：

全国人民代表大会常务委员会

关于修改《中华人民共和国×××法》的决定

（××××年×月×日第×届全国人民代表大会常务委员会第×次会议通过）

2. 写法

如前所述，全国人民代表大会及其常务委员会发布的立法性文件在效力上处于最高层级，在程序上最为正式，因而在写法上要求也非常高，不仅要求起草者具有深厚的文字功底，而且要求起草者具有深厚的法律素养。在撰写法律文件文本的时候，需注意以下几点：

（1）文书的标题应该简明扼要，以最少的文字传达最多的信息，绝不用一个多余的字。

（2）就格式而言，如果内容涵盖面广，可以把整个文书分为不同的章、节，章节之下为条款，条的标示方法是以连续的汉语数字标示，不能以阿拉伯数字标示，款的标示方法是自然段落。一般来说，如果文书含有章节，文首应该要有目录。否则，如果内容涵盖面窄，只要用条款组织起来就可以了，文首页不必有目录。

（3）就词句而言，用词应该精当，语句应当简练，既要符合语法要求，也要符合法学要求。

（4）就逻辑而言，应该严密自洽，无论是词与词之间、句与句之间，还是款与款之间、条与条之间，都应该相互衔接，不能出现冲突或矛盾之处。

总之，要使起草出来的文书达到上述四个方面的要求，起草者既要具有深厚的文字功底，又要具有深厚的法学功底，既要全面收集各种资料，又要综合分析各种意见。

（三）实例及评析

全国人民代表大会常务委员会
关于修改《中华人民共和国个人所得税法》的决定

（2018年8月31日第十三届全国人民代表大会常务委员会第五次会议通过）

第十三届全国人民代表大会常务委员会第五次会议决定对《中华人民共和国个人所得税法》作如下修改：

一、将第一条修改为："在中国境内有住所，或者无住所而一个纳税年度内在中国境内居住累计满一百八十三天的个人，为居民个人。居民个人从中国境内和境外取得的所得，依照本法规定缴纳个人所得税。

"在中国境内无住所又不居住，或者无住所而一个纳税年度内在中国境内居住累计不满一百八十三天的个人，为非居民个人。非居民个人从中国境内取得的所得，依照本法规定缴纳个人所得税。

"纳税年度，自公历一月一日起至十二月三十一日止。"

二、将第二条修改为："下列各项个人所得，应当缴纳个人所得税：

"（一）工资、薪金所得；

"（二）劳务报酬所得；

"（三）稿酬所得；

"（四）特许权使用费所得；

"（五）经营所得；

"（六）利息、股息、红利所得；

"（七）财产租赁所得；

"（八）财产转让所得；

"（九）偶然所得。

"居民个人取得前款第一项至第四项所得（以下称综合所得），按纳税年度合并计算个人所得税；非居民个人取得前款第一项至第四项所得，按月或者按次分项计算个人所得税。纳税人取得前款第五项至第九项所得，依照本法规定分别计算个人所得税。"

三、将第三条修改为："个人所得税的税率：

"（一）综合所得，适用百分之三至百分之四十五的超额累进税率（税率表附后）；

"（二）经营所得，适用百分之五至百分之三十五的超额累进税率（税率表附后）；

"（三）利息、股息、红利所得，财产租赁所得，财产转让所得和偶然所得，适用比例税率，税率为百分之二十。"

四、将第四条中的"免纳"修改为"免征"。

在第六项中的"复员费"后增加"退役金"。

将第七项中的"退休工资、离休工资"修改为"基本养老金或者退休费、离休费"。

删除第八项中的"我国"。

将第十项修改为："国务院规定的其他免税所得。"

增加一款，作为第二款："前款第十项免税规定，由国务院报全国人民代表大会常务委员会备案。"

五、将第五条修改为："有下列情形之一的，可以减征个人所得税，具体幅度和期限，由省、自治区、直辖市人民政府规定，并报同级人民代表大会常务委员会备案：

“（一）残疾、孤老人员和烈属的所得；

“（二）因自然灾害遭受重大损失的。

“国务院可以规定其他减税情形，报全国人民代表大会常务委员会备案。”

六、将第六条修改为：“应纳税所得额的计算：

“（一）居民个人的综合所得，以每一纳税年度的收入额减除费用六万元以及专项扣除、专项附加扣除和依法确定的其他扣除后的余额，为应纳税所得额。

“（二）非居民个人的工资、薪金所得，以每月收入额减除费用五千元后的余额为应纳税所得额；劳务报酬所得、稿酬所得、特许权使用费所得，以每次收入额为应纳税所得额。

“（三）经营所得，以每一纳税年度的收入总额减除成本、费用以及损失后的余额，为应纳税所得额。

“（四）财产租赁所得，每次收入不超过四千元的，减除费用八百元；四千元以上的，减除百分之二十的费用，其余额为应纳税所得额。

“（五）财产转让所得，以转让财产的收入额减除财产原值和合理费用后的余额，为应纳税所得额。

“（六）利息、股息、红利所得和偶然所得，以每次收入额为应纳税所得额。

“劳务报酬所得、稿酬所得、特许权使用费所得以收入减除百分之二十的费用后的余额为收入额。稿酬所得的收入额减按百分之七十计算。

“个人将其所得对教育、扶贫、济困等公益慈善事业进行捐赠，捐赠额未超过纳税人申报的应纳税所得额百分之三十的部分，可以从其应纳税所得额中扣除；国务院规定对公益慈善事业捐赠实行全额税前扣除的，从其规定。

“本条第一款第一项规定的专项扣除，包括居民个人按照国家规定的范围和标准缴纳的基本养老保险、基本医疗保险、失业保险等社会保险费和住房公积金等；专项附加扣除，包括子女教育、继续教育、大病医疗、住房贷款利息或者住房租金、赡养老人等支出，具体范围、标准和实施步骤由国务院确定，并报全国人民代表大会常务委员会备案。”

七、将第七条修改为：“居民个人从中国境外取得的所得，可以从其应纳税额中抵免已在境外缴纳的个人所得税税额，但抵免额不得超过该纳税人境外所得依照本法规定计算的应纳税额。”

八、增加一条，作为第八条：“有下列情形之一的，税务机关有权按照合理方法进行纳税调整：

“（一）个人与其关联方之间的业务往来不符合独立交易原则而减少本人或者其关联方应纳税额，且无正当理由；

“（二）居民个人控制的，或者居民个人和居民企业共同控制的设立在实际税负明显偏低的国家（地区）的企业，无合理经营需要，对应当归属于居民个人的利润不作分配或者减少分配；

“（三）个人实施其他不具有合理商业目的的安排而获取不当税收利益。

“税务机关依照前款规定作出纳税调整，需要补征税款的，应当补征税款，并依法加收利息。”

九、将第八条改为两条，分别作为第九条、第十条，修改为：

“第九条　个人所得税以所得人为纳税人，以支付所得的单位或者个人为扣缴义务人。

“纳税人有中国公民身份号码的，以中国公民身份号码为纳税人识别号；纳税人没有中国公民身份号码的，由税务机关赋予其纳税人识别号。扣缴义务人扣缴税款时，纳税人应当向扣缴义务人提供纳税人识别号。

“第十条有下列情形之一的，纳税人应当依法办理纳税申报：

“（一）取得综合所得需要办理汇算清缴；

“（二）取得应税所得没有扣缴义务人；

“（三）取得应税所得，扣缴义务人未扣缴税款；

“（四）取得境外所得；

“（五）因移居境外注销中国户籍；

“（六）非居民个人在中国境内从两处以上取得工资、薪金所得；

“（七）国务院规定的其他情形。

“扣缴义务人应当按照国家规定办理全员全额扣缴申报，并向纳税人提供其个人所得和已扣缴税款等信息。”

十、将第九条改为四条，分别作为第十一条、第十二条、第十三条、第十四条，修改为：

“第十一条　居民个人取得综合所得，按年计算个人所得税；有扣缴义务人的，由扣缴义务人按月或者按次预扣预缴税款；需要办理汇算清缴的，应当在取得所得的次年三月一日至六月三十日内办理汇算清缴。预扣预缴办法由国务院税务主管部门制定。

“居民个人向扣缴义务人提供专项附加扣除信息的，扣缴义务人按月预扣预缴税款时应当按照规定予以扣除，不得拒绝。

“非居民个人取得工资、薪金所得，劳务报酬所得，稿酬所得和特许权使用费所得，有扣缴义务人的，由扣缴义务人按月或者按次代扣代缴税款，不办理汇算清缴。

“第十二条　纳税人取得经营所得，按年计算个人所得税，由纳税人在月度或者季度终了后十五日内向税务机关报送纳税申报表，并预缴税款；在取得所得的次年三月三十一日前办理汇算清缴。

“纳税人取得利息、股息、红利所得，财产租赁所得，财产转让所得和偶然所得，按月或者按次计算个人所得税，有扣缴义务人的，由扣缴义务人按月或者按次代扣代缴税款。

“第十三条　纳税人取得应税所得没有扣缴义务人的，应当在取得所得的次月十五日内向税务机关报送纳税申报表，并缴纳税款。

“纳税人取得应税所得，扣缴义务人未扣缴税款的，纳税人应当在取得所得的次年六月三十日前，缴纳税款；税务机关通知限期缴纳的，纳税人应当按照期限缴纳税款。

“居民个人从中国境外取得所得的，应当在取得所得的次年三月一日至六月三十日内申报纳税。

“非居民个人在中国境内从两处以上取得工资、薪金所得的，应当在取得所得的次月十五日内申报纳税。

“纳税人因移居境外注销中国户籍的，应当在注销中国户籍前办理税款清算。

“第十四条　扣缴义务人每月或者每次预扣、代扣的税款，应当在次月十五日内缴入国库，并向税务机关报送扣缴个人所得税申报表。

“纳税人办理汇算清缴退税或者扣缴义务人为纳税人办理汇算清缴退税的，税务机关审核后，按照国库管理的有关规定办理退税。”

十一、增加一条，作为第十五条：“公安、人民银行、金融监督管理等相关部门应当协助税务机关确认纳税人的身份、金融账户信息。教育、卫生、医疗保障、民政、人力资源社会保障、住房城乡建设、公安、人民银行、金融监督管理等相关部门应当向税务机关提供纳税人子女教育、继续教育、大病医疗、住房贷款利息、住房租金、赡养老人等专项附加扣除信息。

“个人转让不动产的，税务机关应当根据不动产登记等相关信息核验应缴的个人所得税，登记机构办理转移登记时，应当查验与该不动产转让相关的个人所得税的完税凭证。个人转让股权办理变更登记的，市场主体登记机关应当查验与该股权交易相关的个人所得税的完税凭证。

“有关部门依法将纳税人、扣缴义务人遵守本法的情况纳入信用信息系统，并实施联合激励或者惩戒。”

十二、将第十条改为第十六条，修改为：“各项所得的计算，以人民币为单位。所得为人民币以外的货币的，按照人民币汇率中间价折合成人民币缴纳税款。”

十三、将第十二条改为第十八条，修改为：“对储蓄存款利息所得开征、减征、停征个人所得税及其具体办法，由国务院规定，并报全国人民代表大会常务委员会备案。”

十四、增加一条，作为第十九条：“纳税人、扣缴义务人和税务机关及其工作人员违反本法规定的，依照《中华人民共和国税收征收管理法》和有关法律法规的规定追究法律责任。”

十五、将第十三条改为第二十条，修改为：“个人所得税的征收管理，依照本法和《中华人民共和国税收征收管理法》的规定执行。”

十六、将个人所得税税率表一（工资、薪金所得适用）修改为：

个人所得税税率表一
（综合所得适用）

级数	全年应纳税所得额	税率（%）
1	不超过 36 000 元的	3
2	超过 36 000 元至 144 000 元的部分	10
3	超过 144 000 元至 300 000 元的部分	20
4	超过 300 000 元至 420 000 元的部分	25
5	超过 420 000 元至 660 000 元的部分	30
6	超过 660 000 元至 960 000 元的部分	35
7	超过 960 000 元的部分	45

（注 1：本表所称全年应纳税所得额是指依照本法第六条的规定，居民个人取得综合所得以每一纳税年度收入额减除费用六万元以及专项扣除、专项附加扣除和依法确定的其他扣除后的余额。注 2：非居民个人取得工资、薪金所得，劳务报酬所得，稿酬所得和特许权使用费所得，依照本表按月换算后计算应纳税额。）

十七、将个人所得税税率表二（个体工商户的生产、经营所得和对企事业单位的承包经营、承租经营所得适用）修改为：

个人所得税税率表二
（经营所得适用）

级数	全年应纳税所得额	税率（%）
1	不超过 30 000 元的	5
2	超过 30 000 元至 90 000 元的部分	10
3	超过 90 000 元至 300 000 元的部分	20
4	超过 300 000 元至 500 000 元的部分	30
5	超过 500 000 元的部分	35

（注：本表所称全年应纳税所得额是指依照本法第六条的规定，以每一纳税年度的收入总额减除成本、费用以及损失后的余额。）

此外，对条文顺序作了相应调整。

本决定自 2019 年 1 月 1 日起施行。

自 2018 年 10 月 1 日至 2018 年 12 月 31 日，纳税人的工资、薪金所得，先行以每月收入额减除费用五千元以及专项扣除和依法确定的其他扣除后的余额为应纳税所得额，依照本决定第十六条的个人所得税税率表一（综合所得适用）按月换算后计算缴纳税款，并不再扣除附加减除费用；个体工商户的生产、经营所得，对企事业单位的承包经营、承租经营所得，先行依照本决定第十七条的个人所得税税率表二（经营所得适用）计算缴纳税款。

《中华人民共和国个人所得税法》根据本决定作相应修改，重新公布。

评析：这是一个典型的法律修改决定文本。从结构来看，该文件结构比较完整。从内容来看，该文件明确说明了修改事项，既有通过时间，也有生效时间，并且对原《中华人民共和国个人所得税法》的地位做了规定，具有非常强的针对性。总的来看，这个立法性文件结构严谨，值得立法性法律文书写作者学习。

二、地方省级人民代表大会及其常务委员会的立法性文件

（一）概念

党的二十大报告要求推进科学立法、民主立法、依法立法，这不仅适用于全国性立法，更适用于地方性立法。地方省级人民代表大会及其常务委员会的立法性文件是省、自治区、直辖市人大及其常委会在不同宪法、法律、行政法规相抵触的前提下，根据当地社会发展的实际状况制定的地方性法规及相关权威文件。由于我国幅员辽阔，在行政区划上有三十几个省级行政区，因而这类文件比较多；加之我国省级行政区的层级比较高，所管辖的地域较广，人口众多，因而这类文件也非常重要。党的二十大报告指出，立法领域要完善和加强备案审查制度。地方省级人民代表大会及其常务委员会的立法性文件在名称上往往采用“条例”“办法”“决定”等，颁布以后还需报全国人大常委会备案。

（二）结构及写法

1. 结构

从总体来看，这类立法性文件在结构上较之全国人民代表大会及其常务委员会发布的立法性文件没有太大的区别。在结构上包括题头、字号、目录、正文。其中，字号主要包括发布机构和生效日期；目录主要概括法规的主要内容，但不是必备部分；正文包括总则、主体部分和附则，如果内容较多，可以分为不同的章节，否则也可以采用单纯的条款组织起来。

2. 写法

与全国人民代表大会及其常务委员会发布的立法性文件一样，在撰写此类立法性文书的时候，也应该做到用词精当，语句流畅简练，标题简明扼要，逻辑严密自洽。但更为重要的是要把握好以下两个方面：

（1）由于此类立法性文书在内容上不能与上位法相冲突，起草者在写作之前必须研究和查明相关的法律法规是否已经对有关事项作出了规定。如果没有法律法规规定，固然可以在遵照宪法和立法法的前提下加以起草，否则就应注意与相关法律法规保持一致的问题。

（2）由于此类立法性文书要么是针对本区域特定问题，要么是针对上位法律法规在本区域的具体适用问题，因而在写作上应该具体问题具体分析，重在解决问题或提供具体的实施措施，不能脱离当地政治、经济、文化和社会发展的实际。

（三）实例及评析

安徽省实施《中华人民共和国土壤污染防治法》办法

第一章　总　则

第一条　根据《中华人民共和国土壤污染防治法》，结合本省实际，制定本办法。

第二条　本办法适用于本省行政区域内的土壤污染防治以及相关活动。

第三条　土壤污染防治应当坚持预防为主、保护优先、分类管理、风险管控、污染担责、公众参与的原则。

第四条　各级人民政府对本行政区域土壤污染防治和安全利用负责。

县级以上人民政府应当加强对土壤污染防治工作的领导，将土壤污染防治工作纳入国民经济和社会发展规划、生态环境保护规划，制定落实有利于土壤污染防治的经济、技术等政策措施，建立多元化资金投入和保障机制，加强土壤污染源头防控，开展新污染物治理，统筹解决土壤污染防治工作中的重大问题。

乡镇人民政府、街道办事处应当依法做好土壤污染防治工作，协助配合上级人民政府及其有关部门做好土壤污染防治相关工作。

第五条　省、设区的市人民政府生态环境主管部门对本行政区域的土壤污染防治工作实施统一监督管理。

县级以上人民政府自然资源、住房城乡建设、农业农村、林业等部门在各自职责范围内对土壤污染防治工作实施监督管理。

县级以上人民政府发展改革、经济和信息化、城市管理、交通运输、水行政、卫生健康、应急管理等部门在各自职责范围内做好土壤污染防治相关工作。

第六条　县级以上人民政府及其有关部门应当支持土壤污染风险管控和修复、监测等污染防治科学技术的研究开发、成果转化和推广应用，加强专业技术人才培养，鼓励先进技术的引进，促进土壤污染防治科学技术进步。

第七条　省人民政府生态环境主管部门会同自然资源、住房城乡建设、农业农村、水行政、卫生健康、林业等部门建立土壤环境信息共享机制，实行数据整合、动态更新与信息共享。

第八条　省人民政府应当推动建立与长三角地区省市土壤污染防治联动工作机制，开展土壤污染风险管控和修复、执法、应急处置等领域的合作。

第二章　规划、标准、详查和监测

第九条　省、设区的市人民政府生态环境主管部门应当会同发展改革、农业农村、自然资源、住房城乡建设、林业等部门，根据生态环境保护规划要求、土地用途、土壤污染状况普查和监测结果等，编制土壤污染防治规划，报本级人民政府批准后公布实施。

土壤污染防治规划应当与生态环境分区管控方案和生态环境准入清单相衔接，明确土壤环境质量改善目标、污染防控和治理修复措施等内容。

第十条　省人民政府生态环境主管部门根据需要制定土壤污染状况调查、风险评估、风险管控及修复、效果评估等技术规范。

第十一条　省、设区的市人民政府可以根据土壤污染状况普查和其他实际情况组织开展土壤污染状况详查，查明土壤污染区域、地块分布、面积、主要污染物及其对土壤、地下水、农产品（5.610，－0.04，－0.71％）的影响。

第十二条　县级以上人民政府农业农村、林业部门应当会同生态环境、自然资源等部门对《中华人民共和国土壤污染防治法》第十六条规定的农用地地块进行重点监测。

省、设区的市人民政府生态环境主管部门应当会同自然资源等部门对《中华人民共和国土壤污染防治法》第十七条规定的建设用地地块进行重点监测。

第三章　预防和保护

第十三条　编制下列涉及土地利用的规划应当依法进行环境影响评价：

（一）国土空间总体规划；

（二）区域、流域的建设、开发利用规划；

（三）工业和信息化、农业、林业、能源、水利、交通运输、城市建设、文化旅游、自然资源开发相关专项规划；

（四）按照有关规定应当进行环境影响评价的其他规划。

可能造成土壤污染的建设项目，应当依法进行环境影响评价。

环境影响评价文件应当明确对土壤以及地下水可能造成的不良影响和相应的预防措施。

第十四条　省、设区的市人民政府生态环境主管部门应当按照国务院生态环境主管部门的规定，根据有毒有害物质排放等情况，制定土壤污染重点监管单位名录，向社会公开并适时更新。

有下列情形之一的企业事业单位，纳入土壤环境污染重点监管单位名录：

（一）土壤污染状况普查、详查确定为土壤污染高风险地块的企业事业单位；

（二）有色金属冶炼、石油加工、化工、焦化、电镀、制革等行业中根据有关规定应当纳入排污许可重点管理的企业；

（三）有色金属矿采选、石油开采行业规模以上企业；

（四）持有危险废物经营许可证，从事危险废物贮存、处置、利用的企业事业单位；

（五）运营维护生活垃圾填埋场或焚烧厂的企业事业单位，包含已封场的垃圾填埋场；

（六）其他根据有关规定应当纳入土壤环境污染重点监管单位名录的企业事业单位。

第十五条　土壤污染重点监管单位应当履行下列义务：

（一）严格控制有毒有害物质排放，并按年度向设区的市人民政府生态环境主管部门报告排放情况；

（二）建立土壤污染隐患排查制度，保证持续有效防止有毒有害物质渗漏、流失、扬散；

（三）按照监测规范要求，制定、实施自行监测方案，并将监测数据报设区的市人民政府生态环境主管部门。

前款规定的义务应当在排污许可证中载明。

土壤污染重点监管单位对监测数据的真实性、完整性、准确性负责。生态环境主管部门发现土壤污染重点监管单位监测数据异常的，应当及时进行调查。省、设区的市人民政府生态环境主管部门应当定期对土壤污染重点监管单位周边土壤和地下水进行监测。

第十六条　企业事业单位拆除设施、设备或者建筑物、构筑物的，应当采取相应的防渗漏、污染物收集等土壤和地下水污染防治措施，防止造成二次污染。

土壤污染重点监管单位拆除设施、设备或者建筑物、构筑物的，应当制定土壤污染防治工作方案，报设区的市人民政府生态环境部门、县级人民政府经济和信息化部门备案并实施。土壤污染防治工作方案应当包括被拆除设施设备、建筑物和构筑物的基本情况，残留污染物清理、安全处置以及应急措施，土壤污染防治技术要求和对周边环境的污染防治要求等内容。土壤污染重点监管单位拆除活动应当按照有关规定实施，对残留物料、污染物、污染设备设施进行安全处理，并做好拆除活动相关记录。拆除活动相关记录应当长期保存。

第十七条　矿山企业在开采、选矿、运输、仓储等矿产资源开发活动中应当采取防护措施，防止废气、废水、尾矿等污染土壤和地下水。

矿山企业应当加强对废物贮存设施和废弃矿场的管理，采取防渗漏、封场、闭库、生态修复等措施，防止污染土壤和地下水。

第十八条　尾矿库运营、管理单位应当加强尾矿库的安全管理，采取防渗漏、覆膜、压土、排洪、堤坝加固、建设地下水水质监测井等措施防止污染土壤和地下水。

存在安全事故隐患或者重大险情以及其他需要重点监管的尾矿库的运营、管理单位，应当按照规定进行土壤污染状况监测和定期评估。

第十九条　输油管道、储油罐、加油站的设计、建设和使用应当符合防腐蚀、防渗漏、防挥发等要求，设施的所有者或者运营者应当对设施进行定期维护和检测，防止污染土壤和地下水。

土壤污染重点监管单位新、改、扩建项目涉及地下储罐储存有毒有害物质的，应当在项目投入生产或者使用之前，将地下储罐的信息报设区的市人民政府生态环境主管部门。

第二十条　从事废旧电器电子产品、电池、车船、轮胎、塑料等回收利用的单位和个人，应当采取预防土壤污染的措施，不得采用国家明令淘汰或者禁止使用的回收利用技术、工艺和有毒有害物质。

产生、运输、贮存、处理污泥的单位和个人应当按照国家和省相关处理标准及技术规范对污泥进行资源化利用和无害化处置。禁止丢弃、遗撒污泥或者擅自倾倒、堆放污泥。

第二十一条　施工工地等使用塑料防尘网应当符合土壤污染防治要求，塑料防尘网使用结束后应当及时回收，不得在土壤中残留。鼓励使用有机环保的防尘网。

住房城乡建设、城市管理、交通运输、水行政等部门应当督促施工单位做好塑料防尘网的使用和回收工作。

第二十二条　鼓励支持农业生产者在生产过程中使用农家肥、有机肥等肥料。

县级以上人民政府农业农村、林业等部门应当指导农业生产者科学合理使用农药、兽药、肥料、饲料、农用薄膜等农业投入品，控制农药、兽药、化肥等的使用量。

禁止生产、销售、使用国家明令禁止的农业投入品。

各级人民政府以及农业农村等相关部门应当鼓励和支持农业生产者采取有利于防止土壤污染的种养结合、轮作休耕等农业耕作措施；支持采取土壤改良、土壤肥力提升等有利于土壤养护和培育的措施。

第二十三条　农药生产者、经营者应当回收农药包装废弃物，并确定农药包装废弃物回收的具体方式。农药经营者应当在经营场所设立农药包装废弃物回收装置，不得拒绝回收其销售的农药包装废弃物。农药使用者应当及时收集农药包装废弃物并交回农药经营者或者农药包装废弃物回收站（点），不得随意丢弃。

县级以上人民政府农业农村部门负责对农药生产者、经营者、使用者回收农药包装废弃物的行为进行监督管理；省、设区的市人民政府生态环境主管部门负责农药包装废弃物回收处理活动环境污染防治的监督管理。

农药包装废弃物处理费用由相应的农药生产者和经营者承担；农药生产者、经营者不明确的，由县级人民政府处理。

第二十四条　省、设区的市人民政府生态环境主管部门应当加强畜禽养殖污染防治的统一监督管理，县级以上人民政府农业农村部门应当加强畜禽养殖污染防治工作，指导和服务畜禽养殖废弃物综合利用，防止畜禽养殖活动对土壤环境造成污染。

从事规模化畜禽养殖的单位和个人，应当按照相关规范要求，确定废物无害化处理方式和消纳场地。

第四章　风险管控和修复

第二十五条　经土壤污染状况调查和风险评估，需要实施土壤污染风险管控、修复活动的，土壤污染责任人应当按照国家和省有关规定以及技术规范，制定风险管控和修复方案，明确管控标准、防治措施、修复目标，不得对土壤、地下水和周边环境造成新的污染。

污染地块的责任人或者土地使用权人应当将土壤污染状况调查报告、风险评估报告、风险管控方案和风险管控效果评估报告、治理修复方案和治理修复效果评估报告上传全国污染地块土壤环境管理系统。报告主要内容应当通过当地政府网站等便于公众知晓的方式向社会公开，其中效果评估报告公开时间不少于两个月。

第二十六条　土壤污染责任人或者土地使用权人在实施风险管控、修复活动前，应当按照规定采取移除污染源、防止污染扩散等措施。

修复施工期间，应当在施工现场设立公告牌，公开主要污染物、施工时间、修复目标等相关情况和环境保护措施。

第二十七条　从事土壤污染状况调查和土壤污染风险评估报告编制的单位，不得参与同一地块的风险管控、修复项目施工；从事风险管控、修复项目的施工单位，不得参与同一地块的风险管控、修复效果评估。

从事土壤污染风险评估工作的单位，不得参与同一地块的风险管控、修复效果评估工作。

第二十八条　修复工程原则上在原址进行。确需转运污染土壤的，修复施工单位应当制定转运清单，将运输时间、方式、路线、数量、去向及最终处置措施等经土壤污染责任人或者土地使用权人签字确认后，向所在地和接收地设区的市人民政府生态环境主管部门报告，跨省的按有关规定办理。土壤污染责任人或者土地使用权人应当对转运清单留存备查。污染土壤接收单位应当如实记录污染土壤的数量、处理方式，处理过程可追溯，避免二次污染。

转运的污染土壤属于危险废物的，修复施工单位应当依照法律法规和相关标准的要求进行处理。

第二十九条　落实国家农用地分类管理制度。县级人民政府农业农村、林业部门会同生态环境、自然资源部门根据土壤污染程度、农产品质量情况和相关标准，将农用地划分为优先保护类、安全利用类、严格管控类，划分结果按照规定报省人民政府审定。

农用地优先保护类、安全利用类、严格管控类的划分标准按照国家有关规定执行。

第三十条　县级以上人民政府应当依法将符合条件的优先保护类耕地划为永久基本农田，实行严格保护，确保面积不减少、土壤环境质量不下降。

永久基本农田集中区域不得新建可能造成土壤污染的建设项目；已经建成的，应当限期关闭拆除。

第三十一条　对安全利用类农用地地块，应当制定并实施安全利用方案，方案应当包括下列内容：

（一）农艺调控、替代种植、轮作、间作；

（二）按照规定开展土壤和农产品协同监测与评价；

（三）调整优化相关农业投入品的使用；

（四）阻断或者减少相关污染物和其他有毒有害物质进入农作物可食部分；

（五）加强对农业生产者、经营者的技术指导和培训；

（六）其他风险管控措施。

第三十二条　对严格管控类农用地地块，县级人民政府农业农村、林业部门应当采取下列风险管控措施：

（一）提出划定特定农产品禁止生产区域的建议，报本级人民政府批准后实施；

（二）按照国家和省有关规定开展土壤和农产品协同监测与评价；

（三）阻断相关污染物和其他有毒有害物质进入地块；

（四）对农业生产者、经营者进行技术指导和培训；

（五）其他风险管控措施。

各级人民政府及有关部门应当鼓励对严格管控类农用地采取调整种植结构、退耕还林还草、退耕还湿、轮作休耕等风险管控措施，并给予相应的政策支持。

第三十三条　对需要采取治理与修复工程措施的安全利用类或者严格管控类耕地，应当优先采取不影响农业生产、不降低土壤生产功能的生物修复措施，或辅助采取物理、化学治理与修复措施。

第三十四条　农田灌溉用水应当符合相应的水质标准，防止污染土壤、地下水和农产品。

第三十五条　省人民政府生态环境主管部门应当会同自然资源等部门制定建设用地土

壤污染风险管控和修复名录，按照规定向社会公开，并根据风险管控、修复情况适时更新。

第三十六条 建设用地有下列情形之一的，土地使用权人应当按照规定开展土壤污染状况调查：

（一）土壤污染状况普查、详查、监测和现场检查表明有土壤污染风险；

（二）用途拟变更为住宅或者学校、养老、医疗等公共管理与公共服务用地；

（三）土壤污染重点监管单位生产经营用地的用途变更或者其土地使用权拟收回、转让。

建设用地涉及拆除活动的，土壤污染状况调查原则上应在拆除活动之后进行；确需保留设施和设备、建筑物和构筑物的，土地使用权人应当向设区的市人民政府生态环境主管部门报告。

土壤污染状况调查报告应当报设区的市人民政府生态环境主管部门，由设区的市人民政府生态环境主管部门会同自然资源部门组织评审。

第三十七条 对土壤污染状况调查报告评审表明污染物含量超过土壤污染风险管控标准的建设用地地块，按照《中华人民共和国土壤污染防治法》和有关法律、行政法规规定进行土壤污染风险评估和评估报告评审等工作。

对建设用地土壤污染风险管控和修复名录中的地块，按照《中华人民共和国土壤污染防治法》和有关法律、行政法规规定，采取相应的风险管控、修复措施。

第三十八条 风险管控、修复活动完成后，需要实施后期管理的，效果评估报告应当提出管理要求，土壤污染责任人或者土地使用权人应当按照要求实施后期管理，编制后期管理计划，并报送设区的市人民政府生态环境主管部门。后期管理计划应当包含实施主体、环境监测计划、运行与维护措施、制度控制措施、应急预案、资金保障计划等内容。

第三十九条 未达到土壤污染风险评估报告确定的风险管控、修复目标的建设用地地块，禁止开工建设任何与风险管控、修复无关的项目，生态环境主管部门不得办理建设项目环境影响评价手续，自然资源部门不得办理建设用地规划、建设用地出让和转让、建设工程规划手续。

第四十条 省人民政府生态环境主管部门会同自然资源部门根据需要规划设立区域污染土壤处理场所，集中处理全省不能原址修复的污染土壤。

污染地块仅涉及土壤污染的，污染土壤清运后可以开展效果评估工作。

第五章 保障和监督

第四十一条 县级以上人民政府应当采取有利于土壤污染防治的财政、税收、价格、金融等经济政策和措施。

鼓励、支持金融机构加大对土壤污染风险管控和修复项目的信贷投放力度。鼓励、支持社会资本参与土壤污染防治。

省人民政府设立省土壤污染防治基金，主要用于农用地土壤污染防治和土壤污染责任人或者土地使用权人无法认定的土壤污染风险管控和修复以及政府规定的其他事项。

第四十二条 有下列情形之一的，省人民政府以及有关部门应当按照规定约谈下一级人民政府以及有关部门主要负责人，要求其采取措施限期整改：

（一）土壤及地下水环境质量恶化；

（二）存在违法开发建设，造成严重社会影响和经济损失；

（三）未按照法定程序开展土壤污染状况调查、风险评估、风险管控、修复、效果评估、后期管理等活动，造成不良影响；

（四）其他土壤污染问题突出、防治工作不力、公众反映强烈，依法应当约谈的情形。

约谈整改情况应当向社会公开。

第六章 法律责任

第四十三条 各级人民政府、生态环境主管部门或者其他负有土壤污染防治监督管理职责的部门，违反本办法规定，有下列行为之一的，对直接负责的主管人员和其他直接责任人员依法给予处分：

（一）未依法组织开展土壤污染普查、调查的；

（二）未依法制定、公开土壤污染重点监管单位名录的；

（三）违法办理建设项目环境影响评价、建设用地规划、建设用地出让和转让、建设工程规划手续的；

（四）在组织评审土壤污染状况调查、风险评估、效果评估报告过程中弄虚作假的；

（五）其他滥用职权、玩忽职守、徇私舞弊的行为。

第四十四条 违反本办法规定的行为，有关法律、行政法规已有行政处罚规定的，依照其规定执行；构成犯罪的，依法追究刑事责任。

第七章 附 则

第四十五条 本办法自2023年1月1日起施行。

评析：这是一个关于法律具体实施的立法性文件，即规定具体的实施措施，确保《中华人民共和国土壤污染防治法》在本省（安徽）范围内得到正确实施。这个文件自2023年1月1日开始实施，在很大程度上反映地方省级人民政府对土壤污染防治的最新认知和科学态度。从内容来看，本实施办法涉及实施《中华人民共和国土壤污染防治法》的各个方面，既有原则规定，也有具体措施，既考虑到该法的普遍性，也考虑到本区域的特殊性，不失为法律实施方面的一个典型范例。不过，和很多同类型的立法性文件一样，该文本在立法的具体性方面仍有待提升之处。例如，该办法第一条明确声明“……结合本省实际，制定本办法”。但是，本省“实际”是什么？本省在土壤污染防治问题上与其他省、自治区或直辖市有何不同之处？本文书并没有具体加以指出，这不能不说是一个缺憾。

三、民族自治地方的立法性文件

（一）概念

宪法和民族区域自治法规定，民族自治地方的人民代表大会依照当地民族的政治、经济和文化的特点可以制定自治条例和单行条例。根据这一规定，民族自治地方制定自治条例和单行条例的范围，主要是两个方面：一是国家已有法律、行政法规的，民族自治地方可以根据当地的实际情况制定有关变通规定；二是国家尚未制定或不可能制定法律、行政法规的，民族自治地方可以根据当地实际需要制定单行条例。自治条例和单行条例因为可以变通法律的规定，为了维护国家法制的统一，须报上一级人大常委会批准才能生效。

（二）结构及写法

1. 结构

民族自治地方的立法性文件在结构上依其具体表现形式不同而不同。如果是自治条例，主要包括题头和正文两部分：题头一般包括标题和发布时间、颁行机关；正文一般用条款形式组织起来。如果是单行条例，则包括题头、目录和正文。目录不是必要部分。正文又可以分为总则、主体部分和附则，如果内容比较多，正文也可以分为不同的章节。

2. 写法

如上所述，民族自治地方的立法性文件是民族自治地方的人民代表大会根据当地民族政治、经济和文化特点而制定的一种特殊的法律文件，因而在写法上也有其特殊性。

就自治条例而言，题头上一般应表述为“自治区（州、县）施行《中华人民共和国×××法》的变通条例”，这是一种较为固化的表述形式，正文则主要是根据当地的实际情况对国家已有法律、行政法规制定有关变通规定，故应紧密结合其所欲变通的法律法规加以写作，否则要么会缺乏应有的针对性，要么会脱离原法律法规的宗旨和内容。

就单行条例而言，在写法上要注意两点：第一，此类立法性文书在内容上不能与上位法相冲突，起草者在写作之前必须研究和查明相关的法律法规是否已经对有关事项作出了规定。如果没有法律法规规定，才可以在遵照宪法和立法法的前提下加以起草，否则就应注意与相关法律法规保持一致。第二，此类立法性文书主要是针对本自治区域的特殊情况或特殊问题，因而在写作上应该突出其特殊性，重在解决问题或提供具体的实施措施，不能脱离当地政治、经济、文化和社会发展的实际。

（三）实例及评析

西藏自治区施行《中华人民共和国婚姻法》的变通条例（2004年）

（1981年4月18日西藏自治区第三届人民代表大会常务委员会第五次会议通过　2004年6月9日西藏自治区第八届人民代表大会常务委员会第十二次会议修正）

根据《中华人民共和国婚姻法》第三十六条的规定，结合西藏自治区各少数民族婚姻家庭的实际情况，对《中华人民共和国婚姻法》的有关条款作如下变通：

第一条　结婚年龄，男不得早于二十周岁，女不得早于十八周岁。

第二条　废除一夫多妻、一妻多夫等封建婚姻，对执行本条例之前形成的上述婚姻关系，凡不主动提出解除婚姻关系者，准予维持。

第三条　对各少数民族传统的婚嫁仪式，在不妨害婚姻自由原则的前提下，应予尊重。

第四条　禁止利用宗教干涉婚姻家庭。

第五条　结婚、离婚必须履行登记手续。

第六条　对非婚生子女生活费和教育费的负担，应按《中华人民共和国婚姻法》第十九条的规定执行。改变全由生母负担的习惯。

第七条　本条例自一九八二年元月一日起施行。凡本变通条例未加补充或变更的条款，均按中华人民共和国婚姻法的规定执行。

评析：这是一个典型的自治条例，在起草的写法上有难以替代之处。从结构上看，该文书分为题头和正文两个部分，正文虽然仅有七个条款，却全面表达了欲予变通的内容。从写法上来看，该文书脉络清晰，逻辑严谨，语句简明而准确。

四、设区的市的立法性文件

（一）概念

我国《立法法》第72条第2款规定，设区的市的人民代表大会及其常务委员会根据本市的具体情况和实际需要，在不同宪法、法律、行政法规和本省、自治区的地方性法规相抵触的前提下，可以对城乡建设与管理、环境保护、历史文化保护等方面的事项制定地方性法规，法律对设区的市制定地方性法规的事项另有规定的，从其规定。设区的市的地方性法规须报省、自治区的人民代表大会常务委员会批准后施行。省、自治区的人民代表大会常务委员会对报请批准的地方性法规，应当对其合法性进行审查，同宪法、法律、行政法规和本省、自治区的地方性法规不抵触的，应当在 4 个月内予以批准。第 3 款规定，省、自治区的人民代表大会常务委员会在对报请批准的设区的市的地方性法规进行审查时，发现其同本省、自治区的人民政府的规章相抵触的，应当作出处理决定。第 4 款规定，除省、自治区的人民政府所在地的市，经济特区所在地的市和国务院已经批准的较大的市以外，其他设区的市开始制定地方性法规的具体步骤和时间，由省、自治区的人民代表大会常务委员会综合考虑本省、自治区所辖的设区的市的人口数量、地域面积、经济社会发展情况以及立法需求、立法能力等因素确定，并报全国人民代表大会常务委员会和国务院备案。第 5 款规定，自治州的人民代表大会及其常务委员会可以依照本条第 2 款规定行使设区的市制定地方性法规的职权。自治州开始制定地方性法规的具体步骤和时间，依照前款规定确定。第 6 款规定，省、自治区的人民政府所在地的市，经济特区所在地的市和国务院已经批准的较大的市已经制定的地方性法规，涉及本条第 2 款规定事项范围以外的，继续有效。

（二）结构及写法

1. 结构

设区的市的立法性文书在我国立法工作领域运用较多。其结构与一般立法性文书无异，一般包括题头、目录、正文。其中，目录主要概括法规的主要内容，但不是必备部分，正文包括总则、主体部分和附则。

2. 写法

一般来说，在起草此类立法性文件的时候，起草者应该在本市人大常委会第一次审议前，积极配合有关专门委员会参与法规文本的起草、修改、论证和调研。在常委会第一次审议后，根据常委会审议意见和法制委员会的要求，组织好专题调研和修改工作，常委会通过后做好及时报批工作。起草者还应参与有关专委会对立法调研项目的调研活动。

如果涉及比较专业的立法，起草者在拟制此类立法性文件之前还应该交由有关方面的专家或机构进行立法评估。在文件起草过程中应该对有关内容加以体现，具体包括专业机构、质量评估、组织工作、推进专家学者与立法实际工作者相结合起草法规文本的工作方式，采取多种形式听取人大代表对立法工作和法规文本的意见。

第二节　最高国家司法机关的立法性文件

在我国，只有最高国家司法机关才有权在法律适用过程中对法律作出司法解释，并制作相应的法律文件，其他各级司法机关均无权作出司法解释，自然也无权起草此类规范性法律文件。众所周知，司法公正是社会公正的底线，而司法解释又是实现司法公正的重要途径和手段，因而最高国家司法机关制定的立法性文件在我国法制体系中具有非常重要的意义。

一、最高人民法院司法解释

（一）概念

在我国法制体系中还有一种由最高国家司法机构发布或最高国家司法机关与其他有权机关联合发布的立法性文件，这主要包括各种最高人民法院司法解释或司法意见，等等。最高国家司法机关的立法性文件也就是司法解释，是最高国家司法机关在法律适用过程中结合客观实际制定的规范性法律文件。最高国家司法机关制定的立法性文件运用于审判实践或检察实践中，尽管从法理上来说，其效力低于法律，但在实际操作中，它的效力也是很高的。

（二）结构及写法

1. 结构

最高人民法院司法解释在结构上一般包括题头、字号、正文三个部分。其中，字号主要包括发布机构和生效日期，正文在形式上一般不像其他立法性文件那样包括总则、主体部分和附则三个部分，在结构和内容上具有一定的附从性，据以进行解释的法律在结构和内容上怎样，作出的司法解释就应该怎样。

2. 写法

最高法院司法解释在写法上要注意把握以下几个方面：

（1）作为法律渊源的一种形式，起草司法解释的时候必须规范化、统一化，以表明法律的严肃性和权威性。具体来说，就是要对司法解释，包括法律适用解释和判例解释的基本目的、主要内容以及构成形式作出明确规范。

（2）起草司法解释必须着重于对法律适用的法理说明，事实问题不是司法解释的内容。正因为如此，在起草司法解释的时候应该征询有关专家的意见，无论是正面意见还是反面意见，都应该记载下来作为参考。

（3）司法解释是法学理论与司法实践相结合的结果，要有一定的说服力，所以必须有严密的逻辑性。

（4）起草时要突出或说明需要作出司法解释的目的，紧扣有关法律进行必要而详细的阐述。

需要强调指出的是，在起草司法解释类立法性文书的时候，尤其要注意标题的选择。从广义上看，我国的司法解释是多种多样的，并非只是指最高人民法院审判委员会为了法律适用作出的司法解释，此外还包括最高人民法院对各地方高级人民法院的案件请示所作的答复、意见、批复、通知、复函、安排，等等。因此，在起草此类文书的时候，在内容上要符合司法解释的要求，同时在结构上还要符合函件的格式。

（三）实例及评析

最高人民法院

关于审理涉执行司法赔偿案件适用法律若干问题的解释

法释〔2022〕3号

为正确审理涉执行司法赔偿案件，保障公民、法人和其他组织的合法权益，根据《中华人民共和国国家赔偿法》等法律规定，结合人民法院国家赔偿审判和执行工作实际，制定本解释。

第一条　人民法院在执行判决、裁定及其他生效法律文书过程中，错误采取财产调查、控制、处置、交付、分配等执行措施或者罚款、拘留等强制措施，侵犯公民、法人和其他组织合法权益并造成损害，受害人依照国家赔偿法第三十八条规定申请赔偿的，适用本解释。

第二条　公民、法人和其他组织认为有下列错误执行行为造成损害申请赔偿的，人民法院应当依法受理：

（一）执行未生效法律文书，或者明显超出生效法律文书确定的数额和范围执行的；

（二）发现被执行人有可供执行的财产，但故意拖延执行、不执行，或者应当依法恢复执行而不恢复的；

（三）违法执行案外人财产，或者违法将案件执行款物交付给其他当事人、案外人的；

（四）对抵押、质押、留置、保留所有权等财产采取执行措施，未依法保护上述权利人优先受偿权等合法权益的；

（五）对其他人民法院已经依法采取保全或者执行措施的财产违法执行的；

（六）对执行中查封、扣押、冻结的财产故意不履行或者怠于履行监管职责的；

（七）对不宜长期保存或者易贬值的财产采取执行措施，未及时处理或者违法处理的；

（八）违法拍卖、变卖、以物抵债，或者依法应当评估而未评估，依法应当拍卖而未拍卖的；

（九）违法撤销拍卖、变卖或者以物抵债的；

（十）违法采取纳入失信被执行人名单、限制消费、限制出境等措施的；

（十一）因违法或者过错采取执行措施或者强制措施的其他行为。

第三条　原债权人转让债权的，其基于债权申请国家赔偿的权利随之转移，但根据债权性质、当事人约定或者法律规定不得转让的除外。

第四条　人民法院将查封、扣押、冻结等事项委托其他人民法院执行的，公民、法人和其他组织认为错误执行行为造成损害申请赔偿的，委托法院为赔偿义务机关。

第五条　公民、法人和其他组织申请错误执行赔偿，应当在执行程序终结后提出，终结前提出的不予受理。但有下列情形之一，且无法在相关诉讼或者执行程序中予以补救的除外：

（一）罚款、拘留等强制措施已被依法撤销，或者实施过程中造成人身损害的；

（二）被执行的财产经诉讼程序依法确认不属于被执行人，或者人民法院生效法律文书已确认执行行为违法的；

（三）自立案执行之日起超过五年，且已裁定终结本次执行程序，被执行人已无可供执行财产的；

（四）在执行程序终结前可以申请赔偿的其他情形。

赔偿请求人依据前款规定，在执行程序终结后申请赔偿的，该执行程序期间不计入赔偿请求时效。

第六条　公民、法人和其他组织在执行异议、复议或者执行监督程序审查期间，就相关执行措施或者强制措施申请赔偿的，人民法院不予受理，已经受理的予以驳回，并告知其在上述程序终结后可以依照本解释第五条的规定依法提出赔偿申请。

公民、法人和其他组织在执行程序中未就相关执行措施、强制措施提出异议、申请复议或者申请执行监督，不影响其依法申请赔偿的权利。

第七条　经执行异议、复议或者执行监督程序作出的生效法律文书，对执行行为是否合法已有认定的，该生效法律文书可以作为人民法院赔偿委员会认定执行行为合法性的根据。

赔偿请求人对执行行为的合法性提出相反主张，且提供相应证据予以证明的，人民法院赔偿委员会应当对执行行为进行合法性审查并作出认定。

第八条　根据当时有效的执行依据或者依法认定的基本事实作出的执行行为，不因下列情形而认定为错误执行：

（一）采取执行措施或者强制措施后，据以执行的判决、裁定及其他生效法律文书被撤销或者变更的；

（二）被执行人足以对抗执行的实体事由，系在执行措施完成后发生或者被依法确认的；

（三）案外人对执行标的享有足以排除执行的实体权利，系在执行措施完成后经法定程序确认的；

（四）人民法院作出准予执行行政行为的裁定并实施后，该行政行为被依法变更、撤销、确认违法或者确认无效的；

（五）根据财产登记采取执行措施后，该登记被依法确认错误的；

（六）执行依据或者基本事实嗣后改变的其他情形。

第九条　赔偿请求人应当对其主张的损害负举证责任。但因人民法院未列清单、列举不详等过错致使赔偿请求人无法就损害举证的，应当由人民法院对上述事实承担举证责任。

双方主张损害的价值无法认定的，应当由负有举证责任的一方申请鉴定。负有举证责任的一方拒绝申请鉴定的，由其承担不利的法律后果；无法鉴定的，人民法院赔偿委员会应当结合双方的主张和在案证据，运用逻辑推理、日常生活经验等进行判断。

第十条　被执行人因财产权被侵犯依照本解释第五条第一款规定申请赔偿，其债务尚未清偿的，获得的赔偿金应当首先用于清偿其债务。

第十一条　因错误执行取得不当利益且无法返还的，人民法院承担赔偿责任后，可以依据赔偿决定向取得不当利益的人追偿。

因错误执行致使生效法律文书无法执行，申请执行人获得国家赔偿后申请继续执行的，不予支持。人民法院承担赔偿责任后，可以依据赔偿决定向被执行人追偿。

第十二条　在执行过程中，因保管人或者第三人的行为侵犯公民、法人和其他组织合法权益并造成损害的，应当由保管人或者第三人承担责任。但人民法院未尽监管职责的，应当在其能够防止或者制止损害发生、扩大的范围内承担相应的赔偿责任，并可以依据赔偿决定向保管人或者第三人追偿。

第十三条　属于下列情形之一的，人民法院不承担赔偿责任：

（一）申请执行人提供财产线索错误的；

（二）执行措施系根据依法提供的担保而采取或者解除的；

（三）人民法院工作人员实施与行使职权无关的个人行为的；

（四）评估或者拍卖机构实施违法行为造成损害的；

（五）因不可抗力、正当防卫或者紧急避险造成损害的；

（六）依法不应由人民法院承担赔偿责任的其他情形。

前款情形中，人民法院有错误执行行为的，应当根据其在损害发生过程和结果中所起的作用承担相应的赔偿责任。

第十四条　错误执行造成公民、法人和其他组织利息、租金等实际损失的，适用国家赔偿法第三十六条第八项的规定予以赔偿。

第十五条　侵犯公民、法人和其他组织的财产权，按照错误执行行为发生时的市场价格不足以弥补受害人损失或者该价格无法确定的，可以采用下列方式计算损失：

（一）按照错误执行行为发生时的市场价格计算财产损失并支付利息，利息计算期间从错误执行行为实施之日起至赔偿决定作出之日止；

（二）错误执行行为发生时的市场价格无法确定，或者因时间跨度长、市场价格波动大等因素按照错误执行行为发生时的市场价格计算显失公平的，可以参照赔偿决定作出时同类财产市场价格计算；

（三）其他合理方式。

第十六条　错误执行造成受害人停产停业的，下列损失属于停产停业期间必要的经常性费用开支：

（一）必要留守职工工资；

（二）必须缴纳的税款、社会保险费；

（三）应当缴纳的水电费、保管费、仓储费、承包费；

（四）合理的房屋场地租金、设备租金、设备折旧费；

（五）维系停产停业期间运营所需的其他基本开支。

错误执行生产设备、用于营运的运输工具，致使受害人丧失唯一生活来源的，按照其实际损失予以赔偿。

第十七条　错误执行侵犯债权的，赔偿范围一般应当以债权标的额为限。债权受让人申请赔偿的，赔偿范围以其受让债权时支付的对价为限。

第十八条　违法采取保全措施的案件进入执行程序后，公民、法人和其他组织申请赔偿的，应当作为错误执行案件予以立案审查。

第十九条　审理违法采取妨害诉讼的强制措施、保全、先予执行赔偿案件，可以参照适用本解释。

第二十条　本解释自 2022 年 3 月 1 日起施行。施行前本院公布的司法解释与本解释不一致的，以本解释为准。

评析：这是一个关于审理涉执行司法赔偿案件如何适用法律的司法解释。从结构来看，这个文本包含标题、文号和正文三个部分，标题直接采用“最高人民法院关于×××的解释”的标题形式，可以突出其司法解释的性质，让人一目了然。从内容来看，文首简单地交代了制定本司法解释的目的和依据，在最后明确规定了施行日期，全文共 20 条，语句精练，用词准确，在各种司法解释里是相对简短的一个。从逻辑来看，本实例每个条文之间都体现了一以贯之的连续性，紧扣“审理涉执行司法赔偿案件适用法律若干问题”这一主题加以解释，突出地表现了司法解释的规范性、统一性和严密性，同时也表明了法律的严肃性和权威性。

二、最高人民检察院司法解释

（一）概念

与西方国家的检察权行政化不同，我国实行人民代表大会之下的“一府一委两院”制，“两院”就是人民法院和人民检察院，二者同为司法机关。其中，最高人民检察院和最高人民法院一样具有对有关法律实施问题作出司法解释的权力，这主要包括各种司法解释或司法意见。一般来说，最高人民检察院所作的司法解释大多限于程序问题，而且仅限于检察实践中，在范围上不如最高人民法院涉及的那样广泛。当然，二者在实施效力上是完全一样的。

（二）结构及写法

1. 结构

最高人民检察院立法性文书在结构上与最高人民法院的无异，也包括题头、字号、正文。其中，字号主要包括发布机构和生效日期，一般应该把各个共同发布机关一一列出来，正文在结构和内容上具有一定的附从性，视据以进行解释的法律在结构和内容上的具体情况而定。

2. 写法

一般来说，检察机关的立法性文书主要涉及程序性问题，这一点与最高人民法院的立法性文书不同。最高人民检察院的立法性文书在写法上主要是要结合检察工作的实际，突出检察机关的职能分工和职责特征。因此在写法上需要注意把握以下方面：首先，说明需要作出司法解释的目的；其次，紧扣有关法律进行必要而详细的阐述；最后，简明地交代本司法解释的施行日期。

（三）实例及评析

人民检察院羁押听证办法

（2021 年 4 月 8 日最高人民检察院第十三届检察委员会第六十五次会议通过）

第一条　为了依法贯彻落实少捕慎诉慎押刑事司法政策，进一步加强和规范人民检察院羁押审查工作，准确适用羁押措施，依法保障犯罪嫌疑人、被告人的合法权利，根据《中华人民共和国刑事诉讼法》及有关规定，结合检察工作实际，制定本办法。

第二条　羁押听证是指人民检察院办理审查逮捕、审查延长侦查羁押期限、羁押必要性审查案件，以组织召开听证会的形式，就是否决定逮捕、是否批准延长侦查羁押期限、是否继续羁押听取各方意见的案件审查活动。

第三条　具有下列情形之一，且有必要当面听取各方意见，以依法准确作出审查决定的，可以进行羁押听证：

（一）需要核实评估犯罪嫌疑人、被告人是否具有社会危险性，未成年犯罪嫌疑人、被告人是否具有社会帮教条件的；

（二）有重大社会影响的；

（三）涉及公共利益、民生保障、企业生产经营等领域，听证审查有利于实现案件办理政治效果、法律效果和社会效果统一的；

（四）在押犯罪嫌疑人、被告人及其法定代理人、近亲属或者辩护人申请变更强制措施的；

（五）羁押必要性审查案件在事实认定、法律适用、案件处理等方面存在较大争议的；

（六）其他有必要听证审查的。

第四条　羁押听证由负责办理案件的人民检察院组织开展。

经审查符合本办法第三条规定的羁押审查案件，经检察长批准，可以组织羁押听证。犯罪嫌疑人、被告人及其法定代理人、近亲属或者辩护人申请羁押听证的，人民检察院应当及时作出决定并告知申请人。

第五条　根据本办法开展的羁押听证一般不公开进行。人民检察院认为有必要公开的，经检察长批准，听证活动可以公开进行。

未成年人案件羁押听证一律不公开进行。

第六条　羁押听证由承办案件的检察官办案组的主办检察官或者独任办理案件的检察官主持。检察长或者部门负责人参加听证的，应当主持听证。

第七条　除主持听证的检察官外，参加羁押听证的人员一般包括参加案件办理的其他检察人员、侦查人员、犯罪嫌疑人、被告人及其法定代理人和辩护人、被害人及其诉讼代理人。

其他诉讼参与人，犯罪嫌疑人、被告人、被害人的近亲属，未成年犯罪嫌疑人、被告人的合适成年人等其他人员，经人民检察院许可，可以参加听证并发表意见。必要时，人民检察院可以根据相关规定邀请符合条件的社会人士作为听证员参加听证。

有重大影响的审查逮捕案件和羁押必要性审查案件的公开听证，应当邀请人民监督员参加。

第八条　决定开展听证审查的，承办案件的检察官办案组或者独任检察官应当做好以下准备工作：

（一）认真审查案卷材料，梳理、明确听证审查的重点问题；

（二）拟定听证审查提纲，制定听证方案；

（三）及时通知听证参加人员，并告知其听证案由、听证时间和地点。参加听证人员有书面意见或者相关证据材料的，要求其在听证会前提交人民检察院。

第九条　听证审查按照以下程序进行：

（一）主持人宣布听证审查开始，核实犯罪嫌疑人、被告人身份，介绍参加人员。

（二）告知参加人员权利义务。

（三）宣布听证程序和纪律要求。

（四）介绍案件基本情况、明确听证审查重点问题。

（五）侦查人员围绕听证审查重点问题，说明犯罪嫌疑人、被告人需要羁押或者延长羁押的事实和依据，出示证明社会危险性条件的证据材料。羁押必要性审查听证可以围绕事实认定出示相关证据材料。

（六）犯罪嫌疑人、被告人及其法定代理人和辩护人发表意见，出示相关证据材料。

（七）需要核实评估社会危险性和社会帮教条件的，参加听证的其他相关人员发表意见，提交相关证据材料。

（八）检察官可以向侦查人员、犯罪嫌疑人、被告人、辩护人、被害人及其他相关人员发问。经主持人许可，侦查人员、辩护人可以向犯罪嫌疑人、被告人等相关人员发问。社会人士作为听证员参加听证的，可以向相关人员发问。

（九）经主持人许可，被害人等其他参加人员可以发表意见。

（十）社会人士作为听证员参加听证的，检察官应当听取其意见。必要时，听取意见可以单独进行。

两名以上犯罪嫌疑人、被告人参加听证审查的，应当分别进行。

第十条　涉及国家秘密、商业秘密、侦查秘密和个人隐私案件的羁押听证，参加人员应当严格限制在检察人员和侦查人员、犯罪嫌疑人、被告人及其法定代理人和辩护人、其他诉讼参与人范围内。听证审查过程中认为有必要的，检察官可以在听证会结束后单独听取意见、核实证据。

第十一条　犯罪嫌疑人、被告人认罪认罚的，听证审查时主持听证的检察官应当核实认罪认罚的自愿性、合法性，并听取侦查人员对犯罪嫌疑人是否真诚认罪认罚的意见。

犯罪嫌疑人、被告人认罪认罚的情况是判断其是否具有社会危险性的重要考虑因素。

第十二条　听证过程应当全程录音录像并由书记员制作笔录。

听证笔录由主持听证的检察官、其他参加人和记录人签名或者盖章，与录音录像、相关书面意见等归入案件卷宗。

第十三条　听证员的意见是人民检察院依法提出审查意见和作出审查决定的重要参考。拟不采纳听证员多数意见的，应当向检察长报告并获同意后作出决定。

第十四条　检察官充分听取各方意见后，综合案件情况，依法提出审查意见或者作出审查决定。

当场作出审查决定的，应当当场宣布并说明理由；在听证会后依法作出决定的，应当依照相关规定及时履行宣告、送达和告知义务。

第十五条　人民监督员对羁押听证活动的监督意见，人民检察院应当依照相关规定及时研究处理并做好告知和解释说明等工作。

第十六条　参加羁押听证的人员应当严格遵守有关保密规定，根据案件情况确有必要的，可以要求参加人员签订保密承诺书。

故意或者过失泄露国家秘密、商业秘密、侦查秘密、个人隐私的，依法依纪追究责任人员的法律责任和纪律责任。

第十七条　犯罪嫌疑人、被告人被羁押的，羁押听证应当在看守所进行。犯罪嫌疑人、被告人未被羁押的，听证一般在人民检察院听证室进行。

羁押听证的安全保障、技术保障，由本院司法警察和技术信息等部门负责。

第十八条　本办法自公布之日起施行。

评析：这是一个较为典型的程序性司法解释，内容主要涉及人民检察院就是否决定逮捕、是否批准延长侦查羁押期限、是否继续羁押等问题听取各方意见的案件审查程序。文书的条文不多，一共18条，但内容非常精练，对羁押听证的各个方面做了全面的规定。在具体写法上，这个文件注重结合人民检察院侦查工作的实际，在第一条准确地说明了需要作出司法解释的目的，即“为了依法贯彻落实少捕慎诉慎押刑事司法政策，进一步加强和规范人民检察院羁押审查工作，准确适用羁押措施，依法保障犯罪嫌疑人、被告人的合法权利，根据《中华人民共和国刑事诉讼法》及有关规定，结合检察工作实际，制定本办法”，从而突出检察机关在这个问题上的职能分工和职责特征。在主体部分，文书紧扣羁押听证的各个环节作了详尽的解释，具体涉及听证的主持机关、听证的各方参与主体、听证的案件范围、听证的内容、听证公开或不公开的条件、听证的安全保障与技术保障等诸多方面。最后，文书的尾部简明地交代这个司法解释的施行日期。

三、最高人民法院、最高人民检察院与其他机关的联合司法解释

（一）概念

最高人民法院、最高检察院与其他机关的联合司法解释是由最高国家司法机关与其他有权机关联合发布的立法性文件，主要包括各种联合司法解释或司法意见。

（二）结构及写法

1. 结构

在结构上，最高人民法院、最高人民检察院与其他有权机关联合发布的立法性文件与单独发布的立法性文件完全一样，也包括题头、字号、正文，但应该在题头或者文尾的相应位置把各共同发布机关明确标示出来。

2. 写法

最高国家司法机构发布或最高国家司法机关与其他有权机关联合发布的立法性文件在写法上要结合各个发布机关的工作实际和各自的职能分工，尤其要注意防止各个发布机关在分工和职能上形成冲突和矛盾。为此需要注意把握以下方面：

（1）说明需要共同作出司法解释的目的。

（2）紧扣有关法律进行全面而详细的阐述。

（3）注意避免其他权力与司法权的冲突。

（4）与其他立法性文书一样，在写作的时候力求语言精练、逻辑严密、层次分明。

（三）实例及评析

最高人民法院、最高人民检察院、公安部、司法部
关于加强减刑、假释案件实质化审理的意见

（2021年12月1日）

减刑、假释制度是我国刑罚执行制度的重要组成部分。依照我国法律规定，减刑、假释案件由刑罚执行机关提出建议书，报请人民法院审理裁定，人民检察院依法进行监督。为严格规范减刑、假释工作，确保案件审理公平、公正，现就加强减刑、假释案件实质化审理提出如下意见。

一、准确把握减刑、假释案件实质化审理的基本要求

1. 坚持全面依法审查。审理减刑、假释案件应当全面审查刑罚执行机关报送的材料，既要注重审查罪犯交付执行后的一贯表现，同时也要注重审查罪犯犯罪的性质、具体情节、社会危害程度、原判刑罚及生效裁判中财产性判项的履行情况等，依法作出公平、公正的裁定，切实防止将考核分数作为减刑、假释的唯一依据。

2. 坚持主客观改造表现并重。审理减刑、假释案件既要注重审查罪犯劳动改造、监管改造等客观方面的表现，也要注重审查罪犯思想改造等主观方面的表现，综合判断罪犯是否确有悔改表现。

3. 坚持严格审查证据材料。审理减刑、假释案件应当充分发挥审判职能作用，坚持以审判为中心，严格审查各项证据材料。认定罪犯是否符合减刑、假释法定条件，应当有相应证据予以证明；对于没有证据证实或者证据不确实、不充分的，不得裁定减刑、

假释。

4. 坚持区别对待。审理减刑、假释案件应当切实贯彻宽严相济刑事政策，具体案件具体分析，区分不同情形，依法作出裁定，最大限度地发挥刑罚的功能，实现刑罚的目的。

二、严格审查减刑、假释案件的实体条件

5. 严格审查罪犯服刑期间改造表现的考核材料。对于罪犯的计分考核材料，应当认真审查考核分数的来源及其合理性等，如果存在考核分数与考核期不对应、加扣分与奖惩不对应、奖惩缺少相应事实和依据等情况，应当要求刑罚执行机关在规定期限内作出说明或者补充。对于在规定期限内不能作出合理解释的考核材料，不作为认定罪犯确有悔改表现的依据。

对于罪犯的认罪悔罪书、自我鉴定等自书材料，要结合罪犯的文化程度认真进行审查，对于无特殊原因非本人书写或者自书材料内容虚假的，不认定罪犯确有悔改表现。

对于罪犯存在违反监规纪律行为的，应当根据行为性质、情节等具体情况，综合分析判断罪犯的改造表现。罪犯服刑期间因违反监规纪律被处以警告、记过或者禁闭处罚的，可以根据案件具体情况，认定罪犯是否确有悔改表现。

6. 严格审查罪犯立功、重大立功的证据材料，准确把握认定条件。对于检举、揭发监狱内外犯罪活动，或者提供重要破案线索的，应当注重审查线索的来源。对于揭发线索来源存疑的，应当进一步核查，如果查明线索系通过贿买、暴力、威胁或者违反监规等非法手段获取的，不认定罪犯具有立功或者重大立功表现。

对于技术革新、发明创造，应当注重审查罪犯是否具备该技术革新、发明创造的专业能力和条件，对于罪犯明显不具备相应专业能力及条件、不能说明技术革新或者发明创造原理及过程的，不认定罪犯具有立功或者重大立功表现。

对于阻止他人实施犯罪活动，协助司法机关抓捕其他犯罪嫌疑人，在日常生产、生活中舍己救人，在抗御自然灾害或者排除重大事故中有积极或者突出表现的，除应当审查有关部门出具的证明材料外，还应当注重审查能够证明上述行为的其他证据材料，对于罪犯明显不具备实施上述行为能力和条件的，不认定罪犯具有立功或者重大立功表现。

严格把握“较大贡献”或者“重大贡献”的认定条件。该“较大贡献”或者“重大贡献”，是指对国家、社会具有积极影响，而非仅对个别人员、单位有贡献和帮助。对于罪犯在警示教育活动中现身说法的，不认定罪犯具有立功或者重大立功表现。

7. 严格审查罪犯履行财产性判项的能力。罪犯未履行或者未全部履行财产性判项，具有下列情形之一的，不认定罪犯确有悔改表现：

（1）拒不交代赃款、赃物去向；

（2）隐瞒、藏匿、转移财产；

（3）有可供履行的财产拒不履行。

对于前款罪犯，无特殊原因狱内消费明显超出规定额度标准的，一般不认定罪犯确有悔改表现。

8. 严格审查反映罪犯是否有再犯罪危险的材料。对于报请假释的罪犯，应当认真审查刑罚执行机关提供的反映罪犯服刑期间现实表现和生理、心理状况的材料，并认真审查司法行政机关或者有关社会组织出具的罪犯假释后对所居住社区影响的材料，同时结合罪

犯犯罪的性质、具体情节、社会危害程度、原判刑罚及生效裁判中财产性判项的履行情况等，综合判断罪犯假释后是否具有再犯罪危险性。

9. 严格审查罪犯身份信息、患有严重疾病或者身体有残疾的证据材料。对于上述证据材料有疑问的，可以委托有关单位重新调查、诊断、鉴定。对原判适用《中华人民共和国刑事诉讼法》第一百六十条第二款规定判处刑罚的罪犯，在刑罚执行期间不真心悔罪，仍不讲真实姓名、住址，且无法调查核实清楚的，除具有重大立功表现等特殊情形外，一律不予减刑、假释。

10. 严格把握罪犯减刑后的实际服刑刑期。正确理解法律和司法解释规定的最低服刑期限，严格控制减刑起始时间、间隔时间及减刑幅度，并根据罪犯前期减刑情况和效果，对其后续减刑予以总体掌握。死刑缓期执行、无期徒刑罪犯减为有期徒刑后再减刑时，在减刑间隔时间及减刑幅度上，应当从严把握。

三、切实强化减刑、假释案件办理程序机制

11. 充分发挥庭审功能。人民法院开庭审理减刑、假释案件，应当围绕罪犯实际服刑表现、财产性判项执行履行情况等，认真进行法庭调查。人民检察院应当派员出庭履行职务，并充分发表意见。人民法院对于有疑问的证据材料，要重点进行核查，必要时可以要求有关机关或者罪犯本人作出说明，有效发挥庭审在查明事实、公正裁判中的作用。

12. 健全证人出庭作证制度。人民法院审理减刑、假释案件，应当通知罪犯的管教干警、同监室罪犯、公示期间提出异议的人员以及其他了解情况的人员出庭作证。开庭审理前，刑罚执行机关应当提供前述证人名单，人民法院根据需要从名单中确定相应数量的证人出庭作证。证人到庭后，应当对其进行详细询问，全面了解被报请减刑、假释罪犯的改造表现等情况。

13. 有效行使庭外调查核实权。人民法院、人民检察院对于刑罚执行机关提供的罪犯确有悔改表现、立功表现等证据材料存有疑问的，根据案件具体情况，可以采取讯问罪犯、询问证人、调取相关材料、与监所人民警察座谈、听取派驻监所检察人员意见等方式，在庭外对相关证据材料进行调查核实。

14. 强化审判组织的职能作用。人民法院审理减刑、假释案件，合议庭成员应当对罪犯是否符合减刑或者假释条件、减刑幅度是否适当、财产性判项是否执行履行等情况，充分发表意见。对于重大、疑难、复杂的减刑、假释案件，合议庭必要时可以提请院长决定提交审判委员会讨论，但提请前应当先经专业法官会议研究。

15. 完善财产性判项执行衔接机制。人民法院刑事审判部门作出具有财产性判项内容的刑事裁判后，应当及时按照规定移送负责执行的部门执行。刑罚执行机关对罪犯报请减刑、假释时，可以向负责执行财产性判项的人民法院调取罪犯财产性判项执行情况的有关材料，负责执行的人民法院应当予以配合。刑罚执行机关提交的关于罪犯财产性判项执行情况的材料，可以作为人民法院认定罪犯财产性判项执行情况和判断罪犯是否具有履行能力的依据。

16. 提高信息化运用水平。人民法院、人民检察院、刑罚执行机关要进一步提升减刑、假释信息化建设及运用水平，充分利用减刑、假释信息化协同办案平台、执行信息平台及大数据平台等，采用远程视频开庭等方式，不断完善案件办理机制。同时，加强对减刑、假释信息化协同办案平台和减刑、假释、暂予监外执行信息网的升级改造，不断拓展信息化运用的深度和广度，为提升减刑、假释案件办理质效和加强权力运行制约监督提供科技支撑。

四、大力加强减刑、假释案件监督指导及工作保障

17. 不断健全内部监督。人民法院、人民检察院、刑罚执行机关要进一步强化监督管理职责，严格落实备案审查、专项检查等制度机制，充分发挥层级审核把关作用。人民法院要加强文书的释法说理，进一步提升减刑、假释裁定公信力。对于发现的问题及时责令整改，对于确有错误的案件，坚决依法予以纠正，对于涉嫌违纪违法的线索，及时移交纪检监察部门处理。

18. 高度重视外部监督。人民法院、人民检察院要自觉接受同级人民代表大会及其常委会的监督，主动汇报工作，对于人大代表关注的问题，认真研究处理并及时反馈，不断推进减刑、假释工作规范化开展；人民法院、刑罚执行机关要依法接受检察机关的法律监督，认真听取检察机关的意见、建议，支持检察机关巡回检察等工作，充分保障检察机关履行检察职责；人民法院、人民检察院、刑罚执行机关均要主动接受社会监督，积极回应人民群众关切。

19. 着力强化对下指导。人民法院、人民检察院、刑罚执行机关在减刑、假释工作中，遇到法律适用难点问题或者其他重大政策问题，应当及时向上级机关请示报告。上级机关应当准确掌握下级机关在减刑、假释工作中遇到的突出问题，加强研究和指导，并及时收集辖区内减刑、假释典型案例层报。最高人民法院、最高人民检察院应当适时发布指导性案例，为下级人民法院、人民检察院依法办案提供指导。

20. 切实加强工作保障。人民法院、人民检察院、刑罚执行机关应当充分认识减刑、假释工作所面临的新形势、新任务、新要求，坚持各司其职、分工负责、相互配合、相互制约的原则，不断加强沟通协作。根据工作需要，配足配强办案力量，加强对办案人员的业务培训，提升能力素质，建立健全配套制度机制，确保减刑、假释案件实质化审理公正、高效开展。

评析：在结构上，这个文件没有采用一般司法解释类立法性文书的典型条款结构，而是采用“汉字标题＋阿拉伯数字条文序号”的形式。在具体写法上，该文书有如下可取之处：第一，在题头明确说明了联合发布这个司法解释的机关，把最高人民法院置于标题排头的首位；第二，在第一段明确说明了发布这个司法解释的目的，即“为严格规范减刑、假释工作，确保案件审理公平、公正”；第三，在正文中紧扣有关法律进行全面而详细的阐述，注意避免其他权力与司法权的冲突；第四，这个文本在语言上比较精练，逻辑比较严谨，层次也比较分明。同时，需要指出的是，这是一个比较典型的联合司法解释。由于司法机关和司法机关之间或司法机关和国务院其他部门之间存在职能分工的交叉或合作的现实，这类司法解释在我国法制体系中具有越来越多的趋势。

第三节　行政机关的立法性文件

行政机关的立法性文件包括国务院行政法规、国务院部门规章和地方政府规章。总体来看，尽管行政机关制定的立法性文件相对于前述两大类立法性文件来说处于较低层级，但由于现代国家行政权的扩张，行政管理无不深入到社会生活的方方面面。在我国，由于社会尚未彻底完成转型，加之国土广博、人口众多，各行各业均严重依赖于各级政府的行

政监管。在这种情况下，行政机关立法性文件制定得怎样，往往关乎国计民生大事。由此可见，在起草行政机关立法性文件时，更应该认真对待，应秉持民主科学、严肃认真、精益求精的工作态度。

一、国务院行政法规

（一）概念

如果全国人大及其常委会未就某一事项立法，而实践又急需，国务院可以根据宪法和法律制定行政法规。这主要是由于全国人大代表都不是专职的，常委会委员也不都是专职的，不可能经常开会，而需要立法的事项又是大量的，所有应当立法的事项都由全国人大及其常委会制定法律是不现实的，加上目前我国正处于改革过程中，有些问题制定法律的条件还不成熟，而实践又要求有所规范，因此，对属于中央专属立法权的事项，在全国人大及其常委会没有立法之前，有些事项先由国务院制定行政法规，是可以的。根据党的二十大报告的要求，国务院的行政法规立法应当更多地关注重点领域、新兴领域和涉外领域，统筹推进国内法治和涉外法治，以良法促发展。不过，属于刑事法律制度、基本的民事法律制度、诉讼制度、公民基本政治权利和人身自由权利、国家机构的制度、司法制度、税收制度等方面的事项，应属于全国人大及其常委会的专属立法权，不宜由国务院自行制定行政法规。

（二）结构及写法

1. 结构

一般来说，国务院行政法规类的立法性文书主要包括题头、字号、目录、正文。其中，题头一般采用“条例”“决定”“实施细则”的形式，字号主要包括发布机构和生效日期，目录主要概括法规的主要内容，但不是必备部分，正文包括总则、主体部分和附则，总则一般规定制定行政法规的法律依据和现实目的，附则一般规定对该行政法规进行解释的权属、行政授权事项以及该行政法规的生效日期。

2. 写法

一般来说，此类文件起草时应注意以下几个方面：

（1）合法性要求。国务院行政法规是较高层次的立法性文件，不但对全国范围内的社会经济发展具有重大的影响作用，而且也是我国人民法院应该据以判案的依据，因而尤其要符合我国宪法和法律的原则和规定。

（2）现实性要求。按照马克思主义的观点，经济基础决定上层建筑，经济基础是一个国家社会现实的集中反映，现实依据是规范性文件形成的直接导因。因此，在起草国务院行政法规的时候，应该与经济社会的不断发展相呼应、相关联、相衔接，不能脱离社会经济发展的现实。

（3）文字性要求。精当的文字是一切规范性文件的最低要求，国务院行政法规在这方面应该追求更高标准。也就是说，法规语言必须准确而精练，切忌张冠李戴、拖泥带水。

（4）逻辑性要求。严密的逻辑是一切规范性文件的基本要求。在规范性文件起草领域，讲究逻辑，就是要做到概念准确、脉络清晰、层级分明、前后一致，不能模棱两可、结构散乱、自相矛盾，否则只能使执法者无所适从。

（三）实例及评析

职工带薪年休假条例

（2007 年 12 月 7 日国务院第 198 次常务会议通过）

第一条　为了维护职工休息休假权利，调动职工工作积极性，根据劳动法和公务员法，制定本条例。

第二条　机关、团体、企业、事业单位、民办非企业单位、有雇工的个体工商户等单位的职工连续工作 1 年以上的，享受带薪年休假（以下简称年休假）。单位应当保证职工享受年休假。职工在年休假期间享受与正常工作期间相同的工资收入。

第三条　职工累计工作已满 1 年不满 10 年的，年休假 5 天；已满 10 年不满 20 年的，年休假 10 天；已满 20 年的，年休假 15 天。国家法定休假日、休息日不计入年休假的假期。

第四条　职工有下列情形之一的，不享受当年的年休假：

（一）职工依法享受寒暑假，其休假天数多于年休假天数的；

（二）职工请事假累计 20 天以上且单位按照规定不扣工资的；

（三）累计工作满 1 年不满 10 年的职工，请病假累计 2 个月以上的；

（四）累计工作满 10 年不满 20 年的职工，请病假累计 3 个月以上的；

（五）累计工作满 20 年以上的职工，请病假累计 4 个月以上的。

第五条　单位根据生产、工作的具体情况，并考虑职工本人意愿，统筹安排职工年休假。

年休假在 1 个年度内可以集中安排，也可以分段安排，一般不跨年度安排。单位因生产、工作特点确有必要跨年度安排职工年休假的，可以跨 1 个年度安排。单位确因工作需要不能安排职工休年休假的，经职工本人同意，可以不安排职工休年休假。

对职工应休未休的年休假天数，单位应当按照该职工日工资收入的 300％支付年休假工资报酬。

第六条　县级以上地方人民政府人事部门、劳动保障部门应当依据职权对单位执行本条例的情况主动进行监督检查。工会组织依法维护职工的年休假权利。

第七条　单位不安排职工休年休假又不依照本条例规定给予年休假工资报酬的，由县级以上地方人民政府人事部门或者劳动保障部门依据职权责令限期改正；对逾期不改正的，除责令该单位支付年休假工资报酬外，单位还应当按照年休假工资报酬的数额向职工加付赔偿金；对拒不支付年休假工资报酬、赔偿金的，属于公务员和参照公务员法管理的人员所在单位的，对直接负责的主管人员以及其他直接责任人员依法给予处分；属于其他单位的，由劳动保障部门、人事部门或者职工申请人民法院强制执行。

第八条　职工与单位因年休假发生的争议，依照国家有关法律、行政法规的规定处理。

第九条　国务院人事部门、国务院劳动保障部门依据职权，分别制定本条例的实施办法。

第十条　本条例自 2008 年 1 月 1 日起施行。

评析：总体来看，这个文本在写法上既有很强的针对性，又有很强的宏观性，这是行政法规应有的特质。该文本虽是 2007 年发布的，但具有行文简明和内容丰富的双重典型特征。具体来说，这个立法性文件有以下几个方面的优点：（1）在第一条明确说明了法规制定的目的和依据，即“为了维护职工休息休假权利，调动职工工作积极性，根据劳动法和公务员法，制定本条例”。（2）在内容方面紧紧围绕职工带薪年休假这一主题作出详细的规定，逻辑严密、脉络清晰、概念准确。（3）语句精练，层次清晰，详略得当，章与章、节与节、条与条之间既相互独立又相互联系，没有多余的文字和冗长的解释。

二、国务院部门规章

（一）概念

部门规章，是指国务院各部、各委员会、中国人民银行、审计署和具有行政管理职能的直属机构（以下简称国务院部门）根据法律和国务院的行政法规、决定、命令，在本部门的职权范围内依照《规章制定程序条例》制定的规章。部门规章最大的特征就是它的职能性和行业性，因而在起草此类立法性文书的时候应主要着眼于如何体现部门职能和行业规律。

（二）结构及写法

1. 结构

总体来看，国务院部门规章类的立法性文书与行政法规并没有什么大的不同，主要包括题头、字号、目录、正文。其中，题头一般采用“规定”“办法”“实施细则”的形式，字号主要包括发布机构和生效日期，目录主要概括规章的主要内容，但不是必备部分，正文包括总则、主体部分和附则，总则一般规定制定该规章的法律依据和现实目的，附则一般规定有权对该规章进行解释的主体和生效日期。

2. 写法

起草部门规章主要应当遵循下列要求：

（1）依据要实。与行政法规不同，部门规章除了要符合宪法和法律的要求外，还要符合行政法规和国家政策的要求，政策依据对部门规章类的规范性文件具有十分重要的支持和补充作用。因此，起草人员必须对涉及相关内容的法规政策进行全面了解，加以充分吸收利用。

（2）角度要准。与国务院行政法规不同，起草部门规章的一个关键就是把握好角度，这个角度就是要站在政府的角度去把握全局，而不是站在部门利益的角度考虑问题。这就要求起草人员自觉转换角色，准确把握角度，在接到起草任务后，从实际出发，充分做好起草前的调查研究和组织论证，采取各种形式广泛听取社会各界的意见。

（3）过程要细。在起草过程中，部门规章讲究的就是一个“细”字。一是讨论要细。对大家的发言细心记录，细心体会，反复推敲，合理采纳。二是调研要细。对吃不准、有疑惑的问题，必须详查深究，推此及彼，解疑释惑，找准答案。三是行文要细。四是修改要细。听得细、查得细的目的是改得细、改得好。

需要注意的是，初稿拟定以后，起草部门还应当征求公民、法人、其他组织和有关部门的意见，对于涉及与其他政府组成部门或相关组织职能交叉的，应当与其协商一致；如经多次协商仍不能取得一致意见的，应当在报送法律文本送审稿时专门提出并说明情况及理由。

（三）实例及评析

关于进一步规范律师服务收费的意见

司发通〔2021〕87号

为推进律师事业高质量发展，更好地满足新时代人民群众法律服务需求，现就进一步规范律师服务收费提出如下意见。

一、总体要求

坚持以习近平新时代中国特色社会主义思想为指导，深入学习贯彻习近平法治思想，深入贯彻落实习近平总书记关于律师工作的重要指示精神，坚持以人民为中心的发展思想，规范律师服务收费行为，健全律师事务所收费管理制度，强化律师服务收费监管，引导广大律师认真履行社会责任，促进律师行业健康有序发展，切实增强人民群众的法治获得感。

二、完善律师服务收费政策

（一）提升律师服务收费合理化水平。律师服务收费项目、收费方式、收费标准等原则上由律师事务所制定。在制定律师服务费标准时，律师事务所应当统筹考虑律师提供服务耗费的工作时间、法律事务的难易程度、委托人的承受能力、律师可能承担的风险和责任、律师的社会信誉和工作水平等因素。各省（区、市）律师协会指导设区的市或者直辖市的区（县）律师协会对律师事务所制定的律师服务费标准实施动态监测分析。

（二）提高律师服务收费公开化程度。律师事务所制定的律师服务费标准，应当每年向所在设区的市或者直辖市的区（县）律师协会备案，备案后一年内原则上不得变更。新设律师事务所在取得执业许可证书10个工作日内，应当制定律师服务费标准并向所在设区的市或者直辖市的区（县）律师协会备案。律师事务所不得超出该所在律师协会备案的律师服务费标准收费。律师事务所应当严格执行明码标价制度，将本所在律师协会备案的律师服务费标准在其执业场所显著位置进行公示，接受社会监督。

（三）扩大律师服务收费普惠化范围。律师事务所办理涉及农民工、残疾人等弱势群体或者与公益活动有关的法律服务事项，可以酌情减免律师服务费。对当事人符合法律援助条件的，律师事务所应当及时告知当事人可以申请法律援助。鼓励律师事务所和律师积极参与公益法律服务。

三、严格规范律师风险代理行为

（四）严格限制风险代理适用范围。禁止刑事诉讼案件、行政诉讼案件、国家赔偿案件、群体性诉讼案件、婚姻继承案件，以及请求给予社会保险待遇、最低生活保障待遇、赡养费、抚养费、扶养费、抚恤金、救济金、工伤赔偿、劳动报酬的案件实行或者变相实行风险代理。

（五）严格规范风险代理约定事项。律师事务所和律师不得滥用专业优势地位，对律师事务所与当事人各自承担的风险责任作出明显不合理的约定，不得在风险代理合同中排除或者限制当事人上诉、撤诉、调解、和解等诉讼权利，或者对当事人行使上述权利设置惩罚性赔偿等不合理的条件。

（六）严格限制风险代理收费金额。律师事务所与当事人约定风险代理收费的，可以按照固定的金额收费，也可以按照当事人最终实现的债权或者减免的债务金额（以下简称标的额）的一定比例收费。律师事务所在风险代理各个环节收取的律师服务费合计最高金额应当符合下列规定：标的额不足人民币100万元的部分，不得超过标的额的18%；标的额在人民币100万元以上不足500万元的部分，不得超过标的额的15%；标的额在人民币500万元以上不足1 000万元的部分，不得超过标的额的12%；标的额在人民币1 000万元不足5 000万元的部分，不得超过标的额的9%；标的额在人民币5 000万元以上的部分，不得超过标的额的6%。

（七）建立风险代理告知和提示机制。律师事务所应当与当事人签订专门的书面风险代理合同，并在风险代理合同中以醒目方式明确告知当事人风险代理的含义、禁止适用风险代理案件范围、风险代理最高收费金额限制等事项，并就当事人委托的法律服务事项可能发生的风险、双方约定的委托事项应达成的目标、双方各自承担的风险和责任等进行提示。

四、健全律师事务所收费管理制度

（八）切实规范律师服务收费行为。律师事务所与当事人协商收费，应当遵循公开公平、平等自愿、诚实信用的原则，不得作出违背社会公序良俗或者显失公平的约定，不得采取欺骗、诱导等方式促使当事人接受律师服务价格，不得相互串通、操纵价格。律师事务所不得在协商收费时向当事人明示或者暗示与司法机关、仲裁机构及其工作人员有特殊关系，不得以签订阴阳合同等方式规避律师服务收费限制性规定。

律师事务所应当加强对律师服务收费合同或者委托代理合同中收费条款的审核把关，除律师服务费、代委托人支付的费用、异地办案差旅费外，严禁以向司法人员、仲裁员疏通关系等为由收取所谓的办案费"顾问费"等任何其他费用。律师事务所在提供法律服务过程中代委托人支付的诉讼费、仲裁费、鉴定费、公证费、查档费、保全费、翻译费等费用，不属于律师服务费，由委托人另行支付。律师事务所应当向委托人提供律师服务收费清单，包括律师服务费、代委托人支付的费用以及异地办案差旅费，其中代委托人支付的费用及异地办案差旅费应当提供有效凭证。

（九）严格执行统一收案、统一收费规定。律师事务所应当建立健全收案管理、收费管理、财务管理、专用业务文书、档案管理等内部管理制度，确保律师业务全面登记、全程留痕。建立律师业务统一登记编码制度，加快推进律师管理信息系统业务数据采集，按照统一规则对律师事务所受理的案件进行编号，做到案件编号与收费合同、收费票据一一对应，杜绝私自收案收费。律师服务收费应当由财务人员统一收取、统一入账、统一结算，并及时出具合法票据，不得用内部收据等代替合法票据，不得由律师直接向当事人收取律师服务费。确因交通不便等特殊情况，当事人提出由律师代为收取律师服务费的，律师应当在代收后3个工作日内将代收的律师服务费转入律师事务所账户。

（十）压实对律师的教育管理责任。律师事务所应当加强对本所律师的教育管理，引导律师践行服务为民理念，树立正确的价值观、义利观，恪守职业道德和执业纪律，严格遵守律师服务收费各项管理规定。强化内部监督制约，确保律师服务收费全流程可控，认真办理涉及收费的投诉举报，及时纠正律师违法违规收费行为。

五、强化律师服务收费监督检查

（十一）加强律师服务收费常态化监管。司法行政部门、律师协会要把律师服务收费作为律师事务所年度检查考核和律师执业年度考核的重要内容，对上一年度有严重违法违规收费行为、造成恶劣社会影响的律师事务所和律师，应当依法依规评定为不合格不称职。开展双随机一公开抽查，司法行政部门每年对不少于5%的律师事务所收费情况开展执法检查，对该所承办一定比例的案件倒查委托代理合同、收费票据等，及时发现违法违规收费问题。

（十二）加大违法违规收费查处力度。完善违法违规收费投诉处理机制，重点查处涉及群众切身利益的民生类律师服务收费投诉，确保有投诉必受理、有案必查、违法必究。依法依规严肃查处违法违规收费行为，对不按规定明码标价、价格欺诈等违反价格法律法规的行为，由市场监管部门依法作出行政处罚；对私自收费、违规风险代理收费、变相乱收费以及以向司法人员、仲裁员疏通关系为由收取所谓的办案费顾问费等违法违规收费行为，由司法行政部门、律师协会依据《律师法》《律师和律师事务所违法行为处罚办法》等作出行政处罚、行业处分。市场监管部门、司法行政部门对律师事务所和律师违法违规收费行为作出行政处罚的，应当及时抄送同级司法行政部门、市场监管部门。健全律师服务收费诚信信息公示机制，司法行政部门及时在律师诚信信息公示平台公示律师事务所和律师因违法违规收费被处罚处分信息，定期通报违法违规收费典型案例，强化警示教育效果。

（十三）健全律师服务收费争议解决机制。因律师服务收费发生争议的，律师事务所和当事人可以协商解决。协商不成的，双方可以提请律师事务所所在设区的市或者直辖市的区（县）律师协会进行调解。设区的市或者直辖市的区（县）律师协会应当成立律师服务收费争议调解委员会，制定律师服务收费争议调解规则，依法依规开展调解。

六、加强组织实施

（十四）强化责任落实。各级司法行政、发展改革和市场监管部门要高度重视，加强工作指导，密切沟通配合，结合实际研究制定贯彻落实举措。

（十五）发挥行业自律作用。省级律师协会要在同级司法行政部门指导下，制定律师服务费标准制定指引和示范文本，明确律师服务费标准应当载明的收费项目、制定律师服务费标准应当考虑的因素等事项，但不得直接制定律师服务费标准；制定律师服务费标准备案管理办法，明确律师服务费标准在律师协会备案的程序和要求；制定律师风险代理书面提示和风险代理收费合同示范文本，督促律师事务所严格规范风险代理收费行为。

本《意见》印发前国家发展改革委、司法部制定的律师服务收费规范性文件的规定与本《意见》规定相抵触的，以本《意见》为准。

中华人民共和国司法部
国家发展和改革委员会
国家市场监督管理总局
2021 年 12 月 28 日

评析：这是由多个国务院组成部门联合发布的部门规章。总体来看，这个规章的目的明确，语言精练，内容全面，完全符合部门规章的起草要求。具体有以下几个方面值得借鉴：

（1）开宗明义，明确立法的目的——为推进律师事业高质量发展，更好地满足新时代人民群众法律服务需求。

（2）提出总体要求，强调立法的指导精神，即坚持以习近平新时代中国特色社会主义思想为指导，深入学习贯彻习近平法治思想，深入贯彻落实习近平总书记关于律师工作的重要指示精神，坚持以人民为中心的发展思想，规范律师服务收费行为，健全律师事务所收费管理制度，强化律师服务收费监管，引导广大律师认真履行社会责任，促进律师行业健康有序发展，切实增强人民群众的法治获得感。

（3）在强调立法指导精神的基础上就完善律师服务收费政策、严格规范律师风险代理行为、健全律师事务所收费管理制度、强化律师服务收费监督检查、加强组织实施等有关律师服务收费的多个方面作出详细规定，使我国律师服务收费制度有章可循，充分体现了提高人民群众获得感的立法宗旨和“放、管、服”的改革精神。

（4）文件对自身的效力也作了较为严谨的规定，即“本《意见》印发前国家发展改革委、司法部制定的律师服务收费规范性文件的规定与本《意见》规定相抵触的，以本《意见》为准”。

不过，这份立法性文件也存在一些有待提升或改进的方面。例如，制定的依据不够明确；没有对地方政府规章的相关规定及其效力作出应有的回应；相对于2006年发布的《律师服务收费管理办法》，尽管文中对风险代理收费比例作了明确而严格的规定，但文件以“意见”作为题头，容易给人以严格性和强制性不足的印象，故用“要求”或“规定”更妥当一些。

三、地方政府规章

（一）概念

地方政府规章是指省、自治区、直辖市、设区的市、自治州的人民政府和广东省东莞市和中山市、甘肃省嘉峪关市、海南省三沙市等四个不设区的市人民政府（比照适用2015年3月15日通过的全国人民代表大会关于修改《中华人民共和国立法法》的决定中有关赋予设区的市地方立法权的规定执行）根据法律、行政法规和本省、自治区、直辖市的地方性法规并依据《规章制定程序条例》制定的规范性文件的文本。与国务院部门规章不同的是，地方政府规章具有较强的地域性和综合性，因而其起草也具有一定的特殊性。

（二）结构及写法

1. 结构

总体来看，地方政府规章类的立法性文书与国务院部门法规并没有什么大的不同，主要包括题头、字号、目录、正文。其中，题头一般采用“规定”“办法”“实施细则”的形式，字号主要包括发布机构和生效日期，目录主要概括规章的主要内容，但不是必备部分，正文包括总则、主体部分和附则，总则一般规定制定该规章的法律依据和现实目的，附则一般规定有权对该规章进行解释的主体和生效日期。

2. 写法

地方政府规章的具体写法主要应该着眼于以下几个方面：

（1）地方政府规章应当符合宪法、法律、行政法规和国家政策的要求，这样才能保证起草出来的文件能够通过立法部门的审查。

（2）地方政府规章不但要从宏观上结合当地的社会发展实际情况，而且也着眼于从微观上把握好它的适用范围、主管部门、具体规范、奖惩办法。

（3）在形式上，地方政府规章可以根据内容需要，分为章、节、条、款、项、目。章、节的序号用中文数字依次表述，条和款不编序号，项的序号用中文数字加括号依次表述，目的序号用阿拉伯数字依次表述。

（4）在语句上，起草规章应当备而不繁，逻辑严密，条文明确、具体，用语准确、简洁，具有严谨性、科学性、规范性和可操作性。

立法性文件初稿形成后，还有一个重要的环节不能忽视，就是必须在不同范围内组织讨论。在此基础上，进一步开展调查研究，甄别歧义，集思广益，使文稿臻于完善。

地方政府规章
参考文书

（三）实例及评析

湖南省电动自行车管理办法

（2020 年 12 月 21 日湖南省人民政府令第 302 号公布）

第一章 总 则

第一条 为了规范电动自行车管理，维护道路交通秩序，预防、减少道路交通事故和火灾事故，保护公民人身和财产安全，根据《中华人民共和国道路交通安全法》《中华人民共和国道路交通安全法实施条例》《湖南省实施〈中华人民共和国道路交通安全法〉办法》等法律、法规，结合本省实际，制定本办法。

第二条 本省行政区域内电动自行车的生产、销售、维修、登记、通行及相关管理活动，适用本办法。

本办法所称电动自行车，是指以车载蓄电池作为辅助能源，具备脚踏骑行功能，能实现电助动或者电驱动功能的两轮自行车。

第三条 县级以上人民政府应当加强对本行政区域内电动自行车管理工作的领导，建立工作协调机制，保障工作所需经费，督促有关部门依法履行职责。

乡镇人民政府、街道办事处应当督促辖区单位落实电动自行车的道路交通安全和消防安全责任。村民委员会、居民委员会应当协助做好相关工作。

第四条 公安机关交通管理部门负责电动自行车登记、道路通行安全管理。

市场监督管理部门负责电动自行车及其充电器、蓄电池等配套零部件生产、销售和维修的监督管理。

住房和城乡建设部门负责制定电动自行车停放场地及充电设施建设标准，督促指导电动自行车停放场地及充电设施配建，督促物业服务企业、管理单位加强物业服务区域内电动自行车停放、充电管理。

工业和信息化、财政、自然资源、交通运输、生态环境、商务、应急管理、消防救援、城市管理等有关部门，应当按照各自职责做好电动自行车管理相关工作。

第五条 电动自行车驾驶人应当遵守道路交通安全、城市管理、消防安全等相关法律、法规、规章的规定，做到安全驾驶、文明驾驶，有序停放车辆，维护消防安全。

第六条 电动自行车相关行业协会应当加强行业自律管理，引导、监督会员单位依法从事生产、销售、维修、租赁、回收等经营活动，促进电动自行车行业健康有序发展。

第七条 机关、社会团体、企事业单位及其他社会组织应当加强对本单位人员电动自行车道路交通安全法律、法规和安全常识的宣传教育。

广播、电视、报刊、互联网站等媒体应当加强电动自行车道路交通安全法律、法规和安全常识的公益宣传。

第二章 生产、销售和维修

第八条 在本省行政区域内生产、销售的电动自行车，其设计最高时速、整车质量、外形尺寸、防火阻燃性能等应当符合强制性国家标准，并获得强制性产品认证证书。

不符合强制性国家标准、未获得强制性产品认证证书的电动自行车不得在本省销售。

第九条 电动自行车销售者应当履行进货查验义务，建立进货和销售台账，并在销售场所醒目位置公示所售电动自行车符合强制性国家标准并获得强制性产品认证的相关信息；通过电子商务平台销售的，应当在披露的商品信息中包含上述相关信息。

第十条　电子商务平台经营者应当对申请进入平台销售电动自行车的销售者的身份证明（营业执照）、地址、联系方式、产品认证等信息进行核验、登记；发现平台内销售的电动自行车违反相关法律、法规规定的，应当依法采取必要的处置措施，并向市场监督管理等相关部门报告。

第十一条　任何单位和个人不得有下列行为：

（一）拼装电动自行车；

（二）改装电动自行车的电动机和蓄电池等动力装置，或者维修、更换不符合强制性国家标准的电动机和蓄电池；

（三）改装电动自行车的速度装置，使最高时速超过强制性国家标准；

（四）除安装儿童安全座椅外，加装车篷、车厢、座位等改变外形结构影响行驶安全的装置。

第十二条　鼓励电动自行车生产者、销售者、维修者采取以旧换新、折价回购等方式回收不符合强制性国家标准和废旧的电动自行车。

鼓励电动自行车所有人置换、提前报废不符合强制性国家标准的电动自行车。

第十三条　电动自行车废旧蓄电池按照固体废物污染防治有关规定处置，不得随意丢弃。

电动自行车及其蓄电池的生产者、销售者、维修者应当依法提供电动自行车废旧蓄电池更换、回收服务，建立回收台账。

第三章　登记和通行

第十四条　电动自行车经公安机关交通管理部门登记后，方可上道路行驶。

电动自行车驾驶人可以持有效购车发票或者其他合法来源凭证，自购车之日起30日内临时上道路行驶。

电动自行车登记不收取费用，所需经费纳入同级财政预算。

第十五条　申请电动自行车注册登记的，应当自购车之日起30日内向公安机关交通管理部门提出申请，现场交验车辆，并提交以下材料：

（一）电动自行车所有人身份证明；

（二）购车发票等来历证明；

（三）车辆产品合格证或者进口凭证。

对申请材料齐全、符合法定形式的，应当当场登记并发放电动自行车号牌；对申请材料不齐全或者不符合法定形式的，应当一次性告知需要补正的全部内容；对不符合规定要求的，不予登记，并向申请人书面说明理由。

第十六条　已注册登记的电动自行车所有人的姓名（名称）、联系方式等登记内容发生变更的，应当及时向公安机关交通管理部门申请办理变更登记。

已注册登记的电动自行车所有权发生转移的，转移后的所有人应当自车辆交付之日起30日内向公安机关交通管理部门申请办理转移登记。

已注册登记的电动自行车因灭失、遗失、报废或者其他原因无法继续使用的，所有人应当向公安机关交通管理部门申请办理注销登记。

第十七条　公安机关交通管理部门应当建设电动自行车管理信息系统，为办理电动自行车登记、查询信息等提供便利。

公安机关交通管理部门可以在政务服务中心、公安派出所、邮政服务网点以及符合条件的电动自行车销售点等场所设立电动自行车登记代办点。

公安机关交通管理部门在办理登记时，应当通过发放安全驾驶宣传资料、播放安全宣传视频等方式，对驾驶人进行道路交通安全法律、法规和安全常识教育。

第十八条 在道路上驾驶电动自行车应当年满 16 周岁。因身体健康等原因导致驾驶能力欠缺的，不得驾驶电动自行车上道路行驶。

驾驶电动自行车只能搭载一名 12 周岁以下的未成年人，搭载 6 周岁以下未成年人的应当使用安全座椅。

第十九条 驾驶电动自行车上道路行驶前，应当对车辆的安全技术性能进行认真检查，不得驾驶具有安全隐患的车辆。

驾驶电动自行车上道路行驶，除应当遵守道路交通安全法律、法规关于道路通行的一般规定、非机动车通行规定外，还应当遵守下列规定：

（一）在指定位置悬挂合法有效的号牌；

（二）在夜间或者遇有雨、雪、雾、霾等低能见度情况行驶时，应当开启照明灯，减速慢行；

（三）驾驶、乘坐电动自行车应当按照规定佩戴安全头盔；

（四）不得在饮酒、服用国家管制的精神药品或者麻醉药品后驾驶电动自行车；

（五）不得驶入高速公路、城市快速路、高架道路、步行街或者其他禁止电动自行车通行的区域；

（六）不得使用手机等电子设备分散注意力、妨碍安全驾驶；

（七）不得驾驶拼装、改装、加装的电动自行车；

（八）其他违反道路通行规定的行为。

第二十条 电动自行车在公共场所停放，应当有序停放在非机动车停放区域内；没有设置非机动车停放区域的，电动自行车停放不得占用盲道、人行道，不得妨碍其他车辆和行人通行，不得影响市容环境。

第二十一条 本办法施行前已经购买的不符合强制性国家标准的电动自行车，可以向公安机关交通管理部门申请临时登记，取得临时号牌后，在过渡期内可以上道路行驶。过渡期为 3 年，自本办法施行之日起满 3 年后，不符合强制性国家标准的电动自行车取得的临时号牌失效，不得上道路行驶。

前款规定的电动自行车在过渡期内适用本办法关于电动自行车管理的有关规定。

第四章 保障和监督

第二十二条 县级以上人民政府应当根据国家和省有关规定以及相关标准，将电动自行车等非机动车通行道路建设纳入城市综合交通专项规划。

新建、改建的城市道路以及有条件的其他城市道路，应当分道划设机动车道与非机动车道。城市主要道路（双向四车道以上道路）以及有条件的其他城市道路，机动车道与非机动车道应当设置隔离设施或者隔离警示标志。

城市道路管理部门应当加强非机动车道的巡查和养护，保证非机动车道平整、通畅。

第二十三条 学校、医院、展览馆、公园、宾馆、饭店、商场、集贸市场、客运车站、民用机场、体育馆、影剧院以及公共娱乐场所等公共建筑、公共场所建设单位应当按照有关规定和标准，配套规划、建设非机动车公共停车场地及充电设施。

居民住宅区和其他建筑建设单位应当按照规划许可以及有关规定和标准建设非机动车停车场地及充电设施。鼓励建成小区利用物业服务区域内的闲置空间建设非机动车停车场地及充电设施。

非机动车停车场地及充电设施应当按照规划用途使用，禁止擅自占用、停用或者改作他用。

第二十四条　禁止在建筑物的疏散通道、安全出口、首层门厅、楼梯间等室内公共区域和消防车通道及可燃物附近停放电动自行车。禁止违反用电安全要求私拉电线为电动自行车充电。

对违反前款规定的行为，物业服务企业、业主委员会和业主等有权予以劝阻、制止；对不听劝阻、制止的，可以向负有消防监督管理职责的部门报告。

负有消防监督管理职责的部门应当对有关单位履行电动自行车消防安全管理职责的情况进行监督检查。

第二十五条　鼓励电动自行车所有人投保第三者责任险、驾乘人员人身意外伤害险。

鼓励商业保险企业为电动自行车所有人投保提供优惠和便利。

第二十六条　使用电动自行车从事快递、外卖等经营活动的企业应当落实安全生产主体责任，对本企业所属的电动自行车驾驶人以及用于本企业业务经营的电动自行车进行管理，并执行下列规定：

（一）将电动自行车安全管理纳入内部安全生产规章制度，明确安全责任人；

（二）建立健全电动自行车驾驶人及电动自行车管理台账，组织对驾驶人开展道路交通安全等法律、法规和安全常识的培训、考核；

（三）不得安排因身体健康等原因导致驾驶能力欠缺的人员驾驶电动自行车；

（四）做好电动自行车维护、保养等安全检查工作；

（五）为电动自行车驾驶人配备安全头盔，根据需要购买第三者责任险、驾乘人员人身意外伤害险等相应的保险；

（六）法律、法规、规章关于安全生产责任的其他规定。

第二十七条　互联网电动自行车租赁企业应当履行企业主体责任，配备必要的管理人员，加强车辆检测、维护和停放秩序管理，随车提供安全头盔，不得为不符合电动自行车驾驶条件的人员提供电动自行车租赁服务。

第五章　法律责任

第二十八条　违反本办法规定的行为，产品质量、产品认证、市容环境、污染防治、消防安全等法律、法规有处罚规定的，从其规定。

第二十九条　违反本办法第十九条第二款规定驾驶电动自行车的，由公安机关交通管理部门处警告或者20元以上50元以下罚款。

第三十条　公安机关交通管理部门根据交通技术监控记录资料，可以对违法的电动自行车所有人依法予以处罚；能够确定驾驶人的，依法对驾驶人予以处罚。

公安机关交通管理部门应当将交通技术监控记录的道路交通安全违法行为信息通知电动自行车所有人，并告知其在30日内接受处理。逾期不接受处理，电动自行车仍然上道路行驶，被发现后拒不接受罚款处罚的，公安机关交通管理部门可以依法扣留车辆。

第三十一条　国家机关工作人员在电动自行车管理工作中滥用职权、玩忽职守、徇私舞弊，尚不构成犯罪的，依法给予处分；构成犯罪的，依法追究刑事责任。